Horst Beckershaus
Die Hamburger Straßennamen

Horst Beckershaus

Die Hamburger Straßennamen

Woher sie kommen und was sie bedeuten

Die Hanse

Horst Beckershaus, Jahrgang 1929, widmet sich seit seiner Pensionierung seiner Leidenschaft „Hamburg“. Neben dem vorliegenden Band verfasste er Bücher über die Hamburger Plätze und Märkte, sowie über die Hamburger Stadtteile.

Für die erste Ausgabe seines Buches über „Die Hamburger Straßennamen“ konnte er seine Arbeit mit den Unterlagen von Hans Otto Möller zusammenführen, dessen Arbeit am gleichen Thema ihm nach dessen Tod im Jahre 1995 vom Hamburger Staatsarchiv übergeben wurde. Seither wurde dieses nützliche und informative Verzeichnis mehrmals nachgedruckt und aktualisiert. Die jetzige Ausgabe wurde vollständig überarbeitet und alle Straßennamen und die Bedeutung dieser Namen sind auf dem neuesten Stand.

Die Deutsche Nationalbibliothek verzeichnet diese Publikation in der Deutschen Nationalbibliografie detaillierte bibliografische Daten sind im Internet abrufbar über http://dnb.d-nb.de

6. Auflage CEP Europäische Verlagsanstalt, Hamburg 2011

Druck und Bindung: Druck und Werte GmbH, Leipzig

Printed in Germany.

ISBN 978-3-86393-009-7

Vorwort

Seit dem Jahre 1909 wird das alphabetische Straßen- und Gebietsverzeichnis für das Gebiet der Freien und Hansestadt Hamburg als selbständige Veröffentlichung des Statistischen Landesamtes herausgegeben. Es wurde nach Bedarf – insbesondere zur Vorbereitung und Durchführung von Wahlen – fortgeschrieben. Zurzeit gilt die Ausgabe vom Juli 2008 mit Nachträgen bis Juni 2011.

Die Rechtsgrundlage für die Benennung von Straßen, Wegen und Plätzen ist das Hamburgische Wegegesetz in der Fassung vom 22. Januar 1974, zuletzt geändert durch das Gesetz vom 15. Februar 2011.

Nach § 1, Absatz 1 sind öffentliche Wege im Sinne dieses Gesetzes alle Wege, Straßen und Plätze, die dem Gemeingebrauch gewidmet sind und nicht zu einer öffentlichen Grün- und Erholungsanlage gehören. Die öffentlichen Wege werden nach § 20, Absatz 1 des Gesetzes vom Senat benannt und von der Wegeaufsichtsbehörde entsprechend gekennzeichnet, sobald das im Interesse der Sicherheit und Flüssigkeit des Verkehrs erforderlich ist.

Der Senat hat am 28. Februar 2005 eine Änderung der Bestimmungen über die Benennung von Verkehrsflächen vom 18. Mai 1979 beschlossen.

Darin sind die Auswahlgrundsätze für Namen, die Zuständigkeiten und das Verfahren im Einzelnen geregelt. Im alten Stadtkern Hamburgs sind Straßennamen schon aus sehr alter Zeit überliefert (z.B. Cremon um 1281, Alstertor 1346, Bei den Mühren, Brodschrangen, Deichstraße, Grimm seit Mitte des 13. Jahrhunderts, Altstädter Straße und Hopfenmarkt seit dem 14. Jahrhundert). Die weitere wirtschaftliche Entwicklung und räumliche Ausdehnung der Stadt im 18. und 19. Jahrhundert bewirkte eine erhebliche Ausweitung des Straßen- und Wegenetzes.

Eine Erklärung der Straßennamen Hamburgs ist erstmals im Jahre 1925 von Archivrat Prof. Dr. Hermann Joachim vorgenommen worden. Sie wurde vom Statistischen Landesamt unter dem Titel »Die Gemeinden und Straßen des hamburgischen Staatsgebietes nach dem Stande von Anfang Oktober 1925« veröffentlicht (Statistische Mitteilungen über den hamburgischen Staat – 5. Sonderheft – III. Teil: Erklärung der Straßennamen der Stadt Hamburg).

Durch das »Gesetz über Groß-Hamburg und andere Gebietsbereinigungen vom 26. Januar 1937« wurden mit Wirkung vom 1. April 1938 aus wirtschafts- und hafenpolitischen Gründen erhebliche Gebietsteile aus dem Land Preußen nach Hamburg eingemeindet, nämlich die Städte Altona (mit den Elbvororten), Wandsbek und Harburg-Wilhelmsburg; aus dem Landkreis Stormarn die Gemeinden Bergstedt, Billstedt, Bramfeld, Duvenstedt, Hummelsbüttel, Lemsahl-Mellingstedt, Lohbrügge, Poppenbüttel, Rahlstedt, Sasel, Steilshoop und Wellingsbüttel; aus dem Landkreis Pinneberg die Gemeinden Lokstedt, Niendorf und Schnelsen; aus dem Landkreis Stade die Gemeinde Cranz; aus dem Landkreis Harburg die Gemeinden Altenwerder, Finkenwerder, Fischbek, Francop, Gut Moor, Kirchwerder, Langenbek, Marmstorf, Neuenfelde, Neugraben, Neuland, Rönneburg, Sinstorf und der rechtselbische Teil von Over; aus dem Landkreis Herzogtum Lauenburg die Gemeinde Curslack.

Dagegen gingen von Hamburg auf Preußen über die Ortschaften Geesthacht, Groß Hansdorf, Schmalenbek, Cuxhaven, Arensch-Berensch, Gudendorf, Holte, Spangen, Oxstedt und Sahlenburg.

Hierdurch ergab sich die Notwendigkeit, in großem Umfange Straßen und Wege umzubenennen, um Doppel- und Mehrfachbenennungen mit gängigen Namen auszuschließen. Diese Umbenennungen sind in großer Zahl nach dem Ende des Zweiten Weltkrieges in den Jahren 1945 bis 1948 fortgesetzt worden, als es darum ging, die in der Zeit von 1933 bis 1945 nach NS-Größen oder Kriegshelden benannten Straßen, Wege und Brükken entweder mit ihrem früheren Namen oder einer neuen Bezeichnung zu versehen. Auch die Zeit des Wiederaufbaus der zerstörten Stadtviertel und die Erschließung neuer Wohn- und Gewerbegebiete erforderten in der weiteren Entwicklung viele Neubenennungen nach Motiven aus der deutschen oder hamburgischen Geschichte, nach bedeutenden und verdienten Persönlichkeiten oder nach überlieferten Flurnamen und anderen ortsgebundenen Motiven. Flurnamen sind alte überlieferte Bezeichnungen für einzelne Flurteile und Teile der Landschaft, für Quellen, Bäche, Flüsse, Wälder, bestimmte Lagen, Wiesen und Äcker, die bei der Verkuppelung (Landaufteilung im 17. und 18. Jahrhundert) in die dafür angefertigten Flur- und Erdbuchkarten eingetragen worden sind.

Bei der Anzahl von über 8600 Straßen- und Brückennamen ist es für die Bürger unserer Stadt von Interesse zu erfahren, was der Name ihrer Straße bedeutet und wann die Benennung stattgefunden hat. Diesem Ziel soll diese Sammlung und Erläuterung der Straßennamen dienen.

Hinweise zum Gebrauch des Straßenverzeichnisses

Dieses Straßenverzeichnis der Freien und Hansestadt Hamburg enthält in alphabetischer Reihenfolge die Namen der Straßen und Brücken sowie die Angabe des Ortsteils, in dem sie gelegen sind, das Benennungsjahr und das Benennungsmotiv (Erläuterung des Namens in kurzer Form).

Die Straße »Am Bahndamm« steht nur unter dem Buchstaben »A«, der Name »Bei der Lutherbuche« nur unter »B«. Zusatzliche Querverweise – etwa »Bahndamm, Am« unter »B« oder »Lutherbuche, Bei der« unter »L« sind nicht vorgesehen. Ordnungsprinzip ist, die offizielle und vollständige Bezeichnung nach dem ersten Buchstaben des ersten Wortes alphabetisch aufzuführen.

Danksagung

Mein ganz großer Dank geht an meine Frau, die wesentlich zum Gelingen dieses Buches beigetragen hat, denn sie übernahm die bei einer solchen Schrift so wichtigen Kontroll- und Korrekturarbeiten und leistete einen bedeutenden Anteil bei den umfangreichen Schreibarbeiten, was bei über 8600 Straßennamen keine Kleinigkeit ist.

Sehr herzlich bedanke ich mich auch bei dem Bibliothekarsteam im Museum für Hamburgische Geschichte, Frau Griem, Frau Müller und last, but not least bei dem inzwischen pensionierten Herrn Glagla.

Besonderer Dank auch an die Familie von Herrn Otto Möller, die mir das von ihm nach den Unterlagen des Staatsarchivs erstellte Manuskript zur Verfügung stellte, das mir bei meiner Ausarbeitung außerordentlich nützlich war.

Gleichfalls gilt mein Dank Herrn Dr. Richter von Staatsarchiv Hamburg, der mich ergänzend zur Ausarbeitung von Herrn Möller mit vielen nützlichen Hinweisen unterstützte.

Ferner vielen Dank an alle Freunde und Bekannte, die auf die vielfältigste Weise zum Gelingen dieses Buches beigetragen haben.

Horst Beckershaus

Bei der Neuauflge 2011 waren vor allem Jörg-Olaf Thießen vom Staatsarchiv Hamburg, aber auch Karin Kukling vom Statistischen Amt für Hamburg und Schleswig-Holstein sehr behilflich. Dank auch an sie.

A

Aalheitengraben, (Volksdorf), 1925, Flurname, Aal = Sumpf, Heid = Heide.

Aalkrautweg, (Sasel), 1958, Motivgruppe „Blumen und Kräuter".

Aalort, (Sasel), 1919/20, Flurname, Aal = Sumpf, Ort = Spitze, Landspitze.

Aalwisch, (Bergstedt), 1947, nach einem der Gegend anhaftenden Flurnamen, Aal = Sumpf, Wisch = Wiese.

Aalwischkoppel, (Bergstedt), 2005, in Anlehnung an den Weg „Aalwisch".

Abbestraße, (Ottensen), 1950, nach Prof. Dr. Ernst Abbe (1840–1905), Physiker, Forscher, der 1889 die Carl-Zeiss-Stiftung und die Jenaer Glaswerke Schott & Co. gründete.

ABC-Straße, (Neustadt), im 17. Jahrhundert nach der Bezeichnung der Häuser an der Südseite mit den Buchstaben des Alphabets.

Abelskamp, (Duvenstedt), 1992, nach dem benachbarten alten Flurnamen.

Abendrothsweg, (Hoheluft-Ost), 1864, nach Dr. August Abendroth (1796–1867), dessen Landsitz und Park an die Straße grenzte. Er galt als fortschrittlichster Politiker seiner Zeit, war Polizeisenator, zweimal Amtmann in Ritzebüttel und zusammen mit den Herren Heine und Jencquel an der Aufschließung der Uhlenhorst beteiligt.

Abrahamstraße, (Rahlstedt), 1967, nach dem Operettenkomponisten Paul Abraham (1892–1960), schuf „Blume von Hawai", „Viktoria und ihr Husar", „Ball im Savoy" und viele Filmmusiken.

Abteistraße, (Harvestehude), 1870, nach dem hier von 1240–1630 gelegenen Zisterzienserkloster Hervardeshude, aus dem der später immer mehr abgeschliffene Name Harvestehude wurde.

Achter Billing, (Poppenbüttel), 1932, nach einer Flurbezeichnung, wobei es sich bei „Billing" vermutlich um einen Personennamen handelt. Achter = nach.

Achter de Höf, (Rissen), 1928, nach der Lage der Hauskoppel, Flurbezeichnung.

Achter de Kark, (Bergedorf, Allermöhe), 1979, nach der Lage. Achter de Kark = hinter der Kirche.

Achter de Wisch, (Neuengamme), 1925, Flurbezeichnung, achter = nach, hinter, Wisch = Wiese.

Achterdiekbrücke, (Neuengamme, Kirchwerder), 1961, ortsübliche, halb plattdeutsche Bezeichnung nach dem nahe gelegenen Neuengammer Hinterdeich.

Achterdwars, (Bergedorf), 1949, achter = nach oder hinter und dwars = quer.

Achterkamp, (Rönneburg), 1927, Flurbezeichnung, achter = nach oder hinter, Kamp = Feld.

Achter Lüttmoor, (Rissen), 1962, Flurname, achter = nach oder hinter und Lüttmoor = kleines Moor.

Achtern Barls, (Lurup), 1983, Flurname.

Achtern Born, (Osdorf), 1967, achter = hinter oder nach und Born = Quelle, Brunnen, Wasserstelle.

Achtern Brack, (Francop), 1943, Flurbezeichnung. Brack ist ein Wasserloch hinter dem Deich, das infolge Deichbruchs entstanden ist.

Achtern Hoff, (Volksdorf), 1935, Achtern Hoff = hinter dem (Bauern-)Hof.

Achtern Hollerbusch, (Sasel), 1947, nach dem Landschaftscharakter. Achter = nach oder hinter, Hollerbusch = Holunderbusch.

Achtern Moor, (Lurup), 1984, Flurbezeichnung, bedeutet: hinter dem Moor.

Achtern Sand, (Rissen), 1928, Flurbezeichnung. Es handelt sich um ein Stück Land hinter einem großen Dünenstreifen.

Achtern Styg, (Bahrenfeld, Lurup), 1927, achter = nach oder hinter und Stuvete = Gestrüpp (mittelniederdeutsch). Achter Styg = hinter dem Gestrüpp.

Achterschlag, (Bergedorf, Curslack), 1924, bereits 1302 als erster Schlag oder Hinterschlag erwähnt. Es handelt sich dabei um einen zugeteilten Schlag Landes außerhalb des Ortes.

Achterweide, (Veddel), 1914, Flurname, bedeutet: hinter der Weide.

Achterweidenbrücke, (Veddel), 1928, in Anlehnung an den Straßennamen Achterweide.

Ackermannstraße, (Hohenfelde), 1899, nach dem Schauspieldirektor Konrad Ernst Ackermann (1710–1771). Er wirkte seit 1764 mit einer Schauspielertruppe in Hamburg, kam allerdings versehentlich zu der Ehre eines Straßennamens. Weil man die Schröderstraße dem Schauspieler Schröder zuordnete (gemeint war der Vorbesitzer des Geländes), benannte man irrtümlich in Anlehnung an diese Motivgruppe auch die Ifflandstraße und Ackermannstraße mit Theaterleuten.

Ackerstieg, (Lurup), 1931, als kleiner Weg zu einem ehemaligen Acker.

Ackerweg, (Neugraben-Fischbek), 1938 und 1985, nach einer volkstümlichen Bezeichnung, die später offiziell übernommen wurde.

Adalbert-Stifter-Weg, (Rahlstedt), 1948, nach dem österreichischen Dichter und Maler Adalbert Stifter (1805–1868).

Adalbertstraße, (Osdorf), vor 1934 nach Prinz Adalbert von Hohenzollern (1884–1948), nach dem Sohn des letzten deutschen Kaisers Wilhelm II.

Adebarweg, (Rissen), 1931, nach dem volkstümlichen Namen für Storch.

Adenauerallee, (St. Georg), 1971, nach Konrad Adenauer (1876–1967). Er war Jurist. In den Jahren 1917–1933 Oberbürgermeister von Köln und Präsident des preußischen Staatsrates. 1933 wurde er von den Nationalsozialisten aller Ämter enthoben. 1945 für kurze Zeit wieder Oberbürgermeister von Köln. 1946–1949 beteiligte er sich am Aufbau der CDU und wurde deren Vorsitzender. 1948/49 war er maßgeblich an der Ausarbeitung des Grundgesetzes beteiligt. 1949 zum erstenmal Bundeskanzler. In seine Amtsperiode fielen: die Montanunion 1951, die EWG und Euratom 1957, der deutsch-französische Freundschaftsvertrag 1963. 1963 trat Adenauer als Bundeskanzler zurück.

Adickesstraße, (Groß-Flottbek), 1904, nach dem Oberbürgermeister von Altona Franz Adickes (1846–1915). Als Dank für seinen maßgeblichen Anteil an der Eingliederung der Elbvororte Bahrenfeld, Othmarschen und Övelgönne in Altona ernannte die Stadt ihn zum Ehrenbürger.

Adlerhorst, (Niendorf), 1967, nach den auch sonst hier verwendeten Greifvogelnest-Motivnamen. Adlerhorst = Nest des Adlers.

Adlerstraße, (Barmbek-Nord), 1930, der Name geht wahrscheinlich – ähnlich wie bei der Habichtstraße – auf die Anwesenheit von Greifvögeln in dieser Gegend zurück, die sich bei einer hier befindlichen Abdeckerei Nahrung suchten.

Admiralitätstraße, (Neustadt), ben. um 1773 nach dem hier gelegenen, 1705 errichteten Arsenal der Admiralität.

Adolf-Köster-Damm, (Allermöhe), 1995, nach Adolf Köster (1883–1930), Sozialdemokrat, jüngster Reichsaußenminister der Weimarer Republik, Gegner des Nationalsozialismus.

Adolf-von-Elm-Hof, (Eißendorf), 1925, nach Adolf von Elm (1857–1916), Sozialpolitiker und Mitbegründer der gewerkschaftseigenen Unternehmen „Volksfürsorge“ und „Produktion“ (Pro bzw. Coop).

Adolf-Wagner-Straße, (Eißendorf), 1926, nach dem Nationalökonomen Prof. Adolf Wagner (1835–1917), Finanzwissenschaftler und Bodenreformer, war Mitglied des preußischen Abgeordnetenhauses und des preußischen Herrenhauses.

Adolphsbrücke, (Hamburg-Altstadt, Neustadt), 1843, nach der Lage am Adolphsplatz.

Adolph-Schönfelder-Straße, (Barmbek-Süd), 1970, nach Adolph Schönfelder (geb. 1875). Er war 1919–1933 Mitglied der Bürgerschaft und von 1925–1933 Senator. Nach dem Zweiten Weltkrieg war er von 1945–46 Bürgermeister der Hansestadt und von 1948–49 Vertreter Hamburgs im Parlamentarischen Rat.

Adolph-Schomacker-Weg, (Billstedt), 1985, nach Adolph Schomacker (1851–1915), stellvertretender Amts- und Gemeindevorsteher in Schiffbek.

Adolphsplatz, (Hamburg Altstadt), 1821, zu Ehren des Gründers des dort ehemals gelegenen Maria-Magdalenen-Klosters, des Siegers von Burnhöved, Graf Adolph IV. von Holstein.

Afrikahöft, (Kleiner Grasbrook), 1893, Hööft mnd. hoved: Haupt, Spitze.

Afrikastraße, (Kleiner Grasbrook), 1927, im Anschluss an den Namen des Afrikakais.

Agathe-Lasch-Weg, (Othmarschen), 1971, nach Agathe Lasch (1879–1942), erste Lehrstuhlinhaberin an der Universität Hamburg, Germanistin und Sprachforscherin, befasste sich insbesondere mit alt- und mittelniederdeutscher Grammatik und erarbeitete Beiträge zur Geschichte des Neuniederdeutschen. Als Jüdin wurde sie 1942 deportiert, womit sich ihre Spur verlor.

Agathenstraße, (Eimsbüttel), 1899, nach einem frei gewählten weiblichen Vornamen.

Agnes-Gierck-Weg, (Langenhorn), 1996, nach Agnes Gierck (1886–1944), Langenhorner Hausfrau, Widerstandskämpferin gegen den Nationalsozialismus.

Agnesstraße, (Winterhude), 1866, nach Agnes Ahrens, geb. Repsold (1839–1910), Schwägerin des damaligen Grundeigners Adolph Sierich. Im 19. Jahrhundert konnten Grundeigner die von ihnen angelegten Straßen vielfach mit Namen eigener Wahl benennen, die später meist offiziell übernommen wurden, soweit keine Doppelbenennung vorlag.

Agnes-Wolffson-Straße, (Bergedorf), 1985, nach Agnes Wolffson (1849–1936), Mäzenin, Wohltäterin, Stifterin, Gründerin von Haushaltungsschulen. Motivgruppe: verdiente Frauen.

Ahlbecker Weg, (Rahlstedt), 1962, nach dem Ostseebad in Pommern. Motivgruppe: Orte in Pommern.

Ahlfeld, (Langenhorn), 1914, Flurbezeichnung, Steinahl = Raseneisenstein = harte Schicht unter (der damals hier) vorhandenen Heide.

Ahornallee, (Lokstedt), 1929, nach der Art der ursprünglichen Bepflanzung.

Ahornkamp, (Ohlsdorf), 1911, nach der Bepflanzung.

Ahornstraße, (Marienthal), 1914, nach dem Laubbaum Ahorn.

Ahornweg, (Bergstedt), 1933, nach dem Laubbaum Ahorn.

Ahrensburger Platz, (Volksdorf), 1929, im Anschluss an den Namen Ahrensburger Weg.

Ahrensburgerstieg, (Volksdorf), 1955, im Anschluss an den Namen Ahrensburger Weg.

Ahrensburger Straße, (Wandsbek, Tonndorf), 1909, nach der Ortschaft Ahrensburg in Holstein.

Ahrensburger Weg, (Volksdorf), 1925/ 26, als nach Ahrensburg in Holstein führender Weg.

Ahrensfelder Weg, (Rahlstedt), 1922, als nach Ahrensfelde führender Weg.

Ahrenshooper Straße, (Rahlstedt) 1997, nach dem Ostseebad Ahrenshoop.

Akazienallee, (Fuhlsbüttel), 1922, in freier Wahl nach den auch sonst in Fuhlsbüttel vielfach verwendeten Baummotivnamen.

Akazienweg, (Blankenese), 1930, nach dem Laubbaum.

Akeleiweg, (Bahrenfeld, Lurup), 1950, nach der Motivgruppe „Blumen".

Aladinweg, (Billstedt), 1953, nach einem Märchenmotiv.

Alardusstraße, (Eimsbüttel), 1900, nach dem Senator Christian Heinrich Alardus (1789–1866), der in einem zum Fehlandschen Grundbesitz gehörenden Haus in Eppendorf gewohnt hat.

Alaskaweg, (Rahlstedt), 1970, nach der Halbinsel Alaska, dem nördlichsten und am dünnsten besiedelten Staat der Vereinigten Staaten. Motivgruppe: Namen und Bezeichnungen des Nordmeerraumes.

Albatrosweg, (Billstedt), 1952, in freier Wahl nach den auch sonst hier verwendeten Seevogelmotivnamen.

Alberichstieg, (Rissen), 1951, nach einer Gestalt aus der Nibelungensage.

Albershardtweg, (Finkenwerder), 1972, nach Adolph Albershardt (1892–1969), Lehrer, der als überzeugter Finkenwerder heimatkundliche Studien betrieb und dabei teilweise auf die von seinem Vater hinterlassenen Schriften zurückgreifen konnte.

Albershof, (Hausbruch), 1975, nach dem Albershof, der in Neugraben Äcker besaß.

Albers-Schönberg-Stieg, (Barmbek-Nord), 1960, in Anlehnung an den Wegnamen Albers-Schönberg-Weg.

Albers-Schönberg-Weg, (Barmbek-Nord), 1929, nach dem Röntgenologen und Oberarzt am Krankenhaus St. Georg, Prof. Dr. Heinrich Albers-Schönberg (1865–1921), der durch Röntgenschäden starb.

Albert-Einstein-Ring, (Bahrenfeld), 1990, nach Prof. Albert Einstein (1879–1955), Physiker, Begründer der allgemeinen Relativitätstheorie (1914/15). Er erhielt 1921 für seinen Beitrag zur Quantentheorie den Nobelpreis.

Albert-Gebel-Straße, (Bergedorf), 2009, nach Albert Gebel (1861–1914), Sozialdemokrat, 1890 Mitbegründer des Bergedorfer Ortsverbandes der SPD, Mitinitiator zur Einberufung des ersten deutschen Glasarbeiterkongresses in Bergedorf, dort zum Vorsitzenden des Glasarbeiterverbandes gewählt, Mitinhaber einer Glasfabrik am Weidenbaumsweg.

Albertine-Assor-Straße, (Schnelsen), 1993, nach Albertine Assor (1863–1953), Gründerin und langjährige Leiterin der später nach ihr benannten in der Nähe der Albertine-Assor-Straße gelegenen evangelischen Diakonie- und Krankenanstalten.

Albertinenstieg, (Schnelsen), 1993, nach dem von Albertine Assor gegründeten Diakonissenhaus Siloah – heute das nahe gelegene Albertinen-Haus.

Albertiweg, (Othmarschen), 1952, nach Dr. Eduard Alberti (1827–1898), der sich als Herausgeber des Schleswig-Holsteiner Schriftsteller-Lexikons verdient gemacht hat.

Albert-Schäfer-Weg, (Eißendorf), 2003, nach Dr. iur. h.c. Albert Schäfer (1881–1971), 1933–1949 Vorstandsvorsitzender der Harburger Phoenix AG, 1946–1956 Präses der Handelskammer Hamburg, maßgeblich beteiligt bei der friedlichen Übergabe Hamburgs an die Engländer zum Kriegsende 1945.

Albert-Schweitzer-Ring, (Tonndorf), 1975, nach Albert Schweitzer (1875–1965), geb. in Kaysersberg/Elsass, gest. in Lambarene/Gabun. Er war Arzt, ev. Theologe, Musiker und Kulturphilosoph. Er gründete in Lambarene ein Tropenkrankenhaus, das er mit Orgelmusik und Vortragsreisen zu finanzieren versuchte. Er erhielt 1951 den Friedenspreis des deutschen Buchhandels und 1952 den Friedensnobelpreis.

Albertstraße, (Hammerbrook), 1858, zu Ehren des Prinzgemahls der Königin Victoria von England, Prinz Albert von Sachsen-Coburg (1819–1861).

Albrechtstraße, (Eidelstedt), 1930, nach dem Leiter der Zweigstelle der Hamburg-Altonaer Wohnungsbaugesellschaft „Heimstätten“ Paul Albrecht wegen seiner Verdienste um den sozialen Wohnungsbau.

Aldenrathsweg, (Barmbek-Nord), 1922, nach dem Hamburger Miniaturenmaler und Lithographen Heinrich Jacob Aldenrath (1775–1844). Er war Schüler von Tischbein und Gröger und galt als wichtigster Portraitminiaturist im norddeutschen

Bereich in der ersten Hälfte des 19. Jahrhunderts.

Alemannenweg, (Hamm-Süd), 1938, nach dem westgermanischen Stamm, hervorgegangen aus den unterschiedlichsten Heerhaufen, deren Heimat Mecklenburg, das Mittelelbegebiet und das Saalegebiet war.

Alexanderstraße, (St. Georg), 1864, nach dem Grundeigner Alexander Bentalon Tornquist (1813–1889). Im 19. Jahrhundert konnten Grundeigner teilweise die von ihnen angelegten Straßen mit Namen eigener Wahl benennen, die später meist offiziell übernommen wurden, sofern keine Doppelbenennung vorlag. Herr Tornquist hat eine Straße mit seinem Vornamen, eine mit seinem Nachnamen und jeweils Straßen mit den Vornamen seiner beiden Söhne und seiner beiden Töchter benannt.

Alexander-Zinn-Straße, (Groß-Flottbek, Othmarschen), 1950, nach Alexander Zinn (1880–1941), dem Leiter der Senatspressestelle von 1922 bis 1933.

Alexandrastieg, (Rothenburgsort), 2006, nach der Chansonsängerin Alexandra (1942–1969) (bürgerlicher Name: Doris Nefedov), die zu Beginn ihrer Karriere in Hamburg-Rothenburgsort lebte.

Alfred-Beit-Weg, (Harvestehude), 1962, nach Alfred Beit (1853–1906), dem Vorbesitzer des Geländes, der sich durch gemeinnützige Leistungen auszeichnete.

Alfred-Jahncke-Ring, (Poppenbüttel), 1977, nach dem Wirtschaftsabgeordneten und Fraktionsvorsitzenden im Ortsausschuss Alstertal Alfred Jahncke (1901–1962).

Alfred-Johann-Levy-Straße, (Barmbek-Nord), 2010, nach Alfred Johann Levy (1901–1987), Elektroingenieur, Rundfunkmechanikermeister, 1919 Beitritt zur DDP, 1927 Kreisvorsitzender in Barmbek, 1930 Austritt wegen Vorbereitung zur Gründung der Deutschen Staatspartei, Widerstandskämpfer gegen den Nationalsozialismus zunächst in der Gruppe Q (ehem. Mitglieder der DDP), dann in der Widerstandsgruppe Bund Freies Hamburg, 1945 Mitgründer der Partei Freier Demokraten (später Hamburger Landesverband der FDP), 1947–1974 Deputierter der Baubehörde, 1953–1966 Mitglied der Hamburgischen Bürgerschaft, Ehrenmeister des Hamburger Handwerks.

Alfred-Mahlau-Weg, (Steilshoop), 1972, nach Prof. Alfred Mahlau (1894–1967), Maler und Graphiker. Motivgruppe: Personen, die sich um das kulturelle Leben Hamburgs in der ersten Hälfte des 20. Jahrhunderts verdient gemacht haben.

Alfredstraße, (Hohenfelde, Borgfelde), 1866, nach dem früh verstorbenen Sohn des Kaufmanns Hermann Härder, der hier größeren Grundbesitz hatte und die Straße anlegen ließ.

Alfredstraßenbrücke, (Borgfelde), 1901, in Anlehnung an die Alfredstraße.

Alfred-Wegener-Weg, (Neustadt), 1935, nach Prof. Dr. Alfred Wegener (1880–1930), Meteorologe und Polarforscher, 1906–1908 und 1912–1913 Grönland-Expedition, 1930 Tod im Eis.

Algermissenstraße, (Wilhelmsburg), 1972, nach dem Pfarrer Franz Algermissen (1876–1943), der von 1909 bis 1925 Pfarrer an der kath. Bonifatiuskirche war.

Allende-Platz, (Rotherbaum), 1983, nach Dr. Salvador Allende (1908–1973), chilenischer Politiker, demokratisch gewählter Präsident, der von Putschisten ermordet wurde.

Aliensteiner Straße, (Wandsbek), vor 1933 nach der Stadt in Ostpreußen.

Allermöher Deich, (Allermöhe), 1960, nach der Lage im Stadtteil Allermöhe.

Allermöher Kirchenbrücke, (Reitbrook, Allermöhe), 1961, nach der Lage als zur Kirche führende Brücke.

Allermöher Werftstegel, (Allermöhe), 1978, es handelt sich um einen Teil des Landungssteges. Stegel = Diminutivform von Steg.

Allerskehre, (Steilshoop), 1958, nach Christian Wilhelm Allers (1857–1915), Lithograph und Zeichner von Hamburgensien.

Allhornring, (Volksdorf), 1961, im Anschluss an den Namen „Im Allhorn".

Allhornstieg, (Volksdorf), 1950, im Anschluss an den Namen „Im Allhorn".

Allhornweg, (Volksdorf), benannt 1964 im Anschluss an den Namen „Im Allhorn".

Allmende, (Neugraben, Fischbek), 1940, Allmende ist die Allgemeinflur eines Dorfes, meist Weide, Wald oder Ödland, die sich im Gemeinbesitz der Dorfbevölkerung befindet. Unter Aufsicht des Dorfhirten weiden dort Schafe, Schweine, Rinder und Pferde.

Alma-Wartenberg-Platz, (Ottensen), 1996, nach Alma Wartenberg (1871–1928), sozialdemokratische Politikerin aus Ottensen, Vorkämpferin für Frauenrechte.

Alpenrosenweg, (Eidelstedt), 1950, in freier Wahl nach den auch sonst hier verwendeten Blumenmotiven. Motivgruppe: Blumen.

Alphonsstraße, (Marienthal), 1850/78, frei gewählter männlicher Vorname.

Alsenplatz, (Altona-Nord), 1893, zur Erinnerung an die Besetzung der Insel Alsen durch preußische Truppen im Jahre 1864.

Alsenstraße, (Altona-Nord), 1893, Erklärung wie „Alsenplatz".

Alsterallee, (Duvenstedt), vor 1940, nach der Lage am Alstertal.

Alsterarkaden, (Neustadt), 1843, nach der Baugestaltung an der Kleinen Alster. Diese Häuser wurden geschaffen, nachdem der Große Brand von 1842 Platz geschaffen hatte, die bisher hier befindliche Wassermühle ihre Wirtschaftlichkeit eingebüßt hatte und nicht mehr benötigt wurde und im richtigen Moment ein Architekt von dem Format eines Alexis de Chapeauneuf zur Verfügung stand. Der erkannte die sich bietende Möglichkeit, erweiterte einen Teil des Alsterfleetes und schuf schräg gegenüber des zukünftigen Rathausmarktes die „Kleine Alster" mit den Alsterarkaden.

Alsterberg, (Alsterdorf), 1927, nach einem der Gegend anhaftenden Flurnamen.

Alsterblick, (Wohldorf-Ohlstedt), 1914, nach der Lage mit Blick auf die Alster.

Alsterbrücke, (Lemsahl-Mellingstedt, Bergstedt), 1928, in Anlehnung an den Namen der Alster und nach der Funktion.

Alsterchaussee, (Rotherbaum, Harvestehude), 1860, als zur Alster führender chaussierter Weg.

Alsterdorfer Brücke, (Alsterdorf), 1922, in Anlehnung an den Namen Alsterdorfer Damm.

Alsterdorfer Damm, (Alsterdorf), 1881, der Alsterdorfer Damm wurde 1834/36 zu der damals in Bau befindlichen Alsterkrugchaussee aufgeschüttet und mittels einer Holzbrücke beim Alsterkrug über die Alster geführt.

Alsterdorfer Markt, (Alsterdorf), 2003, nach der Nutzung durch verschiedene Dienstleistungseinrichtungen.

Alsterdorfer Straße, (Alsterdorf, Winterhude, Ohlsdorf), 1863, als von Winterhude nach Alsterdorf führender Weg.

Alsterfurt, (Poppenbüttel), 1950, wahrscheinlich nach einer hier ehemals durch die Alster führenden Furt; das ist jedoch nicht sicher, denn eine viel benutzte Furt lag nur wenige hundert Meter flussabwärts im Schleusenbecken der jetzigen sogenannten Schleuse.

Alsterglacis, (Rotherbaum), 1856, der Name erinnert an die 1620 entstandenen Befestigungsanlagen. Das Wort Glacis kommt aus dem Französischen und bedeutet soviel wie Vorfestung oder freies Vorfeld. Auch die Straßennamen Holstenglacis und Glacischaussee erinnern an solche Anlagen.

Alsterhang, (Wohldorf-Ohlstedt), 1971, nach der Geländebeschaffenheit.

Alsterhöhe, (Wohldorf-Ohlstedt), 1928, nach der Lage, Hang der Oberalster.

Alsterkamp, (Harvestehude), 1884, nach dem der Gegend anhaftenden Flurnamen „Alsterkampkoppel".

Alsterkehre, (Poppenbüttel), 1973, Sackgasse in Alsternähe, die zum Umkehren zwingt.

Alsterkrüger Kehre, (Alsterdorf), 1930, als eine von der Alsterkrugchaussee abzweigende Sackgasse, die zum Umkehren zwingt.

Alsterkrugchaussee, (Groß Borstel, Fuhlsbüttel, Alsterdorf), 1830, im Volksmund entstandener Name für die an Stelle der alten Kieler Landstraße 1830 vollendeten Chaussee zum Alsterkrug; ausgedehnt 1898 auf die Strecke der Chaussee, die zum Erdkampsweg führt.

Alsterparkbrücke, (Ohlsdorf, Fuhlsbüttel), 1956, nach einer ortsüblichen Bezeichnung für die im Zuge des Alsterwanderweges im Alsterpark über die Alster führende Brücke.

Alsterredder, (Sasel, Poppenbüttel), 1919/20, nach der Lage in Alsternähe, Redder = von Knicks gesäumter Feldweg.

Alsterstieg, (Wellingsbüttel), 1933, nach einer zur Alster führenden Treppe.

Alsterterrasse, (Rotherbaum), um 1845 als eine in Richtung Alster verlaufende, 1858 bis zu deren Ufer durchgeführte Privatstraße.

Alstertor, (Hamburg-Altstadt), 1346, nach dem alten, zwischen Raboisen und Hermannstraße gelegenen 1726 abgebrochenen Tor, das innerhalb der Stadtbefestigung der Sicherheit der Stadt diente; als Straßenname in der Form „Beim Alstertor“ seit 1346 nachweisbar.

Alstertwiete, (St. Georg), seit Anfang des 18. Jahrhunderts nach der Lage, als zur Alster herunterführende Gasse. Twiete = enger Durchlass zwischen zwei Häuserblöcken.

Alsterufer, (Rotherbaum), 1865 und 1907, als am Ufer der Alster verlaufende Straße.

Alsterweg, (Hummelsbüttel), vor 1938, als kleine zur Alster hinführende Straße.

Alsterwiesen, (Lemsahl-Mellingstedt), 1947, nach dem an der Alster gelegenen Wiesengelände.

Alte Aue, (Finkenwerder), 1978, nach dem hier vorhanden gewesenen Wasserlauf Aue.

Alte Berner Straße, (Rahlstedt), 1980, in Anlehnung an die „Berner Straße“, deren Teil der Weg sie zuvor war.

Alte Dorfstraße, (Wohldorf-Ohlstedt), 1936, nach der ehemaligen Dorfstraße, 1898 gepflastert, 1913 weiter ausgebaut.

Alte Elbgaustraße, (Eidelstedt), 1986, in Anlehnung an den Namen Elbgaustraße.

Alte Franzosenheide, (Schnelsen), 1961, hier haben gegen 1880 französische Emigranten Heideland kultiviert, die Gegend aber bald wieder verlassen.

Alte Harburger Elbbrücke, (Wilhelmsburg, Harburg), 1967, als älteste Straßenbrücke über die Süderelbe bei Harburg, die heute nur noch dem nicht motorisierten Verkehr dient.

Alte Holstenstraße (Lohbrügge), 1949, früher Holstenstraße, wurde aus historischen Gründen benannt, um den Namen zu erhalten, als die von Bergedorf nach Holstein führende Straße.

Alte Königstraße, (Altona-Altstadt), 1971, in Anlehnung an den Namen Königstraße, von der sie ein Teil war.

Alte Kollaustraße, (Lokstedt), 1962, in Anlehnung an die „Kollaustraße“, deren Teil vor ihrer Begradigung der Weg war.

Alte Landstraße, (Poppenbüttel, Hummelsbüttel), 1930, als alter Verbindungsweg zwischen Hamburg und Poppenbüttel.

Alte Marsch, (Neugraben-Fischbek), 1948, Flurbezeichnung, als Weg ins Marschgebiet, das schon seit alters her kultiviert war.

Alte Mühle, (Sasel, Bergstedt), 1948, anno 1601 erstmalig erwähnt, arbeitete zunächst als Walk-, dann als Färbe-, Loh-und Pulvermühle. Nach einer Explosion 1641 stellte sie ihren Betrieb ein, wurde aber später 1695–1856 wieder als Getreidemühle mit Mahlzwang für die Dörfer Meiendorf, Oldenfelde, Alsterdorf, Bramfeld und Steilshoop erwähnt.

Altendeichstieg, (Wilhelmsburg), 1982, in Anlehnung an den Namen „Alter Deich“.

Altenfelder Weg, (Wilhelmsburg), 1909, diese Straße begrenzt das 1333 eingedeichte Srillhorner Feld, das sogenannte „Alte Feld“.

Altengammer Elbdeich, (Altengamme, Neuengamme), 1237, Gamme ist vermutlich die alte Bezeichnung für die Dove Elbe.

Altengammer Hauptdeich, (Altengamme), 1970, Lage des größten Teiles im Stadtteil Altengamme, der durch die neue Deichsicherungslinie entstand.

Altengammer Hausdeich, (Altengamme), vor 1914, der Hausdeich ist der Deich, an dem die Häuser liegen.

Altengammer Marschbahndamm, (Altengamme), 1986, nach der Lage.

Altenhagener Weg, (Rahlstedt), 1959, nach der Motivgruppe: „Orte in Pommern“.

Altenmoor, (Hummelsbüttel), 1950, nach dem Flurnamen „Allmoor“ oder „Ahlmoor“.

Altenwallbrücke, (Hamburg-Altstadt), 1843, nach der im Zuge des Alten Walls gelegenen Brücke, die vorher Schliekuutsbrücke oder auch Heiligen-Geist-Brücke hieß, ohne dass ihre Bezeichnung auf eine Straßenstrecke ausgedehnt war.

Altenwerder Brücke, (Waltershof, Altenwerder), 1974, nach dem Stadtteil.

Altenwerder Damm, (Waltershof), 1927/29, nach der Elbinsel Altenwerder, in deren Richtung die Straße führt.

Altenwerder Elbdeich, (Altenwerder), 1951, nach der Elbinsel Altenwerder und nach der Funktion.

Altenwerder Hauptdeich, (Altenwerder), 1970, nach der Lage im Stadtteil Altenwerder.

Altenwerder Hauptstraße, (Altenwerder), 2002, nach ihrer Lage und Funktion.

Altenwerder Kirchweg, (Altenwerder), 1948, nach der Altenwerder Kirche.

Altenwerder Querweg, (Altenwerder), 2004, unter Übertragung des Wegenamens von der ehemaligen, südlich belegenen Wegefläche.

Alte Rabenstraße, (Rotherbaum), 1858, nach dem Wirtshaus „Die Rabe“. Die feminine Form für Rabe geht wahrscheinlich auf das Niederdeutsche zurück, wo man „de Rave“ sagt. „Die Alte Rabe“ erhielt den Namen nach Entstehung einer neuen Wirtschaft, die „Neue Rabe“ hieß.

Alter Berner Weg, (Sasel), 1980, als Teil des Berner Weges.

Alter Damm, (Gut Moor), 1982, die Wegbezeichnung des aus Niedersachsen kommenden Weges wurde auch für Hamburg übernommen.

Alter Deich, (Wilhelmsburg), 1977, nach der alten Bezeichnung des Weges.

Alter Fährweg, (Neuenfelde), 1966, ein alter Weg an derselben Stelle führte zu einer nicht mehr vorhandenen Fährstelle.

Alter Fischmarkt, (Hamburg-Altstadt), 1949, dieser Platz, ursprünglich an der Bille gelegen, war die älteste Hafenanlage der Stadt und gleichzeitig der erste Markt. Zum Unterschied zum Fischmarkt in Altona wurde dieser Platz in „Alter Fischmarkt“ umbenannt.

Alter Güterbahnhof, (Winterhude), 2007, nach dem ehemals dort belegenen Güterbahnhof Barmbek.

Alter Kirchdeich, (Ochsenwerder), 1910, als alter Weg zur Kirche nach Ochsenwerder.

Alter Landweg, (Billwerder), 1929, früher „Unterer Landweg“, weil er ein Reststück des „Unteren Landweges“ darstellt, der jetzt Sackgasse ist.

Alter Löschplatz, (Barmbek-Nord), 2009, nach der früheren Nutzung der Fläche, die dem Be- und Entladen (Löschen) von Schuten diente, die den Osterbekkanal befuhren.

Alter Postweg, (Heimfeld), 1950, bevor die reguläre Straße nach Stade angelegt wurde, war dies der Weg der Post dorthin.

Alter Rethedamm, (Wilhelmsburg), 1996, im Anschluss an den Namen Rethedamm, der früher die Hauptverbindungsstraße war.

Alter Schulweg, (Lokstedt), 1928, als Weg zur alten Schule.

Alter Steinweg, (Neustadt), im 17. Jahrhundert. Bereits 1386 als gepflasterte Straße erwähnt. Der Alte Steinweg dürfte mit zu den ersten Straßen der Stadt gehört haben, die mit Steinen befestigt wurden, was aus einer Kämmereirechnung hervorgeht, nach der eine Straße gebaut wurde, die vom Rödingsmarkt in Richtung „Hamburger Berg" (heute St. Pauli) führte. Nach der späteren Verlängerung der Straße wurde der bestehende Teil zum „Alten Steinweg" und der neue Abschnitt zum „Neuen Steinweg".

Alter Teichweg, (Barmbek-Süd, Dulsberg, Wandsbek), 1877, nach der Flurbezeichnung „Ohlen Dieck" = alter Teich. Ohlen Dieck bildet den Rest des früheren Mühlenteiches, der in der Gegend der jetzigen Straße Flachsland lag. Die Mühle befand sich etwa dort, wo heute die Hufnerstraße über die Osterbek führt.

Alter Wall, (Hamburg-Altstadt), 1843 in Analogie zu dem Namen des „Neuen Wall". Die Straße heißt nach dem um 1480 angelegten Stadtwall, der nach seiner Ersetzung durch den Neuen Wall 1560 bis 1562 eingeebnet und als Straße bebaut wurde. Auf diese wurde zuerst die volkstümliche, durch seine schlechte Beschaffenheit oder durch seine Verunreinigung entstandene Bezeichnung „Dreckwall" übertragen. Daneben kam seit Ende des 17. Jahrhunderts der Name „Wallstraße" und seit der Umgestaltung des Neuen Walls zu einer Straße am Ende des ersten Jahrzehnts des 18. Jahrhunderts der Name „Alte Wallstraße" auf, der sich jedoch erst um 1788 endgültig durchsetzte.

Alter Wandrahm, (HafenCity), benannt in der ersten Hälfte des 17. Jahrhunderts nach den hier tätigen Tuchhändlern. Da die Altstadt für dieses platzaufwendige Gewerbe zu eng geworden war, wies man den Tuchhändlern ein neues Gebiet auf dem Grasbrook zu. Der Name „Wandrahm" erklärt sich wie folgt: „Wand" ist das plattdeutsche Wort für Gewand. Die Wandschneider behandelten ihre Tuche mit Seife, Farbemittel und Holzkämmen. Auf Holzgestellen, den sogenannten Wandrahmen, wurden die Tuche dann zum Trocknen aufgestellt. Die Wandrahmen waren fest im Boden verankerte Gestelle. Die Wandbereiter zählten zu den reichsten Kaufleuten der Stadt und konnten sich daher ein Haus in der nahe gelegenen Reichenstraße leisten.

Alter Weg, (Eimsbüttel), 1928, unter Anerkennung der volkstümlichen Bezeichnung für einen Teil der Alten Landstraße von Hamburg über Eidelstedt nach Pinneberg (seit 1890 nachweisbar).

Alter Zollweg, (Rahlstedt), vor 1951, hier wurde von alters her ein bestimmter Zoll erhoben. Ursprünglich wohl ein landesherrliches Geleitrecht, das erst 1838 aufgehoben wurde.

Alte Schleuse (Wilhelmsburg) vor 1681, 1976, die alte Schleuse lag in der Nähe des Hauses Nr. 6 im Schlengendeich. Die Umgebung behielt den Namen „Alte Schleuse" im Gegensatz zur 1681 erbauten neuen und großen Schleuse im Honartsdeich.

Alte Schmiede, (Bergstedt), 1947, nach der Lage einer ehemals hier gelegenen Schmiede.

Alte Seevestraße, (Harburg), 1965, in Anlehnung an den Namen Seevestraße.

Altes Estesperrwerk, (Neuenfelde, Cranz), 1966, nach der Lage.

Alte Sülldorfer Landstraße, (Rissen), 1985, nach dem alten Verlauf der Sülldorfer Landstraße.

Alte Twiete, (Kirchwerder, Neuengamme), 1950, nach einer ortsüblichen Bezeichnung. „Twiete" = Verbindungsweg zwischen zwei Straßen.

Alte Volksparkstraße, (Stellingen), 1971, in Anlehnung an die Volksparkstraße, deren Teil der Weg war.

Alte Weiden, (Neugraben-Fischbek), 1967, im Anschluss an die auch sonst hier auf „Weiden" lautenden Wegnamen.

Alte Wöhr, (Winterhude, Barmbek-Nord), 1922, im Anschluss an einen alten Flurnamen. Und zwar handelt es sich bei „Wöhr" um die mittelniederdeutsche Nebenform des Wortes „Wart" oder „Wurt", was soviel wie erhöhte Stelle bedeutet. Hier stand früher das Dorf Hartzloh.

Altländer Straße, (Hammerbrook), 1936, nach den Altländer Bauern, die hier ihre Ware auf den Markt brachten.

Altmannbrücke, (St. Georg, Hammerbrook), 1942, nach dem Landschaftsgärtner J. H. Altmann (1777–1837) aus Bremen, der etwa 1820 aus den ehemaligen Wallbefestigungen die heute noch bestehenden Wallanlagen schuf. Die früher an diesen Mann erinnernde Altmannstraße musste modernen Eisenbahnanlagen weichen. Da es sonst hier keine Benennungsmöglichkeit gab, benannte man zu seinen Ehren diese Brücke.

Altmühlweg, (Sasel), 1982, nach dem Nebenfluss der Donau. Motivgruppe: „Die Donau und ihre Nebenflüsse".

Altonaer Poststraße, (Altona-Altstadt), 1975, im Anschluss an den früheren Namen Poststraße.

Altonaer Straße, (Eimsbüttel, Sternschanze), 1847, als nach Altona führende Straße, im Anschluss an den Namen Hamburger Straße, für die auf Altonaer Gebiet verlaufende Fortsetzung.

Altrahlstedter Kamp, (Rahlstedt), 1955, in Anlehnung an den Altrahlstedter Redder und die nahe gelegene Flur „Kamp".

Altrahlstedter Redder, (Rahlstedt), 1950, nach dem Namen des früheren Ortsteils „Altrahlstedt". Redder = von Knicks gesäumter Feldweg.

Altrahlstedter Stieg, (Rahlstedt), 1950, nach dem früheren Ortsteilnamen „Altrahlstedt", Stieg = kleiner Weg.

Altstädter Straße, (Hamburg-Altstadt), seit dem 14. Jahrhundert. Bezeichnung für den ältesten bzw. älteren Teil der Stadt um St. Petri (10. Jahrhundert) und St. Jacobi plus Neustadt, um St. Nikolai (1188) und St. Katharinen. Ursprünglich „Altstädter Neustraße", 1899 sinnwidrig verkürzt auf Altstädter Straße.

Altstädter Twiete, (Hamburg-Altstadt), 1937, in Anlehnung an den Namen Altstädter Straße. Twiete = kleiner Verbindungsweg zwischen zwei Straßen.

Aluminiumstraße, (Altenwerder), 2009, nach dem langjährigen Standort der Aluminiumproduktion.

Altwiedenthaler Höhe, (Hausbruch), 1944, nach der Lage und dem Hof Altwiedenthal.

Altwiedenthaler Straße, (Hausbruch), 1938, nach dem früheren Hof Altwiedenthal.

Altwiedenthaler Twiete, (Hausbruch), 1944, nach dem Hof Altwiedenthal. Twiete = kleiner Verbindungsweg zwischen zwei Straßen.

Alversloweg, (Volksdorf), 1936, nach dem Knappen Brunnecke von Alverslohe, der die Walddörfer 1437 an die Stadt Hamburg verpfändete und nie wieder auslöste.

Alwin-Lippert-Weg, (Niendorf), 1950, nach Alwin Lippert (1846–1902), früherer Besitzer des anliegenden Hofes und Stifter der 1920 vom Hamburger Senat genehmigten Gustav-Marie-Lippert-Stiftung.

Am Abhang, (Blankenese), 1949, nach der Lage am Abhang in Blankenese.

Amália-Rodrigues-Weg, (Bahrenfeld), 2003, nach Amália Rodrigues (1920–1999), portugiesische Fadosängerin. In ihrer über 50-jährigen Karriere wurde sie zur legendären „Stimme Portugals".

Amalie-Dietrich-Stieg, (Barmbek-Nord), 1968, nach Amalie Dietrich (1823–1891), erste bekanntgewordene Naturwissenschaftlerin und Botanikerin und Forschungsreisende. Sie reiste in abenteuerlicher Weise im Auftrag des Hamburger Kaufmanns Godeffroy nach Ostaustralien und in die Südsee, um das dortige Gebiet zu erforschen. Sie blieb dort über 10 Jahre. Ihre Tochter hat ihr Lebenswerk schriftstellerisch aufgearbeitet und gewürdigt.

Amalienstraße, (Harburg), 1875, nach Amalie, geb. Kort, Frau des Kaufmanns Ludwig Wensthoff.

Amalie-Schoppe-Weg, (Barmbek-Nord), 1930, Emma Sophie Katharina, geb. Weise; auch Adalbert von Schonen, Erzählerin, Redakteurin und Autorin sowie

Frauenratgeberin, Gönnerin Friedrich Hebbels (1791–1858).

Amalie-Sieveking-Weg, (Volksdorf), 1957, nach Amalie Sieveking (1794–1859), gründete 1832 den weiblichen Verein für Armen- und Krankenpflege.

Am Alsterfleet, (Neustadt), 1948, Fleet = niederdeutsche Bezeichnung für Zweigkanal von Schiffahrtswegen (Stadtkanal).

Am Alten Estesperrwerk, (Cranz, Neuenfelde), 1966, nach der Lage am Alten Estesperrwerk.

Am Alten Gericht, (Wilhelmsburg), 1937, in der Nähe stand seit 1674 der Galgen. Mehrfach sind auf diesem Platz Hinrichtungen erfolgt, so z.B. 1724 Hinrich Hadeler, der seinen Schwager erschlagen hatte, und 1729 Jakob Salomon wegen Diebstahls. 1764 wurde der Gerichtsplatz auf Antrag von Pastor Schröder verlegt, da er zu nahe am Ort lag. Er wurde an den Alten Deich auf eine unbenutzte Stelle bei dem jetzigen „Galgenbrack", etwa dort, wo jetzt die Eisenbahnlinie die Brackstraße kreuzt, verlegt.

Am Alten Posthaus, (Marienthal), 1955, an der Stelle des heutigen Stormannhauses stand 1842 ein Posthaus mit Ausspann für Pferdekutschen.

Am Alten Schlachthof, (Wilhelmsburg), 1949, nach dem Wilhelmsburger Schlachthof, der bis zur Zusammenlegung mit Harburg hier bestand.

Am Altenwerder Kirchtal, (Altenwerder), 2004, nach dem westlich benachbarten, so genannten Altenwerder Kirchtal.

Am Alten Zoll, (Billstedt), 1979, nach der früheren Zollstelle, die sich zwischen Hamburg und Schiffbek befand.

Amandastraße, (Eimsbüttel), 1865, wahrscheinlich nach einem frei gewählten weiblichen Vornamen.

Amandus-Stubbe-Straße, (Moorfleet), 1999, nach dem Domänenpächter Amandus Stubbe (1859–1933) aus Hamburg-Bergedorf, der 40 Jahre lang Mitglied der Hamburger Bürgerschaft war.

Am Anger, (Horn), 1940, nach einem frei gewählten Namen. Anger = Gemeindeweideplatz im Dorf.

Am Anschuß, (Poppenbüttel), 1957, Flurname, der auf eine volkstümliche Bezeichnung zurückgreift. Anschuß kommt von anschießen und bedeutet auch angrenzen bzw. Grenzstück. Es gibt aber eine viel „nettere" Geschichte über diesen Namen, die dadurch nicht wahrscheinlicher wird, dass es sich bei zwei Duellanten um Namensvetter handelte: der Generalmajor und der Oberst Ranzou oder Randtzow lieferten sich hier einen Zweikampf. Der Generalmajor wurde „angeschossen" und verstarb folgenden Tages.

Am Anzuchtgarten, (Ohlsdorf), 2007, nach dem dort verbliebenen Teil der Anzuchtgärtnerei für den Friedhof Ohlsdorf.

Am Aschenland, (Neugraben-Fischbek), 1983, in Anlehnung an einen alten Flurnamen.

Am Backofen, (Hummelsbüttel), 1950, nach dem der Gegend anhaftenden Flurnamen „Backofenstück".

Am Bahndamm, (Veddel, Kleiner Grasbrook), 1887, nach der Lage am Bahndamm.

Am Bahngraben, (Wilhelmsburg), 1988, nach der Lage am Entwässerungsgraben neben der Bahnstrecke.

Am Bahnhof, (Bergedorf), 1887, die erste Eisenbahnstrecke Hamburgs wurde zwischen Bergedorf und Hamburg gebaut. Der englische Ingenieur Lindley leitete den Bau. Der Weg nach Bergedorf wurde gewählt, da die anderen Anliegerstaaten eine Streckenführung durch ihr Gebiet ablehnten und weil man hoffte, diese Richtung nach Berlin ausbauen zu können. Die feierliche Eröffnung war für den 7. Mai 1842 vorgesehen, aber es kam anders; aus der Zeremonie wurde nichts, denn am 5. Mai brach in der Deichstraße der Große Brand aus, der fast die ganze Stadt zerstörte. Zur schnellen Hilfe für den Abtransport der Obdachlosen wurde spontan die bereits fertiggestellte Bahn in Betrieb genommen. Wer konnte, rettete sich mit all seiner tragbaren Habe zu dieser Bahn und ließ sich nach Bergedorf ausfahren.

Am Ballinkai, (Altenwerder), 2002, in Anlehnung an den östlicch liegenden, neuen Ballinkai.

Am Barls, (Lurup), 1930, nach einem Flurnamen.

Am Baum, (Bergedorf), 1887, Flurname „Beym Baum", nach einem Schlagbaum, der ehemals am Straßenanfang lag und die Auffahrt versperrte.

Am Baumwall, (Neustadt), 1990, in Anlehnung an den Namen „Baumwall".

Am Beckerkamp, (Lohbrügge), 1860, Flurname, ein Weg, an dem der Kaufmann Becker einen Kalkofen betrieb.

Am **Beedenkamp,** (Rissen), 1986, in Anlehnung an einen Flurnamen.

Am Beerbusch, (Bergstedt), 1949, Flurname. Eichwald, der als Schweineweide zur Eichelmast diente.

Am Beerenwald, (Eißendorf), 1978, in Anlehnung an die sonst hier auf „Beeren" lautenden Straßennamen, Behr = Beer = Eber.

Ambergstraße, (Bergedorf), vor 1936, nach der Lage der Straße am Hang. Es handelt sich hier um eine Ableitung von „Am Berg".

Am Berner Wald, (Sasel, Farmsen-Berne), 1934, als in den Wald führende Straße.

Am Blumenacker, (Fuhlsbüttel), 1921, unter Verwendung des Namens einer etwas weiter südlich gelegenen Flur.

Am Born, (Ottensen), 1950, Born = Quelle, Brunnen, Wasserstelle.

Am Botterbarg, (Iserbrook, Osdorf), 1932, Flurbezeichnung. Rastplatz für milchtragende, vom Melken kommende Mägde.

Am Brabandkanal, (Alsterdorf), 1949, im Anschluss an den Namen Brabandkanal. Dr. Carl Braband (1870–1914) war Rechtsanwalt, in führender politischer Stellung, Mitglied der Hamburger Bürgerschaft und Reichstagsabgeordneter.

Am Bramfelder Zoll, (Bramfeld), 1951, zur Erinnerung an die frühere Zollstelle, die sich in der Gegend des heutigen Hellbrook befand.

Am Bredenbek, (Wohldorf-Ohlstedt), 1930, nach dem Alsterzufluss „Bredenbek".

Am Brink, (Bergedorf), vor 1837, Brink war ein Platz vor dem Ort, an dem Zugewanderte Wohnstätten erhielten, die sogenannten „Brinksitze". Die Brinksitzer waren keine Ackerbürger und hatten auch keinen Anteil an der Gemeindeweide.

Ambronendamm, (Niendorf), 1947, nach dem germanischen Volksstamm.

Am Bronzehügel, (Poppenbüttel), 1986, vor einigen Jahren haben hier Archäologen festgestellt, dass die Stelle über tausend Jahre für Begräbniszwecke benutzt wurde. Sie fanden eine Urne aus der jüngeren Bronzezeit ca. 750 v. Chr., zwei Gräber aus der Bronzezeit ca. 1450 und 1100 v. Chr. und ein Grab aus der Jungsteinzeit ca. 1900 v. Chr.

Am Brünschendiek, (Rissen), 1991, in Anlehnung an den benachbarten Flurnamen „Brünschen" – Besenstrauch.

Am Brunnenhof, (St. Pauli), um 1852, im Jahre 1494 verlieh Otto von Schauenburg den sogenannten „Bornspring", seitdem fand von hier aus die Wasserversorgung des Katharinenkirchspieles statt.

Am Buckhornwald, (Volksdorf), 1996, nach dem angrenzenden Waldstück Buckhorn/Bockhorn und in Anlehnung an die Straßen Buckhorn und Buckhornstieg.

Am Burgberg, (Rönneburg), 1932, nach einem frühmittelalterlichen Befestigungswerk, der Rönneburg, wohl zum Schutz gegen die Normannen und zur Sicherung der Straße nach Stade und Bardowick.

Am Callabrack, (Wilhelmsburg), 1975, Brack ist ein durch Deichbruch entstandenes Wasserloch hinter dem Deich, Calla = Sumpfpflanze.

Am Centrumshaus, (Harburg), 1988, nach der Lage beim dort 1930 erbauten Centrumshaus.

Am Containerbahnhof (Wilhelmsburg), 1970, nach der Lage am Containerbahnhof.

Am Dalmannkai, (HafenCity), 1995, nach dem benachbarten Dalmannkai.

Am Damm, (Bramfeld), 1927, nach einer Flurbezeichnung.

Am Deichdenkmal, (Wilhelmsburg), 1935, in Anlehnung an das 1933 errichtete Deichdenkmal, das an die 1333 begonnene Eindeichung Wilhelmsburgs erinnert.

Am Diebsteich, (Bahrenfeld), 1950, Flurname. Der Diebsteich befand sich in einem moorigen Gebiet nördlich des Kaltenkirchner Bahnhofs. In der Nähe lagen Richtstätten und Galgen.

Am Diggen, (Marmstorf), 1966, nach der Motivgruppe: Teile des niedersächsischen Bauernhauses. Unter Diggen versteht man die offene Herdstelle im niedersächsischen Bauernhaus.

Am Dorfteich, (Schnelsen), 1948, nach der Lage am Schnelsener Dorfteich.

Am Dornberg, (Farmsen-Berne), 1990, in Anlehnung an einen alten Flurnamen.

Am Dulsbergbad, (Dulsberg), 1957, nach dem im Stadtteil Dulsberg entstandenen Frei- und Hallenbad.

Am Ehrenmal, (Bramfeld), vor 1937, nach dem hier befindlichen Ehrenmal für Kriegsopfer.

Am Eichenplatz, (Osdorf), 1928, nach der hier nach Friedensschluss 1871 gepflanzten „Friedenseiche“.

Am Eichenrehmen, (Volksdorf), 1936, als hier ehemals Wälder gerodet wurden, ließ man etwa 10 Meter breite Wald- bzw. Buschstreifen stehen, die der Form wegen Riemen oder Rehmen genannt wurden und der Bevölkerung zur Versorgung mit Kleinholz dienten. In diesem Fall ein mit Eichen bestandener Rehmen.

Am Eiland, (Blankenese), 1928, unter Verwendung eines der Gegend anhaftenden Flurnamens.

Ameisenkamp, (Eidelstedt), 1944, nach dem Insekt.

Ameisweg, (Allermöhe), 1979, nach Otto Ameis (1881–1958), Architekt. Motivgruppe: Hamburger Architekten des frühen 20. Jahrhunderts.

Am Eisenwerk, (Barmbek-Nord), 2009, nach dem 1904 auf diesem Gelände errichteten ehemaligen Eisenwerk.

Am Elbpark, (St. Pauli), 1894, nach den dortigen parkartigen Anlagen.

Am Elbpavillon, (Neustadt), 1948, auf der Anhöhe, auf der heute das Bismarckdenkmal steht, befand sich vorher das Lokal „Elbpavillon“.

Am Elbtunnel, (Steinwerder), 1948, nach dem von St. Pauli nach Steinwerder führenden Elbtunnel.

Am Elisabethgehölz, (Hamm-Nord), 1924, nach einem früher hier befindlichen Gehölz, das auf dem Gelände der Familie Sieveking lag und nach deren Tochter Elisabeth so genannt wurde.

Amelungstraße, (Neustadt), 1825, nach dem Vorbesitzer des Geländes Martin Ernst Amelung.

Amerikahöft, (Kleiner Grasbrook), 1893, Höft mnd. hoved: Haupt, Spitze.

Amerikakai, (Kleiner Grasbrook), 1888, Kai mnd. Kaje = Ufereinfassung.

Amerkamp, (Eidelstedt), 1975, Flurname.

Am Exerzierplatz, (Eißendorf), 1906, nach der Lage am früheren Exerzierplatz der Harburger Garnison.

Am Fährkanal, (Steinwerder), 1993, nach dem unmittelbar angrenzenden Fährkanal.

Am Feenteich, (Uhlenhorst), 1948, nach der Anlage des in der Uhlenhorst künstlich hergestellten Wasserbeckens, dem jetzigen Feenteich.

Am Felde, (Ottensen), 1856, nach der ehemaligen Lage der Straße.

Am Fleet Venbrook, (Rahlstedt), vor 1949, unter Verwendung eines der Gegend anhaftenden Flurnamens. Fleet = Stadtkanal, Ven = moorige Weide, Brook = sumpfiges Bruchland.

Am Frankenberg, (Wilstorf, Langenbek, Marmstorf), 1889, Flurbezeichnung. Der Sage nach soll hier einst Karl der Große mit seinen Franken ein Feldlager aufgeschlagen haben.

Am Friedhof, (Rahlstedt), 1947, nach der Lage am Friedhof Altrahlstedt (Liliencrons Grab).

Am Fuchsberg, (Heimfeld), 1910, nach einer eingebürgerten Bezeichnung und den hier früher befindlichen zahlreichen Fuchsbauten.

Am Gehegegraben, (Hausbruch), 1990, nach dem benachbarten Wasserlauf, dem Gehegegraben.

Am Gehöckel, (Hummelsbüttel), 1936, Flurname, Hock = Hügelspitze, hökkeriges, hügeliges Feld.

Am Genter Ufer, (Waltershof), 2004, nach der Stadt in Flandern.

Am Gleise, (Veddel), 1929, nach der Lage der Straße am Damm der Hamburg-Harburger Eisenbahn.

Am Gnadenberg, (Hummelsbüttel), 1930, nach einer wohl mehr ironisch gemeinten Auslegung soll hier früher das Haus eines „gnädig“ gesinnten Zollbeamten gelegen haben. Seriöser scheint jedoch, dass der Name auf einen vorgeschichtlichen Grabhügel zurückgeht, der sich am Ende des Brombeerweges befunden haben soll und die Aufschrift „Gnarr Berg“ oder „Gnaddenberg“ gehabt haben soll. Dies wurde später auf ein Flurstück übertragen und von diesem auf die Straße.

Am Gojenboom, (Horn), 1929, bei den Schützenfesten in Horn wurde mit der Armbrust nach dem Bild eines Papageis (Papagoi) geschossen, das an einer Stange, dem sogenannten Gojenboom, befestigt war.

Am Grenzgraben, (Sasel), 1979, nach der Lage am Wellingsbüttler Grenzgraben.

Am Großen Dahlen, (Eißendorf), 1925, nach einer alten Bezeichnung für das dort liegende Gehölz. Es gehörte der Landherrenschaft und hieß früher „Fürstendahlen“, die Silbe „dal“ wird von Tal abgeleitet.

Am Großen Stein, (Wohldorf-Ohlstedt), 1929, benannt zur Erinnerung an das frühere Naturdenkmal und Überbleibsel aus der Eiszeit, das vor ca. 150 Jahren gesprengt und zu Schotter verarbeitet wurde.

Am Grundwasserwerk, (Tonndorf), vor 1938, nach der Lage am Wasserwerk.

Am Güterbahnhof, (Bergedorf), 1933, nach der Lage.

Am Hainholzberg, (Eißendorf), 1976, Flurbezeichnung. Hainholz = gehegtes Gehölz.

Am Hang, (Blankenese), 1928, nach der Lage der Straße am Geesthang.

Am Hasenberge, (Ohlsdorf), 1899, nach dem der Gegend anhaftenden Flurnamen „Hasenberg“.

Am Hasenkamp, (Schnelsen), 1980, in Anlehnung an den Flurnamen „Hasenkamp“.

Am Heesen, (Lohbrügge), vor 1932, nach der Flurbezeichnung „Lütten Heesen“ und „Groten Heesen“ = Buschwald, Gestrüpp.

Am Hegen, (Rahlstedt), 1948, Flurname; = Hecke, Knick, kleines Gehölz.

Am Hehsel, (Hummelsbüttel), 1930, Flurname. Hesel = Waldstück mit dichtem Unterholz.

Am Heuckenlock, (Wilhelmsburg), 1972, nach dem in der Nähe gelegenen Naturschutzgebiet „Heuckenlock“.

Am Hirschpark, (Nienstedten), 1949, nach dem benachbarten Hirschpark.

Am Hohen Feld, (Jenfeld), vor 1933, Flurbezeichnung.

Am Hohen Hause, (Tonndorf), 1961, nach einem dort errichteten Haus von hervorragender Höhe, ein achtgeschossiges Verwaltungsgebäude der „Neuen Heimat“.

Am Hohen Knäbel, (Eißendorf), 1932, Flurbezeichnung. Knäbel oder Knüll = Erhebung.

Am Hohen Stege, (Bergedorf), 1936, nach dem alten Stege über die Brookwettern von der ehemaligen Holzhude zum Curslakker Deich.

Am Holthusenkai, (Kleiner Grasbrook), 1967, nach dem Senator und Präses der Baudeputation Gottfried Holthusen (1848–1920).

Am Homer Moor, (Horn), 1932, nach der Lage am ehemaligen Horner Moor.

Am Hünenstein, (Hamm-Nord), 1929, zur Erinnerung an ein in der Nähe des Hammer Steindamms gelegenes Hünengrab.

Am Hüßelhus, (Marmstorf), 1989, nach dem benachbarten Hüßlingshaus des Kassenhofes. Hüsselhaus = Häußlerhaus, worin die Häuslinge = Landarbeiter wohnten. Das waren Katen, die im Kleinformat eine ähnliche Gliederung aufwiesen wie das Wohnstallgebäude des Bauern.

Am Husarendenkmal, (Marienthal), 1938, nach dem Denkmal des früheren Husarenregimentes Nr. 15.

Am Industriebahnhof, (Wilhelmsburg), 1907, nach der Lage beim Betriebsgelände der Wilhelmsburger Industriebahn, die im Jahre 1893 ihre Arbeit aufnahm.

Am Inselpark, (Wilhelmsburg), 2010, in Anlehnung an den Wilhelmsburger Inselpark.

Am Internationalen Seegerichtshof, (Nienstedten), 1996, nach dem nahe gelegenen 1996 errichteten Internationalen Seegerichtshof.

Am Irrgarten, (Harburg), 1893, zunächst war für diese Straße der Name „Krankenhausplatz“ vorgesehen, aber man entschloss sich für die bereits eingebürgerte Bezeichnung „Am Irrgarten“, die entstanden ist, weil der Platz früher (noch 1838) ein wüstes Gelände war, das man, um Ordnung zu schaffen, mit Obstbäumen bepflanzte, das geschah aber offenbar in so wenig sorgfältiger Weise, dass daraus ein Irrgarten entstand.

Am Isfeld, (Osdorf), 1928, nach dem Flurnamen „Isfeld“.

Am Jachthafen, (Waltershof), 1929, nach dem bis zum Jahre 1961 dort befindlichen Jachthafen.

Am Jägerholz, (Groß Borstel), 1911, nach der Lage zwischen dem Borsteler Jäger und einem Geländestück, das den Flurnamen „Im Holz“ trägt.

Am Jagen, (Wellingsbüttel), 1953, mit Bezug auf die forstwirtschaftliche Fläche und die frühere Bezeichnung dieser Gegend „Grüner Jäger“.

Am Jenfelder Bach, (Jenfeld), 1960, nach der Lage am Jenfelder Bach.

Am Jenfelder Moor, (Jenfeld), 1952, nach der Lage am ehemaligen Jenfelder Moor.

Am Johannisland, (Neugraben-Fischbek), 2008, nach einer alten Geländebezeichnung.

Am Kaiserkai, (HafenCity), 2004, nach dem benachbarten Kaiserkai im Sandtorhafen.

Am Kamerunkai, (Kleiner Grasbrook), 1958, in Anlehnung an den Kamerunkai. Kamerun: ehemalige deutsche Kolonie und jetzige Republik in Westafrika.

Am Kampmoor, (Billstedt), 1966, nach der Lage bei dem Gelände mit dem Flurnamen „Kampmoor“.

Am Karpfenteich, (Hummelsbüttel), 1930, nach einem parallel zu einem ehemaligen Karpfenteich verlaufenden Weg, der im Volksmund „Karpfenteich“ genannt wurde. Der Name wurde später offiziell übernommen, obwohl der Teich längst leergelaufen ist und nicht mehr existiert.

Am Kiekeberg, (Blankenese), 1928, nach einem ehemaligen Gartengrundstück, das wegen seiner umfassenden Aussicht den Namen erhielt.

Am Kleinen Dahlen, (Eißendorf), 1928, nach einer Bezeichnung für das dortige Gelände, das der Landherrenschaft gehörte und früher „Fürstendahlen“ hieß. Dahlen wird von „Dal“ = Tal abgeleitet.

Am Kleinen Kanal, (Wilhelmsburg), 1900, nach einem kleinen Kanal, und zwar der nördliche Teil der alten Reiherstieger Wettern, der zwischen Vogelhüttendeich und Ernst-August-Kanal liegt.

Am Klein Flottbeker Bahnhof, (Nienstedten), 2005, nach der Belegenheit.

Am Klingenberg, (Blankenese), 1928, unter Verwendung eines der Gegend anhaftenden Flurnamens Klingenberg, soll von Chlinga = Schlucht mit rauschendem Bach abgeleitet sein.

Am Knill, (Rahlstedt), vor 1958, Flurname, Knill = Erhebung.

Am Knollgraben, (Altengamme), 1925, nach dem Knollgraben.

Am Köhlfleet, (Waltershof), 1929, zur Erinnerung an den jetzt größtenteils zugeschütteten Elbarm „Köhlfleet".

Am Krähenberg, (Blankenese), 1926, nach den ehemals hier nistenden zahlreichen Krähen.

Am Kratt, (Lurup), 1932, Flurname, wobei Kratt soviel wie Gehölz, bestehend aus Buschwerk verkrüppelter Eichen, bedeutet.

Am Kringel, (Altengamme), 1925, Kringel: Flurname für Außendeichland vor der Borghorst.

Am Kroog, (Rahlstedt), 1950, Flurname, Kroog = abgelegene Ecke.

Am Kuchenberg, (Sinstorf), 1937, nach dem der Gegend anhaftenden Flurnamen „Auf'n Kuchenberg" (1667).

Am Landpflegeheim, (Osdorf), 1949, nach der Lage am Landpflegeheim.

Am Langberg, (Lohbrügge), 1961, nach der dortigen Flurbezeichnung „Langberg".

Am Langdiek, (Niendorf), 1939, Flurname. Langdiek = langer Teich.

Am Langenborn, (Niendorf), vor 1938, nach einem kleinen Bach, der sich südlich des Dorfes befand und Langenborn hieß.

Am Langenzug, (Uhlenhorst), 1850, nach einem Fischzug, der sich über die ganze Alsterbucht erstreckte, die durch die Mündung der Osterbek entstanden war. Das wurde von den Fischern der „Lange Zug" genannt, dort wurden die Netze hochgezogen und die Fische sortiert.

Am Lehmberg, (Rahlstedt), vor 1938, Flurname.

Am Leuchtturm, (Rissen), 1950, nach der Lage in der Nähe des Rissener Leuchtturmes an der Elbe bei Tinsdal.

Am Licentiatenberg, (Groß Borstel), 1960, nach einem Grabhügel aus der Bronzezeit (Licentia ist die lateinische Bezeichnung für Freiheit oder Erlaubnis) – eingehend beschrieben in der Kollauer Chronik.

Am Lilienberg, (Rissen), 1975, Flurname.

Am Lohmühlenpark, (St. Georg), 1892 und 2007, nach dem ersten Hospitalarzt am Allgemeinen Krankenhaus (1839–1857), Dr. Gustav Bülau (1799–1857).

Am Luisenhof, (Farmsen-Berne), 1927/ 1950, nach dem der Straße benachbarten Luisenhof (früher Lohhof).

Am Lustberg, (Fuhlsbüttel), 1930, ist ein volkstümlicher, sprachlich unerklärbarer Name für ein dort gelegenes Hünengrab.

Am Maisfeld, (Billstedt), 1998, nach dem früher dort bewirtschafteten Maisfeld.

Am Martensgehölz, (Niendorf), 1951, nach Carl Dietrich Martens (1852–1936), Bäcker, Land- und Gastwirt (Philanthrop), vermachte der Gemeinde sein dort gelegenes 1945/46 abgeholztes Parkgelände.

Ammernweg, (Lurup), 1932, nach einem Vogelmotiv (Goldammer).

Am Mittelkanal, (Hammerbrook), 1866, nach dem benachbarten Mittelkanal.

Am Moldauhafen, (Kleiner Grasbrook), 1927, nach der Moldau, Nebenfluss der Elbe in Böhmen.

Am Moor, (Lemsahl-Mellingstedt), 1946, nach der am Wittmoor parallel zum Bach Mellingbek verlaufenden Straße.

Am Mühlenbach, (Billstedt), 1977, nach der Lage des auch als Mühlenbach bezeichneten Wasserlaufes Glinder Au.

Am Mühlenfeld, (Wilstorf), 1929, nach einem alten Namen, dem Wilstorfer Mühlenfeld, das wiederum nach der 1930 abgebrochenen Butenmühle, später Außenmühle, benannt wurde; bereits 1667 erwähnt.

Am Mühlenteich, (Eidelstedt), 1928, nach der Lage am Mühlenteich der Lampeschen Mühle.

Am Neugrabener Bahnhof, (Neugraben-Fischbek), 1982, nach der Lage am Neugrabener S-Bahnhof.

Am Neuländer Baggerteich, (Neuland), 1983, nach der Lage des auf den

Neuländer Baggerteich zuführenden Weges, der als Wirtschaftsweg des Kies- und Betonwerkes genutzt wird.

Am Neuländer Gewerbepark, (Neuland), 2000, nach dem dort entstehenden Gewerbepark.

Am Neumarkt, (Wandsbek), 1951, nach der Lage am neuen Marktplatz.

Am Nobisteich, (St. Pauli), 1899, nach dem 1727 zugeschütteten, an der Altonaer Grenze vormals gelegenen Nobisteich.

Am Ochsenzoll, (Langenhorn), 1903, nach der Wirtschaft Ochsenzoll, direkt an der Hamburger Grenze, wo früher die däni schen Viehherden verzollt wurden, die nach Süden zogen.

Am Ohlendorffturm, (Rahlstedt), 1948, dieser Turm, der 1956 wegen Baufälligkeit abgebrochen wurde, war einst zu Ehren des Gemeindevorstehers von Altrahlstedt (von 1893 bis 1906) Hermann Ohlendorff errichtet worden.

Am Ohlmoorgraben, (Langenhorn), 1956, nach dem zwischen der Straße und der U-Bahn verlaufenden Ohlmoorgraben.

Am Oldenfeider Graben, (Rahlstedt), 1986, in Anlehnung an den parallel verlaufenden Graben.

Am Oortensiek, (Alsterdorf), 1930, nach einem ehemals hier gelegenen Teich, der keinerlei Spuren hinterließ, weil er bei den Erweiterungsbauten der Firma Röntgenmüller zugeschüttet wurde. Siek – sumpfige Niederung, Tümpel.

Am Osdorfer Born, (Osdorf), 1928, nach der Lage am Osdorfer Teich (Helmut-Schack-See), Born = Quelle, Brunnen, Wasserstelle.

Am Papenbrack, (Wilhelmsburg), 1935, nach der Lage am Papenbrack, in dem ein Pastor ertrunken sein soll. „Pape" war früher der plattdeutsche Ausdruck für Pastor. Brack ist ein Wasserloch hinter dem Deich, das durch Deichbruch entstanden ist.

Am Pavillon, (Marmstorf), 1931, nach einem hölzernen Pavillon, der auf dem Besitz eines Anliegers dieser Straße stand.

Am Pfeilshof, (Bramfeld, Wellingsbüttel, Sasel), 1950, nach dem Pfeilshof, dessen Besitzer um 1900 Pfeil hieß.

Am Pflug, (Ottensen), 1856, Flurname. An der breitesten Stelle des alten Dorfweges lag der Dorfpflug, mit dem im Sommer der Weg umgepflügt wurde, um wieder eine Rundung zu erzielen.

Am Pool, (Bergedorf), 1949, Pool = Pfuhl, sumpfiges Gelände, auch Teich oder Dorfteich.

Am Pulverhof, (Tonndorf, Rahlstedt), vor 1920, nach dem Standort einer der acht Wandsemühlen, der Mühle zum Pulverhof.

Am Pumpenkamp, (Blankenese), vor 1927, nach den reichhaltigen Grundwasservorkommen und den dort vorgenommenen Bohrungen.

Am Quickborn, (Bahrenfeld), 1920, Born = Brunnen, Quelle, Wasserstelle.

Am Raakmoorgraben, (Fuhlsbüttel), 1929, nach der Lage am Raakmoorgraben, ein kanalisierter Bach, der die Raakmoor zur Tarpenbek hin entwässert. Raak = Raake = Sumpf.

Am Radeland, (Heimfeld, Hausbruch), 1895, Flurname, Radeland = Rodeland, d.h. gerodetes Land. Rade ist aber auch der Name für ein Getreideunkraut.

Am Rathenaupark, (Ottensen), 1945, nach der Lage am Rathenaupark. Zu Ehren des 1922 ermordeten deutschen Außenministers Walther Rathenau (1867–1922).

Am Ree, (Schnelsen), 1948, Flurname, Ree = kleiner Bach, Wasserlauf.

Am Reiherhorst, (Heimfeld), 1932, nach den Nistplätzen der Fischreiher in Meyers Park.

Am Reisenbrook, (Volksdorf), 1964, Flurname.

Am Rissener Bahnhof, (Rissen), 1930, nach der Lage am Bahnhof Rissen.

Am Rosengarten, (Neuenfelde), 2007, nach der dortigen alten Flurbezeichnung.

Am Rotberg, (Langenbek), 1961, Flurname „Roth Berg" auf einer Karte der

Topographischen Landesaufnahme des Kurfürstentums Hannover von 1772; 1667 gab es Ackerstücke „in Rodbarge".

Amrumer Knick, (Billstedt), vor 1945, in der Nähe des Dagebüll- und Niebüllwegs.

Am Saalehafen, (Kleiner Grasbrook), 1929, nach dem benachbarten Saalehafen (Saale = Nebenfluss der Elbe).

Am Sandauhafen, (Altenwerder), 1966, nach der Lage am Sandauhafen.

Am Sandtorkai, (HafenCity), 1956, der Name sollte wegen der hier ansässigen weltbekannten Kaffeefirmen erhalten bleiben.

Am Sandtorpark, (HafenCity), 2006, nach der Lage am Sandtorpark.

Am Scheinberg, (Neugraben-Fischbek), 1980, nach der Lage in der Nähe des Scheinberges.

Am Schießstand, (Jenfeld), vor 1933, nach der Lage am früheren Schießstand der Wandsbeker Garnison.

Am Schiffbeker Berg, (Billstedt), 1977, die Straße verläuft unterhalb des Geesthanges, der im Volksmund „Schiffbeker Berg" genannt wird.

Am Schiffwasser, (Bergedorf), 1958, Kaistraße am alten Hafenbecken.

Am Schleusengraben, (Bergedorf), 2003, nach dem westlich benachbarten Schleusengraben.

Am Schulgarten, (Wandsbek), 1913/1927, nach dem früheren Schulgarten der Hinschenfelder Schule (heute Botanischer Sondergarten).

Am Schulwald, (Langenhorn), 1974, nach einer volkstümlichen Bezeichnung für das hier gelegene als Schulwald bezeichnete Wäldchen.

Amselstraße, (Barmbek-Süd), 1893, in Anlehnung an die auch sonst hier in Barmbek-Süd verwendeten Vogelmotivnamen, in Erinnerung an den Vogelliebhaber von Essen, der auf seinem hier befindlichen großen Grundstück Nist- und Brutplätze für Vögel anlegte.

Amsinckstraße, (Hammerbrook, Rothenburgsort), 1842, nach dem Senatsyndikus Dr. Wilhelm Amsinck (1793–1874), wegen seiner Verdienste um die Erschließung des Hammerbrooks.

Amsinckufer, (Klein Grasbrook), 1976, nach Martin G. Amsinck (1831–1905), Reeder.

Am Soldatenfriedhof, (Harburg), 1950, nach dem Friedhof der Harburger Garnison, angelegt 1656 als Totenhof der Schlossgemeinde mit Gräbern bedeutender Persönlichkeiten der hannoverschen Armee und der Festung Harburg. Die Überreste des 1870 aufgehobenen Friedhofes stehen unter Denkmalschutz.

Am Sood, (Ottensen), 1889, = Brunnen. Der Sood war ein rundes Loch, das bis zum Grundwasser in die Erde gegraben wurde.

Am Sooren, (Rahlstedt), vor 1949, Flurname, Sooren oder Sohren = dürr oder trocken.

Am Sorgfeld, (Sülldorf), 1928, Flurname, nach dem Erdbuch richtig „Süllfeld", nach dem Volksmund „Sorgfeld" = „Sargfeld" (nach den zahlreichen Hünengräbern).

Am Sprützmoorgraben, (Lurup), 2002, nach dem östlich benachbarten Sprützmoorgraben.

Am Stadtrand, (Wandsbek, Tonndorf), vor 1938, wegen der Lage am Rande der Stadt Wandsbek.

Am Staubecken, (Eißendorf), 1961, nach einem sich dort befindlichen Staubekken; weitere befanden sich bei der Denickestraße.

Am Stein, (Ohlsdorf), 1937, frei erfundener Name.

Am Steinlager, (Rothenburgsort), 1929, der Name bezeichnet das früher dort befindliche Steinlager der Baubehörde.

Amsterdamer Kai, (Waltershof), 1971, Motivgruppe: ausländische Städte mit alten Handelsbeziehungen zu Hamburg.

Am Stühm-Nord, (Bramfeld), 1950, nach einer Flurbezeichnung.

Am Stühm-Süd, (Bramfeld), 1950, nach einer Flurbezeichnung.

Am Sumpfgraben, (Lurup), 1983, nach der örtlichen Gegebenheit.

Am Tie, (Heimfeld), 1935, nach dem Mannersportverein „Auf dem Tie". Der Ausdruck „Tie" stammt aus der von Jahn geprägten Turnersprache und kommt vermutlich aus dem mittelalterlichen „Tie" oder „Thing".

Am Torbogen, (Bahrenfeld), 1950, frei gebildeter Name nach dem hier vorhandenen Torbogen.

Am Travehafen, (Steinwerder), 1927, nach der Lage am Travehafen.

Amtsstraße, (Rahlstedt), 1950, nach der Lage beim Ortsamt Rahlstedt.

Am Turnplatz, (Wilhelmsburg), 1935, nach dem benachbarten Turnplatz „Jahn von 1895".

Am Überwinterungshafen, (Harburg), 1984, nach der Lage am Überwinterungshafen.

Amundsenstraße, (Altona-Altstadt), 1950, nach Roald Amundsen (1872–1928), Polarforscher, Entdecker des Südpols (1911).

Am Veringhof, (Wilhelmsburg), 1999, in Anlehnung an die benachbarte Veringstraße und nach den anliegenden Gewerbehöfen.

Am Vogelschutzgehölz, (Moorfleet), 1957, nach dem nahe gelegenen Vogelschutzgehölz.

Am Vorwerk, (Billstedt), 1938, nach einem früher hier gelegenen Bauernhof, der so bezeichnet wurde.

Am Vulkanhafen, (Steinwerder), 1952, nach der Lage am Vulkanhafen.

Am Waldesrand, (Rahlstedt), vor 1940, als am Waldesrand vorüberführende Straße.

Am Waldpark, (Sülldorf), 1999, nach dem südlich davon belegenen Waldpark.

Am Waldschlößchen, (Heimfeld), 1954, nach einer ortsüblichen Bezeichnung für einen Weg, der zu einem hier seit 1888 gelegenen Ausflugslokal „Waldschlößchen" führt.

Am Wall, (Harburg), 1951, nach der Lage am dortigen Festungswall, der zur Zeit des 30jährigen Krieges angelegt wurde.

Am Wasserturm, (Tonndorf), vor 1936, nach der Lage am dortigen Wasserturm, der 1953 abgebrochen wurde.

Am Weidengrund, (Wilhelmsburg), 1938, nach der bisherigen ortsüblichen Bezeichnung, Abzweigung vom Jenerseitedeich nach Süden.

Am Weiher, (Eimsbüttel), 1877, nach den Weihern im sogenannten Eichenpark.

Am Weinberg, (Wilstorf), 1961, nach einer Flurbezeichnung, möglicherweise nach einem Weinberg, den Herzog Otto I. anlegen ließ.

Am Weißenberge, (Ohlsdorf), 1899, nach dem Weißenberg, auch Lustberg oder Tatenberg genannt. Es handelt sich um einen Grabhügel aus der Bronzezeit.

Am Werder, (Harburg), 1897, hier lagen bis zur Aufhöhung und Bebauung, nördlich vom Seevekanal und südlich vom sogenannten Bach „Engelbek", die von Gräben durchzogenen Werdergärten.

Am Wesselhoeftpark, (Nienstedten), 1960, nach Carl Johannes Wesselhoeft (1816–1903), einem Vorbesitzer des Geländes.

Am Westerpark, (Nienstedten) 2003, nach dem südlich angrenzenden Westerpark. Der Westerpark war Teil der „Ornamented Farm" von Caspar von Voght (1752–1839, Kaufmann und Sozialreformer).

Am Windhukkai, (Kleiner Grasbrook), 1997, nach dem ehemaligen, dort belegenen Windhukkai.

Am Ziegelteich, (Stellingen), 1928, nach dem anliegenden Ziegeleiteich, der zum größten Teil bereits zugeschüttet ist.

Am Zollhafen, (Veddel), 1910, nach der Lage am Müggenburger Zollhafen.

Anberg, (Neustadt), 1906, Beibehaltung des alten Straßennamens, der den Geländeverhältnissen entsprechend aus der Bezeichnung „Am Berge" entstanden ist.

Anckelmannsplatz, (Hammerbrook, Borgfelde), 1879, im Anschluss an den Namen Anckelmannstraße.

Anckelmannstraße, (Borgfelde), 1879, nach der Familie Anckelmann, die mehrfach bewährt in öffentlichen Ämtern tätig war und zeitweilig Ländereien besaß, über die diese Straße führt.

An de Geest, (Neugraben-Fischbek), 1965, nach einer ortsüblichen Bezeichnung.

An den Dünen, (Lohbrügge), 1984, nach den hier ehemals vorhandenen Dünen.

An den Tannen, (Lohbrügge), 1935, nach dem früher hier gelegenen Wäldchen, das in den Notjahren nach dem Zweiten Weltkrieg von der Bevölkerung abgeholzt und zu Brennholz verarbeitet wurde.

An den Teichwiesen, (Volksdorf), 1970, nach dem Flurnamen „Teichwiesen".

An den Wiesen, (Neugraben-Fischbek), 2008, nach den Wiesen der Umgebung.

An der Alster, (St. Georg), nach 1842, nach der Lage als Uferstraße von der Lombardsbrücke/Kennedybrücke bis zum Schwanenwik. Mit dieser von ihm angelegten Straße setzte sich der englische Städtebauer Lindley ein großartiges Denkmal.

An der Alsterschleife, (Lemsahl-Mellingstedt), 1978, nach dem hier schleifenförmig verlaufenden Alsterfluss.

An der Baumschule, (Langenhorn), 1935, nach der dort gelegenen Baumschule.

An der Bergkoppel, (Lohbrügge), vor 1940, nach einer Flurbezeichnung.

An der Berner Au, (Farmsen-Berne), 1957, nach einer ortsüblichen Bezeichnung, nach dem Wasserlauf, der „Berner Au", einem von Sasel kommenden Wandsezufluss.

An der Blütenmauer, (Alsterdorf), 1936, nach der Lage in der Gartenstadt Alsterdorf.

An der Drosselbek, (Wohldorf-Ohlstedt), 1948, nach dem kleinen Alsterzufluss „Drosselbek" im Wohldorfer Wald.

An der Eiche, (Rönneburg), 1932, nach dem Gehölz „Rönneburger Eiche". Das Gebiet wurde schon 1667 „Eiche" genannt.

An der Eisenbahn, (Rönneburg), 1947, nach der Lage der Straße, die parallel der Eisenbahn verläuft.

An der Falkenbek, (Neugraben-Fischbek), 1948, nach dem Bach.

An der Feldmark, (Eidelstedt), 2003, nach der Lage am Rand der ehemaligen Feldmark Eidelstedt.

An der Fischbek, (Neugraben-Fischbek), 1977, nach dem Bach.

An der Flottbek, (Groß Flottbek), 1956, nach dem dortigen Wasserlauf Flottbek.

An der Glinder Au, (Billstedt), 1948, nach der Glinder Au.

An der Hafenbahn, (Kleiner Grasbrook, Wilhelmsburg), 1974, nach der Lage bei der Hafenbahn in der Veddel.

An der Haidkoppel, (Bergstedt), 2009, in Anlehnung an den südlich der Bergstedter Chaussee liegenden Flurnamen „Haidkoppeln".

Anderheitsallee, (Bramfeld), 1950, nach dem früheren Grundeigner Eduard Anderheit (1844–1915).

An der Kreisbahn, (Lohbrügge, Billstedt), 1950, nach der ehemaligen stormarnschen Kreisbahn.

An der Kunsthalle, (Hamburg-Altstadt), 1985, nach der Lage an der Kunsthalle, oberhalb des Glockengießer Walls.

An der Landscheide, (Heimfeld), 1930, nach der früheren Landscheide zwischen Hamburg und dem preußischen Harburg.

An der Lohbek, (Lokstedt), 1958, nach der Lage an der Lohbek.

An der Lohe, (Niendorf), vor 1934, Flurname; = Eichwald.

An der Marienanlage, (Marienthal), vor 1938, nach einer Lehmkuhle, die man zuschüttete und nach dem Stadtteil Marienthal benannte.

An der Mühlenau, (Eidelstedt), 1996, nach dem parallel zur Straße fließenden Wasserlauf Mühlenau.

An der Mühlenwettern, (Wilhelmsburg), 1937, nach den neben der Straße verlaufenden Mühlenwettern. Wettern = Wassergraben.

An der Osterbek, (Wandsbek), 1950, die Osterbek verläuft an der Ost-Grenze von Bramfeld und hat daher ihren Namen.

An der Pollhofsbrücke, (Bergedorf), 1928, nach dem gleichnamigen Hof benannt.

An der Rennkoppel, (Heimfeld), 1924, nach der Reitbahn des Harburger Reit- und Rennclubs, die sich von 1859 bis 1866 hier befand.

An der Schleemer Mühle, (Billstedt), vor 1938, nach der Mühle des ehemaligen Dorfes Oberschleem.

An der Schonung, (Poppenbüttel), 1933, nach der Lage.

Andersenstraße, (Iserbrook), 1930, nach dem dänischen Märchendichter Christian Andersen (1805–1875).

An der Stadthausbrücke, (Neustadt) 2002, in Anlehnung an die benachbarte Straße Stadthausbrücke.

An der Steinbek, (Billstedt), 1950, nach dem Bach Steinbek, der zusammen mit der Schiffbek zum Mühlenteich gestaut wurde.

An der Sternwarte, (Bergedorf), 1927, nach der Lage bei Hamburgs dritter Sternwarte, die im Juli 1912 auf dem Gojenberg bei Bergedorf eingeweiht wurde.

An der Strecke, (Hausbruch), 1948, als Weg entlang der Eisenbahnstrecke Hamburg-Cuxhaven.

An der Twiete, (Lohbrügge), 1940, Twiete ist ein Verbindungsweg zwischen zwei Straßen, wird in erweitertem Sinn aber auch für kleine Straßen, Gänge oder Wege verwendet.

An der Verbindungsbahn, (Rotherbaum), 1870, als Weg, der parallel der von Hamburg nach Altona verlaufenden Verbindungsbahn verläuft.

An der Walddörferbahn, (Farmsen-Berne), 1983, nach der Lage an der Walddörferbahn.

Andreasberger Weg, (Niendorf), 1986, nach der Motivgruppe „Städte im und am Harz".

Andreas-Knack-Ring, (Barmbek-Nord), 2010, nach Prof. Dr. Andreas Knack (1886–1956), Sozialdemokrat, von 1919–1933 Mitglied der Hamburgischen Bürgerschaft, Mitbegründer der Hamburger Gesellschaft für Sexualforschung, leitete die Homosexuellenbewegung der Weimarer Republik, seit 1923 Direktor des Barmbeker Krankenhauses, 1933 seiner Ämter enthoben, 1934 Aberkennung seiner ärztlichen Zulassung, Emigration nach China bis 1948, 1949–1952 Präsident der Hamburger Gesundheitsbehörde, Verfolgter des Nationalsozialismus.

Andreas-Meyer-Brücke, (Billbrook), 1967, in Anlehnung an die Andreas-Meyer-Straße.

Andreas-Meyer-Straße, (Billbrook, Moorfleet), 1924, nach Andreas Meyer (1837–1901), Oberingenieur und Leiter des Tngenieurwesens in Hamburg.

Andreasstraße, (Winterhude), 1866, Herr Sierich benannte die von ihm angelegte Straße mit dem Vornamen seines Freundes und Helfers Andreas Meyer.

Andreasweg, (Farmsen-Berne, Sasel), 1919, nach Andreas Langbein (1830–1906), dem ersten Besitzer eines dort gelegenen Bauernhofes.

Anemonenweg, (Wandsbek), vor 1938, nach der Frühlingsblume.

Angelikaweg, (Fuhlsbüttel), 1946, frei gewählter weiblicher Vorname.

Angelnstraße, (Dulsberg), 1912, nach der Hügellandschaft „Angeln" in Schleswig-Holstein zwischen der Flensburger Förde und der Schlei.

Angerburger Straße, (Wandsbek), 1962, nach der Stadt in Ostpreußen.

Angerstraße, (Hohenfelde), 1873, das Gelände, das heute die Angerstraße durchschneidet, war früher Kämmereieigentum und bestand aus der Schäferheide und dem Galgenfeld (Schindanger).

Anita-Rée-Straße, (Bergedorf), 1984, nach Anita Rée (1885–1933), die als die bedeutendste jüdische Malerin ihrer Zeit galt.

Anita-Sellenschloh-Ring, (Langenhorn), 2002, nach Anita Sellenschloh

(1911–1997) Widerstandskämpferin gegen den Nationalsozialismus, Lehrerin an der Fritz-Schumacher-Schule.

Ankerplatz, (Wilhelmsburg), 1937, nach einem Seemannsmotiv in einer Hafenarbeitersiedlung.

Anklamer Ring, (Rahlstedt), 1962, nach der Stadt in Pommern.

Annaberg, (Billstedt), vor 1938, nach einem frei gebildeten weiblichen Vornamen.

Anna-Hollmann-Weg, (Blankenese), 1942, nach einer Romanfigur aus Gustav Frenssens Roman „Der Untergang der Anna Hollmann".

Anna-Lühring-Weg, (Horn), 1929, nach dem Heldenmädchen Anna Luchs, geb. Lühring, die als 17jähriges Mädchen unter dem Namen Eduard Kruse als freiwilliger Jäger im Lützowschen Freikorps gegen die Franzosen kämpfte.

Anna-Siemsen-Gang, (Bergedorf), 1984, Pädagogin, Frauenrechtlerin. Motivgruppe: verdiente Frauen.

Anna-Susanna-Stieg, (Schnelsen), 1948, Gestalt aus einem Reimgedicht aus Karl Müllenhoffs Buch: „Sagen, Märchen und Lieder 1845".

Anna-von-Gierke-Ring, (Bergedorf). 1992, nach Anna von Gierke (1874–1943), Kinderfürsorgerin und Jugendwohlfahrtsorganisatorin, Mitglied der Nationalversammlung 1919, Motivgruppe: verdiente Frauen.

Anne-Barth-Weg, (Stellingen), 2006, nach Anne Marie Barth (1899–1986), Verfolgte des Nationalsozialismus.

Anne-Frank-Straße, (Blankenese, Sülldorf), 1986, nach Anne Frank (1929–1945), Opfer des Nationalsozialismus (Das Tagebuch der Anne Frank).

Annemarie-Ladewig-Kehre, (Bergedorf), 1987, nach Annemarie Ladewig, Widerstandskämpferin gegen den Nationalsozialismus, die ohne Urteil im KZ Neuengamme hingerichtet wurde.

Annenstraße, (St. Pauli), 1856, nachdem beim schnellen Wachstum der Stadt unseren Stadtvätern die Ideen für Straßennamen ausgegangen waren, benannte man in dieser Gegend neue Straßen zunächst mit männlichen, später mit weiblichen Vornamen, dem Alphabet nach.

Anny-Tollens-Weg, (Rahlstedt) 2002, nach Anna, genannt Anny Tollens (1911–1989), über 25 Jahre aktiv engagiert in der Sozial-, Senioren- und Kinderbetreuung des Bürgerverreins Rahlstedt.

Ansgarweg, (Lokstedt), 1962, nach Ansgar (801–865), Erzbischof von Bremen und Hamburg, nach der Motivgruppe: Bischöfe und Kirchengründer.

Ansorgestraße, (Othmarschen), 1951, nach dem Gärtner und Baumschulenbesitzer Carl Ansorge (1849–1915).

Antilopenstieg, (Stellingen), 1949, mit Bezug auf den nahe gelegenen Tierpark.

Antonie-Möbis-Weg, (Eidelstedt), 1991, nach Clara Hedwig Antonie Möbis (1896–1976), geb. Schmidt, Widerstandskämpferin, Kommunistin, Mitglied der Hamburgischen Bürgerschaft von 1931–1933.

Antonistraße, (St. Pauli, Altona-Altstadt), 1800, Erklärung: wie Annenstraße.

Anton-Rée-Weg, (Hammerbrook), 1948, nach Dr. Anton Rée (1815–1891), Hamburger Reichstagsabgeordneter und Kämpfer für die Gleichberechtigung der Juden.

Antwerpenstraße, (Waltershof), 1966, nach der Hauptstadt der belgischen Provinz Antwerpen. Dieser bedeutende Seehafen liegt 88 km von der Nordsee entfernt an der vom starken Tidenhub beeinflussten Scheide.

Anzengruberstraße, (Wilstorf), 1928, auf Wunsch der Anwohner, die größtenteils aus Österreich stammen, nach dem österreichischen Buchhändler und Volksschriftsteller Ludwig Anzengruber (1839–1889) benannt.

Apenrader Straße, (Dulsberg), 1928, nach der ehemals deutschen, jetzt dänischen Stadt Apenrade in Nordschleswig.

Apostelweg, (Rahlstedt), 1951, nach einem frei gewählten Namen mit Bezug auf den Apostel Johannas.

Apothekergang, (Sasel), 1949, nach einem ehemals nach Poppenbüttel führenden Fußweg, der im Volksmund Apothekergang genannt wurde.

AppelbüttelerWeg, (Marmstorf), 1931, nach dem zu Marmstorf gehörenden Ortsteil Appelbüttel, wohin der Weg führt.

Appelhoff, (Steilshoop), 1974, beim Appelhoff handelt es sich um eine unmittelbar am Bauernhaus gelegene Weide mit Obstbaumbestand.

Appener Weg, (Eppendorf), 1942, nach der Ortschaft Appen im Kreis Pinneberg.

Appuhnstraße, (Nienstedten), 1953, nach Carl Christian Johannes Appuhn (1853–1934), Gemeindevorsteher in Klein Flottbek von 1887–1922.

Aprikosenweg, (Bramfeld), 1952, nach der Motivgruppe: Früchte.

Archenholzstraße, (Billstedt), vor 1938, nach einem Hofbesitzer in Öjendorf, dem preußischen Hauptmann J. Wilhelm von Archenholz (1741–1812).

Archsumer Weg, (Billstedt), 1988, nach der Ortschaft auf der Nordseeinsel Sylt.

Arensweg, (Winterhude), 1926, zu Ehren des Baumeisters des Klassizismus in Hamburg Johann-August Arens (1757–1806).

Argentinienbrücke, (Kleiner Grasbrook, Steinwerder), 1981, nach dem Land Argentinien, durch wirtschaftliche und politische Beziehungen Hamburg besonders verbunden.

Armbruststraße, (Eimsbüttel), 1902, nach den Musiklehrern und Organisten zu St. Petri, Georg (1818–1869) und Carl Armbrust (1849–1896).

Armgartstraße, (Hohenfelde), 1872, nach Armgart, die um 1482 Müllerin der Kuhmühle war.

Armin-Clasen-Stieg, (Eppendorf), 1982, nach dem verdienstvollen Heimatforscher Armin Clasen (1890–1980), der mit zahlreichen Veröffentlichungen hervorgetreten ist.

Arminiusstraße, (Stellingen), 1928, nach Arminius (lateinisch für Hermann den Cherusker), 17 v. Chr. bis 21 n. Chr., altgermanischer Fürst, der im Jahre 9 nach Chr. in der ersten germanischen Befreiungsschlacht im Teutoburger Wald drei römische Legionen vernichtete.

Arndesstieg, (Billstedt), 1948, nach Stephan Arndes, bedeutender hamburgischer, lübeckischer Buchdrucker im 15. Jahrhundert.

Arndtstraße, (Uhlenhorst), 1860, nach dem Freiheitsdichter Ernst Moritz Arndt (1769–1860). Er verfasste leidenschaftliche Flugblätter und Lieder wie: „Was ist des deutschen Vaterland“ und „Der Gott, der Eisen wachsen ließ“ etc.

Arndtstraßenbrücke, (Uhlenhorst), 1904, in Anlehnung an die Arndtstraße.

Arndtweg, (Bergedorf), 1927, nach dem Dichterpatrioten Ernst Moritz Arndt (1769–1860).

Arnemannstraße, (Ottensen), 1892, nach Carl Theodor Arnemann (1804–1866), Kaufmann, Bankier und Konsul, er besaß ehemals in der Holländischen Reihe einen Hof, über den die Straße führt.

Arnemannweg, (Barmbek-Nord), 1930, nach Mathilde Arnemann, geb. Stammann, Patriotin, Mäzenin, Wohltäterin (1809–1896).

Arnikastieg, (Bramfeld), 1950, nach der Heilpflanze Arnika.

Arnimstraße, (Osdorf), 1941, nach dem romantischen Dichter Achim von Arnim (1781–1831).

Arningkai, (Steinwerder), 1954, (Steinwerder), 1873, nach Dr. Joh. Carl Arning (1786–1862), Senator seit 1835, der sich als Landherr (1848–1862) besondere Verdienste auch um Steinwerder erworben hat.

Arnisstraße, (Altona-Nord), 1927, nach dem Gefechtsort im Kriege 1864.

Arnkielstraße, (Altona-Nord), um 1901, zur Erinnerung an den Übergang der preußischen Truppen über den Alsensund bei Arnkiel 1864.

Arno-Holz-Weg, (Wilstorf), 1966, nach dem Schriftsteller Arno Holz (1863–

1929), einer der Begründer und Theoretiker des Naturalismus in der Literatur.

Arnold-Heise-Straße, (Eppendorf), 1948, nach Arnold Heise (1747–1834), dem großen in Hamburg geborenen Rechtslehrer und Hamburger Bürgermeister, der in der Franzosenzeit Ehrendoktor der juristischen Fakultät in Kiel war.

Arnoldistieg, (Bergedorf), 1949, nach der Familie Arnoldi, die sich um Bergedorf besonders verdient gemacht hat. Joachim Arnoldi war Amtsschreiber, gest. 1694. Seine Witwe stiftete das nach ihm benannte Altenheim „Joachimsthal".

Arnoldstraße, (Ottensen), vor 1856, benannt nach einem Vorbesitzer.

Arno-Schmidt-Platz, (Hammerbrook), 2004, nach Arno Schmid (1914–1979), Schriftsteller und Übersetzer. Als sein wichtigstes Werk gilt „Zettel's Traum" (1970).

Arnswalder Straße, (Rahlstedt), 1951, nach der Stadt in Pommern.

Aronstabweg, (Neugraben-Fischbek), 2008, nach einer in der Gegend heimischen Pflanze.

Arp-Schnitger-Stieg, (Neuenfelde), 1948, nach dem bedeutendsten norddeutschen Orgelbauer Arp Schnitger (1648–1719), der zeitweilig in Neuenfelde wohnte und auch dort beigesetzt ist.

Asbeckstraße, (Harburg), 1950, nach dem Harburger Kaufmann und Ölmühlenbesitzer Julius Robert Asbeck (1836–1912). Durch ihn wurde die Gattermannsche Graupenmühle in eine Ölmühle umgewandelt und war damit die erste Dampfmühle in Harburg.

Asbrookdamm, (Billstedt, Lohbrügge), 1958, mit diesem Namen wird an eine Flur erinnert, die bereits in einer Urkunde der Grafen von Schauenburg vom 2. 11. 1257 erwähnt wird und die sich vom heutigen Billstedt bis Glinde erstreckte.

Aschenputtelstraße, (Billstedt), 1952, nach einem Märchenmotiv.

Ascherring, (Allermöhe), 1979, nach Felix Ascher (1883–1952), Architekt. Motivgruppe: Hamburger Architekten des frühen 20. Jahrhunderts.

Asiakai, (Kleiner Grasbrook), 1888, Kai mnd. Kaje = Ufereinfassung.

Asmusweg, (Marienthal), 1950, zur Erinnerung an Matthias Claudius, der auch unter dem Pseudonym Asmus im „Wandsbecker Bothen" schrieb.

Aspersort, (Farmsen-Berne), 1926, nach einem der Gegend anhaftenden Flurnamen. Ort = Winkel, Ecke, Spitze und Aspe = Espe (Zitterpappel).

Asserstieg, (Jenfeld), 1947, nach dem holländischen Juristen und Staatsmann Tobias Michael Card Asser (1838–1913), erhielt 1911 den Friedensnobelpreis.

Aßmannkanalbrücke, (Wilhelmsburg), 1924, in Anlehnung an den Aßmannkanal.

Assorweg, (Schnelsen), 1993, nach Albertine Assor (1863–1953), Gründerin und langjährige Leiterin, erste Oberin der später nach ihr benannten, in der Nähe der Albertine-Assor-Straße gelegenen evangelischen Diakonie- und Krankenanstalten.

Asternstraße, (Wandsbek), 1933, nach der Gartenblume. Aster ist griechisch und bedeutet: Stern.

Astweg, (Eidelstedt), 1931, frei gebildeter Name in Anlehnung an den Namen Zweigweg.

Athabaskahöft, (Waltershof), 1912, nach einem Wrack u.Z.: eingemauert in die Kaimauer liegt das Wrack der „Athabaska" im Hafen. Der britische Reisdampfer war am 7. 10. 1891 vor Övelgönne havariert, zerbrochen und gesunken. Das Heck wurde später verschleppt, der Bug soll beim Ausbau der Hafenanlagen zugeschüttet worden sein. Der neue Kai bekam den Namen des Schiffes.

Athabaskakai, (Waltershof), 1976, Erklärung wie Athabaskahöft.

Audorfring, (Horn), 1960, nach Jacob Audorf (1835–1898), Politiker, Schriftsteller, der viele Jahre „Echoredakteur" und Dichter der sogenannten „Arbeiter-Marseillaise" war.

Auedeich, (Finkenwerder), 1869 und 1903, alter Name des Deiches gegen die Finkenwerder Aue.

Aue-Hauptdeich, (Finkenwerder, Waltershof), 1970, nach der Lage bei dem Eibarm „Aue".

Aue-Insel, (Finkenwerder), 1954, nach einer ortsüblichen Bezeichnung für die an der Auemündung im Köhlfleet gelegene Insel.

Auenstieg, (Eilbek), 1948, grüne Flussniederung und nach den auch sonst hier auf „Au" lautenden Wegnamen.

Auenstraße, (Eilbek), 1904, frei gebildeter Name, der sich an die anderen auch auf „Au" lautenden Wegnamen anlehnt.

Auerbachstraße, (Iserbrook), 1952, nach dem Schriftsteller Berthold Auerbach (1812–1882), dem meistgelesenen Erzähler in der zweiten Hälfte des 19. Jahrhunderts.

Auerhahnweg, (Tonndorf, Rahlstedt), 1950, nach dem Auerhahn, dem größten europäischen Waldhuhn.

Auersreihe, (Horn), 1929/1945, nach Ignaz Auer (1846–1907), Führer in der Arbeiterbewegung, Mitinhaber der Buchdruckerei- und Verlagsanstalt Auer & Co., langjähriger Reichstagsabgeordneter.

Auesiel, (Finkenwerder), 1982, nach dem dort bestehenden Siel der Finkenwerder Aue.

Auf dem Acker, (Schnelsen), 1980, in Anlehnung an einen Flurnamen.

Auf dem Felde, (Langenhorn), 1903, nach einem der Gegend anhaftenden Flurnamen.

Auf dem Kamp, (Ohlsdorf), 1928, nach einem der Gegend anhaftenden Flurnamen.

Auf dem Königslande, (Wandsbek), 1951, im Jahre 1807 verkaufte Graf Schimmelmann den Flecken Wandsbek an den König von Dänemark. Seitdem heißt der dem Grafen verbleibende Teil „Adliges Gut Wandsbek" und der dem König von Dänemark gehörende Teil im Volksmund „Königsland".

Auf dem Kollauer Hof, (Niendorf), 1939, nach dem Kollauer Hof.

Auf dem Langstücken, (Lohbrügge), 1999, nach dem dortigen Flurnamen Langstücken.

Auf dem Pfahlt, (Volksdorf), 1935, nach einem schwer zu deutenden Flurnamen, der vermutlich etwas mit Pfählen zu tun hat, evtl. ein aus Pfählen errichtetes Viehgehege.

Auf dem Rapsfeld, (Volksdorf), 1998, nach dem früher dort angebauten Getreide.

Auf dem Sande, (HafenCity), im 16. Jahrhundert, nach der Beschaffenheit des Geländes, das vor 1636 zum Graben von Sand verpachtet war (Sandbank).

Auf dem Sülzbrack, (Kirchwerder), 1925, wahrscheinlich nach einem hier ehemals wohnenden Sülzmeister Lüdke Töbing aus Lüneburg benannt. Das Brack wurde 1912 beim Bau der Vierländer Eisenbahn zugeschüttet.

Auf den Bengen, (Rönneburg), 2005, nach der dorrtigen alten Flurbezeichnung.

Auf den Blöcken, (Hamm-Nord), 1910, Flurname. Blöcke sind Ackerstücke, die sich nach ihrer Lage nicht mit anderen Akkerstücken zusammen bearbeiten lassen.

Auf den Wöörden, (Volksdorf), 1925, nach einem aus der Marsch übernommenen Ausdruck. Wöörden = Wurt = Erhöhung für die Hauser bzw. den Hofplatz.

Auf der Böge, (Curslack), erste Erwähnung 1625, Flurname, bedeutet hier Biegung der Dove Elbe zwischen der schiefen Brücke und dem Curslacker Deich (Böge = Biegung).

Auf der Bojewiese, (Lohbrügge, Bergedorf, Billwerder), 1921, müsste eigentlich Boywiese heißen, nach dem Vorbesitzer Ludwig Boy.

Auf der Brandshofer Schleuse, (Hammerbrook, Rothenburgsort), 1865, benannt unter Verwendung des alten Namens für die Schleuse, die hier vor dem im Hammerbrook gelegenen Hof des Bürgermeisters seit 1633, (Senator seit 1623), lic. Johann Brand (1585–1652), in den Jahren 1625/ 1626 erbaut worden war.

Auf der Heide, (Sasel), 1950, nach dem früheren Geländecharakter.

Auf der Höhe, (Wilhelmsburg), alter Deich, der bei der Eindeichung der Bau wiese (zwischen 1617 und 1624) als Verbindung von Rotehaus und dem Schönenfelde errichtet wurde. Hier befinden sich ausgedehnte Ufersande der Dove Elbe, die höher liegen als das übrige Marschgelände. Deshalb war das Gelände günstiger für den Deichbau.

Auf der Hohen Schaar, (Wilhelmsburg), 1993, nach der Lage direkt auf der Flur „Hohe Schaar".

Auf der Jahnhöhe, (Heimfeld), 2008, in Anlehnung an den Sportplatz Jahnhöhe des traditionsrreichen „Harburger Turnerbund von 1865 e. V."

Auf der Koppel, (Poppenbüttel), 1972, nach benachbarten Flurbezeichnungen, die auf „Koppel" lauteten, selbst aber für Benennungen nicht mehr zur Verfügung standen.

Auf der Strenge, (Wohldorf-Ohlstedt), 1929, ungeklärter Flurname, vielleicht Anteil an einer gemeinsamen Sache; oder auch schmales Ackerstück wird als Deutung genannt.

Augustastraße, (Bergedorf), 1936, nach der Frau eines Vorbesitzers.

August-Bebel-Park, (St. Georg), 2006, nach August Bebel (1840–1913), Reichtagsabgeordneter von 1871–1913, prägende Gestalt der deutschen Sozialdemokratie, seit 1892 Vorsitzender der SPD.

August-Bebel-Straße, (Bergedorf), 1927, zu Ehren eines der ersten Führer der Sozialdemokratischen Partei, dem Politiker August Bebel (1840–1913).

August-Bolten-Weg, (Blankenese), 1949, nach dem Reeder und Schiffsmakler August Bolten (1812–1887), Mitbegründer der HAPAG und der Hamburg-Süd.

Auguste-Baur-Straße, (Blankenese), 1903, nach Auguste Caecilie Baur (1821–1895), Wohltäterin, Stifterin.

Augustenburger Straße, (Altona-Nord), 1910, nach dem Ort Augustenburg auf der Insel Alsen.

Augustenburger Ufer, (Dulsberg), 1930, nach dem Flecken und dem Schloss auf der Insel Alsen.

Augustenhöh, (Bahrenfeld), 1892, nach dem Vornamen der Frau des Hausmaklers und Vorbesitzers Richard Sagermann, Auguste, geb. Brand (1865–1945).

Augustenpassage, (Sternschanze), 1954, ortsübliche Benennung aus der Zeit vor dem Ersten Weltkrieg, nach der damaligen deutschen Kaiserin.

Auguste-Schmidt-Weg, (Bergedorf), 1987, nach Auguste Schmidt (1833–1902), Frauenrechtlerin, Mitbegründerin des Allgemeinen Deutschen Frauenvereins.

Auguste-Victoria-Kai, (Steinwerder), 1902, als Kai des Kaiser-Wilhelm-Hafens, nach der deutschen Kaiserin Auguste-Victoria (1858–1921).

August-Kirch-Straße, (Bahrenfeld), 1974, nach August Kirch (1879–1959), 1919 Senator in Altona, 1945 Ortsamtsleiter, 1949 Bezirksamtsleiter.

August-Krogmann-Straße, (Farmsen-Berne, Bramfeld), 1926, nach August Krogmann (1865–1924), Gemeindevorsteher in Farmsen von 1904–1919.

August-Macke-Weg, (Billstedt), 1971, nach dem deutschen Maler August Macke (1887–1914), einem bedeutenden Vertreter des Expressionismus.

August-Schlicka-Weg, (Hausbruch), 1981, nach August Schlicka (1897–1977), Vorsitzender des Ortsausschusses.

August-Somann-Weg, (Hausbruch), 1948, nach August Somann, der um 1920 Gemeindevorsteher in Hausbruch und von 1910–1925 Bürgermeister in Neugraben war.

Auguststraße, (Uhlenhorst), 1845, nach dem Mitbesitzer der Uhlenhorst Dr. August Abendroth.

Aumühler Weg, (Rahlstedt), 1951, nach der Ortschaft Aumühle im Sachsenwald. Motivgruppe: Orte im Kreis Herzogtum Lauenburg.

Auricher Damm, (Finkenwerder), 1939, nach der Stadt Aurich in Ostfriesland.

Aurikelstieg, (Alsterdorf), 1935, nach den auch sonst in der Gartenstadt Alsterdorf verwendeten Blumenmotivnamen. Aurikel = Primelpflanze.

Ausschläger Allee, (Rothenburgsort, Billbrook), 1888, nach ihrer Lage im Billwerder Ausschlag. Erklärung Ausschlag: siehe Ausschläger Billdeich.

Ausschläger Billdeich, (Rothenburgsort), 1865 und 1908, durch Übertragung des alten Deichnamens auf diese Straße. Ausschlag geht auf das niederdeutsche „Utslag" zurück und bedeutet: Land vor dem Deich, das von den Bauern im Sommer gern als Weideland genutzt wurde und im Winter von Bille und Elbe überspült wurde.

Ausschläger Elbdeich, (Rothenburgsort), 1865 und 1909, durch Übertragung des alten Deichnamens auf die Straße und durch seine Wiederherstellung für die ganze dem Deich entsprechende Straßenstrekke. Erklärung Ausschlag: siehe Ausschläger Billdeich.

Ausschläger Weg, (Hammerbrook, Borgfelde), zuerst 1525 nachweisbar. Der Weg stand bis dahin im Eigentum der Hufner im Billwerder Ausschlag und bildete den Zugang zu deren Landbesitz im Hammer Brook. Erklärung Ausschlag: siehe Ausschläger Billdeich.

Außenmühlendamm, (Wilstorf), 1950, nach der alten „Butenmöhl", die dort lag. Der Weg hieß seit 1889 „Mühlenweg", nach der Alten durch Herzog Otto II. zu Harburg 1564/65 erbauten am Außenmühlenteich gelegenen Wassermühle, ursprünglich auch Wilstorper Mühle genannt. Die Außenmühle wurde 1930 abgebrochen, das im Helms-Museum ausgestellte Modell wurde 1939/45 durch Bombeneinwirkung zerstört.

Außenmühlenweg, (Harburg, Wilstorf), 1885 und 1950, Erklärung wie Außenmühlendamm. Ein Teil des 1889 nach der Eingemeindung von Wilstorf benannten Mühlenweges wurde 1950 in den Außenmühlenweg einbezogen. Der westliche Teil der Straße wurde volkstümlich „Zündschnurweg" genannt, weil er zur Marxschen Zündschnurfabrik führte.

Australiastraße, (Kleiner Grasbrook), 1927, im Anschluss an den Namen Australiakai (kai mnd. kaje = Ufereinfassung).

Avenariusstraße, (Blankenese), 1949, nach Ferdinand Avenarius (1856–1923), ein Neffe Richard Wagners, Schriftsteller, Herausgeber des „Kunstwarts" und Leiter des „Dürerbundes".

Averhoffstraße, (Uhlenhorst), 1899, nach Johann Peter Averhoff (1723–1809), einem Wohltäter des Waisenhauses und dem Gründer einer seinen Namen tragenden bedeutenden wohltätigen Stiftung.

Axel-Springer-Platz, (Neustadt), 1990, nach dem Hamburger Verleger Axel Springer (1912–1985), „Hamburger Abendblatt", „Bild", „Die Welt", „Hörzu" etc.

Azaleenweg, (Lokstedt), 1952, nach der Motivgruppe: Blumen.

B

Baakenhöft, (HafenCity), 1886, als westliches Ende des Baakenwerders, Höft mnd. hoved = Haupt, Spitze.

Baakenkai, (HafenCity), 1848, Erklärung wie Baakenhöft.

Baakenwerder Straße, (HafenCity), 1893, nach der früheren Elbinsel Baakenwerder, die ursprünglich Grandeswerder hieß. Der neue Name entstand, weil sie durch einen Damm, auf dem eine Baake stand, mit dem Grasbrook verbunden war.

Baarkamp, (Lokstedt), vor 1934, Bar = Baar = Eber. Flurname. Hierher wurden die Schweine zur Eichelmast getrieben.

BAB-Bremen-Hannover, (Veddel), nach der Funktion = Bundesautobahn.

Baben Brandheid, (Hausbruch), 1944, Flurname. Der Name bedeutet „obere Brandheide", d.h. eine durch Abbrennen der Oberschicht urbar gemachte Heide.

Babenbrook, (Neugraben-Fischbek), 1973, nach dem Flurnamen „Am Baben Bruch" (am oberen Bruch).

Baben de Heid, (Rahlstedt), 1942, Flurname, der bedeutet: oberhalb der Heide.

Baben de Möhl, (Bergstedt), 1960, Flurname und ortsübliche Bezeichnung des Geländes.

Babendiekstraße, (Blankenese), 1947, nach dem Roman von Gustav Frenssen „Otto Babendiek", der 1926 zuerst im „Hamburger Fremdenblatt" erschien und zum Teil Hamburgs Westen als Hintergrund der Handlung hat.

Baben Pfier, (Duvenstedt), 1942, bedeutet: oberhalb einer Fläche, ein Grenzgebiet, das nicht urbar gemacht wurde.

Babenstieg, (Rahlstedt), 1957, nach dem Flurnamen „Am Baben Bruch" = oberhalb der feuchten Niederung.

Babenwischenweg, (Rissen), 1932, bedeutet: oberhalb der Wiese verlaufender Weg.

BAB-Flensburg, (Schnelsen), nach der Funktion. Bundesautobahn.

BAB-Lübeck, (Horn), nach der Funktion. Bundesautobahn.

BAB-Südliche-Umgehung, (Billstedt), nach der Funktion. Bundesautobahn.

Bacherweg, (Niendorf), 1982, nach Dr. Walter Bacher (1893–1942), Studienrat, und seiner Frau Clara Bacher (1898–1942), Lehrerin, nach der Motivgruppe: Opfer des Nationalsozialismus.

Bachstelzenweg, (Lurup), 1988, nach einem Vogelmotiv, Bachstelze = langschwänziger Singvogel.

Bachstraße, (Uhlenhorst, Barmbek-Süd), 1860, ursprünglich benannt nach einem kleinen Bach, der in die Osterbek floß. Dann hat man sich an einem zum System gemachten Fehler erinnert, bei dem die Wagnerstraße versehentlich dem Komponisten Wagner zugeordnet wurde (gemeint war der Grundeigner). Da Johann Sebastian Bach in Hamburg noch nicht mit einem Straßennamen vertreten war, hat man die ursprüngliche Zuordnung verdrängt und die Straße dem Tondichter zugeordnet: Johann Sebastian Bach (1685–1750).

Bachstraßenbrücke, (Winterhude, Uhlenhorst, Barmbek-Süd), 1904, in Anlehnung an die Bachstraße.

Bachstücken, (Rahlstedt), 1951, Flurname.

Bachstückenring, (Rahlstedt), 1964, Flurbezeichnung.

Bachtwiete, (Eißendorf), 1910, Flurname, benannt nach den Bächen, die den Zufluss zum Lohmühlenteich bildeten.

Backhauskoppel, (Bramfeld), 1994, nach dem dortigen alten Flurnamen.

Badestraße, (Rotherbaum), 1858, von Amts wegen benannt unter Beibehaltung des bisherigen Namens, den die Straße als Privatstraße 1842 von dem sie anlegenden Grundeigner Johannes Bade erhalten hatte.

Bäckerbreitergang, (Neustadt), im 18. Jahrhundert. Die Straße entstand bei der Bebauung des „Gängeviertels". Die Benennung erfolgte zum Unterschied zum „Breiter Gang", dessen Fortsetzung er bildet. Hier standen früher die Schweinekoben der Bäcker der Altstadt.

Bäckerbrücke, (Poppenbüttel), 1823, nach einer ortsüblichen Bezeichnung für den Weg zum Bäckernach Sasel.

Bäckerstieg, (Sasel), 1951, ortsübliche Bezeichnung nach dem Weg zur dort gelegenen Bäckerei.

Baedekerbogen, (Bergedorf, Allermöhe), 1979, nach dem Architekten Walter Baedeker, nach der Motivgruppe: Architekten des frühen 20. Jahrhunderts.

Bärenallee, (Marienthal), nach dem 1746 erbauten Gasthof „Zum schwarzen Bären". Dieser befand sich in der ehemaligen Hamburger Straße (heute Wandsbeker Marktstraße). Der große Garten dieses Lokals reichte bis zur Bärenallee und beherbergte einen Bärenzwinger.

Bärenhäuterweg, (Billstedt), 1952, nach dem Schelmenroman von Grimmeishausen (1670) „Simplicissimus".

Bärenhof, (Langenhorn), 2006, nach dem um 1900 an der Ecke Langenhorner Chaussee / Stockflethweg burgähnlich angelegten Bärenhof, der als Hoffläche noch heute besteht. Der Name Bärenhof bezog sich auf ein an der Fassade des Hofhauses angebrachtes Relief eines Bären.

Baererstraße, (Harburg, Eißendorf), 1950, nach Heinrich Baerer (1842–1913), Schuhmachermeister und Verleger des „Volksblattes" in Harburg.

Bärwalder Straße, (Rahlstedt), 1958, Motivgruppe: Orte in Pommern.

Baggesenstieg, (Poppenbüttel), 1947, nach dem in Hamburg verstorbenen deutsch-dänischen Dichter Jens Baggesen (1764–1826), der die Poppenbüttler Landschaft begeistert besungen hat.

Bahngärten, (Wandsbek, Marienthal), 1950, nach der Lage der Gärten an der Bahnstrecke.

Bahnhofsinsel, (Harburg), 1929, dieser Teil des Harburger Hafengeländes bildet eine durch den Hafenkanal und den östlichen Bahnhofskanal geschaffene Halbinsel, auf der die ältesten Bahnhofsanlagen liegen, und zwar diejenigen der Bahnlinie Hamburg-Celle von 1847.

Bahnhofspassage, (Wilhelmsburg), 1981, nach der ortsüblichen Bezeichnung bei der S-Bahn-Haltestelle Wilhelmsburg.

Bahnhofstraßenbrücke, (Rahlstedt), 1965, in Anlehnung an den Namen Rahlstedter Bahnhofstraße, als über die Wandse führende Brücke.

Bahrenfelder Chaussee, (Bahrenfeld), 1890, nach dem Dorf Bahrenfeld, das bereits 1256 als Bahrenvelde erstmalig erwähnt wird.

Bahrenfelder Kirchenweg, (Ottensen, Bahrenfeld), 1950, nach dem Weg der Bahrenfelder zur Kirche nach Ottensen, wo sie eingemeindet waren.

Bahrenfelder Marktplatz, (Bahrenfeld). 1950, nach der Lage im Ortsmittelpunkt von Bahrenfeld.

Bahrenfelder Steindamm, (Bahrenfeld), 1875, nach der schon früh mit Steinen gepflasterten Straße.

Bahrenfelder Straße, (Ottensen), vor 1856, als von Ottensen nach Bahrenfeld führende Straße.

Bahrstraße, (Eißendorf), 1955, nach Johann Friedrich August Bahr (1801–1855). Bahr war zu nächst Amtsauditor in Dannenberg und Bleckede, ab 1827 Magistratsassessor in Harburg und ab 1835 Bürgermeister von Harburg.

Balduinstraße, (St. Pauli), 1899, als die Vorstädte schneller wuchsen, als den Stadtvätern Straßennamen einfielen, kam man hier auf die Idee, dem Alphabet folgend zunächst männliche, später weibliche Vornamen zu verwenden. Beim Buchstaben „B" hat es „Balduin" getroffen.

Balduintreppe, (St. Pauli), 1969, in Anlehnung an Balduinstraße.

Balkenstücken, (Farmsen-Berne), 1949, Balken sind Ackerstreifen, die nicht mit anderen Äckern zusammen bearbeitet werden können oder auch nicht umgepflügte Streifen, die entweder als Feldweg oder Akkerbegrenzung dienen.

Ballerstaedtweg, (Ohlsdorf), 1956, nach Richard Ballerstaedt (1873–1953), zunächst Lehrer, später Oberschulrat, von 1919 bis 1933 Mitglied der Bürgerschaft, nach 1945 Deputierter der Schulbehörde.

Ballindamm, (Hamburg-Altstadt), die Straße wurde nach 1842 mit dem angefallenen Brandschutt aufgeschüttet und als „Alsterdamm" benannt; nach dem letzten Krieg (1939–45) wurde die Straße abermals mit Schutt verbreitert und auf das jetzige Gardemaß von 39 Metern gebracht. 1947 erfolgte die Umbenennung in Ballindamm zu Ehren des bedeutenden Reeders, Generaldirektors und Vorsitzenden der HAPAG, Albert Ballin (1857–1918).

Ballinkai, (Moorburg) 2002, nach Albert Ballin (1857–1918), Generalddirektor der Hamburg-Amerika-Linie (Hapag)

BallinPark, (Veddel), 2007, im Rahmen des Projekts „BallinStadt", siehe auch Ballindamm und Ballinkai. Der Ballinpark verbindet die S-Bahnstation Veddel mit der Ballinstadt, einem Museums-Ensemble, das an die Zeit der Auswanderung erinnert, als von Hamburg aus zwischen 1850 und 1939 mehr als 5 Millionen Menschen nach Amerika übersiedelten.

Balthasarweg, (Altona-Altstadt), 1950, nach dem berühmten Bildnismaler Balthasar Denner (1685–1749).

Baltrumer Weg, (Finkenwerder), 1939, nach der ostfriesischen Insel Baltrum.

Bandelstraße, (Eißendorf), 1950, nach dem Bildhauer Ernst von Bandel (1800–1876), Schöpfer des Hermannsdenkmals und diverser Harburger Plastiken.

Bandkampsweg, (Niendorf), vor 1934, nach einer Flurbezeichnung.

Bandwirkerstraße, (Wandsbek), 1950, nach der hier in Wandsbek ehemals ansässigen Tuch- und Bandindustrie.

Banksstraße, (Hammerbrook), 1842, nach dem Senatssyndikus Dr. Edward Banks (1795–1851), der sich um die Erschließung und Bebauung des Hammerbrooks besondere Verdienste erworben hat.

Bannwarthstraße, (Bramfeld), 1962, nach dem früheren Generaldirektor der Hamburger Electricitäts-Werke Dr. Ing. e.h. Albert Bannwarth (1872–1947).

Bansenstraße, (Heimfeld), 1890, nach dem Stadtbaumeister Hermann Bansen (1813–1890), dessen Frau die Tochter des Geheimen Sanitätsrates Wittenberg war, dem Besitzer des Geländes.

Bansgraben, (Niendorf), vor 1950, nach dem Flurnamen „Bomsgraben".

Bantschowstraße, (Wellingsbüttel), 1951, nach dem Hamburger Domherren Scholastikus, der zugleich fürstlicher Rat des Herzogs von Mecklenburg war, sowie Probst und Administrator und päpstlicher Absolut. 1522 verschrieb der Erzbischof Herzog Christoph von Braunschweig ihm das ganze Dorf Wellingsbüttel.

Barcastraße, (St. Georg, Hohenfelde), 1862, nach dem Vorbesitzer des Geländes Johann Theodor Friedrich Barca (1827–1889).

Barckhusendamm, (Billstedt), 1948, nach dem Rostocker Buchdrucker Hermann Barckhusen, der 1506 die Schriften des Albert Kranz druckte.

Barenbleek, (Bramfeld), 1945, Flurname, Bar = Eber und Bleek = Bleiche.

Barenkrug, (Tonndorf, Farmsen-Berne), 1921, Flurname, Bar = Eber und Krug oder Kroog = entlegener, an Wald grenzender Acker.

Bargackerdamm, (Bramfeld), 1942, nach einem Flurnamen. Bargacker = Bergacker. Die Bezeichnung „Berg" ist in Hamburg mit Vorsicht zu betrachten, denn in Ermangelung „richtiger" Berge werden hier schon geringfügige Bodenwellen zum „Berg" gemacht.

Bargfelder Weg, (Langenhorn), 1952, Motivgruppe: Dörfer nördlich von Hamburg.

Bargfredestraße, (Blankenese), 1950, nach Heinrich Bargfrede (1684–1726), der Vogt in Dockenhuden war. Das Gelände, über das die Straße führt, gehörte zu Bargfredes Vogterhof.

Bargkoppelstieg, (Rahlstedt), 1989, in Anlehnung an Bargkoppelweg.

Bargkoppelweg, (Rahlstedt), 1973, Flurbezeichnung.

Bargstedgasse, (Rothenburgsort), 1929, nach Jacob Bargsted (1797–1885), Vogt im Billwerder Ausschlag und letzter Inhaber dieses Amtes.

Bargteheider Straße, (Rahlstedt), 1950, nach der Stadt Bargteheide, wohin die Straße führt.

Bargweg, (Hausbruch), 1944, nach einer volkstümlichen Bezeichnung.

Barkendal, (Neugraben-Fischbek), 1940, frei gebildeter niederdeutscher Name für „Birkental".

Barkenkamp, (Wellingsbüttel), 1950, in Anlehnung an den Weg Barkenkoppel. Barkenkamp = Birkenkamp.

Barkenkoppel, (Wellingsbüttel), vor 1938, Flurname, Barkenkoppel = Birkenkoppel.

Barkhausenweg, (Hummelsbüttel), 1965, nach Prof. Dr. Heinrich Barkhausen (1881–1956), dem Begründer der wissenschaftlichen Schwachstrom- und Hochfrequenztechnik.

Barkhof, (Hamburg-Altstadt), 1909, nach der angesehenen Familie von dem Berge, die hier zwei Gehöfte gehabt haben soll, den „großen" und den „kleinen" Berg. Diese Familie stellte im 13. und 14. Jahrhundert Ratsherren und Bürgermeister.

Barlachstraße, (Harburg), 1947, nach Ernst Barlach (1870–1938), Bildhauer, Graphiker und Dichter. Er schuf u.a. das Relief am Ehrenmal an der Kleinen Alster.

Barlskamp, (Osdorf), 1949, in Anlehnung an den dortigen Flurnamen „Barls".

Barmbeker Markt, (Barmbek-Süd), 1948, als Platz, auf dem der Barmbeker Markt abgehalten wurde.

Barmbeker-Ring-Brücke, (Barmbek-Nord), 1971, nach der Lage: in dem durch Barmbek führenden Teil des sogenannten Mittleren Straßenringes.

Barmbeker Straße, (Winterhude), 1863, als Weg, der nach Barmbek führt.

Barmbeker Straßenbrücke, (Winterhude), 1928, in Anlehnung an die Barmbeker Straße, die im Zuge ihres Verlaufes über den Goldbekkanal führt.

Barmstedter Weg, (Schnelsen), 1966, Motivgruppe: Orte nördlich von Hamburg.

Barmwisch, (Bramfeld, Wandsbek), 1946, in Anlehnung an die Flurbezeichnung „Barenwisch". Eine andere Auslegung schreibt: Barm = Born und Wisch = Wiese, aber auch hier wird von einem Flurnamen ausgegangen.

Barnerstraße, (Ottensen), 1893, nach Hans Barner, Drost in Pinneberg im 16. Jahrhundert.

Baron-Voght-Straße, (Groß Flottbek, Othmarschen, Nienstedten, Osdorf), 1928, nach Baron Caspar Voght (1752–1839), Hamburger Kaufmann, der Besitz in Flottbek erwarb und daraus einen landwirtschaftlichen Musterbetrieb machte, spater Jenischpark.

Barsbütteler Straße, (Jenfeld), vor 1910, als Verbindungsweg zwischen Hamburg (Jenfeld) und Barsbüttel.

Barsbütteler Weg, (Billstedt), vor 1938, nach dem Ort Barsbüttel.

Bartelssaal, (Volksdorf), 1950, Flurname, Saal ist eine künstliche oder natürliche Viehtränke auf der Weide. Bartel ist die Kurzform für Bertold.

Bartelsstraße, (Sternschanze), 1844, zu Ehren des Bürgermeisters seit 1820, früher Senator 1798, Dr. Heinrich Bartels (1761–1850).

Bartensteiner Weg, (Wandsbek), 1958, Motivgruppe: Orte in Ostpreußen.

Bartholomäusstraße, (Barmbek-Süd), um 1843, die Straße wurde auf dem

Gelände des aus England stammenden Bartholomew John Bull (1791–1857) angelegt und nach ihm benannt.

Bartiner Weg, (Rahlstedt), 1957, Motivgruppe: Orte in Pommern.

Bartmanns Treppe, (Blankenese), um 1927, nach dem Kapitän und Grundeigner Bartmann (1823–1867).

Basaltweg, (Poppenbüttel), 1963, Motivgruppe: Gesteine und Mineralien. Basalt: junger, dunkler Vulkanit mit unterschiedlichem Mineralgehalt.

Basedowstraße, (Hammerbrook), 1895, nach dem aus Hamburg stammenden Philanthropen und Schulreformer Prof. Johann Bernhard Basedow (1723–1790), einem Hauptvertreter der Aufklärung.

Basselweg, (Stellingen), vor 1870, in Anlehnung an den Flurnamen „In Bassel" = Weiden oder Unterholz.

Bataverweg, (Niendorf), 1950, nach dem germanischen Stamm an der Rheinmündung, der seit Ende des 1. Jahrhunderts unter römische Oberhoheit kam. Motivgruppe: Germanische Volksstämme und ihre nichtgermanischen Nachbarn.

Baubürgerweg, (Borgfelde), 1906, mit Bezug auf die Lage zwischen Baustraße und Bürgerweide, nach dem alten Namen der bürgerschaftlichen Mitglieder der Baudeputation.

Bauerberg, (Horn), um 1850, nach dem Platz, auf dem der Bauernvogt früher die Bauern an einem Sonntag zusammenrief, um mit ihnen die Belange des Dorfes unter freiem Himmel zu besprechen.

Bauerbergweg, (Horn), 1959, in Anlehnung an den Namen Bauerberg.

Bauernholztal, (Hausbruch), 1953, zur Erinnerung an das hier vorhandene Bauernholz, was den dort ansässigen Bauern zur freien Verfügung stand.

Bauernrosenweg, (Bramfeld), 1950, nach einem Blumenmotiv.

Bauernstegel, (Wilhelmsburg), 1956, nach einer ortsüblichen Bezeichnung. Stegel = Diminutivform von Steg, aber auch Zaunübertritt bei Koppeln und Weiden.

Bauernvogtkoppel, (Sasel), 1950, Flurname, Bauernvogt = heute Gemeindevorsteher.

Bauernweide, (Neugraben-Fischbek), 1948, nach einer volkstümlichen Bezeichnung.

Bauhofstraße, (Harburg), 1952, nach dem früheren Harburger Bauhof, der dort Mitte des 19. Jahrhunderts angelegt worden war.

Baumacker, (Eidelstedt), 1932, frei gewählter Name, benannt nach den auch sonst hier auf „Acker" lautenden Wegnamen.

Baumanns Treppe, (Altona-Altstadt), um 1800, nach einem Vorbesitzer des Geländes namens Baumann.

Baumeisterstraße, (St. Georg), 1874, nach dem Präsidenten des Obergerichtes und der Bürgerschaft Dr. Hermann Baumeister (1806–1877).

Baumfalkenweg, (Wohldorf-Ohlstedt), 1983, Motivgruppe: Tiere des Wohldorfer Waldes.

Baumkamp, (Winterhude), 1901, nach dem der Gegend anhaftenden Flurnamen „Baumkampskoppel".

Baumläuferweg, (Lurup), 1953, nach einem Vogelmotiv. Der Baumläufer ist ein an Baumstämmen kletternder Singvogel mit rindenfarbener Oberseite, der sein Nest hinter der Baumrinde baut.

Baumschulenweg, (Nienstedten), 1928, nach den dort befindlichen Baumschulen.

Baumstraße, (Bramfeld), vor 1937, nach einem frei gewählten Namen.

Baumtwiete, (Winterhude), 1937, benannt im Anschluss an den Namen „Baumkamp". Twiete: kleiner Verbindungsweg zwischen zwei Straßen, in erweitertem Sinne auch „kleiner Weg, Gasse oder Gang".

Baumwall, (Neustadt), in der ersten Hälfte des 18. Jahrhunderts mit dem Namen des Walles, der seit 1531 an dieser Stelle errichtet und nach dem Niederbaum, bis wohin er reichte, bezeichnet. Um den Elbhafen zu schützen, wurde an der Einfahrt zum

Binnenhafen eine Sperre mit einem Baum geschaffen, womit der Binnenhafen nachts geschlossen wurde.

Baumwallsperrwerk, (Neustadt), 1969, benannt nach der Funktion und in Anlehnung an den Namen Baumwall.

Baumweg, (Sülldorf), 1928, nach dem vorhandenen Baumbestand.

Baurs Park, (Blankenese), 1922, nach dem Konferenzrat Georg Friedrich Baur (1768–1865).

Baurstraße, (Bahrenfeld, Groß Flottbek, Othmarschen), 1950, zur Erinnerung an die Familie Baur in Altona und nach den aus ihr hervorgegangenen Bürgermeistern:

J. D. Baur 1700–1774
J. D. Baur 1730–1819
J. D. Baur 1760–1813

Baurs Weg, (Blankenese), vor 1903, nach Georg Friedrich Baur (1768–1865).

Bausenhof, (Finkenwerder), 1960, nach einer volkstümlichen Hofbezeichnung, angeblich die verschlissene oder abgeschliffene Form des Hofbesitzers Barkhusen.

Baustraße, (Heimfeld), 1890, wahrscheinlich nach einer volkstümlichen Bezeichnung. Die Straße wurde während der Bauarbeiten „Baustraße" genannt und der Name wurde später offiziell übernommen.

Bauvereinsweg, (Wilhelmsburg), 1949, nach dem gemeinnützigen Bauverein „Reiherstieg", der hier eine große Anzahl Wohnungen errichtete.

Bauwiesenstraße, (Wilhelmsburg), 1927, nach der alten „Bauwiese" (niederdeutsch: Bowisch), dem zwischen Neuen Felde, Schönen Felde, der Dove Elbe und dem Schluisgraben gelegene Land, das 1617–1624 eingedeicht und Bauwiese genanntwurde.

Baxmannstraße, (Billstedt), 1948, nach dem Hamburger Ingenieur-Kapitän Johann Henning Baxmann (1730–1796), der Wasserbauer und Zeichner von Elbkarten war.

Baxmannweg, (Billstedt), 1971, in Anlehnung an den Namen Baxmannstraße.

Bayernweg, (Niendorf), 1966, Motivgruppe: germanische Volksstämme und ihre nichtgermanischen Nachbarn.

Beatles-Platz, (St. Pauli), 2006, nach der weltbekannten Popgruppe aus Liverpool, deren Karriere 1962 im Hamburger Star Club begann.

Bebelallee, (Alsterdorf, Winterhude), 1945, nach dem vieljährigen hamburgischen Reichstagsabgeordneten und Führers der deutschen Sozialdemokraten August Bebel (1840–1913).

Bechsteinweg, (Iserbrook), 1939, nach dem Schriftsteller und Sammler deutscher Märchen und Sagen Ludwig Bechstein (1801–1860).

Beckedorfer Straße, (Sinstorf), 1937, dieser Name der aus Niedersachsen kommenden Straße wurde von Hamburg übernommen, es handelt sich um den nach Bekkedorf führenden Weg.

Beckerberg, (Harburg), 1950, nach einer volkstümlichen Bezeichnung. Hier lag früher der nach und nach abgetragene Krummholzberg, dessen Anhöhe nach der dort damals gelegenen Gastwirtschaft „Zur schönen Aussicht" auch Beckers Berg genannt wurde.

Beckermannweg, (Langenhorn), 1981, nach Prof. Franz Beckermann (1903–1976), dem ärztlichen Direktor des Heidbergkrankenhauses.

Beckers Treppe, (Blankenese), vor 1903, nach dem Grundeigner, dem Uhrmacher und Kirchenältesten Karl Heinrich Becker (1807–1888).

Beckmannstraße, (Groß Flottbek), 1928/30, nach dem Arzt Dr. Hermann Detlef Beckmann (1861–1908), Stifter hoher Geldbeträge für die Gemeinde Groß Flottbek. Er war ein beliebter Gemeindevertreter, Philanthrop und Wohltäter. Er lancierte Stiftungen für die verschiedensten Zwecke. Dem Zeitgeist entsprechend war er besonders patriotisch gesinnt und im sogenannten Denkmalkomitee und in sonstigen Aktivitäten tätig.

Beckstedtweg, (Niendorf), 1948, nach Johannes Joachim Beckstedt (1764–

1816), Grobschmied, Hofbesitzer und Vogt (bis 1816).

Beckstraße, (Sternschanze), 1869, nach dem Vorbesitzer des Geländes und dem Erbauer der Straße J. C. H. Beck.

Beensroaredder, (Lohbrügge), 1934, nach einer zusammengesetzten Flurbezeichnung. Es handelte sich um einen Weg über eine Rodung, die vermutlich einem „Beens" oder „Behn" gehörte.

Beentkamp, (Eidelstedt), 1975, Flurname, Beent = Binse, Pfeifengras, Ginster.

Beerboomstücken, (Groß Borstel), 1956, Flurname. Beerboom = Birnbaum.

Beerbuschredder, (Bergstedt), 1947, Flurname „Am Beerbusch". Beer ist Niederdeutsch und bedeutet Birne, Bier oder auch Beere. Redder ist ein von Knicks gesäumter Feldweg.

Beerbuschring, (Bergstedt), 1991, in Anlehnung an den Flurnamen „Beerbusch".

Beerbuschstieg, (Bergstedt), 1994, in Anlehnung an den benachbarten alten Flurnamen.

Beerenberg, (Eißendorf), 1971, in Anlehnung an die Gelandebezeichnung „Beerental".

Beerenhain, (Eißendorf), 1977, in Anlehnung an die Bezeichnung „Beerentaltrift".

Beerenhöhe, (Eißendorf), 1975, in Anlehnung an die benachbarten Wegnamen.

Beerentaltritt, (Eißendorf), 1930, von der Geländebezeichnung „Beerental" abgeleitet. Von 1667 ist „vor dem Beerndahl" überliefert. „Beer" kann sowohl „Beere" wie auch „Eber" bedeuten. „Trift" ist der Viehtriebweg der Eißendorfer Bauern.

Beerentaltwiete, (Eißendorf), 1975, in Anlehnung an den früheren Namen „Beerentalweg". Twiete = kleiner Verbindungsweg zwischen zwei Straßen. Im weiteren Sinne auch: kleiner Weg, Gasse, Pfad.

Beerentalweg, (Eißendorf), 1910, nach der alten Geländebezeichnung „Beerental".

Beerenweg, (Bahrenfeld), 1928, nach einer uralten Flurbezeichnung und den ehemals vorhandenen Brombeerhekken.

Beerenwinkel, (Volksdorf), 1948, Flurname, hier gibt es drei Auslegungen: nach den im Volksdorfer Wald vorhandenen Beeren, und kann es sich um einen Orthographiefehler handeln, denn auf einer Karte von 1782 ist ein Waldstück als „Im dicken Bären" bezeichnet, kann es vom germanischen „Beer" = „Eber" abgeleitet sein.

Beesenlandbrücke, (Veddel), 1914, nach einer Flurbezeichnung.

Beetenweg, (Sinstorf), 1975, nach einem aus der Gemeinde Seevetal kommenden Weg, der bereits benannt war und von Hamburg namentlich übernommen wurde.

Beethovenallee, (Lokstedt), vor 1934, nach dem Komponisten Ludwig van Beethoven (1770–1827), der aus einer eingewanderten flämischen Familie stammt.

Beethovenstraße, (Barmbek-Süd), 1863, zu Ehren Ludwig van Beethovens (1770–1827).

Beetsweg, (Ottensen), 1950, nach der im 17. Jahrhundert in Altona ansässigen Mennonitenfamilie Beets.

Begel, (Volksdorf), 1926, Flurbezeichnung „Im Begel". Kaum zu deutender Flurname. Weit hergeholt könnte man das altslawische „Biel" = „Moos" heranziehen.

Begonienweg, (Wandsbek), 1950, Blumenmotiv. Begonie = Gattung der Schiefblattgewächse. Es gibt ca. 360 amerikanische, 320 ostasiatische und 110 afrikanische Arten.

Behaimweg, (Billstedt), 1948, nachdem Kosmographen Martin Behaim (1459–1507). Nachdem er in den Niederlanden und Portugal im Handel tätig gewesen ist, verAnlasste er in Nürnberg die Fertigstellung des ältesten bekannten Erdglobus (Erdapfel).

Behnkenkammer, (Wandsbek), 1950, im Jahre 1613 schenkte Herzog Johann Adolph der Kammerdame seiner Gemahlin ein Stück dieses Landes, worauf dieser Name zurückgehen soll.

Behnstraße, (Altona-Altstadt), 1859, nach Carl Heinrich Caspar Behn (1799–1853), einem verdienstvollen Bürgermeister in Altona.

Behrensstraße, (Marienthal), 1878, nach der alteingesessenen Wandsbeker Familie Behrens, die sehr wohltätig war, und insbesondere nach Albert Balzer Behrens aus Hamburg, der von 1645–1679 Gutsherr in Wandsbek war.

Behringstraße, (Ottensen, Othmarschen), 1950, nach Prof. Dr. Emil von Behring (1854–1917), Arzt, Forscher, Nobelpreisträger. Er entdeckte das Diphterie- und Tetanus-Antioxin und begründete damit die moderne Serotherapie.

Behrkampsweg, (Lokstedt), vor 1934, Flurbezeichnung. Der Name deutet auf die dort betriebene Schweinezucht hin, denn „Behr" oder „Beer" ist die germanische Bezeichnung für Eber.

Behrmannplatz, (Lokstedt), 1948, nach den Lokstedter Vögten im 18. Jahrhundert. Die Bauernfamilie Behrmann war seit etwa 400 Jahren, von 1537–1917, in Lokstedt ansässig.

Bei dem Neuen Krahn, (Hamburg-Altstadt), im 18. Jahrhundert, nach dem hier ehemals stehenden „Neuen Krahn", im Gegensatz zu „Alten Krahn" bei der früheren Börse. Vorher, seit dem 15. Jahrhundert, hieß die Straße „Bei dem Krahn".

Bei den Boltwiesen, (Rahlstedt), 2000, nach dem benachbarten Flurnamen „Boltwiesen".

Bei den Düneneichen, (Lohbrügge), 1982, nach der Lage in der Boberger Niederung mit Eichen besonderer Art.

Beidenfletweg, (Rahlstedt), 1950, nach Lange Beidenflet, Vogt in Trittau um 1340.

Bei den Heidehütten, (Neugraben-Fischbek), 1948, nach den dort befindlichen Wochenendhäusern der Städter.

Bei den Höfen, (Jenfeld), vor 1938, nach einem unmittelbar bei der Hofstelle gelegenen Flurstück.

Bei den Kirchhöfen, (St. Pauli, Neustadt), ein 1794 im Volksmund entstandener Name, als Zugangsweg zu den seit 1794 vor dem Dammtor gelegenen und 1879 allmählich geschlossenen Begräbnisplätzen der städtischen Kirchen.

Bei den Mühren, (Hamburg-Altstadt), seit dem 13. Jahrhundert, nach der alten Stadtmauer (Mühren = Mauer), die man überall dort baute, wo die Stadtbefestigung nicht durch einen Wasserlauf oder ein Bollwerk geschützt war.

Bei den St. Pauli-Landungsbrücken, (Neustadt, St. Pauli), 1911, nach einer im Volksmund geläufigen Bezeichnung, die amtlich übernommen wurde.

Bei den Tennisplätzen, (Horn), 1961, nach der Lage.

Bei den Zelten, (Horn), 1929, nach den hier früher bei den Schützenfesten aufgestellten Zelten, in denen getrunken und getanzt wurde.

Bei der Alten Börse, (Hamburg-Altstadt), 1843, nach der alten, 1558 hier errichteten Börse, die beim Großen Brand 1842 vernichtet wurde.

Bei der Apostelkirche, (Eimsbüttel), 1895, nach der Lage bei der gleichnamigen Kirche.

Bei der Bergwettern, (Wilhelmsburg), etwa 1937, nach den Entwässerungsgräben, die von dem erhöhten Gelände der Burg in die Mühlenwettern führten. Wettern = Fleet, Entwässerungsgräben.

Bei der Blauen Brücke, (Curslack, Neuengamme), 1924, als vom Curslacker Deich zur Blauen Brücke führender Weg.

Bei der Christuskirche, (Eimsbüttel), 1890, nach der dort von Kirchenbaumeister Johann Ötzen erbauten Kirche.

Bei der Flottbeker Kirche, (Groß Flottbek), 1928, nach der Lage.

Bei der Flottbeker Mühle, (Bahrenfeld), 1966, nach der Lage.

Bei der Friedenseiche, (Altona-Altstadt), 1882, nach der nach Friedensschluß des deutsch-französischen Krieges 1870/ 1871 hier gepflanzten „Friedenseiche".

Bei der Friedenskirche, (Eilbek), 1909, nach der Friedenskirche in Eilbek.

Bei der Grünen Brücke, (Rothenburgsort), 1865, nach der grünen Brücke über die Bille, wohin die Straße führt. Zum Unterschied gab es auch andersfarbige Brükken, die auch nach ihrem Anstrich benannt wurden.

Bei der Hammer Kirche, (Hamm-Nord), in der ersten Hälfte des 19. Jahrhunderts, nach der Lage bei der Hammer Kirche.

Bei der Hauptfeuerwache, (St. Georg), 1921, nach der Lage bei der neuen Hauptfeuerwache.

Bei der Hopfenkarre, (Wandsbek), 1892, nach dem früheren Wirtshaus „Zur Hopfenkarre" an der Lübecker Chaussee, das zum „Gut Wandsbek" gehörte und bereits 1635 erwähnt wird. Es diente dem Frachtverkehr als Gaststätte und gilt zugleich als Poststation der königlich dänischen Post.

Bei der Johanniskirche, (Altona-Altstadt), 1876, nach der Lage bei der von Kirchenbaumeister Johann Ötzen erbauten Johanniskirche.

Bei der Lutherbuche, (Lokstedt), 1950, nach der seit vielen Jahren vor dem dortigen Pastorat stehenden Buche.

Bei der Martinskirche, (Horn), 1929, nach der Lage.

Bei der Matthäuskirche, (Winterhude), 1926, nach der Lage.

Bei der Neuen Münze, (Rahlstedt), 1972, nach dem neuen Sitz der hamburgischen Münze.

Bei der Osterkirche, (Ottensen), 1930, nach der Lage.

Bei der Paul-Gerhardt-Kirche, (Bahrenfeld), 1976, nach der Lage. Paul Gerhardt (1607–1676) war ein Dichter geistlicher Lieder und Gedichte.

Bei der Pauluskirche, (Altona-Nord) 1975, nach der Lage.

Bei der Petrikirche, (Hamburg-Altstadt), 1843, die Kirche wurde 1324 als gotischer Backsteinbau, allerdings ohne Turm fertiggestellt. In der ursprünglich beschlossenen Form „Bei St. Petri" ist der Wegname nie zur Anwendung gekommen.

Bei der Pulvermühle, (Niendorf), vor 1934, nach der um 1632 erbauten Pulvermühle. Wie die meisten Pulvermühlen wurde auch diese aus Sicherheitsgründen außerhalb der Stadt errichtet. Das zu Recht, denn sie flog bald in die Luft und wurde nicht wieder aufgebaut.

Bei der Reitbahn, (Ottensen), vor 1860, nach der Reitbahn, die die dänischen Husaren hier um 1840 hatten.

Bei der Rolandsmühle, (Ottensen), 1924, die eigentlich hätte „Rulandsmühle" heißen müssen, denn sie wurde nach einem Günstling des Grafen von Schauenburg benannt, der sie im Jahr 1615 errichten ließ. Während des 30jährigen Krieges verfiel die Mühle.

Bei der Schilleroper, (St. Pauli), 1848, „Schilleroper" war die letzte Bezeichnung für dieses Theater. Ursprünglich hieß es „Schillertheater" und auch „Oper im Schillertheater". Es war aus dem umgebauten Zirkusgebäude Paul Busch entstanden und wurde am 19. April 1905 eröffnet. Ab 1932 wurde es auf Operettenaufführungen umgestellt.

Bei der Schmiede, (Wilhelmsburg), 1935, hier lag die sogenannte große Schmiede (im Gegensatz zur kleinen Schmiede in Kirchdorf), die bereits 1672 vorhanden war.

Bei der St. Gertrudkirche, (Uhlenhorst), 1913, nach der Lage.

Bei der Stadtwassermühle, (Neustadt), um 1865, nach der ältesten und bekanntesten Mühle der Stadt. Sie fiel dem Großen Brand von 1842 zum Opfer. Eine neue Mühle wurde 1853 erbaut, aber bereits 1888 wegen Unwirtschaftlichkeit wieder außer Betrieb gesetzt.

Bei der Vogelstange, (Hamm-Nord), 1936, hier stand in früherer Zeit auf der so genannten Papagoyenwiese eine Vogelstange, wo das Vogelschießen auf einen aufgemalten Papagei abgehalten wurde.

Bei der Windmühle, (Wilhelmsburg), 1935, nach einer bereits 1582 erwähnten Windmühle (früher: „BideMööl").

Bei der Wollkämmerei, (Wilhelmsburg), 1985, nach einer früher hier ansässigen Wollkämmerei.

Bei der Ziegelei, (Hummelsbüttel), 1977, nach einer ehemaligen Ziegelei, die hier bis in die 50er Jahre unseres Jahrhunderts noch in Betrieb war.

Beim Alten Gaswerk, (Bahrenfeld), 2000, nach dem früher dort belegenen Altonaer Gaswerk, das zwischen 1892 und 1895 entstand und zuletzt 1926 erweitert wurde.

Beim Alten Schützenhof, (Barmbek-Süd), 1913, nach dem Schützenhof, den die Hamburger Schützengesellschaft hier von 1862 bis 1901 betrieb.

Beim Alten Waisenhause, (Hamburg-Altstadt, Neustadt), um 1785, nach dem hier 1600 erbauten ältesten Waisenhaus, das bis 1785 genutzt wurde und das man 1801 abbrach.

Beim Amsinckpark, (Lokstedt), 1957, in Anlehnung an die ortsübliche Bezeichnung des Parks, der nach dem Kaufmann Wilhelm Amsinck (1821–1909) benannt wurde.

Beim Andreasbrunnen, (Eppendorf), 1906, nach einem Brunnen, den Georg Andreas Knauer hier im Rahmen seines Kurbetriebes ausschenkte. Er hatte hier in Eppendorf eine Bade- und Brunnentrinkanstalt mit Hotelbetrieb und Gartenrestaurant gegründet. Ein Unternehmen, das hervorragend gelaufen sein soll.

Beim Avenberg, (Ochsenwerder), 1935, nach einer alten Flurbezeichnung, die sich möglicherweise von „auf dem Berg" ableitet.

Beim Bergwerk, (Hausbruch), 1948, in den Jahren 1919/21, nach dem Ersten Weltkrieg, hat hier die von der Phönix finanzierte „Robertshall" Braunkohle gefördert, die an die Phönix geliefert wurde.

Beim Berliner Tor, (St. Georg), 1993, benannt nach dem ehemaligen in der Nähe gelegenen Stadttor, im Zuge der Landstraße nach Berlin.

Beim Bieberhof, (Tatenberg), 1955, nach dem bereits 1636 genannten Herrenhof, der ab 1804 im Besitz der Familie war, die sich besonders um die Hamburger Landwirtschaft verdient gemacht hat. Henry Bieber (1811–1882) war Vogt von Tatenberg. Heute dient der Bieberhof von Tatenberg der Freizeitgestaltung.

Beim Brinkmannschen Park, (Ronneburg), 2005, nach dem gleichnamigen, südwestlich gelegenen Park.

Beim Dorfgraben, (Rissen), 1978, nach der Lage beim Rissener Dorfgraben.

Beim Dorfkrug, (Hausbruch), 1955, nach der Lage bei der Gastwirtschaft „Zum Dorfkrug".

Beim Elbkurhaus, (Nienstedten), 1956, zur Erinnerung an das früher hier von 1908 bis 1938 befindliche „Elbkurhaus".

Beim Erdkamp, (Fuhlsbüttel), 1934, nach dem der Gegend anhaftenden Flurnamen „Erdkamp".

Beim Farenland, (Farmsen-Berne), 1925, nach einem Flurnamen, der auf ein mit Farn bewachsenes Land hinweist.

Beim Gesundbrunnen, (Borgfelde), 1906, nach einer angeblichen Heilquelle, die per Zufall von einem Bauern mit entzündlichem Finger entdeckt wurde, und im folgenden kommerziellen Trubel ihre Heilwirkung wieder verlor.

Beim Grootsee, (Niendorf), 1986, nach der Lage beim nördlich der Straße gelegenen Grootsee.

Beim Großen Teich, (Volksdorf), 1936, nach dem früher zwischen Volksdorf und Sasel gelegenen Teich, der spater versumpfte. Hier war die Saselbek zum „großen Teich" gestaut worden. Nachdem später die dort betriebene Fischzucht nicht mehr lohnend war, ließ man die Anlage verkommen und es entstanden wieder Wiesen.

Beim Grünen Jäger, (Sternschanze), 1932, nach dem früher dort gelegenen Wirtshaus „Zum Grünen Jäger".

Beim Hammer Marktplatz, (Hamm-Nord), um 1816, nach dem Marktplatz, auf dem noch 1894 Kram- und Viehinärkte abgehalten wurden.

Beim Hirtenkaten, (Horn), 1929, nach dem Hirtenkaten der Dorfschaft, der einst auf der Höhe des Bauernberges in Horn stand.

Beim Jacobjstift, (Winterhude), 1929, nach der Lage beim Oberalten Johann-Carl Jacobjstift.

Beim Kraftwerk, (Steinwerder), 1911, nach dem hier gelegenen elektrischen Kraftwerk für den Eibtunnelbetrieb.

Beim Kugelwechsel, (Poppenbüttel), 1956, hier sollen sich 1698 zwei hochrangige Militärs duelliert haben. Der beteiligte Generalmajor wurde „Beim Kugelwechsel“ angeschossen (siehe auch „Am Anschuß“) und verstarb folgenden Tages.

Beim Lehmbrook, (Farmsen-Berne), 1935, nach einer Flur, die ihren Namen nach den hier vorkommenden Lehmvorkommen hat. Brook = feuchtes, sumpfiges Bruchland.

Beim Lüdmoorgraben, (Bramfeld), 1955, nach der ortsüblichen Bezeichnung für das „Lüdmoorgraben“ genannte Gewässer, das an der Rückfront der Grundstücke verläuft.

Beimoorstraße, (Barmbek-Süd), 1948, nach der Ortschaft „Beimoor“ bei Ahrensburg.

Beim Opferstein, (Lokstedt), 1952, auf der Höhe des Rütersberges sollen noch um 1800 Reste eines germanischen Opfersteines vorhanden gewesen sein.

Beim Pachthof, (Horn), 1929, nach dem ehemaligen stadtlichen Pachthof, der früher jahrhundertelang dem Hospital zum Heiligen Geist gehörte. Es war der größte der Horner Höfe.

Beim Querdeich, (Bergedorf), 2003, nach dem südlich benachbarten Querdeich.

Beim Rauhen Hause, (Horn), 1929, nach der anliegenden, von Johann Hinrich Wichern (1808–1881) gegründeten Erziehungsanstalt. Der Name des Hauses wird auf den Familiennamen des früheren Besitzers Rüge zurückgeführt. Wenn man das Niederdeutsche „Rüg“ mit „rauh“ übersetzt, so kommt man im Hochdeutschen über „Ruges Haus“ zum „Rauhen Hause“.

Beim Riesenstein, (Sasel), 1950, hier lag ein aus der Eiszeit stammender Riesenstein, der in germanischer Zeit als Opferstein verwendet wurde. 1850 sprengte man ihn, und er wurde als Schotter für Brückenarbeiten verwendet.

Beim Saaren, (Billstedt), 1977, nach einem Flurnamen auf Havighorster Gebiet.

Beim Sandbrack, (Kirchwerder), 2004, in Anlehnung an das westlich vom Durchdeich liegende Sandbrack.

Beim Schäferhof, (Langenhorn), 1903, nach einer volkstümlichen Bezeichnung für einen ehemals hier gelegenen Schäferhof.

Beim Schillingstift, (Iserbrook), 1982, nach der Lage beim Schillingstift.

Beim Schlump, (Eimsbüttel, Rotherbaum, Harvestehude), 1858, eine erste Erwähnung stammt bereits von 1752 als „Up dem Schlump“. Der Name ist ungeklärt; mit allem Vorbehalt könnte Schlump so etwas wie „ungefähr“ oder „aufs Geratewohl“, vielleicht aber auch „Häusergruppe“ bedeuten.

Beim Schröderschen Hof, (Wilhelmsburg), 2008, in Anlehnung an das nahe gelegene, mehr als 240 Jahre alte denkmalgeschützte Bauernhaus am Obergeorgswerder Hauptdeich 4.

Beim Strohhause, (St. Georg), seitdem 17. Jahrhundert, nach einem Haus, in dem der Schlagbaumwärter seine Wohnung hatte und dort eine viel besuchte Kneipe betrieb. Dieses Haus hat früher Ecke Lindenplatz/Große Allee gestanden. Es handelte sich um einen Fachwerkbau, dessen Felder zwischen den Balken mit Strohgeflecht ausgefüllt waren. Eine andere Lesart besagt, dass hier im 17. Jahrhundert ein Dorf lag, das der Hamburger Kavallerie als Strohlager diente.

Beim Trichter, (St. Pauli), 1905, ein nach der Franzosenzeit erbautes Haus. Der Name ist abgeleitet von der eigenartigen Dachform des Gebäudes, das an einen umgestülpten Trichter erinnert. 1840 kaufte Peter Georg Hanse, der erste Wirt auf dem Süllberg, das Gebäude auf Abbruch, um das Dach als sichtbares Zeichen und Sehenswürdigkeit auf dem Süllberg zu installieren.

Beim Wihelmsburger Wasserturm, (Wilhelmsburg), 2003, nach dem gegenüberliegenden Wasserturm.

Beim Ziegelhof, (Duvenstedt), 1942, nach der Lage bei einer Ziegelei. Da es in Hamburg immer guten Absatz für Ziegel gab, wurden überall dort, wo es Lehmvorkommen gab, in der Umgebung der Stadt Ziegeleien errichtet.

Bei Schuldts Stift, (Neustadt), 1896, nach der am Pilatuspool gelegenen Abraham-Philipp-Schuldt-Stiftung.

Beisserstraße, (Ohlsdorf), 1949, nach dem früheren Grundeigner, dem Schlachtermeister Georg Michael Beisser (1856–1926).

Bei St. Annen, (HafenCity), 1869, eine alte Bezeichnung für eine neue Straße auf der Kehrwiederhalbinsel. Beim Zollanschluss Hamburgs wurde die alte Straße abgebrochen. Zur Erinnerung an diese und die an ihr gelegene, 1869 abgebrochene St. Annenkapelle wurde der Name erhalten.

Bei St. Ansgar, (Niendorf), 1988, nach der benachbarten St. Ansgar-Kirche. Ansgar war der große Missionar des Nordens, der erste Bischof und Erzbischof von Hamburg. Er förderte die Ausbreitung des Christentums in Schweden, Jütland und Schleswig und wurde als Apostel des Nordens bekannt.

Bei St. Johannis, (Rotherbaum), 1882, St. Johannis ist bis heute eines der besten erhaltenen Kulturdenkmäler seiner Epoche. Fast bis ins letzte Detail ist die Kirche eine geschlossene Komposition der Neugotik. So nimmt St. Johannis unter den Gotteshäusern Deutschlands eine besondere Stellung ein.

Bekassinenau, (Farmsen-Berne, Rahlstedt), 1950, nach einem Vogelmotiv, Bekassine = Sumpfschnepfe.

Bekassinenaubrücke, (Farmsen-Berne), 1960, in Anlehnung an Bekassinenau.

Bekkamp, (Jenfeld), vor 1933, Flurname, Bek = Bach und Kamp = Feld.

Bekkampsweg, (Jenfeld), vor 1933, Erklärung: wie Bekkamp.

Bekkoppeln, (Bergstedt), 1947, Bek = Bach und Koppel = eingezäuntes Weideland. Es handelt sich hier um die Koppel am Bach Lottbek.

Bekstück, (Niendorf), vor 1934, Flurname; = ein Stück Land am Bach gelegen.

Bekweg, (Sasel), 1919/20, Weg, der zum Bach „Saselbek“ führt.

Bekwisch, (Sasel), 1919/20, nach den von Wasserläufen durchzogenen Wiesen. Bek = Bach und Wisch = Wiese.

Belemannweg, (Langenhorn), 1952, nach Hans Belemann, der 1580 der erste Schmied in Langenhorn war.

Belgarder Straße, (Rahlstedt), 1950, nach der Ortschaft in Pommern.

Bellealliancestraße, (Eimsbüttel), 1870, eine erste Lesart besagt, dass der Name zurückgeht auf eine gut funktionierende Grundeigentümerallianz zwischen den Herren Fett, Schmuck, Meissner und Fehlandt. Eine zweite Version führt an, dass es sich um die Stammkneipe der vier genannten Herren handelte, die „Bellealliance“ hieß. Eine dritte Auslegung ist historisch: aufgrund der Nähe zur Waterloostraße soll Bellealliance auf diesen Schlachtort zurückgehen, auf dem Wellington und Blücher Napoleon geschlagen haben, u. z. soll auf dem Weg nach Brüssel, in der Nähe des Schlachtortes, ein Wirtshaus mit dem Namen „Bellealliance“ gestanden haben.

Bellerbek, (Rissen), 1972, nach einem der Gegend anhaftenden Flurnamen. Bellerbek soll von Bil = Teilung, Spaltung, kommen, d.h. ein Höhenzug durchbricht die Landschaft zwischen Rissen und Wedel.

Bellevue, (Winterhude), 1866, nach der Lage der Straße mit einer schönen Aussicht (Bellevue: fr. = schöne Aussicht).

Bellevuebrücke, (Winterhude), 1904, in Anlehnung an den Wegnamen Bellevue.

Bellmannstraße, (Groß Flottbek), 1928, nach dem Organisten und Komponisten Carl Gottlieb Bellmann (1772–1861), der u.a. das Schleswig-Holstein-Lied komponierte.

Beltgens Garten, (Hamm-Mitte), 1948, nach dem niederländischen Kaufmann Ottavio Beltgen (1679–1716), dem das Gelände an der Borgfelder Straße bis Hammer Landstraße 18, Greveberg und Mittelkanal gehörte.

Benatzkyweg, (Rahlstedt), 1972, nach dem Operettenkomponisten Ralph Benatzky (1884–1957).

Bendestorfer Ring, (Langenbek), 1965, nach dem Luftkurort Bendestorf, nach der Motivgruppe: „Ortsnamen der Lüneburger Heide".

Bendixensweg, (Barmbek-Nord), 1914, nach dem Hamburger Maler Siegfried Bendixen (1784–1865), der 1812 nach London ging und dort blieb.

Bengelsdorfstieg, (Bramfeld), 1972, nach dem Bürgerschaftsabgeordneten und Mitglied des Ortsausschusses in Bramfeld Henry Bengelsdorf (1901–1955).

Bengelsdorfstraße, (Bramfeld), 1972, Erklärung: wie Bengelsdorfstieg.

Benittstraße, (Finkenwerder), 1923, nach der alteingesessenen, seit dem 16. Jahrhundert nachgewiesenen Fischerfamilie Benitt.

Bennigsenstraße, (Harburg), 1927, nach dem Oberpräsidenten der Provinz Hannover und Harburger Ehrenbürger Rudolf von Bennigsen (1824–1902).

Benselweg, (Allermöhe), 1979, nach dem Architekten Carl Bensel (1878–1949), er erbaute verschiedene Geschäftshäuser in der Hamburger Innenstadt, u.a. Karstadt sowie die Paulus-Augustin-Kirche in Groß Flottbek. Motivgruppe: Hamburger Architekten des frühen 20. Jahrhunderts.

Benzenbergweg, (Barmbek-Nord), 1930, nach dem berühmten Physiker Joh. Friedrich Benzenberg (1777–1845).

Benzstraße, (Bramfeld), 1957, nach Carl Friedrich Benz (1844–1929), Ingenieur und Autokonstrukteur. Unabhängig von Daimler konstruierte er einen liegenden Einzylinder-Viertaktmotor und schuf damit das erste entwicklungsfähige Kraftfahrzeug als Einheit von Fahrgestell und Motor.

Berberweg, (Farmsen-Berne), 1967, nach den auch sonst hier verwendeten Motiven aus dem Pferdesport.

Berchtungweg, (Lokstedt), 1956, nach einer Figur aus dem lombardischen Sagenkreis.

Berenberg-Gossler-Weg, (Niendorf), 1993, nach der Bankiersfamilie mit umfangreichem Grundbesitz in Niendorf, seit 1847 Vorbesitzer des Geländes bis 1992.

Bergdoltweg, (Poppenbüttel), 1952, zur Erinnerung an den Mitbesitzer des Geländes und Vollhufner, Besitzer des dortigen Hofes um 1804.

Bergedorfer Heerweg, (Rothenburgsort), 1929, der Heerweg (Hari = die Masse, das Volk) ist die große Landstraße, der Volksweg gewesen.

Bergedorfer Markt, (Bergedorf), 1949, Bergedorf wird als Kirchdorf bereits 1162 erwähnt, der Markt war Mittelpunkt des Städtchens.

Bergedorfer Schloßstraße, (Bergedorf), 1949, das Schloss wurde 1220 gegründet und 1420 von den Hansestädten Hamburg und Lübeck erobert.

Bergedorfer Straße, (Lohbrügge, Bergedorf, Hamm-Mitte, Horn, Billstedt), 1954, führt nach bzw. liegt im Stadtteil Bergedorf.

Bergheide, (Neugraben-Fischbek), 1946, die Straße liegt inmitten der Fischbeker Heide und ist im Volksmund unter der Bezeichnung „Bergheide" bekannt. Der Name Heide wurde in Fischbek in vielen Variationen verwendet, ineist im Zusammenhang mitden örtlichen Gegebenheiten.

Bergiusstraße, (Ottensen), 1950, nach dem Chemiker Friedrich Bergius (1884–1949), der 1931 den Nobelpreis für Chemie erhielt.

Bergkoppelweg, (Fuhlsbüttel), 1903, nach dem der Gegend anhaftenden Flurnamen „Bergkoppel".

Bergmannring, (Horn), 1964, nach dem Bürgerschafts- und Reichstagsabgeordneten Paul Bergmann (1881–1951), Motivgruppe: Männer und Frauen der Arbeiterbewegung.

Bergmannstraße, (Langenhorn), 1945, nach dem Chirurgen Ernst von Bergmann (1836–1907), der sich um Asepsis und um Kriegschirurgie verdient machte.

Bergstedter Alte Landstraße, (Bergstedt), 1947, Teilstück der alten Landstraße Hamburg-Lübeck, des sogenannten Königsweges, der die Ämter Trittau und Tremsbüttel verband.

Bergstedter Chaussee, (Bergstedt), 1947, als über Bad Oldesloe nach Lübeck führende Chaussee.

Bergstedter Kirchenstraße, (Bergstedt), 1948, nach der Lage als zur Kirche führende Straße. Bergstedt wird bereits 1248 als Kirchort „Berichstede" erwähnt.

Bergstedter Markt, (Bergstedt), 1947, hier befand sich früher der bedeutendste Markt der Umgebung.

Bergstieg, (Horn), 1945, als zu einer Anhöhe führende Steigmöglichkeit.

Bergstraße, (Hamburg-Altstadt), 1838, nach der Lage am Abhang des Geestrükkens zur Alster. Der freie Platz oben (ehemals ein Marktplatz) wurde früher schlicht „Berg" genannt.

Bergwetternweg, (Wilhelmsburg), 1988, in Anlehnung an den Wegnamen „Bei den Bergwettern".

Bergwinkel, (Eißendorf), 1937, die Straße geht im rechten Winkel vom Grotelerweg ab und hat ihren Namen nach der Lage am „Berghang". Vielleicht hat aber auch Vahrenwinkelweg Anregung zur Namensgebung gegeben.

Berkefeldweg, (Heimfeld), 1957, nach dem Harburger Stadtkämmerer Johann Georg Heinrich Berkefeld (1783–1857). Motivgruppe: Harburger Ratsmitglieder.

Berlepschweg, (Wilstorf), 1950, nach dem Staatsmann Friedrich Freiherr von Berlepsch (1749–1818). Berlepsch war 1790 preußischer Minister für Handel und Gewerbe. Er leitete während seiner Amtszeit die internationale Arbeiterschutzkonferenz. Wahrscheinlicher ist jedoch, dass die Straße nach dem Sozialreformer Freiherr Hans Hermann von Berlepsch (1843–1926) benannt worden ist, der 1890 Handelsminister wurde. Vorher war er von 1877–1880 Minister in Schwarzenburg- Sondershausen, 1884 Regierungspräsident in Düsseldorf und 1889–1890 Oberpräsident der Rheinprovinz.

Berliner Platz, (Jenfeld), 1961, nach der Hauptstadt des Deutschen Reiches bis 1945.

Berliner Tor, (St. Georg), 1844, als „Bei dem Berliner Tore" nach dem vorher als Nr. 1 bezeichneten Tor im Zuge der Landstraße nach Berlin.

Berlinertordamm, (St. Georg), 1905, als an der Stelle des ehemaligen Berliner Tores durch den Wallgraben des Neuen Werkes hergestellter Damm.

Berliner Ufer, (Kleiner Grasbrook), 1893, als südöstlich des Spreehafens gelegene Kaistraße.

Bernadottestraße, (Ottensen, Othmarschen), 1948, nach dem schwedischen Grafen Bernadotte (1896–1948), der als Vertreter der Vereinten Nationen 1948 von jüdischen Terroristen ermordet wurde.

Bernburger Weg, (Niendorf), 1980, nach der Kreisstadt Bernburg im Bezirk Halle. Motivgruppe: Städte im oder am Harz.

Berner Allee, (Farmsen-Berne), 1925, als die das ehemalige Gut Berne durchschneidende Hauptstraße.

Berner Brücke, (Rahlstedt, Farmsen-Berne), 1962, als zwischen Berner Heerweg und Kriegkamp über die U-Bahn führende Brücke.

Berner Chaussee, (Bramfeld), 1950, als von Bramfeld nach Berne führende Straße.

Berner Gutsweg, (Farmsen-Berne), 1949, als nach dem Gut Berne führender ehemaliger Weg.

Berner Heerweg, (Farmsen-Berne), 1945, mit Heerweg wurde früher die große Landstraße bezeichnet (Hari = das Volk, die Masse).

Berner Koppel, (Farmsen-Berne), 1949, Flurname, Koppel = eingefriedetes Weideland.

Berner Stieg, (Rahlstedt), 1932, nach dem benachbarten Stadtteil. Stieg = kleiner Weg, kleine Straße.

Berner Straße, (Rahlstedt), 1937, nach dem benachbarten Stadtteil, wohin die Straße führt.

Berner Weg, (Sasel), 1919/20, im Hinblick auf die Verlängerung dieses von Sasel nach Berne führenden Weges.

Bernhard-Nocht-Straße, (St. Pauli), 1928, zu Ehren des Direktors des Institutes für Schiffs- und Tropenkrankheiten Prof. Dr. Bernhard Nocht (1857–1945).

Bernsteinweg, (Poppenbüttel), 1953, nach dem deutschen Gold, dem Bernstein. Motivgruppe: Gesteine und Mineralien.

Bernstorffstraße, (St. Pauli, Altona-Altstadt), 1948, nach dem dänischen Staatsminister Hartwig Ernst Graf von Bernstorff (1712–1772) und dessen Neffen Andreas Peter Graf von Bernstorff (1735–1797), die die deutschen Interessen im dänischen Gesamtstaat wahrten.

Bernwardkoppel, (Niendorf), 1948, nach Bischof Bernward von Hildesheim (um 960–1022), Künstler und Förderer der Kunst. Motivgruppe: Personen und Orte aus der altniedersächsischen Geschichte.

Berta-Kröger-Platz, (Wilhelmsburg), 1982, nach Berta Kröger (1891–1962), geb. Bischoff, Einzelhändlerin und Bürgerschaftsabgeordnete.

Bertha-Keyser-Weg, (St. Pauli), 1983, die durch ihre selbstlose Hilfe für Obdachlose und Gestrauchelte als „Engel von St. Pauli“ (gestorben 1964) bekannt wurde.

Berthastraße, (Barmbek-Süd), 1866, nach der Tochter des Grundeigners F. H. D. Wagner (Wagnerstraße).

Bertha-Uhl-Kamp, (Groß Flottbek), 1979, nach der Direktorin einer Schule in Groß Flottbek, Bertha Uhl (1867–1955), die zeitweilig auch den Namen „Bertha-Lyzeum“ trug.

Berthold-Schwarz-Straße, (Rahlstedt), vor 1940, nach Berthold Schwarz (Schwarzpulver), dem angeblichen Erfinder des Schießpulvers um 1380.

Bert-Kaempfert-Platz, (Barmbek-Nord), 2008, nach Berthold Heinrich Kaempfert (1923–1980), geboren in Barmbek, populärer deutscher Orchesterleiter, Komponist, Arrangeur und Produzent. Zu seinen weltweiten Erfolgen zählt u. a. „Strangers in the Night“(Frank Sinatra).

Bertrand-Russell-Straße, (Bahrenfeld), 1991, nach Bertrand Russell (1872–1970), englischer Mathematiker, Philosoph, Pazifist, Nobelpreisträger.

Berzeliusstraße, (Billbrook), 1914, nach dem bedeutenden schwedischen Chemiker Freiherr von Berzelius (1779–1848). Er begründete die Elementaranalyse, führte die jetzt noch gebräuchlichen Symbole sowie die Begriffe organische Chemie und Isomeren ein. Ihm verdanken wir die Atomgewichtbestimmung und die Entdekkung der Elemente Cer, Selen, Lithium, Thorium, Tantal und Zirkon.

Beselerplatz, (Groß Flottbek), 1897, nach Wilhelm Hartwig Beseler (1806–1884), schleswig-holsteinischer Politiker, war 1849 Präsident der provisorischen Regierung mit Graf Reventlow, Statthalter in den Herzogtümern, Mitglied der Nationalversammlung in Frankfurt und politischer Schriftsteller.

Beselerstraße, (Groß Flottbek), 1897, Erklärung: wie Beselerplatz.

Besenbinderhof, (St. Georg), seit dem 17. Jahrhundert, als „Beim Besenbinderhof“, nach einem hier gelegenen, diesen Namen führenden Wirtshaus, verkürzt 1899.

Besenheide, (Neugraben-Fischbek), 1975, nach den auch sonst hier auf „Heide“ lautenden Wegnamen, die meist in

Verbindung mit den örtlichen Gegebenheiten verwendet wurden.

Besenreeg, (Finkenwerder), 1933, nach einer Flurbezeichnung, die auf die Eigenart des Gebietes hindeutet.

Besselstraße, (Wilstorf), 1914, nach dem Kanzler Heinrich von Bessel (1603–1671); er war der letzte fürstliche Beamte in Harburg mit dem Titel „Kanzler". 1667 legte er sein Amt nieder. Der Kanzler war der ranghöchste Beamte des von 1527 bis 1642 bestehenden Welfischen Teilfürstentums Harburg.

Bessemerweg, (Bahrenfeld), 1950, nach Sir Henry Bessemer (1813–1898), britischer Ingenieur, der 1855 das nach ihm benannte Bessemerverfahren erfand. Es handelte sich dabei um die Massenerzeugung von Flussstahl in einem birnenförmigen Gefäß (Bessemerbirne oder besser Bessemerkonvertor).

Bessenkamp, (Rahlstedt), 1950, Flurname, Bessen = Besen, vermutlich wuchsen hier Sträucher zur Herstellung von Besen.

Bethesdastraße, (Borgfelde, Hamm-Nord), 1887, nach der von Elise Averdieck 1860 errichteten Diakonissen- und Heilanstalt „Bethesda".

Bettinastieg, (Osdorf), 1953, in Anlehnung an die Arnimstraße und Brentanostraße, nach der Dichterin Elisabeth von Arnim, gewöhlich „Bettina" genannt. Sie war die Gattin des Dichters Achim von Arnim.

Betty-Levi-Passage, (Ottensen), 1996, nach Berta Levi, genannt „Betty", (1882–1942), Deportation, Todesdatum unbekannt, alteingesessene jüdische Familie in Altona, Opfer des Nationalsozialismus.

Beutnerring, (Marmstorf), 1969, nach der seit dem 18. Jahrhundert in Marmstorf ansässigen Bauernfamilie Beutner.

Bevenser Weg, (Sinstorf), 1966, nach der Ortschaft Bevensen. Motivgruppe: Ortschaften in der Lüneburger Heide.

Beyestieg, (Wilhelmsburg), 1957, nach der in Wilhelmsburg im 17. Jahrhundert am zahlreichsten vertretenen Familie Beye. Auch das Gehöft Kuckuckshorn (1943 ausgebombt), auf dessen Gelände die Straße liegt, gehörte dieser Familie.

Bickbargen, (Eidelstedt), 1986, es handelt sich um einen von Halstenbek (Schleswig-Holstein) kommenden Weg, an dem einige Häuser auch in Eidelstedt (Hamburg) stehen. Der Name wurde vom benachbarten Bundesland übernommen.

Bi de Börner, (Langenhorn), 1986, nach den Bewohnern der Fritz-Schumacher-Siedlung, die sich „Börner" nennen, im Rückgriff auf die alte frühere Bezeichnung „Born" (niederdeutsch = Quelle, Brunnen, Wasserstelle) für die Tangstedter Landstraße.

Bi de Dörpsmeed, (Neugraben-Fischbek), 1948, es ist die niederdeutsche Bezeichnung für das hochdeutsche „Bei der Dorfschmiede".

Bieberstraße, (Rothenbaum), 1893, zur Erinnerung an den Oberspritzenmeister Johann Bieber (1799–1856), der sich besonders beim Großen Brand 1842 hervorgetan hat.

Biedermannplatz, (Barmbek-Süd), 1947, nach Adolf Biedermann (1881–1933), Mitglied der Hamburger Bürgerschaft und sozialdemokratischer Reichstagsabgeordneter.

Biehlweg, (Wandsbek), 1965, nach Wilhelm Biehl (1875–1962), der von 1919 bis 1933 Stadtverordneter in Wandsbek war.

Bielfeldtstraße, (Ottensen), 1951, nach dem Rektor August Bielfeldt (1874–1948), Vorsitzender des pädagogischen Vereins von 1920 bis 1933 und Stadtverordneter in Altona, Herausgeber des Altonaer Stadtkalenders.

Bienenbusch, (Billstedt), 1977, Flurname; nach den Bienen, über 12000 Arten weltweit verbreitet.

Bienenkamp, (Sasel, Farmsen-Berne), 1950, frei gebildeter Name.

Biernatzkistraße, (Altona-Altstadt), 1950, nach der Familie Biernatzki, aus der verschiedene Altonaer Geistliche und Gelehrte hervorgingen.

Biesterfeldweg, (Nienstedten), 1950, nach dem Grundeigner, dem bekannten Hamburger Kaufmann Wilhelm Ernst Biesterfeld (1880–1964).

Bilenbarg, (Lemsahl-Mellingstedt), 1952, nach einem einsamen hier ehemals gelegenen Gehöft mit Schankrecht, eine Wirtschaft, die wohl für die Torfstecher gedacht war, die im Wittmoor arbeiteten. Für die Silbe „bil" gibt es zwei Versionen: eine Lesart deutet „bil" als Sumpf und eine andere will wissen, dass es sich um ein spezielles Hackwerkzeug zum Torfstechen handelt. Die Landschaft lässt beide Deutungen zu.

Bilenbargstieg, (Lemsahl-Mellingstedt), 1981, in Anlehnung an den Namen Bilenbarg.

Billbrookdeich, (Billbrook), 1914, Übertragung des Deichnamens auf die Straße innerhalb des neu geschaffenen Ortskerns von Billbrook.

Billbrookkanalbrücke, (Billbrook), 1969, in Anlehnung an den Gewässernamen.

Billgrabendeich, (Bergedorf), 1955, Flurbezeichnung.

Billhafen-Löschplatz, (Rothenburgsort), 1955, als Kaistraße am Billehafen. Nach der Funktion benannt.

Billhorner Brücke, (Rothenburgsort), 1960, in Anlehnung an die Billhorner Brückenstraße.

Billhorner Brückenstraße, (Rothenburgsort), 1887, auf dem Billhorn verlaufende Zugangsstraße zur Neuen Elbbrükke.

Billhorner Deich, (Rothenburgsort), 1865, in irreführender Weise benannt. Es handelt sich um den westlichen Abschlussdeich des alten Billwerder Ausschlages, der diesen von dem erst spater in den Jahren 1625/26 eingedeichten Billhorn schied.

Billhorner Kanalstraße, (Rothenburgsort), 1865, nach dem angrenzenden Kanal und zum Unterschied von der Kanalstraße auf der Uhlenhorst.

Billhorner Mühlenweg, (Rothenburgsort), 1877, unter Beibehaltung des alten Namens Mühlenweg, der zu der 1887 abgebrochenen Windmühle auf dem Billwerder Deich führte.

Billhorner Röhrendamm, (Rothenburgsort), 1865, unter Benutzung des volkstümlichen Namens für den die Hauptrohrleitung der Stadtwasserkunst umschließenden Damm durch Billhorn. Unter dieser Straße kam das gesamte Wasser vom Wasserwerk Rothenburgsort in die übrigen Stadtteile (Elbwasser).

Billrothstraße, (Altona-Altstadt), 1950, nach dem Chirurgen Prof. Dr. Theodor Billroth (1829–1894).

Billstedter Bahnstieg, (Billstedt), 1948, kurze, am Hang zum Bahnhof führende Straße.

Billstedter Hauptstraße, (Billstedt), 1951, Hauptstraße des Stadtteils Billstedt.

Billstedter Mühlenweg, (Billstedt), 1948, als auf die frühere Schleemer Windmühle zuführender Weg.

Billstedter Platz, (Billstedt), 1969, nach der Lage im Ortskern von Billstedt.

Billstieg, (Billbrook), 1949, als kleine an der Bille liegende Straße.

Billstraße, (Rothenburgsort), 1869, als an der Bille entlang verlaufende Straße.

Billufer, (Horn, Hamm-Süd), 1953, nach einer ortsüblichen Bezeichnung, als nahe dem Ufer der Bille verlaufende Straße.

Billwerder Billdeich, (Bergedorf, Billwerder), vor 1899, nach dem an dieser Stelle angelegten Deich.

Billwerder Kirchensteg, (Billwerder), 1948, nach der dortigen Kirche benannt.

Billwerder Kirchenstegbrücke, (Billwerder), 1961, in Anlehnung an Billwerder Kirchensteg.

Billwerder Neuer Deich, (Rothenburgsort), 1865, durch Übertragung des alten Namens des in den Jahren 1625/26 angelegten Deiches.

Billwerder Ring, (Allermöhe), 1980, nach der Lage des Weges.

Billwerder Steindamm, (Hammerbrook), 1865, als gepflasterte Straße, die vom Hammer Deich als Damm durch das Außenland den Zugang zum Billwerder Ausschlag über die Grüne Brücke vermittelt.

Billwerder Straße, (Lohbrügge), 1949, nach dem Ortsnamen.

Billwiese, (Lohbrügge), 1962, frei gebildeter Name nach der Lage auf den ehemaligen Wiesen an der Kampbille.

Bilsenkrautweg, (Poppenbüttel), 1950, Bilsenkraut = Gattung der giftigen Nachtschattengewächse, gehört zu den ältesten Zauber- und Giftpflanzen. Klassisch stirbt z. B. Shakespeares „Hamlet" der König an Bilsenkraut.

Bilser Stieg, (Alsterdorf), 1930, im Jahre 1803 erhielt Hamburg, im Tausch gegen das holsteinische Bilsen, der hamburgischen Hälfte von Hoisbüttel und der Kapitaldörfer Poppenbüttel und Spitzerdorf, das bis dahin zu Trittau gehörende Alsterdorf.

Bilser Straße, (Alsterdorf), 1930, Erklärung: wie Bilser Stieg.

Bi'n Achterbarg, (Duvenstedt), 1993, in Anlehnung an den benachbarten Flurnamen „Achterbarg".

Binderstraße, (Rotherbaum), 1892, nach dem Bürgermeister (1855–1861), Senator (1823), Dr. Nicolaus Binder (1785–1865).

Bindfeldweg, (Niendorf), vor 1934, Flurname.

Binnenfeld, (Marmstorf), 1931, nach einem Flurstück in Marmstorf, das „Binnenfeld" genannt wurde und bereits 1667 als „Im Binnenfelde" erwähnt wird.

Binnenfeldredder, (Lohbrügge), 1949, Flurname, der Weg führt durch das Binnenfeld; das ist das Innere dem Dorf zunächst liegende Feld.

Binnenhafenbrücke, (Hamburg-Altstadt, Neustadt), 1964, zwischen Rödingsmarkt und Baumwall, über den Binnenhafen führend.

Binsbarg, (Eidelstedt, Stellingen), 1962, Flurname.

Binsengrund, (Wandsbek), 1932, nach der Wasserpflanze.

Binsenkoppel, (Wellingsbüttel), vor 1933, Flurname, Binse = grasartige Wasserpflanze; Koppel = umzäuntes Weideland.

Binsenort, (Lurup), 1929, Flurname, Binsen = Wasserpflanze und Ort = Spitze, vorspringendes Landstück.

Binsenweg, (Ohlsdorf), 1899, frei gewählter Name nach der Pflanze.

Birckholtzweg, (Farmsen-Berne), 1967, nach Jonny Birckholtz (1877–1937), ehemaliger Gemeindevorsteher in Farmsen.

Birkenallee, (Rahlstedt), vor 1927, nach dem Laubbaum.

Birkenau, (Uhlenhorst), 1872, nach dem Birkengebüsch am unteren Lauf der Schürbek.

Birkenbruch, (Neugraben-Fischbek), 1976, frei gebildeter Name nach der Eigenart der Landschaft.

Birkengrund, (Niendorf), 2004, in Anlehnung an den vorhandenen Birkenbestand.

Birkenhain, (Alsterdorf), 1936, nach der früheren Bepflanzung.

Birkenhöhe, (Lemsahl-Mellingstedt), 1946, Flurname.

Birkenkoppel, (Poppenbüttel), vor 1938, eingezäuntes mit Birken bestandenes Stück Land.

Birkenredder, (Volksdorf), 1931, ein mit (Birken-)Knicks gesäumter Feldweg.

Birkenstieg, (Volksdorf), 1931, in Anlehnung an Birkenredder.

Birkenweg, (Bergstedt), 1946, nach der Birke.

Birkhahnweg, (Stellingen), vor 1950, Birkhuhn = Waldhuhn, lebt im Mischwald, auf der Heide und im Moor.

Birnweg, (Ohlsdorf), 1928, frei gewählter Name nach den auch sonst hier vielfach verwendeten Baummotivnamen.

Birrenkovenallee, (Rahlstedt), vor 1949, nach dem Sänger und Heldentenor der Hamburger Oper und der Bayreuther Festspiele Willy Birrenkoven (1865–1955), der lange Zeit in dieser Straße wohnte.

Birtstraße, (Wandsbek), 1947, nach dem Universitätsprofessor und Altertumsforscher Prof. Theodor Birt (1852–1933).

Bisamweg, (Farmsen-Berne), 1950, nach dem Pelztier. Bisam = Nagetier der Familie der Wühler.

Bismarckstein, (Blankenese), 1890, hier stollte ursprünglich ein Riesendenkmal des Altkanzlers entstehen. Als Hamburg ein gleichartiges Denkmal schuf, unterließ man es an dieser Stelle.

Bismarckstraße, (Eimsbüttel, Hoheluft-West), 1869, nach Fürst Otto von Bismarck (1815–1898), erster deutscher Reichskanzler und Ehrenbürger der Stadt Hamburg.

Bispinger Weg, (Langenbek), 1956, nach der Ortschaft Bispingen in der Lüneburger Heide, Motivgruppe: Ortsnamen der Lüneburger Heide.

Bissingstraße, (Harburg, Heimfeld), 1950, nach Baron Ferdinand von Bissing, der 1835 damit begann, den wüst gelegenen, als Exerzierplatz dienenden Schwarzenberg in eine schöne Parklandschaft umzuwandeln.

Bittcherweg, (Wilstorf), 1984, nach Herbert Bittcher (1908–1944), Widerstandskämpfer gegen den Nationalsozialismus.

Björnsonweg, (Blankenese), 1967, nach dem norwegischen Dichter Björnstjerne Björnson (1832–1910). Motivgruppe: skandinavische Dichter.

Blättnerring, (Langenbek), 1988, nach Georgine Blättner, geb. Goldschmidt 1871–1942), jüdische Kaufmannswitwe, Opfer des Nationalsozialismus, deportiert nach Theresienstadt, im KZ umgekommen. Genaues Todesdatum unbekannt.

Blakshöm, (Farmsen-Berne), 1929, Flurname.

Blangendöör, (Marmstorf), 1979, Motivgruppe: Teile des niedersächsischen Bauernhauses. Blangendöör bedeutet dort Seiten- oder Nebentür, im Gegensatz zur Haupttür.

Blankenburger Weg, (Niendorf), 1953, Motivgruppe: Orte im oder am Harz.

Blankeneser Bahnhofstraße, (Blankenese), 1930, nach der Lage, als zum S-Bahnhof führende Straße.

Blankeneser Hauptstraße, (Blankenese), 1928, als durch den Ort führende Hauptstraße.

Blankeneser Kirchenweg, (Nienstedten), 1928, zur Erinnerung an den Weg, den die Blankeneser zur Kirche nach Nienstedten benutzten, wo Blankenese seit alters her eingemeindet war. Eine eigene Kirche erhielt der Ort erst 1896.

Blankeneser Landstraße, (Blankenese), 1929, als von Blankenese nach Schleswig-Holstein führende Landstraße.

Blaubeerenstieg, (Lemsahl-Mellingstedt), 1981, Motivgruppe: Moorpflanzen.

Blaue Brücke, (Horn, Billbrook), 1937, Erklärung: wie „Bei der Blauen Brücke".

Blaukehlchenweg, (Niendorf), 1958, Vogelmotiv. Blaukehlchen = kleiner gräulichbrauner Singvogel, Buschbewohner in Sumpfgebieten.

Blaukissenstieg, (Alsterdorf), 1935, Blumenmotiv, Blaukissen = Steingartenpflanze.

Blaumeisenweg, (Eißendorf), 1950, Motivgruppe: Singvögel.

Blechschmidtstraße, (Nienstedten), 1951, nach dem Elmshorner Brauereibesitzer, lebte in Nienstedten, wo er das Gemeinwohl förderte (Straßenbau und Sielbau). Adolf Blechschmidt (1842–1923) machte sich darüber hinaus noch in sozialer Hinsicht verdient.

Bleckering, (Horn), 1964, nach dem sozialdemokratischen Bürgerschaftsabgeordneten Heinrich Blecke (1878–1956). Motivgruppe: Männer und Frauen der Arbeiterbewegung.

Bleichenbrücke, (Neustadt), 1845, benannt nach der 1718 aus Holz errichteten Brücke, die nach dem Großen Brand von 1842 in den Jahren 1844/45 erneuert wurde und die direkte Verbindung zwischen dem Adolphsplatz und den Hohen Bleichen darstellte.

Bleichensteg, (Neustadt), 1979, in Anlehnung an das „Bleichenfleet", über das der Weg führt.

Bleicherstraße, (St. Pauli), um 1665 (auf einem Plan von 1665 „Bleichergasse"), benannt nach den zahlreichen dort wohnhaft gewesenen Angehörigen des Bleichergewerbes.

Bleichertwiete, (Bergedorf), vor 1936, diese bereits seit 1620 bestehende Straße führt nach der Bleicherkate am Billbrookdeich.

Bleicherweg, (Harburg), 1886, nach der zwischen dem alten Garnisonfriedhof und der Buxtehuder Straße gelegenen Wachsund Linnenbleiche, die ursprünglich vom Holländer David Lorentzen eingerichtet wurde und später von Einheimischen weiter betrieben wurde.

Bleickenallee, (Ottensen), 1950, nach Matthias Bleicken (1835–1900), der von 1874–1885 Bürgermeister von Ottensen war.

Bleßhuhnweg, (Lurup), 1955, nach den auch sonst hier verwendeten Vogelmotivnamen. Blesshuhn = schwarzer Wasservogel mit weißem Stirnschild, aus der Familie der Rallen.

Blinckmannweg, (Rahlstedt), 1957, nach Johann Jacob Hermann Blinckmann, der von 1813 bis 1835 Bauernvogt in Altrahlstedt war.

Blockweg, (Allermöhe), 1979, nach dem Architekten Dr. Ing. Fritz Block (1889–1955). Motivgruppe: Hamburger Architekten des frühen 20. Jahrhunderts. Er galt als wichtiger Architekturschriftsteller und war am Bau des Deutschlandhauses in der Dammtorstraße beteiligt.

Blöckhom, (Sasel), 1950, Flurname, Blöcke sind Ackerstücke, die nicht mit anderen Flurstücken zusammen bearbeitet werden können.

Blohmstraße, (Harburg, Heimfeld), 1867, nach dem königlich Hannoverschen Baurat und Wasserbaudirektor Johann Heinrich Blohm (1799–1858), der sich besonders um den Ausbau des Harbuger Hafens verdient machte und 1849 zum Ehrenbürger der Stadt Harburg ernannt wurde.

Blomeweg, (Rahlstedt), 1950, nach Heinrich Blome, der von 1596 bis 1600 Amtmann in Trittau war.

Blomkamp, (Bahrenfeld, Osdorf), vor 1928, frei gewählter Name. Blomkamp = Blumenkamp.

Blostwiete, (Horn), 1945, nach dem sozialdemokratischen Reichstagsabgeordneten Wilhem Blos (1849–1927).

Blosweg, (Horn), 1945, siehe Blostwiete.

Blücherstraße, (Altona-Altstadt), 1842, zu Ehren des Conrad Daniel Graf von Blücher (1764–1845), Oberprasident von Altona und Ehrenbürger von Hamburg, Neffe des bekannten Feldmarschalls.

Blütenstieg, (Marmstorf), 1935, frei gebildeter Name. Motivgruppe: Blumen.

Blütenweg, (Sülldorf), 1928, frei gebildeter Name.

Blumenau, (Eilbek), 1874, mit Bezug auf die hier früher im Tal der Eilbek gelegenen blumenreichen Wiesenflächen, ein Teil der wasserhaltigen und fruchtbaren Bachniederung.

Blumenpfad, (Othmarschen), 1950, in Anlehnung an den Blumenstieg.

Blumensand, (Wilhelmsburg), 1928, nach der kleinen ehemaligen Elbinsel „Blumensand", die am Zusammenfluss von Rethe und Reiherstieg lag. Beim Ausbaggern der Rethe um 1930 ist die Insel dann verschwunden.

Blumenstieg, (Othmarschen), 1929, nach einem frei gewählten Namen.

Blumenstraße, (Winterhude), 1866, nach einem frei gewählten Namen.

Blumenstraßenbrücke, (Winterhude), 1904, in Anlehnung an die Blumenstraße.

Blumenweg, (Schnelsen), vor 1938, frei gebildeter Name.

Blutbuchenweg, (Sülldorf), 1949, nach einem Baummotiv.

Boberger Anger, (Lohbrügge), 1999, nach der dortigen ehemaligen Kernflur des Dorfes Boberg.

Boberger Aue, (Lohbrügge), 1999, nach der dortigen ehemaligen Kernflur des

Dorfes Boberg und am Rande eines Feuchtgebietes.

Boberger Drift, (Lohbrügge), 1999, nach der dortigen ehemaligen Kernflur des Dorfes Boberg.

Boberger Furt, (Lohbrügge), vor 1932, nach einer ehemals beim Dorf Boberg durch die Bille verlaufenden Furt.

Boberger Furtweg, (Billwerder), 1926, benannt als Weg von Boberg zur früheren Furt durch die Bille.

Boberger Furtwegbrücke, (Lohbrügge, Billwerder), 1961, in Anlehnung an Boberger Furtweg.

Boberger Höhe, (Lohbrügge), 1999, nach der dortigen ehemaligen Kernflur des Dorfes Boberg.

Boberger Lohe, (Lohbrügge), 1999, nach der dortigen ehemaligen Kernflur des Dorfes Boberg.

Boberger Straße, (Horn), 1902, nach dem Dorf Boberg, in dessen Richtung die Straße verläuft.

Boberstraße, (Lurup), 1962, nach einem linken Nebenfluss der Oder, 272 km lang, entspringt im Riesengebirge.

Bobzienweg, (Lohbrügge), 1968, nach Franz Bobzien (1906–1941), Lehrer und Führer von Jugendgruppen. Er fiel nach einem internationalen Jugendkongress der Gestapo in die Hände, kam in ein KZ bei Bremen und nach Sachsenhausen, wo er bei einem Bombenräumkommando ums Leben kam.

Bochumer Weg, (Langenhorn), 1979, Motivgruppe: Städte im westdeutschen Industriegebiet.

Bockhorst, (Osdorf, Iserbrook), 1928, Flurname, Bockhorst = Buchenwald.

Bockhorster Höhe, (Lohbrügge), 1999, nach dem östlich benachbarten alten Flurnamen Bockhorst.

Bockhorster Weg, (Lohbrügge), 1999, nach dem östlich davon belegenen alten Flurnamen Bockhorst.

Bockrisweg, (Bahrenfeld), 1939, nach der Bahrenfelder Bauernfamilie Bockris.

Bocksberg, (Bergstedt), 2005, nach einer benachbarten Flurbezeichnung.

Bodelschwinghstraße, (Alsterdorf), 1908, nach Pastor Friedrich von Bodelschwingh (1831–1910). Er war ein bekannter Vorkämpfer für das Christentum und gründete die Anstalt Bethel bei Bielefeld.

Bodemannweg, (Finkenwerder), 1948, nach Friedrich Wilhelm Bodemann (1809–1889), der von 1858 bis 1883 Pastor auf Finkenwerder war und das Buch „Denkwürdigkeiten der Elbinsel Finkenwerder“ verfasste.

Bodenstedtstraße, (Altona-Nord), 1893, nach dem Dichter, Übersetzer und Lehrer orientalischer Sprachen Friedrich von Bodenstedt (1819–1892), wohnte zunächst in Neumühlen, später in Altona.

Bodestraße, (Lohbrügge), 1949, nach dem Pastor Wilhelm Bode (1860–1927), einem Förderer des Naturschutzgedankens, insbesondere des Naturschutzparks Lüneburger Heide.

Böckelweg, (Ohlsdorf), 1952, nach Prof. Dr. Johannes Böckel (1535–1605), Stadtphysikus. Motivgruppe: Hamburger Ärzte.

Böcklerstraße, (Horn), 1964, nach Hans Böckler (1875–1951), früherer Vorsitzender des Deutschen Gewerkschaftsbundes. Motivgruppe: Männer und Frauen der Arbeiterbewegung.

Böcklinstraße, (Groß Flottbek), 1910, nach dem Schweizer Maler Arnold Böcklin (1827–1901). Seine oftmals von Sagen und Dichtung bestimmten Themen kommen in kräftigen Farben zum Ausdruck.

Böckmannstraße, (St. Georg), 1841, nach dem früheren Grundeigner und Oberalten J. H. Böckmann (1767–1854), dessen Gärtnerei und Baumschule hier lag.

Böge, (Volksdorf), 1926, Flurname, Böge = Biegung, Krümmung.

Böhmersweg, (Rotherbaum), 1858, nach dem Grundeigner Jacob Hinrich Böhmer (1778–1848).

Böhmestraße, (Wandsbek), 1950, nach dem Tischlermeister Johann Louis Wilhelm August Böhme (1856–1936),

Oberbrandmeister, der 50 Jahre in der Freiwilligen Feuerwehr in Wandsbek tätig war.

Böhmkenstraße, (Neustadt), im 18. Jahrhundert nach den kleinen Bäumchen, die hier standen (Bömeke mnd. = Bäumchen), vorher St. Michaelis Straße.

Boehringerweg, (Moorfleet), 1955, nach Kommerzienrat Dr. Albert Boehringer (1862–1939), Fabrikant und Erbauer der Siedlung.

Böhrsweg, (Eißendorf), 1950, nach dem verdienstvollen Schulmann Wilhelm Böhrs (1859–1911) Lehrer, dann Hauptlehrer, später Rektor in Eißendorf.

Bökenbarg, (Lemsahl-Mellingstedt, Duvenstedt), 1942, Flurname. Bökenbarg = Buchenberg.

Bökenkamp, (Bahrenfeld), 1950, Flurname. Bökenkamp = Buchenkamp.

Bökentwiete, (Bahrenfeld), 1950, Bökentwiete = Buchentwiete. Twiete = kleiner Verbindungsweg zwischen zwei Straßen.

Bömelburgstieg, (Horn), 1945, Erklärung: siehe Böinelburgweg.

Bömelburgweg, (Horn), 1945, nach Theodor Bömelburg (1862–1912), Mitglied des Reichstages und der hamburgischen Bürgerschaft.

Bönningstedter Weg, (Schnelsen), vor 1932, nach der Nachbargemeinde im Kreis Pinneberg.

Börnestraße, (Eilbek), 1866, zu Ehren des Schriftstellers Ludwig Börne (1786–1837).

Börsenbrücke, (Hamburg-Altstadt), 1843, unter Ausdehnung des Namens, den die zwischen der Straße „Beim Alten Rathaus“ und der „Großen Bäckerstraße“ gelegene, zur neuen Börse führende Brücke damals erhielt.

Bötelkamp, (Lokstedt), 1949, Flurname, bedeutet gerodetes Land.

Böttcherkamp, (Lurup), 1928, Böttcher = Fassmacher, Böttcherkamp = Land des Böttchers.

Böttcherkoppel, (Lohbrügge), 1955, nach der alteingesessenen Familie Böttcher.

Böttgerstraße, (Rotherbaum), 1860, nach Elias Heinrich Böttger (1766–1847), dem langjährigen Geschäftsführer des Oberalten J. H. Böckmann, auf dessen großem Gartengrundstück die Straße verläuft.

Böverstland, (Lurup), 1929, Flurname, Böverstland = das oberste Land.

Bogenallee, (Harvestehude), 1880, im Anschluss an den Namen Bogenstraße.

Bogenstraße, (Eimsbüttel, Harvestehude, Hoheluft-West), 1877, nach der Gestalt der im leichten Bogen verlaufenden Straße.

Bohlens Allee, (Jenfeld), vor 1911, nach der seit dem 18. Jahrhundert hier ansässigen Jenfelder Bauernfamilie Bohlens.

Bohlenweg, (Duvenstedt), 1942, zur Erinnerung an den Heimatkundler und Lehrer Ludwig Frahm, der 1898 diesen Weg entdeckte. Es handelt sich bei diesem Weg um eine Straße, die im Zuge einer Landstraße auch durch das Wittmoor führte und die von Wissenschaftlern auf das 8. Jahrhundert datiert wurde.

Bohnstraße, (Blankenese), um 1926, nach dem Gärtner Heinrich Conrad Theodor Bohn (1849–1927), der hier eine Gärtnerei anlegte, durch die er die Straße legen ließ.

Boizenburger Weg, (Rahlstedt), 1979, Motivgruppe: Orte in Mecklenburg.

Bojendamm, (Lohbrügge, Billwerder), 1948, nach einer auf einen Eigennamen zurückgehenden Flurbezeichnung.

Bojendammbrücke, (Lohbrügge, Billwerder), 1961, in Anlehnung an den Namen Bojendamm.

Bojenwiesenbrücke, (Bergedorf, Billwerder), 1961, in Anlehnung an den Namen „Auf der Bojewiese“.

Bojeweg, (Lohbrügge), 1971, in Anlehnung an den Weg „Auf der Bojewiese“.

Bojewiesenbrücke, (Lohbrügge), 1961, siehe Bojenwiesenbrücke.

Boldtstraße, (Bergedorf), 1949, nach Carl Boldt (1887–1945), Maschinenschlosser in Bergedorf, kam als KZ-Häftling auf der Ostsee vor Neustadt ums Leben.

Bollweg, (Eidelstedt, Stellingen), vor 1927, es handelte sich um einen schlechten Weg, der mit Holzbohlen passierbar gemacht wurde.

Boltenhagener Straße, (Rahlstedt), 1997, nach dem Ostseebad Boltenhagen.

Boltens Allee, (Niendorf), vor 1934, nach dem Hamburger Viehkommissionär Claus Bolten (1842–1913), Vorbesitzer des Geländes und von 1875–1895 in Niendorf ansässig.

Boltwischen, (Rahlstedt), 1942, Flurname, Bolt oder Bult = kleiner Erdhaufen, Wisch = Wiese.

Bombaybrücke, (Winterhude), 1975, nach der indischen Hafenstadt. Motivgruppe: überseeische Handelsbeziehungen.

Bondenwald, (Niendorf), 1948, Flurbezeichnung, die mit allem Vorbehalt „unantastbarer, ewiger Wald" bedeuten soll.

Bonhoefferstraße, (Billstedt), 1962, nach Dietrich Bonhoeffer (1906–1945), evangelischer Theologe und Opfer des Nationalsozialismus. Motivgruppe: evangelische Theologen.

Bonifatiusplatz, (Wilhelmsburg), 2007, nach der St. Bonifatius-Kirche; diese wie auch die gleichnamige Schule und Straße nach Bonifatius (eigentlich *Wynfreth*, auch *Wynfnith*, *Winfrid*, *Winfried*, um 672–745/755), Missionar Frieslands und Kirchenreformer des mittelalterlichen Frankreichs. Er wird seit der Reformation von der katholischen Kirche als „Apostel der Deutschen" bezeichnet.

Bonifatiusstraße, (Wilhelmsburg), 1927, nach der hier liegenden katholischen Bonifatiuskirche.

Boninstraße, (Ottensen), 1895, nach Eduard von Bonin (1793–1865), General des Schleswig-Holsteinischen Heeres von 1849/50 und preußischer Kriegsminister von 1852 bis 1854 und von 1858 bis 1859.

Bonnéweg, (Wilhelmsburg), 1978, nach Albert August Bonné (1896–1959), dem Gründer der hier gelegenen Schiffswerft.

Bonusstraße, (Wilstorf), 1913, nach dem Blattbinder August Bonus (1817–1896), dem Mitbegründer und Geschäftsführer des Harburger gemeinnützigen Bauvereins.

Bookholtstwiete, (Ohlsdorf), 1929, nach der seit spätestens 1540 in Klein Borstel angesessenen Hufnerfamilie Bockholt (sprich Bookholt mit langem „o"), Bockholz = Buchholz.

Bookweetenkamp, (Rissen), 1929, nach der niederdeutschen Bezeichnung für Buchweizen.

Boomhof, (Hamm-Mitte), 1929, nach einer alten Flurbezeichnung. Boomhof = Obstgarten.

Boothsweg, (Osdorf), 1930, nach James Booth (1772–1814), Gründer der Baumschulen in Klein Flottbek.

Borchardsheide, (Billstedt), 1948, nach den ersten Hamburger Buchdruckern, aus deren Druckerei die frühesten Erzeugnisse hamburgischen Buchdrucks hervorgingen, den Brüdern Hans und Thomas Borchard. Die Druckerei befand sich damals in der Pelzerstraße.

Borchersweg, (Neugraben-Fischbek), 1948, nach der in Neugraben-Fischbek alteingesessenen Bauernfamilie Borchers.

Borchertring, (Steilshoop), 1973, nach dem Schriftsteller und Widerstandskämpfer gegen den Nationalsozialismus Wolfgang Borchert (1921–1947). Er schrieb u.a. „Draußen vor der Tür", „Hundeblume", Gedichte und Kurzgeschichten. Motivgruppe: Personen, die sich um das kulturelle Leben Hamburgs in der ersten Hälfte des 20. Jahrhunderts verdient gemacht haben.

Borchlingweg, (Othmarschen), 1950, nach Prof. Dr. Conrad Borchling (1872–1946) von der Universität Hamburg, machte sich verdient um die Erforschung der niederdeutschen Sprache.

Bordesholmer Straße, (Rahlstedt), 1950, nach der Ortschaft in Ost-Holstein.

Borgesch, (St. Georg), 1827, als „Am Borgesch", nach dem sich in der Gegend des Hansaplatzes ausdehnenden, freien Gelände, das seit 1791 an das Amt der Zimmerleute vermietet war und einen Rest der einst viel größeren Feldmark des Kastells Hamburg (mnd. borch: Burg, esch.: uneingehegtes Saatfeld) darstellte, verkürzt in „Borgesch" um 1899.

Borgfelder Allee, (Borgfelde), um 1884, im Anschluss an den Namen der Borgfelder Straße.

Borgfelder Stieg, (Borgfelde), 1889, nach seiner Lage im Stadtteil Borgfelde und im Anschluss an den Namen des Weges „Oben Borgfelde", zu dem er führt.

Borgfelder Straße, (Borgfelde), 1858, als innerhalb der Vogtei Borgfelde vom Berliner Tor bis zum Hammer Baum verlaufender Teil der Landstraße nach Bergedorf und Berlin.

Borgstücken, (Jenfeld), 1949, nach einer Flurbezeichnung um 1771. Borg ist ein verschnittenes Schwein.

Borgweg, (Winterhude), 1863 wird der Borgweg erstmalig erwähnt. Der Name ist aber viel älter, denn auf einer Flurkarte von 1770 befanden sich zu beiden Seiten dieses Weges Fluren mit dem Namen „Neben dem Borgweg". Man nimmt heute an, dass es sich dabei um einen Übertragungsfehler handelt und der Borgweg ursprünglich „Bergweg" oder „Bargweg" hieß. Diese Annahme wird dadurch erhärtet, weil der Weg ehemals zu einer Anhöhe (Berg), dem „Heidberg", führte.

Borkenweg, (Eidelstedt), 1981, nach der Motivgruppe: Teile des Baumes.

Borkumer Weg, (Finkenwerder), 1939, nach der westlichsten der Ostfriesischen Inseln, der vor der Emsmündung liegenden und zu Niedersachsen gehörenden Nordseeinsel Borkum.

Bornbachstieg, (Langenhorn), 1952, führt über den Bornbach, der westlich zur Tarpenbek fließt.

Bornbergweg, (Neugraben-Fischbek), 1950, als zum Bornberg führende Straße.

Bornblick, (Bramfeld), 1947, Flurbezeichnung. Bornblick = Quellenblick.

Bornbrook, (Lohbrügge), 1952, Flurbezeichnung für einen Bruch, Feuchtgebiet mit Quelle.

Borndeel, (Niendorf), 1945, Flurname für eine Niederung mit Brunnen oder Quelle.

Borndiek, (Osdorf, Iserbrook), 1965, nach einem durch eine Quelle gespeisten Teich. Born ~ Brunnen, Quelle, Wasserstelle, Diek = Teich.

Bornemannstraße, (Harburg), 1950, nach Ludwig Heinrich Bernhard Bornemann (1817–1896), Advokat, ab 1846 Magistratsassessor, ab 1852 Amtsgerichtsrat in Harburg und ab 1891 Ehrenbürger der Stadt Harburg.

Borner Stieg, (Langenhorn), 1920, nach dem Bornbach, der westlich zur Tarpenbek fließt.

Bornheide, (Lurup, Osdorf), 1967, nach dem Flurnamen „Achtern Bornheide". Bornheide = quellenreiches Heidegebiet.

Bornholdts Treppe, (Blankenese), um 1895, nach dem Fischer Hans Bornholdt (1787–1866), der hier 1829 von der Erbin Peter Borns Grundbesitz erwarb.

Bornkamp, (Marienthal), vor 1938, Flurbezeichnung, die auf ein Feldstück mit Quelle hinweist.

Bornkampsweg, (Bahrenfeld), um 1875, Flurname mit Hinweis auf Quellenreichtum in dieser Gegend.

Bornmoor, (Stellingen), 1972, Flurname. Bornmoor = Quellenmoor.

Bornmühlenweg, (Lohbrügge), 1957, nach der Bornmühle, die zwischen Hinschendorf und Lohbrügge lag und zuletzt als Walkmühle diente.

Bornstraße, (Rotherbaum), 1874, nach der am 20. September 1620 von Bürgermeister Hieronymus Vogeler entdeckten und der Interessengemeinschaft des englischen Feldbrunnens überwiesenen Quelle am Grindelhof.

Bornwisch, (Bergstedt), 1943, Flurname, Born = Brunnen, Quelle, Wasserstelle und Wisch = Wiese, also quellenreiche Wiese.

Borracks Weg, (Blankenese), vor 1903, nach dem Grundeigner und Bäckermeister Wilhelm Borrack (1810–1888).

Borselstraße, (Ottensen), 1892, der Name Borsel = Borstel lässt vermuten, dass es sich bei diesem Flurnamen um eine Bauernstelle handelt. Im 9. Jahrhundert waren die „Borsel“ bzw. „Borstelnamen“ sogenannte Ausbaue. Das Grundwort „Borstel“ ist eine Weiterbildung von „bur“ = Haus oder Wohnstelle, stel = Stelle.

Borsigbrücke, (Billbrook, Rothenburgsort), 1924, in Anlehnung an den Namen Borsigstraße.

Borsigstraße, (Billbrook), 1924, zu Ehren des bedeutenden deutschen Industriellen August Borsig (1804–1854) und seines Sohnes Albert Borsig (1829–1878).

Borsteler Bogen, (Groß Borstel), 1968, nach einer ortsüblichen Bezeichnung wegen des Bogens, den die Straße zwischen Spreenende und Frustberg macht.

Borsteler Brücke, (Eppendorf), 1904, führte zur Zeit der Benennung auf den Stadtteil Groß Borstel zu.

Borsteler Chaussee, (Groß Borstel), 1864, als einzige in die Dorfschaft Groß Borstel und durch sie führende 1829 fertiggestellte Chaussee.

Borstelmannsweg, (Hamm-Mitte, Hamm-Süd), 1857, nachdem die Bezeichnung nach dem Grundeigentümer Johann Borstelmann (1821–1875) sich schon eingebürgert hatte, auf Antrag von dessen Erben. Einen höheren Bekanntheitsgrad als durch Johann Borstelmann dürfte die Straße allerdings durch Julius Adolf Petersen, bekannter unter dem Namen „Lord von Barmbek“, erhalten haben. Petersen wurde am 7. Oktober 1882 in einer Kellerwohnung in dieser Straße geboren. Nach Barmbek verschlug es ihn erst als Besitzer einer Kneipe und als Bankhalter diverser illegaler Spielklubs in Barmbek.

Borstels Ende, (Ohlsdorf, Wellingsbüttel), 1928, nach der Lage der Straße, die ehemals einen Teil der Grenze gegen Wellingsbüttel bildete.

Boschstraße, (Bahrenfeld), 1950, nach dem Techniker und Großindustriellen Robert Bosch (1861–1942).

Boskopstieg, (Sasel), 1956, Motivgruppe: Apfelsorten.

Bossardstraße, (Steilshoop), 1955, nach dem Maler, Graphiker, Bildhauer und Lehrer an der Kunstgewerbeschule, Johann Michael Bossard (1874–1950).

Boßdorfstraße, (Eimsbüttel), 1922, nach dem bedeutenden Hamburger niederdeutschen Dichter Hermann Boßdorf (1877–1921), Verfasser zahlreicher niederdeutscher Dramen und Balladen, zunächst von Otto Ernst, spater von Strindberg beeinflusst.

Bosselkamp, (Othmarschen), 1908, Flurname, der auf eine Bauernstelle hindeutet. Bossel = Borstel = bur = Haus und stel = Stelle. Eine andere Lesart besagt, dass es sich um ein Spiel mit einer biergefüllten Kugel handelt, die in die Weite geschleudert wurde.

Bostelbeker Damm, (Heimfeld), 1980, nach der Lage im Ort Bostelbek zwischen den Straßen Radeland und Moorburger Bogen.

Bostelbeker Hauptdeich, (Heimfeld), 1972, nach dem Ortsnamen.

Bostelreihe, (Barmbek-Süd), 1968, nach einer Barmbeker Vogtsfamilie im 17. und 18. Jahrhundert.

Botenstieg, (Marienthal), 1950, frei gebildeter Name nach den Postboten bei dem dort gelegenen Postamt.

Bothmannstraße, (Wandsbek), 1961, nach Bernhard Bothmann (1884–1952), der 26 Jahre Pastor in Wandsbek-Hinschenfelde war.

Bovestraße, (Wandsbek, Marienthal), 1950, nach der Familie Bove, Vorbesitzer des Geländes im 19. Jahrhundert.

Boysenkamp, (Fuhlsbüttel), 1948, nach dem Landvermesser Lorenz Hinrich Boysen (geb. 1766), der 1801 eine Flurkarte von Hummelsbüttel anfertigte.

Boysheide, (Langenhorn), 1929, nach Karl Boy, der hier als erster Anbauer genannt wird, der Heide in Langenhorn urbar machte.

Boystwiete, (Langenhorn), 1929, im Anschluss an Boysheide.

Boytinstraße, (Rahlstedt), 1950, nach dem Trittauer Vogt Tymmo Boytin (um 1375).

Bozenhardweg, (Hohenfelde), 1958, nach dem Schauspieler Albert Bozenhard (1860–1939), Ehrenmitglied des

„Deutschen Schauspielhauses“ und des „Thalia Theaters“.

Braamheide, (Bramfeld), 1950, frei gebildet nach der früheren Geländebeschaffenheit und dem Bestimmungswort des Stadtteilnamens.

Braamkamp, (Winterhude, Alsterdorf), 1928, durch Übertragung eines alten Flurnamens auf die neu (1927) angelegte Straße.

Braamkoppelweg, (Sasel), 1919/20, Flurname, Braam = Ginster, Koppel = eingefriedetes Weideland.

Braamwisch, (Bramfeld), 1994, nach dem dortigen alten Flurnamen Braam – Ginster und Wisch = Wiese.

Brabandbrücke, (Alsterdorf), 1922, in Anlehnung an die Brabandstraße.

Brabandstraße, (Alsterdorf), 1922, zu Ehren des Reichstagsabgeordneten Dr. Carl Braband (1870–1914), der zugleich führendes Mitglied in der hamburgischen Bürgerschaft war.

Brachetweg, (Bramfeld), 1949, nach dem altdeutschen Monatsnamen für Juni.

Brachland, (Volksdorf), 1950, bei Brachland handelt es sich um gepflügtes, aber nicht bestelltes Land. In germanischer Zeit lag jedes Feld nach zwei Jahren Bestellung ein drittes Jahr brach (Dreifelderwirtschaft).

Brachvogelweg, (Lurup), 1950, nach dem großen Schnepfenvogel mit langem abwärts gebogenen Schnabel. Motivgruppe: Vögel.

Brack, (Finkenwerder), 1948, ein Brack ist ein Wasserloch hinter dem Deich, das infolge Deichbruchs entstanden ist und wieder umdeicht wurde.

Brackdamm, (Hammerbrook), 1886, eine durch das dort gelegene große Billbrack zugeschüttete Straße. Brack ist die Bezeichnung für einen infolge Deichbruchs eingerissenen „Kolk“, eine tiefe, meist wieder umdeichte Wasserfläche.

Brackhövel, (Wilhelmsburg), 1949, nach der Hüvesiedlung. Es handelt sich hier nicht um ein richtiges Brack, sondern um einen künstlichen Teich, der sich bildete, als man zur Aufhöhung des Schulgeländes Rahmwerder dort Boden aushob (daher früher auch „Schulbrack“).

Brackstraße, (Wilhelmsburg), 1904, nach acht hier früher gelegenen Bracks, von denen noch vier erhalten sind. Brack ist ein Wasserloch hinter dem Deich, das infolge Deichbruchs entstanden ist und meist wieder umdeicht wurde.

Brackweg, (Finkenwerder), 1982, in Anlehnung an den Namen Brack.

Bräsigweg, (Bramfeld), 1951, Motivgruppe: Fritz Reuter und Gestalten aus seinen Werken.

Brahmsallee, (Harvestehude), 1899, zu Ehren des aus Hamburg stammenden Tonkünstlers Johannes Brahms (1833 – 1897).

Brambuschweg, (Eißendorf), 1954, Brambusch = Ginster.

Bramfelder Brücke, (Barmbek-Süd, Barmbek-Nord), 1904, in Anlehnung an Bramfelder Straße.

Bramfelder Chaussee, (Bramfeld), 1950, als durch den Stadtteil Bramfeld führende Straße.

Bramfelder Dorfplatz, (Bramfeld), 1950, ortsübliche Bezeichnung.

Bramfelder Drift, (Bramfeld, Wellingsbüttel), 1960, ortsübliche Bezeichnung für den früheren Viehtriebweg.

Bramfelder Redder, (Bramfeld, Steilshoop), 1950, Redder = von Knicks gesäumter Feldweg, Bram = Ginster.

Bramfelder Straße, (Barmbek-Süd, Barmbek-Nord), 1862, als Teil der von Barmbek nach dem Dorf Bramfeld führenden Landstraße.

Bramfelder Weg, (Farmsen-Berne), 1898, als von Farmsen nach Bramfeld führender Weg.

Bramkoppel, (Sasel), 1910/20, Flurname, Bram = Ginster, Koppel = umzäuntes Weideland.

Brammerhäger Damm, (Neuland, Gut Moor), 1950, an diesem durch das Marschgebiet führenden Damm liegt die Ortschaft Brammerhagen.

Brammer Horn, (Bramfeld), 1950, Flurname, nach der anliegenden Kleingartenkolonie „Brammer Horn".

Bramweg, (Sülldorf), 1928, Bram = Ginster.

Brandenburger Brücke, (Kleiner Grasbrook), 1974, in Anlehnung an die auch sonst hier auf „Brandenburg" lautenden Wegnamen.

Brandenburger Straße, (Kleiner Grasbrook), 1927, im Anschluss an den Namen „Brandenburger Ufer".

Brandenburger Ufer, (Kleiner Grasbrook), 1903, nach der preußischen Stadt in der gleichnamigen Provinz, im Anschluss an den Namen Spreehafen.

Brander Weg, (Lurup), 1975, nach der Ortschaft Brande bei Halstenbek.

Brandesstraße, (Wilstorf), 1914, nach dem Vorbesitzer des Geländes, dem Kaufmann Ernst Brandes (1846–1915).

Brandfurt, (Niendorf), 1952, nach einem Flurnamen, der bereits auf einer Karte des Daniel Freese von 1588 erscheint.

Brandheide, (Wohldorf-Ohlstedt), 1929, Flurname, nährstoffarmer Heideboden, wurde im Mittelalter genutzt, indem man die obere Schicht aufriss und nach dem Trocknen abbrannte.

Brandorffweg, (Nienstedten), 1955, nach dem Pastor Johann Brandorff (1688–1777), der von 1721–1767 in Nienstedten amtierte. Er war auch der erste Pastor der jetzigen, im Jahre 1651 fertiggestellten Kirche.

Brandsende, (Hamburg-Altstadt), 1843, zur Bezeichnung der Stelle, wo der Große Brand von 1842 ein Ende nahm. Das hatte zwei Gründe: Erstens hatte der Wind gedreht, und zweitens wurde das Feuer durch die Wallanlagen gestoppt.

Brandshofer Deich, (Rothenburgsort), 1960, in Anlehnung an den Wegnamen „Auf der Brandshofer Schleuse".

Brandstücken, (Osdorf), 1969, Flurname, der auf den Betrieb von Holzköhlern hindeutet.

Brandstwiete, (Hamburg-Altstadt), 1869, die Benennung hat nichts mit dem Großen Hamburger Brand von 1842 zu tun. Die Twiete ist vielmehr nach einem Bürger Brand genannt. Seit ihrer ersten Benennung im Jahre 1403 hat die Straße diverse Namen gehabt. Immer wieder waren es Namen von Grundeignern, die ihre Namen für die Straße durchsetzen konnten. Dauerhaft obsiegt hat Heino Brand.

Brandts Weg, (Blankenese), 1903, nach dem Kapitän F. Brandt (1790–1870), der einer der „zwölf Apostel" war, wie die Gemeindevertreter scherzhaft genannt wurden.

Brauerknechtgraben, (Neustadt), seit dem 16. Jahrhundert, durch Übertragung des Namens eines vorher an Stelle der Straße gelegenen Grabens, der seine Bezeichnung nach den Brauerknechten vermutlich den benachbarten Hopfengärten verdankte.

Brauhausstieg, (Wandsbek), 1951, in Anlehnung an die „Brauhausstraße".

Brauhausstraße, (Wandsbek), 1950, nach dem ehemals hier gelegenen ältesten Brauhaus der Ortschaft Wandsbek.

Braune Brücke, (Hamm-Süd, Rothenburgsort), 1929, unter Ausdehnung des nach Analogie der schwarzen, grünen, blauen und roten Brücke über die Bille neu gebildeten Brückennamen auf die anliegenden Straßenstrecken.

Braunlager Weg, (Niendorf), 1965, Motivgruppe, Städte im oder am Harz.

Braunsberger Weg, (Wandsbek), 1958, Motivgruppe: Orte in Ostpreußen.

Braunschweiger Straße, (Ottensen), 1895, am 10. 11. 1806 starb in Ottensen „Am Felde Nr. 5" Herzog Carl Wilhelm Ferdinand von Braunschweig, der im gleichen Jahr in der Christianskirche beigesetzt wurde.

Braunstieg, (Billstedt), 1948, nach dem Domherrn Georg Braun, gest. 1622, dem Herausgeber des „Städtebuches (Atlas) von 1572".

Braußpark, (Hamm-Mitte), 1910, nach dem in öffentlichen Ehrenämtern bewährten langjährigen Mitglied der Bürgerschaft A. H. Brauß, der von 1861–1888 Eigentümer des hier gelegenen Landsitzes war, unter Benutzung der im Volksmund für dies Gelände geprägten Bezeichnung „Braußpark".

Breckwoldtstraße, (Blankenese), 1949, nach der alteingesessenen Reeder- und Schifferfamilie Breckwoldt. DasAgrar- und Fischerdorf Blankenese bildete eine so geschlossene Einheit, dass es kaum jemandem möglich war, dort einzuheiraten. Um etwas dort zu werden, musste man schon Breckwoldt heißen. Vor 250 Jahren hießen von 200 Blankeneser Familien achtzig Breckwoldt.

Bredenbekhöm, (Wohldorf-Ohlstedt), 1942, Flurname, die Lage des Baches hat zur Namensgebung beigetragen. Die Silbe „Horn" weist auf ein schmales, spitz zulaufendes Landstück hin, das hier zwischen den Bächen Bredenbek und Lottbek lag.

Bredenbekkamp, (Wohldorf-Ohlstedt), 1942, in Anlehnung an Bredenbekstraße.

Bredenbekstieg, (Wohldorf-Ohlstedt), 1954, im Anschluss an den Namen Bredenbekstraße.

Bredenbekstraße, (Wohldorf-Ohlstedt), 1903, nach dem Alsterzufluss Bredenbek.

Bredenbergsweg, (Hausbruch), 1938, nach dem Bredenberg = breiter Berg.

Bredeneschredder, (Bergstedt), vor 1940, Flurname, die ältesten gerodeten Flächen bei Neugründung eines Dorfes wurden gemeinsam bearbeitet und waren damit in Gemeinbesitz (Eschfluren), sie dienten meist dem ganzen Dorf zur Gewinnung von Saatgetreide. Das aus dem Germanischen stammende „Esch" ist heute nur noch als Flurname gebräuchlich. Escher ist auch eine alte Bezeichnung für Spaten.

Bredengrund, (Hausbruch), 1948, Flurbezeichnung, breiter Grund, Niederung.

Bredensand, (Eißendorf), 1936, nach dem in Niedersachsen schon 1667 bekannten Flurnamen „Auf dem breiten Sande".

Bredenstücken, (Lemsahl-Mellingstedt), 1962, Flurname (auf einer 1932 angefertigten Nachzeichnung einer Flurkarte).

Bredenwinkel, (Hausbruch), 1957, in Anlehnung an „Bredengrund" und „Bredenbergsweg".

Bredkamp, (Iserbrook), 1928, Flurname, bred = breit, Kamp = Feld.

Bredowbrücke, (Billbrook), 1965, in Anlehnung an Bredowstraße.

Bredowstraße, (Billbrook), 1965, nach dem Ingenieur Dr. Hans Bredow (1879–1959), er baute 1908 den Schiffs- und Überseefunk aus und errichtete ein Rundfunknetz. Seit 1921 war er Staatssekretär, der Organisator und Vater des deutschen Rundfunks. 1926–1933 war er Vorsitzender der Reichsrundfunkgesellschaft. Ab 1933 erhielt er Tätigkeitsverbot. 1945 war er wieder am Aufbau des Rundfunks beteiligt.

Bredstedter Straße, (Dulsberg), 1948, nach der Ortschaft an der Westküste Schleswig-Holsteins.

Breedenweg, (Billstedt), vor 1938, nach der Flurbezeichnung „Op'n Breeden", was ein breites Feldstück bezeichnet.

Brehmweg, (Lokstedt, Stellingen), 1948, nach dem Zoologen Alfred Edmund Brehm (1829–1884). Als Naturforscher bereiste er Afrika, Spanien, Skandinavien und Sibirien. Ab 1863 als Zoodirektor in Hamburg. Er schrieb u.a. das sechsbändige Werk „Tierleben".

Breitenbachweg, (Osdorf), 1953, nach dem preußischen Minister für öffentliche Arbeiten Paul von Breitenbach (1850–1930). In den Jahren 1895/96 in der Eisenbahndirektion Altona, 1906 preußischer Minister, 1909 geadelt.

Breitenfelder Straße, (Hoheluft-Ost, Eppendorf), 1896, nach dem früher hier verlaufenden Weg „Beim breiten Felde".

Breiter Gang, (Neustadt), Mitte des 17. Jahrhunderts, nach seiner Beschaffenheit, weil er breiter war als andere Gänge.

Breite Straße, (Altona-Altstadt), 1629, nach ihrer Beschaffenheit, nachweisbar seit 1287.

Breitscheidweg, (Heimfeld), 1976, nach dem ehemaligen Reichstagsabgeordneten Rudolf Breitscheid (1874–1944).

Brekelbaums Park, (Borgfelde), 1900, nach dem Grundeigner und Bauunternehmer Carl Brekelbaum, der die Straße als Privatweg anlegte und sie mit Gartenhäuschen bebaute.

Bremer Kai, (Kleiner Grasbrook), 1910, in Anlehnung an den anliegenden Hansehafen.

Bremer Reihe, (St. Georg), 1899, nach der Hansestadt Bremen.

Bremer Straße, (Harburg, Marmstorf, Eißendorf), 1856, Napoleon 1. schuf diese für ihn strategisch wichtige Straße als erste gepflasterte Landstraße nach Bremen.

Bremers Weg, (Biankenese), vor 1903, nach dem Blankeneser Kapitän Johann Bremer (1796–1869), zunächst auf Großer Fahrt, dann Kapitän der „Express", mit der er als erster einen regelmäßigen Liniendienst zwischen Hamburg und Blankenese schuf.

Brennerhof, (Moorfleet), 1927, nach einem am Wege liegenden Gehöft, das im Volksmund so genannt wurde, weil man dort Schnaps brannte.

Brennerhofbrücke, (Moorfleet), 1979, in Anlehnung an die Straße Brennerhof.

Brennerstraße, (St. Georg), 1824, nach den Branntweinherstellern, die sich hier niedergelassen hatten. Noch Ende des 19. Jahrhunderts lag eine große Brennerei Ecke Rostocker- und Danziger Straße.

Brennhauskoppel, (Langenhorn), 1952, nach dem Vogtshof in Langenhorn, der seit alters her die Kruggerechtsamkeit besaß und nebenbei auch eine Brennerei betrieb.

Brentanostraße, (Osdorf), 1941, nach dem Dichter Clemens Brentano (1778–1842), Bruder der Bettina von Arnim. Brentano ist neben Arnim ein Hauptvertreter der jüngeren Romantik. Er gab mit Arnim die Volksliedersammlung „Des Knaben Wunderhorn" heraus. Nach dem Tode der stigmatisierten Nonne Katharina Emmerick zeichnete er deren Vision auf.

Breslauer Straße, (Steinwerder), 1927, im Anschluss an den Namen Breslauer Ufer.

Brieger Weg, (Jenfeld), 1977, Motivgruppe: schlesische Städte.

Briggweg, (Neuenfelde), 1980, Motivgruppe: Schiffstypen.

Brigittenstraße, (St. Pauli), 1897, nach einem weiblichen Vornamen. Eine Reihe von Straßen in diesem Stadtteil erhielten im letzten Jahrhundert zunächst männliche, dann weibliche Vornamen. Beim schnellen Wachstum der Vorstädte waren den Stadtvätern die Ideen für Straßennamen ausgegangen, weshalb man auf die oben beschriebene Benennung verfiel. Unter dem Buchstaben „B" hat es „Brigitte" getroffen.

Brillkamp, (Hummelsbüttel), 1965, Flurname, der ungeklärt ist.

Brinkstücken, (Blankenese), 1955, Flurname. Bei „Brink" handelt es sich um einen Platz vor dem Ort, an dem Zugewanderte einen Wohnsitz erhielten, den sogenannten „Brinksitz". Brinkstücken = vor dem Dorf gelegenes Landstück.

Brockdorffstraße, (Rahlstedt), 1950, nach Detlef Brockdorff, der um 1606 Amtmann in Trittau war.

Brockesstraße, (St. Georg), 1942, nach dem Dichter und Senator Barthold Hinrich Brockes (1680–1747), zu dessen ehemaligen Gartenhaus die Straße führt.

Brockhausweg, (Billstedt), 1950, nach der Verlegerfamilie Brockhaus. Arnold Brockhaus gründete in Amsterdam eine Buchhandlung und kaufte von R. G. Löbel und C. W. Franke das von beiden begonnene Konversationslexikon sowie Reihen- und Seriensammelwerke. Er veröffentlichte auch Populärwissenschaftliches, Reisebücher sowie Nachschlagewerke; Hauptarbeitsgebiet des Verlages blieb allerdings der „Große Brockhaus".

Brockmannsweg, (Rotherbaum), 1861, nach dem Grundeigner des Geländes, dem Zimmermann Joachim Brockmann (1800–1858), der auch die Straße anlegen ließ.

Brodersenstraße, (Wandsbek), 1965, nach Ernst Wilhelm Brodersen (1854–1929), Pastor in Wandsbek.

Brodersweg, (Rotherbaum), 1867, nach dem Grundeigner Matthias Broders (1804–1888).

Brodschrangen, (Hamburg-Altstadt), im 13. Jahrhundert nach dem Volksmund. Hier verkauften die Bäcker in Verkaufsbuden das Brot, das in der Bäckerstraße gebacken wurde.

Brödermannsweg, (Groß Borstel), 1925, nach dem Schiffsmakler Johann Hinrich Brödermann (1739–1809), zur Erinnerung daran, dass an dieser Straße der große und besonders schöne Park lag, den er hier auf einem von ihm 1771 erworbenen Grundstück anlegen ließ.

Bröers Treppe, (Blankenese), vor 1903, nach dem Fischer und Grundeigner Peter Bröers (1797–1867), über dessen Grundstück zunächst ein Sandweg zum Strand führte, der später von Reeder Aust zu einer Treppe ausgebaut wurde.

Brombeerweg, (Fuhlsbüttel), 1930, frei gewählter Name nach den hier ehemals wuchernden Brombeeren.

Broockkampsweg, (Niendorf), vor 1934, nach der ehemaligen Lage der Straße. Brook = feuchte Niederung, Bruch und Kamp = Feld.

Brook, (HafenCity), 1886, unter Wiederverwendung des alten Straßennamens, der ursprünglich „Schiffbauerbrook“ lautete und sich von der Situation der Straße auf dem Grasbrook ableitet.

Brookdamm, (Bergedorf), 1991, in Anlehnung an Brookdeich.

Brookdeich, (Bergedorf, Curslack, Altengamme), Benennungsdatum unbekannt. Der Brookdeich ist der nördliche Anschluss Curslacks an der Brookwetterung vom Horster Damm bis zum Neuen Weg.

Brookkehre, (Bergedorf), 1991, in Anlehnung an den Brookdeich.

Brooksbrücke, (Hamburg-Altstadt, HafenCity), 1870, in Anlehnung an den Wegnamen „Brook“, wohin die Brücke führt.

Brooksheide, (Lump), 1929, Flurname für tief gelegenes Heidebruchland oder in der Niederung gelegenes Heideland.

Brookstraße, (Bergedorf), vor 1926, als zum Brookdeich führende Straße.

Brooktorkai, (HafenCity), 1865 als Straße, die vom Brooktor bis zur Poggenmühle am Kai des Brooktorhafens verläuft.

Brooktorkaibrücke, (HafenCity), 1963, Anlehnung an den Namen Brooktorkai.

Brookwisch, (Iserbrook), 1936, Flurname, nach der Lage. Brook = tief gelegenes Bruchland, Wisch = Wiese.

Brotkamp, (Poppenbüttel), 1949, nach einer ungeklärten Flurbezeichnung.

Brotkoppel, (Sasel), 1950, nach einer ungeklärten Flurbezeichnung, evtl. aufgebrochenes, gepflügtes Feld.

Bruchloh, (Iserbrook), 1955, in Anlehnung an die auch sonst hier auf „loh“ lautenden Wegnamen. Bruch = tief gelegenes, feuchtes Gelände und loh = Sumpfwald.

Brucknerstraße, (Barmbek-Süd), 1938, nach dem Komponisten Anton Bruckner (1824–1896).

Brücke des 17. Juni, (Harburg, Wilhelmsburg), 1964, die sogenannte „Neue Harburger Elbbrücke“ wurde zur Erinnerung an den Ausbruch der politischen Unruhen (Volksaufstand) am 17. Juni 1953 im kommunistisch regierten Teil Deutschlands so benannt.

Brückenstieg, (Farmsen-Berne), 1949, verbindet die Bekassinenaubrücke mit der Busbrookbrücke am Berner Bahnhof.

Brückwiesenstraße, (Groß Borstel), 1903, nach dem der Gegend anhaftenden Flurnamen „Brückwisch“ = Brückwiese.

Brüder-Hornemann-Straße, (Schnelsen), 1993, nach Alexander und Eduard Hornemann, 8 und 12 Jahre, Niederländer, Opfer des Nationalsozialismus, gehörten zu den zwanzig 5 bis 12 Jahre alten jüdischen Kindern aus fünf Nationen, die in der Nacht vom 20. zum 21. April 1945 im Keller der Schule Bullenhuser Damm von Angehörigen der SS erhängt wurden, nachdem an ihnen im KZ Neuengamme medizinische Experimente vorgenommen worden waren.

Brüderstraße, (Neustadt), 1875, nach den Gebrüdern Wex (Rechtsanwalt Dr. F. H. Wex, Architekt und Ingenieur F. B. Wex), die die Straße angelegt hatten.

Brüdtweg, (Lohbrügge), 1949, nach Johann Brüdt (1859–1944), Heimatschriftsteller, Rektor und Organisator des Schulwesens in Sande.

Brüggemannsweg, (Barmbek-Nord), 1914, nach dem Bildhauer und Bildschnitzer Hans Brüggemann (etwa 1480–1540). Sein Hauptwerk ist der Bordesholmer Altar, seit 1666 im Dom zu Schleswig; der 12,5 Meter hohe Altar stellt in 22 Feldern Passion, Messopfer, Weltgericht und Maria dar (fast 400 Figuren).

Brügger Ufer, (Waltershof), 1968, Motivgruppe: Ausländische Städte mit alten Handelsbeziehungen zu Hamburg.

Brügkamp, (Wohldorf-Ohlstedt), 1937, Flurname, vermutlich nach der Brücke benannt, die etwas oberhalb des Wohldorfer Kupferteiches die Ammersbek überquert.

Brünschentwiete, (Rissen), 1928, Brünschen sind Zweige des Besenstrauches.

Bruhnrögenredder, (Jenfeld), vor 1938, Flurname. Rogen sind leichte Bodenerhebungen, meist mit Bäumen bestanden. Redder = von Knicks gesäumter Feldweg.

Bruhnsallee, (Rahlstedt), vor 1908, nach einem früheren Vorbesitzer des Geländes Ferdinand Bruhn (1858–1933).

Bruktererweg, (Niendorf), 1978, nach dem germanischen Volksstamm, um Christi Geburt, zwischen Ems und Lippe ansässig.

Brummelhorn, (Sasel), 1950, Brummel = Hummel, Horn = vorspringendes Landstück. Eine andere Lesart weist „Brummel" als Brombeere aus.

Brummerredder, (Schnelsen), 1942, Flurbezeichnung.

Brummerskamp, (Schnelsen, Eidelstedt), 1948, Flurbezeichnung.

Brunckhorstweg, (Stellingen), 1949, nach dem Vorbesitzer Hans Hinrich Brunckhorst (1840–1918), einem in Stellingen ansässigen Getreidehändler.

Brunhildstraße, (Rissen), 1939, nach einer Gestalt aus dem Nibelungenlied.

Brunnenhofstraße, (St. Pauli), um 1852, im Jahre 1494 verlieh Otto von Schauenburg den sogenannten „Bornspring". Seitdem ging von hier aus die Wasserversorgung des Katharinenkirchspiels.

Brunnenkoppel, (Tonndorf), 1984, nach einem nahe gelegenen Tiefwasserbrunnen.

Brunnenstieg, (Finkenwerder), 1923, unter Anerkennung des von der dortigen Bevölkerung für den alten Weg gewählten Namens.

Bruno-Georges-Platz, (Winterhude), 2000, nach Bruno Georges (1892–1968), der von 1945 bis 1952 Polizeichef und von 1952 bis 1958 Polizeipräsident in Hamburg war. Nach der nationalsozialistischen Machtergreifung wurde Georges durch das „Gesetz zur Wiederherstellung des Berufsbeamtentums" seines Dienstes enthoben und entlassen, da er „nicht die geringste Gewähr" bot, für den Nationalsozialismus einzutreten.

Bruno-Lauenroth-Weg, (Langenhorn), 1982, nach Bruno Lauenroth (1905–1971), einem ehemaligen Langenhorner Politiker.

Bruno-Tesch-Platz, (Altona-Altstadt), 2007, nach Bruno Guido Camillo Tesch (1913–1933), deutscher Kommunist, Klempner. Trotz fehlenden Tatnachweises wegen angeblicher Mordbeteiligung beim Altonaer Blutsonntag (17. Juli 1932) am 1. August 1933 hingerichtet. Im November 1992 wurde das Urteil aufgehoben.

Brunsberg, (Lokstedt), 1947, zur Erinnerung an die Kämpfe am Brunsberg bei Höxter in Westfalen, bei denen Karl der Große im Jahre 775 über die Sachsen siegte.

Brunsdorfer Weg, (Bergstedt, Volksdorf), 1947, nach dem untergegangenen Dorf Brunsdorf, das der Sage nach das Dorf Lottbek gewesen sein soll.

Brunskamp, (Rahlstedt), 1964, Flurbezeichnung.

Brunskrogweg, (Wohldorf-Ohlstedt), 1903, nach den Flurnamen „Auf'n alten Brunskroog" und „Neuer Brunskroog". Bruns = braun und Kroog = entlegener Akker, meist an Wald grenzend.

Brunsstraße, (Harburg), 1902, nach dem Vorbesitzer des Geländes Johann Heinrich Friedrich Bruns (1786–1871), Bruns war Fuhrmann und Wegegeldeinnehmer. Seine Tochter heiratete den Fuhrmann Meyer. Die Nachkommen betrieben im familieneigenen Haus eine Gastwirtschaft, die im Volksmund „Bruns-Meyer" genannt wurde.

Brunsteenredder, (Duvenstedt), 1942, Brunsteen = Raseneisenstein, der hier schon in der Eisenzeit verhüttet wurde.

Brunsteenweg, (Duvenstedt), 1942, Erklärung wie Brunsteenredder.

Bubendey-Ufer, (Waltershof), 1914, zu Ehren des Wasserbaudirektors, (seit 1903) Geheimen Baurates Prof. Dr. Ing. Johann Friedrich Bubendey (1848–1919), wegen seiner Verdienste um das hamburgische Wasserbauwesen, insbesondere um die Regulierung und Vertiefung des Fahrwassers der Elbe.

Bubendeyweg, (Waltershof), 1953, Erklärung wie Bubendey-Ufer.

Bublitzer Straße, (Rahlstedt), 1950, Motivgruppe: Orte in Pommern.

Buceriusstraße, (Hamburg-Altstadt), 2006, nach Dr. Gerd Bucerius (1906–1995), Verleger und Politiker. 1946 Mitbegründer und ab 1957 Verleger der Wochenzeitung „Die Zeit". Ehrenbürger der Freien und Hansestadt Hamburg. Bucerius gründete die Zeit-Stiftung, die unter anderem die Bucerius Law School betreibt, die erste deutsche private Hochschule für Rechtswissenschaften in Hamburg, und das Bucerius Kunst Forum.

Bucheckerweg, (Bramfeld), 1955, Motivgruppe: Früchte (der Buche).

Buchenallee, (Lokstedt), vor 1934, nach der Bepflanzung mit Buchen.

Buchenhof, (Othmarschen), 1936, frei gewählter Name nach der Hofbepflanzung.

Buchenkamp, (Volksdorf), 1936, Flurname.

Buchenring, (Volksdorf), 1981, in Anlehnung an Buchenkamp.

Buchenstieg, (Volksdorf), 1981, im Anschluss an den Namen Buchenkamp.

Buchenstraße, (Winterhude), 1863, mit frei gewähltem Namen nach der Baumart.

Buchenweg, (Lohbrügge), vor 1940, Flurname.

Buchfinkenweg, (Bramfeld), 1946, Singvogelmotiv.

Buchheisterstraße, (Steinwerder), 1906, zu Ehren des Wasserbaudirektors (seit 1897) Max Jürgen Buchheister (1842–1903), wegen seiner Verdienste um den Ausbau des hamburgischen Hafens.

Buchholzer Weg, (Langenbek), 1965, Motivgruppe: Ortsnamen der Lüneburger Heide.

Buchnerweg, (Farmsen-Berne), 1966, nach Heinrich Buchner (1871–1946), Gemeindevorsteher in Farmsen von 1924 bis 1930 und im Gemeindevorstand von 1930 bis 1933.

Buchsbaumweg, (Winterhude), 1929, im Anschluss an die auch sonst hier verwendeten Pflanzenmotivnamen (Braamkamp, Efeuweg).

Buchtstraße, (Hohenfelde), 1872, nach der Hohenfelder Bucht der Alster.

Buchwaldstieg, (Rahlstedt), 1951, in Anlehnung an die Buchwaldstraße.

Buchwaldstraße, (Rahlstedt), 1950, nach Louis Buchwald (1842–1909), Gemeindevorsteher in Altrahlstedt von 1906–1907.

Buckhoop, (Langenhorn), 1936, Flurname, Buckhoop = Bockhaufen.

Buckhorn, (Volksdorf), 1926, alter Flurname, der sich zusammensetzt aus „Horn" = längliches Flurstück und „Bück" = Rehbock, eine andere Version geht bei „Bück" von Bodenerhebung (Buckel) aus.

Buckhornstieg, (Volksdorf), 1968, in Anlehnung an Buckhorn.

Budapester Straße, (St. Pauli), 1956, früher Thälmannstraße, umbenannt am 16. 1. 1956 unter dem Eindruck des heldenhaften Widerstandes des ungarischen Volkes gegen die sowjetischen Unterdrükker.

Buddenbrookweg, (Bramfeld), 1961, nach dem Roman „Die Buddenbrooks" vom Thomas Mann, nach dem eine Nachbarstraße benannt ist.

Buddestraße, (Wilhelmsburg), vor 1903, nach dem preußischen Eisenbahnminister Hermann von Budde (1851–1906). Hier am Bahnhofsviertel wählte man Namen bedeutender Eisenbahner.

Buekweg, (Ohlsdorf), 1952, nach Dr. Gustav Buek (1820–1874), Physikus, Mitglied der Bürgerschaft und des Gesundheitsrates. Motivgruppe: Hamburger Ärzte.

Bülowstieg, (Ottensen), 1950, nach dem Pianisten und Dirigenten Hans Guido Freiherr von Bülow (1830–1894).

Bülowstraße, (Ottensen), 1909, nach dem Reichskanzler Bernhard Fürst von Bülow (1849–1929).

Bültenblick, (Langenhorn), 1938, Flurname, Büken sind Plaggen, dünne Erdoder Moorschollen.

Bültenkoppel, (Poppenbüttel), 1930, Bülten: siehe Bültenblick. Koppel = umzäuntes Weideland.

Bültenmoor, (Langenhorn), 1960, nach der Geländebeschaffenheit. Bülten: siehe Bültenblick.

Büngerweg, (Othmarschen), 1950, nach Johann Wilhelm Rudolf Bünger (1812–1893), Pädagoge, Leiter des Bockdänischen Lehrinstitutes.

Bunte, (Eißendorf), 1950, nach einer schon seit 1667 bestehenden Flurbezeichnung „Die Bunte", Bunte = eingezäuntes Kulturland.

Bürgerstraße, (Barmbek-Süd), 1868, nicht nach dem Dichter, sondern mit Bezug auf die zu erwartenden bürgerlichen Anwohner, wie der konkurrierende Namensvorschlag der ehemaligen „Prinzenstraße" erkennen lässt.

Bürgerweide, (Borgfelde, Hammerbrook), 1868, als „An der Bürgerweide" zur Erinnerung an die frühere Bestimmung der Gegend zur Gemeindeweide für die Bürger, verkürzt 1899. Es ist heute unvorstellbar, welche Mengen an Tieren in der Stadt gehalten wurden und welchen Einfluss das auf die Hygiene hatte. Nicht nur die für Transportzwecke nötigen Pferde gab es, sondern auch Kühe, Schafe, Schweine und eine Unmenge an Federvieh.

Büringstwiete, (Ohlsdorf), 1929, zu Ehren des in seiner Stiftung noch fortlebenden Bürgermeisters Henning Büring (1469–1499).

Büschstraße, (Neustadt), 1841, benannt auf Antrag des Grundeigentümers Wilhelm Sillem, nach der Familie seiner Mutter Wilhelmine (1772–1852), einer Tochter des Professors am Akademischen Gymnasium Johann Georg Büsch (1728–1800). Büsch war Mitglied der Patriotischen Gesellschaft, die später ein eigenes Gebäude auf dem Platz des alten abgebrannten Rathauses (1842) errichtete. Diese Gesellschaft tat viel Gutes für die Stadt und ihre Bewohner und sorgte u. a. für eine Regelung des Armenwesens, gründete eine Lebensversicherung, eine erste Sparkasse, die Gesellschaft zur Rettung Schiffbrüchiger, diverse Badeanstalten und Bildungskurse für junge Handwerker.

Büttskamp, (Schnelsen), vor 1934, Flurname. Butt = Holzkübel, Waschbottich.

Bugdahnstraße, (Altona- Altstadt), 1968, nach Paul Bugdahn (1890–1948), 1925 Stadtverordneter und Mitglied des preußischen Landtages, bis 1933 Vorstandsmitglied der SPD in Altona und Schleswig-Holstein, später Schriftsteller und beim Hamburger „Echo"; von 1946–1948 Mitglied der hamburgischen Bürgerschaft.

Bugenhagenstraße, (Hamburg-Altstadt), 1909, zu Ehren des Reformators Prof. Dr. Johannes Bugenhagen (1484–1558), Theologe. Als Freund Luthers war er Mitarbeiter an dessen Bibelübersetzung. Er gilt als der große Organisator der Reformation. Er ordnete auch das Schulwesen in ganz Norddeutschland, bis Holland und Dänemark.

Bukampsmoor, (Stellingen), 1928, Flurname. Bukamp = Buten Kamps Moor.

Bulckestraße, (Blankenese), 1949, nach Carl Bulcke (1875–1936), Dichter und Schriftsteller. Er lebte nach 1900 einige Jahre in Blankenese und Altona.

Bullenbarg, (Rahlstedt), 1942, Flurname, Bullenbarg = Bullenberg.

Bullenhuser Damm, (Rothenburgsort), 1890, nach dem ersten städtischen Vogt Hans Bulle, der dort Anfang des 16. Jahrhunderts das dortige Schleusenhaus bewohnte. Er ist Namensgeber fur den ganzen Bezirk geworden, den man als „Bullenhausen“ bezeichnet.

Bullenkoppel, (Wandsbek), 1976, Flurbezeichnung. Die Bullenkoppel wurde jeweils zur Nutzung dem Bauern zugewiesen, der die Pflege des Dorfbullen übernommen hatte.

Bullenredder, (Lokstedt), 1945, Flurname, Zugangsweg nach der Bullenwiese.

Bullerdeich, (Hammerbrook), 1865 und 1886, durch Übertragung und Beibehaltung des alten Deichnamens, der seine Entstehung vielleicht der Natur des vorgelagerten Außendeiches verdankt, da „Buller“ technische Bezeichnung für ein bestimmtes Stadium der Landbildung ist.

Bullerdeichbrücke, (Hammerbrook), 1958, Lage. Im Zuge des Weges Bullerdeich über das Hochwasserbassin führend.

Bullertweg, (Wilhelmsburg), 1908, Buller ist das mit Schilf und Reet bewachsene Deichvorland, das erst nach Aufhöhung und Entwässerung genutzt werden konnte. Das bei diesem Straßennamen verwendete „t“ ist wahrscheinlich versehentlich an das Wort geraten.

Bullnwisch, (Sülldorf), 1928, Flurname = Bullenwiese. Der Name erinnert daran, dass der Halter des Dorfbullens als Entschädigung für die Pflege die sogenannte „Bullenwiese“ (Wisch) zur Nutzung erhielt.

Bullskamp, (Farmsen-Berne), 1921, nach der Farmsener Bauernfamilie Bull, die 1899 ihren 150 ha großen Hof an den Hamburger Staat verkaufte, der dort ein Versorgungs- und Pflegeheim anlegte.

Bult, (Bergedorf), 1947, volkstümliche Bezeichnung.

Bunatwiete, (Harburg), 1950, nach dem „Buna“, einem künstlichen Kautschuk, welcher auch in der nahe gelegenen Gummiwarenfabrik Phönix verarbeitet wurde.

Bundesstraße, (Eimsbüttel, Rotherbaum), 1870, zur Erinnerung an die Gründung des Norddeutschen Bundes im Jahre 1867, einem von Bismarck geschaffenen Bündnis zwischen 17 norddeutschen Staaten. Für die Truppen dieses Bündnisses wurden die an dieser Straße gelegenen Kasernen erbaut.

Bundesweg, (Rotherbaum), 1926, in Anlehnung an den Namen Bundesstraße.

Bundsensweg, (Hamm-Mitte), 1910, nach dem Architekten Axel Bundsen (1768–1832), Erbauer des Logenhauses an der Drehbahn, der Ritzebüttler Kirche und vieler bedeutender Privatbauten.

Bunsenstraße, (Ottensen), 1915, nach dem Chemiker und Physiker Prof. R. Wilhelm Bunsen (1811–1899; Bunsenbrenner).

Buntspechtweg, (Lurup), 1949, nach einem Vogelmotiv.

Bunzlauer Straße, (Jenfeld), 1955, nach der Stadt in Schlesien (Riesengebirge) mit der bekannten Glas- und Keramikindustrie.

Burbekstraße, (Eidelstedt), 1932, nach dem gleichnamigen Bach, der nördlich der Straße verläuft.

Burchardkai, (Waltershof), 1912, nach dem Bürgermeister seit 1902, Senator seit 1885, Dr. Johann Heinrich Burchard (1852–1912).

Burchardplatz, (Hamburg-Altstadt), 1916, Erklärung wie Burchardkai.

Burchardstraße, (Hamburg-Altstadt), 1916 und 1929, Erklärung wie Burchardkai.

Burggarten, (Borgfelde), 1884, unter Beibehaltung der leicht abgewandelten Bezeichnung „Am Burggarten“, die die Straße bisher als Privatadresse geführt und offenbar im Anschluss an den Namen Burgstraße erhalten hatte.

Burggraben, (Rönneburg), um 1932, nach einer frühmittelalterlichen Befestigungsanlage auf dem Burgberg (siehe auch „Am Burgberg").

Burgstraße, (Borgfelde, Hamm-Nord), 1853, nach den vielleicht in dem angrenzenden Teil von Hamm gelegenen Gehöften der Ritter von Hamme sowie mit Bezug auf den Namen Borgfelde.

Burgunderweg, (Niendorf), 1965, Motivgruppe: Germanische Volksstämme und deren nichtgermanische Nachbarn. Der ostgermanische Volksstamm der Burgunder ist im 1. und 2. Jahrhundert zwischen Weichsel und Oder nachgewiesen.

Burgwedel, (Schnelsen), 1948, Flurbezeichnung nach dem früheren Schnelsener Ort „Borgwisch". Wedel bedeutet Furt.

Burgwedelkamp, (Schnelsen), vor 1934, Erklärung wie Burgwedel.

Burgwedelstieg, (Schnelsen), 1953, in Anlehnung an Burgwedel.

Burgwedeltwiete, (Schnelsen), 1980, in Anlehnung an Burgwedel. Twiete = kleiner Gang zwischen zwei Straßen.

Burmesterstraße, (Barmbek-Nord), 1927, nach dem aus Hamburg stammenden Geigenkünstler Geheimrat Prof. Willy Burmester (1869–1933).

Busanbrücke, (HafenCity), 2006, nach der südkoreanischen Hafenstadt.

Busbrookbrücke, (Farmsen-Berne), 1964, in Anlehnung an Busbrookhöhe.

Busbrookhöhe, (Farmsen-Berne), 1968, nach dem Flurnamen „Busbrook", nach dem seit 1375 zu Berne gehörenden Gehölz „Busbrook".

Buscher Weg, (Wilhelmsburg), vor 1904, der Name weist wohl auf ein mit Büschen bewachsenes Gelände vor der Eindeichung (um 1600) hin.

Buschhägen, (Farmsen-Berne), 1932, alter Flurname, Hähe = Hege = kleiner Wald.

Buschhövel, (Wilhelmsburg), 1953, in Anlehnung an die auch sonst hier auf „Hövel" (Insel) lautenden Wegnamen und die Straße „Buschweide".

Buschkamp, (Fuhlsbüttel), 1913, Flurbezeichnung, mit Busch bezeichnete man früher ein kleines Gehölz.

Buschkoppel, (Steilshoop), vor 1937, Flurname, Busch = kleiner Wald, Koppel = umzäuntes Weideland.

Buschredder, (Rissen), 1965, im Anschluss an den Namen „Rissener Busch".

Buschrosenweg, (Bramfeld), 1958, nach einem Blumenmotiv.

Buschweide, (Wilhelmsburg), vor 1934, nach einer Flurbezeichnung, die sich allerdings auf eine entfernte Flur bezieht.

Buschwerder Hauptdeich, (Wilhelmsburg), 1970, Flurname „Buschwerder", Busch = kleiner Wald, Werder = Flussinsel.

Buschwerder Winkel, (Wilhelmsburg), 1982, in Anlehnung an Buschwerder Hauptdeich. Flurname wie Buschwerder Hauptdeich.

Bussardweg, (Eidelstedt), vor 1936, nach dem Greifvogel Bussard.

Bussestraße, (Winterhude), 1876, nach dem Mädchennamen der Frau des Grundeigners Claes Joachim Rippens, Johanna Magdalene, geb. Busse (1828–1886).

Butendeichsweg, (Finkenwerder), 1923, nach der alteingesessenen Bauern-und Fischerfamilie „Butendeich" (nicht wegen der Lage am Außendeich).

Butenfeld, (Lokstedt, Eppendorf), 1951, Flurbezeichnung. Butenfeld = außerhalb des Feldes.

Butenkamp, (Winterhude), 1920, nach dem der Gegend anhaftenden Flurnamen.

Butenwarf, (Finkenwerder), 1934, Warften = künstliche Wohnhügel vor dem Deich, zum Schutz der Häuser vor dem Hochwasser.

Butjadinger Weg, (Finkenwerder), 1939, nach der oldenburgischen Landschaft Butjadingen.

Buttstraße, (Altona-Altstadt), 1950, Butt = Familie der Plattfische.

Buurkamp, (Langenhorn), 1932, im Anschluss an die benachbarte Flur „Buurplaats".

Buurredder, (Langenhorn), 1952, in Anlehnung an den Namen „Buurkamp".

Buurstieg, (Langenhorn), 1950, im Anschluss an den Namen „Buurkamp".

Buxtehuder Brücke, (Harburg), 1956, weil sie im Zuge der Buxtehuder Straße liegt.

Buxtehuder Straße, (Harburg, Heimfeld), 1858, als nach Buxtehude führende Chaussee.

C

Cäcilienstraße, (Winterhude), 1914, nach Cäcilie von Oldessem, der ersten protestantischen Domina des Klosters St. Johannis, zu dessen Landgebiet das Dorf Winterhude gehörte.

Cafeastraße, (Wilhelmsburg), 2008, nach der gleichnamigen Kaffee-Produktionsstätte im Nordwesten Venezuelas.

Caffamacherreihe, (Neustadt), im 18. Jahrhundert nach den Caffaherstellern. Gemacht wurde das damals hochmoderne Caffa sowie Plattwerk, Triep und Sammet. Bei Caffa handelte es sich um einen halbseidenen Damaststoff, um ein grobes Gewebe, das auf der einen Seite glatt war.

Caprivistraße, (Blankenese), vor 1903, nach Georg Graf von Caprivi (1831–1899), Reichskanzler von 1890–1894.

Caracasweg, (Winterhude), 1972, nach der Hauptstadt des Landes Venezuela. Motivgruppe: Überseeische Handelsbeziehungen.

Carl-Bremer-Ring, (Bramfeld), 1961, nach Carl Bremer (1883–1956), von 1930 bis 1933 Gemeindevorsteher in Bramfeld, von 1945 bis 1946 Leiter der dortigen Ortsdienststelle und von 1946 bis 1950 Leiter des Ortsamtes Alstertal.

Carl-Cohn-Straße, (Alsterdorf, Winterhude), 1929 und 1949, nach Senator Carl Cohn (1857–1931).

Carlebachstraße, (Altona-Altstadt), 1960, nach Dr. Joseph Carlebach (1883–1942), dem früheren Oberrabbiner von Altona und Hamburg, der bis zur Zerstörung der Synagoge dort am Bornplatz wirkte und gleichzeitig Direktor der dort gelegenen Talmud-Tora-Schule war. Er wurde 1942 im Ghetto von Riga ermordet.

Carl-Legien-Platz, (St. Georg), 1951 (1989 Schreibweise geändert), nach Carl Legien (1861–1920), Gewerkschaftsführer, Reichstagsabgeordneter.

Carl-Petersen-Straße, (Hamm-Nord), 1948, nach Dr. Carl Wilhelm Petersen (1868–1933), Senator von 1918–1921 und Bürgermeister von 1924–1933.

Carlssonweg, (Rahlstedt), 1960, nach John Carlsson (1841–1922), Vorbesitzer des Geländes.

Carl-Stamm-Park, (Rothenburgsort), 2010, nach Dr. med. Carl Stamm (1867–1941), hoch verdienter Kinderarzt in Rothenburgsort, leitete das Kinderkrankenhaus in der Marckmannstraße seit 1917, 1933 entlassen, 1938 Entzug der Approbation, 1941 verstorben (Umstände nicht völlig geklärt). Verfolgter des Nationalsozialismus.

Carl-von-Ossietzky-Platz, (St. Georg), 1989, nach dem Publizisten, Pazifisten und Widerstandskämpfer gegen den Nationalsozialismus Carl von Ossietzky (1889–1938). 1931 wegen Landesverrat und Verrat militärischer Geheimnisse zu Gefängnis verurteilt. 1933 nach dem Reichstagsbrand verhaftet und 1934 in ein KZ gebracht. Er erhielt 1935 den Friedensnobelpreis, den er aber nicht annehmen durfte. 1938 verstarb Ossietzky an den Folgen seiner Haft in einer Berliner Klinik.

Carpserweg, (Ohlsdorf), 1952, nach Peter Carpser (1699–1759), einem bekannten Hamburger Wundarzt, der weit über die Grenzen Deutschlands bekannt war.

Carsten-Fock-Weg, (Finkenwerder), vor 1938, nach dem letzten Gemeindevorsteher des ehemals preußischen Teiles von Finkenwerder, Carsten Fock (1876–1953).

Carsten-Meyn-Weg, (Poppenbüttel), 1977, nach dem Ingenieur und Bürgerschaftsabgeordneten Johann Christian Meyn (1810–1899), einem Landschaftszeichner des Alstertals.

Carsten-Rehder-Straße, (Altona-Altstadt), 1950, nach Carsten Rehder (1866–1930), dem Gründer der Altonaer Hochseefischereiflotte.

Carsten-Reimers-Ring, (Bramfeld), 1979, nach dem ehemaligen Besitzer des Gutes „Carlshöhe", Carsten Reimers (1817–1898).

Carsten-Reimers-Stieg, (Bramfeld), 1979, Erklärung wie Carsten-Reimers-Ring.

Caspar-Voght-Straße, (Hamm-Nord), 1916, zu Ehren des späteren Reichsfreiherrn Caspar von Voght (1752–1839). Nach dem Tode seines Vaters 1781 übernahm er die Firma und entwickelte diese, zusammen mit seinem Freund und Partner Georg Heinrich Sieveking, zu einer der bedeutendsten Firmen der Stadt. 1785 kaufte er einen Bauernhof in Klein Flottbek, den er später zu einem Mustergut ausbaute. Er ist Mitbegründer der hamburgischen Armenanstalt, deren Vorsteher er 1788 wird. 1793 löst er die Sozietät mit Sieveking und betreibt nur noch das Amerikageschäft. 1828 verkauft er seinen Besitz in Klein Flottbek an Senator Jenisch.

Catharina-Fellendorf-Straße, (Allermöhe), 1995, nach Catharina Fellendorf (1884–1944), Gegnerin des Nationalsozialismus, Mitglied der Widerstandsgruppe Bästlein-Jacob-Abshagen. 1944 hingerichtet im Zuchthaus Berlin-Plötzensee.

Celler Weg, (Langenbek), 1956, nach der Stadt Celle in Niedersachsen. Motivgruppe: Orte in der Lüneburger Heide.

Celsiusweg, (Bahrenfeld), 1965, nach Anders Celsius (1701–1744), schwedischer Astronom und Erfinder einer Thermometereinteilung.

César-Klein-Ring, (Steilshoop), 1973, nach César Klein (1876–1954), Graphiker. Motivgruppe: Personen, die sich um das kulturelle Leben der Stadt in der ersten Hälfte des 20. Jahrhunderts verdient gemacht haben.

Chamissoweg, (Nienstedten), 1936, nach dem Dichter und Naturforscher Adalbert von Chamisso (1781–1838), seine Lyrik schloss sich an Goethe, Uhland und Béranger an.

Chapeaurougeweg, (Hamm-Nord), 1927, nach Jacques de Chapeaurouge (1744–1805), schuf 1773 seinen Landsitz, den sogenannten „Hammer Hof", der durch Heirat seiner Enkelin mit dem Syndikus Karl Sieveking an diesen überging.

Charitas-Bischoff-Treppe, (Blankenese), 1928, nach Charitas Bischoff (1848–1925), Tochter der Amalie Dietrich, die schriftstellerisch das Lebenswerk ihrer Mutter, einer Forschungsreisenden, aufgearbeitet und gewürdigt hat. Sie ist vieljährige Bewohnerin dieser Straße gewesen.

Charlie-Mills-Straße, (Farmsen-Berne), 1996, nach Charlie Mills (1888–1972), in Hamburg geborener international bekannter Trabrennfahrer.

Charlottenburger Straße, (Jenfeld, Tonndorf), 1961, nach dem Berliner Stadtbezirk.

Charlotte-Niese-Straße, (Osdorf, Nienstedten), 1929 und 1940, nach der aus Altona stammenden Schriftstellerin Charlotte Niese (1854–1935).

Charlottenstraße, (Eimsbüttel), 1865, auf Antrag des Grundeigners Alexander Bentalon Tornquist, vermutlich nach der Schwiegermutter seines Sohnes, Charlotte Fett, geb. Hellberg (1811–1859).

Chateauneufstraße, (Hamm-Nord), 1926, nach dem berühmten Architekten Alexis de Chateauneuf (1799–1853), der sich nach dem Großen Brand von 1842 um den Wiederaufbau so verdient gemacht hat. Er gehörte auch dem Kreis um den Syndikus Sieveking an.

Chaukenweg, (Niendorf), 1950, Chauken: bedeutender germanischer Volksstamm, der zwischen Weser und Eibmündung angesiedelt war. Sie lebten im Marschgebiet auf künstlichen Wohnhügeln (Würfen) und gingen im 4. Jahrhundert in den Sachsen auf.

Chemnitzstraße, (Altona-Altstadt), 1951, nach Matthäus Chemnitz (1815–1870), Amtsrichter in Altona und Dichter des Schleswig-Holstein-Liedes.

Cheruskerweg, (Stellingen), 1936, nach dem germanischen Volksstamm im Wesergebiet zwischen Teutoburger Wald und Harz angesiedelt, seit dem Jahr 4 nach Chr. unter römischer Oberhoheit, erlangten unter Arminius, im Kampf gegen Varus und Germanicus, die Unabhängigkeit.

Chicagokai, (Hamburg-Altstadt), 2006, nach der nordamerikanischen Stadt am Michigansee, seit 1994 Partnerstadt Hamburgs.

Chilekai, (Steinwerder), 1928, benannt anlässlich der Anwesenheit des chilenisehen Schulschiffes „General Baquedano" zu Ehren der befreundeten Republik Chile.

Christenweg, (Sasel), 1951, nach der alteingesessenen Bauernfamilie Christen aus Sasel (17. bis 19. Jahrhundert). Der Familienname Christen ist auch in Südstormarn ein verbreiteter Familienname.

Christian-August-Weg, (Nienstedten), 1947, nach Christian Karl Friedrich August Herzog von Schleswig-Holstein-Sonderburg-Augustenburg (1798–1869), erwarb von Arnemann das gegenüber Jacob an der Elbchaussee liegende Anwesen, das 1869/ 1870 an Newman überging und 1934/35 abgebrochen wurde.

Christian-F.-Hansen-Straße, (Nienstedten), 1997, nach Christian Frederik Hansen (1756–1845), Architekt, 1784–1804 Königlich-Dänischer Landbaumeister in Altona, Erbauer zahlreicher Landhäuser an de Elbchaussee.

Christian-Förster-Straße, (Hoheluft-West), 1948, nach Christian J. H. Förster (1825–1902), Radierer und Zeichner, insbesondere von Volkstypen.

Christian-Koch-Weg, (Hummelsbüttel), 1975, nach Christian Koch (1878–1955), Bürgermeister von 1946 bis 1950.

Christinenstraße, (Lohbrügge), um 1865, nach Christina Johanna Georgine Ohl, geb. Petersen (1834–1894), Ehefrau des Geländebesitzers Heinrich Albrecht Ohl.

Christoph-Cordes-Straße, (Wilhelmsburg), 2004, nach Christoph Cordes (1807–1886), seit 1835 Müllermeister, 1875 Erbauer der Windmühle Johanna. Dieser sogenannte zweistöckige Galerieholländer in Wilhelmsburg ist noch heute windgängig und mahlfähig.

Christoph-Probst-Weg, (Eppendorf), 2002, nach Christoph Probst (1919–1943), Student, Mitglied der „Weißen Rose", Widerstandskämpfer gegen den Nationalsozialismus, zusammen mit den Geschwistern Scholl am 22. Februar 1943 in München hingerichtet.

Christopher-Harms-Weg, (Kirchwerder), 2003, nach Christopher Harms (1908–1982), Kirchwerder Schuhmachermeister, bestimmte testamentarisch die Gründung einer Stiftung für benachteiligte Kinder aus den Vier- und Marschlanden.

Christrosenweg, (Eidelstedt), 1972, Motivgruppe: Blumen.

Chrysanderstraße, (Bergedorf), 1949, nach Dr. Friedrich Chrysander (1826–1901), Musikgelehrter und Händelforscher. Eigene kompositorische Versuche stellte er ein, nachdem er Wagners „Tannhäuser" gehört hatte.

Cilli-Cohrs-Weg, (Finkenwerder), 1941, nach dem Einakter von Gorch Fock.

City-Hof-Passage, (Hamburg-Altstadt), 1957, nach der dort liegenden Gebäudegruppe, die als „City-Hof" bezeichnet wird.

Clasingstraße, (Eimsbüttel), 1911, nach dem Mitbegründer und ersten Dirigenten der Singakademie Johann Heinrich Clasing (1779–1829).

Classenstieg, (Wellingsbüttel), 1951, in Anlehnung an den Namen Classenweg.

Classenweg, (Wellingsbüttel), 1950, nach Dr. Johannes Classen (1805–1891), der von 1864 bis 1874 Direktor des Johanneums war.

Claudiusstieg, (Marienthal), 1951, im Anschluss an den Namen Claudiusstraße.

Claudiusstraße, (Marienthal), 1890, nach dem Dichter Matthias Claudius (1740–1815), dem „Wandsbecker Bothe".

Claus-Ferck-Straße, (Volksdorf), vor 1938, nach der alteingesessenen Bauernfamilie Ferck. Die Familie lebt seit dem

30jährigen Krieg in Volksdorf, und jeweils der älteste Sohn erhielt den Vornamen Claus. So hat es in Volksdorf fast immer einen Claus Ferck gegeben.

Clematisweg, (Lokstedt), 1939, nach der Kletterpflanze Clematis oder auch Waldrebe genannt, Gattung der Hahnenfußgewächse.

Clemens-Schultz-Straße, (St. Pauli), 1948, nach dem Pastor in St. Pauli, Clemens Schultz (1862–1914), einem verdien ten Förderer der Jugendfürsorge.

Colonnaden, (Neustadt), 1877, als zum Teil überdeckter Säulengang zwischen Jungfernstieg und Esplanade. Die Benennung erfolgte nach der dortigen Bauweise. Was wir heute als interessante architektonische Variante ansehen, war bei dieser Durchgangsstraße den geschäftstüchtigen Brüdern Wex eingefallen. Um die vorhandenen Quadratmeter voll auszunutzen und möglichst viel Wohnraum zu erzielen, rückten sie die Arkaden direkt an die Straße und bildeten den Bürgersteig als Säulengang (Arkaden = Colonnaden) aus.

Comeniusplatz, (Hohenfelde), 1912, nach Johann Arnos Comenius (1592–1670), Pädagoge und Förderer der Lehrerbildungsanstalten (mit Bezug auf das gegenüberliegende Gebäude, des Seminars für Volksschullehrerinnen).

Communionsweg, (Neuland), 1895, nach einer Interessengemeinschaft der ältesten Neuländer Grundeigner.

Compeweg, (Harburg), 1950, nach Eberhard Christian Compe (1788–1867), Mitglied der Hafenbaukommission und Oberamtmann. Die Stadt Harburg ernannte ihn 1859 zum Ehrenbürger. Compe war auch Stifter des Pokals für das Harburger Vogelschießen.

Contastraße, (Hoheluft-West), 1901, nach Oberst Bernhard von Conta (1816–1899), der von 1866 bis 1870 Kommandeur des hanseatischen Infanterieregimentes war.

Conventstraße, (Eilbek), 1866, nach dem aus dem alten Konvent des Beguinen-Kiosters hervorgegangenen Jungfrauenstift, für das damals ein neues Gebäude an der Ausmündung der Straße in die Wandsbeker Chaussee errichtet wurde.

Conzestraße, (Nienstedten), 1947, nach dem Archäologen Prof. Alexander Conze (1831–1914), der zusmamen mit Karl Humann die Ausgrabungen bei Pergamon vornahm.

Cord-Dreyer-Weg, (Niendorf), 1945, nach Cord Dreyer (1836–1912), Stellmachermeister und von 1881–1899 Vogt in Niendorf.

Cordesweg, (Langenhorn), 1932, nach der alteingesessenen Hufnerfamilie Cordes in Langenhorn.

Cordsstraße, (Nienstedten), um 1922, nach dem Handelsgärtner und ehemaligen Grundeigner Christian Cords (1855–1926).

Corduaweg, (Heimfeld), 1950, nach dem bekannten Harburger Mediziner, dem Sanitätsrat Dr. med. Ernst Cordua (1865–1943), der am Milchgrund die später im Besitz seines Sohnes befindliche Privatklinik erbaute.

Corinthstraße, (Othmarschen), 1950, nach dem Maler und Graphiker Lovis Corinth (1858–1925).

Cornehlsweg, (Volksdorf), 1926, nach einer alten, seit dem 17. Jahrhundert in Volksdorf ansässigen Bauernfamilie, die hier eine Vollhufe besaß.

Corneliusstraße, (Groß Flottbek), 1910, nach dem Maler Peter Ritter von Cornelius (1783–1867), einem bedeutenden Künstler seiner Epoche.

Corthumstraße, (Bergedorf), 1949, nach der Familie Corthum, die von 1563 bis 1704 durch drei Generationen Bergedorfer Pastoren und Bürgermeister gestellt hat.

Corveystraße, (Lokstedt), 1948 (Schreibweise 1962 geändert), nach dem 822 gegründeten Kloster Corvey bei Höxter, dem Heimatkloster Ansgars.

Coseler Twiete, (Jenfeld), 1974, nach der Stadt in Schlesien, oberhalb der Einmündung des Klodnitzkanals in die Oder.

Cottaweg, (Billstedt), 1957, nach Johann F. Freiherr von Cottendorf (1764–1832). Er wurde durch seine persönlichen Beziehungen zu Goethe und Schiller und anderen großen Dichtern seiner Zeit der bedeutendste zeitgenössische Verleger der deutschen Literatur.

Cranachplatz, (Groß Flottbek), 1916, wie Cranachstraße.

Cranachstraße, (Groß Flottbek), 1910, 1912, nach Lucas Cranach d. Ä. (1472–1553), Maler, Zeichner, Holzschnitzer und Kupferstecher.

Cranzer Elbdeich, (Cranz), 1948, nach dem Elbdeich bei Cranz.

Cranzer Hauptdeich, (Cranz), 1969, nach der Lage im Stadtteil Cranz.

Cremon, (Hamburg-Altstadt), um 1281, nachweisbar seit Mitte des 13. Jahrhunderts. Es gibt über diesen Namen eine ganze Reihe von Auslegungen, die aus Platzgründen nicht alle erwähnt werden können. Wir beschränken uns daher auf die meist und offiziell vertretene Ansicht, dass es sich vermutlich um einen Grundeigentümer dieses Namens handelte, so wird z. B. um 1255 ein Gottschalk de Cremun und um 1333 ein Kaplan Bertram de Cremon genannt.

Culinstraße, (Horn), 1959, nach Johann Andreas Culin (1826–1896), Gründer und Direktor der Straßenbahngesellschaft, und nach Andreas Culin (1852–1931), dem Erfinder der Straßenbahnrillenschienen.

Curienstraße, (Hamburg-Altstadt), 1840, nach den Domkurien, den Höfen der Domherren, insbesondere nach der hier gelegenen Doktorkurie (Kurie = Päpstlicher Hof, Gerichtshof).

Curschmannstraße, (Hoheluft-Ost, Eppendorf), 1899, nach Prof. Dr. H. Curschmann (1846–1910), Leiter des Hafenkrankenhauses und des Krankenhauses St. Georg sowie erstem Direktor des Krankenhauses Eppendorf. Er hatte maßgeblichen Anteil am Bau dieses Hospitals, das mit einem Aufwand von 10 Millionen Mark errichtet wurde und 1889 seinen Betrieb aufnahm. Villenartig in einer großzügigen Parkanlage wurden rund 60 Krankenhauspavillons errichtet. Mit dieser Dezentralisation sollte erreicht werden, dass sich die s. Zt. gefürchtete Hospitalinfektion nicht ausbreitet. Nach einem Streit mit dem Senat verließ Curschmann 1888 Hamburg. Elf Jahre später stimmte man jedoch der Benennung einer Straße mit seinem Namen zu. Nach seiner Zeit in Hamburg wurde er Professor an der Universität in Leipzig.

Curslacker Brückendamm, (Neuengamme, Curslack), 1948, nach dem Damm über die Dave Elbe.

Curslacker Deich, (Curslack), 1948, es handelt sich um den Curslacker Teil des Deiches gegen die Dove Elbe. Curslack wird 1217 als „Villa Kurlake" und 1303 und 1325 als „Curslake" erwähnt.

Curslacker Heerweg, (Bergedorf, Curslack), 1948, der Curslacker Teil des alten Heerweges wurde 1568 angelegt. Heerweg = Hari, die Masse, das Volk; die große Landstraße, der Volksweg.

Curslacker Kirchenbrücke, (Curslack. Neuengamme), 1961, nach der Lage bei der Curslacker Kirche.

Curslacker Neuer Deich, (Bergedorf, Curslack), 1948, nach der Funktion und dem Stadtteil. Kuren oder Koren = Eindringen von Wasser und Lake = brackiges oder sumpfiges Gewässer.

Curt-Bär-Weg, (Allermöhe), 1995, nach Curt Bär (1901–1981), Lehrer, Widerstandskämpfer gegen den Nationalsozialismus.

Curt-Goetz-Straße, (Bramfeld), 1979, nach Curt Goetz (1888–1960), Schriftsteller und Schauspieler.

Curtiusweg, (Hamm-Nord), 1928, nach dem Lübecker Syndikus Dr. Carl Curtius (1771–1857), der zusammen mit Mettlerkamp, von Hess, Dr. Karl Sieveking und vielen anderen dem hanseatischen Direktorium zur Wahrung der Interessen der Hansestädte angehörte.

Cuxhavener Straße, (Heimfeld, Hausbruch, Neugraben-Fischbek), 1948, als nach Cuxhaven führende Straße.

D

Dachsberg, (Schnelsen), 1948, nach einem frei gewählten Namen.

Dänenweg, (Sternschanze), 1888, zur Erinnerung an die Belagerung der Sternschanze durch die Dänen im Jahre 1686.

Daerstorfer Weg, (Neugraben Fischbek), 1956, nach der Motivgruppe: Orte an der B 73 in der Nähe der Landesgrenze.

Däumlingtwiete, (Billstedt), 1952, nach einem Märchenmotiv.

Dagebüller Weg, (Billstedt), 1948, nach dem Ort Dagebüll an der Westküste Schleswig-Holsteins.

Dag-Hammarskjöld-Brücke, (Neustadt, St. Pauli), 1962, nach Dag Hammarskjöld (1905–1961). Er war in seinen letzten Lebensjahren Generalsekretär der Vereinten Nationen.

Dag-Harnmarskjöld-Platz, (St. Pauli), 1962, wie Dag-Hammarskjöld-Brücke.

Dahlemer Ring, (Jenfeld), 1961, nach dem Berliner Ortsteil.

Dahlengrund, (Eißendorf), 1935, in Anlehnung an die Flur- und Straßennamen „Großer Dahlen“ und „Kleiner Dahlen“.

Dahlenhöhe, (Eißendorf), 1981, wie Dahlengrund.

Dahlenholz, (Eißendorf), 1981, mit Bezug auf ein früher dort gelegenes Gehölz und die auch sonst hier auf „Dahlen“ lautenden Wegnamen.

Dahlenkamp, (Eißendorf), 1980, in Anlehnung an den alten Flurnamen.

Dahlenkehre, (Eißendorf), 1983, in Anlehnung an die auch sonst hier auf „Dahlen“ lautenden Wegnamen.

Dahlgrünring, (Wilhelmsburg), 1975, nach Dr. Rolf Dahlgrün (1908–1969), Bürgerschaftsabgeordneter, Bundestagsabgeordneter, Bundesminister für Finanzen.

Dahlienweg, (Marmstorf), 1935, Motivgruppe: Blumen.

Dahmeweg, (Lump), 1962, nach dem linken Nebenfluss der Spree, etwa 100 km lang, entspringt im Fläming, mündet bei Berlin-Köpenick. Motivgruppe: Brandenburger Flüsse.

Dahrendorfweg, (Horn), 1964, nach Gustav Dahrendorf (1901–1954), Bürgerschafts- und Reichstagsabgeordneter. Motivgruppe: Männer und Frauen der Arbeiterbewegung.

Daimlerstraße, (Ottensen, Bahrenfeld), 1950, nach Gottlieb Daimler (1834–1900), Maschinenbauingenieur, schuf das erste brauchbare Kraftfahrzeug.

Daimlertwiete, (Ottensen), 1950, wie Daimlerstraße.

Dakarbrücke, (Winterhude), 1974, nach der Stadt an der Westküste Afrikas. Motivgruppe: überseeische Handelsbeziehungen.

Dakarweg, (Winterhude), 1962, wie Dakarbrücke.

Dalenstieg, (Hamm-Mitte), 1914, nach der in Hammerbrook gelegenen, später untergegangenen Ortschaft Dale.

Dallbregen, (Eidelstedt), 1930, nach einer Karte der städtischen Bauverwaltung Altona von 1926 und der Verkoppelungskarte. Hier war früher die Badeanstalt „Jungbrunnen“.

Dallbregenstieg, (Eidelstedt), 1954, in Anlehnung an Dallbregen.

Dalmannkai, (HafenCity), 1875, zu Ehren des in diesem Jahr verstorbenen hochverdienten Wasserbaudirektors Johannes Dalmann (1823–1875), unter dessen Leitung der Kai erbaut worden war, vorher seit 1871 „Grasbrook-Kai“. Unter Dalmann fiel auch die Entscheidung zugunsten eines Tidehafens im Gegensatz zu einem Dockhafen, was Hamburg zu einem schnellen Umschlagplatz werden ließ.

Damaschkestraße, (Eißendorf), 1925, nach Adolf Damaschke (1865–1935), Nationalökonom und Führer der Bodenreformbewegung.

Damerowstwiete, (Barmbek-Süd), 1939, nach Prof. Dr. Heinrich Damerow (1798–1866), der sich besonders um die Verbesserung im System von Anstaltsbehandlung Irrer verdient gemacht hat (Krankenhaus Friedrichsberg).

Damerowsweg, (Barmbek-Süd), 1912, Erklärung wie Damerowstwiete.

Dammannweg, (Nienstedten), 1951, nach Gustav Dammann (1874–1935), Gemeindevertreter und stellvertretender Ortsvorsteher, Mitbegründer des Bauvereins Elbgemeinden.

Dammbrücke, (Alsterdorf), 1922, in Anlehnung an den Namen Alsterdorfer Damm.

Dammstraße, (Eidelstedt), 1928, nach der Lage am Eisenbahndamm.

Dammtordamm, (Neustadt, Rotherbaum), 1817, als Damm, der an der Stelle des abgebrochenen Dammtors durch den Stadtgraben geschüttet war.

Dammtorstraße, (Neustadt), im 18. Jh. als zum Dammtor führende Straße.

Dammtorwall, (Neustadt), um 1800, als Straße hinter dem vom Dammtor ausgehenden Stadtwall.

Dammwiesenstraße, (Tonndorf), 1950, nach dem Flurnamen „Dammwisch", Wisch = Wiese.

Dampfschiffsweg, (Harburg, Heimfeld), 1897, nach der Dampferanlegestelle der Verbindung von Harburg nach Hamburg, die es seit 1818 gibt.

Danckwerthweg, (Billstedt), 1948, nach dem Husumer Bürgermeister Caspar Danckwerth, dem Verfasser des Kartenwerkes „Schleswig-Holsteinische Landesbeschreibung" um 1652.

Dangaster Weg, (Finkenwerder), 1941, nach der Ortschaft im Jadebusen.

Daniel-Bartels-Weg, (Horn), 1933, nach Daniel Bartels (1818–1889), einem Heimatdichter, der sich mit seinen 10 Bänden „Grillenscheucher" einen Namen machte.

Daniel-Frese-Straße, (Billstedt), 1975, nach Daniel Frese (1540–1611), Maler und Kartograph. Motivgruppe: Topographen und Kartographen.

Daniel-Hinsche-Straße, (Bergedorf), 1949, nach Daniel Hinsche (1771–1848), ehemaliger Bürgermeister in Bergedorf und Dichter.

Danielsenstieg, (Blankenese), 1953, nach dem Tischlermeister und Bauunternehmer Johann Siegfried Danielsen (1846–1920), der von 1905 bis 1915 Gemeindevorsteher in Dockenhuden war.

Dankerskamp, (Langenhorn), 1932, nach der alteingesessenen Bauernfamilie Dankers in Langenhorn.

Dannenkamp, (Lurup), 1932, nach einem Flurnamen. Dannen = Tannen.

Dannenkoppel, (Wellingsbüttel), 1933, Dannenkoppel = Tannenkoppel.

Dannenrüsch, (Sasel), 1919/20, Dannen = Tannen und Rüschen = Binsen. Der Name ist kaum erklärbar, da der Boden weder für Tannen noch für Binsen geeignet erscheint.

Dannerallee, (Horn, Billstedt), 1964, nach Lothar Danner (1891–1960), Chef der Ordnungspolizei und Senator in Hamburg von 1950 bis 1953.

Dannmeyerstraße, (Groß Borstel, 1961, nach Prof. Dr. Ferdinand Dannmeyer (1880–1959), war 1907 Studienrat in Hamburg und 1932 Professor und Erforscher der ultravioletten Strahlen. Motivgruppe: Meteorologen.

Danziger Straße, (St. Georg), 1899, nach der ehemaligen Hansestadt.

Darbovenstieg, (Iserbrook), 1949, nach der dort ansässigen Familie Darboven, die durch die Hergabe von Grundstücken die Errichtung des Krankenhauses gefördert hat, zu dem die kurze Straße führt.

Dar-es-Salaam-Platz, (HafenCity), 2011, nach der größten ostafrikanischen Hafenstadt am Indischen Ozean, Hauptstadt Tansanias von 1964 bis 1974, seitdem weiterhin Sitz der Regierung; seit 2010 Partnerstadt Hamburgs.

Daseweg, (Billstedt), 1948, nach dem Rechenkünstler Johann Martin Zacharias Dase (1824–1861). Als Dase als 15jähriger zum erstenmal in seiner Vaterstadt auftrat, zog er Quadratwurzeln aus zehn- und mehrstelligen Zahlen.

Dassauweg, (Rahlstedt), 1950, nach der Familie Dassau, Meiendorfer Bauern seit dem 18. Jahrhundert.

Davidstraße, (St. Pauli), 1928, als die Außenbezirke der Stadt schneller wuchsen, als die Obrigkeit Straßennamen finden konnte, kam man in diesem Bezirk auf die Idee, zunächst männliche, spater weibliche Vornamen dem Alphabet nach zu verwenden. Unter dem Buchstabenn „D" hat es David getroffen. Überregional bekannt geworden ist diese Straße durch die berühmte Polizeiwache Ecke Reeperbahn /Davidstraße.

Davidstreppe, (St. Pauli), 1969, in Anlehnung an Davidstraße.

De Beern, (Farmsen-Berne), 1296 erstmals erwähnt. Beern ist die niederdeutsche Bezeichnung für Berne.

Deelböge, (Alsterdorf), 1946, hier gibt es zwei Auslegungen. Einmal wird angenommen, dass „Deel" Niederung bedeutet und Böge = Bogen, also hier Flussbiegung in der Niederung. Die zweite Lesart geht bei „Deel" von „Teil" aus und nimmt an, dass es sich um aufgeteilte Ländereien in der Niederung handeln könnte.

Deelbögebrücke, (Alsterdorf), 1960, Erklärung: siehe Deelböge.

Deelbögenkamp, (Alsterdorf), 1968, Erklärung: siehe Deelböge.

Deelwisch, (Lokstedt, Stellingen), vor 1934, je nach Auslegung: entweder Teilwiese oder in der Niederung liegende Wiese.

Deelwischredder, (Jenfeld), 1950, Flurname, Zugangsweg zu Deelwisch.

Deepenbrook, (Eidelstedt), 1954, in Anlehnung an einen Flurnamen der Gegend, Deep = tief und Brook = Bruch, tiefes, feuchtes Land.

Deepenbrookkamp, (Eidelstedt), 1954, in Anlehnung an Deepenbrook.

Deepenbrookweg, (Eidelstedt), 1954, in Anlehnung an einen Flurnamen, siehe auch Deepenbrook.

Deepenhorn, (Rahlstedt), vor 1940, nach einem Flurnamen, Deep = tief und Horn = vorspringendes Landstück.

Deepenstöcken, (Lokstedt), vor 1934, nach einem Flurnamen, Deep = tief und Stöcken = Baumstümpfe.

Deesbarg, (Osdorf), 1969, Flurname, Dees = weiches Moos, Deesbarg = Moosberg.

Dehnhaide, (Barmbek-Süd, Dulsberg), 1899, nach einem der Gegend anhaftenden Flurnamen „An der Dann Haide" (alte Form), „Denne" ist niederdeutsch und bedeutet Niederung.

Deichgrafenweg, (Wilhelmsburg), 1935, Deichgraf heißt in manchen Marschgegenden derjenige, der die Aufsicht über die Deiche führt. Hier hießen die Aufsichtspersonen „Deichgeschworene". Sie wurden von den Grundbesitzern bestellt. Zum erstenmal wurden hier 1374 Deichgeschworene erwähnt.

Deichhausweg, (Harburg), 1950, dieser Name geht wohl auf einen Übertragungsfehler zurück. Benannt ist diese Straße nach dem östlichsten der drei Mühlenteiche (Diek = Teich, aber auch Deich), der dort lag, wo sich jetzt das Rathaus befindet.

Deichstraße, (Hamburg-Altstadt), benannt Mitte des 13. Jahrhunderts nach der Lage, d.h. nach dem Deich, den Graf Adolf hier im 13. Jahrhundert von holländischen Siedlern aufschütten ließ, um das Stadtgebiet zu vergrößern. Die Straße auf der Krone des Deiches hieß 1251 „Beim Deich" und um 1307 „Der große Deich". Negativ bekanntgeworden ist die Straße durch eine Katastrophe. Im Haus 25 brach in der Nacht vom 4. auf den 5. Mai 1842 der große Hamburger Brand aus. Das Feuer vernichtete 60 % der Stadt. Trockenes Frühlingswetter, begünstigt durch einen Ostwind, verursachte ein rasches Ausbreiten der Flammen. Die Wallanlagen und ein Drehen des Windes sorgten schließlich für ein Erlöschen des Feuers am 8. Mai. Die Straße „Brandsende" erinnert an die Stelle, wo das Feuer schließlich keine Nahrung mehr fand und erlosch.

Deichtorplatz, (Hammerbrook), 1936, nach dem ehemaligen Deichtor, das 1828 abgebrochen wurde.

Deichtorstraße, (Hamburg-Altstadt), 1852, nach dem ehemaligen Deichtor, aus Holz gebaut 1623, abgebrochen 1671, aus Stein gebaut 1673, abgebrochen 1828.

Deichtortunnel, (Hamburg-Altstadt, Hammerbrook), 1966, nach dem Tunnel unter dem Deichtorplatz.

Deichvogt-Peters-Straße, (Kirchwerder), 1948, nach dem vieljährigen Deichvogt und Hufner Peter Peters (1855–1941).

Deimeweg, (Wandsbek), 1958, nach dem Fluss in Ostpreußen, dem Mündungsarm des Pregels zum Kurischen Haff.

Del-Banco-Kehre, (Bergedorf), 1985, nach Alma del Banco (1862–1943), einer Hamburger Malerin, Mitglied der Künstlergruppe „Hamburger Sezession", Widerstandskämpferin gegen den Nationalsozialismus.

Delingsdorfer Weg, (Rahlstedt), 1959, nach der Ortschaft Delingsdorf, Krs. Stormarn. Motivgruppe: Orte in nächster Umgebung Hamburgs.

Deliusweg, (Wellingsbüttel), 1950, nach Johannes Matthias Delius (gest. 1565), ehemaliger Rektor des Johanneums.

Delle, (Bergstedt), 1943, Flurname, Delle = feuchte Niederung oder leichte Vertiefung.

Dellestraße, (Jenfeld), 1947, nach Gustav Delle (1880–1945), von 1932–1933 Bürgermeister in Wandsbek, 1945 gestorben im KZ Neuengamme infolge von Mißhandlungen.

Dellingerweg, (Rahlstedt), 1986, nach Rudolf Dellinger (1857–1910), Operettenkomponist und Kapellmeister.

Dempwolffstraße, (Eißendorf), 1912, nach dem Geheimen Sanitätsrat Dr. med. A. Dempwolff (1831–1910), zunächst praktischer Arzt in Hamburg, ab 1870 leitender Arzt des städtischen Krankenhauses, Stadtphysikus und Armenarzt in Harburg.

Denickestraße, (Harburg, Eißendorf, Heimfeld), 1930, nach David Denicke (1856–1943). Ab 1883 Stadtsyndikus, ab 1899 Bürgermeister in Harburg, 1903 Verleihung des Titels „Oberbürgermeister". 1924 Ernennung zum Ehrenbürger der Stadt Harburg.

Denksteinweg, (Jenfeld), vor 1933, nach dem hier befindlichen Kriegerehrenmal.

Dennerstraße, (Barmbek-Nord), 1929, nach dem Hamburger Maler Baltasar Denner (1685–1749), bedeutendster Hamburger Maler zwischen Barock und Rokoko.

Depenau, (Hamburg-Altstadt), benannt seit der ersten Hälfte des 14. Jahrhunderts durch Übertragung des an der Gegend haftenden Flurnamens. Dep = tief und Au = wasserreiches, grasiges, fruchtbares Land. Depenau = tiefe Aue.

Depenkamp, (Lurup), 1932, Flurname, Dep = tief und Kamp = Feld.

Depenwisch, (Bergstedt), 1943, Flurname; = tiefe Wiese.

Derbyweg, (Horn), 1951, nach der Lage an der Horner Rennbahn, dem Austragungsort des „Deutschen Derby".

Dernauer Straße, (Wandsbek), 1936, nach dem Weinort an der Ahr, für den Wandsbek die Patenschaft übernommen hat.

Desenißstraße, (Barmbek-Süd), 1870, nach dem früheren Zuckerbäcker in Hamburg und späteren Vogt von Barmbek Dietrich Desenіß (1768–1841), der auch Grundeigner des Geländes war.

Dessauer Straße, (Kleiner Grasbrook), 1953, nach der Hauptstadt des Freistaates Anhalt, als westliche Uferstraße des Saalehafens und in Anlehnung an das „Dessauer Ufer".

Dessauer Ufer, (Kleiner Grasbrook), 1893, als westliches Ufer des Saalehafens.

Dethlefstwiete, (Lohbrügge), 1948, nach der niederdeutschen Dichterin Sophie Dethlefs (1809–1864).

Detlev-Bremer-Straße, (St. Pauli), 1948, nach dem Seehelden und Bürgermeister Detlev Bremer (1403–1464). Er erwies sich als besonders geschickt, als der damalige

Dänenkönig Christian I. die Nachfolge des kinderlos verstorbenen Grafen von Schauenburg antrat. Christian i. verlangte von Hamburg die Erbhuldigung. Bremer hofierte den Dänenkönig mit so viel Äußerlichkeiten, dass dieser Akt vermieden werden konnte. Ähnlich sah die Lage gegenüber dem deutschen Kaiser Sigismund aus, der Hamburg gern das Privileg einer reichsunmittelbaren Stadt verliehen hätte. Auch hier konnten Bremer und der Senat vermeiden, dass Hamburg eine „Freie" Reichsstadt wurde.

Detmerstraße, (Barmbek-Nord), 1910, nach Dr. Alexander Detmer (1814–1903), einem Mitbegründer des ehemals hier gelegenen Pestalozzistiftes zu St. Georg.

De Utspann, (Ohlsdorf), 2011, unter Bezug auf einen in der Nähe gelegenen Kutschhof (Ausspann-Hof).

De-Voß-Straße, (Altona-Altstadt), 1950, nach der in Altona alteingesessenen Mennonitenfamilie (1630 bis ins 19. Jahrhundert).

Diagonalstraße, (Hamm-Mitte, Hamm-Süd), 1930, mit Rücksicht auf den Verlauf der Straße im Verhältnis zu den anderen Straßen dieser Gegend.

Dianaweg, (Lokstedt), 1952, nach der Göttin der Jagd „Diana".

Dickichtweg, (Volksdorf), 1950, nach dem Flurnamen „Im Dick".

Diebeskuhle, (Heimfeld), 1938, angeblich soll hier ein sagenhafter Freund des Seeräubers Goedeke Michels gehaust haben. Wahrscheinlicher ist, dass hier eine falsche Übersetzung der niederdeutschen Bezeichnung „Deepe" = (tiefe) Kuhle vorliegt.

Diebsteichbrücke, (Altona-Nord), 1969, in Anlehnung an den Namen Am Diebsteich.

Diebsteichtunnel, (Altona-Nord, Bahrenfeld), 1969, in Anlehnung an den Weg Am Diebsteich.

Diebsteichweg, (Bahrenfeld), 1952, in Anlehnung an den Namen Am Diebsteich.

Dieckmühlenweg, (Langenhorn), 1937, der Name erinnert an eine alte Mühle, die durch den zum Teil gestauten Bornbach betrieben wurde. Reste dieser Mühle hat man um 1850 in der Straße „Schlüüswisch" ausgegraben.

Diedenhofer Straße, (Dulsberg), 1928, nach der vormals deutschen Stadt in Lothringen, Diedenhofen.

Diekbarg, (Lemsahl-Mellingstedt), 1952 nach dem dortigen Ziegeleiteich. Diek = Teich.

Diekdamm, (Rönneburg), 1932, Flurbe-zeichnung. Diekdamm = Teichdamm.

Diekkamp, (Volksdorf), 1908, nach der Flurbezeichnung „Im Diek" von 1772 = „Im Dickicht".

Diekkoppel, (Volksdorf), 1954, in Anlehnung an den Flurnamen „Im Diek".

Diekmoorweg, (Langenhorn), 1964, nach dem Flurnamen „Diekmoor" auf Flurkarten von 1804 und 1872.

Diekredder, (Volksdorf), 1954, im Anschluss an den Namen „Diekkamp". Diek = Teich und Redder = von Knicks gesäumter Feldweg.

Diekweg, (Osdorf), 1928, nach der Lage (Diekweg = Weg am Teich).

Diekwisch, (Langenhorn), 1964, nach dem Flurnamen „Diek Wisch" auf Flurkarten von 1750 und 1804.

Dienerreihe, (HafenCity), 1953, mit dieser Bezeichnung wird ein alter Name wieder zum Leben erweckt. Im Jahr 1677 wurden für die Bürgermeisterdiener auf dem freien Platz vor dem Brooktor neue Wohnungen errichtet, nach denen die Straße „Bei der Dienerreihe" genannt wurde.

Dierksstegel, (Neugraben-Fischbek), 1948, nach der alteingesessenen Bauernfamilie Dierks. Stegel ist die Diminutivform von Steg, bedeutet aber auch Weideübertritt.

Dierksstraße, (Wilhelmsburg), 1904, nach dem Hofbesitzer, Bezirks- und Kirchenvorsteher Heinrich Dierks, dessen Hof hier um 1890 lag.

Dieselgarten, (Barmbek-Nord), 1936, nach dem Erfinder des Dieselmotors Rudolf Diesel (1858–1913).

Dieselstraße, (Barmbek-Nord), 1930, wie Dieselgarten.

Diestelkai, (Waltershof), 1927, Benennung: siehe Diestelstraße.

Diestelstraße, (Wohldorf-Ohlstedt), 1912, nach dem Bürgermeister Arnold Diestel (1857–1924). Er hat sich besondere Verdienste um die wirtschaftliche Wiederherstellung Hamburgs nach dem Ersten Weltkrieg erworben.

Diesterwegstraße, (Barmbek-Nord), 1911, zu Ehren des bedeutenden Verbreiters Pestalozzischer Ideen Friedrich Adolf Diesterweg (1790–1866), mit Bezug auf das ehemals hier gelegene Pestalozzistift.

Dietrich-Schreyge-Straße, (Bergedorf), 1936, nach Dietrich Schreyge, Sohn einer Hamburger Ratsherrenfamilie, einem in Hamburgs Diensten stehenden Offizier, der am 16. Juli 1420 bei der Erstürmung des Schlosses Bergedorf fiel.

Dietzweg, (Billstedt), 1966, nach Heinrich Dietz (1843–1922), sozialdemokratischer Verlagsbuchhändler und Reichstagsabgeordneter. Motivgruppe: Männer und Frauen der Arbeiterbewegung.

Dillstraße, (Rotherbaum), 1890, nach Theodor Dill (1797–1885), Mitglied der Bürgerschaft. Dill tat sich besonders bei der Rettung der neuen Börse beim Großen Brand 1842 hervor.

Dimpfelweg, (Hamm-Mitte), 1966, nach der um Hamburg verdienten Kaufmannsfamilie Dimpfel, die von 1716 bis 1721 in dieser Straße wohnte und aus der auch die zweite Gattin des Dichters Klopstock stammt.

Dinkelkamp, (Billstedt) 1998, nach dem Getreide, vgl. den benachbarten Haferkamp)

Dirks-Paulun-Weg, (Blankenese), 1984, nach Dirks Paulun (1903–1976), Journalist, Kabarettist, Schriftsteller in Hamburger Mundart.

Distelacker, (Neugraben-Fischbek), 1946 und 1962, nach einem frei gebildeten Namen und den auch sonst hier auf „Akker" lautenden Wegnamen.

Distelkoppel, (Hummelsbüttel), 1950, Flurname.

Distelweg, (Hummelsbüttel), 1930, Flurname.

Dithmarscher Straße, (Dulsberg), 1928, nach der Landschaft an der Westküste Schleswig-Holsteins.

Ditmar-Koel-Straße, (Neustadt), 1902, zu Ehren des Bürgermeisters Ditmar Koel, seit 1548 und im Rat seit 1528, Förderer der Reformation und Kriegsheld (es ging gegen den Seeräuber Klaus Kniephoff).

Djakartaweg, (Winterhude), 1978, nach der Hauptstadt Indonesiens. Motivgruppe: überseeische Handelsbeziehungen.

Dobbelersweg, (Hamm-Mitte), 1907, nach der Familie Dobbeler, die hier im 18. Jahrhundert Landbesitz hatte.

Dobenplatz, (Langenhorn), 1914, im Anschluss an den Namen Dobenstück.

Dobenstück, (Langenhorn), 1914, nach einem an der Gegend haftenden Flurnamen. „Dobe" ist Mundart und bedeutet: mit Schilf oder Gras bewachsener Sumpf.

Doberaner Weg, (Rahlstedt), 1950, nach der Ortschaft in Mecklenburg.

Dockenhudener Straße, (Blankenese), 1919, nach dem nach Blankenese eingemeindeten Ort Dockenhuden. „Hude" bedeutet Landeplatz (hier vermutlich die Fährverbindung zum anderen Eibufer).

Döhnerstraße, (Hamm-Mitte), 1904, nach August Friedrich Gustav Adolph Döhner (1814–1888), der von 1854 bis 1888 auf dem Gelände ansässig war und dessen Gattin das „Sophie-Döhner-Hübe-Stift" gründete.

Döhrnstraße, (Lokstedt), 1883, nach der Flurbezeichnung „Im Dorn" (Weißdornknicks).

Döhrntwiete, (Lokstedt), 1883, wie Döhrnstraße.

Döringweg, (Lokstedt), 1958, nach Ernst August von Döring (1766–1850), Geheimer Konferenzrat, Drost in Pinneberg von 1817 bis 1848.

Dörpfeldstieg, (Osdorf), 1962, in Anlehnung an Dörpfeldstraße.

Dörpfeldstraße, (Osdorf), 1949, nach Wilhelm Dörpfeld (1853–1940), Baumeister und Altertumsforscher, seit 1882 am Deutschen Archäologischen Institut in Athen, von 1887–1912 dessen Direktor, Ausgrabungen mit Schliemann in Troja.

Dörpkamp, (Stellingen), 1928, Flurname „Dorfkamp“.

Dörpsweg, (Eidelstedt), 1928, nach dem Flurnamen „Dorfweg“.

Doerriesweg, (Stellingen), 1964, nach Friedrich Carl Gustav Doerries (1852–1933), Tierfänger, hauptsächlich in Sibirien, von 1909 bis etwa 1933 in Hagenbecks Tierpark tätig.

Döscherstraße, (Barmbek-Süd), 1964, nach Albert Döscher (1879–1955), Kammermusiker, Mitglied des Hamburgischen Philharmonischen Orchesters.

Doggerbankweg, (Finkenwerder), 1953, nach einem Fischereimotiv. Doggerbank = flache Bank in der Nordsee, geringste Tiefe 13 Meter, etwa 300 km lang, sie bildete vor 8000 Jahren den Südstrand der Nordsee.

Dohlenhorst, (Niendorf), vor 1934, Niststätte der Dohlen (Rabenvogel).

Dohlenweg, (Barmbek-Nord), 1914, zur Erinnerung an den früher hier gelegenen Garten des Vogelliebhabers Gerhard Hinrich von Essen, der darin der heimischen Vogelwelt Nistplätze bereitete und Pflege angedeihen ließ. Das aus diesem Anlass für Barmbeker Straßennamen eingeführte Vogelmotiv hat sich in dem Stadtteil weit verbreitet.

Dohnányiweg, (Lohbrügge), 1964, nach Hans von Dohnányi (1902–1945), Reichsgerichtsrat, führend im Widerstand gegen Hitler, ab 1934 in der Widerstandsgruppe um Goerdeler. Nach dem Attentat auf Hitler am 20. Juli 1944 kam er ins KZ, wo er am 8. April 1945 hingerichtet wurde (Vater des ehemaligen Bürgermeisters von Hamburg, Klaus von Dohnányi).

Dohrnweg, (Altona-Altstadt), 1953, nach Henning Dohrn (1836–1895), seit 1866 Pastor in Altona, weihte 1873 die Johanniskirche, schuf das Vereinshaus in der ehemaligen Blumenstraße, richtete Kindergottesdienste ein und wurde 1891 Propst.

Doktorberg, (Bergedorf), 1949, nach einer ortsüblichen Bezeichnung. Dort starb am 3. 5. 1797 der aus Bergedorf stammende kaiserlich-russische Hofrat Dr. med. Carsten Matthias Thode bei einem Spaziergang am Schlaganfall.

Domänenweg, (Neuenfelde), 1943, nach der ehemaligen Domäne Seehof.

Dominikweg, (Jenfeld), 1947, nach Hans Dominik (1870–1910), Major und hervorragender Truppenführer bei den Kämpfen um Südwest-Afrika im Jahre 1904.

Dompfaffenweg, (Rahlstedt), vor 1940, nach einem Vogelmotiv. Dompfaff = Gimpel, Blutfink (Art der Finkenvögel).

Domstraße, (Hamburg-Altstadt), 1840, 1957, zur Erinnerung an den ehemaligen Dom, der bis 1805 den anliegenden Domplatz eingenommen hatte und auf dem später die Gebäude des Johanneums und der Stadtbibliothek errichtet wurden (existieren heute nicht mehr).

Donauweg, (Sasel), 1958, nach dem größten Fluss in Mitteleuropa, Motivgruppe: die Donau und ihre Nebenflüsse.

Donnerstraße, (Ottensen), um 1865, nach der Familie Donner, die sich an vielen gemeinnützigen Unternehmungen beteiligte, insbesondere nach C. H. Donner (1774–1854). Er erwarb 1820 den früheren Sievekingschen Besitz und baute dort eine schlossartige Villa, die im Volksmund „Donnerschloss“ genannt wurde. Das Gebäude wurde bei den Luftangriffen 1943 zerstört.

Doormannsweg, (Eimsbüttel), 1896, nach der mehrfach im Rat und in bürgerliehen Kollegien vertretenen Familie Doormann, aus dem Anlass, dass das angrenzende Gelände zu Beginn des 19. Jahrhunderts dem Oberalten Frans Doormann (1749–1826) gehörte.

Doppheide, (Neugraben-Fischbek), 1975, nach der Lage in der Fischbeker Heide und den auch sonst hier auf „Heide“ lautenden Wegnamen, die meist im Zusammenhang mit dem örtlichen Charakter verwendet wurden.

Doraustieg, (Tonndorf), 1996, nach Pastor Fritz Dorau (1911–1988) der neu gegründeten Kirchengemeinde Tonndorf.

Durchgang, (Hummelsbüttel), 1952, nachdem Flurnamen „Dohrgang".

Dorfanger, (Wilhelmsburg), 1950, ursprünglich sollte hier beim Bau der Hafensiedlung in den Jahren 1935–1939 ein Siedlungs- und Dorfmittelpunkt mit Schule, Sportplatz, Kindergarten entstehen. In der Zeit der Terrorangriffe siedelten sich hier eine Reihe ausgebombter Hafenarbeiter in Behelfsheimen an. Nach Kriegsende wurden diese Häuser zum größten Teil winterfest gemacht. Später bebaute man das Gelände vollständig, aus Sportplatz und Dorfzentrum wurde nichts. Da das Wort Anger hier nicht gebräuchlich ist, ist der Name Anger in zweifacher Beziehung falsch am Platze.

Dorferbogen, (Ochsenwerder, Spadenland), 1970, in Anlehnung an Dorferweg.

Dorferweg, (Ochsenwerder), 1910, nach einer ortsüblichen Bezeichnung für den Weg, der vom Eibdeich nach dem sogenannten „Dorf" im Ortsteil Ochsenwerder führt.

Dorfgang, (Hamm-Nord), 1899, in Erinnerung an die ehemalige Eigenschaft Hamms als Dorf.

Dorfgrund, (Wohldorf-Ohlstedt), 1970, in Anlehnung an den Wegnamen „Alte Dorfstraße" entstanden.

Dorfkoppel, (Poppenbüttel), vor 1938, Flurname, die Dorfkoppel diente dem Bauernvogt für die von ihm geleistete Arbeit.

Dorflageweg, (Neugraben-Fischbek), 1948, um 1986, nach dem Flurnamen „Dorflage", zur Erinnerung an das alte Dorf Neugraben, das nördlich davon lag.

Dorfstieg, (Wilhelmsburg), 1935, frei gewählter Name, der nichts mit dem alten Kirchdorf zu tun hat.

Dorfstücken, (Wandsbek), 1950, nach einem alten Flurnamen.

Dorfwinkel, (Volksdorf), 1948, die kleine Straße liegt im alten Dorf und bildet einen Winkel zur Straße „Im Alten Dorfe".

Dormienstraße, (Blankenese), 1949, nach dem Kapitän Ferdinand Dormien (1851–1931), der auf der „Cobra" im Seebäderdienst fuhr und Vorsitzender des Marinevereins war.

Dornbusch, (Hamburg-Altstadt), benannt seit Anfang des 18. Jahrhunderts nach einer bekannten Wirtschaft, die als Wahrzeichen einen Efeu- oder Weinlaubkranz führte; das scheint dem Maler nicht ganz gelungen zu sein, denn der Kranz wurde von der Bevölkerung als „Dornbusch" gedeutet. So soll die Straße aufgrund dieser Fehlinterpretation ihren Namen erhalten haben.

Dornenkamp, (Hummelsbüttel), 1930, Flurname, der für sich spricht.

Dornröschen weg, (Schnelsen), 1950, nach einem Märchenmotiv.

Dornstücken, (Groß Flottbek), 1951, Flurname, noch 1920 waren hier die Knicks mit dichtem Weißdorn bewachsen.

Dornstückenweg, (Groß Flottbek), 1956, in Anlehnung an „Dornstücken".

Dorothea-Bernstein-Weg, (Uhlenhorst), 2010, nach Dr. Dorothea Henriette Bernstein (1893–1942), jüdische Lehrerin, promovierte 1922 in Hamburg zur Doktorin der Philosophie, arbeitete am Oberlyzeum in Altona, an der Helene-Lange-Schule und ab 1927 an der Mädchen-Oberrealschule am Lerchenfeld, 1933 entlassen, 1941 nach Lodz deportiert, 1942 ermordet; Opfer des Nationalsozialismus.

Dorothea-Kasten-Straße, (Alsterdorf), 1993, nach Dorothea Kasten (1907–1944), eine von 629 behinderten Bewohnern und Bewohnerinnen der Alsterdorfer Anstalten, die deportiert wurden und von denen nur 79 die Deportation überlebten.

Dorotheenstraße, (Winterhude), 1863, nach dem Vornamen der Mutter des Grundeigners Adolph Sierich, Anna Dorothea, geb. Meyer.

Dorotheenstraßenbrücke, (Winterhude), 1904, in Anlehnung an die Dorotheenstraße.

Dorpsfelde, (Eidelstedt), 1940, Flurname: 1928 Dorpfeld = Dorffeld.

Dortmunder Straße, (Langenhorn), 1979, Motivgruppe: Städte im westdeutschen Industriegebiet.

Dosestraße, (Alrona-Altsradt), 1950, nach dem Bauunternehmer Carl Dose, gest. 1750, der in der ersten Hälfte des 18. Jahrhunderts die Hauptkirche in Altona und die Kirche in Rellingen erbaute.

Dosseweg, (Lurup), 1962, nach dem rechten Nebenfluss der Havel, ca. 120 km lang, mündet in der Nahe von Vehlgast; Motivgruppe: Brandenburgische Flüsse.

Dotzauerweg, (Wandsbek), 1957, nach Iustus Bernhard Friedrich Dotzauer (1808–1874), Musiklehrer und Vorbesitzer des Geländes.

Dovenfleet, (Hamburg-Altstadt), seit Anfang des 17. Jahrhunderts nach einem 1878 zugeschütteten abgedämmten Wasserarm neben der Straße (dof oder dov = taub, leer, ohne Zu- und Abfluss).

Doverkamp, (Fuhlsbüttel), 1905, die Straße durchschneidet eine Flur dieses Namens.

Drachenstieg, (Ohlsdorf), 1928, mit Bezug auf den Drachentöter St. Georg, den Schutzpatron des hamburgischen St. Georgs-Hospitals, zu dem Klein Borstel jahrhundertelang verwaltungsmäßig in engster Verbindung gestanden hat.

Dradenaubrücke, (Waltershof), 1974, in Anlehnung an die Dradenaustraße.

Dradenauer Deichweg, (Altenwerder), 1971 und 2006, in Anlehnung an den Dradenauer Hauptdeich.

Dradenauer Hauptdeich (Altenwerder), 1971, nach dem Flurnamen „Dradenau".

Dradenaustraße, (Waltershof), 1955, nach der Lage bei bzw. auf den ehemaligen im 16. Jahrhundert eingedeichten Elbinseln „Große und Kleine Dradenau".

Dragonerstall, (Neustadt), im 18. Jahrhundert als „Beim Dragonerstall", nach den 1711 hier erbauten Stallungen der städtischen Garnison. Wegen Baufälligkeit wurde das Gebäude Mitte des 19. Jahrhunderts wieder abgebrochen.

Dramburger Weg, (Rahlstedt), 1957, Motivgruppe: Orte in Pommern.

Dratelnstraße, (Wilhelmsburg), 1904, nach dem Vorbesitzer Nikolaus von Drateln, an dessen Hof die Straße entlangführte. Nikolaus von Drateln schenkte 1902 der Gemeinde Wilhelmsburg das Grundstück zum Bau des Rathauses. Die Familie von Drateln ist seit etwa 1650 hier ansässig.

Drehbahn, (Neustadt), seit der zweiten Hälfte des 17. Jahrhunderts nach den früher hier gelegenen Reeperbahnen der Seilmacher zum Drehen von Tauwerk.

Dreieck, (Wilhelmsburg), 1949, durch die schräge Straßenführung entstanden dreieckige Grundstücke, auf die der Name zurückgeführt wird.

Dreieckskoppel, (Rahlstedt), 1953, Flurname für eine im Volksmund gebräuchliche Bezeichnung für ein weiter nördlich gelegenes Flurstück.

Dreieichenweg, (Bergedorf), 1947, nach dem Bergedorfer Stadtwappen. Die Gegend um das Bismarckdenkmal hieß um 1810 „Bei den drei Eichen".

Dreistücken, (Winterhude), 1930, Flurname, in Anlehnung an den Wegnamen „Veerstücken".

Dresdener Ufer, (Kleiner Grasbrook), 1893, als östliches Ufer des Moldauhafens.

Drevesweg, (Veddel), 1929, zum Andenken an die schon vor 1769 auf der Veddel ansässige und heute noch weit verbreitete Familie Dreves, die dort in hohem Ansehen stand, insbesondere an die aus ihr hervorgegangenen Pächter des Kämmereigutes „Große Veddel", das seit 1795 rund hundert Jahre von ihnen bewirtschaftet wurde.

Drewer Hauptdeich, (Altenwerder, Moorburg), 1969, Flurname „Drewe", nach der Deutschen Grundkarte Altenwerder 1931 „Dreve".

Dreyerpfad, (Langenhorn), 1932, nach der alteingesessenen Langenhorner Familie Dreyer.

Drieschweg, (Eidelstedt), 1967, nach Prof. Dr. Hans Driesch (1867–1941), in Hamburg aufgewachsener Zoologe und Philosoph.

Driftredder, (Billstedt), vor 1938, Drift = Viehtriebweg, Redder = von Knicks gesäumter Feldweg.

Drittstieg, (Bahrenfeld), 1950, in Anlehnung an „Flottbeker Drift".

Driftstücken, (Sülldorf), 1971, nach der Bezeichnung eines in der Nähe gelegenen Flurstückes.

Dringsheide, (Billstedt), 1971, nach dem Flurnamen „Drings Heide".

Dritte Heidenkampbrücke, (Hammerbrook), 1930, in Anlehnung an „Heidenkampsweg".

Dritte Hovebrücke, (Veddel), 1914, im Anschluss an die Hovestraße.

Dritte Meile, (Neugraben-Fischbek), 1948, nach der „Dritten Meile" des Alten Landes. Es handelt sich dabei um die Bezeichnung für die Abgrenzung einer Deichstraße zwischen Este und Süderelbe.

Dritte Twiete, (Harburg), 1856, als dritte von vier kleinen Verbindungswegen zwischen der Schwarzenbergstraße und der Bennigsenstraße.

Drögenkamp, (Bahrenfeld), 1932, Drögenkamp = trockenes Feld.

Drögensee, (Duvenstedt), 1942, Flurbezeichnung. Es handelt sich um eine hoch gelegene Flur mit einem See, der meist trocken lag.

Drögestraße, (Barmbek-Nord), 1880, nach Wilhelm Dröge (1807–1879), der 1868 zum Bau des Pestalozzistiftes das Grundstück schenkte und das Geld für den Neubau zinslos vorstreckte.

Dröögsiet, (Billstedt), 1958, Flurbezeichnung, Dröögsiet = trockene Seite.

Droopweg, (Hamm-Mitte), 1909, nach der angesehenen Grundbesitzerfamilie Droop, die über Jahrhunderte in öffentlichen Ämtern tätig war.

Drosselbartweg, (Billstedt), 1952, nach einem Märchenmotiv.

Drosselstieg, (Poppenbüttel), vor 1938, nach einem Vogelmotiv.

Drosselstraße, (Barmbek-Nord), 1899, Erklärung wie Dohlenweg.

Droste-Hülshoff-Straße, (Osdorf), 1929, nach Annette (Anna-Elisabeth) Freiin zu Droste-Hülshoff (1797–1848), Dichterin. Ihr Werk umfaßte Heidebilder, Balladen und Versepen. Sie zeichnete sich durch hohe Sensibilität und realistische Betrachtung des Kleinsten und scheinbar Bedeutungslosen aus.

Droysenstraße, (Orhmarschen), 1950, nach Prof. Dr. Johann Droysen (1808–1884), Mitglied der Frankfurter Nationalversammlung, Geschichtsschreiber, von 1851 Professor in Kiel.

Druckerstraße, (Billstedt), 1948, nach den auch sonst hier verwendeten Motiven aus dem Druckereigewerbe.

Dubben, (Hausbruch), 1948, Flurname. Dubbe oder Dobbe bedeutet niedriges, sumpfiges Land.

Dubbenwinkel, (Hausbruch), 1978, in Anlehnung an den Flurnamen „Dubben".

Dudenweg, (Billstedt), 1950, nach Konrad Duden (1829–1911), einem Gymnasiallehrer in Soest. Er wirkte mit seinem vollständigen orthographischen Wörterbuch der deutschen Rechtschreibung wegweisend für eine einheitliche deutsche Rechtschreibung.

Duderstädter Weg, (Niendorf), 1963, nach Duderstadt, der Stadt am Harzrand, Krs. Göttingen.

Dünenweg, (Lohbrügge), 1946, nach den zwischen Lohbrügge und Boberg gelegenen Dünen.

Düngelskamp, (Stellingen), 1932, Flurname, Flur am Bach „Düngelsau".

Düpenautal, (Osdorf, Iserbrook), 1963, im Tal des das Gelände durchfließenden Baches Düpenau.

Düpheid, (Rahlstedt), 1967, nach dem Flurnamen „Dypheid", der auf tiefliegendes, feuchtes Land hinweist.

Düppelstraße, (Altona-Nord), 1893, zur Erinnerung an die Erstürmung der auf der Halbinsel Sundewitt (Nordschleswig) gelegenen Düppeler Schanzen, die im deutsch-dänischen Krieg (1848–1850) umkämpft wurden und am 18.4.1864 von den Preußen eingenommen wurden. Das Gebiet ist heute Nationalpark.

Düpweg, (Niendorf), 1932, nach dem Flurnamen „Düp", was tiefliegendes, feuchtes Land bedeutet.

Dürenackersweg, (Eidelstedt), 1932, nach dem der Gegend anhaftenden Flurnamen „Dürenacker" = trockener Akker.

Dürerstraße, (Groß Flottbek), 1910, nach dem bedeutenden Maler, Graphiker und Kunstschriftsteller Albrecht Dürer (1471–1528).

Düstere Kuhlen, (Heimfeld), 1929, nach dem ursprünglich schmalen, dunklen Weg zwischen zwei Hecken.

Düsternstraße, (Neustadt), im 17. Jahrhundert, im Anschluss an den volkstümlichen Namen des alten, 1546 vollendeten und 1668 abgebrochenen Millerntors, das wegen seines langen und dunklen Gewölbes auch „Düsterntor" hieß.

Düsterntwiete, (Osdorf), 1929, nach dem ursprünglich dunklen, schmalen Weg zwischen zwei Hecken.

Duisburger Straße, (Langenhorn), 1979, nach der Stadt Duisburg. Motivgruppe: Städte im westdeutschen Industriegebiet.

Dulsberg-Nord, (Dulsberg), 1928, nach dem der Gegend anhaftenden Flurnamen „Dulsberg".

Dulsberg-Süd, (Dulsberg), 1928, nach dem der Gegend anhaftenden Flurnamen „Dulsberg".

Dunckersweg, (Horn), 1929, nach der um das Seeversicherungsgeschäft verdienten Kaufmannsfamilie Duncker und besonders nach dem Sohn Arthur Duncker (1845–1928), einem Kunstfreund.

Durchdeich, (Kirchwerder, Ochsenwerder), erste Erwähnung 1570, benannt nach der ersten Deichanlage, ein mitten durch das Land gebauter Verbindungsdeich zwischen dem großen Eibdeich und dem Ochsenwerder Norddeich.

Durchschnitt, (Rotherbaum), 1858, als erster Durchschnitt, im Gegensatz zum zweiten Durchschnitt, der jetzigen Rentzelstraße. Der Name hatte sich zunächst für den zweiten Durchschnitt eingebürgert; die technische Bezeichnung für den durch ein besonderes Befestigungssystem geschützten Wegdurchlass, durch den Laufgraben zur Sternschanze, wurde bald nach 1790 auf den jetzigen Durchschnitt übertragen.

Duschweg, (Altona-Nord), 1951, nach Prof. Dr. Johann Jacob Dusch (1725–1787), Professor am Altonaer Christianeum und Dichter.

Dusiplatz, (Bergedorf), 1968, nach dem aus Thüringen stammenden Stadtbaumeister Carl Friedrich Dusi (1860–1917), der unter der Amtsperiode des Bürgermeisters Ernst Mantius viele bekannte Gebäude errichtete, wie die Birkenhainschule, das Hansa-Gymnasium, den Wasserturm und die Sternwarte, auch der Friedhof und die Rodelbahn am Doktorberg stammen von ihm.

Duvenacker, (Eidelstedt), um 1927, nach dem Flurnamen „Duhmacker", nach einer Karte der städtischen Bauverwaltung Altona, Maßstab 1: 5000 von 1926 und der Verkoppelungskarte.

Duvenstedter Berg, (Duvenstedt), 2002, nach der Belegenheit im höchsten Bereich der Ortslage Duvenstedt.

Duvenstedter Damm, (Duvenstedt), 1947, Duvenstedt wird 1261 erstmalig erwähnt, duv = tief, niedrig, und Stedt = Stätte.

Duvenstedter Markt, (Duvenstedt), 1967, nach der Lage im Stadtteil Duvenstedt.

Duvenstedter Triftweg, (Duvenstedt, Wohldorf-Ohlstedt), 1909, nach dem Viehtriebweg der Duvenstedter Bauern zum Duvenstedter Brook.

Duvenwischen, (Volksdorf), 1948, nach der an einem Teil der Straße gelegenen Flur dieses Namens (Flurname), duv = tief, niedrig gelegenes, sumpfiges Land, Wisch = Wiese.

Dowockskamp, (Bergedorf), 1947, Flurname; = niederdeutsche Bezeichnung für Schachtelhalm.

Dwarspriel, (Finkenwerder), 1980, dwars = quer und Priel = schmaler Wasserarm im Außendeichbereich.

Dwarstwiet, (Bergedorf), 1949, dwars = quer und Twiet = Twiete = kleiner Verbindungsweg zwischen zwei Straßen, in erweitertem Sinne auch gebräuchlich für kleine Gasse.

Dwasweg, (Farmsen-Berne), 1925, dwas = quer, also Querweg.

Dweerblöcken, (Sasel), 1919/29, Flurname, Blöcke sind Feldstücke, die nicht mit anderen Äckern zusammen bearbeitet werden können. Dweerblöcke = Queräcker.

Dweerlandweg, (Billwerder), 2003, nach dem dortigen quer zu den übrigen Landstücken liegenden Land.

Dweermoor, (Hummelsbüttel), 1949, Flurname (Quermoor).

Dwengerkamp, (Allermöhe), 1998, nach Wilhelm Dwenger (1893–1970), Pastor an der Dreieinigkeitskirche Allermöhe von 1927–1936 und von 1945–1961.

E

Ebeersreye, (Farmsen-Berne), 1911, Flurname: Ebeer = Edeber = Adebar = Storch, Rei, reie oder reye = kleiner Wasserlauf.

Ebeersweg, (Farmsen-Berne), 2002, in Ablehnung an die Ebeersreye.

Ebelingplatz, (Hamm-Mitte), 1977, nach Christoph Daniel Ebeling (1741–1817), Gymnasialprofessor und Stadtbibliothekar.

Ebelingstraße, (Harburg), 1899, nach Heinrich Adolf Ernst Ebeling (1852–1918), Vorbesitzer des Geländes.

Ebereschenweg, (Blankenese), 1935, Baummotiv. Eberesche = Rosenholzgewächs, auch Vogelbeerbaum oder Krammetbeere genannt.

Eberhardstraße, (Wandsbek), 1951, Motivgruppe: männliche Vornamen.

Eberhofstieg, (Langenhorn), 1934, in den siebziger Jahren des 19. Jahrhunderts erwarb der Hausmakler Römlin hier ein altes Bauernhaus, daran setzte er einen Turm mit einer Glocke und verzierte die Giebelwand mit dem Bildnis eines Ebers. Daraus hat sich im Volksmund der Name „Eberhof" gebildet.

Eberhofweg, (Langenhorn), 1903, Erklärung wie Eberhofstieg.

Eberkamp, (Groß Borstel), 1936, hier befand sich früher ein Eichwald, in dem Schweinemast betrieben wurde.

Ebersmoorweg, (Rahlstedt), 1950, als zum Ebersmoor führende Straße.

Ebersteinweg, (Niendorf), 1948, nach dem dänischen Generalfeldmarschall Ernst Albrecht von Eberstein (1605–1676), Landdrost in Pinneberg von 1658 bis 1665.

Ebertallee, (Bahrenfeld, Groß Flottbek), 1945, nach Friedrich Ebert (1871–1925), erster Reichspräsident von 1919 bis 1925.

Eckenerstraße, (Tonndorf), vor 1938, nach Dr. Hugo Eckener (1868–1954), Mitarbeiter des Grafen Zeppelin und Pilot von Luftschiffen.

Eckerkamp, (Wellingsbüttel), 1951, Flurname. Ecker = Frucht der Buche.

Eckerkoppel, (Wandsbek, Farmsen-Berne), 1950, Flurname, eingezäuntes Stück Land, auf dem Eichen und Buchen herangezogen wurden. Nach einer Verordnung des Königs von Dänemark hatte jedes Dorf eine Eckerkoppel anzulegen.

Eckermannstraße, (Wilhelmsburg), 1949, nach Johann Peter Eckermann (1792–1854), Schriftsteller, Freund und Sekretär Goethes. Dieser Name blieb bei der Umbenennung vieler Straßen, anlässlich der Eingemeindung nach Hamburg, erhalten, während die anderen an Dichter erinnernden Namen in diesem Stadtteil verschwanden.

Eckernförder Straße, (Altona-Nord), 1973, Motivgruppe: Namen von Bedeutung aus der Geschichte Schleswig-Holsteins im 19. Jahrhundert.

Eckernwoort, (Groß Flottbek), 1950, Ecker = Frucht der Buche und Woort = Wurt = künstlicher Wohnhügel. Hofplatz mit Eichen oder Buchen, bestandene Hofstelle auf einer Wurt.

Eckerwiese, (Farmsen-Berne), 2002, in Anlehnung an die Eckerkoppel.

Eckhoffplatz, (Lurup), 1962, nach Claus Eckhoff (1866–1950), Gemeindevorsteher in Lurup von 1897 bis 1927.

Eckloßberg, (Wellingsbüttel), 1933, Flurname: Eeklohbarg = Eichenwaldanhöhe.

Eckmannsweg, (Barmbek-Nord), 1927, nach dem Hamburger Maler und Zeichner Otto Eckmann (1865–1902), einem Vorkämpfer des Jugendstils.

Eckweg, (Farmsen-Berne), vor 1938, nach der geknickten Form der Straße.

Eddelbüttelkamp, (Marmstorf), 1950, nach dem vieljährigen Marmstorfer Gemeindevorsteher und Hufner Johann Christoph Eddelbüttel (1856–1930).

Eddelbüttelstraße, (Harburg), 1889, nach dem früheren Bürgervorsteher in Harburg, dem Zimmermann Carl Eduard Eddelbüttel (1832–1893). In Zusammenarbeit mit Senator Maret hat er die Planierung des östlichen Krummholzberges vorbereitet und durchgeführt.

Edelheide, (Neugraben-Fischbek), 1950, nach der Lage in der Fischbeker Heide und den auch sonst hier auf „Heide" lautenden Wegnamen, die meist in Verbindung mit dem örtlichen Charakter verwendet wurden.

Edelweißweg, (Eidelstedt), 1960, Motivgruppe: Blumen.

Edgar-Engelhard-Kai, (Altona-Altstadt), 1991, nach Edgar Engelhard (1917–1979), Senator und Zweiter Bürgermeister in Hamburg von 1953 bis 1966.

Edgar-Roß-Straße, (Eppendorf), 1909, nach Edgar Roß (1807–1885), der sich durch seine kaufmännischen und politischen Aktivitäten um seine Vaterstadt verdient gemacht hat. Er war auch Vertreter Hamburgs im Parlament in der Paulskirche und ab 1866 Mitglied des Reichstages des Norddeutschen Bundes und zahlreicher handelspolitischer Aktivitäten.

Edith-Stein-Platz, (Bergedorf), 1993, Philosophin und Karmeliterin. Ordensname: Theresa Benedicta a Cruce (1891–1942). Als Jüdin vermutlich im KZ Auschwitz ermordet.

Edmund-Siemers-Allee, (Rotherbaum), 1907, nach dem Stifter des hier 1909/11 errichteten Universitätsvorlesungsgebäudes sowie zahlreicher anderer Bauten und des auch sonst hochverdienten Kaufmanns Edmund J. A. Siemers (1840–1918).

Eduard-F.-Pulvermann-Weg, (Nienstedten), 2004, nach Eduard F. Pulvermann (1882–1944), jüdischer Kaufmann, Opfer des Nationalsozialismus; schuf 1920 den Parcours des Deutschen Springderby in Klein Flottbek, dessen schwierigstes Hindernis nach ihm „Pulvermanns Grab" genannt wird.

Eduard-Reichenbaum-Weg, (Schnelsen), 1993, nach Eduard Reichenbaum, 10 Jahre alter Pole, Opfer des Nationalsozialismus. Erklärung siehe: Brüder-Hornemann-Straße.

Eduard-Rhein-Ufer, (Uhlenhorst), 2004, nach Eduard Rhein (1900–1993), Schriftsteller, Rundfunk- und Fernsehfachmann, Mitbegründer und Chefredakteur der HÖRZU in Hamburg 1946–1965, Gründer einer Stiftung zur Medienförderung.

Eduardstraße, (Eimsbüttel), 1868, nach dem 1867 geborenen Sohn Eduard des Grundeigners Samuel Ephraim.

Edvard-Munch-Straße, (Billstedt), 1971, nach Edvard Munch (1863–1944), Graphiker und Maler. Obwohl im Jugendstil stehend, gelang es ihm, die Brükke zum Expressionismus zu schlagen. Motivgruppe: moderne Maler.

Edwin-Scharff-Ring, (Steilshoop), 1971, nach dem Bildhauer Edwin Scharff (1887–1955). Motivgruppe: Personen, die sich um das kulturelle Leben Hamburgs in der ersten Hälfte des 20. Jahrhunderts verdient gemacht haben.

Eekbalken, (Hummelsbüttel), 1930, Flurname „Eek" = Eiche und Balken = langgestrecktes Feld.

Eekbalkenstieg, (Hummelsbüttel), 1949, in Anlehnung an Eekbalken.

Eekboomkoppel, (Langenhorn), 1949, nach dem Flurnamen „Eekboom".

Eekbusch, (Sasel), 1930/31, Eekbusch bedeutet Eichengestrüpp, Eichengehölz, meist Bezeichnung für ein ungepflegtes Waldstück, das zur Brennholz- (Kleinholz-) Versorgung des Dorfes dient.

Eekholtesweg, (Horn), 1933, früher Eichengehölz. Hier wurde die hochdeutsche Bezeichnung zugunsten des niederdeutschen Namens ausgewechselt.

Eenstock, (Bramfeld), 1945, Een = Eeken = Eichen. Stock = Ansammlung von Baumwurzeln oder auch ungepflegter Wald.

Efeuweg, (Winterhude), 1928, nach einem Flurnamen, der auf die neu angelegte Straße übertragen wurde.

Efftingestraße, (Wandsbek), 1951, nach Johannes Efftinge (1863–1909), Stadtverordneter in Wandsbek und 1. Vorsitzender des sozialdemokratischen Vereins von 1890.

Egenbüttler Weg, (Schnelsen), vor 1939, ein Dorf an der Straße von Schnelsen nach Rellingen. Motivgruppe: benachbarte Ortschaften.

Eggersallee, (Ottensen), 1884, nach dem dänischen Etatrat und Major der Altonaer Bürgerwehr Wilhelm Christian Friedrich Egger (1801–1870).

Eggerskamp, (Rahlstedt), 1950, nach der Oldenfelder Bauernfamilie Eggers, seit dem 17. Jahrhundert, die um 1785 einen Bauernvogt stellte.

Eggers-Mindt-Brücke, (Curslack, Neuengamme), 1960, nach Cäsar Eggers (1863–1933), Gemeindevorsitzender in Curslack, und Nicolaus Mindt (1857–1938), Gemeindevorsitzender in Neuengamme.

Eggersstraße, (Rahlstedt), 1991, nach der Rahlstedter Bauern- und Gastwirtsfamilie Eggers, die das Gelände von 1965 bis 1986 als Fußballplatz zur Verfügung stellte.

Eggerstedtstraße, (Altona-Nord), 1951, nach Otto Eggerstedt (1886–1933), Polizeipräsident in Altona von 1928 bis 1933.

Eggersweide, (Farmsen-Berne), 1967, nach einer Farmsener Bauernfamilie Eggers (17. bis 20. Jahrhundert).

Eggertweg, (Poppenbüttel), 1977, nach Wilhelm Eggert (1879–1959), Lehrer und Heimatforscher in Poppenbüttel.

Egilskamp, (Rahlstedt), 1945, nach einer Figur aus der Edda. Egil war ein guter Bogenschütze, der schon 300 Jahre vor Tell seinem Sohn einen Apfel vom Kopf schoss. In der germanischen Sage war er der Bruder von Wieland, dem Schmied.

Ehestorfer Heuweg, (Hausbruch), nach 1938, nach der benachbarten Ortschaft Ehestorf, dem Weg der Bauern zu ihren Wiesen.

Ehestorfer Weg, (Eißendorf, Heimfeld), 1910, nach dem alten Landweg von Harburg nach Ehestorf, um 1780 „Der Haackweg“ genannt.

Ehrenbergstraße, (Altona-Altstadt), 1950, nach Prof. Dr. Richard Ehrenberg (1857–1921), Volkswirt, Verfasser heimatkundlicher Schriften, u. a. „Altona unter Schauenburgischer Herrschaft“.

Ehrenpreisstieg, (Sülldorf), 1953, Blumenmotiv, die Blume tritt auch als Unkrautpflanze auf Äckern und in Gärten auf.

Ehrenschildtstraße, (Lokstedt), 1948, nach Conrad Biermann von Ehrenschildt, Landdrost in Pinneberg von 1683–1698, und Martin Conrad von Ehrenschildt, Landdrost von 1698 bis 1701.

Ehrenstieg, (Nienstedten), 1931, nach dem Grundeigner Carl Lorenz von Ehren (1867–1948).

Eibenkamp, (Rissen), 1936, nach einer alten Eibe, die hier ehemals gestanden hat.

Eibenweg, (Fuhlsbüttel), 1922, nach den in Fuhlsbüttel auch sonst verwendeten Baummotivnamen.

Eichbaumbrücke, (Allermöhe), 1979, nach der Lage in der Nähe der Örtlichkeit Eichbaum.

Eichberg, (Rahlstedt), 1950, nach einer vorgermanischen Flurbezeichnung.

Eichelhäherkamp, (Lemsahl-Mellingstedt), 1947, Eichelhäher = mittelgroßer Rabenvogel.

Eichelhäherstieg, (Lemsahl-Mellingstedt), 1981, wie Eichelhäherkamp.

Eichenallee, (Othmarschen), 1898, nach der Bepflanzung mit Eichen.

Eichendorffstraße, (Nienstedten), 1928, nach dem Dichter Joseph Freiherr von Eichendorff (1788–1857), während seines Studiums in Heidelberg schloss er sich von Arnim und Brentano an, später in Wien Schlegel. Er nahm an den Freiheitskriegen teil und trat in den preußischen Staatsdienst. Seine Gedichte, später Höhepunkt der deutschen Lyrik, sind gekennzeichnet durch volksliedhafte Schlichtheit; auch als Erzähler war Eichendorff bedeutend.

Eichengrund, (Blankenese, Sülldorf), 1986, nach dem überwiegend mit Eichen bestandenen Bereich.

Eichenhag, (Niendorf), vor 1938, in Erinnerung an die hier früher vorhandenen großen Eichenwälder.

Eichenhöhe, (Eißendorf), 1950, nach dieser mit Eichen bestandenen Höhe und der gleichnamigen Wirtschaft.

Eichenhorst, (Hummelsbüttel), vor 1938, nach einem Forst- und Jagdbegriff.

Eichenkamp, (Langenhorn), 1933, nach den Eichen, die in der Straße stehen.

Eichenknick, (Langenhorn), 1976, frei gebildeter Name nach dem Bewuchs.

Eichenkoppel, (Poppenbüttel), vor 1938, nach einem Orientierungsbegriff. Koppel = umzäuntes Weideland.

Eichenlohweg, (Ohlsdorf, Steilshoop), 1950, Flurname = sumpfiger Eichenwald, „loh" ist ein Hinweis auf die früher bedeutsame Gewinnung von Eichenrinde.

Eichenredder, (Poppenbüttel), vor 1938, nach einem alten Feldweg, den es bereits vor Aufteilung des Hennebergschen Besitzes gab, Redder = von Knicks gesäumter Feldweg.

Eichenstraße, (Eimsbüttel), 1863, wegen des Reichtums an schönen alten Eichen auf den ehemals anliegenden Koppeln.

Eichenweg, (Bergstedt), 1933, nach dem Eichbaum benannt.

Eichheister, (Rönneburg), 1954, nach der Bezeichnung für ein Waldstück im Forst Höpen. Eichheister sind jung gepflanzte Eichen.

Eichholz, (Neustadt), im 17. Jahrhundert als „Bei dem" oder „Im Eichholz", nach dem sich früher bis in diese Gegend erstreckenden Eichenwald.

Eichholzfelder Deich, (Ochsenwerder), 1910, eine Familie Eyckholt oder ähnlich ist in Ochsenwerder von 1479–1815 nachweisbar, vermutlich ist die Straße nach dieser Familie benannt.

Eichstück, (Farmsen-Berne), 1951, nach dem Flurnamen „Eichstück" und/ oder „Eckstück" benannt, die schon seit 1622,1630 nachweisbar sind.

Eichtalstraße, (Wandsbek), 1950, frei gebildeter Name nach den von der Lederfabrik Luetkens angepflanzten Eichen.

Eichwischen, (Rahlstedt), 1971, in Anlehnung an die Wegnamen „Eichberg" und „Boltwischen".

Eickhoffweg, (Wandsbek), 1951, nach Prof. Paul Eickhoff (1850–1931), von 1876 bis 1919 Lehrer am Wandsbeker Gymnasium, Heimatforscher.

Eidechsenstieg, (Osdorf), 1953, Motivgruppe: kleine Tiere des Waldes.

Eidelstedter Brook, (Schnelsen, Eidelstedt), 1928, an der Grenze zu Schnelsen befand sich früher der Eidelstädter Brook, ein feuchtes, mit Bäumen bestandenes Gelände.

Eidelstedter Dorfstraße, (Eidelstedt), 1928, Hauptstraße des ehemaligen Dorfes.

Eidelstedter Platz, (Eidelstedt), 1955, Lage im Stadtteil Eidelstedt.

Eidelstedter Weg, (Eimsbüttel, Hoheluft-West, Lokstedt, Stellingen), 1896, nach dem damals holsteinischen Dorf Eidelstedt.

Eiderstraße, (Tonndorf), vor 1933, nach dem Fluss in Schleswig-Holstein.

Eidigweg, (Wilstorf), 1962, nach dem ehemals polizeilich gesuchten Wildschütz (Wilddieb) Johann Christoph Eidig (geb. 1804). Trotz seines kriminellen Vergehens genoss Eidig hohes Ansehen, und es gibt heute noch „Eidigfeste" und „Eidiglieder".

Eierstieg, (Heimfeld), 1930, ältere, schon 1780 bekannte Bezeichnung, vielleicht weil dieser Weg von Eierhändlern benutzt wurde.

Eiffestraße, (Borgfelde, Hamm-Mitte), 1886, zu Ehren des Senators (seit 1866) Franz Ferdinand Eiffe (1825–1875) wegen seiner Verdienste als Präses der Baudeputation und als Landherr.

Eifflerstraße, (Sternschanze), 1950, nach Hans Christian Eiffler (1630–1703), er war 1664 Zweiter Bürgermeister und 1680 Erster Bürgermeister von Altona.

Eigenheimweg, (Wilstorf), 1950, nach den dort erbauten Eigenheimen der Siedlung „Hoffnung".

Eilbeker Brücke, (Barmbek-Süd), 1936, nach dem Bach Eilbek, den sie überquert.

Eilbeker Weg, (Eilbek, Wandsbek), 1856, als Weg, der fast die ganze Vogtei Eilbek durchschneidet, und nach dem gleichnamigen Bach, als Teil der dort verlaufenden Grenze. Bei dieser Straße handelt es sich um einen alten Verbindungsweg nach Eilbek.

Eilbektal, (Barmbek-Süd, Eilbek), 1904, als im „Tal" der Eilbek (Unterlauf der Wandse) verlaufenden Straße.

Eilbekwiesenbrücke, (Barmbek-Süd), 1960, nach dem Namen des Fußweges „Eilbekwiesen".

Eilenau, (Hohenfelde, Eilbek), 1874, nach den an der Eilbek ehemals gelegenen Auen und den auch sonst hier auf „au" endenden Straßennamen.

Eilersweg, (Rahlstedt), 1951, nach dem Romanschriftsteller Ernst Eilers (1865–1917), der zuletzt in Altrahlstedt wohnte.

Eilswiese, (Sasel), 1950, Flurname, nach der an der Saselbek gelegenen „Eilswiese".

Eimerskamp, (Schnelsen), 1948, zur Erinnerung an den Vogt (1711) Peter Eimers in Schnelsen.

Eimsbütteler Brücke, (Eimsbüttel), 1911, nach der Lage in Eimsbüttel.

Eimsbütteler Chaussee, (Eimsbüttel), 1863, als Hauptstraße in Eimsbüttel. Der Name hatte sich schon längere Zeit vor der amtlichen Benennung eingebürgert.

Eimsbütteler Marktplatz, (Eimsbüttel), 1895, mit dieser Bezeichnung wurde die im Volksmund übliche und überlieferte Benennung amtlich übernommen. Der Name hatte sich schon längere Zeit vor der amtlichen Benennung eingebürgert.

Eimsbütteler Straße, (Altona-Nord, Eimsbüttel), 1846, als Teil des vom Schulterblatt nach Eimsbüttel führenden Straßenzuges.

Einhausring, (Langenbek), 1988, nach Georg Einhaus (1898–1949), einem Hamburger Arbeiter und Widerstandskämpfer gegen den Nationalsozialismus.

Einlagedeich, (Wilhelmsburg), 1951, alter Deich, der bei der Eindeichung des Siedenfeldes 1368 zwischen dem Altenfelder und Götjensorter Deich „eingelegt" wurde. Daher Einlagedeich.

Einsiedeldeich, (Veddel), 1910, nach den Herren von Einsiedel, Besitzer des Gutes Veddel, die im Jahre 1736 ihren Besitz für 94385 Taler an den König von Dänemark verkauften, und zugleich auch Anspielung auf die jetzige Isoliertheit der Deichstrecke.

Eisenhansweg, (Schnelsen), 1969, Märchengestalt nach der Motivgruppe: Holsteinische Geschichten, Sagen und Märchen.

Eisenkrautweg, (Bahrenfeld), 1950, Motivgruppe: Blumen.

Eisenlohrsweg, (Eppendorf), 1929, nach dem Neurologen Dr. Karl Eisenlohr (1847–1903).

Eishövel, (Wilhelmsburg), 1949, nach einer volkstümlichen Bezeichnung, in Anlehnung an den Flurnamen „Im Hövel" und in Erinnerung an die in der Nähe der Dove Elbe gelegene Eisfabrik.

Eismeerweg, (Rahlstedt), 1959, Motivgruppe: Namen und Bezeichnungen des Nordmeerraumes. Eismeer = Nordpolarmeer.

Eißendorfer Grenzweg, (Eißendorf), 1959, nach der früheren Gemeindegrenze zwischen Marmstorf und Eißendorf.

Eißendorfer Mühlenweg, (Eißendorf), 1952, führt von Eißendorf nach der Holländer Windmühle von Hugo Thalenhorst, die Johannes Lüdemann 1904 pachtete und 1909 kaufte. Sie stand Bremer Straße 203 und wurde 1922 abgebrochen.

Eißendorfer Pferdeweg, (Heimfeld), 1897, nach einem von zwei Triftwegen, den die Bauern für ihren Viehtrieb zum Moor bzw. auf die Weiden hatten. Die Alternative war die heutige Triftstraße und Kuhtrift.

Eißendorfer Straße, (Harburg, Eißendorf), 1856, als nach Eißendorf führende Straße. Vorher wurde die Gegend am Anfang der Eißendorfer Straße als „Vor dem Buxtehuder Tor" bezeichnet, und zwar nach dem Stadttor „Buxtehuder Tor", das früher Am Sande, später am südlichen Ende der Neuen Straße stand. Der Eißendorfer Abschnitt hieß vor der Eingemeindung: Harburger Straße.

Eißendorfer Waldweg, (Marmstorf, Eißendorf), 1987, nach der Lage im Waldgebiet des Stadtteils „Eißendorfer Sunder".

Eißendorfer Winkel, (Eißendorf), 1980, nach der Lage in einem abgelegenen Winkel des Stadtteils Eißendorf.

Eitnerweg, (Hummelsbüttel), 1965, nach Prof. Ernst Eitner (1867–1955), nach seinem Studium in Hamburg, Karlsruhe, Düsseldorf und Antwerpen lebte er in Hamburg-Hummelsbüttel. In dieser Zeit entstanden viele Bilder des Alstertals, von denen auch einige in der Kunsthalle in Hamburg hängen.

Eitzensweg, (Hamm-Mitte), 1929, zur Erinnerung an die Familie von Eitzen, die aus Uelzen stammte und in Hamburg zwei Bürgermeister und drei Ratsherren stellte, von denen einer zeitweilig seinen Landsitz hier hatte.

Ekelshofweg, (Marmstorf), 1958, nach dem sogenannten „Ekelhof", nach der Motivgruppe: Marmstorfer Hofnamen.

Ekenkamp, (Neugraben-Fischbek), 1965, nach einer ortsüblichen Bezeichnung und den dort vorhandenen „Eken" (Eichen).

Ekenknick, (Eidelstedt), 1932, Ekenknick = Eichenknick.

Ekhofstraße, (Hohenfelde), 1899, nach dem berühmten in Hamburg geborenen Schauspieler Konrad Ekhof (1720–1778).

Elbberg, (Altona-Altstadt), 1889, Verbindungsweg zwischen der Großen Elbstraße und der Kaistraße.

Elbbergbrücke, (Altona-Altstadt), 1960, nach der Lage, von der Kaistraße über die Hafenbahnanlagen zur Großen Elbstraße führend.

Elbblöcken, (Othmarschen), 1953, Blöcke sind Schlussäcker, die nicht mit anderen Ackerstücken zusammen bearbeitet werden können.

Elbchaussee, (Ottensen, Othmarschen, Nienstedten, Blankenese), 1830, der Name spricht für sich. Es handelt sich um eine Chaussee, die entlang der Elbe, einmal oberhalb, einmal unterhalb des Geestrükkens, von der Palmaille in Altona bis nach Blankenese verläuft. So schlicht der Name ist – in ihrer jetzigen Form 1830 angelegt –, ist die Straße allerdings nicht. Die Elbchaussee ist mit Sicherheit eine der schönsten und schicksalsreichsten Straßen der Stadt. Auf den Landsitzen der Anwohner wurden Geschichte, Kulturgeschichte, Commerz und Politik nicht nur für Hamburg, sondern auch für Deutschland und manchmal für Europa geschrieben. Alles über diese Straße kann man im Buch von Paul Th. Hoffmann „Elbchaussee" nachlesen, über die Menschen, ihre Schicksale und Landsitze.

Elbgang, (Blankenese), vor 1903, als schmaler, zum Elbstrand führender Weg.

Elbgarten, (Othmarschen), 2009, nach einer dort belegenen ehemaligen Gärtnerei, welche die Keimzelle der norddeutschen Baumschulen war.

Elbgaustraße, (Lurup, Eidelstedt), 1928, nach einem frei gebildeten Namen.

Elbhöhe, (Nienstedten), 1938, nach der Lage auf dem Geestrücken.

Elbinger Kehre, (Bramfeld), 1954, nach der Stadt in Ostpreußen.

Elbkamp, (Lurup), 1949, nach der Kleingartensiedlung „Elbkamp", wohin die Straße führt.

Elbschloßstraße, (Nienstedten), um 1909, Straße bei der Elbschloßbrauerei.

Elbschloßtreppe, (Nienstedten), 1969, in Anlehnung an die Elbschloßstraße.

Elbterrasse, (Blankenese), vor 1903, nach einem hoch gelegenen Weg mit Elbaussicht.

Elbtreppe, (Ottensen), 1950, nach der Funktion als zur Elbe herunterführender Treppenweg.

Elbuferweg, (Nienstedten), 1936, benannt als an der Elbe entlangführender Wanderweg.

Elchweg, (Nienstedten), 1950, frei gebildeter Name nach der Tierart „Elch“.

Elebeken, (Winterhude), 1906, nach der Domina des Klosters St. Johannis, Margaretha Elebeke (1670–1701).

Eleonorenweg, (Wilhelmsburg), 1956, nach der französischen Adligen Eleonore d Olbreuse, der späteren Gemahlin Herzog Georg Wilhelms von Celle. Ihre Tochter war die Gräfin von Wilhelmsburg, Sophie Dorothea.

Elersring, (Bergstedt), 1987, in Anlehnung an den Elersweg.

Elersstieg, (Bergstedt), 1987, in Anlehnung an den Elersweg.

Elersweg, (Bergstedt), 1947, nach dem ältesten Bergstedter Kirchspielvogt, Elers von Rockesberge, der um 1526 genannt wird (Urkunde vom 17. April 1526).

Elfenbeinweg, (Wellingsbüttel), 1942, nach einer hier ehemals gelegenen Elfenbeinfabrik, die ein Siebtel des Weltaufkommens an Elfenbein zu Klaviertasten verarbeitete.

Elfenwiese, (Marmstorf), 1950, nach einem Märchenmotiv.

Elfriede-Lohse-Wächtler-Weg, (Barmbek-Süd), 2008, nach Elfriede Lohse-Wächter (1899–1940), Malerin, Opfer des Nationalsozialismus.

Elfriedenweg, (Fuhlsbüttel), 1946, nach einem frei gewählten weiblichen Vornamen.

Elfsaal, (Jenfeld), vor 1933, Flurname, „Ehr Saal“. Bei Saal handelt es sich um eine künstliche oder natürliche Wassertränke auf der Weide.

Elgenkamp, (Poppenbüttel), 1960, nach Harms von Elgen, dem Vorbesitzer des Geländes von 1714 bis 1740.

Elingiusplatz, (Allermöhe), 1979, nach dem Architekten Erich Elingius (1879–1948). Er baute mit Leon Frejtag und Gottfried Schramm diverse Hamburger Geschäfts- und Wohnhäuser, u. a. das Altonaer Kinderkrankenhaus. Motivgruppe: Hamburger Architekten des frühen 20. Jahrhunderts.

Elisabeth-Flügge-Straße, (Alsterdorf), 2002, nach Elisabth Flügge (1895–1983), Hamburger Lehrerin, wegen ihres mutigen Einsatzes für NS-Verfolgte jüdische Mitbürger von Israel als „Gerechte unter den Völkern“ geehrt. 1981 erhielt sie das Bundesverdienstkreuz in Hamburg.

Elisabeth-Lange-Weg, (Langenbek), 1988, nach Elisabeth Lange (1900–1944), Mitglied der „Weißen Rose“, Widerstandskämpferin gegen den Nationalsozialismus.

Elisabeth-Seifahrt-Weg, (Ohlsdorf), 2007, nach Elisabeth Seifahrt (1860–1933), Volksschullehrerin, von 1919–1927 für die DDP-Fraktion (Deutsche Demokratische Partei) Mitglied der Hamburgischen Bürgerschaft, stellvertretende Bundesvorsitzende des Allgemeinen Deutschen Lehrervereins.

Elisabeth-Thomann-Weg, (Bergedorf), 1949, nach der Heimatdichterin Elisabeth Thomann (1856–1919).

Elisabeth-von-Thadden-Kehre, (Bergedorf), 1987, nach Elisabeth von Thadden (1890–1944), Widerstandskämpferin gegen den Nationalsozialismus. Als Gründerin und Leiterin eines Landerziehungsheimes von den Nationalsozialisten abgesetzt. 1944 von der Gestapo verhaftet und im gleichen Jahr im KZ Ravensbrück umgebracht.

Elise-Averdieck-Straße, (Borgfelde), 1896, nach der Lehrerin Elise Averdieck (1808–1907), von 1832–1837 war sie Lehrerin eines Hauses für behinderte Mädchen. Anschließend gründete sie eine Elementarschule für Jungen in St. Georg, 1856 gibt sie die Schule auf und gründet das Diakonissenhaus „Bethesda“. Daneben schrieb sie in ihrem Leben zahlreiche Kinderbücher. Fast hundertjährig starb sie im November 1907.

Elise-Lensing-Weg, (Barmbek-Nord), 1948, nach Elise Lensing (1804–1854), eine Freundin und Förderin Friedrich Hebbels, die ihm in selbstloser Liebe den Weg zum Ruhm öffnete. Sie erhielt einen Ehrenplatz auf dem Ohlsdorfer Friedhof.

Elisenstraße, (Hohenfelde), 1866, vermutlich nach der verstorbenen Ehefrau des Grundeigners H. F. Stuckenberg, Anna Catharina Elisabeth, geb. Diebenau (1808–1836).

Ellenbogen, (Eimsbüttel), 1921, nach der ellenbogenmäßig geknickten Straßenform.

Ellerauer Weg, (Eidelstedt), 1940, nach der benachbarten Ortschaft Ellerau in Schleswig-Holstein.

Ellerbeker Moordamm, (Schnelsen), 1984, nach der Lage und Funktion.

Ellerbeker Weg, (Schnelsen), vor 1935, nach dem benachbarten Ortsteil Ellerbek.

Ellerbrookskamp, (Wohldorf-Ohlstedt), 1961, bei diesem Namen stehen zwei Varianten zur Auswahl: Einmal könnte der Weg nach der alteingesessenen Familie Ellerbrook benannt sein; die Tendenz geht allerdings mehr nach dem Flurnamen „ Erlenbruchwiese“. Eller = Erle, Brook = Bruch = tiefliegendes, sumpfiges Bruchland.

Ellerbrookswisch, (Wohldorf-Ohlstedt), 1936, nach dem Flurnamen „Erlenbruchwiese“.

Ellerholzbrücke, (Kleiner Grasbrook, Steinwerder, Wilhelmsburg), 1981, in Anlehnung an den früheren Namen „Ellerholzrampe“.

Ellerholzdamm, (Steinwerder), 1893, nach dem Werder (Flussinsel) und dem staatlichen Pachtgut „Ellerholz“ am Reiherstieg.

Ellerholzhöft, (Steinwerder), 1902, im Anschluss an den Namen des Ellerhölzer Hafens.

Ellerholzschleusenbrücke, (Steinwerder), 1904, in Anlehnung an die Ellerholzschleusen.

Ellerholzweg, (Wilhelmsburg), 1927, nach der stadtischen Domäne „Ellerholz“.

Ellerhoom, (Rahlstedt), 1942, Flurname, Eller = Erle und Hoorn = Horn = vorspringendes Landstück.

Ellemeck, (Tonndorf, Rahlstedt), 1950, in Anlehnung an den früheren Wegnamen „Ellernbusch“ und nach dem Verlauf des Weges.

Ellernholt, (Sülldorf), 1928, Flurname, Ellernholt = Erlenholz oder Erlengehölz.

Ellernreihe, (Bramfeld), 1950, Eller = Erle und Reihe = kleiner Wasserlauf, Bach.

Ellernstieg, (Finkenwerder), 1936, nach dem Laubbaum, der Erle.

Ellerntorsbrücke, (Neustadt), 1889, benannt nach dem Millerntor, das im Volksmund „Ellerntor“ genannt wurde.

Ellernweg, (Heimfeld), 1922, nach einem Haus, das der Chemiker Dr. Amadeus Bartel (1874–1962) als erster in dieser Straße – einem Moorweg – erbaute und „Ellernhoff“ nannte, weil vor dem Haus Erlen angepflanzt waren.

Ellernwinkel, (Bergedorf), 1982, Eller = Erle, benannt nach der winkelförmigen Straßenform.

Elligersweg, (Barmbek-Nord), 1914, nach dem Stilleben-Maler Ottmar Elliger (1633–1679), der ab 1666 in Hamburg lebte. Elliger kam aus der niederländischen Schule und fand für seine Bilder in Hamburg einen guten Absatz.

Ellmenreichstraße, (St. Georg), 1948, nach der Schauspielerin Franziska Ellmenreich (1847–1931).

Elly-Heuss-Knapp-Ring, (Bergedorf), 1991, nach Elly Heuss-Knapp (1881–1952), Sozialpolitikerin, Schriftstellerin, Gründerin des Müttergenesungswerkes. Motivgruppe: verdiente Frauen.

Elmenhorststraße, (Altona-Altstadt), 1963, nach Peter Daniel Elmenhorst (1767–1816), Kaufmann und Mitbegründer des altonaischen Unterstützungsinstitutes von 1799.

Elmtwiete, (Horn), 1945, nach dem sozialdemokratischen Politiker Adolf von Elm (1857–1916), Zigarrenarbeiter und später Gewerkschaftsführer des Vereins der Zigarrensortierer. Darüber hinaus war er in der Leitung verschiedener genossenschaftlicher Unternehmungen tätig. Er war von 1894–1907 Mitglied des Reichstages und gehörte der sozialistischen Richtung der

Politik an, die an der Übernahme der wirtschaftlichen Macht durch Genossenschaften einen Weg sah, zu einem sozialistischen Staat zu kommen.

Elsa-Bauer-Weg, (Alsterdorf), 1985, nach Elsa Bauer (1875–1942), Lehrerin an der Schule Curschmannstraße. Als rassisch Verfolgte nahm sie sich wegen der bevorstehenden Deportation das Leben.

Elsa-Brändström-Straße, (Jenfeld), 1936, nach Elsa Brändström (1888–1948), schwedische Wohltäterin deutscher Kriegsgefangener, der „Engel von Sibirien", Erfinderin der „Care"-Pakete.

Elsässer Straße, (Dulsberg), 1922, zur Erinnerung an das 1919 verlorengegangene Gebiet.

Elsastraße, (Barmbek-Süd), 1886, im Anschluss an die Namen der Berta- und Wilhelminenstraße (jetzigen Schmalenbecker Straße) unter Benutzung eines weiblichen Vornamens, dessen Wahl vielleicht durch die irrige Beziehung des Namens der Wagnerstraße auf Richard Wagner bestimmt wurde. Tatsächlich geht der Name zurück auf die Ehefrau Elsa des früheren Grundeigners F. H. D. Wagner, nach dem auch die Wagnerstraße benannt ist.

Else-Rauch-Platz, (Eimsbüttel), 1995, nach Else Rauch (1888–1942), Lehrerin jüdischer Abstammung, Opfer des Nationalsozialismus.

Elsterweide, (Wilhelmsburg), 1937, geht nicht auf einen alten Flurnamen zurück, sondern ist willkürlich nach einer volkstümlichen Bezeichnung benannt worden.

Elstorfer Ring, (Neugraben-Fischbek), 1956, nach der benachbarten Ortschaft. Motivgruppe: Orte an der Bundesstraße 73 in der Nähe der Landesgrenze.

Elversweg, (Ochsenwerder), 1910, nach der hier ansässigen Bauernfamilie, die in Ochsenwerder seit 1563 nachweislich ist, insbesondere nach Klaus Elvers, der nach der Schlossliste von 1563–1565 dreizehn Morgen Land besaß.

Emder Straße, (Finkenwerder), 1945, nach der Hafenstadt Emden in Ostfriesland/Niedersachsen.

Emekesweg, (Poppenbüttel), 1947, nach dem Knappen Emekes Strutz aus der gleichnamigen adligen Familie, die im 14. Jahrhundert Besitzer von Poppenbüttel war.

Emil-Andresen-Straße, (Lokstedt), 1949, nach Emil Andresen (1850–1918), der von 1900 bis 1918 Gemeindevorsteher war. In diese Zeit fällt die Entwicklung Lokstedts vom Bauerndorf zum städtischen Vorort.

Emilie-Günther-Weg, (Lohbrügge), 1942, nach der Heimatforscherin und Heimatschriftstellerin Emilie Günther (1870–1942), Tochter der alteingesessenen Bauernfamilie Siemers. Sie heiratete den Havighorster Ziegeleibesitzer Hermann Günther, der ihre vielen hoch- und niederdeutschen Texte drucken ließ.

Emilienstraße, (Eimsbüttel), 1865, nach der zweiten Tochter des Grundeigners Alexander Bentalon Tornquist, Emilie (1846–1905). In der zweiten Hälfte des 19. Jahrhunderts konnten Grundeigner die von ihnen angelegten Straßen mit Namen eigener Wahl benennen. Soweit keine Doppelbenennung vorlag, wurden diese Namen meist offiziell übernommen. Herr Tornquist bedachte die Nachwelt nicht nur mit seinem Familien- und Vornamen, sondern auch mit den Vornamen seiner Töchter (Emilie und Henriette) und seiner beiden Söhne, Max und Otto.

Emil-Janßen-Straße, (Barmbek-Nord), 1927, nach dem aus Hamburg stammenden Maler und bedeutenden „Nazarener" Emil Janßen (1807–1845).

Emkendorfstraße, (Othmarschen), 1950, nach Schloss Emkendorf, westlich von Kiel, um 1800 im Besitz der Familie Reventlow, Sammelplatz für Dichter und Gelehrte (eine benachbarte Straße heißt „Reventlowstraße").

Emmastraße, (Stellingen), vor 1915, nach Emma Wieck, Tochter des damaligen Grundeigners und Erbauers Johann Ad. Wieck.

Emmy-Beckmann-Weg, (Niendorf), 1980, nach Prof. Emmy Beckmann (1880–1967), Oberschulrätin und Bürgerschaftsabgeordnete, maßgeblich an der bürgerlichen Frauenbewegung beteiligt.

Enckeplatz, (Neustadt), 1896, nach dem in Hamburg geborenen Astronomen Johann Franz Encke (1791–1865), im Hinblick auf die damals benachbarte Sternwarte.

Enderskehre, (Langenhorn), 1956, nach dem Langenhorner Landwirt und Imker Johann Enders (1855–1928), der sich sehr für die Amateurimkerci eingesetzt hat.

Engelbrechtstieg, (Lurup), 1971, nach dem Justiziar Joh. Engelbrecht (1859–1931), der dort Grundbesitz hatte.

Engelbrechtweg, (Lurup), 1932, Erklärung: wie Engelbrechtstieg.

Engenhusen, (Volksdorf), 1956, zur Erinnerung an das untergegangene Dorf Engenhusen, das vermutlich vor etwa 700 Jahren in dieser Gegend lag.

Engernweg, (Niendorf), 1948, nach dem germanischen Volksstamm. Engern = Teilstamm der Sachsen, der Ende des 7. Jahrhunderts mit den Westfalen das Land südlich der Lippe unterwarf.

Englische Planke, (Neustadt), ben. im 18. Jahrhundert. Hier lag von 1643 bis 1806 der sogenannte „Bosselhof" mit einem englischen Court – einem Sportplatz für die englische Kolonie in Hamburg –, auf dem das Bosselspiel betrieben wurde, eine Art Kugelspiel. Dafür schien der Platz aber wenig geeignet, denn die Kugeln rollten ständig bergab, Richtung Elbe. Als man vom Zurückholen der Kugeln genügend genervt war, umgab man den Platz mit Planken, die das Herabrollen verhinderten, darum englische Planke, …

Entenweg, (Lurup), 1932, mit Bezug auf das dortige Gelände, das lange einem Kleintierzuchtverein gehörte.

Entenwerder, (Rothenburgsort), 1931, nach dem Vorland (ehemalige Insel), die Entenwerder und auch Pferdewerder genannt wird (Werder = Flussinsel).

Entenwerder Stieg, (Rothenburgsort), 1931, Benennung wie Entenwerder.

Entenwerder Straße, (Rothenburgsort), 1931, Benennung: wie Entenwerder.

Enzianstraße, (Alsterdorf), 1922, nach der Flora des gegenüberliegenden Eppendorfer Moores.

Eppendorfer Baum, (Harvestehude, Hoheluft-Ost, Eppendorf), 1884, nach einem Schlagbaum, der dort von den unterhaltspflichtigen Bauern installiert worden war und an dem schwere Fuhrwerke eine Abgabe entrichten mussten, wenn sie passieren wollten. Die Straße führte durch die sumpfige Niederung der Isebek, und für den ordentlichen Zustand waren die Dörfer Groß-Borstel, Winterhude, Ohlsdorf und Eppendorf verantwortlich. Das Gebührenhäuschen stand an der Stelle, an der heute die Eppendorfer Landstraße beginnt, und wurde erst um die Jahrhundertwende abgebrochen, nachdem die Straße ausgebaut wurde. Nach langen Verhandlungen mit der Verwaltung wurde 1802 ein etwa 76 Ruten langer Fahrdamm gebaut und eine Fortsetzung durch das Borsteler Moor beschlossen.

Eppendorfer Brücke, (Harvestehude), 1904, nach dem Stadtteil Eppendorf.

Eppendorfer Landstraße, (Eppendorf), 1864, als Landstraße nach dem Dorf Eppendorf.

Eppendorfer Marktplatz, (Eppendorf), 1932 (vorher 1864: Marktplatz), nach der Funktion als Marktplatz im alten Eppendorf.

Eppendorfer Stieg, (Winterhude), 1863, als Fußweg hinter den Grundstükken der damaligen Eppendorfer Straße (jetzige H ud twalckerstraße).

Eppendorfer Weg, (Eimsbüttel, Hoheluft-West, Hoheluft-Ost), 1863, als von Eimsbüttel nach Eppendorf führender Verbindungsweg.

Erbestieg, (Allermöhe), 1979, nach dem Architekten Dr. Ing. Albert Erbe (1868–1922), der als Bauinspektor im Hochbauwesen um die Jahrhundertwende eine Reihe öffentlicher Bauten errichtete und damit den Weg der sogenannten Reformarchitektur vorbereitete. Motivgruppe: Architekten des frühen 20. Jahrhunderts.

Erbsenkamp, (Bramfeld), 1950, nach der Motivgruppe: Menschliche Nahrung aus Feldpflanzen.

Erdkampsweg, (Fuhlsbüttel), 1898, unter Benutzung des der Gegend anhaftenden Flurnamens „Erdkamp".

Erdmannstraße, (Ottensen), 1874, nach Joh. Joach. Erdmann (geb. 1835), der diesen Platz kaufte, auf dem die 1813 verstorbenen Hamburger beigesetzt waren, die man 1841 nach dem Nicolaifriedhof verlegte. Er-legte die Straße über diesen Platz, die nach ihm benannt wurde.

Erhard-Dressel-Bogen, (Billstedt), 1996, nach Erhard Dressel (1943–1991), Sozialarbeiter in der Siedlung „Sonnenland".

Erich-Kästner-Ring, (Bramfeld), 1979, nach Erich Kästner (1899–1974), Schriftsteller. Motivgruppe: Deutsche Dichter und Schriftsteller der ersten Hälfte des 20. Jahrhunderts.

Erich-Plate-Weg, (Langenhorn), 1945, nach Prof. Dr. Erich Plate (1861–1935), Oberarzt am Allgemeinen Krankenhaus Barmbek.

Erichstraße, (St. Pauli), 1800, zugleich mit der Bernhard-, Carl-, David-, Friedrich-, Gerhard- und Heinrichstraße in St. Pauli nach Vornamen, die der Alphabetfolge nach gewählt wurden. Beim schnellen Wachstum der Vorstädte fiel den Stadtvätern nichts anderes ein, als, wie oben erwähnt, zunächst männliche, später weibliche Vornamen als Straßennamen zu verwenden.

Erich-Ziegel-Ring, (Steilshoop), 1973, nach dem Schauspieler und Theaterleiter Erich Ziegel (1876–1950), nach der Motivgruppe: Personen, die sich in der ersten Hälfte des 20. Jahrhunderts um das kulturelle Leben Hamburgs verdient gemacht haben. Er führte mit den von ihm ins Leben gerufenen Kammerspielen am Besenbinderhof modernes Theater auf und brachte Stücke von Kaiser, Brecht, Barlach, Kornfeld, Hasenclever, Schnitzler und Moller heraus. Schauspieler, die für uns heute bereits Legende sind, wie Gründgens, Kortner, Fürbringer, Schönhals und Kemp, verhalfen diesen Stücken zum entsprechenden Erfolg.

Ericus, (HafenCity), 1907, unter Verwendung des alten Straßennamens „Groß-Erikus", der die Erinnerung an die zwischen Oberhafen, Sülze und Erikusgraben gelegene Bastion Erikus festhielt, die im dritten Jahrzehnt des 17. Jahrhunderts errichtet und nach dem Ratsherrn Erich Soltow benannt wurde. Der Rat der Stadt benannte die Bastionen mit den ins Lateinische übertragenen Vornamen der damaligen Ratsmitglieder.

Ericusbrücke, (HafenCity), 1907, in Anlehnung an den Namen der Straße „Ericus".

Ericusspitze, (HafenCity), 1907 und 2010, im Anschluss an den Namen der Straße „Ericus".

Erika-Etter-Kehre, (Bergedorf), 1985, nach Erika Else Etter (1922–1945), Mitglied der Widerstandsgruppe „Etter-Rose-Hampel", Widerstandskämpferin gegen den Nationalsozialismus, gehängt in der Nacht vom 21. auf den 22. 4. 1945.

Erikastraße, (Eppendorf), 1885 (Schreibweise 1951 geändert), nach der Feldblume (Heidepflanze).

Erikaweg, (Hausbruch), 1938, nach dem Heidekraut: Erika.

Erika-Mann-Bogen, (Barmbek-Süd), 2006, nach Erika Mann (1905–1969), erste Tochter des Schriftstellers Thomas Mann, dessen Nachlassverwalterin und Biographin; selbst ebenfalls Schriftstellerin, aber auch Journalistin, Korrespondentin, Rallyefahrerin, Schauspielerin und Kabarettistin; Verfolgte des Nationalsozialismus.

Erik-Blumenfeld-Platz, (Blankenese), 2003, nach Erik Blumfeld (1915–1997), Hamburger Unternehmer, Verfolgter des Nationalsozialismus, 1946–1989 CDU-Politiker und Abgeordneter in Bürgerschaft, Bundestag und Europaparlament.

Erlenbruch, (Neugraben-Fischbek), 1976, frei gebildeter Name, nach der Eigenart der Landschaft.

Erlengrund, (Sasel), 1950, frei gebildeter Name nach den in dem benachbarten Waldstück zahlreich vorhandenen Erlen.

Erlenhöhe, (Eißendorf), 1978, in Anlehnung an den Weg „Erlental".

Erlenkamp, (Uhlenhorst), 1872, frei gebildeter Name nach den am Unterlauf des ehemaligen Baches Schürbek vorhanden gewesenen Erlen.

Erlenstraße, (Lokstedt), um 1896, nach dem Laubbaum der Erle.

Erlental, (Eißendorf), 1952, nach einer Flurbezeichnung.

Erlerring, (Wilhelmsburg), 1975, nach dem sozialdemokratischen Bundestagsabgeordneten und ehemaligen Fraktionsvorsitzenden Fritz Erler (1913–1967).

Ermlandweg, (Langenhorn), 1953, nach der ostpreußischen Landschaft Ermland.

Erna-Behling-Kehre, (Bergedorf), 1987, nach der Widerstandskämpferin gegen den Nationalsozialismus Erna Behling (1894–1945), in der Gruppe „Bästlein-Jacob-Abshagen", die 1945 im KZ Neuengamme ohne Urteil hingerichtet wurde.

Erna-Mohr-Kehre, (Bergedorf), 1984, nach der Zoologin und Kustodin im Zoologischen Museum, Dr. h. c, Mitglied der „Leopoldina" Erna Mohr (1894–1968).

Erna-Stahl-Ring, (Ohlsdorf), 2007, nach Erna Stahl (1900–1980), Reformpädagogin, Gründerin der Albert-Schweitzer-Schule; Widerstandskämpferin gegen den Nationalsozialismus.

Ernastraße, (Wilhelmsburg), 1927, nach einem frei gewählten Namen und den auch sonst hier vielfach verwendeten weiblichen Vornamen.

Ernst-Albers-Straße, (Marienthal, Horn), vor 1933, nach dem Hamburger Kaufmann und Oberalten Ernst Albers (1803–1884), der größeren Grundbesitz in Wandsbek hatte.

Ernst-August-Deich, (Wilhelmsburg), 1900, im Jahre 1852 zusammen mit dem Ernst-August-Kanal und der Schleuse angelegt, benannt nach dem damaligen hannoverschen Kronprinzen Ernst-August. Durch den Deich wurden das nördliche Vorland des Vogelhüttendeiches und das Klütjenfeld eingedeicht.

Ernst-August-Stieg, (Wilhelmsburg), 1992, in Anlehnung an den benachbarten Ernst-August-Deich.

Ernst-August-Straße, (Othmarschen), 1898, nach dem Fabrikanten und Vorbesitzer des Geländes Ernst August Wriedt (1842–1923).

Ernst-Bergeest-Weg, (Marmstorf, Eißendorf), 1931, nach dem Vollhufner Ernst Bergeest (1855–1924), 40 Jahre lang Mitglied des Marmstorfer Gemeinderates.

Ernst-Cassirer-Weg, (Lohbrügge), 1964, nach dem Rektor der Universität Hamburg frof. Dr. Ernst Cassirer (1874–1945), Widerstandskämpfer gegen den Nationalsozialismus. Wie auch diverse andere Universitätsprofessoren wurde Ernst Cassirer im April 1933 „gebeten", auf weitere Vorlesungen zu verzichten und in den Ruhestand zu gehen. Als Jude sah er sich 1935 verAnlasst, zu emigrieren und nach England auszuwandern.

Ernst-Eger-Straße, (Harburg), 1950, nach dem Industriellen, Wirtschaftsführer und Grundbesitzer in Harburg Ernst Eger (1837–1913), der mit dieser Benennung besonders wegen seiner Verdienste um die Wirtschaft Harburgs geehrt werden sollte.

Ernst-Finder-Weg, (Lohbrügge), 1942, nach dem Oberlehrer, Heimatforscher und Verfasser heimatkundlicher Schriften Prof. Dr. Ernst Finder (1865–1940).

Ernst-Henning-Straße, (Bergedorf), 1949, nach dem ehemaligen kommunistischen Bürgervertreter Ernst Henning, der 1931 als erstes NS-Opfer bei einer Wahlveranstaltung erschossen wurde. Er wurde irrtümlich erschossen. Nach der Wahlveranstaltung, in der er über die Ausplünderung der Werktätigen in Stadt und Land sprach, fuhr er mit anderen Genossen vom Zollenspieker mit dem Bus nach Hause nach Bergedorf, als er von drei Attentätern erschossen wurde. Der Anschlag der drei Nationalsozialisten galt dem KPD-Bürgerschaftsabgeordneten Etkar Andre, der aufgrund dieses Versehens mit dem Leben davon kam. Die drei Mörder wurden zu 6 bzw. 7 Jahren Zuchthaus verurteilt.

Ernst-Horn-Straße, (Stellingen), 1961. nach Ernst Horn (1875–1948), dem ehemaligen, vieljährigen Vorsitzenden der Baugenossenschaft Langenfelde (verdient um deren Grundbesitz am Försterweg).

Ernst-Kabel-Stieg, (Hohenfelde), 1957, nach Ernst Kabel (1879–1955), Vorsitzender des Vereins „Geborener Hamburger e. V.", der sich viele Jahre um das Gemeinwohl verdient gemacht hat.

Ernst-Mantius-Brücke, (Bergedorf), 1923, wie Ernst-Mantius-Straße.

Ernst-Mantius-Straße, (Bergedorf), 1897, nach Dr. Ernst Mantius (1838–1897), einem verdienten Bürgermeister in Bergedorf während der Jahre 1882–1897.

Ernst-Merck-Brücke, (Hamburg-Altstadt, St. Georg), 1902, Erklärung wie bei Ernst-Merck-Straße.

Ernst-Merck-Straße, (St. Georg, Hamburg-Altstadt), 1863, zu Ehren des durch sein gemeinnütziges Wirken zum Wohle Deutschlands und seiner Vaterstadt ausgezeichneten, am Tage vor der Namensgebung verstorbenen Kaufmanns Ernst Freiherr von Merck (1811–1863).

Ernst-Mittelbach-Ring, (Niendorf), 1982, nach Ernst Mittelbach (1903–1944), Gewerbeoberlehrer und Widerstandskämpfer gegen den Nationalsozialismus, Opfer des Nationalsozialismus.

Ernst-Mittelbach-Stieg, (Niendorf), 1987, Benennung wie: Ernst-Mittelbach-Ring.

Emst-Scherling-Weg, (Horn), 1966, nach Ernst Scherling (1859–1939), einem früheren Geschäftsführer der GEG. Motivgruppe: Männer und Frauen der Arbeiterbewegung.

Ernst-Thälmann-Platz, (Eppendorf), 1985, nachdem man die frühere Ernst-Thälmann-Straße in Budapester Straße geändert hatte, entschied der Senat 1985, einen Teil der Tarpenbekstraße – vor der früheren Wohnung Thälmanns – in Ernst-Thälmann-Platz zu ändern, dem Vorsitzenden der ehemaligen KPD und Opfer des Nationalsozialismus. Thälmann war gebürtiger Hamburger, von Beruf Hafenarbeiter, Seemann und Kutscher. Mit 17 Jahren trat er der SPD bei und kam über die USPD, deren Distriktführer er in Eppendorf wurde, zur KPD. Er zählte zu den populärsten Politikern der Weimarer Republik. Zweimal war er Reichspräsidentschaftskandidat. In den Jahren 1919 bis 1933 war er Mitglied der Hamburger Bürgerschaft sowie im Exekutivkomitee der kommunistischen Internationale. Er gehörte der radikalen Opposition an, die für ein sowjetisches Deutschland kämpfte.

Ernst-Tichauer-Weg, (Allermöhe), 1995, nach Ernst Tichauer (1888–1941), jüdischer Zahnarzt aus Bergedorf, Opfer des Nationalsozialismus. 1941 Deportation, genaues Todesdatum unbekannt.

Ernteweg, (Wilhelmsburg), 1937, volkstümlich, frei gebildeter Name der Hafenarbeitersiedlung.

Erntingweg, (Bramfeld), 1957, nach dem altdeutschen Namen für den Monat August.

Erpmannstieg, (Fannsen-Berne), 1957, in Erinnerung an die Familie Erpmann, die im 14. Jahrhundert nachweislich Mitbesitzer von Farmsen war.

Erste Ausschläger Brücke, (Hammerbrook, Borgfelde), 1930, in Anlehnung an die Straße Ausschläger Weg.

Erste Banksbrücke, (Hammerbrook), 1930, in Anlehnung an die Bankstraße.

Erste Borstelmannbrücke, (Hamm-Mitte, Hamm-Süd), 1930, in Anlehnung an den Borstelmannsweg.

Erste Brunnenstraße, (Neustadt). Die Straße wurde 1801 angelegt und benannt. 1253 befand sich dort, wo heute die Michaeliskirche steht, ein quellenreicher Abhang mit Brunnen.

Erste Diagonalbrücke, (Hamm-Mitte, Hamm-Süd), 1930, in Anlehnung an die Diagonalstraße.

Erste Grevenbrücke, (Hammerbrook, Borgfelde, Hamm-Mitte, Hamm-Süd), 1930, in Anlehnung an den Grevenweg.

Erste Luisenbrücke, (Hamm-Mitte, Hamm-Süd), 1930, in Anlehnung an den Luisenweg.

Erste Peuter Brücke, (Veddel), 1914, in Anlehnung an die Peutestraße.

Erste Querkanalbrücke, (Kleiner Grasbrook, Steinwerder), 1893, in Anlehnung an den Querkanal, über den die Brücke führt.

Erste Rugenberger Schleusenbrücke, (Waltershof), 1913, in Anlehnung an die Rugenberger Schleusen.

Erste Stadtdeichbrücke, (Hammerbrook), 1930, in Anlehnung an den Namen Stadtdeich.

Erwin-König-Weg, (Heimfeld), 1976, nach Dr. Erwin König (1880–1960), Chirurg am Allgemeinen Krankenhaus Harburg.

Erzbergerstraße, (Ottensen), 1945, nach Matthias Erzberger (1875–1921), Zentrumspolitiker und Reichstagsabgeordneter, der am 26. 8. 1921 von seinen politischen Gegnern ermordet wurde.

Escheburger Weg, (Altengamme), 1925, als Weg von Altengamme nach Escheburg.

Eschelsweg, (Altona-Altstadt), 1950, nach Jens Jacob Eschels (1757–1842), Kapitän, Grönlandfahrer und Verfasser des Buches „Lebensgeschichte eines Seemanns".

Eschenbrook, (Schnelsen), 1951, frei gebildeter Name. Eschenbrook = Eschenbruch. Brook = Bruch = tief liegendes, sumpfiges Feuchtgebiet.

Eschenhofbrücke, (Bergedorf), 1979, nach der Lage bei der Siedlung Eschenhof.

Eschenhofplatz, (Bergedorf), 1949, nach der Lage in der Siedlung Eschenhof.

Eschenhofweg, (Bergedorf), 1935, nach der Lage in der Siedlung Eschenhof.

Eschenholt, (Stellingen), 1928, Flurname, Eschenholt = Eschenholz.

Eschenstieg, (Eimsbüttel), 1899, nach einem frei gewählten Namen.

Eschenweg, (Fuhlsbüttel), 1922, in freier Wahl nach den auch sonst in Fuhlsbüttel vielfach verwendeten Baummotivnamen.

Esmarchstraße, (Altona-Altstadt), 1950, nach Prof. Dr. Friedrich von Esmarch (1823–1908). Er verbesserte und modernisierte das Lazarettwesen und die Kriegschirurgie und führte Samariterschulen in Deutschland ein. Esmarch erarbeitete das Verfahren der künstlichen Blutleere bei Operationen und propagierte das Verbandpäckchen.

Espellohweg, (Groß Flottbek), 1957, nach dem Flurnamen „Espelloh". Espelloh = Espenloh = Espenwald.

Espenreihe, (Iserbrook), 1949, nach dem Baum der Espe = Zitterpappel.

Esplanade, (Neustadt), 1827, die Straße entstand nach dem Abbruch der Wallanlagen und wurde in den Jahren 1827/30 mit dem Erdreich der abgetragenen Bastionen Petrus und Diderus angelegt. Esplanade (fr.) = freier, ebener Platz, auch Promenade.

Essener Bogen, (Langenhorn), 2003, in Anlehung an die Essener Straße

Essener Straße, (Langenhorn), 1952, Motivgruppe: Städte im westdeutschen Industriegebiet.

Estebogen, (Cranz), 1968, nach dem bogenförmigen Verlauf, der in der Nähe der Este gelegenen Straße.

Estedeich, (Cranz), 1948, nach dem Fluss, der Este.

Etzer Weg, (Rissen), 1932, nach der Ortschaft Etze bei Pinneberg.

Etzestraße, (Fuhlsbüttel), 1908, nach dem Flurnamen „Etze". Etze = Etz = Esch = Ackerland in Gewannlage.

Euckenstraße, (Tonndorf), 1951, nach dem Philosophen Prof. Rudolf Christoph Eucken (1846–1926), der 1908 den Nobelpreis für Literatur erhielt.

Eulenacker, (Bramfeld), 1950, frei gebildeter Name nach dein Vogel, der Eule.

Eulenhorst, (Niendorf), vor 1934, nach den auch sonst hier auf „Horst" endenden Straßennamen. Horst = Greifvogelnest.

Eulenkamp, (Dulsberg, Wandsbek), um 1896, Straße verlängert 1929, als Privatstraße durch Übertragung des an der Gegend haftenden Flurnamens.

Eulenkampweg, (Wandsbek), 1949, in Anlehnung an den Namen „Eulenkamp".

Eulenkrugpfad, (Volksdorf), 1950, in Anlehnung an Eulenkrugstraße.

Eulenkrugstraße, (Volksdorf), 1936, nach dem Namen der früheren Eulenkrugchaussee. Das Wort Krug lässt vermuten, dass es sich hier um einen Fuhrmannskrug gehandelt hat, der an der Chaussee zwischen Hamburg und Lübeck lag.

Eulenstraße, (Ottensen), vor 1856 und 1950, nach einer Gastwirtschaft mit dem Giebelschmuck „Kattun Uhl", der volkstümliche niederdeutsche Ausdruck für „Katze und Eule".

Eulerweg, (Rahlstedt), 1957, nach dem Schweizer Mathematiker Leonhard Euler (1707–1783). Er studierte zunächst Theologie und wandte sich dann der Mathematik zu. Seine wissenschaftliche Tätigkeit umfasste alle Zweige der reinen und angewandten Mathematik, Physik und Astronomie.

Eupener Stieg, (Dulsbcrg), 1939, nach dem durch den Vertrag von Versailles an Belgien abgetretenen Städtchen Eupen.

Eupener Straße, (Dulsberg), 1928, Benennung: wie Eupener Stieg.

Europabrücke (Harburg), Wilhelmsburg), 1985, benannt als Brücke über die Süderelbe im Zuge der Wilhelmsburger Reichsstraße und der Harburger Umgehungsstraße.

Europakai, (Steinwerder), 1935 (früher Ballinkai, bis1911), aus Anlass des 25jährigen Jubiläums des Vorsitzenden des Direktoriums der *HAPAG,* Albert Ballin (1857–1918).

Eutiner Straße, (Rahlstedt), 1950, nach der Ortschaft im östlichen Holstein.

Eva-König-Bogen, (Bergedorf), 2003, nach Eva König, geb. Hahn (1736–1778), verheiratet in erster Ehe 1756–1769 mit dem Hamburger Kaufmann Engelbert König, in zweiter Ehe 1776–1778 mit Gotthold Ephraim Lessing, berühmt wegen ihres Briefwechsels mit Lessing.

Evastraße, (Eilbek), 1887, nach einem frei gewählten weiblichen Vornamen, im Anschluss an die Bezeichnung der benachbarten Tonistraße.

Everlingweg, (Billstedt), 1964, nach dem Senator Dr. h. c. Henry Everling (1873–1960), Ehrenbürger der Stadt Hamburg und Ehrensenator der Universität Hamburg. Motivgruppe: Männer und Frauen der Arbeiterbewegung.

Eversween, (Wilhelmsburg), 1939, nach einer Flurbezeichnung, d.h. nach dem alten Wasserlauf, der früher „Eversween" hieß, der die kleine Insel „Langer Morgen" von der größeren Insel „Hohe Schaar" trennte. Sween = Schweinehirt.

Ewaldsweg, (Hamm-Mitte), 1910, nach dem durch öffentliche Wirksamkeit verdienten Ehren reich Gotthold Ewald, der von 1787 bis 1798 Eigentümer des dann „Rückerschen" Grundstücks war, über das die Straße verläuft.

Ewerstieg, (Neuenfelde), 1980, nach der Motivgruppe: Schiffstypen.

Eydtkuhnenweg, (Wandsbek), 1960, nach der Stadt in Ostpreußen.

F

Faaßweg, (Eppendorf), 1921, nach August Heinrich Faaß (1806–1887), der von 1837–1879 Pastorin Eppendorf war.

Faberstraße, (Eimsbüttel), 1895, nach dem Senatssyndikus Hans Jacob Faber (1716–1800), der seine Position über 30 Jahre innehatte, Gründer des Faberschen Fideikommisses in Eimsbüttel, Vorbesitzer des großen Geländes, das später an die Familie Sillem überging.

Fabriciusstieg, (Bramfeld), 1952, nach dem Hamburger Gelehrten und Rektor des Johanneums Johann Albert Fabricius (1668–1736).

Fabriciusstraße, (Bramfeld, Steilshoop), 1945, Benennung: wie Fabriciusstieg.

Fährbrücke, (Uhlenhorst), 1960, mit Bezug auf die Fähre, nach der die Fährhausstraße anfangs „Fährstraße" benannt war.

Fährdamm, (Rotherbaum, Harvestehude), 1948, als kleiner Weg (mit Parkmöglichkeiten) vom Harvestehuder Weg zum Fähranleger.

Fährhausbrücke, (Eppendorf, Winterhude), 1989, nach dem bekannten Tanzlokal „Winterhuder Fährhaus", das sich von 1868 bis 1979 hier befand.

Fährhausstraße, (Uhlenhorst), 1948, mit Bezug auf das früher hier gelegene (im Kriege 1939/45) zerstörte Gasthaus „Uhlenhorster Fährhaus".

Fährkrogweg, (Poppenbüttel), 1966, nach einer Erzählung des niederdeutschen Dichters Hermann Bossdorf.

Fährstieg, (Wilhelmsburg), 1970, in Anlehnung an den Namen Fährstraße, deren Verlängerung der Fährstieg in Richtung Reiherstieg bildet.

Fährstraße, (Wilhelmsburg), 1900, nach der Lage als zum Fähranleger Reiherstieg führende Straße.

Fährstraßenbrücke, (Wilhelmsburg), 1906, in Anlehnung an die Fährstraße.

Fahrenkamp, (Hamm-Nord), 1916, nach einem der Gegend anhaftenden Flurnamen.

Fahrenkrön, (Bramfeld), vor 1938, nach einer alten Flurbezeichnung. Fahren = Farn und Krön = Ecke, abgelegener Winkel.

Fahrenkrönstieg, (Bramfeld), 1945, in Anlehnung an den Wegnamen „Fahrenkrön".

Fahrenort, (Lurup), 1929, Flurname; Fahren = Farn und Ort = spitz zulaufendes Geländestück.

Falbenweg, (Farmsen-Berne), 1967, nach den auch sonst hier verwendeten Namen aus dem Pferdesport, Falbe = graugelbliches Pferd.

Falckweg, (Othmarschen), 1950, nach Prof. Dr. Nikolaus Falck (1784–1850), Rechtsgelehrter, Mitglied der schleswigholsteinischen Ständeversammlung. Motivgruppe: Historiker.

Falenbek, (Rahlstedt), 1965, nach dem Flurnamen „Fahlenbek", auf einer Vermessungskarte von 1937.

Falkenbergsweg, (Hausbruch, Neugraben-Fischbek), 1948, nach dem Falkenberg, auf dem der Sage nach früher eine Burg gestanden haben soll.

Falkenburger Ring, (Rahlstedt), 1966, Motivgruppe: Orte in Pommern.

Falkenhorst, (Farmsen-Berne), 1947, Falkenhorst = Nest des Falken.

Falkenried, (Hoheluft-Ost), 1890 und wieder 1945, mit frei gewählten, als Ortsund Flurbezeichnung auch sonst vorkommenden Namen, im Anschluss an die Namen der damals benachbarten Adlerstraße und Löwenstraße. Überregional bekanntgeworden ist die Straße, nachdem die

Wagenbauanstalt Falkenried 1892 hierher zog. Das Unternehmen bot ab 1897 die Möglichkeit, Busse und Straßenbahnen durch Elektrifizierung zu betreiben. Diese Tatsache und eine hervorragende Qualität ließen das Unternehmen einen solchen Aufschwung nehmen, dass fast sämtliche deutschen Verkehrsbetriebe ihren Fuhrpark dort bestellten. Bis 1914 wurden 6000 Einheiten geliefert.

Falkenschlucht, (Blankenese), 1936, in Anlehnung an den Namen Falkenstein.

Falkenstein, (Blankenese), vor 1903, nach einem etwa 1870 frei gebildeten Namen, soweit die „amtliche Aussage". Ganz so frei scheint der Name doch nicht gebildet worden zu sein, denn es heißt, dass Falkenstein auf das Familienwappen der Godeffroys zurückgeht. Johann Cesar Godeffroy hatte hier Mitte des 19. Jahrhunderts – wie auch in Rissen und Sülldorf größere unfruchtbare Landgebiete gekauft und aufforsten lassen. Bis zu dieser Zeit soll der „Falkenberg", bis dann auch „Butterberg" genannt, ein sandiger, baumloser unbenutzter Hügel gewesen sein.

Falkensteiner Ufer, (Blankenese, Rissen), 1929, Erklärung: wie Falkenstein.

Falkensteiner Weg, (Blankenese), vor 1903, Erklärung: wie Falkenstein.

Falkentaler Weg, (Blankenese), vor 1903, nach der Lage, unterhalb des Falkensteins.

Falkenweg, (Heimfeld), 1932, diese Siedlungsstraße liegt im Vorland eines Forstes, aus dem Greifvögel – darunter Falken – zum Fang in das Wiesen- und Moorgelände vorstoßen.

Falladabogen, (Bramfeld), 1979, nach dem Schriftsteller Hans Fallada (eigentlich Rudolf Ditzen), (1893–1947). Er schildert in seinen Romanen sehr lebensnah das Leben kleiner Leute zwischen den beiden Weltkriegen. Motivgruppe: deutsche Dichter und Schriftsteller der ersten Hälfte des 20. Jahrhunderts.

Fallreep, (Finkenwerder), 1977, nach der Motivgruppe: Werke Rudolf Kienaus.

Fallstraße, (Rahlstedt), 1951, nach dem österreichischen Operettenkomponisten Leo Fall (1873–1926), der zunächst Kapellmeister war und ab 1906 als freischaffender Künstler lebte.

Fangdieckstraße, (Lurup, Eidelstedt), vor 1927, Flurbezeichnung, d. h. nach einem Teich (Dieck), in dem das Wasser für die Eidelstedter Wassermühle gestaut, aufgefangen (fang) wurde.

Fanny-David-Weg, (Lohbrügge), 1964, nach Fanny David (1892–1944), seit 1933 in der jüdischen Beratungsstelle für Auswanderer tätig, ermordet im Mai 1944, Opfer des Nationalsozialismus.

Fanny-Elßler-Bogen, (Bergedorf), 1987, nach Fanny Elßler (1810–1884), Balletttänzerin. Motivgruppe: verdiente Frauen.

Fanny-Lewald-Ring, (Bergedorf), 1984, geb. Markus Lewald (1811–1889) – angenommener Name–, verh. Stahr, Pseudonym Iduna, Adriana. Schriftstellerin, Erzählerin. Motivgruppe: verdiente Frauen.

Fanny-Mendelssohn-Platz, (Eimsbüttel), 2004, nach Fanny Mendelssohn-Bartholdy (1805–1847), Komponistin und Pianistin, Schwester des Komponisten Felix Mendelssohn-Bartholdy.

Farenkoppel, (Volksdorf), 1925, Flurbezeichnung, Faren = Farnkraut.

Farenlandstieg, (Farmsen-Berne), 1968, in Anlehnung an den Namen „Beim Farenland". Faren = Farnkraut.

Farkenwisch, (Duvenstedt), 1942, Farkenwisch = Ferkelwiese.

Farmsener Höhe, (Farmsen-Berne), 1932, nach der erhöhten Lage.

Farmsener Landstraße, (Volksdorf), 1950, Landstraße zwischen Volksdorf und Farmsen.

Farmsener Weg, (Wellingsbüttel), vor 1931, nach dem benachbarten Stadtteil.

Farmsener Zoll, (Rahlstedt), um 1844, hier wurde seit alters her ein holsteinischer Wegzoll erhoben, der erst 1838 aufgehoben wurde.

Farnhornstieg, (Lurup, Eidelstedt, Bahrenfeld), 1952, in Anlehnung an Farnhornweg.

Farnhornweg, (Lurup), 1949, nach einer Flurbezeichnung. Mit Farn bewachsene Landspitze. Horn = spitz zulaufendes Stück Land.

Farnstieg, (Rissen), 1929, nach einem Pflanzenmotiv.

Farnstraße, (Fuhlsbüttel), 1907, frei gewählter Name und nach den auch sonst in Fuhlsbüttel vielfach verwendeten Pflanzenmotivnamen.

Farnweg, (Schnelsen), vor 1972, nach der Pflanze.

Fasanengrund, (Spadenland), 1975, frei gewählte Bezeichnung nach den dort häufig anzutreffenden Fasanen.

Fasanenhain, (Wellingsbüttel), 1942, nach einem Wildgeflügelmotiv.

Fasanenstieg, (Wohldorf-Ohlstedt), 1962, nach einer frei gewählten Bezeichnung.

Fasanenweg, (Rahlstedt), vor 1949, nach einem frei gewählten Namen.

Fassbinderweg, (Langenhorn), 2010, nach dem historischen Handwerksberuf.

Faßbahn, (Eißendorf), 1940, benannt nach einer Bezeichnung aus der Ölindustrie, wie häufig in dieser Siedlung.

Fattsbarg, (Rahlstedt), 1942, nach einem Flurnamen, der wahrscheinlich dänischen Ursprungs ist (fattig = arm, dürftig).

Feddersenstraße, (Groß Flottbek), 1950, nach dem Maler Feddersen (1849–1930) aus Altona.

Feekstreek, (Finkenwerder), 1939, nach einer Flurbezeichnung.

Feenteichbrücke, (Uhlenhorst), 1904, nach der Lage, als über den Feenteich führende Brücke.

Fehlandtstraße, (Neustadt), 1827, nach dem Grundeigner Christ. Detl. Fehlandt. Wie auch anderen Bauunternehmern ist es Fehlandt gelungen, sich in der Hamburger Innenstadt mit einem Straßennamen zu verewigen.

Fehlinghöhe, (Steilshoop), 1973, nach dem Vorbesitzer und Regisseur Jürgen Fehling (1885–1968). Motivgruppe: Personen, die sich um das kulturelle Leben Hamburgs in der ersten Hälfte des 20. Jahrhunderts verdient gemacht haben.

Fehmarnstraße, (Tonndorf), vor 1933, nach der Ostseeinsel Fehmarn.

Fehnweg, (Langenhorn), 1960, frei gebildeter Name nach der Geländebeschaffenheit (Moor).

Fehrsweg, (Fuhlsbüttel), 1925, nach dem niederdeutschen Dichter Johann Hinrich Fehrs (1838–1916).

Fehsenfeidstraße, (Rahlstedt), 1950, nach dem Vorbesitzer des Geländes und dem Erbauer der Straße August Fehsenfeid (1861–1933).

Feilenhauerweg, (Langenhorn), 2010, nach dem historischen Handwerksberuf.

Feiningerstraße, (Billstedt), 1971, nach dem Maler Lyonel Feininger (1871–1956), Motivgruppe: moderne Maler.

Feldblick, (Duvenstedt), 1954, nach einer ortsüblichen Bezeichnung für einen guten Überblick über das dortige Gelände.

Feldblumenweg, (Sasel), 1952, nach einem Blumenmotiv.

Feldbrunnenstraße, (Rotherbaum), 1871, nach einem hier gelegenen Feldbrunnen, der von 1728 bis 1893 den Mitgliedern der Brunnengemeinschaft reines Wasser durch Holzröhren zuführte. Nachdem in der ersten Hälfte des 17. Jahrhunderts die Quelle an der Drehbahn (wegen Erweiterungsbauten an der Stadtbefestigung) versiegte, wurde die Wasserversorgung für das Gebiet auch von hier übernommen. Viele Straßennamen, wie Bornplatz (heute Allende-Platz), Pumpen, Erste Brunnenstraße etc. erinnern an die frühere Wasserversorgung der Stadt. Nicht vergessen sollte man dabei, dass der größte Teil der Bevölkerung das Wasser direkt aus der Alster und aus den Fleeten bezog.

Feldhofe, (Billwerder, Moorfleet, Billbrook), 1950, nach der Flurbezeichnung „Feldhufe“. Es soll sich dabei um ein Bauernhaus gehandelt haben, das nicht wie sonst in der Marsch üblich am Deich, sondern im freien Feld lag.

Feldhoopstücken, (Lokstedt), 1940, Flurname. Feldhoopstücken war ein hoch gelegenes Feldstück, ein sehr großer Acker, der sich von Hoheluft bis Niendorf erstreckte.

Feldkamp, (Volksdorf), 1946, in Holstein wurden mit „Kamp“ Feldstücke bezeichnet, an denen jeder Hufner einen bestimmten Anteil hatte, d.h. die Flur wurde früher gemeinsam von den Dorfeingesessenen genutzt.

Feldlerchenweg, (Tonndorf), 1950, nach einem Vogelmotiv.

Feldnerstraße, (Heimfeld), 1890, nach dem früheren Heimfelder Ortsvorsteher Wilhelm Feldner (1836–1909), der hier als Feldner = Kätner tätig war.

Feldrain, (Wilhelmsburg), 1937, Feldrain = Ackergrenze. Diese in Wilhelmsburg unübliche Bezeichnung wurde der Straße beim Bau der Hafensiedlung von Ortsfremden gegeben.

Feldrosenweg, (Eidelstedt), 1957, nach einem frei gewählten Namen und den auch sonst in Eidelstedt verwendeten Blumenmotivnamen.

Feldschmiede, (Farmsen-Berne), 1954, bei Ausschachtungs- und Bauarbeiten für diese am Wege liegende Siedlung ist ein Dorf namentlich noch nicht bekannter Elbsweben gefunden worden. Die Erinnerung an dieses Dorf wurde mit den Wegnamen „Mahlhaus“, „Swebenbrunnen“, „Swebengrund“ und „Feldschmiede“ festgehalten.

Feldstegel, (Neuengamme), 1925, Stegel ist die Diminutivform von Steg, kann aber auch Weideübertritt bedeuten und in erweitertem Sinne auch für einen kleinen Weg verwendet werden.

Feldstraße, (St. Pauli), 1841, nach dem im Süden angrenzenden Heiligen-Geist-Felde.

Feldweg, Die in den verschiedensten Stadtteilen noch vorhandenen, mit Nummern versehenen „Feldwege“ wurden vom Bau- und Vermessungsamt zur Orientierung vergeben. Sie werden nach und nach mit Straßennamen versehen. Neue Feldwege mit Nummernbezeichnungen wird es in Zukunft nicht mehr geben.

Felginerweg, (Billstedt), 1963, nach dem Verleger Theodor Felginer (1686–1726). Motivgruppe: Buchherstellung und Verlag.

Felix-Dahn-Straße, (Eimsbüttel), 1938, nach dem Juristen, Historiker und Schriftsteller Felix Dahn (1834–1912), er war Professor in Würzburg, Königsberg und Breslau und schrieb u.a. „Die Könige der Germanen“ und den historischen Roman „Kampf um Rom“.

Femerlingstraße, (Eißendorf), 1910, nach dem Vorbesitzer, dem Heimfelder Ortsvorsteher und Vollhufner in Eißendorf Peter Christian Wilhelm Femerling (1808–1886).

Fenglerstraße, (Wandsbek), 1950, nach Christian Fengler (1834–1919), Pastor in Wandsbek.

Ferdinand-Ancker-Straße, (Nienstedten), vor 1928, nach dem Kaufmann Ferdinand Ancker (1837–1920), seit 1876 Besitzer einer Ziegelei. Er gründete 1882 die Villenkolonie „Othmarschen“ und 1896 die Villenkolonie „Hochkamp“.

Ferdinand-Beit-Straße, (St. Georg), 1948, nach dem Kaufmann und liberalen Politiker Ferdinand Beit (1858–1928), 1895 Bürgerschaftsabgeordneter.

Ferdinands Höh, (Blankenese), 1908, nach Ferdinand Flashoff (1819–1900), Besitzer eines Lack- und Farbengeschäftes, kaufte den „Kahlen Berg“, baute hier das noch heute stehende Haus, legte einen Weg darin an und nannte den Besitz „Ferdinands Höh“.

Ferdinandstor, (Hamburg-Altstadt, St. Georg), um 1842, eine Straße, die die Begrenzung nach St. Georg bildet. Der Name ist angelehnt an „Ferdinandstraße“.

Ferdinandstraße, (Hamburg-Altstadt), 1843, Straßennamen, die auf deutsche Kaiser zurückgehen, sind jüngeren Datums; einzige Ausnahme: Ferdinandstraße, die nach Kaiser Ferdinand (1608–1657) zurückgeht, der deutscher Kaiser war, als die Schanzen erbaut wurden, und nach dem auch die Ferdinandschanze benannt ist, der wiederum die Ferdinandstraße ihren Namen verdankt. Nach dem Großen Brand von 1842 schuf der englische Ing. und Städtebauer Lindley eine große Durchfahrt durch Hamburg u. a. mit den Straßen Burstah, Johannisstraße, Hermannstraße und Ferdinandstraße. Diese Straßen wurden erheblich breiter als ihre Vorgängerinnen und wurden erstmalig kanalisiert.

Fernando-Lorenzen-Platz, (Groß Flottbek), 2009, nach Fernando Lorenzen (1859–1917), bedeutender Architekt und Kirchenbaumeister für Altona und Hamburg.

Fernblick, (Marmstorf), 1931, auf Vorschlag der Baugenossenschaft „Fernblick", die diesen Namen wegen des hervorragenden Blickes wählte.

Ferner Kamp, (Bramfeld), 1951, nach der Flurbezeichnung „Ferer Kamp", fer = feer = trocken.

Fernsicht, (Winterhude), 1891, nach einem frei gewählten Namen, nach der Lage der Straße mit hervorragender Fernsicht.

Fernsichtbrücke, (Winterhude), 1904, in Anlehnung an die Straße „Fernsicht".

Fersenfeldtsweg, (Winterhude), 1907, nach dem Architekten Prof. Hermann Peter Fersenfeldt (1786–1853), dem Erbauer und Wiederhersteller der Jacobi- und Petrikirche.

Fersenweg, (Kirchwerder), 1950, Flurname, seit dem Mittelalter so oder ähnlich benannt. „De Feersen" und „De Feernste Weg" (17. und 18. Jahrhundert).

Feßlerstraße, (Barmbek-Süd), 1886, nach dem Vorbesitzer des Geländes G. H. L. Imbek, genannt „Feßler" (1826–1884).

Fetrasweg, (Rahlstedt), 1951, nach Oskar Fetras (Otto Faster) (1854–1931), zunächst Kaufmann, Prokurist bei Fa. Laeisz, dann Musiker im Uhlenhorster Fährhaus, bekannter Walzerkomponist (Mondnacht auf der Alster).

Fettstraße, (Eimsbüttel), 1870, nach dem früheren Grundeigentümer und Bauunternehmer H. J. Fett (1817–1894), der an der Aufschließung von Eimsbüttel hervorragend beteiligt war.

Feuchtheide, (Neugraben-Fischbek), 1975, im Anschluss an die auch sonst hier auf „Heide" lautenden Wegnamen, die meist im Zusammenhang mit der örtlichen Gegebenheit verwendet wurden.

Feuerbachstraße, (Groß Flottbek), 1926, nach dem Maler Anselm Feuerbach (1829–1880), der sich in Düsseldorf, München und Antwerpen ausbildete. Er lebte seit 1857 in Rom und war von 1872–1880 Akademieprofessor in Wien. In seinen monumentalen, mythologischen Themen fand Feuerbach seine endgültige Form.

Feuerberg, (Marmstorf), 1931, vielleicht benannt nach dem bereits 1667 im benachbarten Eißendorf erwähnten „Fierbarg", der auch heute noch „Fuerberg" genannt wird. Eine Straßenbezeichnung, die sich über die erwähnten Stufen zum hochdeutschen „Feuerberg" entwickelt hat.

Feuerbergstraße, (Alsterdorf, Ohlsdorf), 1900, Flurname. Unter Benutzung des einer Parzelle an der Nordseite des Weges anhaftenden Flurnamens Feuerberg.

Feuerbergstraßenbrücke, (Alsterdorf, Ohlsdorf), 1960, in Anlehnung an den Wegnamen Feuerbergstraße.

Feuerteichweg, (Marmstorf), 1950, nach dem dortigen Feuerlöschteich der Freiwilligen Feuerwehr in Marmstorf, volkstümlich auch „Schulteich" genannt, weil die alte Schule an ihm lag.

Fibigerstraße, (Langenhorn), 1948, nach dem dänischen Nobelpreisträger für Medizin von 1926, Johann Fibiger (1867–1928).

Fichtenkamp, (Sasel), 1919/20, nach dem nahe gelegenen Perlbergwald, der vorwiegend aus Fichten bestand.

Fichtenweg, (Marmstorf), 1935, benannt nach der Fichte. Die Straße führt durch Nadelwald.

Fichtestraße, (Eilbek), 1896, zu Ehren des Philosophen Johann Gottlieb Fichte (1762–1814).

Fiddigshagen, (Bergedorf), 1925, Flurname, fiddig = guter, fetter Boden; Hagen = umhegtes Feld- oder Waldstück.

Fieberkleestieg, (Lemsahl-Mellingstedt), 1981, nach der gleichnamigen Moorpflanze.

Fiefstücken, (Winterhude), 1928, Flurname: „die fünf Stücken" auf der Karte von N. H. Olbers aus dem Jahre 1779.

Fierabendgang, (Eißendorf), 1943, Weg in der Harburger Siedlung der Ölwerke Brinckman u. Mergell, benannt nach der plattdeutschen Bezeichnung für Feierabendgang.

Fiersbarg, (Lemsahl-Mellingstedt), 1947, eine Lesart geht davon aus, dass es sich bei Fiersbarg um einen Berg handelt, wo früher Feiern stattfanden, und eine andere Version besagt, dass „Viert" eine nicht urbar gemachte Grenzfläche sein soll.

Fiersbargstieg, (Lemsahl-Mellingstedt), 1981, in Anlehnung an den Wegnamen „Fiersbarg".

Finkenau, (Uhlenhorst), 1889, im Anschluss an die Namensformen der benachbarten Straßen Lerchenfeld und Birkenau.

Finkenfurth, (Rahlstedt), ben. seit dem 16. Jahrhundert, nach einer Furt durch die Berner Au, die bereits im 16. Jahrhundert erwähnt wird.

Finkenriek, (Wilhelmsburg), 1907, ein nicht erklärbarer Name. Eine Beziehung zum hochdeutschen „Finkenreich" ist möglich. Die einheimischen Wilhelmsburger nennen die Straße „Fingeriek", wofür es gleichfalls keine Erklärung gibt.

Finkenrieker Deichweg, (Wilhelmsburg), 1970, nach dem Flurnamen „Finkenriek", der möglicherweise auf den früher dort betriebenen Vogelfang hinweist.

Finkenrieker Hauptdeich, (Wilhelmsburg), 1970, nach dem Flurnamen „Finkenriek".

Finkenschlag, (Wilhelmsburg), 1937, nach einem willkürlich gewählten Namen, evtl. nach dem hier ehemals betriebenen Vogelfang.

Finkenstieg, (Rahlstedt), 1949, Finken = spatzenähnlicher Vogel, einer der verbreitetsten Brutvögel Mitteleuropas.

Finkenstraße, (St. Pauli), um 1737, ben. nach dem Advokaten Petrus Finke (1644–1698), Vorbesitzer des Geländes.

Finkenwerder Brücke, (Waltershof), 1974, nach der Funktion und dem Stadtteil Finkenwerder benannt.

Finkenwerder Landscheideweg, (Finkenwerder), 1948, benannt nach dem ehemaligen Grenzweg zwischen Hamburg und dem früheren preußischen Teil von Finkenwerder.

Finkenwerder Norderdeich, (Finkenwerder), 1948, analog zum Finkenwerder Westerdeich und Süderdeich.

Finkenwerder Ring, (Waltershof, Altenwerder), 2007, nach seiner Figur und Lage südlich der Finkenwerder Straße.

Finkenwerder Ringbrücke-Ost, (Waltershof, Altenwerder), 2007, nach ihrer Lage im Verlauf des Finkenwerder Ringes.

Finkenwerder Ringbrücke-Süd, (Waltershof, Altenwerder), 2007, nach ihrer Lage im Verlauf des Finkenwerder Ringes.

Finkenwerder Ringbrücke-West, (Waltershof, Altenwerder), 2007, nach ihrer Lage im Verlauf des Finkenwerder Ringes.

Finkenwerder Straße, (Waltershof), 1970, als von Waltershof nach Finkenwerder führende Straße.

Finkenwerder Süderdeich, (Finkenwerder), 1948, analog zum Finkenwerder Norderdeich und Westerdeich.

Finkenwerder Weg, (Altenwerder), 1991, nach dem ehemals in der Nähe verlaufenden Weg.

Finkenwerder Westerdeich, (Finkenwerder), 1948, analog zum Finkenwerder Norderdeich und Süderdeich.

Finksweg, (Finkenwerder), 1927, nach dem angeblich ältesten auf Finkenwerder nachgewiesenen Familiennamen „Fink".

Finnmarkring, (Rahlstedt), 1964, nach der nördlichsten Provinz Norwegens.

Fischadlerstieg, (Billstedt), 1950, in freier Wahl, nach den auch sonst in Billstedt verwendeten Raubvogelmotivnamen.

Fischbeker Heideweg, (Neugraben-Fischbek), 1948, nach den auch sonst hier auf „Heide" lautenden Wegnamen, die meist in Verbindung mit dem örtlichen Charakter verwendet wurden.

Fischbeker Heuweg, (Neugraben-Fischbek), 1948, nach dem sogenannten alten Heuweg der Fischbeker Bauern.

Fischbeker Holtweg, (Neugraben-Fischbek), 1948, nach dem Holzfuhrweg der Bauern.

Fischbeker Moor, (Neugraben-Fischbek), 1948, benannt nach dem Fischbeker Moor.

Fischbeker Weg, (Neugraben-Fischbek), 1948, benannt nach der Ortschaft Fischbek.

Fischbeker Winkel, (Neugraben-Fischbek), 1976, in Anlehnung an den Fischbeker Weg.

Fischbektal, (Neugraben-Fischbek), 1948, nach einer Talsohle in der Heide, einem sogenannten Trockental.

Fischers Allee, (Ottensen), um 1868, nach dem früheren Ottensener Pastor und Grundeigner des Geländes Dr. Jacob Hermann Heinrich Fischer (1754–1814).

Fischertwiete, (Hamburg-Altstadt), 1916, unter Wiederverwendung des alten, seit dem Ende des 14. Jahrhunderts nachweisbaren Namens, der im Volksmund nach den Angehörigen des Gewerbes gebildet war, die sich hier in größerer Zahl niedergelassen hatten.

Fischkamp, (Bergstedt), 1982, Flurname.

Fischmarkt, (Altona-Altstadt), seit 1358, nach dem sich hier bis zum 19. Jahrhundert abspielenden Handel mit Fischen.

Fischotterstieg, (Farmsen-Berne), 1955, benannt nach dem Pelztier Fischotter.

Fiskalische Straße, (Wilhelmsburg), 1908, die Straße liegt auf staatlichem fiskalischem Gelände, d.h. sie führte über die Grundstücke des früheren Domänenfiskus, und hat daher ihren Namen.

Fitgerweg, (Wilhelmsburg), 1951, nach dem in Bremen und Delmenhorst lebenden Schriftsteller, Maler und Kunstkritiker Arthur Fitger (1840–1909).

Flachsland, (Barmbek-Süd), 1884, nach der dortigen Feldmarkbezeichnung „Up‘n Flachsland-Wisch“, d.h. dort wo die Barmbeker Bauern ihren Flachs anbauten.

Flagentwiet, (Schnelsen), 1948, nach dem Flurnamen „Flagen“ = Platz, Fläche, Gehege; Twiet = Twiete = schmale Gasse zwischen zwei Straßen, wird in erweitertem Sinne auch für kleine Gasse bzw. kleinen Weg verwendet.

Flamingoweg, (Stellingen), 1964, mit Bezug auf den in der Nähe gelegenen Tierpark.

Flashoffs Treppe, (Blankenese), vor 1903, nach dem früheren Grundeigner, dem Glasermeister Franz Joseph Flashoff (gest. 1874).

Flaßbarg, (Lurup), 1929, nach einer Flurbezeichnung. Hier wurde früher Flachs und Hanf getrocknet.

Flaßheide, (Stellingen), 1969, Flurname „Flachsheide“.

Flaßmoor, (Lurup), 1957, Flurname „Flachsmoor“.

Flaßweg, (Lurup), 1933, nach dem Flurnamen „Flaßberg“.

Flebbestraße, (Wilstorf), 1950, nach dem Harburger Maler Fritz Flebbe (1893–1929), der zahlreiche Persönlichkeiten seiner Vaterstadt malte. Die Stadt und das Helmsmuseum kauften eine Reihe seiner Bilder an.

Fleestedter Straße, (Sinstorf), 1976, nach der Lage als in Richtung Fleestedt führende Straße.

Fleetdamm, (Neuenfelde), 1943, nach der am Fleet entlangführenden Straße.

Fleetplatz, (Allermöhe), 1996, nach der Lage gegenüber dem Zusammenfluss vom Allermöher Bahnfleet und Reiherfleet.

Flemingstraße, (Winterhude), 1910, nach dem in Hamburg verstorbenen und beigesetzten Dichter Paul Fleming (1609–1640).

Flensburger Straße, (Tonndorf), vor 1933, nach der Stadt Flensburg in Schleswig-Holstein.

Flerrenkamp, (Rissen), 1972, Flurname. „Flarren“ = von schneiden, einen Schnitt geben, abgeleitet.

Flerrentwiete, (Rissen), 1928, Flurname „Flarren“ = Fladen.

Flethmannskamp, (Volksdorf), 1934, in Anlehnung an den ältesten Teich in Volksdorf, den Flethmannsteich, der bereits 1529 erwähnt wird. Eine andere Version gibt an, dass es sich um ein Feld bei der Saselbek handelt, und der Name auf einen Familiennamen zurückgeht.

Flett, (Marmstorf), 1966, nach dem freien Mittelraum mit Herdstelle im niedersächsischen Bauernhaus. Motivgruppe: Teile des niedersächsischen Bauernhauses.

Fliederweg, (Fuhlsbüttel), 1903, nach den auch sonst in Fuhlsbüttel vielfach verwendeten Pflanzen- und Baummotivnamen.

Floot, (Alsterdorf), 1935, Flurbezeichnung; = Wasserlauf, Bach oder Graben.

Flora-Neumann-Straße, (St. Pauli), 2010, nach Flora Neumann (1911–2005), jüdische Widerstandskämpferin gegen den Nationalsozialismus, hat an Hamburger Schulen bis ins hohe Alter als Zeitzeugin Tausende von Schülerinnen und Schülern über die NS-Zeit und den Holocaust aufgeklärt; zugleich zur Erinnerung an ihren Ehemann Rudolf Neumann (1908–1999), Elektriker, Widerstandskämpfer gegen den Nationalsozialismus, sowie an ihren Sohn Bernd, der mit den Eltern Auschwitz überlebte.

Flotowstraße, (Barmbek-Süd), 1899, nach dem Komponisten Friedrich Freiherr von Flotow (1812–1883). Er war Hoftheaterintendant in Schwerin, Repräsentant der Spielopern des Biedermeier „Alessandro Stradella“ und „Martha“. Ferner komponierte er Ballett- und Kammermusik. Neben seinen musischen Aktivitäten war er Rittergutbesitzer in Mecklenburg.

Flottbeker Drift, (Bahrenfeld), 1950, nach dem früheren Viehtriebweg, auf dem die Flottbeker Bauern ihr Vieh auf die Weide trieben.

Flottbeker Marktweg, (Groß Flottbek), 1968, nach der Lage, d.h. dem Weg, der zum Groß Flottbeker Wochenmarkt führt.

Flottbeker Stieg, (Bahrenfeld), 1950, nach dem Stadtteil.

Flottbektal, (Othmarschen), 1969, nach der Lage im „Tal“ des Baches Flottbek.

Flüggenhofstieg, (Marmstorf), 1955, nach der Motivgruppe: Marmstorfer Hofnamen.

Flüggestraße, (Winterhude), 1907, nach dem Botaniker Johannes Flügge (1775–1816), der 1810 den ersten öffentlichen botanischen Garten in Hamburg angelegt hat (bei der heutigen Fontenay). Aus strategischen Gründen wurde dieser Garten in der Franzosenzeit von den Besatzern eingeebnet.

Flünkentwiete, (Wilhelmsburg), 2005, nach dem plattdeutschen Wort „Flünken“ für Mühlenflügel und mit Bezug auf die nahe gelegene historische Windmühle.

Flughafenstraße, (Fuhlsbüttel, Langenhorn, Hummelsbüttel), 1952, nach der Lage, als zum Flughafen führende Straße.

Flurkamp, (Osdorf), 1965, im Anschluss an den Namen Flurstraße.

Flurstraße, (Bahrenfeld, Lurup, Osdorf), 1928, frei gewählter Name, wohl mit Bezug auf die damals flurartige Beschaffenheit, der von der Straße durchschnittenen Gegend.

Flutende, (Harburg), 1956, weil sich die Flut bei Sturmflut und Deichbrüchen bis hierher bemerkbar machte.

Fockenweide, (Bergedorf), 1968, nach einem Flurnamen.

Focksweg, (Finkenwerder), 1923, nach der seit dem 16. Jahrhundert alteingesessenen Bauern- und Fischerfamilie Fock.

Föhrenheide, (Neugraben-Fischbek), 1946, nach der Lage in der Fischbeker Heide, wo der Name Heide in den verschiedensten Variationen verwendet wurde, meist in Verbindung mit dem örtlichen Charakter.

Föhrenholt, (Duvenstedt), 1942, frei gewählter Name. Föhrenholt ist das niederdeutsche Wort für Kiefernwald bzw. Kieferngehölz.

Föhrenholtweg, (Hausbruch), 1944, nach der plattdeutschen Bezeichnung für Kiefernwald oder Kieferngehölz.

Föhrenweg, (Fuhlsbüttel), 1922, 1928, in Anschluss an die auch sonst in

Fuhlsbüttel vielfach verwendeten Baummotivnamen. Föhren = Kiefern.

Försterei Klövensteen, (Rissen), etwa 1790–1795, Klövensteen ist die Bezeichnung für gespaltenen Stein. Wahrscheinlich geht die Bezeichnung auf eine Zeit zurück, wo die Menschen hier Baumaterial an Ort und Stelle bearbeitet haben. Eine andere Lesart will wissen, dass hier, zur Zeit der Christianisierung, heidnische Steingräber zerschlagen wurden, da man zerstörte Hünengräber im Klövensteen gefunden hat. Wahrscheinlich ist eine Kombination aus beiden Erklärungen. Die Bevölkerung wird s. Zt. die Steine zerschlagen haben, um sie als Baumaterial zu verwenden.

Försterkamp, (Hausbruch), 1975, Flurname. Försterkamp = Feld des Försters.

Försterstieg, (Heimfeld), 1938, nach einer bereits seit 1780 bekannten Wegbezeichnung, die amtlich übernommen wurde.

Försterweg, (Stellingen), 1928, nach dem hier ehemaligen Gasthaus „Das Forsthaus" (in Langenfelde).

Föttingergarten, (Barmbek-Nord), 1952, nach Prof. Dr. Hermann Föttinger (1877–1945), dem Erfinder des Flüssigkeitsgetriebes, den sogenannten Föttinger Transformator.

Fohlenweide, (Farmsen-Berne), 1967, in Anlehnung an die sonst hier verwendeten Pferde- und Reitermotivnamen.

Fohrwisch, (Eidelstedt), 1936, Flurname. Nach einer Karte der städtischen Bauverwaltung Altona von 1926, Maßstab 1: 5000 und der Verkoppelungskarte.

Fontanestraße, (Osdorf), 1928/29, nach dem Dichter Theodor Fontane (1819–1898), war zunächst Apotheker, Sekretär und Korrespondent sowie Kriegsberichterstatter in den Feldzügen 1864, 1866 und 1870. Seine großen erzählerischen Werke entstanden erst im Alter, zuvor schrieb er nur historische Romane. Zum Gedenken an Fontane wird jährlich, seit 1949, der Fontane Literaturpreis der Stadt Berlin verliehen.

Fontenay, (Rotherbaum), um 1820 nach dem Vorbesitzer, dem Schiffsmakler John Fontenay, dem das Gebiet zwischen der Badestraße und der Warburgstraße gehörte.

Fontenay-Allee, (Rotherbaum), 1820, Erklärung: wie Fontenay. Hier legte der Botaniker Dr. Johann Flügge 1810 den ersten botanischen Garten an, der 1813 in der Franzosenzeit von den Besatzern aus strategischen Gründen eingeebnet und zerstört wurde. Schon 1837 entstand auf dem Gelände der Fontenay vor dem Dammtor eine erste geschlossene Siedlung.

Foorthkamp, (Langenhorn), 1917, nach einem Feld (Kamp), das an einer Furt (Foorth) lag, die durch den Bornbach führte.

Foortstegel, (Curslack, Neuengamme), 1925, nach einer volkstümlichen Bezeichnung für einen Steg, der zur Furt (Foort) führte. Stegel ist die Diminutivform von Steg, kann aber auch Weideübertritt bedeuten.

Forbacher Straße, (Dulsberg), 1923, nach der Stadt Forbach in Elsass-Lothringen.

Forsmannstraße, (Winterhude), 1907, nach dem Stadtbaumeister Franz Gustav-Joachim Forsmann (1795–1878), der zusammen mit Wimmel das Johanneum und die Neue Börse erbaute.

Forsteck, (Sülldorf), 1949, benannt nach einem frei gewählten Namen.

Forstgrund, (Hausbruch), 1948, frei gewählter Name (Waldweg).

Forsthöhe, (Hausbruch), 1948, frei gewählter Name (Waldweg).

Forstweg, (Heimfeld), 1910, als zum Forst Haake führender Weg.

Foßberger Moor, (Langenhorn), 1933, nach der niederdeutschen Bezeichnung für Fuchs = Voß, Foß.

Foßholt, (Rönneburg), 1950, Foßholt = Fuchsgehölz.

Foßredder, (Volksdorf), 1913, frei gewählter Name. Foß = Fuchs, Redder = von Knicks gesäumter Feldweg.

Foßsölen, (Volksdorf), 1936, Flurname. Foß = Fuchs und Sohle = Suhle, Sumpfloch.

Fraenkelstraße, (Barmbek-Nord), 1945, nach Prof. Dr. med. Eugen Fraenkel

(1873–1925), Leiter des pathologischen Instituts am Krankenhaus Eppendorf.

Frahmredder, (Sasel, Poppenbüttel), 1951, nach dem Heimatforscher und Heimatdichter, auch Mitbegründer des Alstertalvereins, dem Hauptschullehrer und Rektor in der Poppenbütteler Schule, Hinrich-Ludwig Frahm (1856–1936).

Frahmstraße, (Blankenese), 1949, nach dem früheren Gemeindevorsteher in Blankenese Heinrich Frahm (1871–1947).

Framheinstraße, (Barmbek-Süd), 1907, nach der Barmbeker Hufnerfamilie Framhein.

Francoper Hinterdeich, (Francop), 1948, nach dem Stadtteil.

Francoper Straße, (Neugraben-Fischbek, Hausbruch), 1938, nach dem benachbarten Ortsteil Francop, wohin die Straße führt.

Frankenstraße, (Hammerbrook), 1869, nach dem germanischen Stamm der Franken, der sich durch Zusammenschluss einer Reihe von Kleinstämmen gebildet hat.

Frankring, (Volksdorf), 1957, nach den Brüdern Hermann (1871–1941) und Paul August Frank (1878–1951), den Erbauern der Straße, die als Architekten neue Wege gingen und als Begründer neuer Wohnsiedlungsformen galten.

Franz-Gartmann-Treppe, (Nienstedten), 1970, nach dem Fabrikanten und Vorbesitzer des Geländes Franz Gartmann (1875–1945).

Franz-Marc-Straße, (Billstedt), 1971, nach dem modernen Maler Franz Marc (1880–1916), malte zunächst impressionistisch und kam von A. Macke und Kandinsky beeinflusst zum Kubismus.

Franzosenheide, (Schnelsen), 1800, so benannt, weil hier um 1800 französische Emigranten Heideland zum Urbarmachen erhielten. Sie haben aber nur einen Teil kultiviert und die Gegend bald wieder verlassen.

Franzosenkoppel, (Lurup), 1949, Flurname aus der Franzosenzeit. Hier bahnten sich in Lurup einquartierte französische Soldaten einen Pirschweg zu ihrem Appellplatz nach Eidelstedt.

Franz-Rohr-Weg, (Bergedorf), 2006, nach Franz-Josef Rohr (1903–1986), Mitbegründer der CDU in der Bezirksversammlung Bergedorf, 18 Jahre lang deren Fraktionschef, fast 40 Jahre kommunalpolitisch in und für Bergedorf tätig.

Frapanweg, (Iserbrook), 1965, nach Elise Therese, geb. Levien. Pseudonym: Ilsi Frapan-Akunian (1849–1908), Jugendschriftstellerin.

Frauenthal, (Harvestehude), 1870, benannt mit dem Namen des Nonnenklosters Harvestehude, der offiziell Jungfrauental oder Frauental lautete. Die Erinnerung an dieses Kloster und die Herkunft des Namens wurden mit vielen Straßennamen in diesem Stadtteil festgehalten.

Freegen, (Kirchwerder), 1983, nach einem Flurnamen, der aus dem Mittelniederdeutschen kommt und Einfriedung bzw. Zaun bedeutet.

Freegenweg, (Kirchwerder), 1999, in Anlehnung an die Straße Freegen.

Freesenstraße, (Marienthal), vor 1938, nach dem ersten bekannten Pächter des Gutes Wandsbek, Johann F. Freese, der das Gut von 1572 bis 1578 bewirtschaftete.

Freesienweg, (Sasel), 1962, nach einem Blumenmotiv.

Freihafenelbbrücke, (HafenCity, Kleiner Grasbrook), 1927, nach der Lage und Funktion.

Freihafenstraße, (Rothenburgsort), 1870, zur Erinnerung an die 1867 geschaffene Freihafenstellung Hamburgs, mit Bezug auf die damals im Zollkanal, zwischen der Freihafenstraße und der Zollvereinstraße, verlaufende Zollgrenze.

Freiligrathstraße, (Hohenfelde), 1889, nach dem Dichter Ferdinand Freiligrath (1810–1876), der mit Schilderungen exotischer Welten einen neuen Ton in die deutsche Lyrik brachte.

Freiweide, (Bergedorf), 1949, nach der ehemaligen Bestimmung als Freiweide für das Vieh der Bürger Bergedorfs.

Frettchenweg, (Sasel), 1964, nach dem Frettchen, eine Art Iltis, das zur Kaninchenjagd eingesetzt wird.

Freudenthalweg, (Wilstorf), 1950, nach Friedrich Freudenthal (1849–1929) und nach August Freudenthal (1861–1898), Schriftsteller, insbesondere Heidedichter.

Frickestraße, (Eppendorf), 1887 und 1928, nach Carl Georg Fricke (1790–1841), bedeutender Chirurg am Freimaurerkrankenhaus und St. Georg-Krankenhaus sowie zweiter Arzt am Allgemeinen Krankenhaus Eppendorf.

Friedastraße, (Marienthal), 1909, nach einem frei gewählten weibl. Vornamen.

Frieda-Wieking-Stieg, (Langenhorn), 2010, nach Frieda Hertha Martha Wieking (1893–1967), Schwester, Gewerkschafterin, Betriebsrätin bis 1933, 1933 als politisch unzuverlässig entlassen, 1935 wieder eingestellt als Schwesternaushilfe, 1945 erneut Gewerkschafterin, 1946/47 Vertreterin der Belange des Bundes freier Schwestern im Hamburger Bezirksvorstand, Provisorin an der Frauenklinik Finkenau, 1948 Betreuung der Schwestern als Bezirksschwester, 1951–1960 im Bezirksfrauenausschuss, 1958 pensioniert.

Friedensallee, (Bahrenfeld, Ottensen), 1887, zur Erinnerung an den Friedensvertrag von 1871.

Friedenstraße, (Eilbek), 1866, nach der Lage bei den Begräbnisplätzen von St. Jacobi.

Friedensweg, (Osdorf), 1929, zur Erinnerung an den Friedensvertrag von 1871 wurde diese Straße Friedenstraße benannt, bzw. 1929 in Friedensweg umbenannt.

Friedhofstraße, (Eißendorf), 1910, nach der Lage am Eißendorfer Friedhof, der 1892 eingeweiht wurde.

Friedhofsweg, (Ohlsdorf), 1928, nach der Lage als Zugangstraße zum Ohlsdorfer Friedhof.

Friedländer Straße, (Bramfeld), 1954, nach der Stadt in Ostpreußen.

Friedmannbogen, (Allermöhe), 1979, nach dem Architekten Robert Friedmann (1888–1940), dem Erbauer der Synagoge in der Oberstraße in Hamburg. Motivgruppe: Architekten des frühen 20. Jahrhunderts.

Friedrich-Ebert-Damm, (Wandsbek, Tonndorf, Farmsen-Berne), 1945, nach dem ersten deutschen Reichspräsidenten, dem Politiker Friedrich Ebert (1871–1925), von Beruf Sattler, dann Redakteur und seit 1912 MdR; von 1913–1919 Parteivorsitzender, 1918 wurde er Reichskanzler, und er übernahm die Leitung des Rates der Volksbeauftragten. 1919 wurde er von der Weimarer Nationalversammlung zum Reichspräsidenten gewählt.

Friedrich-Ebert-Hof, (Ottensen), 1951, Erklärung wie Friedrich-Ebert-Damm.

Friedrich-Ebert-Straße, (Niendorf), 1945, siehe Friedrich-Ebert-Damm.

Friedrich-Frank-Bogen, (Bergedorf), 1968, nach Friedrich Frank (1884–1960), Schriftsteller, Ortsamtleiter in Bergedorf, Bürgermeister in Bergedorf von 1931–1933 und Senator in Hamburg 1946–1953.

Friedrich-Karl-Straße, (Wellingsbüttel), 1960, nach Friedrich Karl Ludwig, Herzog von Schleswig-Holstein (1757–1816), u.a. auch Besitzer des Gutes Wellingsbüttel.

Friedrich-Kirsten-Straße, (Wellingsbüttel, Poppenbüttel), 1929, nach Friedrich Kirsten (1842–1924), Kaufmann, Grundstücksmakler und Besitzer des Gutes Wellingsbüttel.

Friedrich-Legahn-Straße, (Blankenese), 1928, nach dem Dekorateur und Tapezierer Friedrich Legahn (1832–1924), dem Erbauer der Straße.

Friedrich-List-Straße, (Wilstorf), 1924, nach Friedrich List (1789–1846), der sich besondere Verdienste um die deutsche Zollunion erwarb und sich stark für die Errichtung eines deutschen Eisenbahnnetzes einsetzte.

Friedrich-Ludwig-Jahn-Straße, (Harburg), 1933, nach dem Pädagogen und Sprachforscher Friedrich Ludwig Jahn (1778–1852), dem Schöpfer der deutschen Turnbewegung („Turnvater Jahn"). 1811 richtete er in Berlin-Hasenheide den ersten Turnplatz ein.

Friedrich-Naumann-Straße, (Heimfeld), 1929, nach dem Schriftsteller und Politiker Dr. Friedrich Naumann (1860–1919). Er war von 1907 bis 1918 Mitglied und Mitbegründer der Deutschen Demokratischen Partei und in der Weimarer Nationalversammlung sowie Mitglied des Verfassungsausschusses. Im ersten Reichstag, nach dem Ersten Weltkrieg 1919, vertrat er den Liberalismus in seiner Partei bis zu seinem Tode.

Friedrich-Schütter-Platz (Uhlenhorst), 2001, nach Friedrich Schütter (1921–1995), Gründungsmitglied des Jungen Theaters, Schauspieler, Synchronsprecher und Intendant des Ernst-Deutsch-Theaters.

Friedrichsberger Brücke, (Barmbek-Süd), 1945, im Anschluss an den Namen Friedrichsberger Straße.

Friedrichsberger Straße, (Barmbek-Süd, Eilbek), 1868, nach dem der Gegend anhaftenden Flurnamen „Friedrichsberg". Der Name soll zurückgehen auf einen Hügel, auf dem sich Ackerland des Bauern Friedrich befand. Im Volksmund wurde dieser Hügel „Friedrichs Berg" genannt, ein Name, der später offiziell übernommen wurde. Bekannt geworden ist die Straße durch eine hier später eröffnete Irrenanstalt. Bemerkenswert an dieser Anstalt war, dass die Patienten nicht hinter vergitterten Fenstern saßen, sich frei bewegen konnten und keine Besuchsbeschränkung hatten. Auch die sonst üblichen Zwangsjacken waren hier abgeschafft worden.

Friedrich-Schöning-Weg, (Osdorf), 1992, nach Friedrich Schöning (1878–1968), Senator in Altona von 1909 bis 1933, Ortsamtleiter in Blankenese von 1945–1950.

Friedrichshainstraße, (Rahlstedt), 1961, benannt nach dem Berliner Bezirk.

Friedrichshulder Weg, (Lurup), 1930, nach dem Gut „Friedrichshulde" bei Schenefeld. Der Volksmund weiß es besser, er erzählt, dass Friedrich hier seine „Holde" gehabt habe.

Friedrichstraße, (St. Pauli), 1800, nach einem männlichen Vornamen. Wie bereits zuvor bei anderen männlichen und weiblichen Vornamen erwähnt, waren beim schnellen Wachstum der Vorstädte den Stadtvätern die Ideen für neue Straßennamen ausgegangen, weshalb man sich entschloss, zunächst männliche, später weibliche Vornamen, dem Alphabet nach, zu verwenden. Unter dem Buchstaben „F" hat es den Namen Friedrich getroffen.

Friesenstraße, (Hammerbrook), 1897, nach dem westgermanischen Volksstamm der Friesen an der Nordseeküste zwischen Ijsselmeer und Ems. Sie wohnten auf Würfen und waren Viehzüchter. Siedlungsgebiet im 7. Jahrhundert von Brügge bis zur Elbe. 785 unterwarf sie Karl der Große und brachte ihnen das Christentum. Teile verließen ihr Gebiet und wanderten nach Schleswig-Holsteins Küste aus.

Friesenweg, (Ottensen, Othmarschen), 1913, benannt nach der früher hier gelegenen Friesenbrauerei. Erklärung „Friesen": siehe Friesenstraße.

Fritz-Döhling-Weg, (Neugraben-Fischbek), 1972, nach Fritz Döhling (1884–1961), einem Förderer des Naturschutzes.

Fritz-Flinte-Ring, (Steilshoop), 1970, nach Fritz Flinte (1876–1963), einem Lehrer, der sich um visuelle Lehrmethoden verdient gemacht hat.

Fritz-Lindemann-Weg, (Lohbrügge), 1964, nach dem Schriftsteller und General der Artillerie Fritz Lindemann (1894–1944), der als Widerstandskämpfer gegen den Nationalsozialismus 1944 ermordet wurde.

Fritz-Neubers-Weg, (Barmbek-Nord), 1927, nach dem Hamburger Bildhauer Fritz Neubers (1837–1889). Er schnitzte aus Eichenholz den Altar der Johanniskirche und schuf die drei Meter hohe Christusfigur an der Turmfront der Petrikirche sowie vieles andere mehr.

Fritz-Reuter-Straße, (Bramfeld), 1890, zu Ehren des niederdeutschen Schriftstellers

Fritz Reuter (1810–1874). Er wurde wegen Teilname und Umtriebe der Burschenschaft erst zum Tode, dann zu 30jähriger Festungshaft verurteilt; frühzeitig entlassen, war er zunächst in der Landwirtschaft, dann als Privatlehrer tätig, bis er Schriftsteller wurde.

Fritz-Schumacher-Allee, (Langenhorn), 1920, zu Ehren des Oberbaudirektors Prof. Dr. Fritz Schumacher (1869–1947), einem bedeutenden Architekten, der sich große Verdienste bei der städtebaulichen Entwicklung Hamburgs erwarb. Er hat sein Leben damit zugebracht, der Stadt seinen Stempel aufzudrücken. Man kann nachträglich sagen, dass es für Hamburg die beste Zeit im Bauwesen der Stadtentwicklung war.

Fritzschweg, (Billstedt), 1969, nach dem Kupferstecher Christian Fritzsch (1695–1769).

Fritz-Solmitz-Weg, (Langenhorn), 1987, nach dem Redakteur und Sozialdemokraten Fritz Solmitz (1893–1933), wurde aus rassisch-politischen Gründen im KZ Fuhlsbüttel misshandelt und in den Tod getrieben.

Fritz-Stoffert-Straße, (Bergedorf), 1939, nach dem Kaufmann und Kunstmaler Fritz Stoffert (1817–1910), der sich um die Heimatgeschichte Bergedorfs außerordentliche Verdienste erworben hat.

Frobeniusweg, (Billstedt), 1948, nach Georg Ludwig Frobenius (1566–1645), Hamburger Buchhändler und Buchdrukker.

Fröbelstraße, (Rotherbaum), 1892, nach dem bedeutenden Pädagogen Friedrich Wilhelm August Fröbel (1782–1852). Er entwickelte auf religiös-mystischer Basis eine Erziehungsmethode zur Kleinkindpädagogik.

Frohbösestraße, (Stellingen), 1972, nach Ferdinand Frohböse (1871–1943), Volksschullehrer, erster Leiter des städtischen Lichtbildamtes und Förderer der visuellen Pädagogik.

Frohmestraße, (Schnelsen), 1947, nach dem sozialdemokratischen Reichstagsabgeordneten in Schleswig-Holstein Karl Frohme (1850–1933).

Froschkönigweg, (Billstedt), 1952, nach einem Märchenmotiv.

Fruchtallee, (Eimsbüttel), 1863, nach den versuchsweise in der Straße gepflanzten Obstbäumen.

Fruchtweg, (Sülldorf), 1928, nach einem frei gewählten Namen.

Frühlingsgarten, (Alsterdorf), 1936, nach der Lage in der Gartenstadt Alsterdorf.

Frühlingsheide, (Neugraben-Fischbek), 1974, nach der Lage in der Fischbeker Heide und den auch sonst hier auf „Heide" lautenden Wegnamen, die meist in Verbindung mit dem örtlichen Charakter verwendet wurden.

Frühlingstraße, (Stellingen), 1928, ben. nach einem Jahreszeitenmotiv.

Frustbergstraße, (Groß Borstel), 1906, unter Benutzung des der Gegend anhaftenden Flurnamens „Auf dem Frustberg". Einzelheiten über die Entstehung des Namens würden hier zu weit führen. Nachgelesen werden kann das in der Kollauer Chronik.

Fruteweg, (Rissen), 1949, nach einer Heldengestalt aus der Gudrunsage.

Fuchsbergredder, (Billstedt), 1950, nach einer ortsüblichen Bezeichnung, die an die damals unwirtliche Gegend erinnern soll.

Fuchsbergweg, (Billstedt), 1999, an Anlehnung an den südlich belegenen Fuchsbergredder und den alten Flurnamen Fuchsberg.

Fuchsienweg, (Eidelstedt), 1935, nach einem Blumenmotiv und den auch sonst in Eidelstedt vielfach verwendeten Blumenmotivnamen.

Fuchsloch, (Hamm-Nord), 1910, mit diesem Namen soll an die seinerzeit unwirtliche Gegend erinnert werden.

Fuchsversteck, (Schnelsen), 1950, mit diesem Namen soll an die ehemals unwirtlichen Gegend erinnert werden.

Fuchswechsel, (Schnelsen), 1950, Erklärung wie Fuchsversteck.

Füerbarg, (Sasel), 1919/20, frei gewählter Name für die niederdeutsche Bezeichnung für Feuerberg, was daran erinnert, dass hier früher Oster- und Sonnwendfeuer abgebrannt wurden.

Fünfhausener Deichweg, (Neuland), 1970, nach dem Ortsteil Fünfhausen, wohin die Straße führt.

Fünfhausener Hauptdeich, (Neuland), 1970, nach dem Ortsnamen Fünfhausen.

Fünfhausener Landweg, (Neuland, Harburg), 1938, als Zufahrtsweg für die dort liegenden Höfe, da der Eibdeich nicht befahren werden durfte.

Fünfhausener Straße, (Neuland, Gut Moor), 1942, nach dem Ortsteil Fünfhausen, wohin die Straße führt.

Fünfstück, (Rahlstedt), 1925, Flurname, Fünfstück = Bezeichnung für ein größeres Ackerstück.

Fürstendahlen, (Eißendorf), 1976, nach einer alten Bezeichnung für das dort liegende Gehölz, das früher der Landherrenschaft gehörte und aus dieser Zeit „Fürstendahlen" hieß. Die Silbe Dahlen wird von Dal = Tal abgeleitet.

Fürstenmoordamm, (Heimfeld, Moorburg), 1986, nach der Flurbezeichnung „Fürstenmoor". Fürstenmoor ist ein Teil des Moorgeländes zwischen Moorburg und der Geest, das früher der Landherrenschaft gehörte.

Fuhlendorfweg, (Sülldorf), 1953, nach dem Lehrer Caspar Hinrich Fuhlendorf (1844–1903) an der Schule in Sülldorf. Mit Hilfe seiner Schüler hat er noch vor der Jahrhundertwende einen eiszeitlichen Urnenfriedhof freigelegt.

Fuhlentwiete, (Neustadt), ben. Mitte des 17. Jahrhunderts. In den Jahren 1620/1660 handelte es sich um eine Landstraße, die vom Graskeller zum Dammtor führte und sich in einem jämmerlichen Zustand befand. Das Niederdeutsche „Fühl" bedeutet soviel wie schmutzig oder sumpfig. Die Hamburger Straßen hatten früher eine Breite von 5 bis 10 Metern und waren für den Verkehr kaum nutzbar, denn die Kellereingänge ragten meist noch in die Straße hinein. Die Handwerker arbeiteten vielfach auf der Straße und nahmen zusätzlich mit ihren Gerätschaften noch Platz von der Straße weg. Bürgersteige gab es nicht, und die Abflüsse lagen in der Mitte der Straße und führten von dort in das nächste Fleet.

Fuhlsbütteler Damm, (Ohlsdorf, Fuhlsbüttel), 1898, nach der alten Bezeichnung für den gepflasterten Damm, der 1838/40 durch das Dorf Fuhlsbüttel und seine Feldmark angelegt wurde und als Verbindung zur Alsterkrugchaussee diente.

Fuhlsbütteler Weg, (Niendorf), 1951, nach der von Niendorf nach Fuhlsbüttel führenden Straße.

Fuhlsbüttler Passage, (Fuhlsbüttel), 1953, nach einer kleinen zur U-Bahn führenden Ladenpassage.

Fuhlsbüttler Straße, (Barmbek-Nord, Ohlsdorf), 1862 und 1929, als Teil der von Barmbek nach dem Dorf Fuhlsbüttel führenden Landstraße.

Fuhrenkamp, (Eißendorf), 1982, in Anschluss an den Namen „Am Fuhrenkamp e. V.", einer Gartensiedlung, die durch diesen Weg erschlossen wurde.

Fuldastieg, (Neuland), 1952, nach dem westlichsten (linken) Nebenfluss (Quellfluss) der Weser, 218 km lang, entspringt auf der Wasserkuppe (Röhn) und nimmt die Eder auf.

Funhofweg, (Barmbek-Nord), 1949, nach dem zwischen 1475 und 1484 in Hamburg tätig gewesenen Maler Hinrik Funhof. Er schuf große Altarwerke, u. a. für die Lüneburger Johanniskirche. In der Hamburger Kunsthalle befindet sich das Bild „Madonna im Ährenkleid".

Funkstraße, (Altona-Altstadt), 1950, nach dem Pastor Nikolaus Funk (1767–1847), Schriftsteller und Mitbegründer der Sonntagsschule sowie Kunst-und Gewerbeschule in Altona.

Furchenacker, (Eidelstedt), 1964, in Anlehnung an die hier auch sonst auf „Akker" lautenden Wegnamen.

Furtredder, (Bergstedt), 1948, ben. nach der Alsterfurt bei der Alten Mühle. Redder = von Knicks gesäumter Feldweg.

Furtstieg, (Bergstedt), 1946, Benennung wie Furtredder.

Furtweg, (Eidelstedt), vor 1924, nach der Furt durch den Mühlenbach.

G

Gademannstraße, (Altona-Altstadt), 1684, nach dem Vorbesitzer des Grundstücks, dem Bau- und Zimmermann Joch. Gademann.

Gaedechensweg, (Eppendorf), 1902, nach dem Hauptmann C. F. Gaedechens (1818–1901), dem Verfasser einer hamburgischen Topographie und heimatkundlicher Werke.

Gählerstraße, (Altona-Altstadt), 1853, nach Wilhelm Gähler (1781–1855), 1811 Sekretär im Oberpräsidium, 1820 Senator in Altona, 1853 Erster Bürgermeister in Altona.

Gänselieselweg, (Billstedt), 1952, nach einem Märchenmotiv.

Gänsemarkt, (Neustadt), in der zweiten Hälfte des 17. Jahrhunderts. Durch die Erweiterung der Stadtbefestigung, zu Beginn des 17. Jahrhunderts, entstanden in der Stadt einige Freiräume, die zur Anlage und Vergrößerung von Plätzen und Märkten genutzt wurden. So wurde auch der Platz „Beim Isern Hinnerk", der spätere Gänsemarkt, großzügiger ausgelegt. Ob auf diesem Platz jemals Gänse weideten, ist nicht überliefert. Sicher ist nur, dass es sich nicht um einen Markt handelte, auf dem Gänse gehandelt wurden. Der Name könnte vielmehr abgeleitet sein von einem Mann namens „Gosen", der hier früher lebte und Grundbesitz hatte. Die Silbe Markt hat nichts mit einem Markt im üblichen Sinne zu tun und könnte wie beim Rödingsmarkt „Gemark" bzw. „Gemarkung" bedeuten.

Gänsestieg, (Lurup), 1932, mit Bezug auf einen Kleintierzuchtverein, dem das Gelände gehörte.

Gärtnerstraße, (Hoheluft-West), 1864, nach dem vorwiegenden Beruf der Anlieger.

Gärtnerweg, (Marmstorf), 1930, nach den früher hier gelegenen Gärtnereien.

Gätgensstraße, (Blankenese), 1949, nach der Bauernfamilie und dem Dokkenhudener Bauernvogt Hinrich Gätgens (1799–1879).

Gagelstrauchweg, (Langenhorn), 2002, nach der im benachbarten Raakmoor vorkommenden Pflanze.

Gaiserstraße, (Harburg), 1950, nach dem Kaufmann und Ölmühlenbesitzer Gottlieb Leonhard Gaiser (1817–1892), der seine Ölmühle an Friedrich Thörl verkaufte.

Galileiweg, (Rahlstedt), 1958, nach dem Mathematiker, Philosophen und Astronomen Galileo Galilei (1564–1642). Ein selbst konstruiertes Fernrohr benutzte er zu astronomischen Beobachtungen. Er entdeckte die Mondmorphologie, den Sternenreichtum der Milchstraße, die Phasen der Venus, die vier größten Jupitermonde und 1611 die Sonnenflecken.

Gammer Weg, (Altengamme), 1935. eine Ansicht geht davon aus, dass „Gamme" die Bezeichnung für die Dove Elbe ist. Eine andere Lesart vermutet, dass „Gamme" auf das indogermanische „Ghama" zurückgeht und Erde bedeutet.

Gandersheimer Weg, (Niendorf), 1948, nach der berühmten Abtei des 9. Jahrhunderts, in der Ende des 10. Jahrhunderts die Nonne Roswitha von Gan-dersheim wirkte. Motivgruppe: Personen und Orte aus der altniedersächsischen Geschichte.

Gannerbarg, (Neugraben-Fischbeki, 1948, Flurbezeichnung, Ganner = Ganter = Gänserich.

Garbersweg, (Marmstorf), 1969, nach der im 19. Jahrhundert in Marmstorf lebenden Familie Garbers.

Garbestraße, (Eimsbüttel), 1948, nach dem niederdeutschen Dichter Robert Garbe (1878–1927), der maßgeblich am Bemühen um reine einheitliche niederdeutsche Schriftsprache beteiligt war.

Gardinger Weg, (Osdorf), 1971, nach der Ortschaft in Dithmarschen.

Garleff-Bindt-Weg, (Poppenbüttel), 1977, nach dem Bauernvogt, der 1638 erschlagen wurde.

Garlstorfer Stieg, (Langenbek), 1956, nach Garistorf Krs. Harburg. Motivgruppe'. Ortschaften der Lüneburger Heide.

Garnstück, (Finkenwerder), 1869 und 1903, nach einer Flurbezeichnung. Als Garn" bezeichnete man die sogenannten „Buttnetze" und auf dem „Garnstück" wurden diese zum Trocknen aufgehängt.

Garrelsweg, (Blankenese), 1952, zur Erinnerung an den hamburgischen Senator Johann Heinrich Garrels (1855–1920), der seit 1910 am Falkenstein seinen Wohnsitz hatte.

Garstedter Eck, (Niendorf), 1966, in Anlehnung an den Garstedter Weg.

Garstedter Weg, (Niendorf), 1903, benannt nach der früheren Nachbargemeinde Garstedt (heute Norderstedt), wohin der Weg führt.

Gartenfrieden, (Sasel), 1953, nach den dortigen Gärten und der friedvollen Lage.

Gartenstadtweg, (Wandsbek), 1950, nach der gemeinnützigen Gartenstadtgesellschaft.

Gasstraße, (Bahrenfeld), 1895, nach der ehemals an dieser Straße gelegenen Gasanstalt.

Gastkamp, (Rahlstedt), vor 1949, Flurname, „Gast" = „güst" = unfruchtbar, Kamp = Feld.

Gaswerkbrücke, (Barmbek-Süd), 1904, nach der Lage bei einem (inzwischen abgebrochenen) Gaswerk.

Gaswerkweg, (Wilhelmsburg), 1957, benannt nach dem früheren Wilhelmsburger Gaswerk, über dessen Gelände die Straße führt, das nach der Zusammenlegung mit Hamburg stillgelegt wurde.

Gauerter Hauptdeich, (Ochsenwerder), 1970, nach dem Ortsteil Gauert. Gauert geht zurück auf die alte Namensform „Gowerke" (1390), was den gemeinsamen Deichverband bezeichnet; Gauert soll daher sprachlich unrichtig sein.

Gaußstraße, (Ottensen), 1950, nach dem Mathematiker und Physiker Prof. Karl Friedrich Gauß (1777–1855).

Gayens Weg, (Bahrenfeld), 1939, nach Theodor Alexander Gayen (1824–1900), Kaufmann, Reeder und Konsul, der in Bahrenfeld umfangreichen Grundbesitz hatte.

Gazellenkamp, (Lokstedt, Stellingen), 1948, mit Bezug auf den nahe gelegenen Tierpark Hagenbeck.

Gazertstraße, (Harburg, Eißendorf, Heimfeld), 1950, nach dem Medizinalrat Dr. med. L. Friedrich Gazert (1813–1892), praktischer Arzt, Armenarzt, Stadt- und Landphysikus sowie Direktor des Krankenhauses Harburg.

Gebrüder-Wolf-Platz, (St. Pauli), 2006, nach der 1895 von Ludwig (1867–1955), Leopold (1869–1926) und James (I) Isaac (1870–1943) als „Wolf-Trio" gegründeten, dann als „Gebrüder Wolf" bekannten Gesangsgruppe, die mit ihrer Revue „Rund um die Alster" 1911 ihren Durchbruch im „Neuen Operettentheater" am Spielbudenplatz feierten und bis zum Berufsverbot als Juden 1933 volksnahe Unterhaltungskunst in Hamburg und Umgebung in plattdeutscher Sprache und Gesang populär gemacht haben.

Gebweiler Straße, (Dulsberg), 1922, nach der Ortschaft im Oberelsass, die durch den Vertrag von Versailles 1919 an Frankreich verlorenging.

Geerzkamp, (Billstedt), 1975, nach dem Topographen und Kartographen Franz Geerz (1816–1888).

Geesmoor, (Groß Borstel), 1939, nach dem Flurnamen „Geesmoorkoppel", „Gees" = „Geest" = unfruchtbar.

Geesthachter Kehre, (Rahlstedt), 1975, in Anlehnung an Geesthachter Weg.

Geesthachter Weg, (Rahlstedt), 1969, nach der Ortschaft im Herzogtum Lauenburg.

Geesthang, (Billstedt), 1984, nach der Lage am Geestabhang.

Geesttwiete, (Billstedt), 1948, als kleiner am Geesthang gelegener Weg.

Geffckenstraße, (Eppendorf), 1902, nach Heinrich Geffcken (1792–1861), Kaufmann in Hamburg, seit 1845 Senator und aktiver Mitarbeiter des Bürgermeisters Kellinghusen.

Gefionstraße, (Altona-Nord), 1893 und 1900, nach dem Seegefecht bei Eckernförde, in dem die dänische Fregatte „Gefion" erobert wurde.

Gehegekamp, (Hausbruch), 1990, in Anlehnung an das benachbarte Flurstück „Im Gehege".

Gehegestieg, (Hausbruch), 1990, in Anlehnung an das benachbarte Flurstück „Im Gehege".

Gehegewinkel, (Hausbruch), 1990, in Anlehnung an das benachbarte Flurstück „Im Gehege".

Gehlengraben, (Langenhorn), 1953, nach einem der Gegend anhaftenden Flurnamen (gel = gelb).

Gehlenkamp, (Rissen), 1930, Flurname, Gehlenkamp = gelber Acker, d. h. lehmiger, schlechter Boden.

Gehölzweg, (Marienthal), 1950, nach dem anliegenden Wandsbeker Gehölz.

Gehrdenweg, (Jenfeld), vor 1932, nach der Flurbezeichnung „Gehrden" = keilförmiges Landstück. Der erste Gehrdenweg lag nördlich des jetzigen und ist in der Rodigallee aufgegangen.

Gehrkensweg, (Wilhelmsburg), 1935, nach dem Heimatforscher und Verfasser heimatlicher Schriften Albertus Gehrkens (1856–1933), der von 1888 bis zu seinem Tode Bezirksvorsteher am Reiherstieg war.

Geibelstraße, (Winterhude), 1888, nach dem Schriftsteller Emanuel Geibel (1815–1884). Er wurde 1852 Professor für Ästhetik in München und lebte ab 1868 ständig in Lübeck. Er war gefeierter Lyriker der Deutschen Einigung unter Preußen („Der Mai ist gekommen", „Wer recht in Freuden wandern will").

Geibweg, (Horn), 1945, nach dem früheren Vorsitzenden und Mitgründer der SPD sowie Reichstagsabgeordneten, August Geib (1842–1879).

Geidelberg, (Rahlstedt), vor 1938, Flurname. Geidel = Besenginster.

Geierstraße, (Barmbek-Nord), 1914, nach den auch sonst in Barmbek verwendeten Vogelmotivnamen, in Erinnerung an den Vogelliebhaber von Essen. Es kann aber sein, dass die Geierstraße von diesem Motiv abweicht, denn in der Nähe lag eine Abdeckerei, wo sich die Greifvögel (siehe auch Habichtstraße) mit Aasfleisch versorgten.

Geißleinweg, (Billstedt), 1952, nach einem Märchenmotiv.

Geißlertwiete, (Winterhude), 1929, nach dem Architekten und Miterbauer des Rathauses und der Michaeliskirche Hermann Geißler (1859–1939). Twiete = kleine Gasse zwischen zwei Straßen.

Gelbe Brücke, (Billbrook), 1969, ben. nach dem Anstrich, auch andere Brükken über die Bille wurden nach ihrem unterschiedlichen Anstrich benannt.

Gellersenweg, (Eißendorf), 1964, nach Carl Wilhelm Johannes Gellersen (1878–1962), Rektor der Volksschule in Eißendorf und Leiter des Schulgartens sowie Schöpfer der „Fibel für Niedersachsen".

Gellertstraße, (Winterhude), 1891, nach dem Dichter Christian Fürchtegott Gellert (1715–1769).

Gemeinweide, (Sasel), 1959, Flurname. Das Dorf besaß hier Heideflächen, auf denen von jedem Dorfbewohner nach einem festgelegten Schlüssel Vieh geweidet werden durfte.

Gemseneck, (Stellingen), 1968, ben. mit Bezug auf den nahe gelegenen Tierpark.

Genslerstraße, (Barmbek-Nord), 1914. nach den hamburgischen Malern Günther (1803–1884), Jakob (1808–1845) und Martin Gensler (1811–1881).

Genter Ufer, (Waltershof), 1971, Motivgruppe: ausländische Städte mit Handelsbeziehungen zu Hamburg.

Georg-Appel-Straße, (Niendorf), 1982, nach Georg Appel (1901–1944), einem Opfer des Nationalsozialismus.

Georg-Blume-Straße, (Horn), 1964, nach Georg Blume (1849–1921), Bürgerschaftsabgeordneter. Motivgruppe: Männer und Frauen der Arbeiterbewegung.

Georg-Bonne-Straße (Nienstedten), 1949, nach dem Sanitätsrat Dr. Georg Bonne (1859–1945), der über 50 Jahre als Arzt in den Elbgemeinden tätig war.

Georg-Clasen-Weg, (Langenhorn), 1985, nach dem Lehrer Georg Clasen (1881–1968), Motivgruppe: Personen, die sich um das kulturelle Leben Hamburgs verdient gemacht haben.

Georges-André-Kohn-Straße, (Schnelsen), 1992, nach dem 12 Jahre alten Franzosen, einem Opfer des Nationalsozialismus. Weitere Erklärung: siehe Brüder-Hornemann-Straße.

Georg-Heyken-Straße, (Hausbruch), 1988, nach dem Moorburger Arzt Georg Heyken (1864–1939).

Georginenweg, (Eidelstedt), 1935, nach den auch sonst hier verwendeten Blumenmotivnamen. Georginen = Dahlienart, benannt nach dem deutsch-russischen Botaniker). G. Georgi.

Georgiweg, (Groß Borstel), 1975, nach dem Polarforscher und Meteorologen Dr. Johannes Georgi (1888–1972).

Georg-Raloff-Ring, (Steilshoop), 1972, nach dem Bürgerschaftsabgeordneten Georg Raloff (1902–1965), der sich um das Kleingartengebiet Steilshoop verdient gemacht hat.

Georgsplatz, (Hamburg-Altstadt), 1843, benannt im Anschluss an den Namen der benachbarten Vorstadt St. Georg und der St. Georg-Kirche.

Georgstraße, (Wandsbek), vor 1876, nach dem Wandsbeker Kaufmann Georg Timm, dessen verstorbener Sohn Aufsichtsrat der Stadtkasse Wandsbek war.

Georgswerder Bogen, (Veddel, Wilhelmsburg), 1949, nach der bogenförmigen Anlage der Straße an der Grenze zu Georgswerder.

Georgswerder Damm, (Veddel), 1910, nach der Insel Georgswerder.

Georgswerder Ring, (Wilhelmsburg), 1981, nach dem Ortsteil Georgswerder, nach der dortigen Ringstraße.

Georg-Thielen-Gasse, (Winterhude), 1948, nach dem Architekten Georg Thielen (1853–1901).

Georg-Wilhelm-Straße, (Wilhelmsburg), 1947, nach dem Herzog Georg-Wilhelm von Braunschweig-Lüneburg (1665–1705), der die Elbinseln Stillhorn, Georgswerder und Rotehaus von der Familie von Groten erwarb, sie zusammen eindeichte und nach sich mit „Wilhelmsburg" benannte.

Gepidenbrücke, (Niendorf), 1960, nach dem Gepidenweg als Brücke über die Tarpenbek.

Gepidenweg, (Niendorf), 1950, nach dem ostgermanischen Volksstamm, der sich 269 in Nord-Siebenbürgen niederließ und sein Gebiet bis zur Theiß und Donau ausdehnte. Die Gepiden waren bis zu ihrer Niederlage 567 gegen die Langobarden und Awaren die bestimmende Kraft im Donauraum.

Gerade Straße, (Harburg), 1895, nach ihrem geraden Verlauf.

Geraer Weg, (Wilhelmsburg), 1952, nach der thüringischen Stadt Gera, als Verbindungsweg zwischen der Weimarer Straße und Rotenhäuser Damm.

Geranienweg, (Bahrenfeld, Osdorf), 1950, nach einem Blumenmotiv. Geranie = Pelargonie = artenreiche Gattung der Storchschnabelgewächse.

Gerberstraße, (Altona-Altstadt), 1872/ 1880, nach dem Gerberhandwerk, eine aus dem Volksmund stammende Straßenbezeichnung, die später offiziell übernommen wurde.

Gerckensplatz, (Hummelsbüttel), 1970, nach der alteingesessenen Hummelsbüttler Bauernfamilie (17. bis 20. Jahrhundert), seit 1665 auf dem Rehagen ansässig. Der letzte Landwirt und Bürgermeister Willi Gerckens ist 1974 verstorben. Auf dem Hof Glashütter Landstraße saß noch der Landwirt Rudolph Gerckens, der 1984 verstarb.

Gerdauring, (Hausbruch), 1966, nach dem Fluss in der Lüneburger Heide.

Gerhard-Falk-Straße, (Bergedorf), 1996, nach Gerhard Falk (1922–1978), Kartograph und Gründer des Falk-Verlages.

Gerhardstraße, (St. Pauli), 1800, wie bereits zuvor unter männlichen und weiblichen Vornamen in diesem Stadtviertel erwähnt, waren der Obrigkeit beim schnellen Wachstum der Vorstädte die Ideen für neue Straßennamen ausgegangen, weshalb man, dem Alphabet folgend, zunächst männliche, später weibliche Vornamen verwendete. Unter dem Buchstaben „G" hat man Gerhard erwählt.

Gerhart-Hauptmann-Platz, (Hamburg-Alstadt), 1946. Zu Ehren des Dichters und Nobelpreisträgers Gehart Hauptmann (1862–1946) wurde der frühere Pferdemarkt umbenannt. Nach gescheitertem Versuch, als Bildhauer in Rom zu leben, schloss er sich unter dem Einfluss von Ibsen in Berlin der „Freien Bühne" an. Hauptmanns Dramen verhalfen mit ihren lebensvollen Gestalten und Milieudarstellungen dem Naturalismus zum Durchbruch.

Gerhofstraße, (Neustadt), 1882, nach dem hier früher gelegenen, der Zubereitung des Leders dienenden Gerhof = Gerberhof, des Amtes der Schuhmacher.

Gerichtstraße, (Altona-Nord), 1872, nach der Lage beim Gerichtsgebäude des Amtsgerichts Altona.

Gerlachstraße, (Heimfeld), 1952, nach dem Pazifisten, Politiker, Verleger und Mitglied der „Deutschen Friedensgesellschaft" Hellmut von Gerlach (1866–1935), der nach seiner Flucht aus Deutschland 1933 ausgebürgert wurde. Er zählte seinerzeit schon zu den Vorkämpfern für ein vereintes Europa.

Gerlindweg, (Rissen), 1957, nach der Königin der Normannen Gerlind, in Erweiterung der Motivgruppe: Gestalten der Gudrunsage.

Germanenweg, (Niendorf), 1965, nach dem Volksstamm der Germanen. Der Name „Germanen" wurde von einem niederrheinischen Stamm auf deren gesamte östlichen Nachbarn übertragen. Der Name ist erst seit etwa 80 vor Christus gesichert und wurde von Cäsar benutzt. Die Germanen selbst kannten für ihre Gesamtheit keine Bezeichnung.

Germerring, (Ottensen), 1955, nach Martin Germer (1868–1927), dem Mitbegründer des Spar- und Bauvereins von 1892, dessen erster kaufmännischer Geschäftsführer er bis zu seinem Tode war.

Gernotstraße, (Rissen), 1949, nach Gernot, einer Gestalt aus der Nibelungensage.

Gernroder Weg, (Niendorf), 1951, nach der Motivgruppe: Städte im oder am Harz.

Gerntkebogen, (Allermöhe), 1979, nach dem Architekten Max Gerntke (1895–1964). Er erbaute einige expressionistische Villen in den Elbvororten, den Alsterpavillon sowie das Schillertheater in Altona.

Geroweg, (Niendorf), 1948, nach dem Markgraf der Ostmark Gero (gest. 965), der das Kloster Gernrode gründete und dort auch beigesetzt wurde.

Gerritstraße, (Altona-Altstadt), 1861, nach dem Kaufmann und Mennonitenprediger Gerrit Roosen (1611–1711), Verfasser mehrerer religiöser Schriften. Die Straße wurde 1861 von der Mennonitengemeinde angelegt und 1863 von der Stadt übernommen.

Gersonweg, (Allermöhe), 1979, nach Hans Gerson (1881–1931) und Oscar Gerson (1886–1966), Architekten. Nach der Motivgruppe: Hamburger Architekten des frühen 20. Jahrhunderts, die berühmt wurden durch Bauten wie Meßberghof und Sprinkenhof, die sie zusammen mit Fritz Höger errichteten.

Gerstäckerstraße, (Neustadt), 1948, nach Friedrich Gerstäcker (1816–1872), der sich als Weltreisender und Reiseschriftsteller einen Namen machte.

Gerstenbergstraße, (Osdorf), 1834, nach dem Dichter Heinrich Wilhelm Gerstenberg (1737–1823), der die Bewegung des „Sturm und Drang" eröffnete.

Gerstenkamp, (Barmbek-Süd), 1910, frei gewählter Name, nach den auch sonst hier verwendeten Getreidemotivnamen.

Gerstenkoppel, (Rahlstedt), 1950, nach einem Flurnamen.

Gerstenwiese, (Rahlstedt), 1950, nach dem Flurnamen „Gerstenwisch".

Gertigstraße, (Winterhude), 1887, neben der Familie Sierich, der es gelang, die eine Hälfte des Dorfes Winterhude aufzukaufen, war es die Familie Gertig, die die zweite Hälfte aufkaufte. Gertig nebst Schwager Deissenberg bauten eine ausgebrannte Landkneipe zu einem Vergnügungslokal aus; es wurde mit flotter Musik und schmackhaften Speisen in Hamburg bald zu einem bekannten Ausflugsziel. Irgendwann zahlte Gertig seinen Partner aus und investierte weiter in Amüsement. Zwischen der jetzigen Gertigstraße und Geibelstraße legte er eine Trabrennbahn an, auf der jahrelang hochrangige Rennen ausgetragen wurden. Nach dem Tode von Gertig schloss sie, und auf dem freien Gelände wurde gleichfalls gebaut. Während Sierich mehr das Gebiet in Alsternähe besaß, hatte Gertig die Areale an den Kanälen, die für Industrieansiedlungen geeignet waren.

Gertrud-Bäumer-Stieg, (Bergedorf), 1984, nach der Politikerin, Frauenrechtlerin und Leiterin eines sozialpädagogischen Institutes sowie Schriftstellerin Gertrud Bäumer (1873–1954). Motivgruppe: verdiente Frauen.

Gertrudenkirchhof, (Hamburg-Altstadt), benannt im 18. Jahrhundert vom Volksmund durch Übertragung der Bezeichnung des angrenzenden Kirchhofs nebst Kapelle auf den Straßennamen.

Gertrudenstraße, (Hamburg-Altstadt), 1843, nach der Patronin der durch den Großen Brand zerstörten St. Gertruden-Kapelle, auf die die Straße zuführt. Der kleine Platz an der Gertruden-Kapelle, der Gertrudenkirchhof, war ehemals der Armen- und Pestfriedhof.

Gertrud-Pardo-Weg, (Alsterdorf), 1985, nach der jüdischen Gewerbeoberlehrerin Gertrud Pardo (1883–1941), die nach Lodz deportiert wurde und dort ein Opfer des Nationalsozialismus wurde.

Gertrud-Seele-Kehre, (Bergedorf), 1987, nach Gertrud Seele (1917–1945), Widerstandskämpferin gegen den Nationalsozialismus. Motivgruppe: verdiente Frauen.

Gertrud-Werner-Weg, (Bergedorf), 1984, nach der von 1912 bis 1957 in Allermöhe gewesenen Hebamme Gertrud Werner (1887–1971).

Gert-Schwämmle-Weg, (Wilhelmsburg), 1990, nach Gert Schwämmle (1927–1979), ehemaliger Vorsitzender des Ortsausschusses in Wilhelmsburg.

Geschwister-Beschütz-Bogen, (Groß Borstel), 1993, nach Olga und Marie Beschütz, geb. 1876, 1882, jüdische Lehrerinnen in Hamburg. Deportation 1941, genaues Todesdatum unbekannt. Opfer des Nationalsozialismus.

Geschwister-Scholl-Straße, (Eppendorf), 1947, nach den Geschwistern Hans, geb. 22. 9. 1918, Student der Medizin, und Sophie, geb. 18. 3. 1921, Studentin der Biologie und Philosophie. Als Mitglieder der „Weißen Rose" wurden sie beim Verteilen von Flugblättern verhaftet und am 22. 3. 1943 hingerichtet.

Geschwister-Witonski-Straße, (Schnelsen), 1993, nach Eleonora Witonski (5 Jahre alt) und Roman Witonski (7 Jahre alt), Opfer des Nationalsozialismus. Weitere Erklärung: siehe Brüder-Hornemann-Straße.

Geutensweg, (Neugraben-Fischbek), 1983, nach der Lage eines ehemals beim Fischbeker Moor gelegenen Bauernhofs, der sich „Geutens Hof" nannte.

Gewerkschaftsweg, (Lohbrügge), 1949, in Anlehnung von Straßenbenennungen in Lohbrügge und Bergedorf mit deutschen Gewerkschaftsführern.

Giesestraße, (Groß Flottbek), 1910, nach Dr. Otto Giese (1855–1904), ab 1884 Senator in Altona und ab 1891 Oberbürgermeister in Altona.

Giffeyweg, (Bramfeld), 1950, nach der im 18. und 19. Jahrhundert hier ansässigen Bauernfamilie Giffey.

Gilbertstraße, (St. Pauli, Altona-Altstadt), 1948, nach dem Pseudonym Jean Gilbert des Komponisten Max Winterfeld (1879–1942).

Gilcherweg, (Sasel), 1957, nach dem Mitbegründer des Siedlungsvereins „Sasel e. V.", Julius Gilcher (1875–1955).

Gildering, (Heimfeld), 2004, nach der Harburger Schützengilde von 1528 e. V.

Gilgegrund, (Wandsbek), 1958, nach der Gilge, einem Mündungsarm der Memel. Motivgruppe: Ostpreußische Flüsse.

Ginsterheide, (Neugraben-Fischbek), 1948, nach der Lage in der Fischbeker Heide, wo vielfach der Name Heide verwendet wurde, meist im Zusammenhang mit dem örtlichen Charakter.

Ginsterstieg, (Rissen), 1929, nach dem Ginsterstrauch (auch Brambusch genannt).

Giselaweg, (Fuhlsbüttel), 1951, nach einem frei gewählten weiblichen Vornamen.

Glacischaussee, (Neustadt, St. Pauli), 1893, unter Anerkennung eines bereits im Volksmund üblichen Namens für die über das ehemalige Festungsglacis vor dem Holstentor verlaufende chaussierte Straße. Bei Glacis handelt es sich um eine schräg nach vorn abfallende Erdaufschüttung, die keinen toten Winkel entstehen lässt, um vor der Festung freie Sicht und ein freies Schussfeld zu haben.

Gladiolenweg, (Eidelstedt), 1935, nach den auch sonst hier verwendeten Blumenmotivnamen. Gladiolen = europäisch-afrikanische Gattung der Schwertliliengewächse.

Gladowstraße, (Wandsbek), 1950, nach der alteingesessenen Familie Gladow, Vorbesitzer des Geländes im 19. Jahrhundert.

Glaeßweg, (Bergedorf), 1949, nach dem Kaufmann und Heimatforscher Gustav Glaeß (1863–1927). Wie viele Mitglieder des Bergedorfer Bürgervereins, die sich intensiv um die Heimatgeschichte gekümmert haben, ist auch Gustav Glaeß mit einem Straßennamen geehrt worden. Er war Leiter des Bergedorfer Museums und Verfasser zahlreicher Berichte über die Heimatgeschichte Bergedorfs und die Vier- und Marschlande.

Glasbergstraße, (Billstedt), 1952, nach einem Märchenmotiv.

Glashüttenstraße, (St. Pauli), 1841, nach der in der zweiten Hälfte des 18. Jahrhunderts an der jetzigen Karolinenstraße betriebenen Glashütte (vorher: „Bei der" und „Hinter der Glashütte").

Glashütter Landstraße, (Hummelsbüttel), 1950, ben. nach der benachbarten Ortschaft Glashütte (jetzt: Norderstedt).

Glashütter Stieg, (Hummelsbüttel), 1951, im Anschluss an den Namen Glashütter Landstraße.

Glatzer Straße, (Jenfeld), 1974, nach der Stadt in Schlesien. Motivgruppe: Schlesische Städte.

Gleisstieg, (Neugraben-Fischbek), 1948, nach der Lage an den Gleisen der Eisenbahn Hamburg-Cuxhaven.

Gleiwitzer Bogen, (Jenfeld), 1969, nach der Stadt in Schlesien. Motivgruppe: Schlesische Städte.

Glinder Straße, (Billstedt), 1966, nach der Lage, als in Richtung Glinde führende Straße.

Glindersweg, (Bergedorf), ben. um 1600 nach einem Flurnamen. Glinde = Glinders = Zaun, Umzäunung aus Latten, Brettern oder Pfählen, durch einen Zaun abgegrenztes Flurstück.

Glindkamp, (Rahlstedt), 1950, Flurname. Glind = Umzäunung aus Latten, Brettern oder Pfählen.

Glindweg, (Winterhude), 1914 und 1928, Flurname. Glind = Umzäunung aus Latten, Brettern oder Pfählen.

Glindwiese, (Bramfeld), 1951, Flurname. Glind = Umzäunung aus Latten, Brettern oder Pfählen.

Glißmannweg, (Schnelsen), 1948, nach der alteingesessenen Bauernfamilie Glißmann.

Glitzaweg, (Billstedt), 1962, nach Dr. Johann Friedrich August Glitza (1820–1894), Hauptpastor an der Katharinenkirche.

Glockenblumenweg, (Lokstedt), 1939, nach einem Blumenmotiv. Glockenblume: Gattung krautiger Pflanzen mit meist glokkigen, blauen Blüten.

Glockengießerwall, (Hamburg-Altstadt, St. Georg), ben. 1843 als Teil des Stadtwalls nach der städtischen Geschütz- und Glockengießerei, die von 1615 bis 1871 am Schweinemarkt beim Eingang in die Spitalerstraße an Stelle der nachherigen Hauptfeuerwache betrieben wurde.

Glockenhausbrücke, (Billwerder), 1979, nach der Lage in der Nähe des „Glokkenhauses“ (einem Bauernhaus), führt über die Bundesautobahn A 1, südliche Umgehung.

Glockenheide, (Neugraben-Fischbek), 1930, nach der Lage in der Fischbeker Heide, wo der Name Heide häufig für Straßennamen, meist in Verbindung mit dem örtlichen Charakter, verwendet wurde.

Glogauer Straße, (Jenfeld), 1953, nach der Stadt in Schlesien. Motivgruppe: Schlesische Städte.

Gloxinienweg, (Eidelstedt), 1935, nach einem Blumenmotiv, in Anlehnung an die auch sonst in Eidelstedt vielfach verwendeten Blumenmotivnamen. Gloxinie = Pflanze mit knolligem Wurzelstock und Trichterblüten.

Gluckstraße, (Barmbek-Süd), 1881, unter irriger Anknüpfung an den Namen Wagnerstraße (gemeint ist der Grundeigner Wagner, nicht der Komponist), nach dem Komponisten Christoph Willibald Ritter von Gluck (1714–1787).

Glücksburger Straße, (Altona-Nord), 1903, nach der Stadt an der Flensburger Förde.

Glückstädter Weg, (Lurup, Osdorf), 1949, nach der Stadt Glückstadt an der Elbe, einer Stadt, die von Hamburgs härtestem Gegner, dem König Christian IV. von Dänemark, 1616 gegründet wurde, um Hamburg glückhaft zu überflügeln. Die Kaltstellung Hamburgs ist glücklicherweise nicht gelungen. Berühmt geworden ist Glückstadt dennoch u. z. durch seine vorzüglichen Matjes, mit denen es Hamburg fast immer eine Nasenlänge voraus ist.

Gnadenbergweg, (Fuhlsbüttel, Hummelsbüttel), 1910, Erklärung: siehe „Am Gnadenberg“.

Gneisenaustraße, (Hoheluft-West), 1909, nach dem Feldmarschall August Neidhardt von Gneisenau (1760–1831), Feldherr in den Freiheitskriegen von 1813–1814.

Gockelstieg, (Lurup), 1932, mit Bezug auf das dortige Gelände, das viele Jahre einem Kleintierzuchtverein gehörte.

Godeffroystraße, (Blankenese), vor 1928, nach dem Kaufmann und Reeder Joh. Caesar Godeffroy (1813–1885). Er gründete, zusammen mit den Herren F. Laeisz, H. J. Merck und anderen am 27. Mai 1848 die Hamburg-Amerikanische-Paketfahrt-Aktiengesellschaft, kurz HAPAG genannt, und stand ihr 35 Jahre als erster Vorsitzender vor. Die Nachfolge trat Albert Ballin an.

Godenwind, (Billstedt), vor 1938, nach der Erzählung „Hein Godenwind“ von Gorch Fock.

Goebenbrücke, (Eimsbüttel), 1921, in Anlehnung an den Wegnamen Goebenstraße.

Goebenstraße, (Eimsbüttel, Hoheluft-West), 1889, nach dem preußischen General August von Goeben (1816–1880), Truppenführer im Kriege 1870/71.

Gödeke-Michels-Weg, (Neugraben-Fischbek), 1940, der Sage nach soll der 1402 hingerichtete Seeräuber Gödeke Michels auf dem Falkenberg einen Unterschlupf gehabt haben.

Gödersenweg, (Poppenbüttel), 1977, nach Dr. Joachim Gödersen (gest. 1677), Dekan des Hamburger Domkapitels seit 1658 und früherer Grundherr von Poppenbüttel.

Göhlbachtal, (Eißendorf), 1950, ben. nach dem Zufluss des Lohmühlenteiches „de Göhl".

Göhslerstieg, (Wellingsbüttel), 2011, nach Hans Hinrich Louis Göhsler (1903–1969), Landwirt aus einer alteingesessenen Wellingsbüttler Bauernfamilie und Vorbesitzer des Geländes.

Goerdelerstraße, (Lohbrügge), 1964, nach dem früheren Oberbürgermeister von Leipzig, Carl-Friedrich Goerdeler (1884–1945), führend tätig im Widerstand gegen den Nationalsozialismus. Nach dem gescheiterten Attentat gegen Hitler wurde Goerdeler am 2. Februar 1945 in Berlin-Plötzensee hingerichtet.

Görlitzer Straße, (Jenfeld), 1952, nach der Stadt in Schlesien.

Goernebrücke, (Eppendorf, Winterhude), 1910, in Anlehnung an den Namen Goernestraße.

Goernestraße, (Eppendorf), 1899, nach dem Kaufmann Christian Goerne (1822–1882), dem Gründer und Unterhalter der Stiftung Kinderheilstätten Duhnen bei Cuxhaven. Nachdem die Badeanstalt Eppendorf infolge der Alsterkanalisation geschlossen wurde, entstand 1912 nach einem Entwurf des Oberbaudirektors Fritz Schumacher die Warmbadeanstalt Goernestraße, die später in „Holthusenbad" umbenannt wurde.

Görresring, (Osdorf), 1956, nach Prof. Josef Görres (1776–1848), führender Germanist an der Universität Heidelberg, Herausgeber der „Teutschen Volkslieder" und während der Befreiungskriege des „Rheinischen Mercur".

Görttwiete, (Hamburg-Altstadt), 1357, die Straße hieß früher Grütztwiete, nach den Erzeugnissen der hier wohnenden Grützmacher, und ist offenbar durch Abschleifung zur Görttwiete geworden.

Goeschenstraße, (Harburg), 1912, hier werden zwei nicht gesicherte Versionen angeboten. Eine Lesart besagt: benannt nach dem Landrat des Kreises Harburg Bernhard Goeschen (1833–1923), und diezweite Ansicht geht davon aus, dass die Straße nach dem Vater des Landrates, dem Generalsuperintendent D. Adolf Goeschen, benannt ist, dem die Stadt Harburg anlässlich seines 50jährigen Dienstjubiläums im Jahre 1876 das Ehrenbürgerrecht verliehen hatte.

Gösselkoppel, (Hummelsbüttel), 1960, nach dem Flurnamen „Gösselkoppel". Gössel = Junggänse.

Gösselweide, (Neugraben-Fischbek), 2008, nach der ehemaligen Geflügelhaltung (Gänseküken) auf der Weide.

Goetheallee, (Altona-Nord), 1928, nach dem großen deutschen Dichter Johann Wolfgang von Goethe (1749–1832). Nach dem Studium der Rechte in Leipzig und Straßburg Promotion zum Dr. jur., zugleich Beginn der dichterischen Tätigkeit, 1775 Berufung an den Weimarer Hof, dort mit vielfältigen Verwaltungs- und Staatsaufgaben betraut. 1806 Eheschließung mit Christiane Vulpius.

Goethestraße, (Altona-Altstadt), 1867, 1950, nach dem bedeutendsten Dichter seiner Zeit, Johann Wolfgang von Goethe. Erklärung: siehe Goetheallee.

Goetjensorter Deich, (Wilhelmsburg), 1910, benannt nach dem an die Norderelbe vorgezogenem Ende des Jenerseitedeiches, nach dem Hofbesitzer Gödeke.

Götkensweg, (Langenhorn), 1952, zur Erinnerung an den ersten Schulmeister in Langenhorn Andreas Götkens (gest. 1750).

Götzberger Weg, (Langenhorn), 1954, nach der Ortschaft Götzberg im Kreis Segeberg. Motivgruppe: Dörfer nördlich von Hamburg.

Gojenbergsweg, (Bergedorf), im 18. Jahrhundert. Gojen ist das niederdeutsche Wort für Papagei. Beim Vogelschießen wurde das Bild eines Papageis auf einer Stange aufgehängt und darauf geschossen.

Goldammerweg, (Eißendorf), 1937, nach dem Singvogel, der Goldammer.

Goldaper Kehre, (Bramfeld), 1954, nach der Stadt in Ostpreußen.

Goldbachstraße, (Altona-Nord), 1950, nach Anton Goldbach (1604–1680), Kirchenvogt in Ottensen und 1664 Erster Bürgermeister in Altona.

Goldbekplatz, (Winterhude), 1902, nach dem früheren kleinen Bach „Goldbek", der später versiegte und zum Kanal ausgebaut wurde.

Goldbekufer, (Winterhude), 1913, als Uferstraße am Goldbekkanal.

Goldbekweg, (Winterhude), 1936, in Erinnerung an den längst versiegten kleinen Bach „Goldbek".

Golddistelweg, (Poppenbüttel), 1950, nach dem Zierstrauch der Golddistel.

Goldeselstieg, (Billstedt), 1952, nach einem Märchenmotiv.

Goldene Wiege, (Eißendorf, Heimfeld), 1950, hier wurden 1936 eine Mutter und ein Kind, die in Baumsärgen bestattet waren, ausgegraben. Um die goldene Wiege gibt es drei schöne Geschichten, von denen aus Platzgründen eine hier in Kurzfassung erzählt werden soll: Eine Bauerntochter erwartet von ihrem Gehebten, einem Jägersmann, ein Kind. Der junge Mann hatte dem Mädchen erzählt, dass er so reich wäre, dass er dem Kind eine goldene Wiege anfertigen lassen könne. Als die Bauerntochter eines Tages eine goldene Wiege vor der Tür fand, wußte sie, dass ihr Geliebter sie verlassen hatte. Mutter und Kind starben vor Kummer und wurden vom Bauern, zusammen mit der goldenen Wiege, beigesetzt. Diese Geschichte dürfte sich wohl auf dem Grabfund aufgebaut haben. Während man Mutter und Kind in den Baumsärgen fand, bleibt die goldene Wiege verschwunden.

Goldhähnchenstieg, (Lurup), 1949, nach einem Vogelmotiv.

Goldkäferweg, (Eidelstedt), 1950, nach einem goldglänzenden Käfer (ein Insekt).

Goldkoppel, (Billstedt), 1980, nach einem dortigen Kleingartenverein.

Goldlackweg, (Wandsbek), 1950, nach der Gartenblume Goldlack.

Goldmariekenweg, (Schnelsen), 1948, nach einem Märchenmotiv.

Goldnesselweg, (Eidelstedt), 1957, frei gewählter Name nach den auch sonst in Eidelstedt vielfach verwendeten Blumenmotivnamen.

Goldparmänenweg, (Sasel), 1953, mit Bezug auf das dortige Gelände, das seit 1905 einer Obstbaumschule dient. Goldparmäne = Apfelsorte.

Goldregenweg, (Eidelstedt), 1935, nach dem Zierstrauch Goldregen.

Goldröschenweg, (Poppenbüttel), 1950, nach einem Pflanzenmotiv, einem Zierstrauch.

Goldrutenweg, (Eißendorf), 1932, bereits vor der amtlichen Benennung 1932 wurde der Weg, der durch eine dort befindliche Kleingartenkolonie führt, schon so genannt.

Goldtschmidtstraße, (Harburg), 1952, nach Marcus Goldtschmidt, der für die Zeit 1569 und 1571 als Bürgermeister von Harburg erwähnt wird.

Golfstraße, (Othmarschen), 1931, nach dem anliegenden Golfplatz.

Goosacker, (Osdorf), vor 1928, Flurname. Goosacker = Gänseacker.

Goppeltweg, (Sasel), 1951, nach dem Gartenbauamtmann Georg Goppelt (1880–1944), der zusammen mit Julius Gilcher Mitgründer des Siedlungsvereins „Sasel e. V." war.

Gorch-Fock-Straße, (Eimsbüttel), 1921, nach dem niederdeutschen Dichter Gorch Fock (Johann Kinau), geb. 1880 und gefallen am 31. 5. 1916 in der Seeschlacht am Skagerrak.

Gorch-Fock-Wall, (Neustadt), 1933, nach Gorch Fock (eigentlich Johann Kinau), geb. am 22. 8. 1880 in Finkenwerder, gefallen als 35jähriger Matrose auf dem kleinen Kreuzer „Wiesbaden" in der Skagerrakschlacht am 31. 5. 1916. Er ist Verfasser lyrischer und dramatischer Werke, die vor allem um das Thema „Wasserkante" kreisen. Die jüngeren Brüder von Gorch Fock, Jacob und Rudolf Kinau, sind ebenfalls als Schriftsteller tätig gewesen.

Gordonkehre, (Bergedorf), 1985, nach Klara Gordon (1866–1939), Oberin des Israelitischen Krankenhauses. Motivgruppe: verdiente Frauen.

Gordonstraße, (Langenbek), 1988, nach dem Prediger der jüdischen Gemeinde in Harburg Alfred Gordon (1886–1941), Opfer des Nationalsozialismus.

Gosepfad, (Neuengamme), 1955, benannt nach der Gose Elbe, als Weg zwischen dem Neuengammer Hinterdeich und der Gose Elbe.

Goslarer Weg, (Niendorf), 1963, Motivgruppe: Städte im oder am Harz.

Goßlers Park, (Blankenese), 1928, nach dem Kaufmann und Grundeigner John Henry Goßler (1849–1914).

Goßlerstraße, (Blankenese), 1928, Erklärung: wie Goßlers Park.

Gotenstraße, (Hammerbrook), 1879, nach den Goten, dem bedeutendsten Volk der östlichen Germanen im Oder-Weichsel-Gebiet, das sich seit dem ersten und zweiten Jahrhundert vor Christi nachweisen lässt.

Gotenweg, (Niendorf), vor 1936, Erklärung wie Gotenstraße.

Gothaer Weg, (Billstedt), 1948, nach der thüringischen Stadt Gotha.

Gottfried-Keller-Straße, (Groß Flottbek), 1928, nach dem Schweizer Dichter Gottfried Keller (1819–1890). Er bildete sich in seiner Jugend zum Maler aus, kam aber zur Erkenntnis, dass seine Begabung mehr auf dichterischem Gebiet liege. Keller war Humanist im Sinne von Goethe, aber durch den Atheismus Feuerbachs beeinflusst.

Gotthelfweg, (Wilstorf), 1950, nach Jeremias Gotthelf, das Pseudonym für den Schweizer Volks- und Bauerndichter Albert Bitzius (1797–1854), der mit seinem ersten europäischen Bauernroman „Bauernspiegel“ oder die „Lebensgeschichte des Jeremias Gotthelf“ die Bauern belehren und erziehen wollte.

Gottorpstraße, (Othmarschen), 1897, nach der Ortschaft Gottorp, in der es zwischen Dänemark und Hamburg am 27. 5, 1768 zum sogenannten Gottorper Vergleich kam: Die durch die nordischen Kriege extrem verschuldeten Dänen übten Druck auf Hamburg aus. In diesem Vergleich wurde ausgehandelt, dass gegen Erlass von fast 4 Millionen Mark – eine für damalige Verhältnisse unvorstellbar hohe Summe – die Reichsunmittelbarkeit Hamburgs anerkannt wurde, und dass die verpfändeten umliegenden Dörfer wie Sasel, Alsterdorf, Meiendorf und Lohbrügge zurück an Hamburg fielen. Dazu gehörte auch das gesamte holsteinische Besitztum wie die Ortschaften des Amtes Reinbek, die Vier- und Marschlande sowie die Eibinseln Billwerder und Finkenwerder, wie Kaltehofe, Peute und die Kleine Veddel und Grevenhof.

Gottschalkring, (Eißendorf), 1971, nach Rudolf Gottschalk (1886–1964), von 1909–1933 Vorsitzender des Aufsichtsrates des Zimmererverbandes, von 1921 – 1933 Vorsitzender des Aufsichtsrates der Baugenossenschaft „Eigenheim“ und von 1951–1964 Vorsitzender des Eisenbahnbauverbandes in Harburg.

Gottschalkweg, (Niendorf), 1948, für diese Straße stehen zwei Versionen zur Verfügung, u.z. einmal nach Gottschalk (gest. 869), niedersächsischer Mönch, in dessen Werken zuerst der Ausdruck „deutsches Volk“ vorkommt. Motivgruppe: Orte und Personen der altniedersächsischen Geschichte. Die zweite Lesart führt Gottschalk auf den Obotritenfürst (gest. 1066) zurück, einem Förderer der Christianisierung.

Gottschedstraße, (Winterhude), 1910, nach Prof. Johann Christoph Gottsched (1700–1766), Führer der deutschen Literaturbewegung.

Govertsweg, (Altona-Altstadt), 1950, nach der Mennonitenfamilie Govert (17. und 18. Jahrhundert), die aus den Niederlanden ausgewandert war und in Altona eine Reederei betrieb.

Grabauer Weg, (Langenhorn), 1952, nach der Motivgruppe: Dörfer nördlich von Hamburg.

Grabbestraße, (Altona-Nord), 1950, nach dem Dichter Christian Dietrich Grabbe (1801–1836). Sein zerrissenes Wesen ließ ihn die Widersprüche der Welt erkennen. Seine Helden endeten oft durch blinden Zufall und durch Verständnislosigkeit der Umwelt. Die Szenerie und Bilderfolge seiner Dramen sprengten oftmals die Bühnenmöglichkeiten.

Grabendamm, (Bergedorf), 1949, nach einem früher der Straße parallel verlaufenden Graben.

Grabenstieg, (Lemsahl-Mellingstedt), 1981, nach der Lage am Eichelhähergraben.

Grabenstraße, (St. Pauli), 1849, nach einem ehemals nahe gelegenen Graben.

Grabenstücken, (Groß Flottbek), 1928, nach einer frühen Flurbezeichnung.

Grabkeweg, (Jenfeld), 1975, nach Wilhelm Grabke (1892–1971), einem Heimatforscher und Rektor der Schule „Bei den Höfen“ in Jenfeld.

Grachtenplatz, (Bergedorf), 2004, nach dem im Volksmund entstandenen Namen für den Platz am Allermöher Hauptfleet.

Grachtenteich, (Bergedorf), 2004, in Anlehnung an den Grachtenplatz.

Grädenerstraße, (Eimsbüttel), 1899, nach dem Musiktheoretiker und Komponisten Karl Grädener (1812–1883), der als Musiker in Hamburg zum erstenmal die Matthäuspassion aufgeführt hat.

Gräningstieg, (Stellingen), 1962, nach Richard Gräning (1897–1958), früherer Geschäftsführer und Vorstandsmitglied der Gemeinnützigen Baugenossenschaft freier Gewerkschaften.

Gräpelweg, (Bergedorf), 1949, nach der seit 1687 in Bergedorf ansässigen Bürgermeisterfamilie und insbesondere nach dem in Bergedorf geborenen Hamburger Senator Johann Gerhard Gräpel (1747–1822).

Graf-Anton-Weg, (Niendorf), 1948, nach dem Schauenburger Grafen Anton I., der von 1510–1526 regierte.

Graf-Ernst-Weg, (Schnelsen), 1973, nach Graf Ernst von Schauenburg und Holstein-Pinneberg (1569–1622). Motivgruppe: Holsteinische Geschichten, Sagen und Märchen.

Graf-Johann-Weg, (Schnelsen), 1948, nach Graf Johann IV. von Schauenburg und Holstein-Pinneberg (1450–1527). Motivgruppe: Holsteinische Geschichten, Sagen und Märchen.

Graf-Otto-Weg, (Schnelsen), 1948, nach Graf Otto von Schauenburg und Holstein-Pinneberg, vermutlich ist gemeint Otto VII. (1614–1640). Motivgruppe: Holsteinische Geschichten, Sagen und Märchen.

Gramkowweg, (Curslack), 1965, nach dem aus Ratzeburg zugewanderten, in Curslack tätig gewordenen Hauptlehrer und Organisten Heinrich Gramkow (1848–1940), der zuletzt in Bergedorf lebte.

Grandkoppel, (Lohbrügge), 1962, nach einem Flurnamen.

Grandkoppelstieg, (Lohbrügge), 1962, Flurname, in Anlehnung an den Weg Grandkoppel.

Grandkuhlenweg, (Lurup), 1969, nach ehemals hier gelegenen Kiesgruben.

Grandweg, (Lokstedt), vor 1938 (Verlängerung 1984), der Grandweg ist die älteste Verbindung zwischen Hamburg und Lokstedt-Niendorf. Der Lokstedter Steindamm, für dessen Anlage 1842 freiwillige Beiträge gesammelt wurden, entstand erheblich später. Im Gegensatz zum Lokstedter Steindamm war der Grandweg mit Grand (= Kies) befestigt.

Granitweg, (Poppenbüttel), 1953, in Erweiterung der Motivgruppe Gesteine und Mineralien. Granit = weit verbreitetes Tiefengestein mit Mineralbestand aus Feldspat, Quarz und Glimmer.

Grashofweg, (Curslack), 1949, benannt im Volksmund nach einem bereits 1570 erwähnten eingefriedeten Weideland nahe der Curslacker Kirche.

Graskeller, (Hamburg-Altstadt, Neustadt), ben. Mitte des 18. Jahrhunderts, der Name kam bereits 1750 auf, dort befand sich ein Keller, in dem das auf den Elbwiesen gemähte Gras verkauft wurde. Das Gras wurde von der Bevölkerung dringend benötigt, denn es gab in der Stadt und in den Vorstädten eine große Zahl von Tieren, die hausnah gehalten wurden. Eine Zählung in der Altstadt und Neustadt ergab beispielsweise 1873 noch einen Bestand von 2171 Hühnern, 77 Enten, 73 Ziegen, 32 Stück Rindvieh, 17 Schweinen, 7 Schafen, 8 Gänsen, einem Esel und einem Truthahn. Die Vorstädte St. Georg und St. Pauli brachten es etwa nochmals auf die gleiche Zahl.

Graskellerbrücke, (Hamburg-Altstadt, Neustadt), 1843, in Anlehnung an den Wegnamen Graskeller.

Grasnelkenweg, (Poppenbüttel), 1950, Motivgruppe: Blumen. Grasnelken = Bleiwurzgewächs.

Grasredder, (Bergedorf), 1949, der frühere Name „Grasweg" sollte erhalten bleiben. Redder = von Knicks gesäumter Feldweg.

Graßmannweg, (Horn), 1968, nach Peter Graßmann (1873–1939), ehemaliger 2. Vorsitzender des Allgemeinen Deutschen Gewerkschaftsbundes und Reichstagsabgeordneter. Motivgruppe: Männer und Frauen der Arbeiterbewegung.

Grasweg, (Winterhude), 1863, durch Übertragung des als Gattungsbezeichnung für solche Fluraufschließungswege üblichen Namens des alten Feldweges auf die Straße.

Graudenzer Weg, (Dulsberg), 1930, nach der Stadt Graudenz, die lt. Versailler Vertrag nach dem Ersten Weltkrieg abgetreten werden musste.

Graumannsweg, (Hohenfelde), 1858, nach dem Vorbesitzer des Geländes, dem letzten Wirt des Gasthauses „Zum goldenen Pflug", J. H. Graumann (1797–1866).

Graumanntwiete, (Ochsenwerder), 1972, nach Henry Graumann (1890–1960), von 1923 bis 1933 Gemeindevorsitzender in Ochsenwerder und von 1933 bis 1960 Deichvogt des Deichverbandes der Vier- und Marschlande.

Graustraße, (Bergedorf), 1949, nach Carl Grau (1854–1935), verdienstvoller Förderer der Musik Händels und langjähriger Dirigent der „Hasse-Gesellschaft".

Gravensteiner Straße, (Eimsbüttel), 1911, zur Erinnerung an die ehemals deutsche Stadt an der Flensburger Förde.

Gravensteiner Weg, (Dulsberg), 1930, zur Erinnerung an die ehemals deutsche Ortschaft an der Flensburger Förde.

Greflingerstraße, (Winterhude), 1910, nach Johann Georg Greflinger, etwa (1620–1677), Notar und Dichter, der längere Zeit in Hamburg gelebt hat.

Greifenberger Straße, (Rahlstedt), 1950, nach der Stadt in Pommern.

Greifenhagener Straße, (Rahlstedt). 1950, nach der Stadt in Pommern.

GreifswalderStraße, (St. Georg), 1899, nach der ehemaligen Hansestadt Greifswald im Bezirk Rostock.

Grelckstraße, (Lokstedt), 1948, nach dem ersten bekanntgewordenen Vogt von Niendorf um 1590 Hans Grelck, dessen Söhne und Enkel ebenfalls Vögte waren.

Grellkamp, (Langenhorn), 1935, Flurname. Grell = Krell. Unter Krellen versteht man in der Jägersprache Hornfortsätze der Wirbeltiere. Grellkamp = mit Dornen bestandenes Feld.

Grellkampkehre, (Langenhorn), 1956, in Anlehnung an den Namen Grellkamp.

Grellkampstieg, (Langenhorn), 1950, in Anlehnung an den Namen Grellkamp.

Grenzacker, (Eidelstedt), 1949, nach einem ehemals zwischen Eidelstedt und Halstenbck gelegenen Acker.

Grenzbachstraße, (Barmbek-Nord, Bramfeld), 1946, nach dem Grenzbach zwischen Bannbek und Bramfeld.

Grenzkehre, (Sinstorf), 1969, nach der Lage des Weges an der Grenze zu Niedersachsen.

Grenzknick, (Marienthal), 1950, nach dem früheren Grenzverlauf zwischen Wandsbek und Hamburg.

Grenzwisch, (Bergstedt), 1953, Flurname. Grenzwisch = Grenzwiese.

Gretchenkoppel, (Poppenbüttel), 1947, nach dem alten Flurnamen und der volkstümlichen Bezeichnung „Gretgen-Coppl".

Gretelstieg, (Schnelsen), 1970, Märchenmotiv. Motivgruppe: Holsteinische Geschichten, Sagen und Märchen.

Grete-Nevermann-Weg, (Rissen), 1981, nach GreteNevermann (1907–1973), Vorsitzende des Ortsausschusses Blankenese.

Grete-Zabe-Weg, (Barmbek-Süd), 2008, nach Grete Marie Zabe (1877–1963), SPD-Mitglied der Hamburgischen Bürgerschaft von 1919–1933; Verfolgte des Nationalsozialismus.

Grevenau, (Poppenbüttel), 1930, nach dem kleinen Alsterzufluss Grevenau, über dessen Namensursprung es zwei Versionen gibt. Einmal erklärt man den Namen mit den hier gelegenen Besitztümern der Grafen (Greven). Zum anderen ist „Greve" die niederdeutsche Bezeichnung für Dachs.

Grevenhofbrücke, (Steinwerder), 1899, in Anlehnung an den „Grevenhofkanal", über den die Brücke führt (Greven = Grafen).

Grevenhofkai, (Steinwerder), 1955, nach der Elbinsel Grevenhof.

Grevenhofkanalbrücke, (Steinwerder), 1900, in Anlehnung an den Grevenhofkanal.

Grevenweg, (Hammerbrook, Borgfelde, Hamm-Mitte, Hamm-Süd), 1539, dieser seit diesem Jahr vorkommende Name kennzeichnet den Weg als ursprüngliches Eigentum der Grafen von Holstein.

Greves Garten, (Bergedorf), 2007, nach dem im Volksmund seit Ende des 19. Jahrhunderts für eine dortige Wohnanlage mit Garten gebräuchlichen Namen, der auf den Bergedorfer Schuhmachermeister Friedrich Greve zurückgeht, welcher das Grundstück 1888 erwarb und bebaute.

Griegstraße, (Ottensen, Othmarschen), 1951, nach dem norwegischen Komponisten Edvard Hagerup Grieg (1843–1907). Seine Musik wurzelt in der Landschaft und in Folklore.

Griesenwerder Höft, (Waltershof), 1910, nach der ehemaligen Elbinsel Griesenwerder. Höft oder Hööft = Haupt, Spitze.

Griesstraße, (Hamm-Nord), 1910 und 1929, in Anknüpfung an die Freundschaft, die den Übersetzer und Dichter Johann Diedrich Gries (1775–1842) mit dem Syndikus Dr. Karl Sieveking verband, zugleich zu Ehren seines Bruders, insbesondere des Syndikus (seit 1800) Dr. Johann Michael Gries (1772–1827).

Grillenweg, (Eidelstedt), 1944, nach dem Insekt, der Grille.

Grillparzerbrücke, (Uhlenhorst), 1960, in Anlehnung an Grillparzerstraße.

Grillparzerstraße, (Uhlenhorst), 1948, nach dem Dichter Franz Grillparzer (1791–1872). Nach frühen Erfolgen und dem Mißerfolg von „Weh dem, der lügt" zog er sich von der Öffentlichkeit zurück. In seinem Werk verbindet er das Erbe des österreichischen Barock, das Wiener Volkstheater, die deutsche Romantik und Klassik mit dem beginnenden psychologischen Realismus.

Grimm, (Hamburg-Altstadt), die offizielle Version lautet: ben. vermutlich nach einem Grundeigentümer dieses Namens, nachweisbar ist die Straße seit Mitte des 13. Jahrhunderts. Aber bei keinem anderen Straßennamen in Hamburg werden so viele Deutungen angeboten wie beim „Grimm". Ein Zeichen dafür, dass Grimm, eine der ältesten Straßen der Stadt, keine sichere Deutung zulässt. Bei fast jeder bekanntgewordenen Deutung könnte man sagen: Sie ist möglich. Im 13. Jahrhundert wird der „Grimm" erstmalig erwähnt. Eine Vermutung geht dahin, dass Grimm eine Aufschwemmung von Schlamm bedeutet, auf der die Straße erbaut wurde. Eine andere Ansicht besagt, dass Grimm „Krümmung" bedeutet, die Krümmung der Alster, die hier mit einem Arm vorbeifloß. Es könnte auch sein, dass „Grimm" nur ein alter Flurname ist, der hier zur Namensgebung herangezogen wurde. Logisch klingt auch, dass „Grimm" unwirtlich, wild oder unsicher bedeutet, weil die Straße früher vor der Stadtumwallung lag und daher ungeschützt war. 1248 wird „Grimm“ namentlich erwähnt, weil hier ein schriftlich festgehaltener Verkauf eines Hauses stattfand. Die Katharinenkirche, eine der Hauptkirchen der Stadt (13. Jahrhundert), wird erstmalig genannt, als die Marschinseln „Grimm und Cremon“ in den Mauerring einbezogen werden. Die heutige Kirche gehört im Wesentlichen dem 14./15. Jahrhundert an. Einige Merkmale sprechen für Veränderungen im 17. Jahrhundert. Im 13. Jahrhundert bestand die Gemeinde aus Schiffbauern und Bierbrauern und unter den Schauenburger Grafen aus wohlhabenden Kaufleuten und Tuchmachern. Zur Reformationszeit wird von der Katharinenkanzel evangelisch gepredigt. Eine weitere Lesart besagt, dass die Grimminsel einmal den Namen „Grimona“ gehabt haben soll. Ein glückliches Schicksal hat die Insel vor dem Großen Brand von 1842 bewahrt, dieses Glück hat der „Grimm“ aber spater nicht gehabt, denn 100 Jahre danach ist er durch Bomben völlig zerstört worden. Jeder Zweifel über das Alter der Straße wird uns mit dem Alten Testament genommen, wo es da heißt: „Kain erschlug Abel im Grimm“.

Grimmstraße, (Iserbrook), 1930, nach den Brüdern Grimm, Altertumswissenschaftler und Herausgeber „Deutscher Kinder- und Hausmärchen“. Jacob Grimm (1785–1863) und Wilhelm Grimm (1786–1859).

Grindelallee, (Rotherbaum), 1858, nach dem dort befindlichen Grindel = Wald; Grindelallee ist demnach eine durch den Wald führende, mit Bäumen bestandene Straße.

Grindelberg, (Harvestehude), 1858, durch Übertragung eines der Gegend anhaftenden Flurnamens, der auch auf den hier gelegenen Hof übergegangen war, den das Kloster Harvestehude dort besaß.

Grindelhof, (Rotherbaum), 1858, durch Übertragung des Namens eines Hofes, den das Kloster Harvestehude hier besaß.

Grindelweg, (Rotherbaum), 1882, im Anschluss an den Namen Grindelallee (vorher: Grindelterrasse).

Grögersweg, (Barmbek-Nord), 1922, nach dem hamburgischen Maler Friedrich Carl Gröger (1766–1838), zunächst als Autodidakt als Miniaturenmaler tätig, nach künstlerischer Ausbildung kommt er zur großflächigen Portraitmalerei. Er wird schließlich zum beliebtesten Portraitisten des schleswig-holsteinischen Adels und des Lübecker und Hamburger Bürgertums.

Grömitzer Weg, (Rahlstedt), 1960, nach der Ortschaft in Schleswig-Holstein, dem Ostseebad an der Lübecker Bucht.

Grönenweg, (Osdorf), 1960, nach einem Flurnamen, Grönenweg = grüner Weg.

Grönkamp, (Hummelsbüttel), 1975, Flurname. Grönkamp = grünes Feld.

Grönlander Damm, (Rahlstedt), 1947, Motivgruppe: Namen aus dem Nordmeerraum. Beim Namen Grönland = Grünland kann es sich nur um Wunschdenken gehandelt haben, denn 85% des 34700 Quadratkilometer großen Grönland sind vom ewigen Eis bedeckt. Der Eigenname des zu Dänemark gehörenden Landes lautet auch nicht Grönland, sondern für uns unaussprechlich: „Kalätdlitnunät“.

Gromballring, (Langenbek), 1988, nach Otto Gromball (1891–1944), einem Hamburger Arbeiter und Widerstandskämpfer gegen den Nationalsozialismus.

Groot Enn, (Neugraben-Fischbekl, 1976, frei gewählter Name mit motivischer Anlehnung an „Lütt Enn“. „Enn“ = Ende, Spitze, Teilstück, Abschnitt, Strecke (Wegstrecke).

Groote Wischen, (Hausbruch), 1990, Flurbezeichnung. Groote Wischen = große Wiesen.

Groothoffgasse, (Winterhude), 1929, nach dem Architekten und Kirchenbauer Hugo Groothoff (1851–1918).

Grootmoor, (Bramfeld), vor 1938 (Schreibweise 1950 geändert), Flurname, Grootmoor – großes Moor.

Grootmoorgraben, (Bramfeld), 2001, in Anlehnung an den nordöstlich liegenden gleichnamigen Graben.

Grootmoorredder, (Billstedt), 1950, Flurbezeichnung. Grootmoor = großes Moor und Reddcr = von Knicks gesäumter Feldweg.

Grootmoortwiete, (Bramfeld), 1953, in Anlehnung an den Wegnamen „Grootmoor".

Grootmoorweg (Bramfeld), 2001, in Anlehnung an die Straße Grootmoor.

Grootsruhe, (Hamm-Mitte), 1929, nach dem niederländischen Rechtsgelehrten und Begründer des modernen Völkerrechts Hugo de Groot (Grotius) (1583–1645), der sein Land verlassen musste und bei Freunden in Hamburg lebte, die in dieser Straße ein Grundstück besaßen.

Gropiusring, (Steilshoop), 1972, nach Prof. Walter Gropius (1883–1969), dem Begründer der Hochschule „Bauhaus", nach der Motivgruppe: Personen, die sich in der ersten Hälfte des 20. Jahrhunderts um das kulturelle Leben Hamburgs verdient gemacht haben.

Groß Borsteler Straße, (Niendorf), vor 1934, nach dem benachbarten Stadtteil, wohin die Straße führt.

Große Bäckerstraße, (Hamburg-Altstadt), seit dem 13. Jahrhundert. Die Straße zählt mit zu den ältesten Wegen der Stadt und wurde schon 1260/65 schriftlich erwähnt. Da der Name bereits vor der schriftlichen Straßenregistrierung erscheint (diese wurde erst unter den Schauenburger Grafen eingeführt), wurde er nach dem Volksmund, d.h. nach dem dort betriebenen Gewerbe vergeben.

Große Bahnstraße, (Altona-Nord, Stellingen), um 1893 und 1928, nach der Lage an der früheren Altona-Kieler Eisenbahn.

Große Bleichen, (Neustadt), erbaut und benannt 1718/29. Die Bleichen vor der Stadt waren zur allgemeinen Benutzung der Bürger bestimmt. Der Name „Große Bleichen" weist auf die Wiesen hin, die sich hier befanden und von der Bevölkerung zum Bleichen ihrer Wäsche, aber auch von gewerbsmäßigen Bleichern zum Bleichen des Leinens benutzt wurden.

Große Brunnenstraße, (Ottensen), vor 1856, nach einem hier um 1800 gelegenen Gesundbrunnen, der aber nach einigen Jahren wieder versiegte.

Große Elbstraße, (Altona-Altstadt, Ottensen), um 1801, früher „An der Elbe" und „Elbstrand" und ab 1801 schließlich „Große Elbstraße", benannt nach der Lage an der Elbe. Dort, ganz in Wassernähe, wo die Fische angelandet wurden, entstand 1890 eine neue Fischauktionshalle, anstelle des bisherigen Provisoriums, einem alten Fachwerkhaus. Die 2000 Quadratmeter große Halle bot damals Platz für die Versteigerung, die Zubereitung, die Verpackung und den Versand.

Große Freiheit, (St. Pauli), nach 1600, die jetzigen Besitzer der dort gelegenen Etablissements müssen diesen Straßennamen falsch verstanden haben, denn gemeint war die Sache einmal anders: Nach 1600 wurde in Altona die sogenannte „Freiheit" geschaffen. Das bedeutete, dass in diesem Bezirk zuziehende Handwerker gegen eine jährliche Gebühr (Gewerbesteuer?) ihr Gewerbe unabhängig von den Zünften ausüben konnten. Am Rande der Reeperbahn, dem „Amüsierviertel", konnte es nicht ausbleiben, dass der Name „Große Freiheit" immer mehr einer Fehlinterpretation zum Opfer fiel. Berühmt über Hamburgs Grenzen hinaus wurde die Straße durch den Film mit Hans Albers „Große Freiheit Nr. 7"; die in diesem Film noch gezeigte Hafenromantik und Sentimentalität ist inzwischen brutalem Kommerz gewichen. Einen vorläufig letzten kulturellen Schub erhielt diese Straße 1961 durch einen Auftritt der „Beatles".

Große Holl, (Billstedt), 1977, in Anlehnung an einen auf der deutschen Grundkarte erscheinenden Flurnamen (Holl = Höhlung).

Große Horst, (Ohlsdorf), 1925, durch Übertragung des an der Gegend haftenden Flurnamens. Mittelniederdeutsch heißt Horst: nachgewachsenes Unterholz auf gerodetem Boden.

Große Johannisstraße, (Hamburg-Altstadt), seit Mitte des 13. Jahrhunderts, nur wenig entfernt vom Maria Magdalenenkloster lag das Johanniskloster. Die Straßennamen „Große" und „Kleine Johannisstraße" erinnern daran. Im Jahre 1236 kamen zwei Dominikanermönche nach Hamburg und baten darum, für ihren Orden ein Kloster gründen zu dürfen. Nach anfänglichem Zögern wurde ihnen das gestattet. Das ehemalige Kloster befand sich dort, wo heute der Rathausmarkt liegt. In der Reformationszeit nahm dieses Kloster die Nonnen des Klosters Harvestehude auf, das der Rat der Stadt hatte abbrechen lassen, als die Nonnen sich weigerten, zum Glauben Luthers überzuwechseln. Einige Räume des Klosters belegte Johannes Bugenhagen zur Gründung der ersten öffentlichen Gelehrten-Lateinschule, dem späteren Johanneum. In der Franzosenzeit wurde die Klosterkirche als Getreidelager verwendet. Nach dieser Zeit wurde die Kirche nicht wieder ihrer Bestimmung zugeführt, sondern vom Johanneum als Turnhalle genutzt.

Große Rainstraße, (Ottensen), vor 1856, nach den dortigen Flurnamen „In de Reien" bzw. „Reienkamp". Rain hat hier nicht die Bedeutung von Grenzstreifen, sondern es wird abgeleitet von Reien = rei oder Reye, was kleiner Wasserlauf bedeutet.

Großer Burstah, (Hamburg-Altstadt), zweite Hälfte des 14. Jahrhunderts. Leider müssen wir hier unser altes Heimatkundewissen über Bord werfen, bei dem es zwischen Brauern und Bauern zu einer gewaltigen Prügelei gekommen sein soll und die Brauer den Ausruf „Bur stah" benutzt haben sollen. Man glaubt heute die richtige Erklärung zu wissen, die auf den Silben „Bur" und „Stah" beruht. „Bur" bedeutet nicht nur Bauer, sondern auch Bürger und Einwohner, und die Silbe „Stah" heißt soviel wie Stade, Gestade oder Ufer. Die heutige Version geht davon aus, dass Burstah „Bürgerufer" oder „Bürgergestade" bedeutet. Bereits 1332 ist diese Straße „Bei dem Burstah" genannt worden, was besagt: hart am Ufer. Beim Großen Brand 1842 wurde der Burstah völlig zerstört, aber an gleicher Stelle nur erheblich breiter wieder aufgebaut.

Große Reichenstraße, (Hamburg-Altstadt), nachweisbar seit dem 13. Jahrhundert, nach den „Steinreichen", den Fernhändlern, den an der Leitung öffentlicher Angelegenheiten beteiligten Familien, die sich in Hafennähe ein Haus aus Stein leisten konnten. Es war daher sicher kein Zufall, dass man bei Ausgrabungen in dieser Straße vergoldeten und sogar echten Goldschmuck gefunden hat. In dieser Straße wohnten auch insbesondere die Wandbereiter und Tuchhändler, die es nur wenige hundert Meter weit zu ihren Arbeitsplätzen auf dem Kleinen Grasbrook hatten. Als irgendwann einmal alle Grundstücke in der Großen Reichenstraße vergeben waren, wurde der Weg verlängert und es entstand die „Kleine Reichenstraße", die von den „neuen" Reichen bezogen wurde.

Großer Grasbrook, (HafenCity), 2004, nach der Belegenheit auf dem gleichnamigen Gebiet.

Großer Ring, (Schnelsen), 1929, nach der Anlage des Weges als Ringstraße.

Großer Schippsee, (Harburg), 1927, nach einer alten, bereits 1406 erwähnten Flurbezeichnung, über die Unsicherheit besteht, und immer wenn es keine Sicherheitgibt, gibt es mehrere Erklärungen: Einmal wird der Name abgeleitet von „Chief Siede" (Hauptseite der Stadt). Eine andere Lesart bezeichnet den Namen als eine Niederung, in der Schafe weideten, als einen Wiesenacker. Eine dritte Version besagt, dass Schippsee an das Wort „skip" erinnert, was soviel wie Sumpf oder Moor bedeutet.

Großer Stackort, (Wilhelmsburg), 1935, Stacken bedeutet die Uferbefestigung herstellen und erhalten. Einen Stackort gab es an mehreren Stellen am Elbufer (Stackmcisterci in Moorwerder). Hier an der Kirchdorfer Straße ist der Name aber fehl am Platze, weil hier kein Elbufer war, deshalb auch nicht gestackt werden musste.

Großer Trampgang, (Neustadt), im 18. Jahrhundert, zum Unterschied von dem um 1870 in der Brüderstraße aufgegangenen „Kleinen Trampgang". Motiv der Namensgebung ist unbekannt, wahrscheinlich nach einer dort ehemals gelegenen Herberge für Tramper, Wanderer, Handwerkergesellen und Landstreicher.

Große Straße, (Eißendorf), 1910, als Bezeichnung für die größte von Eißendorf in die Haake führende Straße. Im Gegensatz dazu hatte eine weniger wichtige Straße die Bezeichnung „Kleine Straße".

Große Theaterstraße, (Neustadt), 1827, nach dem benachbarten Stadttheater, das 1826/27 erbaut worden war. Neben dem Theater wurden gleichzeitig zwei Straßen angelegt, von denen eine größer als die andere war. Daher die Namen „Große" und „Kleine Theaterstraße".

Grosseweg, (Horn), 1945, nach dem Gewerkschaftsführer, Senator und Präsidenten der Bürgerschaft Berthold Grosse (1863–1927).

Große Wiese, (Farmsen-Berne), 1947, nach einem Flurnamen.

Groß Flottbeker Straße (Groß Flottbek), 1928, nach der Hauptstraße der ehemaligen Ggemeinde Groß Flottbek. Groß Flottbek wird 1305 als „Superior Vlothbeke" und Klein Flottbek als „Inferior Vlothbeke" erwähnt, und zwar nach dem „Fluvius Vlothbeeke".

Großheidesteg, (Winterhude, Barmbek-Süd), 1960, in Anlehnung an den Namen der Flur, über die ein Teil der Straße verläuft.

Großheidestraße, (Winterhude), 1928, Erklärung: wie Großheidesteg.

Großlohering, (Rahlstedt), 1964, ortsübliche Bezeichnung nach dem Flurnamen „Großlohe".

Großmannstraße, (Rothenburgsort), 1893, nach dem Senator P. H. W. Großmann (1807–1886), wegen seiner Verdienste als Landherr der Vier- und Marschlande.

Großmoorbogen, (Neuland), 1967, in Anlehnung an den Namen Großmoordamm, als Zubringer vom Industrie- und Gewerbegebiet zur Autobahn.

Großmoordamm, (Harburg, Neuland, Gut Moor), 1950, als Verbindungsweg von Harburg über Gut Moor zur niedersächsischen Gemeinde Groß Moor.

Großmoorkehre, (Neuland), 1981, in Anlehnung an den Namen Großmoorbogen.

Großmoorring, (Neuland), 1977, in Anlehnung an den Namen Großmoorbogen.

Großneumarkt, (Neustadt), ben. bald nach 1620 als „Neue Markt", d.h. Marktplatz der damals entstandenen Neustadt; später im 18. Jahrhundert wegen seiner besonderen, die Marktplätze in der alten Stadt übertreffenden Größe, als Großer Neumarkt bezeichnet, daraus bildete der volkstümliche Sprachgebrauch die zusammengezogene, 1899 amtlich anerkannte Form „Großneumarkt".

Groß-Sand, (Wilhelmsburg), 1900 (verlängert 1985), nach einem alten Flurnamen, der zurückgeht auf Ufersande eines ehemaligen Eibarmes. Im Gegensatz hierzu hatte das übrige Wilhelmsburg sumpfigen und schlickigen Untergrund.

Grotefendweg, (Iserbrook), 1955, nach dem Gymnasiallehrer und Sprachwissenschaftler Georg Friedrich Grotefend (1775–1853), der sich um die Entzifferung der Keilschrift verdient gemacht hat.

Grote Koppel, (Lemsahl-Mellingstedt), 1981, Flurbezeichnung: Große Koppel.

Grotelertreppe, (Eißendorf), 1952, in Anlehnung an den Namen Grotelerweg.

Grotelertwiete, (Eißendorf), 1965, in Anlehnung an den Namen Grotelerweg. Twiete = Verbindungsweg zwischen zwei Straßen.

Grotelerweg, (Eißendorf), 1931, wahrscheinlich aufgrund eines Mißverständnisses so benannt, denn auf einem Plan von 1772 sind die „Große und Kleine Straße" als „Groteler Weg" und „Lütteier Weg" bezeichnet, wahrscheinlich durch einen Landvermesser, der des Niederdeutschen nicht mächtig war.

Grotenbleken, (Poppenbüttel), 1947, ein Flurname, bei dem es mehrere Auslegungen gibt: Einmal wird Grotenbleken schlicht als „Große Bleiche" übersetzt. Eine zweite Version geht davon aus, dass es sich um die Bezeichnung für ein großes, ebenes, holzfreies Stück Land handelt. Eine dritte Lesart deutet das Wort nach einem Acker, der aus Sandmergel besteht, auf dem Getreide schlecht gedeiht.

Groten Flerren, (Rissen), 1981, nach einem Flurnamen. Flerren = Fladen = flacher Kuchen.

Groten Heesen, (Lohbrügge), 1982, Flurname. Heesen bedeutet Buschwald bzw. dichtes Unterholz.

Groten Hoff, (Volksdorf), 1972, Groten Hoff ist Niederdeutsch und bedeutet großer Hof.

Grotenkamp, (Bahrenfeld), 1926, Flurname, Grotenkamp = großes Feld.

Grote Raak, (Langenhorn), 1960, nach dem der Gegend anhaftenden Flurnamen „Raaksheide". Racke = Kot, Schmutz, Sumpf.

Grote Stegel, (Neuengamme), 1925, ortsübliche Wegbezeichnung. Stegel ist die Diminutivform von Steg, bedeutet aber auch Weideübertritt und in erweitertem Sinne auch kleiner Weg.

Grotestraße, (Wilhelmsburg), 1927, nach der adligen Familie der Groten, denen zwischen 1361 und 1672 der größte Teil der Insel gehörte. Der Hof der Familie lag in der Nähe der Rothenhäuser Straße. Er war wohl das erste Gebäude hier mit roten Ziegelsteinen, im Gegensatz zu den sonstigen Bauernhäusern, die aus Lehm und Weidengeflecht gebaut waren. Beim Bau der Palminfabrik Schlink fand man auf der alten Grotenwurt noch Trümmerreste der früheren Gebäude.

Grote String, (Lemsahl-Mellingstedt), 1963, nach einer Flurbezeichnung „Groten String" auf einer Karte von 1932.

Grothwisch, (Schnelsen), 1928, Flurname. Grothwisch = große Wiese (Weide).

Grotiusweg, (Blankenese), 1949, nach dem niederländischen Rechtsgelehrten und Staatsmann Hugo de Groot, Hugo Grotius (1583–1645), dem Mitbegründer des modernen Völkerrechts, der vorübergehend in Dockenhuden wohnte.

Grotjahnstraße, (Altona-Altstadt), 1800, nach dem Kämmereibürger und Vorbesitzer des Geländes Johann Christoph Grotjahn um 1800.

Grotkoppelweg, (Niendorf), vor 1938, Flurname = Großkoppelweg.

Grotmannskroog, (Rahlstedt), 1942, Flurname.

Grot Sahl, (Rissen), 1928, Flurname. Grot = groß und sahl – Saal = Suhle, oder Niederung mit stehendem Gewässer.

Grottenstraße, (Othmarschen), vor 1900, angeblich nach einer Grotte in einem der dort befindlichen Gärten.

Grovestraße, (Barmbek-Süd), 1904, nach dem Vorbesitzer des Geländes, dem Konsul Adolf Grove (gest. 1900), Mitglied der Bürgerschaft von 1871–1883.

Grube, (Blankenese), im 17. Jahrhundert. Diese älteste Straße von Blankenese spielte einmal eine sehr wichtige Rolle. Viehhändler aus dem Norden verkauften ihr Vieh auf dem Ochsenmarkt in Wedel. Dort kauften Händler aus den Niederlanden, Frankreich und den südlich der Elbe gelegenen Gebieten die Tiere und verluden sie mit den Wedeler- und Blankeneser-Fähren. Die Herden wurden durch die Gruft, die heutige Grube, zum Fähranleger getrieben und dort auf riesigen Prahmen verladen. Es soll sich monatlich um bis zu 10000 Stück Vieh gehandelt haben, die von Blankenese übersetzten. Die Fahrt soll teilweise Stunden gedauert haben. Übertrieben ist sicher die Aussage des Engländers John Taylor, der behauptet, von Blankenese nach Cranz 9 Stunden unterwegs gewesen zu sein, richtig dürfte gewesen sein, wenn er schreibt, dass die Fahrgäste verAnlasst wurden, beim Rudern zu helfen, denn die Besatzung benötigte schließlich noch Kraft für die Rückfahrt. Die Grube hieß früher „In de Grove" oder auch „Gruft".

Grubenstieg, (Osdorf), 1930, nach den früher hier vorhandenen zahlreichen Kiesgruben.

Grubesallee, (Rahlstedt), vor 1908, nach dem Vorbesitzer, dem Fabrikanten Edward Grube (1856–1924).

Gründgensstraße, (Steilshoop), 1971, nach dem Schauspieler, Regisseur und Intendanten Gustaf Gründgens (1899–1963). Er spielte an allen bedeutenden deutschen Theatern und Bühnen, insbesondere zwielichtige und dämonische Charaktere. Motivgruppe: Personen, die sich um das kulturelle Leben Hamburgs in der ersten Hälfte des 20. Jahrhunderts verdient gemacht haben.

Grünebergstraße, (Ottensen), 1950, nach Dr. Bernhard Grüneberg (1861–1936), seit 1888 Leiter des Altonaer Kinderkrankenhauses, dessen Neubau auf seine Anregung hin 1912/14 erfolgte.

Grüne Brücke, (Hammerbrook, Rothenburgsort), 1865, die Brücken über die Bille wurden vielfach nach ihrem Anstrich benannt.

Grüner Deich, (Hammerbrook), im 18. Jahrhundert, vermutlich nach der grünbewachsenen Böschung des Deiches, auf dem die Straße verlief.

Grüner Redder, (Bergedorf), 1949, Redder = von Knicks gesäumter Feldweg.

Grüner Weg, (Horn), 1909, wegen der Lage an einem Grünplatz.

Grüner Winkel, (Ohlsdorf), 1950, nach der idyllischen Lage des Weges.

Grünewaldstraße, (Bahrenfeld), 1928, nach Mathias Grünewald (1480–1528), neben Dürer wohl der bedeutendste Maler des 16. Jahrhunderts.

Grüningweg, (Horn), 1959, nach dem Buchhändler Hermann Grüning (1841–1929), der aus eigenen Mitteln 1923 die Hohenfelder öffentliche Bücherhalle errichten ließ.

Grünspechtweg, (Lurup), 1977, Motivgruppe: Vögel.

Grützmühlenweg, (Hummelsbüttel), 1950, nach der Lage an einer früher hier stehenden Grützmühle.

Grumbrechtstraße, (Heimfeld, Harburg), 1889, nach dem Harburger Oberbürgermeister Friedrich Wilhelm August Grumbrecht(1811–1883). Er war als Abgeordneter und Journalist einer der Führer der liberalen Opposition im Königreich Hannover. Von 1850 bis 1852 und 1864 Mitglied der Zweiten Kammer der Ständeversammlung in Hannover, von 1867 bis 1878 Mitglied des Reichstages. 1871 wurde ihm der Titel Oberbürgermeister verliehen.

Grundheide, (Neugraben-Fischbek), 1946, nach der Lage in der Fischbeker Heide. Die Silbe „Heide“ wurde hier für viele Wegnamen verwendet, meist im Zusammenhang mit dem örtlichen Charakter.

Grundherrenstraße, (Rahlstedt), 1950, nach den adligen holsteinischen Familien des Hamburger Domkapitels, die Besitzer von Grund und Boden waren, von den Bauern Zins- und Sonderleistungen erhielten und Recht sprachen.

Grundstraße, (Eimsbüttel), 1902, nach dem Begründer der Singakademie und ersten Dirigenten der philharmonischen Konzerte F. W. Grund (1797–1874).

Grunewaldstraße, (Jenfeld, Rahlstedt), 1961, nach dem Berliner Bezirk.

Grusonstraße, (Billbrook), 1924 und 1929, nach dem Industriellen H. A. J. Gruson (1821–1895), Gründer des Grusonwerkes in Magdeburg-Buchau und Erfinder des Grusonschen Hartgusses.

Grusort, (Neugraben-Fischbek), 1984, mit Bezug auf die Ortschaft Moorburg.

Grusortwinkel, (Neugraben-Fischbek), 1984, in Anlehnung an den Namen Grusort.

Gryphiusstraße, (Winterhude), 1910, nach dem Dichter Andreas Gryphius (1616–1664).

Gubener Straße, (Jenfeld), 1990, nach der Kreisstadt Guben an der Lausitzer Neiße in Schlesien.

Guderuper Straße, (Wandsbek), vor 1938, nach dem Patenort Wandsbeks Guderup auf der dänischen Insel Alsen.

Gudrunstraße, (Rissen), 1949, nach dem gleichnamigen Epos, der Gudrunsage.

Güllweg, (Iserbrook), 1953, nach dem Kinderliederdichter Friedrich Wilhelm Güll (1812–1879).

Günselstieg, (Bramfeld), 1952, nach der im Wald und auf der Wiese vorkommenden Pflanze Günsel = Lippenblütler mit rund 50 Arten, hat lebhaft gefärbte Blüten.

Güntherstraße, (Hohenfelde), 1863, nach dem Vorbesitzer Johann Arnold Günther (1755–1805), der in Hohenfelde größeren Grundbesitz hatte.

Günzweg, (Sasel), 1982, nach dem südlichen Nebenfluss der Donau. Die Günz entspringt östlich von Kempten und mündet bei Günzburg. Nach ihr ist die Günz-Kaltzeit (Eiszeit) benannt. Motivgruppe: Die Donau und ihre Nebenflüsse.

Guerickeweg, (Barmbek-Nord), 1930 und 1940, nach Otto von Guericke (1602–1686), Physiker (Erfinder der Luftpumpe) und Bürgermeister von Magdeburg, der seit 1681 in Hamburg lebte und hier verstarb.

Güstrower Weg, (Rahlstedt), 1950, nach der Motivgruppe: Orte in Mecklenburg.

Guldtweg, (Blankenese), 1947, nach einer Romanfigur aus dem Roman „Der Untergang der Anna Hollmann" von Gustav Frenssen.

Gumbinner Kehre, (Bramfeld), 1954, nach der ostpreußischen Stadt Gumbinnen bei Königsberg.

Gundermannstraße, (Billstedt), 1962, nach dem Verleger Tobias Gundermann (17. Jahrhundert).

Gundlachs Twiete, (Ohlsdorf, Wellingsbüttel), 1949, nach der Familie Gundlach, Vorbesitzer des Geländes. Gundlach hatte sein Grundstück bereits erworben, bevor die dort vorhandenen Heideflächen 1856 kultiviert worden waren. 1840 pachtete Gundlach die Gutsbäckerei, die aber bald abbrannte und nicht wieder aufgebaut wurde. Spätere Generationen wandelten das Gundlachsche Haus in das Cafe „Gundlach" um.

Gurlittstraße, (St. Georg), 1840, nach dem Reformpädagogen Dr. Johannes Gottfried Gurlitt (1754–1827), der als früherer Direktor des Pädagogiums „Zu Kloster Berge" bei Magdeburg 1802 zum Direktor des Hamburger Johanneums und als Lehrer für orientalische Sprachen berufen wurde. Er sollte die in die Krise geratene berühmte Schule mit neuem Leben erfüllen und seine Reformideen durchsetzen, d.h. den Unterricht berufsbezogener gestalten. Er setzte auch durch, dass jüdischen Schülern der Weg zu höherer Bildung geebnet wurde, was im Christianeum in Altona bereits der Fall war.

Gussau, (Volksdorf), 1929 und 1935, nach einer Flurbezeichnung. Die Silbe „Guss" könnte eventuell aus dem Germanischen kommen und soviel wie Sumpf bedeuten; eine andere Auslegung deutet „Guss" als unfruchtbar.

Gustav-Adolf-Straße, (Marienthal), vor 1892, nach dem Schwedenkönig Gustav Adolf (1594–1632).

Gustav-Falke-Straße, (Eimsbüttel, Harvestehude), 1921, nach dem Dichter Gustav Falke (1853–1916). In einem seiner Verse sagte er:

„Mir wird das Dichten verteufelt schwer,
wo nehm ich bloß die Gedanken her".

Warum hat er es nicht ganz gelassen? Da es Falke nicht besonders gut ging, hat der Senat ihm einen Ehrensold von 3000 Mark ausgesetzt. Laut der satirischen Zeitschrift „Kladderadatsch" soll es darauf zu einem „Run" auf die Stadt gekommen sein. Jeder Zug hat angeblich Hunderte von „Dichtern" in die Stadt gebracht.

Gustav-Freytag-Brücke, (Uhlenhorst), 1904, nach dem Schriftsteller Gustav Freytag (1816–1895).

Gustav-Freytag-Straße, (Uhlenhorst), 1899, wie Gustav-Freytag-Brücke.

Gustav-Klimt-Weg, (Billstedt), 1976, nach dem modernen Maler Gustav Klimt (1862–1918), Mitbegründer der Wiener Sezession.

Gustav-Kunst-Straße, (Rothenburgsort), 1908, nach dem Kaufmann Gustav Kunst (1836–1905), Teilhaber der Firma Kunst & Albert in Wladiwostok, der der Allgemeinen Armenkasse 250000 Mark vermachte.

Gustav-Leo-Straße, (Eppendorf), 1947, nach dem Oberbaudirektor Dr. Gustav Leo (1868–1944).

Gustav-Mahler-Platz, (Neustadt), 1990, nach dem Komponisten Gustav Mahler (1860–1911), der von 1891–1897 Dirigent am ehemaligen Hamburger Stadttheater war.

Gustav-Schwab-Straße, (Osdorf), 1941, nach dem Dichter Gustav Schwab (1792–1850), der besonders mit den Nacherzählungen „Die schönsten Sagen des klassischen Altertums" bekanntgeworden ist.

Gustav-Seitz-Weg, (Steilshoop), 1972, nach dem Bildhauer Prof. Gustav Seitz (1906–1969), der in Berlin und Hamburg wirkte; in Hamburg als Akademieprofessor.

Gustavsweg, (Sasel), um 1940, nach dem Land- und Gastwirt Gustav Meinen, Gemeindevorsteher und Schiedsmann.

Gustav-Weihrauch-Weg, (Volksdorf), 1968, nach dem Naturschützer und Pionier für Grünanlagen in Hamburg, Gustav Weihrauch (1862–1930), dem u.a. auch der Hammer Park zu verdanken ist. Er gab der Stadt auch die Anregung, den Elbuferweg, den Elbhöhenweg und den Oberalster-Naturpark anzulegen.

Gutenbergstraße, (Stellingen), 1928, nach Johannes Gutenberg, geb. um 1397, gest. 1468, Erfinder des Buchdrucks mit gegossenen, beweglichen Lettern. Mit Hilfe von Geldgebern schuf er die sogenannte Gutenberg-Bibel, von der noch 47 Exemplare erhalten sein sollen. Stets in großer finanzieller Bedrängnis, wurde er 1458 zahlungsunfähig; 1465 nahm der Kurfürst von Mainz Gutenberg unter seinen Hofleuten auf und sicherte ihm damit seinen Lebensunterhalt. Mainz, dessen Universität auch den Namen Gutenbergs trägt, ist auch Sitz des Gutenbergmuseums.

Gutsmuthsweg, (Rothenburgsort), 1929, nach Johann Christoph Friedrich Guts Muths (1759–1839), Förderer der deutschen Gymnastik und der deutschen Turnkunst.

Gutswisch, (Farmsen-Berne), 1953, Flurname. Es handelt sich um die gebräuchliche, niederdeutsche Bezeichnung für eine zum Gut Berne gehörende Wiese. Gutswisch = Gutswiese.

Guttmannring, (Langenbek), 1988, nach dem jüdischen Kaufmannsehepaar Jakob und Helene Guttmann (1877–1941), die Opfer des Nationalsozialismus wurden.

Gutzkowstraße, (Groß Flottbek), 1911, nach Karl Gutzkow (1811–1878), Schriftsteller und Kritiker. Mit seiner erfolgreichen, 1838 gegründeten liberal und demokratisch orientierten Zeitung „Der Telegraph für Deutschland" wurde er in Preußen verboten. Im liberalen Hamburg ließ man ihn jedoch gewähren.

Gyula-Trebitsch-Platz, (Wandsbek), 2011, nach Prof. Gyula T. (1914–2005), 1945 befreit im Konzentrationslager Wöbbelin; Film- und Fernsehproduzent, 1947 Mitbegründer und Geschäftsführer der Real-Film, dann von 1960–1980 des daraus entstandenen Studio Hamburg; einer der Väter des deutschen Kino- und Fernsehfilms, im Jahr 2000 Träger des Deutschen Filmpreises.

H

Haakestraße, (Harburg, Heimfeld), 1889, nach dem Forst „Haake“, früher „Die Haacke“, so auch früher „Haackestraße“, wohin der Weg führt.

Haanbalken, (Marmstorf), 1966, nach der Motivgruppe „Teile des niedersächsischen Bauernhauses“. Beim Haanbalken handelt es sich um den obersten Tragebalken im Hausdach.

Haberkamp, (Poppenbüttel), 1930, alte Flurbezeichnung. Haber = Hafer.

Habermannstraße, (Lohbrügge), 1964, nach dem christlichen Gewerkschaftsführer und Widerstandskämpfer gegen den Nationalsozialismus Max Habermann (1885–1944), als Mitglied der Goerdelergruppe endete er nach seiner Verhaftung durch Freitod.

Habichthorst, (Niendorf), vor 1962, Nest des Greifvogels Habicht.

Habichtshofring, (Bramfeld), 1958, gen. nach dem ehemaligen Kleingartenverein „Habichthof“.

Habichtsplatz, (Barmbek-Nord), 1914 und 1929, nach den hier vorhandenen Habichten, die sich in einer nahe gelegenen Abdeckerei mit Aasfutter versorgten.

Habichtstraße, (Barmbek-Nord), 1888 und 1930. Erklärung wie Habichtsplatz.

Habichtsweg, (Barmbek-Nord), 1927, in Anlehnung an die Namen Habichtstraße und Habichtsplatz.

Habigerstieg, (Langenbek), 1988, nach Kasper Habiger (1873–1945), Wilhelmsburger Arbeiter und Opfer der NS-Zeit.

Hachmannbrücke, (Steinwerder), 1941, nach dem hervorragenden Hamburger Bürgermeister Dr. Gerhard Hachmann (1838–1904). Senator seit 1885, Bürgermeister von 1900 bis 1904.

Hachmannkai, (Steinwerder), 1930, Erklärung: wie Hachmannbrücke.

Hachmannplatz, (St. Georg), 1909, Erklärung: wie Hachmannbrücke.

Hackmackbogen, (Allermöhe), 1979, nach Hermann Hackmack (1895–1973), Bürgerschaftsabgeordneter, Förderer des Wohnungsbaus, Gründer und Vorsitzender der Baugenossenschaft Bergedorf-Bille, stellvertretender Vorsitzender der Bergedorfer Bezirksversammlung.

Hadermanns Weg, (Niendorf), 1948. nach der Sage von Hadermanns Brautfahrt, Sagengestalt aus Müllenhoffs Sagen und Märchen.

Haderslebener Straße, (Dulsberg), 1928, nach der Stadt in Nord-Schleswig, zur Erinnerung an den durch den Vertrag von Versailles abgetrennten nördlichen Teil Schleswigs.

Hadubrandheide, (Niendorf), 1948. nach der Gestalt aus dem Hildebrandslied. Hadubrand war der Sohn Hildebrands (8. Jahrhundert).

Haeckelstraße, (Harburg), 1950, nach dem Zoologen Prof. Dr. Ernst Haeckel (1834–1919), Verfechter der Abstammungslehre Darwins und Gründer des Monistenbundes.

Haeckswisch, (Duvenstedt), 1993, ben. nach der Duvenstedter Familie Haecks, Vorbesitzer des Geländes.

Häherweg, (Hummelsbüttel), vor 1938, Vogelmotiv. Häher = mittelgroßer Rabenvogel.

Haempten, (Lohbrügge), alte Bezeichnung 17.–18. Jahrhundert. Ein Flurname, in dem das Wort „Himpten“ steckt, ein früheres Feld- und Getreidemaß.

Händelstraße, (Bahrenfeld), 1895, nach dem Komponisten Georg Friedrich

Händel (1685–1759), dem Schöpfer des „Messias".

Hänselstieg, (Schnelsen), 1970, Motivgruppe: Holsteinische Geschichten, Sagen und Märchen.

Häußlerstraße, (Lohbrügge), 1964, nach Willi Häußler (1907–1945), Hafenarbeiter und Widerstandskämpfer gegen den Nationalsozialismus.

Hafenbezirk, (Harburg), 1879, nach einer als Wegname erhalten gebliebenen Ortsbezeichnung für den ehemaligen „Hafenbezirk". 1888 wurde der Hafenbezirk zusammen mit dem „Schloss-Bezirk" nach Harburg eingemeindet.

Hafenrandstraße, (Wilhelmsburg), 1981, nach der Lage am Rande des Hafens.

Hafenstraße, St. Pauli, siehe St. Pauli Hafenstraße.

Hafenstraße, (Heimfeld), benannt 1909, beide Straßen führen in das Industriegelände des 1., 2. und 3. Seehafenbeckens, sie wurden in den Bauplänen als „Zungenstraßen" bezeichnet, angelegt zwischen 1904 und 1907.

Hafentor, (Neustadt), ben. um 1853 als „Beim Hafentor", verkürzt 1899, nach dem zu Zwecken der Akzise und Torsperre 1841 eröffneten Hafentor.

Hafentreppe, (St. Pauli), 1969, ortsübliche Bezeichnung, die amtlich übernommen wurde.

Haferacker, (Neugraben-Fischbek), 1946, in Anlehnung an die auch sonst hier auf „Acker" lautenden Wegnamen.

Haferblöcken, (Billstedt), 1948, nach einem Ackerstück, das vorwiegend mit Hafer bebaut wurde. Blöcke sind kurze Ackerstücke, die quer zu größeren Äckern liegen und separat bearbeitet werden müssen.

Haferkamp, (Barmbek-Süd), 1899, frei gewählter Name und nach den auch sonst hier verwendeten Getreidemotivnamen.

Haferstück, (Langenhorn), 1938, Flurname, der daran erinnert, dass hier vorwiegend Hafer angebaut wurde.

Haferweg, (Altona-Nord, Stellingen), 1893, Flurbezeichnung.

Haffkruger Weg, (Rahlstedt), 1950, nach dem Ostseebadeort in der Lübecker Bucht (Schleswig-Holstein).

Hagebökenholt, (Farmsen-Berne), 1950, Flurname: „Hagebuchenholz".

Hagebuttenweg, (Lurup), 1932, nach der Frucht der Rose.

Hagedornstraße, (Harvestehude), 1870, nach dem Dichter Friedrich von Hagedorn (1708–1754) und in Erinnerung an seinen Lieblingsaufenthalt auf dem gegenüberliegenden Licentiatenberge und im Gasthaus Harvestehude.

Hagenau, (Eilbek), 1874, mit Bezug auf die hier früher gelegenen Ackerflächen und die auch sonst hier auf die Silbe „au" endenden Wegnamen.

Hagenbeckallee, (Stellingen), 1928, nach Carl Hagenbeck (1844–1913), Gründer des bekannten und berühmten Tierparks gleichen Namens.

Hagenbeckstraße, (Lokstedt, Stellingen), 1949, Erklärung wie Hagenbeckallee.

Hagendeel, (Lokstedt), vor 1934, Flurbezeichnung = abgetrennter Waldbezirk. Hagenende, (Rahlstedt), 2006, in Anlehnung an den benachbarten Flurnamen Hagenau.

Hagenower Straße, (Rahlstedt), 1980, nach der Ortschaft Hagenow. Motivgruppe: Orte in Mecklenburg.

Hagenweg, (Rahlstedt), 1950, nach dem Forst Hagen bei Ahrensburg, wohin der Weg führt.

Hahnemannstraße, (Eppendorf), 1929, nach Christian Friedrich Samuel Hahnemann (1755–1843), Hygieniker, Psychiater und Pharmazeut, trat für eine reine Arzneimittelkunde der Erfahrung ein, die sich auf geprüfte Einzelmittel an Stelle der Vielgemische stützte. 1810 legte er mit dem „Organon der rationellen Heilkunde" den Grundstein zu seiner Lehre. Hahnemann gilt als Begründer der Homöopathie.

Hahnenfußweg, (Sülldorf), 1953, Pflanzenmotiv. Hahnenfuß = artenreiche, weltweit verbreitete Gattung der Hahnenfußgewächse.

Hahnenkamp, (Ottensen), 1907, nach einer frühen Flurbezeichnung, die „Hanenkamp“ lautet.

Hahntrapp, (Hamburg-Altstadt), ben. seit der zweiten Hälfte des 17. Jahrhunderts. Zwei Rechercheure sind bei diesem Namen zu unterschiedlichen Ergebnissen gekommen, die nicht unter einen Hut zu bringen sind. Eine Lesart geht davon aus, dass der Name aus zwei Silben zusammengesetzt ist, u.z. aus „Han“, was soviel wie „hoch“ bedeutet, und der Silbe „Trapp“, was Treppe heißen könnte. Die Straße soll im 11. Jahrhundert als Treppe angelegt worden sein, die zu einem Staudamm führte, der hier zum Schutz vor der Alster bestanden hat. Die zweite Auslegung geht davon aus, dass die Straße 1607 als „Hanspa“ erwähnt wird und erst 1667 als „Hahntrapp“. Geflügelhändler sollen hier ihre Stände gehabt haben. Die Silbe „Trapp“ wird bei dieser Version als „Spur“ ausgelegt, die das Geflügel hinterließ.

Haidlandsring, (Bramfeld), 1960, Benennung wie Haidlandsweg.

Haidlandstieg, (Bramfeld), 1953, Benennung wie Haidlandsweg.

Haidlandsweg, (Bramfeld), vor 1937, Flurname. Weg, der ins Bramfelder Heideland führte.

Hainbuchenallee, (Allermöhe), 1997, nach der Randbepflanzung mit Hainbuche.

Hainbuchenweg, (Winterhude), 1928, Flurname, im Anschluss an die Wegnamen Braamkamp und Efeuweg.

Haindaalwisch, (Bergstedt), 2005, in Anlehnung an die benachbarte Flurbezeichnung „Hainesch“ und den parallel liegenden Weg „Aalwisch“.

Hainholz, (Niendorf), vor 1934, Flurbezeichnung. Hainholz bedeutet „gehegtes Gehölz“.

Hainholzfeld, (Eißendorf), 1976, Flurname. Hainholz = gehegtes Gehölz.

Hainholzweg, (Eißendorf), 1910, Erklärung wie Hainholzfeld.

Hainveilchenplatz, (Billstedt), 2008, nach der Veilchenart, der Blume des Jahres 2000.

Haithabuweg, (Sinstorf), 1952, nach der Siedlungsgesellschaft „Haithabu“ -Haithabu ist ein nordischer Name und bedeutet „Siedlung auf der Heide“. Die Siedlungsgesellschaft leitet ihren Namen von der Wikingersiedlung „Haithabu“ ab. Einzelheiten über „Haithabu“ sollte man der Fachliteratur entnehmen.

Hakenstraße, (Wilhelmsburg), 1949, ben. nach dem hakenförmigen Verlauf.

Halbenkamp, (Barmbek-Nord), 1968, nach dem Lehrer und Bürgerschaftsabgeordneten Johannes Halben (1829–1902).

Halberstädter Weg, (Niendorf), 1963, nach der Kreisstadt im Bezirk Magdeburg im nördlichen Harzvorland. Motivgruppe: Städte im oder am Harz.

Halbmondsweg, (Othmarschen), 1899, nach dem unter Denkmalschutz hier stehenden halbmondförmigen Stallgebäude.

Haldenstieg, (Groß Borstel, Niendorf), 1951, nach den früher hier befindlichen Schutthalden.

Haldesdorfer Straße, (Bramfeld), 1950, nach dem untergegangenen Dorf Haldesdorf, das in der Bramfelder Feldmark gelegen haben soll und bereits 1262 als „Haldesdorpe“ erwähnt wird. Neuere Forschungen weisen mehr auf eine Lage des ehemaligen Dorfes in der Gegend beim Bredenbeker Teich hin.

Halenreie, (Volksdorf), 1921, der Gegend anhaftender Flurname „Halenreien“. Haien = Niederung, Einschnitt, Loch, und Rei oder Reihe = kleiner Wasserlauf.

Halenriggen, (Duvenstedt), 1942, Flurname, Haien = Niederung, Einschnitt, und Riggen = Reie = kleiner Wasserlauf.

Halenseering, (Rahlstedt), 1961, nach einem Berliner Ortsteil.

Halifaxweg, (Winterhude), 2006, nach dem eisfreien, größten Seehafen Kanadas, Hauptstadt der kanadischen Provinz Neuschottland.

Hallerplatz, (Rotherbaum), 1899, im Anschluss an den Namen Hallerstraße.

Hallerstraße, (Rotherbaum, Harvestehude), 1868 und 1945, nach dem Bürgermeister (seit 1863), Senator (seit 1844), Dr. Nicolaus Ferdinand Haller (1805–1876).

Hallesches Ufer, (Kleiner Grasbrook), 1893, östliches Ufer des Saalehafens.

Halligenstieg, (Tonndorf), 1954, nach den auch sonst hier verwendeten Inselmotivnamen. Hallig = kleine nordfriesische Insel im Wattenmeer ohne Deich.

Halskebrücke, (Billbrook), 1970, siehe Eialskestraße.

Halskestraße, (Billbrook), 1948, nach dem Ingenieur Georg Johann Halske (1814–1890), der zusammen mit Werner von Siemens 1847 die Firma Siemens und Halske gründete.

Halstenbeker Stieg, (Eidelstedt), 1949, in Anlehnung an Halstenbeker Weg.

Halstenbeker Straße, (Schnelsen, Eidelstedt), 1907, nach dem Nachbarort: Halstenbek.

Halstenbeker Weg, (Eidelstedt), vor 1926, nach dem Nachbarort Halstenbek.

Hamborner Stieg, (Langenhorn), 1952, nach der Industriestadt Hamborn, die seit 1929 Stadtteil von Duisburg ist. Motivgruppe: Städte im westdeutschen Industriegebiet.

Hamburger Berg, (St. Pauli), 1938, heute erinnert nur noch der Straßenname „Hamburger Berg“ daran, dass dies einst die Vorstadt war, in der reiche Hamburger Kaufleute ihre Landhäuser und parkartigen Gärten hatten. 1833 erhielt die Vorstadt „Hamburger Berg“ den Namen „St. Pauli“. Dieser im vergangenen Jahrhundert umbenannte Stadtteil zählte 1840 nur elftausendachthundertvierzig Einwohner.

Hamburger Hochstraße, (Altona-Altstadt), 1950, nach ihrer rampenartigen, steigenden Anlage.

Hamburger Straße, (Barmbek-Süd, Uhlenhorst), 1862, benannt als Teil des vom Dorfe Barmbek nach der Stadt Hamburg verlaufenden Straßenzuges, vorher meist als Hauptstraße Barmbeks bezeichnet.

Hamelausweg, (Winterhude), 1926, nach dem Baumeister und Zimmermann am städtischen Bauhof Hans Hamelau (etwa 1610–1670). Im Amt von 1659 bis zu seinem Tode.

Hammenmacherstieg, (Langenhorn), 2010, nach dem historischen Handwerksberuf des Herstellers von Pferdegeschirr.

Hammer Baum, (Hamm-Mitte), 1929, in der Franzosenzeit wurde das Befestigungssystem in Hamburg unter den französischen Besatzern weiter ausgebaut, so auch die Landwehr mit ihren Durchgängen „Hammer Baum“ und „Lübscher Baum“. Der Hammer Baum soll an den Schlagbaum erinnern, der früher am südlichen Ende der Landwehr stand und eine Sperre bildete. Er wurde 1874 abgebrochen.

Hammer Berg, (Hamm-Nord), 1931, nach der Lage am Geesthang (Berg genannt) in Hamm.

Hammerbrookstraße, (St. Georg, Hammerbrook), 1842, als Hauptstraße, die den damals durch Entwässerung der städtischen Bebauung erschlossene, zur Vorstadt St. Georg gehörenden Teil des Hammerbrooks mitten durchschneidet. Der Hammerbrook wird 1286 erstmalig erwähnt und gelangt 1383 an Hamburg, als der Graf von Holstein ihn zusammen mit anderen Gebieten an Hamburg verkauft.

Hammer Deich, (Hammerbrook, Hamm-Süd), ben. seit dem 17. Jahrhundert als Strecke des Deiches, der den zu Hamm gehörenden Teil Hammerbrooks gegen die Bille schützt.

Hammer Hof, (Hamm-Nord), 1916, nach dem Landsitz des Syndikus Dr. Karl Sieveking und seiner Nachkommen, dessen südliche Grenze die Straße bildet.

Hammerichstraße, (Othmarschen), 1951, nach dem Buchhändler und Verleger Johann Friedrich Hammerich (1763–1827), der aus bescheidenen Verhältnissen kam und es zu einem der bedeutendsten Verleger Deutschlands brachte.

Hammer Landstraße, (Hamm-Nord, Hamm-Mitte), umbenannt 1931.

Die Hammer Landstraße war früher Teil der Landstraße nach Bergedorf und Berlin und hieß vor 1870 noch „Unten im Hamm", dann „Heerstraße" und seit 1931 Hammer Landstraße.

Hammer Steindamm, (Hamm-Nord, Eilbek), 1856, als gepflasterte alte Verbindungsstraße zwischen Wandsbek und Hamm.

Hammer Steindammbrücke, (Eilbek), 1902, in Anlehnung an den Namen Hammer Steindamm.

Hammer Straße, (Marienthal), 1908, im Anschluss an den Namen des auf Wandsbeker Gebiet verlaufenden Straßenteils.

Hammer Weg, (Hamm-Mitte), 1888, im Anschluss an den Namen der Hammer Landstraße.

Hamraakoppel, (Sasel, Bergstedt), 1943, nach einem Flurnamen. Die Silbe „Raa" bedeutet im Dänischen wie im Plattdeutschen „Stange" oder „Grenzpfahl", kann aber auch Koppeleinfriedung bedeuten. Eine andere Quelle glaubt, dass es sich bei „Raa" um eine Rodung handelt.

Handelmannweg, (Othmarschen), 1950, nach dem Geschichts- und Altertumsforscher Gottfried Heinrich Handelmann (1827–1891).

Handweg, (Marmstorf), 1930, nach einem verballhornten Namen, der auf einer Karte von 1800 als „Hamm Weg" verzeichnet ist.

Hanfftsweg, (Hamm-Nord), 1929, nach dem Patrioten, dem Schlachtermeister Johann Hanfft (1780–1827), der 1813 auf eigene Kosten eine Eskadron Reiter ausrüsten ließ, um diese als Rittmeister gegen die Franzosen zu führen.

Hanfstieg, (Lurup), 1932, nach der Pflanze Hanf, mit Bezug auf den Namen „Flaßbarg".

Hangheide, (Neugraben-Fischbek), 1946, nach der Lage in der Fischbeker Heide, wo die Silbe „Heide" vielfach verwendet wurde, meist im Zusammenhang mit dem örtlichen Charakter.

Hangstraße, (Heimfeld), 1938, eine volkstümliche Bezeichnung, die amtlich übernommen wurde, nach der Lage der Straße am Geesthang.

Hangtwiete, (Heimfeld), 1945, in Anlehnung an den Namen „Hangstraße", von der sie abzweigt.

Hanhoopsfeld, (Wilstorf, Langenbek), 1949 und 1961, nach einer Flurbezeichnung, die bereits 1667 erwähnt wird.

Hanne-Darboven-Ring, (Eißendorf), 2011, nach Hanne Darboven (1941–2009), international renommierte Harburger Konzeptkünstlerin, die sich in ihren Werken insbesondere mit dem Sichtbarmachen von Zeiträumen beschäftigte.

Hanne-Mertens-Weg, (Niendorf), 1982, nach der Schauspielerin Hanne Mertens (1909–1945), einem Opfer des Nationalsozialismus.

Hannenstieg, (Bramfeld), 1950, in Anlehnung an den Namen Hannenstücken.

Hannenstücken, (Bramfeld), 1945, nach einem der Gegend anhaftenden Flurnamen. „Han" heißt soviel wie hoch und Hannenstücken bezeichnet ein hoch gelegenes Feldstück.

Hannoversche Brücke, (Harburg), 1956, die Brücke liegt im Zuge der Hannoverschen Straße und führt über die Bahn auf der Strecke Hamburg-Cuxhaven.

Hannoversche Straße, (Harburg, Wilstorf), 1950, als nach Hannover führende Straße.

Hansabrücke, (Kleiner Grasbrook), 1893, nach dem Hansahafen, über den sie zum Veddeler Damm führt.

Hans-Adolf-Weg, (Schnelsen), 1948, nach Herzog Johann Adolf von Holstein-Plön (1634–1704), Sagengestalt lt. Müllenhoff: Sagen, Märchen und Lieder. Motivgruppe: Holsteinische Geschichten, Sagen und Märchen.

Hansahöft, (Kleiner Grasbrook), 1893, als am Hansahafen befindliche Kaianlage. Höft = Kaianlage.

Hans-Albers-Platz, (St. Pauli), 1964, nach dem Schauspieler Hans Albers (1891–1960), berühmt in der Titelrolle von Molnars „Liliom“, auch als Interpret von Schlagern und Chansons sowie in Filmen „Große Freiheit Nr. 7“, „Münchhausen“ etc.

Hansaplatz, (St. Georg), 1874, mit Bezug auf die Firma der Hanseatischen Baugesellschaft, die die Straßenanlage auf dem ehemaligen Zimmerborgesch geschaffen hatte.

Hansastraße, (Harvestehude), 1870, vermutlich im Zusammenhang mit der 500jährigen Jubelfeier des Friedens von Stralsund, der den Kampf der Hanse gegen Dänemark siegreich zum Abschluß brachte.

Hans-Christian-Andersen-Park, (Osdorf), 2004, nach Hans Christian Andersen (1805–1875), berühmter dänischer Dichter und Schriftsteller, schuf die bedeutsamsten Kunstmärchen des Biedermeier. Der Park wurde 2007 mit Stein-Märchenfiguren zu den Geschichten des Dichters bestückt.

Hans-Dewitz-Ring, (Heimfeld), 1998, nach Hans Dewitz (1910–1992), Bezirksamtsleiter in Harburg 1968–1977.

Hansdorfer Straße, (Barmbek-Süd), 1888, nach dem hamburgischen Dorf Groß-Hansdorf.

Hans-Duncker-Straße, (Allermöhe), 1980, nach dem Bürgerschaftsabgeordneten Hans Duncker (1904–1974).

Hanseatenstieg, (Rothenburgsort), 1935, nach der benachbarten Hanseatenhalle. Die Halle wurde für politische und sportliche Großveranstaltungen verwendet, so u. a. für den Boxkampf von Max Schmeling gegen Steve Hamas.

Hanseatenweg, (Wilhelmsburg), 1937, die Straße wurde in dem Moment gebaut, als Wilhelmsburg aufgrund des Groß-Hamburg-Gesetzes zu Hamburg kam, und wurde auf Wunsch der Bewohner der Hafenarbeitersiedlung so benannt.

Hans-Fitze-Straße, (Harburg), 2003, nach Hans Fitze (1903–1998), Hamburger Schauspieler und Regisseur, zudem Theaterintendant. Seit 1945 Direktor des Harburger Theaters, ab 1954 auch des Altonaer Theaters; bis 1994 leitete er diese beiden vereinten Theater.

Hans-Förster-Bogen, (Allermöhe), 1979, nach dem Maler und Heimatschriftsteller Hans Förster (1885–1966).

Hans-Freese-Weg, (Bergedorf), 1949, nach dem Zeichner der ältesten Bergedorfer Karte aus dem Jahre 1592, dem Artilleriemeister des Bergedorfer Schlosses Hans Freese (gest. um 1611).

Hans-Grahl-Weg, (Neustadt), 2008, nach Hans Grahl (1895–1966), bedeutender Tenor an deer Hamburgischen Staatsoper ab 1929, Kammersänger seit 1936; Verfolgter des Nationalsozialismus.

Hans-Henny-Jahnn-Weg, (Uhlenhorst), 1966, nach Hans Henny Jahnn (1884–1959), Dichter, Orgelbauer und Mitbegründer der Akademie der Künste.

Hans-Hinnik-Weg, (Finkenwerder), 1941, nach der Erzählung von Gorch Fock.

Hansingweg, (Heimfeld), 1935, nach dem Leutnant Heinrich Hansing, geb. 1794, gefallen am 4. 3. 1814 auf hannoverscher Seite bei den Kämpfen zwischen Moorburger Schanze und der von den Franzosen verteidigten Festung Hamburg-Harburg. Er war Sohn des Harburger Bürgermeisters und Stadtsyndikus Johann Gottlieb Hansing.

Hans-Lange-Straße, (Blankenese), 1928, nach dem früheren Gemeindevorsteher von Blankenese Hans Lange (1834–1910), der einer alteingesessenen Blankeneser Seefahrerfamilie entstammt und ab 1882 dreizehn Jahre lang Gemeindevorsteher in Blankenese war.

Hans-Leip-Ufer, (Othmarschen), 1994, nach Hans Leip (1893–1983), Hamburger Schriftsteller, Maler und Graphiker, machte das Eibufer, seinen langjährigen Wohnsitz Oevelgönne und Blankenese literarisch bekannt.

Hans-Mahler-Straße, (Steilshoop), 1977, nach dem Schauspieler und Theaterleiter Hans Mahler (1900–1970). Motivgruppe: Personen, die sich in der ersten Hälfte des 20. Jahrhunderts um das kulturelle Leben der Stadt verdient gemacht haben.

Hans-Matthiessen-Straße, (Bergedorf), 1949, nach Hans Matthiessen (1876–1944), Leiter der Hilfsschule in Bergedorf und Bürgervertreter.

Hans-Much-Weg, (Eppendorf), 1938, nach dem Schriftsteller und Leiter des Tuberkulose-Institutes Prof. Dr. med. Hans Much (1880–1932).

Hans-Rubbert-Straße, (Billstedt), 1998 nach Hans Rubbert (1908–1966). Rubbert war von 1950 bis 1960 Ortsamtsleiter von Billstedt.

Hans-Sachs-Straße, (Altona-Nord), 1933, nach dem berühmten Dichter Hans Sachs (1494–1576), Sohn eines Schneiders, besuchte die Lateinschule und kam 1508 zu einem Schuhmacher in die Lehre; lernte bei L. Nunnenbeck den Meistersang. Nach einer Wanderschaft durch Deutschland wurde er in Nürnberg Meister. In drei Prosadialogen und dem Gedicht „Die Wittembergische Nachtigall" trat er für die Reformation ein. Die Stoffe seiner zahlreichen Dichtungen entnahm er der Bibel, Schriften des Altertums, Erzählungen, Volksbüchern und Sagen. Seine tausend Meisterlieder bleiben in der Tradition des Meistersangs. Richard Wagner behandelte ihn idealisierend in „Die Meistersinger von Nürnberg".

Hans-Sander-Straße, (Wilhelmsburg), 1999, Wilhelmsburger Widerstandskämpfer gegen den Nationalsozialismus, danach 1. Vorsitzender der SPD in Wilhelmsburg, Kreisvorsitzender der SPD in Harburg, Mitglied im Orstausschuss Wilhelmsburg.

Hanssensweg, (Winterhude), 1928, nach dem Architekten und Miterbauer des Hamburger Rathauses Bernhard Georg Hanssen (1844–1911).

Hans-Stoll-Straße, (Allermöhe), 1996, nach Hans Stoll (1912–1940). Mitarbeiter einer illegalen Druckerei in Bergedorf, Widerstandskämpfer gegen den Nationalsozialismus.

Hanstedter Stieg, (Langenbek), 1955, nach der Ortschaft Hanstedt. Motivgruppe: Ortsnamen der Lüneburger Heide.

Hans-Thoma-Weg, (Groß Flottbek), 1935, nach dem Maler Hans Thoma (1839–1924). Er war Leiter der Kunsthalle in Karlsruhe und Akademieprofessor. Er malte Portraits, Stilleben und Landschaften. Unter seinen Arbeiten sind besonders die Lithographien hervorzuheben.

Hans-Ulrich-Höller-Weg, (Lohbrügge), 2009, nach Hans-Ulrich Höller (1929–2007), verdient um das Naturschutzgebiet „Boberger Niederung", Träger der „Loki-Schmidt-Silberpflanze 2005".

Harburger Chaussee, (Kleiner Grasbrook, Wilhelmsburg, Veddel), 1852, verlängert 1930, benannt als auf dem Südufer der Elbe verlaufende, durch eine Fähre mit der Harburger Straße verbundene Chaussee nach Harburg; sie ist 1887 verlegt worden.

Harburger Hafenschleuse, (Harburg), unbek., benannt nach dem Stadtteil und der Funktion.

Harburger Hauptdeich, (Harburg), 1971, nach der Lage im Stadtteil Harburg.

Harburger Poststraße, (Harburg), 1986, als Zufahrt zum neuen Postamt.

Harburger Rathauspassage, (Harburg), 1986, nach der Lage in Rathausnähe.

Harburger Rathausplatz, (Harburg), 1950, nach dem, nach den Plänen des Architekten Christoph Hehl erbauten Harburger Rathaus (1889–1892).

Harburger Rathausstraße, (Harburg), 1950, nach dem bis 1892 als Rathaus dienenden, 1830 erbauten Stadthause am Sand.

Harburger Ring (Harburg), 1975, nach der Funktion und der Lage im Stadtteil Harburg.

Harburger Schloßstraße, (Harburg), 1950, als zur Burg (Schloss) führende Straße. Es handelt sich wohl um die älteste Straße Harburgs, die früher einmal ein Damm war, der vom Schloss durch die Sumpfgebiete zur sandigen Geest führte.

Harburger Umgehung, (Harburg, Neuland, Wilstorf), 1985, nach dem Stadtteil und der Funktion der Straße.

Hardauring, (Hausbruch), 1966, nach dem Flüßchen in der Lüneburger Heide. Motivgruppe: Flüsse der Lüneburger Heide.

Hardenbergstraße, (Blankenese), 1928, nach dem preußischen Staatsmann Karl August Fürst von Hardenberg (1750–1822), 1810 Staatskanzler. Seine Reformen setzten die des Freiherrn vom Stein fort, führte 1810 Gewerbefreiheit ein. Sein Plan einer völligen Gleichberechtigung scheiterte am Widerstand des Adels. Im vergrößerten Preußen nach 1815 schuf er eine mustergültige Verwaltung. Mit der Teilnahme Preußens am Metternichsystem schwand der politische Einfluss Hardenbergs.

Hardenstraße, (Rothenburgsort), 1960, nach dem Grundeigner und Hofbesitzer Hermann N. Harden (1803–1852).

Härders Kamp, (Lohbrügge), 1949, nach dem Vorbesitzer des Geländes Andreas Härders (1797–1866).

Harderweg, (Osdorf), 1964, nach Hans Härder (1880–1945), Rektor in Osdorf.

Hardorffsweg, (Barmbek-Nord), 1927, nach dem hamburgischen Maler Gerd Hardorff (1769–1842).

Harkortstieg, (Altona-Nord), 1950, im Anschluss an den Namen Harkortstraße.

Harkortstraße, (Altona-Nord), 1950, nach Friedrich Harkort (1793–1880), Schriftsteller, Mitglied der Nationalversammlung, Förderer des Eisenbahnbaus.

Harksheider Straße, (Poppenbüttel), 1950, führt in die holsteinische Ortschaft Harksheide (heute Norderstedt).

Harmsenstraße, (Ottensen), 1951, nach Georg Wilhelm Harmsen (1854–1908), Bürgermeister in Ottensen, dann Senator in Altona und später Abgeordneter im Provinziallandtagin Kiel.

Harmsstraße, (Harburg), 1957, nach dem früheren Harnischen Grundstück, nach der Gastwirt- und Kaufmannsfamilie Johann Christoph Harms und seinen Nachkommen.

Harmsweg, (Bramfeld), vor 1937, nach dem Grundeigner und Gärtner Harms, Bramfelder Gärtnerfamilie seit dem 19. Jahrhundert.

Harnackring, (Lohbrügge), 1964, nach Ernst von Harnack (1888–1945), Regierungspräsident, war am Aufstand gegen Hitler am 20. Juli 1944 beteiligt und wurde im März 1945 in Plötzensee hingerichtet.

Harnacksweg, (Langenhorn), 1920 und 1934, unter Benutzung des Namens eines Eigentümers (um 1865) des Landstückes, über das die Straße verläuft.

Harkensee, (Barmbek-Nord), 2010, nach einer alteingesessenen Barmbeker Bauernfamilie.

Harnisch, (Bramfeld), 1950, nach dem der Gegend anhaftenden Flurnamen „Hain-Esch".

Harry-Hartz-Weg (Billstedt), 1998, nach Harry Hertz (1918–1992), SPD-Fraktionsvorsitzender im Ortsausschuss Billstedt, Mitglied der Bezirksversammlung Hamburg-Mitte 1966–1970, Mitglied der Hamburger Bürgerschaft 1970–1978.

Hartje-Rüter-Weg, (Poppenbüttel), 1984, nach einem Werk des niederdeutschen Dichters Hermann Boßdorf.

Hartkrögen, (Rissen), 1933, nach einer Flurbezeichnung (Hirschecke).

Hartmannsau, (Langenhorn), 1920, nach G. F. Hartmann, dem Zeichner der ersten Flurkarte von Langenhorn (1750).

Hartmutkoppel, (Rissen), 1952, nach einer Gestalt aus der Gudrunsage.

Hartnitweg, (Lokstedt), 1948, nach der altsächsischen Fassung der „Wolf-Dietrich-Sage".

Hartsprung, (Lokstedt), 1948, sagenhafte Ritterburg auf Alsen nach Müllenhoffs Sagen und Märchen.

Hartungstraße, (Rotherbaum), 1892, nach dem Senator und Amtmann in Ritzebüttel Dr. Caspar Härtung (1795–1863).

Hartwicusstraße, (Uhlenhorst), 1872, nach dem Namen des holsteinischen

Over-boden Hartwig, als des ältesten (um 1247) Besitzers der Kuhmühle.

Hartwig-Hesse-Straße, (Eimsbüttel), 1948, nach Hartwig Hesse (1778–1842), dem Begründer des früheren Witwenstiftes. In der NS-Zeit wurde die Straße in Wismarer Straße umbenannt. Um die Erinnerung an Hartwig Hesse wach zu halten, wurde jetzt die Schenefelder Straße in Hartwig-Hesse-Straße umbenannt.

Hartzloh, (Barmbek-Nord), 1904, durch Übertragung des der Gegend anhaftenden Flurnamens auf den alten Feldweg Nr. 2, Hartzloh war ein früher hier gelegenes Dorf.

Hartzlohplatz, (Barmbek-Nord), 1922, in Anlehnung an den Wegnamen Hartzloh.

Harvestehuder Stieg, (Harvestehude), 2011, in Anlehnung an den Harvestehuder Weg.

Harvestehuder Weg, (Rotherbaum, Harvestehude), 1858, als innerhalb der Vogtei Harvestehude, nach dem Pachthof und Wirtshaus Harvestehude führender Weg; vorher als unterster Fahrweg oder unterer Weg an der Alster bezeichnet. Der Name geht zurück auf einen kleinen Bach zwischen St. Pauli und Altona. An diesem Bach nahe dem Eibufer lag das Zisterzienserkloster Herwardeshude (Hude = Anlege- und Verladeplatz). 1295 wurde das Kloster, das ständig der Piraterie und dem ungeregelten Lauf der Elbe ausgesetzt war, an die Alster verlegt, etwa dorthin, wo sich heute die Straße Frauenthal befindet. Der Name des Klosters Herwardeshude, der durch Abschleifung zu Harvestehude wurde, hat sich im Laufe der Zeit auf den ganzen Stadtteil ausgedehnt.

Harzburger Weg, (Niendorf), 1961, nach dem Heilbad und Kurort Bad Harzburg am steilen Nordrand des Harzes. Motivgruppe: Städte im oder am Harz.

Harzensweg, (Barmbek-Nord), 1914, nach dem Radierer, Kunsthändler und Mitbegründer des Kunstvereins Georg Ernst Harzen (1790–1863).

Haselbusch, (Lurup), 1932, nach einem Pflanzenmotiv: Haselgehölz, Haselstrauch.

Haseldorfer Weg, (Eidelstedt), 1949, nach der Ortschaft bei Uetersen.

Haselhain, (Heimfeld), 1933, frei gewählter Name nach den hier früher zahlreichen Haselnußsträuchern.

Haselkamp, (Volksdorf), 1909, Flurbezeichnung. Nach der auch sonst hier vielfach verwendeten Silbe „Kamp".

Haselknick, (Wohldorf-Ohlstedt), 1912, Knicks sind kleine Erdwälle beiderseits von Feldwegen. Da der Busch oder Baumbestand darauf kurz gehalten werden muß, wird der Bewuchs abgeknickt, worauf der Name Knick zurückgeht.

Haselnußweg, (Bramfeld), 1951, nach einem Fruchtmotiv.

Hasenbanckweg, (Billstedt), 1948, nach Johann Otto Hasenbanck, Artillerie-Leutnant und Kartograph im 18. Jahrhundert in Hamburg.

Hasenbergbrücke, (Ohlsdorf), 1922, im Anschluss an den Namen „Am Hasenberge".

Hasenböge, (Farmsen-Berne), 1937, Böge = Biegung, Krümmung. Hase kommt bei diesem Wegnamen von Hass = Sumpf oder Moor, hat also nichts mit „Meister Lampe" zu tun.

Hasencleverstraße, (Horn), 1945, nach dem sozialdemokratischen Parteiführer Wilhelm Hasenclever (1837–1889), letzter Präsident des allgemeinen deutschen Arbeitervereins und Redakteur des Hamburg-Altonaer Volksblattes.

Haseneck, (Billstedt), 1935, nach einem frei gewählten Namen.

Hasenheide, (Niendorf), vor 1938, Flurbezeichnung, die sich nicht von dem Vierbeiner ableitet, sondern von Hass = Sumpf oder Moor. Es handelt sich um ein morastiges Heidegebiet.

Hasenhöhe, (Blankenese, Iserbrook, Sülldorf), 1928/29, nach einem Flurnamen, der auf Hass = Hesch = Heste zurückgeht, was eine junge Eichen- bzw. Buchenbepflanzung bedeutet.

Hasenhoop, (Poppenbüttel), 1953, Flurname, Hoop = leichter Hügel.

Hasenstieg, (Jenfeld), vor 1933, vermutlich nach einem Flurnamen.

Hasenweg, (Sasel), vor 1949, Flurbezeichnung, wahrscheinlich nach dem Charakter der Gegend.

Hasenwinkel, (Rissen), 1928, nach einem Flurnamen.

Hasloher Kehre, (Langenhorn), 1952, nach der holsteinischen Ortschaft. Motivgruppe: Dörfer nördlich von Hamburg.

Hasselbrookstraße, (Eilbek), 1866, unter Benutzung des Flurnamens Hasselbrook, der eine mit Haselstauden bewachsene Bruchniederung bezeichnet.

Hasselmannstraße, (Nienstedten), 1928, nach Zacharias Hasselmann (1822-1886), der von 1854–1886 Pastor in Nienstedten war.

Hasselwerder Straße, (Neuenfelde), 1943, nach dem Ortsteil von Neuenfelde, der bis 1929 ein selbständiges Dorf war und bereits 1059 erstmalig urkundlich erwähnt wird.

Hasselwisch, (Wohldorf-Ohlstedt), 1929, Flurname, Hassel = Haselnuß und Wisch = Wiese.

Hassestraße, (Bergedorf), 1901, nach dem in Bergedorf geborenen Komponisten Johann Adolf Hasse (1699–1783). Er war u. a. Kapellmeister in Venedig und Dresden und später wieder in Venedig. Hasse schrieb viele Libretti und war einer der führenden Komponisten der italienischen Opera seria.

Haßloredder, (Billstedt), vor 1938, Haß = Sumpf, Moor oder Morast; Redder = von Knicks gesäumter Feldweg.

Hastedtplatz, (Harburg), 1950, in Anlehnung an den Namen Hastedtstraße.

Hastedtstraße, (Harburg), 1910, nach dem Harburger Senator, Brauereibesitzer, Kommerzienrat Wilhelm Hastedt (1835–1904); ab 1871 Bürgervorsteher, ab 1873 Senator und von 1882–1885 preußischer Landtagsabgeordneter sowie von 1887–1893 Mitglied des Reichstages. Darüber hinaus war er Mitglied des Kreisausschusses und Deputierter des Landkreises Harburg.

Hastedtweg, (Harburg), 1963, in Anlehnung an den Namen Hastedtstraße.

Hatjeweg, (Osdorf), 1967, nach Hans Hatje (1853–1924), dem letzten Schäfer in Osdorf.

Hattinger Stieg, (Langenhorn), 1952, nach der westdeutschen Industriestadt Hattingen. Motivgruppe: Städte im westdeutschen Industriegebiet.

Hattsmoor, (Hummelsbüttel), 1933, Flurbezeichnung = Hirschmoor.

Hatzberg, (Stellingen), 1928, Flurname.

Haubachstraße, (Altona-Nord), 1947, nach dem sozialdemokratischen Politiker Dr. phil. Theodor Haubach (1896–1945), Schriftsteller, Reichstagsabgeordneter, wurde wegen Beteiligung am Umsturzversuch am 20. 7. 1944 im Januar 1945 hingerichtet.

Haubenlerchenweg, (Poppenbüttel), 1950, Vogelmotiv. Haubenlerchen besitzen einen Federschopf und überwintern gern paarweise in Städten.

Haubentaucherweg, (Billstedt), 1952, nach den auch sonst in Billstedt verwendeten Vogelmotivnamen. Es ist eine in Europa brütende Art von Tauchvogel, hat ein Kleid mit langem schwarzen Schopf und trägt einen gelblichen Federbusch am Ohrbereich, wird ca. 30 cm lang.

Hauersweg, (Winterhude), 1929, nach dem Architekten und Rathausbaumeister Hauers (1836–1905).

Hauffstraße, (Uhlenhorst), 1890, nach dem Dichter Wilhelm Hauff (1802–1827). Er schrieb insbesondere Gedichte, wurde vor allem durch seine Märchen „Zwerg Nase“ und „Kalif Storch“ bekannt.

Hauke-Haien-Weg, (Rahlstedt), 1964, nach der Gestalt aus dem Buch „Der Schimmelreiter“ von Theodor Storm. Motivgruppe: Theodor Storm und seine Werke.

Hauland, (Wilhelmsburg), 1958, in Anlehnung an den Haulander Weg.

Haulander Hauptdeich, (Wilhelmsburg), 1970, Flurname, Hauland = Heuland.

Haulander Weg, (Wilhelmsburg), 1949, Alter Deich um das Hauland, das bereits um 1490 eingedeicht wurde. Hau ist der plattdeutsche Ausdruck für Heu. Hauland ist also das Heuland. Heute ist der Name auch auf den westlich anschließenden ehemaligen Grünen Deich ausgedehnt, da es bei der Eingemeindung nach Hamburg dort bereits einen grünen Deich gab.

Hausbrucher Bahnhofstraße, (Hausbruch), 1948, nach dem Bahnhof Hausbruch.

Hausbrucher Eck, (Hausbruch), 1990, in Anlehnung an die Hausbrucher Straße.

Hausbrucher Kehre, (Hausbruch), 1990, in Anlehnung an die Hausbrucher Straße.

Hausbrucher Moor, (Hausbruch), 1948, nach dem Stadtteil und der Beschaffenheit des Bodens.

Hausbrucher Straße, (Hausbruch, Neugraben-Fischbek), 1984, nach dem Stadtteil Hausbruch. Hausbruch ist eine Gründung Otto des 1. von Harburg (1527–1549).

Hauskoppel, (Billstedt), 1948. Jeder Hufner und Kätner besaß eine Hauskoppel, meist auch „Wischhof" genannt, auf der nachts die Kühe verblieben, um morgens dort gemolken zu werden.

Hauskoppelstieg, (Billstedt), 1948, im Anschluss an den Namen Hauskoppel.

Hauwisch, (Hummelsbüttel), 1977, Flurname. „Hau" ist die plattdeutsche Bezeichnung für Heu und „Wisch" ist eine Wiese.

Havermannstieg, (Bramfeld), 1950, nach einem Motiv aus Fritz Reuters „Stromtid". Motivgruppe: Fritz Reuter und Gestalten aus seinen Werken.

Havighorster Redder, (Billstedt), 1948, nach der Richtung, in die der Weg führt. Redder = von Knicks gesäumter Feldweg.

Havighorster Weg, (Lohbrügge), vor 1935, nach der benachbarten Gemeinde Havighorst.

Haydnstraße, (Bahrenfeld), 1895, nach dem bedeutenden Komponisten Franz Joseph Haydn (1732–1809). In seinen letzten Jahren entstanden u.a. die österreichische Kaiserhymne „Gott erhalte Franz den Kaiser", deren Melodie für die deutsche Nationalhymne übernommen wurde, sowie die Oratorien „Die Schöpfung" und „Die Jahreszeiten".

Hayns Parkbrücke, (Eppendorf), 1960, in Anlehnung an den Namen Haynstraße. In Eppendorf hatte er seinen Landsitz, der zwischen der Alster und dem Eppendorfer Mühlenteich lag. Erhalten ist nach wie vor der gepflegte Park mit dem darin befindlichen Rundtempel. Sein Haus, das zwischenzeitlich der Heilsarmee diente und auch teilweise leerstand, wurde 1931 abgebrochen.

Haynstraße, (Eppendorf), 1890, nach dem Bürgermeister seit 1887, Senator 1857, Max Theodor Hayn (1809–1888). Er kam als 16jähriger aus Breslau nach Hamburg, wo er als Kaufmann erfolgreich tätig wurde. Sein Stadthaus, an der Binnenalster gelegen (heute Ballindamm), wurde teilweise zum Mittelpunkt des geistigen Lebens und der vornehmen Gesellschaft. Selbst Bismarck und König Wilhelm 1. und Kaiser Wilhelm II. verkehrten bei ihm.

Hebbelstraße, (Uhlenhorst), 1899, nach dem Dichter Friedrich Hebbel (1813–1863). Als Sohn eines Maurers bildete er sich autodidaktisch, unterstützt von der Schneiderin Elise Lensing. Er studierte in Hamburg und München Jura. Nach einem zweiten Aufenthalt in Hamburg lebte er seit 1845 in Wien. Er bewahrte in seinen Dichtungen den strengen Stil der Tragödie, nahm aber viele Züge des modernen Theaters (Strindberg) vorweg.

Hebebrandbrücke, (Winterhude, Barmbek-Nord), 1974, in Anlehnung an den Namen Hebebrandstraße.

Hebebrandstraße, (Winterhude, Barmbek-Nord, Ohlsdorf), 1969, nach dem

Oberbaudirektor in Hamburg Prof. Dr. Ing. Werner Hebebrand (1899–1966).

Heckende, (Rahlstedt), 1950, nach einer der Gegend anhaftenden Flurbezeichnung.

Heckengang, (Wilstorf), 1889, als von Hecken gesäumter Weg.

Heckenpfad, (Horn), 1933, nach einem mit Hecken eingefaßten Weg.

Heckenrosenweg, (Lokstedt), 1950, Blumenmotiv. Heckenrose = Wildart der Rose.

Heckenrund, (Volksdorf), 1953, nach der Straßenführung und nach Art der Bepflanzung mit einer halbrunden Buschhecke.

Heckenstieg, (Marmstorf), 1931, nach den dort wachsenden Hecken.

Heckkatenweg, (Lohbrügge, Bergedorf), 1926, nach dem ehemaligen Lohbrügger Stadtteil „Heckkaten", nach einer Grenzbefestigung mit einem Heck (Schlagbaum).

Heckkoppel, (Sasel), 1950, Flurbezeichnung.

Heckscherstraße, (Hoheluft-West), 1948, nach Dr. Joh. Gustav Wilhelm Moritz Heckscher (1797–1865), einem liberalen Abgeordneten aus Hamburg, der mit Ernst Merck und Edgar Ross die Interessen Hamburgs bei der Nationalversammlung in Frankfurt vertrat. Diese drei Herren waren erstmalig von allen Hamburgern – die Hamburgerinnen waren nach wie vor von der Wahl ausgeschlossen – in demokratischer Wahl ermittelt worden. Ab 1853 war Heckscher hamburgischer Ministerialresident in Wien.

Hederichweg, (Bramfeld), 1950, nach der Unkrautpflanze, die auch Ackerrettich genannt wird.

Heegbarg, (Sasel, Poppenbüttel), 1947, Flurname, Heeg = Hege = Gehege = kleiner Wald.

Heerbrook, (Iserbrook), 1961, in Anlehnung an den Flurnamen „Heerwisch", der zuerst 1788 im Erdbuch für Osdorf und später mehrfach vorkommt.

Heerbuckhoop, (Langenhorn), 1950. Flurbezeichnung. Bück = Rehbock, aber auch Buckel im Sinne von Bodenerhebung. Hoop ist niederdeutsch und bedeutet Haufen (Mauiwurfshügel), über auch Erhöhung im Gelände.

Heerhof, (Sülldorf), 1928, nach einem der Gegend anhaftenden Flurnamen. Heerhof = Hirtenhof.

Heerwegbrücke, (Bergedorf, Curslack), 1979, als Brücke, die im Verlauf des Curslacker Heerweges über die BAB in die Marsch führt. Anlehnung an Curslacker Heerweg.

Heerwisch, (Langenhom), 1932, nach einem der Gegend anhaftenden Flurnamen. Heerwisch = Gemeindewiese, Hirtenwiese.

Heeskoppel, (Jenfeld), 1932, Flurbezeichnung. Hees = Wald; Waldkoppel.

Heestweg, (Rahlstedt), 1950, nach dem Trittauer Vogt Hartwig von Heest (im 14. Jahrhundert).

Hegarstraße, (Bahrenfeld), 1950, nach dem Schweizer Komponisten Friedrich Hegar (1841–1927), Kammermusik und Männerchöre.

Hegelingenstieg, (Rissen), 1960, nach einem Namen aus der Gudrunsage.

Hegeneck, (Rahlstedt), 1964, in Anlehnung an den Weg „Im Hegen".

Hegenredder, (Billstedt), vor 1940, Flurbezeichnung. Hege = Waldstück und Redder = von Knicks gesäumter Feldweg.

Hegereiterweg, (Niendorf), vor 1934, Hegereiter = berittene Forstaufsicht.

Hegestieg, (Eppendorf), 1900, im Anschluss an die Flurbezeichnung „Im Hegen", dem Fußweg vom Eppendorfer Baum nach Harvestehude.

Hegestraße, (Hoheluft-Ost, Eppendorf), 1890, im Anschluss an den Namen Hegestieg. Hege = Waldstück.

Hegholt, (Bramfeld), vor 1937, Flurname. Hegholt = eingehegtes Waldstück.

Hegtum, (Sinstorf), 1950, nach einer in der Nähe gelegenen Flur „Hegdorn".

Heidacker, (Eidelstedt), 1930, Flurbezeichnung.

Heidberg, (Winterhude), 1887 und 1928, Flurname. Die Höhe im Stadtpark mit dem alten Wasserturm (heute Planetarium) heißt seit alters her „Heidberg".

Heidbergredder, (Altengamme), 1925, nach einem zum Heidberg führenden Feldweg.

Heidblick, (Neugraben-Fischbek), 1948, nach der Lage in der Fischbeker Heide.

Heiddiek, (Bergstedt), 1948, nach einem Teich in der dortigen Heidelandschaft. Diek – Teich.

Heideblöck, (Billstedt), 1977, nach einem Flurnamen auf Havighorster Gebiet.

Heidebrinker Weg, (Rahlstedt), 1962, nach der Ortschaft auf der Insel Wollin in Pommern. Motivgruppe: Orte in Pommern.

Heidebruch, (Heimfeld), 1932, vor der Kultivierung war hier Bruchgelände durchsetzt mit Heide.

Heidegängerweg, (Rahlstedt), 1951, nach dem Werk von Liliencron „Der Heidegänger".

Heideknick, (Sasel), 1980, in Anlehnung an den früheren Namen „Knickweg".

Heidekrautweg, (Farmsen-Berne), 1972, in Anlehnung an den Wegnamen „Heidewinkel".

Heidelerchenweg, (Poppenbüttel), 1950, Vogelmotiv. Heidelerchen zeichnen sich dadurch aus, dass sie im Flug singen und über einen schwermütigen, trillernden Gesang verfügen.

Heidemoor, (Neugraben-Fischbek), 1976, frei gebildeter Name, nach der Beschaffenheit der Landschaft.

Heidenhorstweg, (Lemsahl-Mellingstedt), 1962, nach dem Flurnamen „Heidenhorst".

Heidenkampsweg, (Hammerbrook, Rothenburgsort), um 1775, benannt im Volksmund als Verbindungsweg nach dem bei der Biller Schanze gelegenen Gehöft und den Ländereien des Johann Hinrich Heidenkamp (um 1775).

Heiderosenweg, (Volksdorf), 1946, Blumenmotiv. Heiderosen = Gattung der Zierrosen.

Heider Straße, (Hoheluft-Ost), 1898, nach der holsteinischen Stadt Heide. Motivgruppe: Orte in Holstein.

Heideweg, (Uhlenhorst), 1872, nach dem sich bis hier einst erstreckenden Ausläufer der Barmbeker Rönnheide und nach dem benachbarten Heidkrug.

Heidewinkel, (Farmsen-Berne), vor 1940, nach der Straßenform in der früheren Saselheide.

Heidewisch, (Rissen), 1932, Flurbezeichnung; Wisch = Wiese.

Heidhörn, (Barmbek-Nord), 1914, nach dem der Gegend anhaftenden Flurnamen „Heidhörn".

Heidhofsweg, (Sülldorf), 1928, nach dem „Heidhof", dem ursprünglichen Namen des Sülldorfer Gutshofes „Marienhöhe".

Heidhorst, (Lohbrügge), vor 1940, der Flurname „Heidhorst" bezeichnet einen Restwald, der sich inmitten der Heidefläche befindet.

Heidhorststieg, (Lohbrügge), 1999, in Anlehnung an die vorhandene Straße Heidhorst.

Heidi-Kabel-Platz, (St. Georg), 2011, nach Heidi Kabel (1914–2010), bundesweit beliebte Volksschauspielerin am Ohnsorg-Theater von 1932–1996, erlangte Popularität durch die ab 1954 gesendeten Fernsehübertragungen, bereits zu Lebzeiten eine hoch verehrte „Hamburger Legende".

Heidjerweg, (Neugraben-Fischbek), 1974, Heidjer = Heidebewohner.

Heidkamp, (Hummelsbüttel, Poppenbüttel), 1975, in Anlehnung an den Flurnamen „Heidberg".

Heidkampsredder, (Lohbrügge), vor 1940, Heidkamp = ein im Heideland gelegenes Feldstück; Redder = von Knicks gesäumter Feldweg.

Heidkoppel, (Rahlstedt), vor 1949, Flurbezeichnung. Ein in der Heide gelegenes Stück Ackerland.

Heidkrug, (Neugraben-Fischbek), 1948, nach der dort gelegenen Gastwirtschaft „Heidkrug".

Heidland, (Lemsahl-Mellingstedt), 1981, Flurname.

Heidloge, (Volksdorf), 1936, nach einem der Gegend anhaftenden Flurnamen. „Loge" = ein mit niedrigem Buschwerk bewachsenes Gelände. Die Silbe „Loge", „Lohe", „Loh" oder „Lo" kommt aus dem Indogermanischen und bedeutet soviel wie struppige Waldwiese oder auch Gestrüpp-Polder. „Lo" oder „Loh" kann sich aber auch auf Gerberlohe beziehen, die aus Eichenrinde hergestellt wird. Es kann sich hier also auch um Eichengestrüpp gehandelt haben, das zur Herstellung von Gerberlohe benötigt wird.

Heidlohstraße, (Schnelsen), vor 1907, Flurname. Loh = Wald; Heidloh = Sumpfwald im Heidegebiet.

Heidrand, (Neugraben-Fischbek), 1948, nach der Lage am Rande der Fischbeker Heide.

Heidredder, (Bergstedt), 1948, nach einem ins Heideland führenden Feldweg.

Heidrehmen, (Sülldorf), 1946, nach einer Flur benannt, die mit Heidestreifen durchzogen war.

Heidritterstraße, (Altona-Altstadt), 1899, nach dem Pastor von St. Pauli D. Johann Georg Heidritter (1738–1824).

Heidstücken, (Bramfeld), 1951, nach einer Flurbezeichnung.

Heidstückenkehre, (Bramfeld), 1993, in Anlehnung an den Weg „Heidstükken".

Heidstückenweg, (Bramfeld), 1993, in Anlehnung an den Weg „Heidstükken".

Heilholtkamp, (Alsterdorf), 1900, nach einem an der Gegend haftenden Flurnamen.

Heiligengeistbrücke, (Hamburg-Altstadt, Neustadt), 1885, zur Erinnerung an das Hospital zum Heiligen Geist, dessen Insassen 1883 in den Neubau an der Richardstraße überführt worden waren.

Heiligengeistfeld, (St. Pauli), der Name taucht erstmalig 1497 auf und bezieht sich auf das „Hospital zum Heiligen Geist", das in der Nähe des Rödingsmarkts lag und zu dessen zahlreichen Ländereien auch das Heiligengeistfeld gehörte.

Heilsberger Hang, (Bramfeld), 1954, nach der ostpreußischen Stadt Heilsberg (heute polnisch), 1241 von deutschen Orden gegründet; das Schloss aus dem 14. Jahrhundert ist nach der Marienburg der bedeutendste ostpreußische Burgbau des Mittelalters.

Heilwigbrücke, (Harvestehude), 1904, in Anlehnung an den Namen Heilwigstraße.

Heilwigstraße, (Harvestehude, Eppendorf), 1870, nach der Gräfin Heilwig, der frommen Gemahlin Graf Adolph IV. von Schauenburg. Die Gräfin Heilwig gründete 1247 das Nonnenkloster Harvestehude. Dieses Kloster lag ursprünglich an einem kleinen Bach „Herwardeshude", der zwischen Altona und Hamburg in die Elbe floß. Da die noch ungeregelte Elbe und die Piraterie dem Kloster sehr zu schaffen machten, wurde es 1295 an die Alster verlegt. Verschiedene Straßennamen in diesem Stadtteil, wie Klosterstern, Jungfrauenthal, Abteistraße, Nonnenstieg etc., erinnern an dieses Zisterzienserkloster. Die Bebauung der Straße begann vor der letzten Jahrhundertwende nahe der Außenalster und bewegte sich über Jahrzehnte in Richtung St. Johannis Eppendorf. 1907 wird die Straße bis zum Isebekkanal verlängert.

Heimat, (Lokstedt), vor 1934, mit Bezug auf die gemeinnützige Wohnungs- und Siedlungsgesellschaft „Neue Heimat".

Heimburgstraße, (Osdorf), 1928, nach der Schriftstellerin Wilhelmine Heimburg, Pseudonym für Bertha Behrens (1850–1912).

Heimchenweg, (Eidelstedt), 1950, Insektenmotiv. Heimchen = Grillen, mit über 1200 Arten, meist bodenbewohnende, pflanzenfressende oder räuberische Insekten.

Heimfelder Straße, (Heimfeld), 1889. Um 1535 legte Otto I. von Harburg das Vorwerk „Zum Heynfeld" an, später siedelten sich in der Nachbarschaft Bauern an, so dass nach und nach die Gemeinde Heimfeld entstand.

Heimgarten, (Poppenbüttel), vor 1938, nach der in Poppenbüttel gelegenen Siedlung „Heimgarten".

Heimhuder Straße, (Rotherbaum), 1871, nach dem alten schon am Ende des 13. Jahrhunderts hier gelegenen Dorfe „Heimchude". Bis 1295 standen nur wenige Gebäude in dem gering besiedelten Dorf, das danach radikal abgebrochen wurde, um dem von der Elbe hierher verlegten Nonnenkloster Harvestehude Platz zu machen.

Heimkehr, (Groß Borstel), 1953, die Bewohnung der anliegenden Häuser erfolgte überwiegend durch Heimkehrer aus sowjetischer Kriegsgefangenschaft des Zweiten Weltkrieges.

Heimstättenstraße, (Eidelstedt), 1930, nach der Erbauerin der Straße, der Wohnungsbaugesellschaft „Heimstätten".

Heimstättenweg, (Marmstorf), 1931, nach der hier gelegenen Siedlung.

Heimweg, (Rotherbaum), 1884, im Anschluss an den Namen Heimhuder Straße.

Hein-Baxmann-Stieg, (Moorfleet), 1963, nach Hein Baxmann, der 1620 das Gestühl der Moorfleeter Kirche geschnitzt hat.

Heindaal, (Bergstedt), 1948, Hein = Hain = eingefriedetes Gehölz und Daal = Tal.

Hein-Hinsch-Stieg, (Wellingsbüttel), 2009, nach Hans Hein Adolph Hinsch (1849–11913), Landwirt und Vorbesitzer des Geländes.

Hein-Hoyer-Straße, (St. Pauli), 1948, nach dem Hamburger Kriegsmann und Bürgermeister Hein Hoyer, gest. 1447, der zusammen mit den Lübeckern die Burgen Bergedorf, Riepenburg und Kuddevörde eroberte.

Heinickestraße, (Eppendorf), 1880, nach Samuel Heinicke (1729–1790), der sich um die Verbesserung des Elementarunterrichts und vor allem als einer der ersten in Deutschland um die Ausbildung der Taubstummen verdient machte.

Hein-Köllisch-Platz, (St. Pauli, Altona-Altstadt), 1949, nach Hein(rich) Köllisch (1857–1901), Hamburger Volkssänger und Humorist in niederdeutscher Sprache.

Hein-Kröger-Straße, (Iserbrook), 1949, nach Hein Kroger (1844–1881), Blankeneser Kapitän, der als erster an die Westküste Amerikas segelte.

Hein-Möller-Weg, (Lohbrügge), 1984, nach Heinrich Möller (1897–1966), Gewerkschaftler in Bergedorf.

Heino-Marx-Weg, (Marmstorf, Eißen-dorf), 1931, nach Heino Carl Joachim Marx (1863–1920), Zündschnurfabrikant und Gemeindevertreter in Marmstorf.

Heinrich-Barth-Straße, (Rotherbaum), 1899, nach dem aus Hamburg stammenden Afrikaforscher Heinrich Barth (1821–1865).

Heinrich-Bomhoff-Weg, (Groß Flottbek), 1965, nach Heinrich Bomhoff (1878–1949), Architekt und Förderer des Wohnungsbaus.

Heinrich-Goebel-Straße, (Volksdorf), 1948, nach Heinrich Goebel (1818–1893), dem Mann, der die Welt veränderte, Erfinder der Glühbirne.

Heinrich-Grone-Stieg, (Hammerbrook), 1987, nach Heinrich Grone (1868–1941), dem Gründer der Grone-Schule.

Heinrich-Gross-Straße, (Wilhelmsburg), 1949, nach Heinrich Gross (1848–1914), dem Mitgründer und Vorsitzenden der Schiffszimmerer-Genossenschaft, aktiver Gewerkschaftler.

Heinrich-Heine-Straße, (Wilstorf), 1945, nach dem bedeutenden Dichter Heinrich Heine (1797–1856). Lange hatte es in Hamburg nur eine Heinestraße gegeben, die man irrtümlich dem Dichter Heinrich zuschrieb, die aber zu Ehren seines Onkels Salomon Heine benannt war. Der große Patriot und Bankier Salomon Heine hatte der Stadt viele großzügige Spenden zukommen lassen und dafür gesorgt, dass Hamburg nach dem Großen Brand von 1842 ausreichende Kredite für den Wiederaufbau erhielt. Salomon Heine: „Solange die Elbe nicht verbrannt ist, ist Hamburg nicht verloren.". Heinrich Heine machte auf Druck seines Onkels eine kaufmännische

Lehre und studierte danach in Bonn, Göttingen und Berlin Jura. Bis dahin hatte er schon Gedichte und vermischte Schriften veröffentlicht. Als Schriftsteller versuchte er zwischen Deutschland und Frankreich zu vermitteln, indem er französische Kultur und Liberalität in Deutschland und deutsche Philosophie und Literatur in Frankreich bekannt machte.

Heinrich-Heine-Weg, (Bergedorf), 1945, Erklärung: wie Heinrich-Heine-Straße.

Heinrich-Helbing-Straße, (Bramfeld), 1945, nach dem Chemiker Heinrich Helbing (1833–1881), der hier Land erwarb, um eine Viehwirtschaft zu betreiben. Helbing war darüber hinaus Besitzer einer Brennerei: „Helbingkümmel".

Heinrich-Hertz-Straße, (Uhlenhorst, Barmbek-Süd), 1945, nach Heinrich Hertz (1857–1894), Physiker, Prof. in Karlsruhe und Bonn. Erfinder der Hertzschen Wellen, Grundlage der Funktechnik. Sein Nachweis des Einflusses von UV-Licht auf die elektrische Entladung 1887 führte zur Entdeckung des lichtelektrischen Effektes.

Heinrich-Kaufmann-Ring, (Horn), 1966, nach Heinrich Kaufmann (1864–1928), führend tätig im Zentralverband deutscher Konsumgenossenschaften. Motivgruppe: Männer und Frauen der Arbeiterbewegung.

Heinrich-Müller-Stieg, (Wandsbek), 1980, nach Heinrich Müller (1885–1966), ehemaliger Leiter des Bezirksamtes Wandsbek.

Heinrich-Osterath-Straße, (Kirchwerder), 1934, nach Heinrich Osterath (1870–1955), von 1904–1935 Baumeister der Landherrenschaft der Marschlande.

Heinrich-Plett-Straße, (Groß Flottbek, Osdorf), 1965, nach Heinrich Plett (1908–1963), Vorstandsvorsitzender des gewerkschaftseigenen Unternehmens „Neue Heimat".

Heinrich-Schulte-Höhe, (Billstedt), 1977, nach Heinrich Schulte (1896–1962), katholischer Pfarrer in Billstedt.

Heinrich-Schulz-Weg, (Rahlstedt), 1964, nach Heinrich Schulz (1876–1961), Gemeindevorsteher in Altrahlstedt von 1919 bis 1927 und in Rahlstedt von 1927 bis 1933.

Heinrichstraße, (Eimsbüttel), 1858, nach dem Vorbesitzer, über den keine weiteren Angaben vorliegen.

Heinrich-Stubbe-Brücke, (Neuengamme, Kirchwerder), 1961, in Anlehnung an Heinrich-Stubbe-Weg.

Heinrich-Stubbe-Weg, (Neuengamme, Kirchwerder), 1946, nach Heinrich Stubbe (1864–1942), Landherr von 1919 bis 1933.

Heinrich-Stück-Gang, (Billstedt), 1948, nach dem verdienstvollen Leiter des Hamburger Vermessungsamtes, dem Obergeometer Heinrich Stück (1823–1915).

Heinrich-Traun-Platz, (Fuhlsbüttel), 1910, Erklärung wie Heinrich-Traun-Straße.

Heinrich-Traun-Straße, (Fuhlsbüttel), 1910, nach dem Senator Dr. phil. Heinrich Traun (1838–1909), dem ehemaligen Inhaber der Harburger Gummikamm Co., der sich besondere Verdienste um den sozialen Wohnungsbau erwarb.

Heinrich-von-Ohlendorff-Straße, (Bergstedt, Volksdorf), 1936, nach Christian Heinrich Freiherr von Ohlendorff 1836–1928), Kaufmann und Besitzer des Gutshofes Volksdorf. Er kaufte zusätzlich diverse alte Bauernhöfe und damit etwa 2 Millionen Quadratmeter Fläche auf.

Hein-Saß-Stieg, (Finkenwerder), 1994, in Anlehnung an Hein-Saß-Weg.

Hein-Saß-Weg, (Finkenwerder), 1941, nach einem Werk von Gorch Fock.

Heinskamp, (Barmbek-Süd), 1885, nach Peter Heinrich Friedrich Heins (1848–1927), Vorbesitzer des Geländes.

Heinsonweg, (Volksdorf), 1929, nach Theodor Heinson (1856–1922), Prokurist und Gutsverwalter des Freiherrn von Ohlendorff. Er war erheblich an der Aufschließung des Ohlendorffschen Besitzes beteiligt und erwarb sich dabei besondere Verdienste.

Heinz-Erhardt-Park, (Wellingsbüttel), 2009, nach Heinz Erhardt (1909–1979), deutscher Dichter, Schauspieler, Musiker und Entertainer; lebte über 30 Jahre in Wellingsbüttel. Chronist des „Wirtschaftswunderlandes".

Heisterbusch, (Iserbrook), 1949, Flurbezeichnung. Heister bedeutet Anpflanzung von jungen Eichen und Buchen.

Heisterkamp, (Fuhlsbüttel, Hummelsbüttel), 1970, in Anlehnung an die auch sonst hier auf „Kamp" lautenden Wegnamen. Heister = Anpflanzung junger Eichen und Buchen.

Heitmannstraße, (Barmbek-Süd), 1877, nach Hinrich Heitmann (1834–1895) und seinem Bruder Jochim Heitmann (1839–1883), Vorbesitzer des Geländes.

Heketweg, (Schnelsen), 1948, nach dem Landwirt Märten Heket, einer seit dem 15. Jahrhundert in Schnelsen ansässigen Bauernfamilie.

Helbingstraße, (Wandsbek), vor 1938. Erklärung wie Heinrich-Helbing-Straße.

Helbingtwiete, (Wandsbek), 1947, Erklärung wie Heinrich-Helbing-Straße.

Helene-Heyckendorf-Kehre, (Bergedorf), 1987, nach Helene Heyckendorf (1893–1945), Widerstandskämpferin in der Bästlein-Jacob-Abshagen-Gruppe. Sie wurde am 23. April 1945 von der Gestapo im KZ Neuengamme ermordet.

Helene-Lange-Straße, (Harvestehude), 1950, nach Helene Lange (1848–1930), Bürgerschaftsabgeordnete, Schulreformerin und Vorkämpferin der deutschen Frauenbewegung.

Helenenstieg, (Altona-Nord), 1953, in Anlehnung an den Namen Helenenstraße.

Helenenstraße, (Altona-Nord), 1950, nach der Etaträtin Helene Donner, geb. Schröder (1819–1909). Sie schenkte der Stadt Altona u.a. das Helenenstift und die Helenenkapelle.

Helferichweg, (Marmstorf), 1930, nach Dr. Hans Helferich (1891–1945), Landrat des Kreises Harburg, später Präsident der Deutschen Zentral-Genossenschaftskasse in Berlin. Er verstarb in einem sowjetischen Internierungslager in Posen.

Helgaweg, (Fuhlsbüttel), 1946, nach einem frei gewählten weiblichen Vornamen.

Helgoländer Allee, (Neustadt, St. Pauli), 1894, die Straße führt zu den Landungsbrücken, von wo die Schiffe zur Insel Helgoland fahren.

Hellasweg, (Eidelstedt), 1932, nach dem griechischen Vizekonsul in Hamburg Demetrius Tsakas, der 1917 in Eidelstedt Bauland kaufte und mehrfach durch wohltätige Taten Anerkennung erhielt.

Hellbrookkamp, (Bramfeld), 1950, nach einem Flurnamen, der früheren Siedlung und dem Wirtshaus „Hellbrook" an der Barmbek-Bramfelder Grenze.

Hellbrookstieg, (Barmbek-Nord), 1937, Flurname. Erklärung wie Hellbrookstraße.

Hellbrookstraße, (Winterhude, Barmbek-Nord), 1899, nach der Siedlung und dem Gasthaus „Hellbrook" nordöstlich von Barmbek. „Hell" bedeutet soviel wie bedeckter Abhang und „brook" = Bruch, tief gelegenes, feuchtes Bruchland. Eine andere Version geht auf das mittelalterliche „hell" = Hölle zurück, worunter auch eine im Wald versteckte Gegend sein kann. Da Flurnamen nicht immer eine eindeutige Auslegung zulassen, können beide Versionen falsch oder richtig sein.

Hellbrookstraßenbrücke, (Winterhude, Barmbek-Nord), 1960, in Anlehnung an den Namen Hellbrookstraße.

Hellgrundweg, (Bahrenfeld, Lurup), 1929, Flurname für ein am Abhang tief gelegenes Land, aber auch das mittelalterliche bzw. angelsächsische „hell" wie Hölle ist möglich.

Hellinghöft, (Steinwerder), 1911, nach dem „heiligen" Krahngerüst der Howaldtwerft.

Hellkamp, (Eimsbüttel), 1899, durch Übertragung des Namens der Flur, über die die Straße verläuft. Auch bei diesem Flurnamen „Up de Hellkamp" können wieder die beiden zur Verfügung stehenden Versionen falsch oder richtig sein. Einmal kann es geneigtes, abschüssiges Feld, oder tief im Wald abgelegenes, verstecktes Feld bedeuten.

Hellkuhle, (Heimfeld), 1938, nach einer übernommenen Bezeichnung für einen Wanderweg. Flurbezeichnung, die schon seit 1780 nachgewiesen ist.

Hellmesbergerweg, (Rahlstedt), 1950, Schreibweise 1955 geändert, nach dem Operettenkomponisten Joseph Hellmesberger (1855–1907).

Hellmuth-Bartsch-Weg, (Langenbek), 1988, nach Dr. Hellmuth Bartsch (1895–1935), Harburger Arzt, Opfer des Nationalsozialismus.

Helltwiete, (Kirchwerder), vor 1938, alte Flurbezeichnung, abschüssiges Feld oder tief im Wald (Hölle) gelegener Weg.

Hellweg, (Bahrenfeld), 1920, Flurname, hell = abschüssiges Land, oder tief im Wald (Hölle) verstecktes Land.

Hellwisch, (Poppenbüttel), 1956, Flurname für abschüssiges Land oder tief im Wald (Hölle) verstecktes Land; Wisch = Wiese.

Helma-Steinbach-Weg, (Horn), 1929, nach Helma Steinbach (1847–1919), Mitbegründerin der Handelsgesellschaft „Produktion".

Helmholtzstraße, (Ottensen), 1912, nach Prof. Hermann von Helmholrz (1821–1894), Physiker, Naturforscher. Erfinder des Augenspiegels.

Helmsweg, (Harburg), 1950, nach dem Harburger Senator und Getreidekaufmann August Helms (1847–1920). Er war Gründer und 1. Vorsitzender des Harburger Museumsvereins, dem er das alte, jetzt abgerissene Museumsgebäude an der Buxtehude-Straße schenkte. Auch das neue Museumsgebäude an der Knoopstraße heißt ihm zu Ehren wieder „Helms-Museum".

Helmuth-Hübener-Gang, (Lohbrügge) 2003, nach Helmuth Hübener (1925–1942), Verwaltungslehrling bei der Sozialbehörde Hamburg. Widerstandskämpfer gegen den Nationalsozialismus.

Helmuth-Hübener-Weg, (Lohbrügge), 1965, siehe Helmuth-Hübener-Gang.

Helmut-Nack-Straße, (Bergedorf), 1996, nach Helmut Nack (1922–1983), Vorsitzender des Deutschen Gewerkschaftsbundes im Ortsteil Bergedorf.

Helmut-Steidl-Platz, (Rahlstedt), 1998, nach Helmut Steidl (1929–1994), Inhaber einer Konditorei in Rahlstedt, bekannt durch sein kommunales und soziales Engagement.

Helvetierweg, (Niendorf), 1959, nach dem keltischen Volksstamm der Helvetier, der etwa um 100 vor Christus aus Südwestdeutschland in die heutige Schweiz auswanderte. Ihr Versuch, das südliche Gallien zu erobern, verhinderte Cäsars Sieg über die Helvetier bei Bibracte. Die Reste der Helvetier siedelten sich im heutigen Schweizer Mittelland an. Motivgruppe: Germanische Volksstämme und deren nichtgermanische Nachbarn.

Hemmingstedter Weg, (Groß Flottbek, Osdorf), 1950, nach dem Dithmarscher Ort Hemmingstedt, wo am 17. 2. 1500 König Johann von Dänemark und Herzog Friedrich von Schleswig-Holstein von den Dithmarscher Bauern vernichtend geschlagen wurden.

Hempbarg, (Sülldorf), 1928, Flurname, „Hemp" = Hanf.

Hempbergerweg, (Marmstorf), 1950, nach dem Flurnamen „Hempberg"; Hemp = Hanf. Hier wurde der Hanf getrocknet.

Hempenkamp, (Volksdorf), 1925, Hempen = Hemp = Hanf.

Hennebergstraße, (Poppenbüttel), 1934, nach der Familie Henneberg aus Braunschweig, die ab 1855 Besitzer des Poppenbüttler Hofes war. Der Hügel der Hennebergschen Burg wurde bei Erdarbeiten zugeschüttet. Ursprünglich war auf diesem Hügel ein „Schweizer Haus" geplant, der Architekt überredete Henneberg jedoch, eine dem Hennebergschen Stammsitz in Thüringen nachempfundene Burg zu bauen. Diese Burg diente jedoch nur als Lager und Archiv für das Gut. Sie verfiel nach und nach und wurde schließlich von der Kulturbehörde einem Investor verkauft.

Hennenstieg, (Lurup), 1932, mit Bezug auf das Gelände, das dort jahrelang ein Kleintierzuchtverein besessen hat.

Hennigsweg, (Horn), 1929, nach Pastor Martin Hennig (1864–1920), vieljähriger Leiter des Rauhen Hauses.

Henning-Wulf-Weg, (Lokstedt), 1948, nach dem Volkshelden und Kirchspielvogt Henning Wulf, der 1472 die Aufständischen der Wilstermarsch gegen Christian I. von Dänemark führte und später in Dithmarschen erschlagen wurde.

Henny-Schütz-Allee, (Langenhorn), 2010, nach Henriette Wilhelmine Schütz, geb. Winkens (1917–2001), Sozialdemokratin, SAJ Winterhude bis 1933, 1935/36 ein Jahr Schutzhaft Fuhlsbüttel, Untersuchungshaft Hamburg, wegen Vorbereitung zum Hochverrat (Prozess Winkens, SAJ Winterhude), Jugend-KZ Moringen/Solling, seit 1945 Wohnbezirkskassiererin der SPD Langenhorn-Nord; Verfolgte des Nationalsozialismus.

Henriette-Herz-Garten, (Bergedorf), 1985, in Anlehnung an den Namen Henriette-Herz-Ring.

Henriette-Herz-Ring, (Bergedorf), 1984, nach Henriette Herz, geb. de Lemos (1764–1847), Schriftstellerin. Sie führte in Bergedorf einen literarischen Salon, in dem Persönlichkeiten aus allen Bereichen der Wissenschaft und Kultur verkehrten. Sie arbeitete auch als Erzieherin junger Mädchen und an deren Ausbildung zu Lehrerinnen.

Henriettenstraße, (Eimsbüttel), 1865, nach der Tochter Henriette (1843–1914) des Grundeigners Alexander Tornquist. Besonders in der zweiten Hälfte des 19. Jahrhunderts konnten Grundeigner die von ihnen angelegten Straßen mit Namen eigener Wahl benennen. Diese Namen wurden meist offiziell übernommen, soweit keine Doppelbenennung vorlag. Alexander Tornquist benannte Straßen nach seinen Vor- und Nachnamen sowie nach seinen beiden Töchtern und beiden Söhnen.

Henriettenweg, (Eimsbüttel), 1961, in Anlehnung an den Namen Henriettenstraße.

Henry-Budge-Straße, (Winterhude), 1945, nach dem Kaufmann Henry Budge (1840–1928), der sein gesamtes Vermögen der Stadt Hamburg für wohltätige Zwecke vermachte.

Henseweg, (Bergstedt), 1967, nach dem aktiven SPD-Mitglied Karl Adam Hense (1871–1946), Mitglied der Bürgerschaft und Innensenator. In seine Amtszeit fiel der Putsch des Spartakusbundes unter Dr. Heinrich Laufenberg, der nach russischem Vorbild in Hamburg eine Räterepublik gründen wollte. Laufenberg schickte alle Bürgerschaftsabgeordneten nach Hause. Am 12. November 1919 wehte auf dem Rathaus die rote Fahne. SPD und Gewerkschaften schafften es jedoch mit einem Generalstreik, die neuen Machthaber handlungsunfähig zu machen. Laufenberg und Genossen wurden entlassen, und an die Spitze des Arbeiter- und Bauernrates wurde der SPD-Mann Karl Hense gesetzt.

Henstedter Weg, (Langenhorn), 1952, Motivgruppe: Dörfer nördlich von Hamburg.

Herbert-Pardo-Weg, (Allermöhe), 1995, nach Herbert Pardo (1887–1974), Rechtsanwalt, Mitglied der hamburgischen Bürgerschaft von 1919 bis 1931, Verfolgter des Nationalsozialismus.

Herbertstraße, (St. Pauli), 1922. Beim schnellen Wachstum der Vorstädte waren den Stadtvätern die Ideen für neue Straßennamen ausgegangen. So beschloss man, dem Alphabet folgend, zunächst männliche, später weibliche Vornamen zu verwenden. Unter dem Buchstaben „H“ hat es Herbert getroffen (vorher Heinrichstraße). Die Herbertstraße ist keine öffentliche Durchgangsstraße, sondern eine geschlossene Bordellstraße.

Herbert-Thörl-Weg, (Rönneburg), 1988, nach dem Harburger Fabrikanten Dr.

Herbert Thörl (1889–1945), einem Opfer des Nationalsozialismus.

Herbert-Wehner-Platz, (Harburg), 2000, nach Herbert Richard Wehner (1906–1990), Politiker (KPD 1927–1942), SPD ab 1946). Er war von 1966 bis 1969 Bundesminister für gesamtdeutsche Fragen, anschließend bis 1983 Vorsitzender der SPD-Bundestagsfraktion.

Herbert-Weichmann-Brücke, (Uhlenhorst), 1985, nach Professor Dr. Herbert Weichmann (1896–1983), einem hervorragenden und beliebten Hamburger Bürgermeister. Erster Bürgermeister in Hamburg von 1965–1971.

Herbert-Weichmann-Straße, (Uhlenhorst), 1985, Erklärung wie Herbert-Weichmann-Brücke.

Herbststieg, (Lurup), 1934, nach einem Jahreszeitmotiv.

Herbstsweg, (Barmbek-Nord), 1927, nach dem aus Hamburg stammenden Maler Thomas Herbst (1848–1915).

Herdenpfad, (Rahlstedt), 1950, mit Bezug auf einen in der Nähe gelegenen altsteinzeitlichen Fundplatz.

Herderstraße, (Uhlenhorst, Barmbek-Süd), 1865, nach dem Dichter, Theologen und Philosophen Johann Gottfried Herder (1744–1803). Er war Prediger in Riga, Bückeburg und Weimar. Seine ersten Werke zeigen den Durchbruch von der „Aufklärung zum Sturm und Drang", dessen bedeutendster Theoretiker er wurde. Seine später erscheinende Geschichtsphilosophie ist bestimmt vom Gedanken der sich ausbreitenden „Humanität".

Hergartweg, (Rissen), 1969, nach einer Gestalt aus der Gudrunsage.

Herkenkrug, (Volksdorf), 1936, nach einer bereits 1396 erwähnten Gegend zwischen Volksdorf, Sasel und Berne, wo ein Teich aufgestaut war, der später wieder zur Wiese wurde.

Herlingsburg, (Lokstedt), 1948, nach der altsächsischen Burg aus dem 8. Jahrhundert bei Lügde/Teutoburger Wald.

Hermann-Allmers-Straße, (Wilstorf), 1928, nach dem Landwirt, Kunsthistoriker und Marschendichter Hermann Allmers (1821–1902).

Hermann-Balk-Straße, (Rahlstedt), 1945, nach Hermann Balk (gest. wahrscheinlich 1239). Er eroberte 1230 bis 1238 das heidnische Preußenland für den Deutschen Orden.

Hermann-Behn-Weg, (Rotherbaum), 1948, nach dem Senatssyndikus Dr. Hermann Ludwig Behn (1820–1901), der bis zu seinem Tode in dieser Straße wohnte.

Hermann-Blohm-Straße, (Steinwerder), 1977, nach Hermann Blohm (1848–1930), Schiffsbauer, Maschineningenieur. Mitgründer der Werft Blohm & Voss, dem später so berühmt gewordenen Unternehmen.

Hermann-Buck-Weg, (Steilshoop), 1975, nach Hermann Bück (1888–1969). Bezirksabgeordneter und Mitglied des Ortsausschusses.

Hermann-Distel-Straße, (Bergedorf), 1949, nach dem bedeutenden Hamburger Architekten Hermann Distel (1875–1945), der verschiedene bekannte Bauten in Hamburg (Universität) und in Bergedorf (Gemeindehaus) errichtete.

Hermann-Heberlein-Ring, (Horn), 2006, nach Hermann Heberlein (1922–1999), Beamter, Mitglied der Hamburger Bürgerschaft von 1953–1954 und von 1966–1982. Verdient um den Stadtteil Horn.

Hermann-Kauffmann-Straße, (Barmbek-Nord), 1914, nach dem Maler Hermann Kauffmann (1808–1889), war in Hamburg als Landschafts- und Genremaler tätig und gilt als Hauptvertreter der sogenannten Hamburger Schule des 19. Jahrhunderts.

Hermann-Keesenberg-Brücke, (Wilhelmsburg), 2000, nach Hermann Keesenberg (1900–1991), Wilhelmsburger Mittelschullehrer, Rektor, Vorsitzender des Vereins für Heimatkunde, Leiter des Museums und verdienter Heimatforscher.

Hermann-Lange-Weg (Allermöhe), 2003, nach Hermann Lange (1912–1943), Kaplan an der katholischen Herz-Jesu-Kirche in Lübeck, Widerstandskämpfer gegen den Nationalsozialismus.

Hermann-Löns-Höhe, (Bergedorf), 1927, nach dem Heidedichter Hermann Löns (1866–1914), gefallen bei Reims. Er beschrieb Pflanzen und Tierwelt der Lüneburger Heide. Seine Romane stammen aus der niedersächsischen Bauernwelt. Seine Lyrik ist gefühlvoll und sentimental. Bei Löns findet man Ansätze zu einer germanisch-deutschen „Blut-Boden-Ideologie".

Hermann-Löns-Straße, (Lurup), 1978, der Name der aus Holstein kommenden Straße wurde für Hamburg übernommen. Erklärung wie Hermann-Löns-Höhe.

Hermann-Löns-Weg, (Fuhlsbüttel), 1925, Erklärung wie Hermann-Löns-Höhe.

Hermann-Maul-Straße, (Harburg), 1927, nach Hermann Maul (1859–1926), Bürgervorsteher seit 1898 und Senator seit 1920. 1926 verlieh ihm die Stadt Harburg das Ehrenbürgerrecht.

Hermann-Möller-Passage, (Rahlstedt), 2007, nach Hermann Möller (1872–1942), 1893 Gründer der dort belgenen Firma „Eisen Möller", heute „Fachhaus Möller".

Hermann-Niebuhr-Weg, (Groß Flottbek), 2011, nach Hermann Niebuhr (1867–1966), Groß Flottbeks erster Pastor von 1908 bis 1934.

Hermann-Renner-Stieg, (Nienstedten), 1935, nach Kommerzienrat Hermann Renner (1863–1921), dem Stifter der Turnhalle von Nienstedten. Er stellte auch erhebliche Mittel für den Bau der Baptistenkirche am Holstenbahnhof zur Verfügung.

Hermann-Renner-Straße, (Nienstedten), 1928/29, Erklärung wie Hermann-Renner-Stieg.

Hermann-Ruge-Weg, (Hummelsbüttel), 1990, nach Hermann Rüge (1874–1940), Gemeindevorsteher in Hummelsbüttel von 1919 bis 1933.

Hermannsburger Weg, (Langenbek, Sinstorf), 1966. Motivgruppe: Orte in oder an der Lüneburger Heide.

Hermannstal, (Horn), 1929, nach einer volkstümlichen Bezeichnung, d.h. nach dem Vornamen des Horner Bauern J. Hermann Decke (1817–1904), der auf seinem Grundstück, „dem Sandkamp", ein Haus erbauen ließ und es einem Gastwirt verpachtete.

Hermannstraße, (Hamburg-Altstadt), 1843; obgleich die Straßenbenennung relativ „jung" ist, gibt es bereits zwei Versionen über den Ursprung: Eine davon besagt, dass die Straße nach dem Ratsherrn Hermann Rentzel benannt wurde, nach dem auch schon die Bastion „Hermanus" benannt wurde. Da die Straße nach dem Großen Brand von 1842 benannt wurde, scheint die zweite nachfolgende Lesart wahrscheinlicher zu sein, die besagt, dass der Name auf Hermann (Armin) den Cherusker zurückgeht, als Wahrzeichen deutscher Einigkeit und als Dankeschön an alle Deutschen für die nach dem Großen Brand an Hamburg geleistete Hilfe.

Hermann-Westphal-Straße, (Wilhelmsburg), 2003, nach Hermann Westphal (1912–2000), von 1961 bis 1976 Ortsamtsleiter in Wilhelmsburg.

Hermann-Wüsthof-Ring, (Allermöhe), 1991, nach Hermann Wüsthof (1898–1964), Gemeindevorsteher in Kirchwerder und Gründer der CDU in den Vier- und Marschlanden, Mitglied der Bürgerschaft.

Hermelinweg, (Farmsen-Berne), 1970, Motivgruppe: Pelztiere.

Hermesweg, (Heimfeld), 1952, nach dem griechischen Götterboten Hermes, als Symbol für die hier für die Deutsche Bundespost errichteten Wohnungen.

Hermundurenweg, (Niendorf), 1961, nach dem germanischen Volksstamm der Hermunduren, einem Teil der Eibsueben, die seit dem ersten Jahrhundert vor Christus im Mittelelbe-Saale-Gebiet saßen und die ethnische Grundlage für die Thüringer bildeten.

Herrengraben, (Neustadt), in der ersten Hälfte des 17. Jahrhunderts. Um etwa 1500 wurde hier ein Graben ausgehoben, die jeweiligen Bürgermeister und ältere Ratsherren hatten darin die Fischnutzung, was nichts über das Eigentumsrecht besagt. Die parallel zum Graben verlaufende Straße nannte man „Bei der Herren Graben“, später verkürzt auf „Herrengraben“.

Herrengrabenbrücke, (Neustadt), 1960, in Anlehnung an den Namen Herrengraben.

Herrenhausallee, (Wohldorf-Ohlstedt), 1914, nach dem an dieser Straße gelegenen Herrenhaus. Das Herrenhaus war das hamburgische Amtsgebäude der Waldherren in Wohldorf, das ihnen bei ihrer Anwesenheit als Wohnsitz am Platze diente.

Herrenweide, (St. Pauli), 1830, im Jahre 1727 entstand nach dem Zuschütten des Süder-Nobisteiches eine Wiese, über die die Straße verläuft. Diese Wiese gehörte der Stadt, daher Herrenweide.

Herrlichkeit, (Hamburg-Altstadt), umbenannt 1949, seit dem 16. Jahrhundert, nach den hier gelegenen, der Stadt gehörenden Gärten, deren Nutzung wegen der Stadtnähe sehr beliebt war, ausschließlich den Herren des Rates zustand, wonach dieser Gartenbezirk als „Herrlichkeit“ bezeichnet wurde.

Herschelstraße, (Rahlstedt), 1958, nach dem Astronomen Sir William Herschel (1738–1822). Er ging 1765 als Organist nach England. Die Musiktheorie führte ihn zur Mathematik und Optik. Er begann mit großem Erfolg, Spiegel zu schleifen. 1781 entdeckte er den Planeten Uranus, 1783 die Bewegung des Sonnensystems in Richtung auf das Sternbild Herkules, 1787 die zwei äußeren Uranus-Monde und 1789 die zwei inneren Saturn-Monde.

Hertelstieg, (Billstedt), 1948, nach dem Hamburger Verleger Zacharias Hertel, der mehr als 40 Jahre bis zu seinem Tode 1677 als Verleger arbeitete und in dieser Zeit 235 Bücher auf den Markt brachte.

Hertha-Feiner-Asmus-Stieg, (Winterhude), 1992, jüdisches Opfer des Nationalsozialismus. Lehrerin an der Schule Meerweinstraße, geb. 1896, gestorben 1943 durch Selbsttötung während des Transportes nach Auschwitz.

Herthastraße, (Bramfeld), um 1887, nach dem Vornamen der Tochter des Bramfelder Bauern Siemers.

Hertogestraße, (Horn), 1911, nach der aus den Niederlanden zugewanderten Familie Hertoge, die hier große Ländereien besaß.

Herulerweg, (Niendorf), 1947, nach dem germanischen Volksstamm der Heruler oder Eruler, die vielleicht nordeuropäischer Herkunft sind. Die Ostheruler traten 267 am Schwarzen Meer auf. Die Westheruler wurden 286 in Gallien genannt. Die bedeutenderen Ostheruler gründeten um 500 ein großes Reich in der Theiß-Ebene und wurden später von den Langobarden vernichtend geschlagen.

Herwardistraße, (Rahlstedt), 1950, nach einer Gestalt aus der nordischen Sage.

Herwigredder, (Rissen), 1949, nach einer Gestalt aus der Gudrunsage.

Herzblumenweg, (Eidelstedt), 1953, in freier Wahl nach den auch sonst hier verwendeten Blumenmotivnamen; Herzblume = Tranende Herzen.

Herzmoor, (Langenhorn), 1934, nach der Lage am Herzmoor. Der ursprüngliche Name lautete einmal „Hartsmoor“ = Hirschmoor.

Herzmoortwiete, (Langenhorn), 1929, nach dem benachbarten Herzmoor (Hartsmoor).

Herzmoorwende, (Langenhorn), 1930, im Anschluss an den Namen Herzmoortwiete.

Herzog-Alf-Weg, (Schnelsen), 1948, nach Adolf VIII., Herzog von Schleswig und Graf von Holstein (1401–1459), als Sagengestalt nach Müllenhoff: Sagen, Märchen und Lieder.

Herzog-Bruno-Weg, (Niendorf), 1948, nach dem Sachsenkönig Bruno (gest. 880), der am 2. Februar 880 bei einem Wikingerüberfall an der Seite des sächsischen Heerbanns mit dem Bischof Marquart von Hildesheim und Theoderich von Minden sowie der Blüte des sächsischen Adels den Untergang fand.

Herzog-Carl-Friedrich-Platz, (Lohbrügge), 2005, nach Herzog Carl Friedrich (1700–1739), seit 1702 Herzog von Schleswig und Holstein.

Heschredder, (Fuhlsbüttel), 1908, nach einer volkstümlichen Bezeichnung; Hesch = Flurname = Buschwald, Redder = von Knicks gesäumter Feldweg.

Heselstücken, (Groß Borstel), 1980, Flurname, Hessel = Hesel = Ackerstück mit Buschwald (dichtem Unterholz).

Hessenweg, (Niendorf), 1961, nach dem Volksstamm der Hessen im Siedlungsgebiet der germanischen Chatten. Diese blieben in der Völkerwanderungszeit im Gebiet von Eder, Fulda und Lahn und gerieten unter fränkische Herrschaft. Während die Hessen in unmittelbarer Nachbarschaft von Rhein und Main weiterhin fränkisches Wesen angenommen haben, hat sich im Kernraum zwischen Rothaargebirge, Rhön und Vogelsberg ein hessisches Stammestum bewahrt.

Hessepark, (Blankenese), 1945, nach dem Vorbesitzer Georg Heinrich Hesse (1815–1909). Von den Erben wurde der Park 1926 an die Gemeinde Blankenese verkauft.

Hesten, (Osdorf), 1928, Flurname; Hesten = Anpflanzung junger Eichen und Buchen.

Hesterlanden, (Bramfeld), 1945, Hester weist auf eine Anpflanzung junger Eichen und Buchen hin.

Hettelstieg, (Rissen), 1954, nach einem Motiv aus der Gudrunsage.

Heuberg, (Neustadt), benannt im 18. Jahrhundert. Hier auf der hoch gelegenen Stelle wurde das Heu der Bleichen, als sie noch Wiesen waren, zusammengetragen. Um die Wiesen zum Bleichen nutzen zu können, musste man sie vom Heu befreien und das Heu zum Heuberg bringen.

Heubergerstraße, (Rahlstedt), 1957, nach dem Operettenkomponisten, Chordirigenten und Musikkritiker Richard Heuberger (1850–1914), seit 1902 Lehrer am Wiener Konservatorium.

Heubergredder, (Alsterdorf), 1881 und 1939, Flurname, unter Beibehaltung des ortsüblichen Namens für den Weg, der zu dem als „Der Heuberg" bezeichneten Teil der Feldmark führte.

Heublink, (Poppenbüttel, Hummelsbüttel), 1950, Flurname. „Blink" bedeutet soviel wie freier Platz oder nasse Fläche, wobei letzteres für Heu natürlich denkbar ungeeignet ist.

Heuertweg, (Bramfeld), 1942 und 1949, Heuert, nach dem altdeutschen Monatsnamen für Juli.

Heukoppel, (Bramfeld), 1951, Flurname.

Heulandhagen, (Bergedorf), 1925, nach einer Flurbezeichnung auf dem ehemaligen Gut Netteinburg; = kleines Gehölz am Heuland.

Heunerstieg, (Neugraben-Fischbek), 1940, niederdeutsches Wort für Hühner.

Heuorts Land, (Farmsen-Berne), 1998, nach dem dortigen Flurnamen.

Heußweg, (Eimsbüttel), 1863, als von der Eimsbüttler Chaussee nach dem Heußhof führende Straße. Der Heußhof galt als vornehme Gastwirtschaft für die feine Hamburger Gesellschaft. Er brannte mehrfach ab, wurde aber immer wieder aufgebaut. 1876 wurde der Heußhof zu Wohnungen umgebaut.

Hexenberg, (Altona-Altstadt), 1950, nach einer Flurbezeichnung.

Hexenstieg, (Rissen), 1980, in Anlehnung an den Namen Hexentwiete.

Hexentwiete, (Rissen), 1928, nach dem früheren schmalen Hohlweg, der durch dunklen Tannenwald führte, in dem sich nach der Volkssage Hexen aufhielten.

Heydornweg, (Blankenese), 1972, nach Wilhelm Heydorn (1873–1958), von 1912 bis 1921 Pastor an St. Katharinen, tätig hauptsächlich in Hammerbrook; nach Amtsenthebung Lehrer und freier Seelsorger, wohnhaft in der Nahe der nach ihm benannten Straße.

Heykenaubrook, (Hausbruch), 1976, nach dem Moorburger Arzt Dr. Georg Heyken (1864–1939), der hier ein Moorbad anlegte.

Heykenaukamp, (Hausbruch), 1987, in Anlehnung an Heykenaubrook.

Heykenstieg, (Hausbruch), 1989, in Anlehnung an die Georg-Heyken-Straße.

Heykenauweg, (Hausbruch), 1997, in Anlehnung an die Straße Heykenaukamp.

Heymannstraße, (Eimsbüttel), 1950, nach Lida Gustava Heymann (1868–1943), Frauenrechtlerin, Gründerin der Reformschule und der Handelsschule für Mädchen in Hamburg, Vorkämpferin der internationalen Frauen-Friedensbewegung.

Heynemannstraße, (Langenhorn), 1960, nach Prof. Theodor Heynemann (1878–1951), Ordinarius an der Universität Hamburg und Direktor der Frauenklinik in Eppendorf.

Heysestraße, (Bergedorf), 1949, nach dem Dichter Paul Heyse (1830–1914). Zusammen mit E. Geibel Mittelpunkt des Münchener Dichterkreises. Er erhielt 1910 den Nobelpreis für Literatur.

Heytwiete, (Iserbrook), 1953, nach dem Fabeldichter und Jugendschriftsteller Wilhelm Hey (1790–1854), bekannt durch sein Werk „Fabeln für Kinder".

Hiddingaweg, (Barmbek-Nord), 1929, nach dem Mathematiker und Zeichenlehrer am Johanneum Gerlof Hiddinga (1683 –1766).

Hikeberg, (Marienthal), 1950, nach einem der Gegend anhaftenden Flurnamen.

Hilda-Monte-Weg, (Bergedorf), 1986, nach Hilde Meisel (Pseudonym: Hilda Monte, 1914–1945), Schriftstellerin; als Jüdin nach London emigriert, organisierte sie von dort aus über den internationalen sozialistischen Kampfbund den Widerstand gegen den Nationalsozialismus. Im April 1945 wurde sie auf dem Rückweg von Deutschland in die Schweiz von einer SS-Patrouille beim illegalen Grenzübergang erschossen.

Hildburgweg, (Lokstedt), 1965, nach der Motivgruppe: Personen aus dem lombardischen Sagenkreis.

Hildeboldtweg, (Bramfeld), 1950, nach Erzbischof Hildebold von Bremen, der 1271 die älteste Urkunde ausstellte, in der Bramfeld erwähnt wird. In dieser Urkunde bestätigt der Erzbischof den Hamburger Domherren ihre Hufen in den Dörfern Barmbek, Bramfeld, Mellingburg und Duvenstedt.

Hildebrandtwiete, (Rissen), 1951, nach einer Gestalt aus dem Nibelungenlied.

Hildegardweg, (Fuhlsbüttel), 1951, nach einem frei gewählten weiblichen Vornamen.

Hildesheimer Stieg, (Niendorf), 1950, in Anlehnung an den Hildesheimer Weg.

Hildesheimer Weg, (Niendorf), 1948, vermutlich in motivischer Anlehnung an die nach einem Hildesheimer Bischof benannte „Bernwardkoppel".

Hildeweg, (Rissen), 1954, nach einer Gestalt aus der Gudrunsage.

Hilgendorfweg, (Blankenese), 1949, nach dem Kapitän Robert Wilhelm Hilgendorf (1852–1937), der mit seinem Schiff, dem Laeisz-Segler „Potosi", 66mal Kap Hoorn umsegelte.

Hilpertweg, (Eidelstedt), 1964, nach Dr. Werner J. Hilpert (1897–1957), einem ehemaligen Präsident der deutschen Bundesbahn.

Hilshain, (Rönneburg, Wilstorf), 1932, nach einem der Gegend anhaftenden Flurnamen. Im Buch von Holz/Homann „Die Straßennamen von Harburg" wird der Name wie folgt interpretiert:

1667 wird bei der Beschreibung Rönneburgs „Inß norden vor dem hilligen seine" genannt. Offenbar ist dies die älteste überlieferte Form.

Hilshöhe, (Wilstorf), 1939, Flurname, Erklärung wie Hilshain.

Himmelsleiter, (Othmarschen), 1928, volkstümliche Bezeichnung für die steile Treppe, die den Elbstrand mit der

Elbchaussee verbindet; schon seit 1874 gebräuchlich.

Himmelsmoor, (Duvenstedt), 1942, Flurbezeichnung; Harn = Hern = Hirn = durch Gräben eingefriedetes Land.

Himmelstraße, (Winterhude), 1877, auf Antrag des dortigen Grundbesitzers, dessen Frau mit Mädchennamen Maria Himmel hieß.

Hindenburgbrücke, (Alsterdorf), 1926, in Anlehnung an den Namen Hindenburgstraße, in deren Verlauf sie über die Alster führt.

Hindenburgstraße, (Groß Borstel), Alsterdorf, Winterhude), 1926, nach Paul Beneckendorff und von Hindenburg (1847–1934), 1903 Aufstieg zum kommandierenden General, 1911 verabschiedet. 1914 Oberbefehl über die 8. Armee. Zusammen mit Ludendorff als Generalstabschef besiegt er die Russen bei Tannenberg und in Masuren. Nach weiteren Siegen seit November 1914 Oberbefehlshaber Ost, ab 27 11. 1914 Generalfeldmarschall. Hindenburg war der volkstümlichste deutsche Heerführer. Mit Übernahme der obersten Heeresleitung, als Chef des Generalstabes, gewann er die Machtstellung als Oberbefehlshaber des deutschen Heeres. Mit den Reichstagswahlen 1925 gewann Hindenburg im 2. Wahlgang als Kandidat der Rechtsparteien die relative Mehrheit. Nachdem er sich 1932 ausdrücklich geweigert hatte, die NSDAP an der Regierung zu beteiligen, gab er im Januar 1933 den Weg zu einer Regierung Hitler frei.

Hindenburg war Ehrenbürger der Stadt Hamburg.

Hinrichsenstraße, (Borgfelde), 1948, nach Siegesmund Hinrichsen (1841–1902), seit 1871 Mitglied der Bürgerschaft, ab 1880 erster Vizepräsident und von 1892 bis 1902 Präsident der Bürgerschaft.

Hinsbeker Berg, (Poppenbüttel), 1950, Flurname; Bek = Bach.

Hinsbleek, (Poppenbüttel), vor 1938, alter Flurname. „Bleek“ bedeutet soviel wie holzfreie Stelle, freier Platz; eine andere Quelle weist „Bleek“ als Bleiche für die Wäsche aus.

Hinschallee, (Rahlstedt), 1731, nach dem Bauernvogt Hein Hinsch von Oldenfelde, Bauernfamilie seitdem 16. Jahrhundert.

Hinschenfelder Stieg, (Wandsbek), 1967, in Anlehnung an den Namen Hinschenfelder Straße.

Hinschenfelder Straße, (Wandsbek), 1912, nach dem Dorf Hinschenfelde bei Wandsbek, 1900 in Wandsbek eingemeindet.

Hinschenfelder Stücken, (Wandsbek), 1950, Flurname. Ackerstücke, die zum früheren Dorf Hinschenfelde gehörten.

Hinschenrehm, (Langenhorn), 1963, ortsübliche Bezeichnung des Geländes nach dem Brinksitzer und Butterhändler Hermann Hinsch (1844–1922). Rehm = auf Felder stehengelassene Busch- oder Baumstreifen zur Kleinholzbeschaffung der Dorfbewohner.

Hinschkoppel, (Niendorf), 1990, nach der bekannten Niendorfer Familie, die seit 1677 Vorbesitzer des Geländes war.

Hinschstraße, (Eidelstedt), 1917, nach Jochim Hinsch (1847–1930), von 1864 bis 1900 Lehrer an der Eidelstedter Schule, von 1900 bis 1921 Gemeindevorsteher, schrieb die „Eidelstedter Chronik“.

Hinsenfeld, (Lemsahl-Mellingstedt), 1946, nach dem Flurnamen „Hinsenkamp“.

Hinsenkamp, (Lemsahl-Mellingstedt), 1957, Flurname. (Gewannbezeichnung auf der Urkarte für die Grundsteuervermessung von 1869.)

Hinterdeich, (Francop), 1948, als am Hinterdeich verlaufende Straße.

Hinter den Tannen, (Lemsahl-Mellingstedt), 1946, Flurbezeichnung.

Hinter der Bahn, (Rissen), 1981, nach der Lage vom Ortskern aus hinter der Bahn.

Hinter der Dorfkirche, (Wilhelmsburg), 1937, nach der Lage bei der Kirchdorfer Kirche.

Hinter der Lieth, (Lokstedt), vor 1934, Flurbezeichnung; Lieth = sanft abfallend.

Hinter der Markthalle, (Hamburg-Altstadt), 1846, nach den damals eröffneten

Markthallen, die an dem Platz standen, an dem sich jetzt das Thalia-Theater befindet. Sie waren Mittelpunkt für den Lebensmittelhandel der Altstadt. Nach dem Neubau der Markthallen am Deichtorplatz diente die hier gelegene Markthalle zwischen 1882 und 1911 als Bierlokal.

Hinterm Graben, (Bergedorf), als Straße „Bei dem Graben" schon 1467 so benannt, nach der Lage hinter dem Blickgraben.

Hinterm Horn, (Allermöhe), vor 1978, Flurname. Abkürzender Weg vor gekrümmter Deichstrecke.

Hinterm Stern, (Wandsbek), 1950, zur Erinnerung an den historischen Stern, der seit dem 17. Jahrhundert auf dem Marktplatz als Vogel mit Stern der Wandsbeker Brand- und Schützengilde für das Vogelschießen dient.

Hintzpeterstieg, (Rothenbu rgsort), 1929, nach dem Deichvogt des Billwerder Ausschlages Johann Hintzpeter (1839–1908).

Hinzeweg, (Heimfeld), 1992, nach Dr. Ernst Hinze (1910–1989), leitender Medizinaldirektor, 1945–1975 Leiter des Gesundheitsamtes Harburg, langjähriger Vorsitzender des DRK-Kreisverbandes Harburg.

Hirschberger Weg, (Jenfeld), 1959, Motivgruppe: Schlesische Städte.

Hirschfeldplatz, (Harburg, Eißendorf), 1945, nach dem Harburger Arzt und Senator Emil Hirschfeld (1864–1927), er war Gründer und ärztlicher Betreuer des Harburger Arbeiter-Samariterbundes.

Hirschfeldstraße, (Harburg, Eißendorf), 1950, in Anlehnung an den Namen Hirschfeldplatz.

Hirschgraben, (Hamm-Nord, Eilbek), 1866, in Anknüpfung an den alten „Hertzebrook" lautenden und als „Hirschbruch" gedeuteten Namen des Hasselbrooks, zugleich unter formeller Anlehnung an gleiche Straßennamen in anderen Städten.

Hirschkäferweg, (Sinstorf), 1951, Käfermotiv.

Hirschparktreppe, (Nienstedten), 1969, als Treppe, die vom Hirschpark zum Elbufer führt.

Hirschparkweg, (Nienstedten), 1929, nach der Lage am Hirschpark.

Hirschsprung, (Schnelsen), vor 1934, frei gebildeter Name.

Hirsekamp, (Bramfeld), 1950, Getreidemotiv.

Hirtenkamp, (Volksdorf), 1935, Hirtenkamp war das vom Dorfhirten benutzte Land.

Hirtenstieg, (Billstedt), 1977, frei gebildeter Name, im Hinblick auf die frühere Nutzung als Weide.

Hirtenstraße, (Hamm-Nord), ben. im Volksmund Anfang des 19. Jahrhunderts, anfangs auch als Herd- oder Hirtentwiete, nach der hier gelegenen Wohnung des Hammer Dorfhirten, der „Hirtenkate", bezeichnet.

Hirtentäschelweg, (Sülldorf), 1954, nach der Unkrautpflanze Hirtentäschelkraut = Kreuzblütler mit kleinen weißen Blüten und verschiedener Blättergestalt; Motivgruppe: Wiesenblumen.

Hittfelder Stieg, (Groß Flottbek), 1938. bei Hittfeld hatte der Maler Graf Kalckreuth seinen Wohnsitz. In diesem Zusammenhang mag diese von dem Kalckreuthweg abzweigende kleine Straße ihren Namen bekommen haben.

Hittfelder Straße, (Sinstorf), 1938, nach der benachbarten Ortschaft Hittfeld, wohin die Straße führt.

Hitzenbergen, (Marmstorf), 1930, Flurbezeichnung; Hitzen = Ziegen.

Hobernslag, (Wilhelmsburg), 2005, nach einer alten Flurbezeichnung, welche die Größe eines Erntetagwerks hatte, aus der sich später die Flächengröße von 2.500 qm ergab, die danach zur Maßeinheit „Ein Morgen" wurde.

Hobökentwiete, (Rissen), 1928, Flurname, Hoböken = Hainbuchen.

Hochallee, (Harvestehude), 1870, nach der Höhenlage im Gegensatz zu der tiefer liegenden Klosterallee.

Hochbahnwanderweg, (Wohldorf-Ohlstedt), 1983, nach der Lage und Funktion als parallel zur Hochbahn verlaufender Fuß- und Wanderweg.

Hochestieg, (Welhngsbüttel), 1950, nach Prof. Dr. Richard Hoche (1834–1906), von 1874–1888 Direktor des Johanneums in Hamburg, dann bis 1900 Schulrat in Hamburg.

Hochfeld, (Bahrenfeld), vor 1923, nach dem Flurnamen „Hohenfelde", nördlich von Nienstedten gelegen.

Hochfeldeck, (Neugraben-Fischbek), 1944, unter Verwendung des der Gegend anhaftenden Flurnamens „Das Hohe Feld".

Hochholdsweg, (Sasel), 1950, nach dem „Hochholdshof" des Bauern Heinrich Pries (Flurname).

Hochrad, (Othmarschen), 1928, Flurname; abgeleitet von „hohe Rodung".

Hochstraße, (Wandsbek), 1891, nach der Lage auf dem Kamm eines von Westen nach Osten verlaufenden Geländerückens, der zur Wandse hin abfällt.

Hochstraßenbrücke, (Altona-Altstadt), 1960, nach der Lage Hochstraße/Pepermölenbek.

Hochwaldweg, (Rahlstedt), 1948, nach einer Erzählung von Adalbert Stifter, „Der Hochwald" (1841).

Höfenkamp, (Sasel), 1950, Höfenkamp ist das unmittelbar am Hof gelegene Stück Land.

Höfnageleck, (Billstedt), 1948, nach dem Kartographen, Miniaturenmaler und Zeichner Joris Höfnagel (1542–1600).

Högenbarg, (Hummelsbüttel), 1975, nach dem Flurnamen „Höhenberg".

Högenkamp, (Hummelsbüttel), 1975, Flurname; Högen = Höhe, Anhöhe, Hügel.

Högenredder, (Hummelsbüttel), 1975, Flurname; Högen = Anhöhe, Hügel; Red-der = von Knicks gesäumter Feldweg.

Högenstraße, (Eimsbüttel, Stellingen), 1929, benannt nach der Flurbezeichnung „Op de Högen".

Högerdamm, (Hammerbrook), 1956, nach dem Architekten Fritz Höger (1877–1949), dem Erbauer des Chilehauses, des Mohlenhofes, des Montanhofes und diverser anderer Bauten.

Höhenstieg, (Alsterdorf), 1927, nach der Lage auf der Höhe des „Alsterberges".

Höhentwiete, (Alsterdorf), 1944, nach der Lage auf einer Anhöhe. Twiete = Verbindungsweg zwischen zwei Straßen.

Höhnerkamp, (Rissen), 1928, früherer Flurname; Höhner = Hühner. Vermutlich nach dem dort vorkommenden Flugwild (Rebhühner).

Höhnkoppel, (Bramfeld), vor 1938, Flurbezeichnung = Hühnerkoppel (?).

Höhnkoppelort, (Bramfeld), 1939, Flurbezeichnung. Höhn = Hühner (?), Kamp = Feld, Ort = spitzer vorspringender Geländeteil.

Hölderlinsallee, (Winterhude), 1928, nach dem Dichter Johann Christian Friedrich Hölderlin (1770–1843). Nach Aufenthalten in Schweden, der Schweiz und Frankreich kehrte er mit ersten Anzeichen einer geistigen Erkrankung zurück. Von 1804–1806 war er (ohne dienstliche Tätigkeit) Bibliothekar in Hamburg. Seit 1807 verbrachte er sein Leben geistig umnachtet im Hause eines Tischlers. Hölderlin war in erster Linie Lyriker.

Hölderlinstraße, (Groß Flottbek), 1928, Erklärung wie Hölderlinsallee.

Hölertwiete, (Harburg), 1950, nachdem sogenannten „Höhler". Dabei handelte es sich um einen Sammelbehälter für Quellwasser, das sich dort zur Klärung sammelte, ehe es in die Leitungen floss. Dieses Wasser diente nicht nur zur Wasserversorgung der Harburger, sondern auch der Brandbekämpfung, was sich nach der großen Brandkatastrophe 1536 als unerläßlich erwiesen hatte.

Hölscherweg, (Wilstorf, Marmstorf), 1950, nach dem Harburger Gartenbauarchitekten Georg Hölscher (1866–1932), dem Schöpfer des Harburger Stadtparks. Er wurde aufgrund seiner

Verdienste um den öffentlichen Gartenbau zum Königlich-Preußischen Gartenbaudirektor ernannt.

Höltentwiete, (Langenhorn), 1935, in Anlehnung an die Flurbezeichnung „Holtkoppel".

Höltigbaum, (Rahlstedt), 1979, nach der früheren Hufe mit Wirtschaft an der alten Landstraße von Hamburg nach Lübeck.

Höltystraße, (Uhlenhorst), 1899, nach dem Dichter Ludwig Heinrich Christoph Hölty (1748–1776). Er war Verfasser stimmungsvoller, schwermütiger Balladen. Bekannt wurde er durch die Verse „Üb immer Treu und Redlichkeit".

Hönermoor, (Neugraben-Fischbek), 1948 und 1973, nach der Flurbezeichnung „Hönermoor" = Hühnermoor.

Hönerstücken, (Osdorf), 1969, Flurname; Höner = Hühner und Stücken = Stück Land.

Höpen, (Langenhorn), 1914, nach einem der Gegend anhaftenden Flurnamen, was eine feste Stelle inmitten eines Moores oder Sumpfes bezeichnet.

Höpengrund, (Sinstorf), 1951, nach einer ortsüblichen Bezeichnung, die amtlich übernommen wurde, d.h. nach einer Bodensenke, im Forst „Höpen" gelegen; Höpen = hoch gelegener Wald.

Höpenstraße, (Wilstorf), 1889, nach dem Gehölz und der Vogtei Höpen, die in alter Zeit zu Wilstorf gehörte.

Höperfeld, (Lohbrügge), 1947, in Erinnerung an das untergegangene Dorf Hope, das bereits 1257 erwähnt wird und später den Kern der Ortschaft Sande/Lohbrügge bildete.

Höperstieg, (Lohbrügge), 2002, in Anlehnung an die Straße Höperfeld.

Hörgensweg, (Eidelstedt), 1930, nach der Flurbezeichnung „Op'n Hörgen".

Hornumstraße, (Tonndorf), vor 1933, nach der Ortschaft auf der Insel Sylt.

Hörstener Straße, (Harburg, Gut Moor), 1889, nach der Ortschaft Horsten, zu der diese Straße führt. Der Ort ist um 1581 als herzogliches Vorwerk durch den Harburger Herzog Otto I. angelegt worden.

Hörstenstieg, (Farmsen-Berne), 1949, in Anlehnung an die Flurbezeichnung „In den Horsten", was ein trockener Platz auf einer Wiese ist oder auch Gestrüppwald bedeutet. Alteingesessene Familien nennen dieses Waldstück auch „Dehöse".

Hövelbrook, (Wilhelmsburg), 1949, nach der früheren Elbinsel „Hövel".

Hövelpromenade, (Wilhelmsburg), 1957, die Hövel sind Hügel, erhöhte Stellen im Gebiet der „alten Elbe", deren Reste in der Dove Elbe und in verschiedenen Wettern erhalten sind.

Hövelweg, (Wilhelmsburg), 1907, Hövel sind kleine Hügel in diesem Gelände.

Höxterstraße, (Lokstedt), 1948, nach den Sachsenkämpfen bei Höxter. Motivgruppe: Personen und Orte aus der niedersächsischen Geschichte.

Hoffmannstieg, (Rahlstedt), 1961, nach dem Jugendschriftsteller Heinrich Hoffmann (1809–1894).

Hoffmann-von-Fallersleben-Straße, (Bergedorf), 1927, nach dem Dichter und Literaturforscher Hoffmann von Fallersleben (1798–1874), der auf Helgoland das „Deutschlandlied" dichtete, das erstmalig von Hamburger Studenten und der Hamburger Turnerschaft 1841 auf dem Jungfernstieg gesungen wurde. Der Dichter verweilte öfter in Bergedorf bei seinem Freund Rektor Ritter.

Hoffmeyerstraße, (Harburg), 1950, nach dem Stadtschulinspektor Friedrich Hoffmeyer (1836–1899). Er war Herausgeber bzw. Mitherausgeber mehrerer Schulbücher und pädagogischer Schriften.

Hoffstraße, (Heimfeld), 1913, nach dem ehemaligen Direktor der „Vereinigten Guinmiwaren Fabriken Harburg-Wien" (jetzt Phoenix) Louis Hoff (1850–1916). Er gliederte die Galalithherstellung aus diesem Unternehmen aus und betrieb eine Produktion mit der von ihm gegründeten Firma Internationale Galalith Gesellschaft Hoff & Co.

Hoffwisch, (Tonndorf), 1951, Flurname; Hoffwisch = Wiese am Hof.

Hofkoppel, (Bramfeld), 1944, nach einem dortigen alten Flurnamen.

Hofloh, (Lokstedt), 1948, Flurname. Hofloh war ein zum Vollhof Nr. 8 in Lokstedt gehörendes Waldstück.

Hofschläger Deich, (Spadenland), vor 1920, Hofschläge sind kleine Deichstükke, die von Höfen unterhalten werden müssen, die nicht unmittelbar am Deich liegen.

Hofschläger Weg, (Tatenberg), 1916, Erklärung wie Hofschläger Deich.

Hofstückenstieg, (Rahlstedt), 2001, in Anlehung an den Hofstückenweg.

Hofstückenweg, (Rahlstedt), 1950, Flurname. Hofstücken ist das unmittelbar am Hof gelegene Stück Land, und Weg der dorthin führende Weg.

Hofweg, (Uhlenhorst), 1845, als Zugangsweg zum Uhlenhorster Hof. Der Hofweg wurde als Hauptverkehrsstraße nach Uhlenhorst angelegt. Die heutige Marienterrasse verläuft über den früheren Hofplatz der Pachtung, die der Stadt gehörte und 1837 verkauft wurde.

Hofwegbrücke, (Uhlenhorst), 1904, im Anschluss an den Namen Hofweg.

Hofweide, (Lohbrügge), 1949, als Hofweide wurde die unmittelbar am Hof gelegene Weide bezeichnet.

Hogenbergkamp, (Billstedt), 1948, nach Franz Hogenberg, gest. 1590, dem Herausgeber des Braunschen Stadtatlas.

Hogenbrook, (Neugraben-Fischbek), 1950, nach einer Flurbezeichnung.

Hogenfelder Kamp, (Schnelsen), 1968, in Anlehnung an den Namen Hogenfelder Straße.

Hogenfelder Stieg, (Schnelsen), 1948, Flurname Hogenfeld = hohes Feld.

Hogenfelder Straße, (Schnelsen), vor 1926, nach der Flurbezeichnung „Hogenfeld“ = hohes Feld.

Hogenfeldweg, (Bahrenfeld), 1907, Flurname, nach der Lage am hohen Feld.

Hogenlietgrund, (Langenhorn), 1950, Flurname („Hohelieds Grund Mohr“ auf einer Flurkarte von 1750).

Hogrevestiegbrücke, (Wandsbek), 1960, im Anschluss an den Namen Hogrevestraße, in deren Verlauf sie über die Wandse führt.

Hogrevestraße, (Wandsbek), 1950, nach dem Gastwirt und sozialdemokratischen Stadtverordneten Heinrich Andreas August Hogreve (1858–1915), der in der Dietrichstraße eine Gastwirtschaft betrieb.

Hohe Bleichen, (Neustadt), in der ersten Hälfte des 18. Jahrhunderts durch Überlieferung des Namens der ältesten angrenzenden Bleichstätte in höherer Lage, im Gegensatz zu denen in der Gegend „Große Bleichen“.

Hohe Brücke, (Hamburg-Altstadt), seit dem 13. Jahrhundert. Ursprünglich „Auf der hohen Brücke“, nach der Bauart; später abgeschliffene Formen „Hohen Brükke“ (1698) und „Hohe Brücke“. Die Brücke wurde möglichst hoch angelegt, um auch den inzwischen größer konzipierten Schiffen eine Durchfahrtmöglichkeit zu geben.

Hohe Landwehr, (Hamm-Nord), 1951, nach der höher gelegenen Fortsetzung der Landwehr, die sich vom Mühlenteich bis zum Hammer Brook erstreckte.

Hohe Liedt, (Langenhorn), 1920 und 1940, nach einem der Gegend anhaftenden Flurnamen; „lit“ steht mundartlich für Abhang.

Hoheluftbrücke, (Harvestehude), 1904, als Überführung zwischen den Ortsteilen Grindel und Hoheluft.

Hoheluftchaussee, (Hoheluft-West, Hoheluft-Ost), 1864, nach einer volkstümlichen Bezeichnung für eine Straße, die durch die Niederung der Isebek zu einer Anhöhe, der früheren Landesgrenze „Hohe Luft“ führte.

Hohenbergstedt, (Bergstedt), 1950, nach der Bezeichnung eines früheren Grundeigners, der seinen Besitz „Hohenbergstedt“ nannte, wohl wegen der Lage am Hochufer der Alster bei Bergstedt.

Hohenberne, (Farmsen-Berne), 1922, nach einem der Gegend anhaftenden Flurnamen. Vielleicht auch in Anlehnung an „Hohensasel“.

Hoheneichen, (Wellingsbüttel), 1950, nach dem Flurnamen „Hoheneichen".

Hohenesch, (Ottensen), um 1860, nach dem der Gegend anhaftenden Flurnamen „Eschberg"; „Esch" = Saatland.

Hohenfelder Allee, (Hohenfelde), um 1887, nach der Lage der Straße im Stadtteil Hohenfelde.

Hohenfelder Brücke, (Hohenfelde), 1874, in Anlehnung an den Namen Hohenfelder Bucht.

Hohenfelder Straße, (Hohenfelde), 1882, als eine auf dem „Hohen Felde" gelegene Straße. Hohenfelde ist nicht aus einer ländlichen Siedlung hervorgegangen, sondern aus reiner Feldmark, dem „Hohen Felde", das Eigentum des Hospitals „Zum Heiligen Geist" war.

Hohenkamp, (Rahlstedt), vor 1952, Flurbezeichnung für ein hoch gelegenes Feld.

Hohensasel, (Sasel), 1932, nach einem frei gewählten Namen für ein am Hochufer der Alster gelegenes Landstück auf Saseler Gebiet.

Hohensteiner Straße, (Dulsberg), 1922, nach dem Dorf Hohenstein in Westpreußen, zur Erinnerung an das durch den Vertrag von Versailles vom Deutschen Reich abgetrennte Gebiet des Freistaates Danzig.

Hohenwischer Straße, (Francop), 1948, nach der Flurbezeichnung „Die Hohenwisch" und nach dem gleichnamigen Ortsteil (wisch = Wiese).

Hohenzollernring, (Ottensen, Othmarschen), 1933, aufgegangen in „Bebelallee", „von-Elm-Straße" und „Legienstraße". 1933 wurde der Hohenzollernring wieder mit dem ursprünglichen Namen versehen.

Hoherade, (Altona-Nord), 1903, nach einem der Gegend anhaftenden Flurnamen, hoch gelegenes, durch Rodung gewonnenes Ackerland.

Hoher Berg, (Rahlstedt), vor 1952, nach dem an der Farmsen-Rahlstedter Grenze gelegenen Gehölz „Hohe Berg".

Hohe Reihe, (Sasel), 1919 / 20 und 1930, Flurname, ursprüngliche Bezeichnung „Horeih", 1930 umbenannt in „Hohe Reihe".

Hoher Weg, (Blankenese), vor 1903, nach der Höhenlage des Weges.

Hohe-Schaar-Kamp, (Wilhelmsburg), 1993, in Anlehnung an den Namen Hohe-Schaar-Straße.

Hohe-Schaar-Straße, (Wilhelmsburg), 1928, nach der Flurbezeichnung „Hohe Schaar". Hohe Schaar ist die langgestreckte im Westen von Wilhelmsburg liegende Insel. Das Wort Schaar ist verwandt mit dem englischen Wort „shore" = Küste, dem Wort Schäre (Norwegen) und dem mittelniederdeutschen Schore = Küste, Vorland. In der Marsch ist Schaar das vor dem Deich angeschwemmte Außenland. So lag diese Insel vor den Deichen der umliegenden Marschdörfer Stillhorn, Moorburg, Lauenbruch.

Hoheschulstraße, (Altona-Altstadt), 1950, nach der ehemals anliegenden Lateinschule (1725), später akademisches Gymnasium.

Hohe Straße, (Harburg, Wilstorf, Eißendorf), 1891, als Straße, die aus der Niederung auf die Höhe der Bremer Straße führt.

Hohe Weide, (Eimsbüttel, Harvestehude), 1881, nach einem der Gegend anhaftenden Flurnamen für das hoch gelegene Weideland des Johannisklosters. Diese Hohe Weide gehörte offenbar, im Gegensatz zur Schlankreye und zum Moorkamp, nicht zu den sumpfigen und morastigen Weiden dieses Klosters und war trotz der Nähe zur Isebek eher etwas höher gelegen.

Hohle Rönne, (Horn), 1859 und 1924, als Bezeichnung für einen bei dem Wege mit Wasser ausgefüllten Geländeeinschnitt (mundartlich: rönne, renne = Rinne).

Hohler Weg, (Neustadt), in der zweiten Hälfte des 17. Jahrhunderts, von der einst mit Wald bewachsenen Hochebene führte ein Hohlweg zum Eibufer hinab.

Hohnerkamp, (Bramfeld), vor 1937, nach einem der Gegend anhaftenden Flurnamen.

Hohnerredder, (Bramfeld), 1950, im Anschluss an den Weg Hohnerkamp.

Hohwachter Weg, (Rahlstedt), 1952, nach dem Ostseebadeort an der Hohwachter Bucht in Ostholstein.

Hoisberg, (Volksdorf), 1925, nach dem Flurnamen „Hoichsbarg“ = höchster Berg.

Hoisbütteler Straße, (Wohldorf-Ohlstedt), 1903, ben. nach dem benachbarten Hoisbüttel, wohin die Straße führt.

Holbeinstraße, (Groß Flottbek), 1910, nach Hans Holbein d. Ä. (1460–1524), geh. am Oberrhein (Basel?), Schöpfer großer Altarwerke, und Hans Holbein d.J. (1497–1543). Bedeutende Maler der Spätgotik.

Holbergweg, (Blankenese), 1957, nach Ludwig Freiherr von Holberg (1684–1754), dänischer Dichter, Professor für Geschichte in Kopenhagen.

Holitzberg, (Langenhorn), 1958, nach einem verstümmelten Flurnamen, der auf „Hohe-Liedt-Berg“ zurückgehen soll.

Holländerberg, (Wohldorf-Ohlstedt), 1942. Auf dem Holländerberg befanden sich die Wohnungen der Holländer, die als Melker auf dem Gut Wohldorf arbeiteten. Der Name hat seinen Ursprung in der Verpachtung der Milchwirtschaft an die Holländer, die vor 200 Jahren als Spezialisten auf diesem Gebiet galten. Ähnlich wie später das Wort „Schweizer“ die Berufsbezeichnung für Melker wurde.

Holländischbrookfleetbrücke, (HafenCity), 1902, in Anlehnung an den Namen Holländischer Brook und die auch sonst hier auf „Holland“ lautenden Wegnamen. Die Brücke führt über das Holländischbrookfleet.

Holländischer Brook, (HafenCity), im 18. Jahrhundert nach den Niederländern, die sich hier angesiedelt hatten, weil sie aus ihrem Land fliehen mussten. Der Name der Straße taucht zum ersten Mal 1559 auf, wurde aber erst im 18. Jahrhundert offiziell übernommen.

Holländische Reihe, (Ottensen), im 17. Jahrhundert nach den Niederländern, die sich in der zweiten Hälfte des 16. Jahrhunderts hier ansiedelten und die Straße nach holländischem Vorbild bebauten.

Hollenbek, (Hummelsbüttel), 1933, nach einer dortigen Flurbezeichnung.

Hollestraße, (Billstedt), 1927, nach dem Buchdrucker Hermann Holle (1679–1752), der durch seine Bibeldrucke weit über die Grenzen seines Heimatortes bekanntgeworden ist. Er gab 1712–1736 eine Zeitung mit dem Titel „Schiffbeker Post“ heraus, dem Vorläufer des „Hamburger Correspondenten“.

Hollingstedter Stieg, (Rahlstedt), 1950, nach der schleswig-holsteinischen Ortschaft Hollingstedt, die in der Wikingerzeit der Nordseehafen für Haithabu war.

Hollkoppelweg, (Billstedt), 1977, nach einer Flurbezeichnung.

Holloswisch, (Eidelstedt), 1975, Flurname. Nach einer Karte der städtischen Bauverwaltung Altona von 1926, Maßstab 1: 5000, und der Verkoppelungskarte.

Hollstücken, (Farmsen-Berne), 1949, nach einem Flurnamen (Waldbezeichnung), Holl = Holt = Holz = Waldstück.

Hollwören, (Niendorf), 1948, nach einer dortigen Flurbezeichnung.

Holmbrook, (Othmarschen), 1950 und 1969, nach einer Flurbezeichnung.

Holsteiner Chaussee, (Schnelsen, Eidelstedt), 1956, als nach Holstein führende Straße.

Holsteiner Tor, (Jenfeld), 2006, als symbolisches Tor des Hamburger Ostens zum holsteinischen Landesteil Schleswig-Holsteins.

Holsteinischer Kamp, (Barmbek-Süd), 1862, als „Am holsteinischen Kamp“ unter Benutzung des Namens des anliegenden Flurstückes. Eine andere Quelle verweist auf eine verstümmelte Flurbezeichnung, die ursprünglich „Hegelstein‘s Kamp“ lautete und bereits 1707 erwähnt wird.

Holsteinischer Weg, (Barmbek-Süd), 1962, in Anlehnung an den Holsteinischen Kamp.

Holstenglacis, (Neustadt, St. Pauli), 1893, mit Bezug nach der Lage auf dem ehemaligen Festungsglacis vor dem Holstentor. Ein Glacis ist eine Erdaufschüttung vor dem Festungswall bzw. Graben, die nach vorn hin abgeschrägt ist, um keinen toten Winkel zu bieten und um ein freies Schußfeld zu haben.

Holstenhofkamp, (Tonndorf), 1998, in Anlehnung an die unmittelbar benachbarten Straßen Holstenhofweg und Holstenhofstieg.

Holstenhofstieg, (Tonndorf), 1975, in Anlehnung an Holstenhofweg.

Holstenhofweg, (Wandsbek, Marienthal, Jenfeld, Tonndorf), vor 1938. Der „Holstenhof" wurde vom „Rauhen Haus" in Hamburg gegründet und von den Zöglingen der Anstalt bewirtschaftet. Später übernahm die Stadt Wandsbek den Holstenhof und richtete darin ein Waisenhaus und ein Altersheim ein.

Holstenhofwegbrücke, (Jenfeld, Tonndorf), 1936, in Anlehnung an die Straße Holstenhofweg.

Holstenkamp, (Bahrenfeld, Stellingen), 1951, Flurname.

Holstenkampbrücke, (Stellingen), 1966, in Anlehnung an den Weg Holstenkamp.

Holstenplatz, (Altona-Altstadt), 1880, im Anschluss an den Namen des ehemaligen Holstentores.

Holstenring, (Ottensen), 1982, in Anlehnung an die Holstentwiete.

Holstenstraße, (St. Pauli, Altona-Altstadt, Altona-Nord), 1846, nach dem Volksstamm der Holsten oder Holsaten = Waldsassen. Karl der Große unterwarf 804 die Holsten mit Hilfe der Obotriten, denen er Wagrien dafür überließ. 1111 wurden die Schauenburger die Grafen von Holstein; sie eroberten Wagrien wieder zurück und christianisierten es.

Holstentwiete, (Ottensen), 1868, nach dem Grundeigentümer.

Holstenwall, (Neustadt), 1860, nach der Lage am Wall beim Holstentor.

Holtbarg, (Iserbrook), 1936, nach einem waldbestandenen Berg mit dem Flurnamen „Holtbarg" = Holzberg.

Holtenaustraße, (Altona-Nord), 1950, nach dem Kieler Stadtteil Holtenau.

Holtenklinker Brücke, (Bergedorf, Curslack), 1961, in Anlehnung an die Holtenklinker Straße bzw. an die „Holtenklinke" genannte Örtlichkeit.

Holtenklinker Straße, (Bergedorf), 1949; als „Holtenklinke" wurde ein Schlagbaum bezeichnet, der bis 1848 den Curslacker Heerweg nach Norden sperrte. Es handelte sich um den Zugangsweg zum Zollenspieker Zoll.

Holthusenkai, (Kleiner Grasbrook), 1912, nach dem Senator und Präses der Baudeputation Gottfried Holthusen (1848–1920), wegen seiner Verdienste um Elbe und Hafen.

Holthusenstraße, (Volksdorf), 1905, Erklärung wie Holthusenkai.

Holtkamp, (Iserbrook), 1928, nach einer frühen Flurbezeichnung; Holtkamp = Holzfeld.

Holtknebel, (Neugraben – Fischbek), 1948, nach einer Flurbezeichnung.

Holtkoppel, (Fuhlsbüttel, Langenhorn), 1949, Flurname; Holtkoppel = Holzkoppel.

Holtweg, (Wellingsbüttel), vor 1933, als Weg, der zum Gehölz führt; Holt = Holz = Gehölz.

Holtwisch, (Stellingen), 1964, Flurname = Holzwiese (1789 im Stellinger Erdbuch); Wiese im Gehölz.

Holunderkamp, (Volksdorf), 1952, frei gebildeter Name. Beim Verteilen der Felder benötigte man Flurnamen. Auf diese Weise kamen die vielen Namen mit der Endsilbe „kamp" zustande. Holunderkamp wurde benannt nach den hier auch sonst auf „kamp" lautenden Wegnamen.

Holunderweg, (Groß Borstel), 1910, dieser Weg wurde von boshaften Leuten auch „Storchenweg" genannt, weil Holunder den Weg zur Schule einfaßte.

Holzbrücke, (Hamburg-Altstadt), als Straße in der Form „Auf der Holzbrücke" im 18. Jahrhundert. Die Holzbrücke wurde bereits 1266 als „ponslignorum“ benannt und aus Holz gebaut. Weil sie 1710 aus dem gleichen Material erneuert wurde, behielt sie ihren ursprünglichen Namen. Die Erneuerung aus Stein erfolgte erst nach dem Großen Brand von 1842. 1890 wurde die Brücke verbreitert. Die Bezeichnung „Holzbrücke“ blieb als Erinnerung.

Holzdamm, (St. Georg), 1824, als „Bei dem Holzdamm“. Da das Gebiet des heutigen Ballindamms früher noch eine Wasserfläche war, reichten die Gärten und Grasflächen bis zur Ferdinandstraße und erstreckten sich von dort bis an die Alster. Hier gab es eine Säge mit Holzstapelplatz; weshalb eine dort gelegene Straße auch Holzdamm hieß. Hier entluden die Alsterschiffer ihre Fracht und verkauften Brenn-und Bauholz. Nach dem Großen Brand von 1842 und der Verbreiterung der Ferdinandstraße wurde dieser Holzstapelplatz nicht wieder in Betrieb genommen, sondern an die Außenalster verlegt, u. z. dorthin, wo sich heute der Holzdamm befindet.

Holzhäuser, (Rönneburg), 1932, nach den Häusern, die im Gehölz „Höpen“ lagen, einer aus dem Volksmund kommenden Bezeichnung. Damit waren wahrscheinlich nicht speziell „Holzhäuser“ gemeint, sondern alle Häuser in der Rönneburger Bauernhölzung.

Holzhafengraben, (Moorfleet), 1999, in Anlehnung an den Holzhafen.

Holzhafen-Klappbrücke, (Heimfeld), 1930. Die Holzhafen-Klappbrücke stellt die Verbindung von Konsul-Ritter-Straße zum Lotsekai her und überbrückt den Harburger Holzhafen. Sie wurde 1930 in Betrieb genommen.

Holzhafenufer, (Moorfleet), 1978, nach der Lage am Holzhafen.

Holzhude, (Bergedorf), 1936, nach dem ehemaligen Lade- und Löschplatz der Bergedorfer Schiffe sowie den Niederlagen für die Holzhändler.

Holzmühlenstieg, (Wandsbek), 1982, in Anlehnung an den Namen Holzmühlenstraße.

Holzmühlenstraße, (Wandsbek), 1950, nach der Holzmühle, einer Mühle für Farbhölzer, die eine von mehreren an der Wandse gelegenen Wassermühlen war.

Holzmühlenstraßenbrücke, (Wandsbek), 1960, in Anlehnung an die „Holzmühlenstraße“. Sie führt im Zuge der Holzmühlenstraße über die Wandse.

Holzreie, (Volksdorf), 1950, Flurname, Holt = Wald, Reie = kleiner Wasserlauf.

Holztwiete, (Othmarschen), vor 1903, Twiete = kleiner Verbindungsweg zwischen zwei Straßen.

Homannring, (Kirchwerder), 1992, nach der Familie Homann, Vorbesitzer des Geländes.

Homannstraße, (Heimfeld), 1924 und 1947, nach Emil Wilhelm Friedrich Homann (1846–1918), kam 1881 als Vertreter des damaligen Harburger Stadtbaumeisters Hermann Busse nach Harburg, wurde 1883 Stadtbaumeister und 1903 Stadtbaurat.

Honartsdeicher Kehre, (Wilhelmsburg), 1962, in Anlehung an den Honartsdeich, der 1681 vom holländischen Ingenieur Honart erbaut wurde, um die Hövel mit der Dove Elbe einzudeichen.

Honartsdeicher Weg, (Wilhelmsburg), 1908, Benennung wie Honartsdeicher Kehre.

Hondiusweg, (Billstedt), 1975, nach dem Kartographen J. Hondius (de Hondt), (1563–1612).

Hongkongstraße, (HafenCity), 2006, nach der südchinesischen Großstadt.

Honiggrasweg, (Billstedt), 2008, nach einer in Feuchtwiesen vorkommenden Grasart.

Honsbergenstraße, (Billstedt), 1952, nach Hironymus von Honsbergen, Kartograph, Stecher der Stadtansicht von 1727.

Hoopredder, (Duvenstedt), 1954, in Anlehnung an den Namen Hoopwischen.

Hoopwischen, (Duvenstedt), 1942, Flurname, „Hoop“ ist Niederdeutsch und bedeutet Haufen. Es kann sich dabei um einen kleinen Haufen (Maulwurfshügel), aber auch um einen größeren Haufen (Hügel im Gelände) handeln.

Hopfenhof, (Farmsen-Berne), 1932, alter Flurname: „Hoppenhof" = Hopfengarten.

Hopfenkarrenbrücke, (Wandsbek), 1891, in Anlehnung an den Namen „Bei der Hopfenkarre", führt im Zuge der Hopfenkarre über die Wandse.

Hopfenmarkt, (Hamburg-Altstadt), seit dem 14. Jahrhundert, nach seiner damaligen Bestimmung, vorher „Neuer Markt". Die vielen in Hamburg auf „Hopfen" lautenden Straßennamen verdienen ihre Namen zu Recht. Im 14. Jahrhundert galt Hamburg mit fast 500 kleinen und großen Brauereien als das Brauhaus der Hanse. Wegen der Wassernähe lagen die Brauereien meist in der Nähe der Fleete. Es wurde von der Stadt nicht geduldet, Wasser aus Brunnen zum Brauen zu entnehmen. Nur das „würzige", „aromatische" Wasser der fäkalhaltigen Fleete durfte verwendet werden. Zuwiderhandlungen wurden mit Schließung des Betriebes geahndet. Auf dem Hopfenmarkt fand der Hopfenverkauf im Freien statt. Vor der Übersiedlung des Marktes nach hier wurde das Hopfengeschäft in der Nähe der Brauerstraße (Hopfensack) abgewickelt.

Hopfensack, (Hamburg-Altstadt), vermutlich im 17. Jahrhundert. Die Straße war bis 1866 eine von Wasser umgebene, nur durch die Brauerstraßenbrücke mit der übrigen Stadt zusammenhängende Sackgasse. Noch 1746 wurden hier Hopfenbuden zum Einlagern von Hopfensäcken vermietet. Der Straßenname wird ausdrücklich auf die „Säcke" und nicht auf die „Sackgasse" zurückgeführt.

Hopfenstraße, (St. Pauli), 1866, mit Bezug auf die dort gelegenen Brauereien in St. Pauli.

Hoppenstedtstraße, (Eißendorf), 1925, nach dem Harburger Generalsuperintendenten August Ludwig Hoppenstedt (1763- 1830), Reformer des Schulwesens in Harburg. Besondere Verdienste erwarb er sich in der Franzosenzeit durch seinen Mut und seine Geschicklichkeit, mit den Franzosen zu verhandeln. Von 1814 bis 1823 vertrat er noch die harburgischen Interessen als Abgeordneter in der Allgemeinen Landesversammlung, ab 1819 in der 2. Kammer der Ständeversammlung des Königreiches Hannover.

Hoppenstieg, (Neugraben-Fischbek), 1940, nach einem Hofnamen, dem früheren „Hoppenhof".

Horandstieg, (Rissen), 1949, nach dem Helden der Gudrunsage, dem Dänenkönig Horand.

Horlebuschweg, (Rönneburg), 1988, nach Johannes Horlebusch (1906–1939), Feinmechaniker aus Harburg-Wilhelmsburg, Widerstandskämpfer gegen den Nationalsozialismus.

Hornackredder, (Eidelstedt), 1940, nach dem Flurnamen „Op'n Horneck" nach einer Karte der städtischen Bauverwaltung Altona von 1926; Redder = von Knicks gesäumter Feldweg.

Hornackswisch, (Eidelstedt), 1949, Benennung wie Hornackredder; wisch = Wiese.

Horner Berg, (Horn), 1964, nach dem Stadtteil und nach dem Ansteigen des Weges.

Horner Brückenweg, (Horn), 1950, nach dem Weg zur Blauen Brücke.

Horner Landstraße, (Horn, Billstedt), 1870, als in Horn gelegener Teil der Landstraße nach Bergedorf und Berlin mit einem schon einmal um 1858 festgestellten, aber nicht völlig durchdrungenen Namen; vorher Heerstraße.

Horner Rampe, (Horn, Billbrook), 1933, nach dem rampenartigen Verlauf der Straße, die ursprünglich mittels einer Überführung (Rampe) zur Horner Landstraße geführt werden sollte.

Horner Redder, (Horn), 1950, Redder = von Knicks gesäumter Feldweg.

Horner Stieg, (Horn), 1931, benannt als Privatweg im Stadtteil Horn.

Horner Weg, (Hamm-Nord, Horn), 1865, der Verbindungsweg zwischen Hamm und Horn hieß ursprünglich „Redder" und wurde 1865 in Horner Weg umbenannt.

Horner Wegbrücke, (Hamm-Nord, Horn), 1901, in Anlehnung an den Namen Horner Weg.

Hornissenweg, (Farmsen-Berne), 1945, Insektenmotiv.

Hornkamp, (Fuhlsbüttel), 1908, Flurname.

Hornkrautring, (Neugraben-Fischbek), 2008, nach einer in der Gegend heimischen Pflanze.

Hornsand, (Waltershof), 1971, Flurname.

Hornungweg, (Bramfeld), 1942, nach dem altdeutschen Namen für Februar.

Horster Damm, (Altengamme), 1966, Flurbezeichnung, nach dem Damm (Deich) an der Brookwetterung in Altengamme. Horst ist ein Ortsteil von Altengamme. Die ursprüngliche Bedeutung für „Horst" ist eine inselartige, aus dem Sumpfland hervorragende, bewaldete Stelle.

Horstlooge, (Volksdorf), 1912, Flurname, der bedeutet, dass es sich um eine leichte Erhebung in einem flachen Gelände handelt.

Horstweg, (Wellingsbüttel, Sasel), vor 1938, alter Feldweg, der zu dem in Wellingsbüttel gelegenen Wald „Rabenhorst" führte.

Hortensienweg, (Wandsbek), 1950, Blumenmotiv, Hortensie = Wasserstrauch, Gattung der Steinbrechgewächse mit Scheindolden.

Hospitalstraße, (Altona-Altstadt), 1860, nach der Lage am (alten) Altonaer Krankenhaus.

Hovestieg, (Veddel), 1948, im Anschluss an den Namen Hovestraße.

Hovestraße, (Veddel), 1929, die Straße führt über einen Teil des ehemaligen Staatspachthofes „Kalte Hove".

Hower Brack, (Kirchwerder), 1970, nach dem Ortsnamen Howe. Das hiesige Brack ist 1610 entstanden. Brack ist ein Wasserloch hinter dem Deich, das durch Deichbruch entstanden ist.

Hower Hauptdeich, (Kirchwerder), 1970. Der Hower Hauptdeich ist Teil des Weges Kirchwerder Elbdeich und Zollenspieker Hauptdeich. Hauptdeich ist derjenige Deich, der vor dem Hauptteil der Ortschaft liegt; Howe = nach dem Ortsnamen.

Howisch, (Hamm-Mitte), 1929, nach einem der Gegend anhaftenden Flurnamen. Bezeichnung für die höchsten (hohe wisch = Wiese) der zur Bille abfallenden Wiesenflächen hinter den Landsitzen in Hamm und Horn.

Hubertusweg, (Niendorf), vor 1938, benannt nach Hubertus, Bischof von Lüttich (um 700-728), Patron der Jäger.

Hude, (Bergedorf), 1945, nach dem Platz, der zur Hude führt. Hude ist ein Lade- und Löschplatz, hier der Bergedorfer Schiffer, die von hier mit Waren wie Holz, Getreide und Lohe schwunghaften Handel trieben. Später unterschied man „Hude" und „Holzhude".

Hudlemstraße, (Farmsen-Berne), 1933, nach der Hamburger Familie Hudlem, denen das Dorf Farmsen im 16. Jahrhundert gehörte.

Hudtwalckerstraße, (Winterhude), 1899, nach dem Senator Dr. jur. Martin Hironymus Hudtwalcker (1787–1865) und Johann Michael Hudtwalcker (1747–1818), die sich um die Polizeiverwaltung und Gesetzgebung verdient gemacht haben.

Hudtwalckertwiete, (Winterhude), 1936, in Anlehnung an Hudtwalckerstraße.

Hübbesweg, (Hamm-Mitte), 1909, nach der Familie Hübbe, aus der mehrere Personen hervorgingen, die verdienstvoll im hamburgischen Staatsdienst tätig waren. Insbesondere der Wasserbaudirektor Heinrich Hübbe (1803–1871), ferner der erste Beamte der Landherrenschaft Dr. Wilhelm Hübbe (1804–1886), der sich mit der Geschichte der Gegend zuerst grundlegend befaßte.

Hübenerkai, (HafenCity), 1877, nach dem im Jahre zuvor verstorbenen Senator (seit 1853) Hermann Albert Hübener (1804–1876), als langjähriger Präses zuerst der Schiffahrt- und Hafendeputation (1861 bis 1863), dann der Sektion der Baudeputation für Strom und Hafenbau (1864 –876).

Hübenerstraße, (HafenCity), 1893, im Anschluss an den Namen des Hübenerkais.

Hügelhain, (Eißendorf), 1956, frei gebildeter Name auf Vorschlag der Siedler nach dem buschigen, hügeligen Landschaftscharakter.

Hühnerposten, (Hammerbrook), im 17. Jahrhundert als „Bei dem Hühnerposten", der nicht eben als vertrauenswürdig erscheinenden Überlieferung gemäß, nach einem isolierten, sog. verlorenen Wachtposten der Garnison vor dem Tor. Verkürzt 1899. Kürzer und klarer ausgedrückt: es soll sich dabei um einen weit vorgerückten Wachtposten im Befestigungssystem gehandelt haben.

Hüllbeen, (Rönneburg, Langenbek, Wilstorf), 1932, alter Flurname „Hüllbeen", der in den verschiedensten Varianten vorkommt: 1667 „Auf der Höltbennen", 1772 „Auf den Hüllbein" und 1856 „Auf Höllbehn".

Hüllenkamp, (Rahlstedt), 1950, nach dem Flurnamen „Op de Hüllen" (1781).

Hüllenkoppel, (Rahlstedt), 1942, Benennung wie Hüllenkamp.

Hülsdornweg, (Bramfeld), 1950, Hülsdorn ist das niederdeutsche Wort für Stechpalme (Hex).

Hülsenstieg, (Marmstorf), 1950, Flurname, Hülsen ist das niederdeutsche Wort für Stechpalme (Hex).

Hültkoppel, (Volksdorf), 1950, Flurname. „Hült" ist niederdeutsch und bedeutet „hölzern".

Hültkoppelstieg, (Volksdorf), 1998, in Anlehnung an Hültkoppel.

Hünefeldstraße, (Tonndorf), vor 1933, nach Günther Freiherr von Hünefeld (1892–1929), machte mit Kohl und Fitzmaurice am 12. April 1928 den ersten Überflug des Atlantischen Ozeans in ostwestlicher Richtung.

Hürthweg, (Langenhorn), 1952, zur Erinnerung an den ersten Generalpräses des Kolpingwerkes Theodor Hürth (1877–1944). Die Straße liegt in der Siedlung der Baugenossenschaft „Kolping".

Hüsermoor, (Hummelsbüttel), 1949, Flurname.

Hütten, (Neustadt), ben. in der ersten Hälfte des 17. Jahrhunderts als „Bei den Hütten", nach den hier am Wall erbauten kleinen Wohnungen für die Stadtsoldaten; verkürzt 1899.

Hufeisen, (Sinstorf), 1950, nach dem hufeisenförmigen Verlauf der Straße.

Hufnerstraße, (Barmbek-Süd, Barmbek-Nord), 1862, als Hauptstraße des alten Dorfes Barmbek, an der die Hofstellen der Hufner lagen, im Gegensatz zum Kätnerkamp und Kätnerort.

Hufnerstraßenbrücke, (Barmbek-Süd, Barmbek-Nord), 1904, in Anlehnung an die Hufnerstraße, in deren Verlauf sie über den Osterbekkanal führt.

Hufnertwiete, (Barmbek-Nord), 1927, in Anlehnung an die Hufnerstraße; Twiete = Verbindungsweg zwischen zwei Straßen.

Hufnerweg, (Sasel), 1919/20, ortsübliche Bezeichnung für die Bauern, deren Besitz je nach Größe benannt wurde, wie z. B. Vollhufner, Halbhufner, Viertelhufner etc.

Hugh-Greene-Weg, (Lokstedt) 2001, nach Sir Hugh Carleton Greene (1910–1987), Chef des Nordwestdeutsschen Rundfunks in Hamburg 1946.1948, hat die Entwicklung des Rundfunks im Westdeutschland der Nachkriegszeit entscheidend beeinflusst. Er war der jüngere Bruder des Schriftstellers Graham Greene.

Hugo-Klemm-Straße, (Heimfeld), 1950, nach dem Metallfacharbeiter und Gewerkschaftsfunktionär Hugo Klemm (1883–1943), der 1923 in Harburg zum Senator gewählt wurde, als Sozialdemokrat wurde er 1933 durch die Nationalsozialisten entlassen.

Hulbepark, (Bergedorf), 1951, nach dem Lederfabrikanten Georg Ernst Friedrich Hulbe (1851–1917), Besitzer des früher dort gelegenen, nach ihm benannten Parks.

Hultschiner Straße, (Dulsberg), 1928, nach dem Hultschiner Ländchen, ehemals mährischsprachiger Südteil des Kreises Ratibor, das 1919 ohne Abstimmung an die Tschechoslowakei kam.

Humannstraße, (Nienstedten), 1947, nach dem Ingenieur und Altertumsforscher, dem Geheimrat Dr. Karl Humann (1839–1896).

Humboldtbrücke, (Uhlenhorst), 1970, in Anlehnung an die Humboldtstraße.

Humboldtstraße, (Barmbek-Süd), 1859, nach dem Naturforscher, Weltreisenden und berühmten Gelehrten Alexander von Humboldt (1769–1859).

Hummelsbütteler Kirchenweg, (Fuhlsbüttel, Hummelsbüttel), 1903/04, nach dem Weg der Hummelsbüttler Bevölkerung zur Kirche nach Niendorf, wo Hummelsbüttel von 1768–1894 eingepfarrt war. Seit 1894 genießt Hummelsbüttel Gastrecht in der Fuhlsbüttler Kirche, aber auch das ist überholt, denn Hummelsbüttel hat inzwischen eine eigene Kirche.

Hummelsbütteler Landstraße, (Fuhlsbüttel), 1898, als nach Hummelsbüttel führende gepflasterte Straße.

Hummelsbütteler Markt, (Hummelsbüttel), 1977, nach der zentralen Lage im Stadtteil Hummelsbüttel.

Hummelsbütteler Weg, (Hummelsbüttel), 1976, als Weg zum neuen Ortszentrum des Stadtteils Hummelsbüttel.

Hummelsbüttler Dorfstraße, (Hummelsbüttel), 1950, nach der Lage im ehemaligen Dorf Hummelsbüttel.

Hummelsbüttler Hauptstraße, (Hummelsbüttel), 1950, als wichtigste Hummelsbüttel durchquerende Verkehrsader.

Hummelstieg, (Rissen), 1930, nach einem Insektenmotiv.

Hummelweg, (Billstedt), 1935, nach einem Insektenmotiv.

Humperdinckweg, (Bahrenfeld), 1957, nach dem Opernkomponisten Engelbert Humperdinck (1854–1921).

Hundtstraße, (Wandsbek), 1951, nach Heinrich Hundt (1876–1943), Rektor in Wandsbek.

Husarenhof, (Marienthal), 2008, in Anlehnung an den Namen Am Husarendenkmal und nach dem Charakter der Erschließung.

Husarenweg, (Marienthal), 1929, zur Erinnerung an das Husarenregiment Nr. 15 in Wandsbek, das auf dem Gelände, über das jetzt die Straße führt, seinen Exerzierplatz hatte.

Husumer Straße, (Hoheluft-Ost, Eppendorf), 1907, nach der Stadt Husum an der Westküste von Schleswig-Holstein.

Huswedelweg, (Wellingsbüttel), 1950, nach Johann Huswedel (1576–1651), Rektor am Johanneum von 1627–1628.

Hutmacherhof, (Altona-Altstadt), 1966, in Anlehnung an die frühere Hutmacherstraße, die vermutlich nach einem dort ansässigen Hutmacher benannt war.

Huulfeld, (Lemsahl-Mellingstedt), 1978, in Anlehnung an den Namen Huulkamp.

Huulkamp, (Lemsahl-Mellingstedt), 1946, nach einem der Gegend anhaftenden Flurnamen, der eventuell kleine Anhöhe bedeutet.

Huusbarg, (Volksdorf), 1951, Flurname „Hoisberg".

Huusbargstieg, (Volksdorf), 1996, in Anlehnung an die Straße Huusbarg.

Huuskoppel, (Lemsahl-Mellingstedt), 1946, nach der am Haus gelegenen Koppel; Huuskoppel = Hauskoppel.

Huuskoppelstieg, (Lemsahl-Mellingstedt), 1978, in Anlehnung an den Namen Huuskoppel.

I

Ibsenweg, (Blankenese), 1955, nach dem bedeutenden norwegischen Dichter Henrik Ibsen (1828–1906), in seinen frühen Werken bearbeitete er nationalnorwegische Stoffe in spätromantischer Weise, später wandte er sich Gesellschaftsdramen zu.

Ida-Boy-Ed-Straße, (Bergedorf), 1927, nach der Schriftstellerin Ida Boy Ed (1852–1928).

Ida-Ehre-Platz, 2000, nach Ida Ehre (1900–1989), deutsch-österreichische Schauspielerin und Theaterregisseurin und Theaterleiterin. Im Jahr 1984 wurde sie der erste weibliche Ehrenbürger von Hamburg und erhielt die Ehrendoktorwürde durch die Universität Hamburg.

Ifflandstraße, (Hohenfelde), 1899, nach dem Schauspieler und Dichter August Wilhelm Iffland (1759–1814), durch einen Irrtum zu der Ehre eines Straßennamens gekommen. Weil man die Schröderstraße (benannt nach dem Grundeigner) versehentlich dem Theatermann Schröder zuordnete, benannte man in Anlehnung daran auch die Ackermannstraße und Ifflandstraße mit Theaterleuten. Dennoch gebührt ihm die Benennung zu Recht, denn er war in der Goethezeit führend im Theaterleben. Am Mannheimer Nationaltheater spielte er z.B. als erster den Franz Mohr in „Schillers Räuber“. Neben seiner Theatertätigkeit schrieb er selbst noch über 60 geschickt aufgebaute Theaterstücke mit bürgerlich moralischer Grundhaltung. 1815 erschien seine „Theorie der Schauspielkunst“.

Igelgrund, (Neugraben-Fischbek), 1966, im motivischer Anlehnung an den Wegnamen „Wettloop“.

Igelweg, (Osdorf), 1935, nach dem Igel.

Ihlestraße, (Billstedt), 1962, nach dem Gewerkschaftler und Mitglied der Bürgerschaft Albert Ihle (1869–1931).

Iland, (Bergstedt), 1903, Flurbezeichnung.

Ilandkoppel, (Ohlsdorf), 1948, nach einem der Gegend anhaftenden Flurnamen, der bisher nicht zu deuten war.

Ilenbrook, (Wilhelmsburg), 1949, nach den gefährlichen Leberegeln, die sich auf Sumpf und Wasserpflanzen absetzen, von Rindern und Schafen gefressen werden und schwere Schäden an der Leber der Tiere verursachen und zur Abmagerung und zum Tode führen.

Ilenbuller, (Wilhelmsburg), 1949, so nennt man das niedrige Gelände zwischen Vogelhüttendeich und Ernst-August-Kanal. Ilen: siehe Ilenbrook.

Ilenkamp, (Sasel), 1954, Flurbezeichnung. Ilen = Blutegel.

Ilenkruut, (Bramfeld), 1950, Ilenkrut = Sumpfpflanze, niederdeutsche Bezeichnung für den brennend scharfen Hahnenfuß.

Ilenwisch, (Sasel), 1946, Flurname, Ilen = Blutegel und wisch = Wiese.

Ilextwiete, (Horn), 1940, Ilex = Stechpalme, Stechhülse.

Ilexweg, (Horn), 1940, Ilex = Stechpalme, Stechhülse.

Ilkstraat, (Poppenbüttel), vor 1938, Ilk ist das niederdeutsche Wort für Wiesel. Straat = Straße.

Illerweg, (Sasel), 1958, nach dem rechten Nebenfluss der Donau in Bayern. Die Iller entspringt durch Zusammenfluss mehrerer Quellbäche in den Allgäuer Alpen, durchfließt das hügelige Niederallgäu und das Schottervorland und mündet oberhalb von Ulm in die Donau.

Illiesbrücke, (Ohlsdorf), 1956, nach dem Maler und Kunsterzieher Prof. Artur Illies (1870–1952); er war Lehrer an der Landeskunstschule und wichtiger Vertreter des norddeutschen Impressionismus.

Illiesweg, (Steilshoop), 1955, Erklärung: wie Illiesbrücke.

Iloh, (Bergstedt), 1943, ein Flurname, für den zwei Auslegungen zur Verfügung stehen. Erstens hieß die Straße früher Ibenlow, was soviel wie Efeu bedeutet und Low für Laub steht, und nach der zweiten Deutung soll es sich um einen sumpfigen Wald mit Blutegelbestand handeln.

Ilse-Fromm-Michaels-Weg, (Othmarschen), 2008, nach Ilse Fromm-Michaels (1888–1986), Komponistin und Pianistin, 1946 an der Hamburger Schule für Musik und Theater, später als Professorin an die Musikhochschule Hamburg berufen, 1959 als erste Frau in die Freie Akademie der Künste in Hamburg gewählt, seit 1964 Trägerin der Johannes-Brahms-Medaille, Verfolgte des Nationalsozialismus.

Ilsenburger Weg, (Niendorf), 1967, nach der Stadt Ilsenburg im Kreis Wernigerode am Harzrand an der Ilse. Motivgruppe: Orte im oder am Harz.

Ilsenweg, (Sasel), 1941, nach Ilse Terfloth, Ehefrau des Besitzers Lind (geb. 1904).

Iltisstieg, (Farmsen-Berne), 1937, nach dem Iltis = Baummarder. Motivgruppe: Pelztiere.

Ilzweg, (Sasel), 1982, nach dem linken Nebenfluss der Donau, Il z, 54 km lang, mündet bei Passau in die Donau.

Im Allhorn, (Volksdorf), 1925, Flurname, eine Auslegung deutet all, al oder ol als Sumpf und die Silbe Horn als vorspringendes Landstück. Eine andere Lesart will wissen, dass Allhorn eine Bezeichnung für Fliederbeeren ist.

Im Alten Dorfe, (Volksdorf), 1921, frei gewählter Name, zur Erinnerung an die ursprüngliche Lage des Dorfes Volksdorf.

Im Alten Nincop, (Neuenfelde), 1956, nach der Ortsgeschichte, d.h. es ist die ortsübliche Bezeichnung für den Ortskern der ehemaligen Gemeinde Nincop.

Imbekstieg, (Stellingen), 1953, diese Stellinger Bauernfamiiie erscheint bereits 1581 als Bauern und von etwa 1740 bis 1839 als Schulhalter.

Im Berge, (Volksdorf), 1925, Im Berge = Imbarg = Immenberg = Platz für die Bienenvölker im Sommer.

Im Busch, (Wohldorf-Ohlstedt), 1929, Flurname, der aufgrund eines Übertragungsfehlers entstanden sein soll. Ursprünglich sollte es wohl „Rusch“ = „Binsen“ heißen.

Im Dahlen, (Eißendorf), 1980, Flurname für ein Gehölz, das der Landherrenschaft gehörte und darum früher „Fürstendahlen“ genannt wurde. Das Wort Dahlen leitet sich von „Dal“ = Tal ab.

Im Ellernbusch, (Duvenstedt), 1947, Flurbezeichnung für ein niedriges, mooriges Land mit Erlenbestand.

Im Fliederbusch, (Iserbrook), 1957, frei gewählter Name, nach der Art der Bepflanzung des Weges mit Fliederbüschen.

Im Gehölz, (Eimsbüttel), 1877, nach dem ehemaligen Eimsbüttler Gehölz.

Im Ginsterbusch, (Schnelsen), um 1925, nach dem Ginsterbusch, auch Brambusch genannt.

Im Grünen Grunde, (Ohlsdorf), 1908, nach einem der Gegend anhaftenden Flurnamen, für die grüne Alsterniederung.

Im Hag, (Bahrenfeld), 1920, zur Erinnerung an das kleine Tannenwäldchen, das hier stand, bevor die Siedlung errichtet wurde.

Im Hain, (Volksdorf), 1936, nach einem frei gebildeten Namen.

Im Holderstrauch, (Schnelsen), vor 1933, nach einem Pflanzenmotiv. Holder = Holunder.

Im Keil, (Eidelstedt), 1932, nach dem durch die Bahngleise eingekeilten Gelände.

Im Knick, (Poppenbüttel), vor 1938, nach der Lage.

Im Kohlhof, (Lemsahl-Mellingstedt), 1946, im Mittelalter war Dorfland vielfach Gemeindebesitz, jedoch das Haus, der Hof und der Kohlhof (Hausgarten) waren Privateigentum jedes einzelnen.

Immanuelplatz, (Veddel), 1927, nach der dortigen Immanuelkirche.

Immanuelstieg, (Veddel), 1927, im Anschluss an den Namen Immanuelplatz.

Im Meienthun, (Volksdorf), 1935, Meien = Gemeindeland, Thun = Zaun. Meienthun = eingefriedetes Gemeindeland.

Immenbarg, (Langenhorn), 1960, in Anlehnung an den Flurnamen „Immenhöven". Immenbarg = Bienenberg.

Immenbecker Weg, (Neugraben-Fischbek), 1978, nach der Motivgruppe: niedersächsische Orte an der Bundesstraße 73.

Immenbusch, (Osdorf), 1967, Flurname, Immen = Bienen und Busch = Gestrüppwald, Niederwald.

Immenhöven, (Langenhorn), 1950, nach einem der Gegend anhaftenden Flurnamen; jeder Hufner hatte einen Immenhof für seine Bienen.

Immenhof, (Uhlenhorst), 1872, früher hatte die Eilbek zwei Mündungsarme, mit denen sie in die Alster floß, wobei der nördliche Arm „Schürbek" hieß. In der Nähe der Schürbek befand sich der Immenhof, ein bäuerliches Anwesen aus dem 18. Jahrhundert, welches vom Weinhändler Mundt erworben wurde. Herr Mundt ließ darauf ein Gebäude errichten, das im Volksmund „Mundtsburg" genannt wurde. Drei Straßennamen weisen auf diese Zeit hin: Mundsburger Damm, Mundsburger Brücke und Immenhof.

Immenhorstweg, (Bergstedt), 1947, Flurname Immen = Bienen, Horst = tief gelegenes feuchtes Wiesengebiet, das den Bienen als Nahrung diente.

Immenkamp, (Farmsen-Berne), 1937, Flurname nach den ehemals hier vorhandenen Bienenvölkern.

Immenkoppel, (Hummelsbüttel), 1962, Flurname („Immen Koppel" auf der Flurkarte von 1780). Immen = Bienen und Koppel = umzäuntes Weideland.

Immenredder, (Hummelsbüttel), 1930, Flurname. Immen = Bienen und Redder = von Knicks gesäumter Feldweg.

Immenschuur, (Volksdorf), 1950, Flurname. Immenschuur = Bienenhaus (Bienenkorb). Es ist überliefert, dass es in Volksdorf viele Bienen gab und jeder Bauer seine Immenschuur gehabt hatte.

Immenseeweg, (Rahlstedt), 1956, nach einer Novelle von Theodor Storm.

Immenstieg, (Hummelsbüttel), 1962, in Anlehnung an den Namen Immenredder.

Immenweide, (Eidelstedt), 1944, Flurbezeichnung. Motivgruppe: Insekten.

Immergrünweg, (Wandsbek), 1950, Pflanzenmotiv.

Immermannstraße, (Altona-Nord), 1910, nach dem Dichter und Dramaturgen Karl L. Immermann (1796–1840).

Im Mullsen, (Neugraben-Fischbek), 1988, nach dem im Volksmund gebräuchlichen Flurnamen. Mull = weiche, lockere Erde (Torferde).

Im Neugrabener Dorf, (Neugraben-Fischbek), 1948, nach der im Dorf liegenden Straße.

Im Regestall, (Volksdorf), 1937, nach einem der Gegend anhaftenden Flurnamen. Das Wort stammt aus dem Mittelniederdeutschen. Darin stecken die Silben „Riegel" und „Stelle". Regestall ist die umgrenzte Ecke einer Weide, in der die Kühe zum Melken zusammengetrieben werden. Eine andere Version besagt: Rege/ Rüge = Gericht und Stall = Stelle /Stätte.

Im Ried, (Horn), 1938, Flurname. Ried = Gebüsch, Gestrüpp oder Schilf.

Im Ring, (Fuhlsbüttel), 1933, nach der Straßenform.

Im Rühmt, (Rahlstedt), vor 1962, Flurname. Rühmt = Raum, Platz, freies Feld.

Im Schönenfelde, (Wilhelmsburg), 1937; das Schönefeld wurde 1491 vom damaligen Grundherrn, dem Freiherrn von Grote, eingedeicht und soll zu den besten Weiden von Wilhelmsburg gehören, worauf sich auch der Name Schönefeld begründet.

Im Soll, (Bramfeld), 1950, Soll oder Saal ist eine künstliche, meist natürliche Viehtränke auf der Weide, ohne Zu- und Abfluss.

Im Sonnentau, (Langenhorn), 2002, nach der im benachbarten Raakmoor vorkommenden Pflanze.

Im Sorenfelde, (Volksdorf), 1929, nach einem der Gegend anhaftenden Flurnamen. Sor oder Soor bedeutet soviel wie trocken.

Imstedt, (Barmbek-Süd), 1904, Flurname. Imstedt = Immenstede, Örtlichkeit, wo sich Bienen aufhalten.

Im Stubben, (Marmstorf), 1930, Flurbezeichnung.

Im Tale, (Eppendorf), 1911, nach dem Namen der Flur, über die die Straße verläuft.

Im Torfmoos, (Langenhorn), 2002, nach der im benachbarten Raakmoor vorkommenden Pflanze.

Im Ulenbusch, (Volksdorf), 1937, Flurbezeichnung. Ulenbusch = Eulenbusch.

Im Wiesengrund, (Rahlstedt), vor 1955, nach der Lage im Tal der Wandse.

Im Winkel, (Eppendorf), 1907, nach der dortigen Flurbezeichnung, „Winkelkoppel“.

In de Bans, (Marmstorf), 1966, mit „Bans“ werden die Abseiten des niedersächsischen Bauernhauses bezeichnet, wo das Korn gelagert wurde. Motivgruppe: Teile des niedersächsischen Bauernhofes.

In de Bargen, (Blankenese), 1936, (Rissen), 1930, Flurname. In de Bargen = in den Bergen, nach dem ehemaligen Dünengelände.

In de Bost, (Nienstedten), 1950, Flurname, nach dem Landhaus von Gottlieb Jenisch, das „Die Bost“ genannt wurde.

In de Huuk, (Wilhelmsburg), 1971, Flurname, Huke = Ecke, Winkel. Hier bezeichnet man mit Huke die Stelle, an der Einlagedeich und Stillhorner Deich im spitzen Winkel zusammentreffen.

In de Krümm, (Neugraben-Fischbek), 1948, nach der gekrümmten Straßenform (früher „Krumme Straße“).

In den Horsten, (Farmsen-Berne), 1933, Flurname. Horsten = Gestrüppwald.

In den Saal, (Farmsen-Berne), 1922, Flurname. Saal bedeutet Viehtränke auf der Weide, meist Vertiefung, in der sich Regenwasser oder Quellwasser sammelte. Saal = Suhle, nasse Niederung. In großen Tränken soll sich sogar ein Fischbestand gebildet haben, deren Fische sich durch einen besonders guten Geschmack auszeichneten.

In der Alten Forst, (Eißendorf), 1933, nach dem Waldgelände „In der Alten Forst“, durch das der Weg führt.

In der Horn, (Bergedorf), 1925, nach einem Flurnamen für einen abgelegenen Winkel, der schon 1734 erwähnt wird. Horn = Landecke.

In der Masch, (Groß Borstel), 1968, Flurname (Marschenland).

In der Niederung, (Wandsbek), 1932, nach der Lage im ehemaligen Wiesengrund der Osterbek.

In der Ohe-Nord, (Neuengamme), 1956, Ortsteil von Neuengamme, Ohe = Land, Bruch, am Wasser gelegenes Gehölz oder Waldstück.

In der Ohe-Süd, (Neuengamme), 1956, Erklärung wie: In der Ohe-Nord.

In der Schlucht, (Eißendorf), 1910, Flurname. Der Name beschreibt den Geländecharakter für den in der Schlucht verlaufenden Weg.

In der Schneise, (Poppenbüttel), vor 1938, nach der Lage.

In der Weide, (Spadenland), vor 1940, Flurbezeichnung.

In der Wiek, (Osdorf), um 1921, Flurname.

In de Wisch, (Kirchwerder), vor 1962, (Wisch = Wiese).

Indiastraße, (Kleiner Grasbrook), 2004, in Anlehnung an den ehemals benachbarten Indiakai.

Industriestraße, (Wilhelmsburg), 1949, nach der Lage im Industriebereich.

Ingwersens Weg, (Blankenese), vor 1903, nach der Blankeneser Schifferfamilie, die im 17. und 18. Jahrhundert Vorbesitzer des Geländes war.

Innocentiastraße, (Harvestehude), 1870, der Name steht in Beziehung zu Papst Innozenz IV., der das 1247 erbaute Zisterzienserkloster, das von der Gattin Adolph

IV. errichtet wurde, bestätigte. Dieses Kloster war dem heiligen Benedict geweiht. Die Sage berichtet, dass im Kloster Harvestehude eine Nonne gegen das Keuschheitsgebot verstoßen haben soll. Bei ihrer Hinrichtung verlangte sie, dass ein Baum gepflanzt würde, der im Falle ihrer Unschuld nicht weiter wachsen solle. Der im Innocentiapark gepflanzte Baum soll tatsächlich verkümmert sein.

Innweg, (Sasel), 1958, nach dem rechten Nebenfluss der Donau. Er ist 510 km lang, entspringt in Graubünden am Piz Lunghin in 2480 Metern Höhe, durchfließt das Engadin, Nordtirol, das Bayerische Alpenvorland und mündet bei Passau in die Donau, deren Wasserführung der Inn mehr als verdoppelt.

Inselbrücke, (Alsterdorf), 1922, in Anlehnung an den Namen Inselstraße.

Insel Neuwerk, (Hamburg-Insel Neuwerk), gehört verwaltungsmäßig zum Ortsamt Hamburg-Mitte. Die Insel besitzt keine benannten Straßen und somit auch keine Straßennamen.

Inselstraße, (Alsterdorf), 1922, nach der Lage auf einer durch die Alsterkanalisation gebildeten Insel.

Insterburger Straße, (Bramfeld), 1954, nach der Ortschaft in Ostpreußen.

Insterweg, (Wandsbek), 1958, nach dem Fluss in Ostpreußen, Quellfluss des Pregel, 75 km lang, vereinigt sich mit der Angerapp zum Pregel.

Ipernweg, (Fuhlsbüttel), 1922, nach den auch sonst in Fuhlsbüttel vielfach verwendeten Pflanzennamen: Ipern = Feldblumen.

Irisplatz, (Eidelstedt), 1935, nach den auch sonst in Eidelstedt oftmals verwendeten Blumenmotivnamen, Iris = Schwertlilie.

Irma-Sperling-Weg, (Alsterdorf), 1985, nach Irma Sperling (1930–1944), einem Euthanasieopfer des Nationalsozialismus.

Iroldstieg, (Rissen), 1955, nach einer Gestalt aus der Gudrunsage.

Irrweg, (Marmstorf), um 1930, es handelt sich um eine tief eingeschnittene Sackgasse, die auf eine frühere Bodenentnahme schließen lässt. Der Name kann nur ironisch gemeint sein.

Isarweg, (Sasel), 1958, nach dem rechten Nebenfluss der Donau, 263 km lang, entspringt in einem Hochtal des Karwendelgebirges und mündet unterhalb von Deggendorf.

Isebekstieg, (Altona-Nord), 1969, in Anlehnung an den Namen Isebekstraße.

Isebekstraße, (Altona-Nord), 1901, nach der Isebek, dem Abfluss des ehemaligen Diebsteiches. Der hochdeutsche Name für Isebek lautet „Eisenbach". Das eisenhaltige Wasser ist wohl zurückzuführen auf das Schwefeleisen, das dem Langenfelder Salzgebiet entstammt, wo ein Nebenbach der Isebek entsprang. Dieses Eisen wird sich als Raseneisenstein in der Isebek wieder abgesetzt haben.

Isebrücke, (Harvestehude), 1904, in Anlehnung an das Gewässer, welches überbrückt wird.

Isekai, (Eppendorf), 1890, nach den Kaianlagen und im Anschluss an den Namen Isestraße.

Iseplatz (Eppendorf), 1901, im Anschluss an den Namen Isekai.

Iserbarg, (Rissen), 1929, Flurname, im Anschluss an den Namen Iserbrook.

Iserbrooker Weg, (Iserbrook, Sülldorf), 1928, der hochdeutsche Name für Iserbrook würde „Eisenbruch" lauten, was zurückgeht auf die wasserreichen Brookgebiete und die Vorkommen an Raseneisenerz. Iserbrook geht nicht auf ein altes Dorf zurück, sondern ist erst mit Verlegung der Vorortsbahn entstanden. Man sagt, dass der erste „Uriserbrooker" der Bahnwärter gewesen sein soll, der sich hier von Berufs wegen ansiedelte.

Iserdal, (Rissen), 1977, in Anlehnung an „Iserbarg" mit Verwendung des Grundwortes von „Tinsdal".

Iserlohner Stieg, (Langenhorn), 1979, nach der Motivgruppe: Städte im westdeutschen Industriegebiet.

Isern-Hinnerk-Weg, (Schnelsen), 1948, nach Graf Hinnerk, Sohn des Grafen Geert, der wegen seiner Tapferkeit den Ehrenmann „Isern Hinnerk" führte (etwa 1317–1384), Sagengestalt nach Müllenhoff: Sagen, Märchen und Lieder. Motivgruppe: Holsteinische Geschichten, Sagen und Märchen.

Isernrade, (Iserbrook), 1965, Flurname (im Hatzburger Amtsbuch 1645).

Isestraße, (Harvestehude), 1870, in irreführender Abkürzung für Isebekstraße, als mit diesem „Bach" parallel laufend.

Isfeldkamp, (Osdorf), 1933, Flurname (vgl. Iserbrooker Weg).

Isfeldstraße, (Iserbrook, Osdorf), 1928, Flurname, (vgl. Iserbrooker Weg).

Islandstraße, (Rahlstedt), 1951, nach der Insel im Nordmeer. Motivgruppe: Namen und Bezeichnungen des Nordmeerraumes.

Isoldeweg, (Rissen), 1972, Motivgruppe: Werke von Richard Wagner.

Ittenstraße, (Billstedt), 1971, nach dem Schweizer Maler Johannes Itten (1888–1967), er lehrte 1919–1923 am Bauhaus, später in seiner eigenen Kunstschule in Berlin. Seit 1938 Direktor der Kunstgewerbeschule, der Textilfachschule und des Rietbergmuseums in Zürich.

Itzehoer Weg, (Hoheluft-Ost), 1906, nach der Stadt Itzehoe in Schleswig-Holstein.

Ivensweg, (Barmbek-Nord), 1929, nach den Mitgliedern der Familie Iven, die sich um Staat und Stadt verdient gemacht hat. Michael Iven baute im Jahre 1738 das Konvoischiff „Wappen von Hamburg". Der Neffe Michaels, Gerd, legte die seinerzeit sehr bekannte Schiffswerft am Ende des Kehrwieder an.

Iversstraße, (Wandsbek), 1950, nach der im 19. und 20. Jahrhundert bekannten Wandsbeker Lehrerfamilie.

Ivo-Hauptmann-Ring, (Farmsen-Berne), 1987, nach dem Maler und Radierer Ivo Hauptmann (1886–1973).

J

Jaarsmoor, (Eidelstedt), 1949, nach dem anliegenden Jaarsmoor.

Jachtweg, (Waltershof), 1927, nach dem früher dort gelegenen Jachthafen.

Jacobsenweg, (Stellingen), 1964, nach Adrian Jacobsen (1853–1947), einem Forschungsreisenden für Hagenbecks Tierpark.

Jacobshagener Weg, (Rahlstedt), 1962, nach der Ortschaft in Pommern.

Jacobs Treppe, (Nienstedten), 1969, nach der Familie Jacob, seit 1791 Besitzer des benachbarten Geländes.

Jacqueline-Morgenstern-Weg, (Schnelsen), 1993,12 Jahre, Französin. Erklärung wie: Brüder-Hornemann-Straße.

Jadedamm, (Finkenwerder), 1939, nach Jadebusen der Nordsee.

Jadestieg, (Finkenwerder), 1939, in Anlehnung an den Namen Jadedamm.

Jägerdamm, (Niendorf), vor 1934, nach dem Beruf des Jägers (Jagdmotivnamen).

Jägerfeldweg, (Marmstorf), 1950, in Anlehnung an die frühere volkstümliche Wegbezeichnung „Jägerweg".

Jägerflag, (Langenhorn), 1934, nach einem moorigen mit Reet und Buschwerk bewachsenen Jagdgebiet, einer Flur, die mit viel Wild ein gutes Jagdgebiet darstellte.

Jägerkoppel, (Sasel), 1950, Flurname.

Jägerlauf, (Lokstedt), 1949, nach einem frei gebildeten Namen.

Jägerstieg, (Wellingsbüttel), 1931, nach dem Beruf des Jägers.

Jägerstraße, (Wilstorf), 1889, nach dem Hofbesitzer Generalleutnant Carl Adolph Jäger (1794–1874).

Jaffe-Davids-Kanal-Brücke, (Wilhelmsburg), 1909, nach dem Industriellen und Grundstücksmakler Ludwig Salome Jaffe (1845–1923), in Anlehnung an den parallel verlaufenden Jaffe-Davids-Kanal.

Jaffestraße, (Wilhelmsburg), 1949, nach dem Industriellen und Grundstücksmakler Ludwig Salome Jaffe (1845–1923).

Jagdgrund, (Niendorf), 1939, frei gebildeter Name.

Jagdhorn, (Groß Borstel), 1955, Jagdhorn =Jagdgerät, nach den auch sonst in Groß Borstel verwendeten Jagdmotivnamen, zur Erinnerung an die Jagdtradition in diesem Gebiet.

Jagersredder, (Wohldorf-Ohlstedt), 1923, Jager = Tor zur Weide.

Jaguarstieg, (Stellingen), 1949, mit Bezug auf den in der Nähe gelegenen Tierpark Hagenbeck.

Jahnbrücke, (Winterhude, Barmbek-Nord), 1967, in Anlehnung an den Namen Jahnring.

Jahnkeweg, (Bramfeld), 1961, nach Bernhard Jahnke (1874–1928), Gemeindevertreter in Bramfeld.

Jahnring, (Winterhude), 1934, zur Erinnerung an den Turnvater Friedrich Ludwig Jahn (1778–1852), dem Schöpfer der deutschen Turnbewegung.

Jakobikirchhof, (Hamburg-Altstadt), mindestens seit dem 17. Jahrhundert als Straße bei und auf dem Kirchhof der St. Jakobi-Kirche.

Jakob-Kaiser-Straße, (Lohbrügge), 1980, nach Jakob Kaiser (1888–1961), Gewerkschaftspolitiker, Bundesminister für gesamtdeutsche Fragen.

Jakob-Mores-Weg, (Barmbek-Nord), 1929, nach Jakob Mores (um 1550–1610), geschätzter Goldschmiedmeister aus der Blütezeit dieses Gewerbes.

Jakobsberg, (Wilhelmsburg), 1953, nach der höchsten Stelle des hier verlaufenden ehemaligen Deiches, vielleicht nach dem Besitzer benannt. H. Keesenberg hat in seinem Buch über Wilhelmsburger Straßennamen eine andere Version: „Es ist eine frühere Wurt im alten Felde. Warum Haus und Hof auf dem Jakobsberg aufgegeben wurden, ist unbekannt. Die alte Schildknechtsche Karte von 1680 gibt als Besitzer des Hofes Ticke Timmann an. Das Land dieser Bauernstelle gehörte später zum Schlatermundschen Hof, Götjensort Nr. 17 a. Der Altenfelder Weg, der an der Wurt vorbeiführt, hat 1953 den Namen Jakobsberg erhalten."

Jakobstraße, (Neustadt), bald nach 1620, nach dem heiligen Jakob als Patron der St. Jacobi-Kirche, ebenso wie die Nikolaistraße und die Peterstraße mit den Namen der Patrone der Hauptkirchen der Altstadt bezeichnet sind.

Jaksteinweg, (Groß Flottbek), 1965, nach dem Baurat in Altona Dr. Ing. Werner Jakstein (1876–1961). Motivgruppe: Förderer des Wohnungsbaus.

Jan-Külper-Weg, (Lurup), 2009, nach Johann Külper (1890–1976), Rektor der damals zunächst einzigen Schule an der Luruper Hauptstraße, die er von 1945–1956 leitete.

Jan-Valkenburg-Straße, (Neustadt), 1948, nach dem holländischen Artilleriehauptmann, Ingenieur und Festungsbaumeister Johan van Valckenbourgh (1575–1625), der einen genialen Festungsplan entwarf, der Hamburg zur stärksten und uneinnehmbaren Festung machte, der zusätzlich durch einen tiefen Graben geschützt war. Als Nebeneffekt ergab sich eine Verdoppelung des bisherigen Stadtgebietes, was eine Ergänzung des Baugrundes um viereinhalb Quadratkilometer bedeutete, ein dringend benötigter Platz für die völlig überbevölkerte Stadt.

Jarnostraße, (Rahlstedt), 1951, nach dem Operettenkomponisten Georg Jarno (1868–1920).

Jarrestraße, (Winterhude), 1892, nach dem Bürgermeister (seit 1650, Senator 1639), Lic. Nikolaus Jarre (1603–1678), insbesondere als Patron des St. Johannis-Klosters, dem das Dorf Winterhude gehörte.

Jasminweg, (Eidelstedt), 1935, in freier Wahl nach den auch sonst hier in Eidelstedt verwendeten Blumenmotivnamen.

Jasper-Pentz-Straße, (Rahlstedt), 1948, nach dem um 1615 in Trittau tätigen Amtmann Jasper Pentz.

Jaspersdiek, (Poppenbüttel), 1977, Flurname = Jaspers Teich.

Jean-Dolidier-Weg, (Neuengamme), 1986, nach Jean Aimé Dolidier (1906–1971), Widerstandskämpfer gegen den Nationalsozialismus, Präsident der „Amicale Internationale de Neuengamme" und der französischen Invalidenversicherung.

Jeanette-Wolff-Ring, (Bergedorf), 1992, nach Jeanette Wolff (1888–1976), Widerstandskämpferin gegen den Nationalsozialismus, Bundestagsabgeordnete, führende Mitarbeiterin in verschiedenen jüdischen Organisationen Deutschlands. Motivgruppe: verdiente Frauen.

Jean-Paul-Weg, (Winterhude), 1928, nach dem Dichter Johann Paul Friedrich Richter (1763–1825). Autorenname: Jean Paul.

Jenaer Straße, (Wilhelmsburg), 1949, frei gebildeter Name nach der Stadt in Thüringen, in Anlehnung an die parallel verlaufende Weimarer Straße.

Jenerseitedeich, (Wilhelmsburg), 1910, H. Keesenberg schreibt über diese Straße: „Deich zwischen Kirchdorfer Straße und Götjensort. 1363 gebaut. Im Plattdeutschen sagt man ‚Günner Sied', das bedeutet ‚Jenseits des Siedens'. Diese Bedeutung würde auch nach den örtlichen Verhältnissen verständlich sein. Von Stillhorn aus, wo die ersten Bewohner angesiedelt waren, lag dieses Gebiet jenseits des Siedenfeldes. Die Übersetzung in Jenerseite ist also falsch. Sie fand sich zuerst auf einer Topographischen Landeskarte des Kurfürstentums Hannover, aufgenommen 1764 bis 1786. Der Zeichner dieser Karte hat viele Namen verhochdeutscht und dabei – wahrscheinlich war er ein Ortsfremder – vorbeigegriffen."

Jenfelder Allee, (Jenfeld, Tonndorf), 1971, nach der Lage, d. h. größtenteils im Stadtteil Jenfeld gelegen.

Jenfelder Straße, (Jenfeld, Tonndorf), 1929, nach dem Verlauf der Straße in Richtung Jenfeld.

Jenfelder Tannenweg, (Jenfeld), 1950, nach einem frei gebildeten Namen.

Jenischstraße, (Osdorf), vor 1908, nach dem Senator (seit 1827) Martin Johann Jenisch (1793–1857), der 1828 vom Baron Voght dessen Klein Flottbeker Besitz erwarb. Der Besitz ist inzwischen an die Stadt übergegangen, und heute ist der Jenischpark für jedermann zugängig.

Jenkelweg, (Billstedt), 1950, nach der alteingesessenen Schiffbeker Bauernfamilie Jenkel.

Jensenknick, (Fuhlsbüttel), 1931, nach dem Schriftsteller Wilhelm Jensen (1837 bis 1911), Autor historischer Romane und Erzählungen.

Jeppweg, (Othmarschen), 1927, nach dem 40 Jahre lang ehrenamtlich tätiggewesenen Gemeindevorsteher Johs. Eduard Jepp.

Jersbeker Weg, (Langenhorn), 1952, Motivgruppe: Dörfer nördlich von Hamburg.

Jes-Juhl-Weg, (Othmarschen), 1960, nach Jes Juhl (1875–1953), Senator in Altona, Direktor des Landpflegeheimes in Osdorf und Deputierter der Schulbehörde Hamburg.

Jesselallee, (Rahlstedt), 1960, nach dem Operettenkomponisten Leon Jessel (1871–1942).

Jessenstraße, (Altona-Altstadt), 1950, nach Matthias Jessen (1641–1712), seit 1681 Präsident in Altona, und seinem Sohn Matthias Jessen (1677–1736), seit 1732 Präsident in Altona.

Jesteburger Weg, (Langenbek), 1955, Motivgruppe: Orte in oder an der Lüneburger Heide.

Jettbergskamp, (Wohldorf-Ohlstedt), 1950, Flurname. „Jett" bedeutet Ziege, wird aber heute als Bezeichnung für Jungvieh aller Art gebraucht.

Jettbergsredder, (Wohldorf-Ohlstedt), 1950, Erklärung wie Jettbergskamp. Redder = von Knicks gesäumter Feldweg.

Jette-Müller-Weg, (Ohlsdorf), 2007, nach Johanna Henriette Marie Müller (1841–1916), als „Zitronenjette" bekannt, verkaufte tagsüber am Graskeller und nachts in den Kneipen Hamburgs Zitronen; ihre Lebensgeschichte wurde noch zu ihren Lebzeiten in ein Theaterstück gefasst, dadurch wurde sie zu einem Hamburger Original.

Jevenstedter Straße, (Lurup), 1949, nach dem Ort Jevenstedt bei Rendsburg.

Jeverländer Weg, (Finkenwerder), 1939, nach der oldenburgischen Landschaft Jeverland.

Joachim-Mähl-Straße, (Niendorf), vor 1934, nach dem Rektor und niederdeutschen Dichter in Niendorf Joachim Mahl (1827–1909).

Joachimstraße, (Osdorf), vor 1928, nach Prinz Joachim von Hohenzollern (Preußen) (1890–1920).

Jochen-Fink-Weg, (Iserbrook), 1949, nach dem Blankeneser Schiffszimmerer und Werftbesitzer Jochen Fink (1844–1920).

Jochenhofwinkel, (Hausbruch), 1975, nach dem Jochenhof in Neugraben, der in dieser Gegend Ackerstücke besaß.

Jochim-Sahling-Weg, (Osdorf), 1964, nach Jochim Sahling (1786–1854), von 1809 bis 1854 Lehrer in Osdorf.

Jochim-Wells-Weg, (Hummelsbüttel), vor 1938, nach der alteingesessenen Hummelsbüttler Bauernfamilie Wells, die seit dem 16. Jahrhundert hier ansässig ist.

Jödeweg, (Nienstedten), 1977, nach dem Musikpädagogen Fritz Jöde (1887–1970).

Jörn-Uhl-Weg, (Blankenese), 1979, nach dem Titel eines Romans von Gustav Frenssen.

Johann-Adolf-Hasse-Platz, (Bergedorf), 1999, nach Johann Adolph Hasse (italianisiert Giovanni Adolfo) (1699–1783), Komponist des Rokoko und einer der führenden Vertreter der italienischen Opera seria. Getauft in Bergedorf. Er war Kapellmeister in Venedig und Dresden.

Johann-Camper-Stieg, (Finkenwerder), vor 1987, nach Johann Camper (1900–1979), Lehrer und Vorsitzender des Finkenwerder Turnvereins.

Johanne-Reitze-Weg, (Ohlsdorf), 2007, nach Johanne Reitze (1878–1949), von 1919–1921 Mitglied des reichsweiten SPD-Parteiausschusses, 1919 eine von 35 weiblichen Mitgliedern der Deutschen Nationalversammlung.

Johannes-Beckmann-Weg, (Volksdorf), 1948, nach Johannes Beckmann (1860–1948), Gemeindevorsteher in Volksdorf von 1919 bis 1932.

Johannes-Böse-Weg, (Langenhorn), 1959, nach Johannes Böse (1879–1955), Lehrer in Langenhorn und Gründer der Griffelkunst-Vereinigung.

Johannes-Brahms-Platz, (Neustadt), 1997, (1833–1897) war ein deutscher Komponist, Pianist und Dirigent, dessen Kompositionen man der Romantik zuordnet. Er gilt als einer der bedeutendsten europäischen Komponisten in der zweiten Hälfte des 19. Jahrhunderts. Wurde in Hamburg geboren.

Johannes-Bremer-Weg, (Rönneburg, Langenbek), 1988, nach Johannes Bremer (1885–1937), einem Opfer des Nationalsozialismus.

Johannes-Büll-Weg, (Hummelsbüttel), 1975, nach Johannes Büll (1878–1970), Senator von 1946–1949 und von 1953 bis 1957. Motivgruppe: Personen, die sich im Dienst des Hamburger Staates verdient gemacht haben.

Johannes-Frömming-Straße, (Wandsbek, Tonndorf, Farmsen-Berne), 1999, nach Johannes „Hänschen" Frömming (1910–1996), dem in Hamburg gestorbenen und international bekannten Trabrennfahrer, der zwischen 1926 und 1988 insgesamt 5592 Rennsiege erzielte.

Johannes-Prassek-Park, (Barmbek-Süd), 2011, nach Johannes Heinrich Wilhelm Prassek (11911–1943), Kaplan an der Herz-Jesu-Kirche in Lübeck, Widerstandskämpfer gegen den Nationalsozialismus.

Johannes-Schult-Weg, (Volksdorf), 1968, nach Johannes Schult (1884–1965), Oberschulrat, Bürgerschaftsabgeordneter, Organisator des hamburgischen Berufsschulwesens nach 1918. Er lebte seit etwa 1930 in Volksdorf.

Johannisbollwerk, (Neustadt), ben. im 18. Jahrhundert als „Beim Johannisbollwerk" nach der Bastion Johannes (das Wort Bollwerk, d.h. Bohlenwerk, seit dem 15. Jahrhundert auf die Verwendung für Befestigungswerke beschränkt), vorher Teil der „Vorsetzen".

Johannisburger Stieg, (Bramfeld), 1954, nach der Stadt in Ostpreußen. Motivgruppe: Städte in Ostpreußen.

Johanniskrautweg, (Osdorf), 1955, nach dem Johanniskraut, d.h. nach der in dieser Gegend vorherrschenden Motivgruppe: Feld- und Wiesenblumen.

Johanniswall, (Hamburg-Altstadt), 1922, mit Bezug auf das Gebäude des St. Johannis-Klosters, das auf dem vorgelagerten Schützenwall in den Jahren 1834 bis 1836 errichtet wurde und während der Bombennächte 1943 zerstört wurde. Das Kloster befand sich dort, wo heute der „Cityhof" liegt.

Johannkamp, (Niendorf), vor 1950, Flurbezeichnung.

Johann-Kröger-Straße, (Sasel), 1933, nach Johann Kröger (1849–1933), einem Angehörigen der alteingesessenen Saseler Bauernfamilie.

Johann-Meyer-Straße, (Lohbrügge), 1949, nach Johann Meyer (1829–1904), einem niederdeutschen Dichter.

Johann-Mohr-Weg, (Othmarschen), 2000, nach Johann Hinrich Mohr (1846–1921), Gründer der hier ansässigen Bahrenfelder Margarine-Werke.

Johann-Schmidt-Straße, (Eidelstedt), 2003, nach Johann Schmidt (1839–1916), zweifacher stellvertretender Gemeindevorsteher in Eidelstedt, Gründungsmitglied und erster Vorsitzender des Eidelstedter Bürgervereins 1901–1912.

Johannssenstegel, (Kirchwerder), 1977, nach der Familie Johannssen, die hier seit Generationen einen landwirtschaftlichen Betrieb bewirtschaftet. „Stegel“ = Diminutivform von Steg, aber auch Weideübertritt.

Johann-Wenth-Straße, (Stellingen), 1949, nach Johann Wenth (gest. 1541), Lektor der Theologie, lutherischer Bischof, Reformator und Mitverfasser der Schleswig-Holsteinischen und Dänischen Kirchenordnung.

Johan-van-Valckenburgh-Brükke, (Neustadt), 1991, nach Johan van Valckenburgh (1575–1625), niederländischer Ingenieur und Festungsbaumeister, erbaute 1616/25 die neuen Befestigungsanlagen, die Hamburg uneinnehmbar machten und vor dem 30jährigen Krieg bewahrten.

Johnsallee, (Rotherbaum), 1868, zu Ehren des Senators Eduard Johns (1803 – 1885), aus Anlass seines Ausscheidens aus dem Senat.

Johnsstieg, (Marmstorf), 1976, in Anlehnung an den Namen Johnsweg.

Johnsweg, (Marmstorf), 1931, nach dem Hauptlehrer Karl Johns (1851–1930), dem verdienstvollen Vorsitzenden des „Gemeinnützigen Bauvereins von Harburg-Wilhelmsburg und Umgebung“.

Jokohamabrücke, (Winterhude), 1975, nach der japanischen Hafenstadt. Motivgruppe: überseeische Handelsbeziehungen.

Jollassestieg, (Winterhude), 1929, nach dem Hamburger Architekten Jean Jollasse (1810–1876) und seinem Sohn Wilhelm Jollasse (1856–1921).

Jomsburger Weg, (Rahlstedt), 1942, nach der alten slawischen Stadt an der Odermündung. Jomsburg ist der germanische Name für Vinetta (Wollin = Jomsburg); es war im 10. Jahrhundert eine sehr reiche Handelsstadt, die der Sage nach vom Meer verschlungen wurde.

Jonni-Schacht-Weg, (Rahlstedt), 1996, nach Jonni Schacht (1904–1992), Widerstandskämpfer gegen den Nationalsozialismus, 1946–1969 Ortsamtsleiter in Rahlstedt.

Jordanstraße, (Hamm-Nord), 1868, nach einem der Gegend anhaftenden Flurnamen, (im, am, beim Jordan, Jorden, Jörn, Jürgen).

Joseph-Carlebach-Platz, (Rotherbaum), 1989, nach Dr. Joseph Carlebach (1883–1942), Oberrabbiner in Altona und Hamburg. Er wirkte bis zur Zerstörung an der Synagoge am Bornplatz und war gleichzeitig Direktor der Talmud-Tora-Schule. 1943 wurde er im Ghetto von Riga ermordet.

Joseph-Norden-Weg, (Niendorf), 1982, nach dem Rabbiner Joseph Norden (1870–1945), einem Opfer des Nationalsozialismus.

Josephstraße, (Wandsbek), vor 1938, nach dem aus England eingewanderten Hamburger Kaufmann Joseph Morewood (1757–1841), der in Wandsbek ansässig war und die Morewoodstiftung gründete.

Josthöhe, (Hummelsbüttel), 1951, nach Graf Jost von Holstein-Schauenburg (1483–1533), der das an das Kloster Harvestehude verpfändete Hummelsbüttel 1528 wieder zurückerwarb.

Jostweg, (Hummelsbüttel), 1951, Benennung: wie Josthöhe.

Jürgen-Töpfer-Straße, (Othmarschen), 2011, nach Jürgen Töpfer (1946–2003), für die CDU-Fraktion Mitglied der Hamburgischen Bürgerschaft und langjähriger Vorsitzender der CDU-Fraktion in der Bezirksversammlung Altona.

Jürgensallee, (Othmarschen, Nienstedten), vor 1903, nach dem Gärtnerei- und Baumschulenbesitzer Friedrich Joachim Christian Jürgens (1825–1903). Der ehemalige Husarenoffizier und Kaufmann Eduard F. Pulvermann legte in dieser Straße, in unmittelbarer Nähe des Bahnhofes Klein Flottbek, auf dem früheren Poloplatz, einen 1350 Meter langen Parcours an. Es handelte sich um einen der schweren, aber fairen Parcours mit 17 Hindernissen. Das schwierigste dieser Hindernisse wurde nach dem Anleger benannt und als „Pulvermanns Grab" bezeichnet.

Jürgensstraße, (Eißendorf), 1901, nach Johann Peter Ludwig Jürgens (1857–1905), der die Straße anlegte und von 1894 bis 1905 Gemeindevorsteher in Eißendorf war.

Jürgen-W.-Scheutzow-Park, (St. Georg), 2006, nach Jürgen W. Scheutzow (1916–1996), Journalist und Schriftsteller, 1965–1971 Präses, 1971–1996 Ehrenpräses des Zentralausschusses Hamburgischer Bürgervereine.

Jürsweg, (Horn), 1933, nach dem Zahnarzt und Heimatdichter Heinrich Jürs (1844–1919).

Jüthornkamp, (Marienthal), 1951, in Anlehnung an die Jüthornstraße.

Jüthornstraße, (Marienthal), 1945, nach dem früheren Bauernhof „Jüthorn", wahrscheinlich ist der Name abgeleitet von „Jetthorn", was soviel wie Ziege oder Jungvieh bedeutet.

Jütländer Allee, (Stellingen), 1932, nach der Landschaft Jütland in Dänemark.

Jütlandring, (Langenhorn), 2010, nach dem Land und seinen Einwohnern, die Ackerbau, Viehzucht und Fischfang betrieben und anderen alten Handwerksberufen nachgingen.

Jugendparkweg, (Langenhorn), 1952, nach dem anliegenden Jugendpark.

Jugendstraße, (Stellingen), 1928, nach der anliegenden Schule.

Juister Weg, (Finkenwerder), 1939, nach der ostfriesischen Insel Juist.

Julia-Cohn-Weg, (Alsterdorf), 1985, jüdisches Opfer des Nationalsozialismus. Julia Cohn, geb. 1888, Lehrerin an der Schule Meerweinstraße und an der Schule für Sprach- und Handelskurse für Auswanderer, deportiert nach Riga, gestorben zwischen 1941 und 1944 in einem Lager bei Riga.

Julienstraße, (Bahrenfeld), 1898, nach Julie Gayen, geb. von Lenz (1832–1886), seit 1853 verheiratet mit dem Kaufmann und Reeder Th. A. Gayen, der die Straße auf seinem Gelände anlegen ließ.

Julius-Brecht-Straße, (Osdorf), 1965, nach Dr. Julius Brecht (1900–1962), 1949–1957 Mitglied der Bürgerschaft, 1957–1962 Mitglied des Bundestages, langjähriger Vorsitzender des Vorstandes und Verbandsdirektor des Gesamtverbandes des gemeinnützigen Wohnungsunternehmens. Motivgruppe: Förderer des Wohnungsbaus.

Julius-Campe-Weg, (Billstedt), 1945, nach dem Buchhändler und Patrioten Julius Campe (1792–1867), der als Lützower Jäger an den Freiheitskriegen teilnahm. Im Frieden widmete er sich künstlerischen Interessen. Er trat als Mitinhaber in die Buchhandlung Hoffmann & Campe ein. Für die nächste Generation wurde Heinrich Heine der wichtigste Autor im Verlag.

Julius-Ertel-Straße, (Wilhelmsburg), 1949, die an dieser Straße stehenden Wohnhäuser wurden von der Firma Ertel, Bieber & Co. Kupferhütte, Kleiner Grasbrook, gebaut, und die Straße erhielt darauf den Namen ihres Begründers. Zwischen 1927 und 1949 wurde der Weg mehrfach umbenannt, erhielt aber ab 1949 wieder den früheren Namen.

Julius-Fressel-Straße, (Uhlenhorst), 2010, nach Prof. Dr. Julius Fressel (1857–1947), erster medizinischer Direktor der Frauenklinik Finkenau 1913–1923, Leitender Oberarzt und Hebammenlehrer, im Ersten Weltkrieg Leiter des Reservelazaretts VII, Abt. Finkenau, seit 1918 Professor, seit 1920 Ärztlicher Direktor.

Julius-Kobler-Weg, (St. Georg), 1988, nach Julius Kobler (1866–1942), von 1925 bis 1934 am Thaliatheater und am Deutschen Schauspielhaus als Schauspieler tätig. Er wurde 1934 aus rassischen Gründen entlassen.

Julius-Leber-Straße,(Altona-Nord), 1951, nach dem Hauptschriftleiter des „Lübecker Volksboten", Dr. Julius Leber (1891–1945), sozialdemokratischer Reichstagsabgeordneter. Wurde am 5. Januar 1945 aus politischen Gründen hingerichtet.

Julius-Ludowieg-Straße, (Harburg, Eißendorf), 1950, nach dem Harburger Oberbürgermeister Julius Ludowieg (1830–

1908). Bevor er in Harburg zum Bürgermeister gewählt wurde, war er Bürgermeister in Hameln und Bürgermeister in Einbek. Den Titel Oberbürgermeister erhielt er 1888. Im Jahre 1899, ein Jahr vor seiner Pensionierung, verlieh ihm die Stadt Harburg das Ehrenbürgerrecht. Im Stadtpark erinnert der Ludowieg-Brunnen an ihn.

Julius-Reincke-Stieg, (Eppendorf), 2009, nach Dr. Julius Reincke (1842–1906), Physiker. Bekannt wurde er in Hamburg unter anderem durch die kostenfreie Behandlung armer Patienten. Er wurde 1893 zum Medizinalinspektor, kurze Zeit später zum Medizinalrat ernannt. Unter seiner Leitung wurden das Hygienische Institut, das Tropenmedizinische Institut und die erste moderne Müllverbrennungsanlage der Hansestadt gegründet. Reincke war außerordentliches Mitglied des Kaiserlichen Gesundheitsamts sowie ordentliches Mitglied des Reichsgesundheitsrats.

Julius-Schindler-Straße, (Wilhelmsburg), 1992, nach Julius Schindler (1878–1941), Reeder, Kaufmann und Gründer der ehemals dort gelegenen „Oelwerke Julius Schindler GmbH“.

Juliusstraße, (Sternschanze), 1860, nach dem Vorbesitzer Claus Julius Bieber (1804–1852).

Julius-Vosseler-Straße, (Lokstedt), 1948, nach dem früheren Direktor des Zoologischen Gartens in Hamburg Prof. Dr. Julius Vosseler (1861–1933).

Jungborn, (Schnelsen), 1948, schöner Name ohne Bezug auf den Ort.

Jungbrunnen, (Heimfeld), 1950, nach dem dort liegenden Sportplatz des Turn- und Spielvereins von 1894.

Jungclausweg, (Poppenbüttel), 1977, nach Richard Jungclaus (1866–1928), Mitbegründer des Alstervereins.

Jungestraße, (Borgfelde), 1958, nach Dr. Hermann Junge (1884–1953), Pastor an der Erlöserkirche.

Jungfernbrücke, (HafenCity), 1887, als Brücke über den Zollkanal, deren Name keinen Bezug hat.

Jungfernmühle, (Hausbruch), 1944, nach einem Haus, das sich eine frühere Mühlenbesitzerin in Form einer Windmühle, jedoch ohne Flügel, bauen ließ. Da die Dame unverheiratet war, wurde das Haus im Volksmund „Jungfernmühle“ genannt. Der Name des Hauses wurde später auf die Straße übertragen.

Jungfernstieg, (Hamburg-Altstadt, Neustadt), 1931, benannt im Volksmund, nachdem der Damm oder Reesendamm 1665 mit Bäumen bepflanzt und zu einer insbesondere vom weiblichen Geschlecht viel benutzten Promenade ausgebildet war. Eine mögliche Lesart besagt, dass das Wort Reesendamm auf „Ree“ oder „Rey“ zurückgeht, was soviel wie Bach oder kleiner Wasserlauf bedeutet. Eine andere Variante – die Schulmeinung – geht davon aus, dass in alter Zeit ein Herr Reese hier Großmühlenbesitzer geworden ist. Er erhielt von der Stadt die Genehmigung, den Alsterfluss (kleiner Bach) durch einen Damm zu einem Mühlenteich zu sperren, durch den er das Rinnsal hindurchführen wollte, um mit der Wasserkraft eine Mühle zu betreiben. Damit schuf er die Voraussetzung zur heutigen Alster, die damals nicht in zwei Becken getrennt war. Die Alster ist also nichts anderes als ein, aufgrund einer Fehleinschätzung, zu groß geratener Mühlenteich. In den folgenden Jahrhunderten wurde dieser Reesendamm mehr und mehr zu einer ansehnlichen Promenade. 1665 gab es einen beachtlichen Schub. Durch Aufbringen großer Mengen von Erde wurde dieser Spazierweg zu einer Promenade von weltstädtischer Eleganz, die man mit Linden bepflanzte. Am Ende dieser Straße, beim jetzigen Gänsemarkt, stand ein recht alter Turm, der „Isern Hinnerk“ genannt wurde. Da diese Promenade vorzugsweise von feinen Damen benutzt wurde, erwarb sie sich den Namen „Jungfernstieg“.

Jungfrauenthal, (Harvestehude), 1870, in Erinnerung an das Nonnenkloster Harvestehude, an das auch die Straßennamen dieser Gegend wie: Klosterstern, Klosterallee, Klostergarten, Abteistraße, St.

Bene-dictstraße, Innocentiastraße und Heilwigstraße hinweisen.

Jungiusstraße, (Neustadt, St. Pauli), 1898, nach dem bedeutenden Naturforscher, Rektor und Professor am Akademischen Gymnasium Joachim Jungius (1587–1657).

Jungliebstraße, (Schnelsen), 1995, nach W. Junglieb, 12 Jahre, Jugoslawe. Erklärung wie: Brüder-Hornemann-Straße.

Jungmannstraße, (Othmarschen), 1894, nach dem im Seegefecht vor Eckernförde siegreichen Major Eduard Julius Jungmann (1815–1862), der jedoch nach erfolgreichem Kampf mit dem dänischen Kriegsschiff „Gefion" sein Leben ließ.

Jungnickelstraße, (Wilhelmsburg), 1903, nach Friedrich Jungnickel, der von 1893 bis 1907 Eisenbahn-Direktions-Präsident in Altona war.

Junkersdamm, (Fuhlsbüttel), 1958, nach Prof. Dr. Hugo Junkers (1859–1935), Forscher und Industrieller des Flugzeugbaus.

Junkerstraße, (Eißendorf), 1952, nach Jakob Junker (1849–1901). Großindustrieller, stellte sein Vermögen der Heilsarmee zur Verfügung. Nach ihm ist das an dieser Straße gelegene Heilsarmee Jugendheim benannt.

Jupiterweg, (Wellingsbüttel), 1950, nach dem Planeten Jupiter.

Justus-Brinckmann-Straße, (Bergedorf), 1947, nach dem Schöpfer des Museums für Kunst und Gewerbe, Justus Brinckmann (1843–1915).

Justus-Strandes-Weg, (Ohlsdorf), 1938, nach dem Kaufmann und Senator Justus Strandes (1859–1930), der 1920 Hamburgs Gesandter in Berlin war.

Jutestraße, (Wilstorf), 1950, nach der dort gelegenen Jutespinnerei und Weberei Hamburg-Harburg. Besonders sozial war diese Branche nicht, denn man bezog billig Arbeitskräfte aus Österreich und Osteuropa, auch schulpflichtige Kinder wurden herangezogen, bis das durch eine Gewerbeordnung von 1892 untersagt wurde.

Juttaweg, (Fuhlsbüttel), 1961, frei gewählter weiblicher Vorname.

K

Käferstieg, (Osdorf), 1933, nach dem Insekt. Insektenordnung mit etwa 35000 Arten, davon über 7000 in Mitteleuropa.

Kählerkoppel, (Sasel), 1956, nach der Familie Kahler, besonders nach dem Kaufmann Alexander Kähler (1805–1890), Besitzer des Gutes „Hohenbuchen", und nach seinem Sohn Alexander (1832–1907), Senator von 1888 bis 1907.

Käkenflur, (Langenhorn), 1946, in Anlehnung an den Flurnamen „Käkenkamp".

Käkenkamp, (Langenhorn), 1957, Flurname (auf Flurkarten von 1750, 1804 und 1872).

Kaemmererufer, (Winterhude), 1907, nach der Familie Kaemmerer, besonders nach dem Handelsrichter und Präses der Commerzdeputation Georg Heinrich Kaemmerer (1786–1860), wegen seiner erfolgreichen öffentlichen Tätigkeiten.

Kaempsweg, (Winterhude), 1904, nach dem Ingenieur Hermann Kaemp (1837–1899), Förderer von Gesellschaften für den Bau kleiner Wohnungen.

Kaeriusweg, (Billstedt), 1963, nach dem Verleger der Hamburger Stadtansicht von 1619 Petrus Kaerius (Pieter van der Keere).

Käte-Latzke-Weg, (Allermöhe), 1996, nach Käte Latzke (1899–1945), Mitglied der „Bästlein-Jacob-Abshagen-Gruppe", Widerstandskämpferin gegen den Nationalsozialismus.

Käthnerort, (Barmbek-Süd), 1886, als „Im Käthnerort" unter Übertragung des Namens für die alte Ansiedlung der Kätner in Barmbek, verkürzt 1899.

Käthnerortbrücke, (Barmbek-Süd, Barmbek-Nord), 1910, in Anlehnung an den Namen Käthnerort.

Kätnermoor, (Bramfeld), vor 1937, Flurname. Das Moor war unter den Kätnern aufgeteilt, und jeder hatte daran einen bestimmten Anteil zur Torfgewinnung.

Kätnermoortwiete, (Bramfeld), 1950, in Anlehnung an den Namen Kätnermoor.

Kätnerstieg, (Sasel), 1950, in Anlehnung an den Namen Kätnerweg.

Kätnerweg, (Sasel), 1919/20, Kätner sind Achtelhufner, Sechzehntelhufner, Kleinkätner, Zu- oder Anbauern mittelgroßer Höfe oder Handwerker. Kätner sind Besitzer einer Kate und haben, im Gegensatz zu den Hufnern, weniger Landbesitz.

Kätnerwiese, (Sasel), 1950, in Anlehnung an den Namen Kätnerweg.

Käuzchenstieg, (Hausbruch), 1984, nach der Motivgruppe: heimisches Niederwild.

Kahden, (Sasel), 1919/20, nach einem der Gegend anhaftenden Flurnamen (Koppelbezeichnung). Kahden soll mit dem germanischen Wort „Kod" (Geländefalte) zusammenhängen. Es könnte auch Sumpfland bedeuten, wie eine andere Quelle wissen will.

Kahlkamp, (Blankenese), 1926, 1929, nach einem der Gegend anhaftenden Flurnamen.

Kaiserbarg, (Marmstorf), 1960, nach der Marmstorfer Familie Kaiser, die früher hier ansässig war.

Kaiser-Friedrich-Ufer, (Eimsbüttel, Harvestehude), 1912, nach Kaiser Friedrich III. (1831–1888), er war 1866 und 1870/71 stets ein erfolgreicher Feldherr; außerdem ein hervorragender Kunstfreund und Kunstkenner. Er war allgemein beliebt, kam aber am 9. März 1888 schon schwer krank auf den Thron. Als er am 15. Juni des gleichen Jahres starb, wurde er vom deutschen Volk tief betrauert.

Kaiserhöft, (HafenCity), 1888, als Spitze der Vereinigung von Kaiserkai und Dalmannkai.

Kaiserkai, (HafenCity), 1871, zur Erinnerung an die am 18. Januar 1871 erfolgte Proklamation des Königs Wilhelm von Preußen zum Deutschen Kaiser.

Kaiserstuhl, (Heimfeld), 1950, nach einer hier ehemals vorhandenen Eichengruppe, die stuhlartig zusammengewachsen war und im Volksmund „Kaiserstuhl" genannt wurde.

Kaiser-Wilhelm-Höft, (Steinwerder), 1902, im Anschluss an den Namen Kaiser-Wilhelm-Hafen.

Kaiser-Wilhelm-Platz, (Bergedorf), 1888 und 1924, nach Kaiser Wilhelm I. Am 22. März 1891 fand in dieser Anlage die feierliche Enthüllung des Kaiser-Wilhelm-Denkmals statt. Der Platz erhielt seinen Namen nach dem Denkmal.

Kaiser-Wilhelm-Straße, (Neustadt), 1890, nach Kaiser Wilhelm I. (1797–1888), nachdem diese Bezeichnung seit dem Bekanntwerden der Absicht, hier einen Straßendurchbruch vorzunehmen, im Volksmund gebräuchlich geworden war.

Kaistraße, (Altona-Altstadt, Ottensen), 1878 und 1889, nach der Lage, d.h. nach den dortigen Kaianlagen.

Kajen, (Hamburg-Altona), seit der zweiten Hälfte des 15. Jahrhunderts. Ursprünglich lag hier ein befestigter Deich, der Schiffen als Anlegeplatz diente. Als dieser zur ehemaligen Stadtbefestigung zählende Teil im 16. Jahrhundert abgebrochen wurde, baute man eine Häuserreihe, die zu beiden Seiten hin eine Straße besaß. Zur Wasserseite hin „Butenkajen" und zur Landseite hin „Binnenkajen" benannt. Auch heute noch ist Kajen eine Kaistraße zum Binnenhafen.

Kakenhaner Grund, (Duvenstedt), 1967, in Anlehnung an den Namen Kakenhaner Weg.

Kakenhaner Weg, (Duvenstedt, Lemsahl-Mellingstedt), 1942, nach einem der Gegend anhaftenden Flurnamen. Es soll sich um einen Weg gehandelt haben, der zum Torfstechen ins Wittmoor führte. Der Name geht zurück auf eine ehemalige Anbauernstelle „Kakenhan" („han" = hoch).

Kalckreuthweg, (Groß Flottbek), 1950, nach Leopold Graf von Kalckreuth (1855–1928), Maler.

Kalenbarg, (Osdorf), 1960, nach einer Flurbezeichnung.

Kalikai, (Wilhelmsburg), 1953, im Anschluss an die dortige Kali-Umschlaganlage.

Kalischerstraße, (Harburg), 1950, nach dem Harburger Kaufmann Bernhard Kalischer (1863–1933). Er trat 1886 als Expedient in die Firma Anton Günther GmbH ein, erhielt Prokura, wurde 1895 Teilhaber und war 1913 Alleininhaber. Besondere Verdienste hat sich Kalischer um die harburgische Wirtschaft dadurch erworben, weil es ihm gelang, gegen starke hamburgische Konkurrenz und trotz der bis zur Köhlbrandvertiefung 1908 ungünstigen Schiffahrtsverhaltnisse das Speditions- und Lagerungsgeschäft in Harburg wieder zu beleben und weiter auszubauen.

Kalkhof, (Neustadt), 1922, nach dem städtischen Kalkhof, der hier von 1616–1826 lag. Der Kalk wurde aus Segeberg dorthin gebracht und von sogenannten Kalkbäckern zu Maurerkalk gebrannt. Bevor es Zement gab, spielte Kalk als Bindemittel beim Häuserbau eine wichtige Rolle. Eingestellt hat man den Betrieb 1826/1828, als Zement den Kalk mehr und mehr ablöste. Aus dem Graben (Fleet), über den der aus Segeberg kommende Kalk angeliefert wurde, hat man nach dem Zuschütten die „Große Theaterstraße" geschaffen. Auf dem Kalkhof selbst wurde die Staatsoper als Nachfolgerin der Hamburgischen Oper gebaut. Als Erinnerung an den ehemaligen Kalkhof wurde diese kleine vom Gänsemarkt abzweigende Straße mit Kalkhof benannt.

Kalkuttabrücke, (Winterhude), 1975, nach der indischen Hafenstadt. Motivgruppe: überseeische Handelsbeziehungen.

Kalimorgenweg, (Groß Flottbek), 1936, nach dem Maler Friedrich Kalimorgen (1856–1924).

Kálmánstraße, (Rahlstedt), 1967, nach dem Operettenkomponisten Imre (Emmerich) Kálmán (1882–1953).

Kaltehofe (Insel), (Rothenburgsort), 1768, ursprünglich nach einem Flurnamen, für die 1768 durch den Gottorper Vergleich an Hamburg gekommene Eibinsel. Nach drei Jahren Bauzeit wird im August 1879 der Durchstich durch die Kaltehofe abgeschlossen. Dadurch wird der Norderelbfluss um etwa 900 Meter vergrößert und die Wasserzufuhr zur Norderelbe verbessert. Die zuvor vorhandene starke Krümmung der Elbe wird beseitigt, und der Fluss erhält auf einer Strecke von 2500 Metern ein neues Bett. Durch das stärkere Gefälle wird die Räumungskraft des Flusses vergrößert, und die Hafenbecken können für die immer größer werdenden Schiffe vertieft werden. Während 1840 noch eine Fahrrinne von 4,3 Meter Tiefe ausreichte, benötigte man 1890 schon 8 Meter.

Kaltehofe-Hauptdeich, (Rothenburgsort), 1970, nach der Lage auf der Insel Kaltehofe.

Kaltehofe-Hinterdeich, (Rothenburgsort), nach der Lage auf der Insel Kaltehofe.

Kaltenbergen, (Billstedt), 1967, nach einem Flurnamen (Deutsche Grundkarte).

Kaltenkirchener Straße, (Altona-Nord), 1912, nach der Gemeinde Kaltenkirchen, Kirchdorf, im Kreise Segeberg. An der Straße lag früher der Bahnhof der AKN.

Kaltenkircher Platz, (Altona-Nord), 1950, im Anschluss an die Kaltenkirchener Straße. 1916 wird die AKN (Altona-Kaltenkirchener-Bahn), die am Kaltenkircher Platz endet, bis Neumünster verlängert. Ursprünglich war die Bahn einmal gebaut worden, um den Transport von Torf aus den nördlich von Hamburg gelegenen Abbaugebieten zu erleichtern.

Kalvslohreystraße, (Schnelsen), vor 1934, nach dem Flurnamen „Kalvsloh“ = Kälbergehölz.

Kalvslohtwiete, (Schnelsen) vor 1934, nach der Flurbezeichnung „Kalvsloh“, das ist Kälbergehölz.

Kamerbalken, (Stellingen), 1929, Flurname. Balken sind nicht umgepflügte Akkerstreifen, die Spezialzwecken dienen, entweder als Wirtschaftsweg, als Ackergrenze oder zum Sammeln von Steinen (Steenbalken).

Kamerstücken, (Sülldorf), 1968, nach einem Flurnamen, in verschiedenen Formen 1786 und 1790.

Kamerunkai, (Kleiner Grasbrook), 1951, zur Erinnerung an die von Deutschland durch den Vertrag von Versailles abgetretene Kolonie.

Kamerunweg, (Kleiner Grasbrook), 1922, Benennung wie Kamerunkai.

Kamillenweg, (Osdorf), 1934, nach der Heilpflanze Kamille.

Kamminer Straße, (Rahlstedt), 1950, nach der Ortschaft in Pommern. Motivgruppe: Orte in Pommern.

Kampdeich, (Bergedorf), 1908, Flurname, nach dem Namen des Bergedorfer Kamps.

Kampener Stieg, (Billstedt), 1940, nach der Ortschaft Kampen auf Sylt.

Kamploh, (Niendorf) 1952, nach einer der Gegend anhaftenden Flurbezeichnung. „Kamploh“ = Feld am Eichenwald.

Kampmoortwiete, (Billstedt), 1948, nach einem der Gegend anhaftenden Flurnamen und nach Lage am Kampmoor.

Kampstraße, (Sternschanze), 1843, nach einem der Gegend anhaftenden Flurnamen.

Kampweg, (Bergedorf), 1983, nach der ehemaligen Flurbezeichnung „Bergedorfer Kamp“. Der Kampweg wurde, wie die Kampchaussee und der Kampdeich, 1838 von Hamburg als zollfreier Verbindungsweg über Billwerder gebaut, da die Landstraße über Sande und Steinbek die neue dänisch-holsteinische Zollgrenze berührte. Der Kamp war früher die Gemeindeweide, über die später der Kampweg verlief.

Kanadaweg, (Rahlstedt), 1970, nach der Motivgruppe: Namen und Bezeichnungen des Nordmeerraumes. Kanada = Staat in Nordamerika. Land des Commonwealth mit 9 970 610 Quadratkilometer, davon 755180 Quadratkilometer Binnengewässer, zweitgrößtes Land der Erde nach der Russischen Föderation, jedoch das am dünnsten besiedelte. Hauptstadt Ottawa, Amtssprache Englisch und Französisch.

Kanalplatz, (Harburg), 1948, alte Bezeichnung für den Weg am Lotse- und Kaufhauskanal, ein Weg, der bereits auf einer Karte von 1753 verzeichnet war.

Kanalstack, (Finkenwerder), 1924, durch Übertragung des Namens des „Stacks" auf den darauf entlangführenden Weg zur Landungsbrücke am „Köhlfleet". Stack = Buhne.

Kanalstraße, (Uhlenhorst), 1856, nach dem von Feenteich ausgehenden Kanal.

Kandinskyallee, (Billstedt), 1971, nach dem russischen Maler Wassili Kandinsky (1866–1944), seit 1922 am Bauhaus in Weimar und Dessau, nach 1933 in Neuilly-sur-Seine. Er war der erste, der gegenstandslose Bilder zu malen begann.

Kannengießerbrücke, (HafenCity), 1886, in Anlehnung an den Namen Kannengießerort.

Kannengießerort, (HafenCity), 1890, als ehemals enge Straße, in der die Kannengießer wohnten und ihr Gewerbe ausübten; ein Weg, der bereits 1682 erwähnt wurde und 1684 durch eine große Feuersbrunst zerstört wurde.

Kannengießerortbrücke, (HafenCity), 1891, in Anlehnung an den Namen Kannengießerort.

Kantatenweg, (Billstedt), 1962, nach der kirchenmusikalischen Gattung.

Kantstraße, (Eilbek), 1866, nach dem Philosophen Immanuel Kant (1724–1804), Sohn eines Sattlers, war seit 1770 Professor in Königsberg und entwickelte mit seinem kritischen Idealismus eines der Grundsysteme der deutschen Philosophie. Besonders mit seiner praktischen Philosophie, seiner Geschichts-, Rechts- und Staatsphilosophie stellte er den Anschluss an die westeuropäische Aufklärungsphilosophie her.

Kanzleistraße, (Nienstedten), 1928, nach dem früheren Kanzleigut. Als Jenisch das Voghtsche Gut 1828 erwarb, wurde dieses 1829 durch Friedrich VI. von Dänemark zum Kanzleigut erhoben.

Kanzlershof, (Rönneburg), 1950, weil im 17. Jahrhundert die Kanzler der auf dem Harburger Schloss residierenden welfischen Nebenlinien Besitzer dieses Gutes waren.

Kanzlershofer Weg, (Rönneburg, Gut Moor), 1974, in Anlehnung an den Namen „Kanzlershof".

Kanzlerstraße, (Wilstorf, Rönneburg), 1932, in Anlehnung an die Bezeichnung „Kanzlershof".

Kapellenstraße, (Billstedt), 1874, nach der an dieser Straße liegenden Friedhofskapelle.

Kapellenweg, (Wilstorf), 1889, führte zu der 1947 abgebrochenen Wilstorfer Kapelle.

Kap-Horn-Weg, (Finkenwerder), 1941, nach der Kap Hoorn genannten Südspitze Südamerikas.

Kapitän-Dreyer-Weg, (Blankenese, Sülldorf), 1949, nach Kapitän Theodor Dreyer (1874–1930), der mit der „Monte Cervantes" in der Magellanstraße unterging.

Kapitän-Schröder-Weg, (Langenhorn), 1989, nach dem HAPAG-Kapitän Gustav Schröder (1885–1959), der mit dem HAPAG-Schiff „St. Louis" 1939 937 jüdische Passagiere in europäische Staaten brachte und dafür 1957 das Bundesverdienstkreuz erhielt.

Kapitelbuschweg, (Eidelstedt), vor 1910, vermutlich nach einem Gehöft, das dem Domkapitel in Hamburg gehörte und diesem tributpflichtig war.

Kapstadtring, (Winterhude), 1962, deutsche Bezeichnung für Cape Town. Motivgruppe: überseeische Handelsbeziehungen.

Kaptaubentwiete, (Billstedt), 1952, in freier Wahl nach den auch sonst in Billstedt verwendeten Vogelmotivnamen.

Karbergweg, (Allermöhe), 1979, nach dem Maler und Graphiker Bruno Karberg (1896–1967), als Lehrer an der Kunstgewerbeschule in Hamburg tätig. Er entwarf u. a. das Hamburger Staatswappen.

Karczweg, (Langenbek), 1988, nach Karl Karcz (1881–1933), Harburger Gipsputzer, Widerstandskämpfer gegen den Nationalsozialismus und Opfer.

Karkendamm, (Neuengamme), 1925, unter Anerkennung der ortsüblichen Bezeichnung. Karkendamm = Kirchendamm.

Karkenland, (Kirchwerder), 2003, nach der teilweisen Belegenheit auf Kirchwerdeer Kirchenland, plattdeutsch „Karkenland".

Karkenstegel, (Neuengamme), 1925, Karkenstegel ist niederdeutsch und bedeutet Kirchenstieg. Stegel ist die Diminutivform von Steg, kann aber auch Weideübertritt bedeuten.

Karkwurt, (Eidelstedt), 1928, Kark = Kirche und Wurt = künstlicher Wohnhügel.

Karl-Ahrens-Weg, (Sasel), 1986, nach dem Saseler Lehrer Karl Ahrens (1857–1943).

Karl-Arnold-Ring, (Wilhelmsburg), 1975, nach Karl Arnold (1901–1958), Gewerkschaftspolitiker, von 1947–1956 Ministerpräsident von Nordrhein-Westfalen.

Karl-Gustav-Weg, (Niendorf), 1948, nach König Karl X. Gustav von Schweden (1622–1660), der durch Abdankung von Königin Christine auf den Thron kam. Er behauptete im Kriege gegen Polen die schwedische Ostseeherrschaft und erreichte im Frieden von Roskilde (1658) die Abtretung Südschwedens von Dänemark. In einer Schlacht zwischen Fuhlsbüttel und Niendorf besiegte er die Dänen.

Karl-Heinz-Krahn-Weg, (Lurup), 1984, nach Karl-Heinz Krahn (1915–1981), der von 1961–1980 Leiter des Ortsamtes Blankenese war.

Karl-Jacob-Straße, (Nienstedten), 1928, nach dem Inhaber des seinerzeit berühmten Restaurants „Jacob" in Nienstedten (Elbchaussee) Karl-Louis Jacob (1828–1908).

Karl-Kock-Weg, (Wilstorf), 1988, nach Karl Kock (1908–1944), Harburger Gummifacharbeiter, Kommunist, Mitglied der „Bästlein-Jacob-Abshaben-Gruppe". Widerstandskämpfer gegen den Nationalsozialismus.

Karl-Kunert-Straße, (Wilhelmsburg), 1990, zur Erinnerung an den Pastor Karl Hermann Kunert (1911–1970), der auch Mitglied des Ortsausschusses war.

Karl-Lippert-Stieg, (Poppenbüttel), 1985, nach Karl Lippert (1882–1940), Widerstandskämpfer gegen den Nationalsozialismus.

Karl-Müller-Ring, (Bramfeld), 1961, nach dem Gemeindevorsteher in Bramfeld Karl Müller (1878–1952).

Karl-Reese-Weg, (Langenbek), 1988, nach dem Bibelforscher Karl Reese (1890–1940), Widerstandskämpfer und Opfer des Nationalsozialismus.

Karl-Rüther-Stieg, (Allermöhe), 1995, nach Karl Rüther (1906–1937), Mitglied der SPD und des „Reichsbanners Schwarz-Rot-Gold", Widerstandskämpfer gegen den Nationalsozialismus.

Karlshöhe, (Bramfeld), 1870, der unter dem Namen „Bramfelderheide" bekannte Hof wurde auf Antrag des damaligen Besitzers Carl Reimers in „Carlshöhe" umbenannt und 1919 vom Hamburger Staat als Anstaltsgut angekauft und zur Beschäftigung der Insassen benutzt.

Karlshöher Weg, (Farmsen-Berne), 1945, Benennungsmotiv: siehe Karlshöhe.

Karlshof, (Bergedorf), 1968, nach einer ortsüblichen Bezeichnung, nach dem früher hier gelegenen Bauernhof „Karlshof".

Karlstraße, (Uhlenhorst), 1845, nach dem Mitinhaber der Uhlenhorst Karl Heine (1810–1865), Sohn des Bankiers und Patrioten Salomon Heine und Cousin von Heinrich Heine.

Karlstraßenbrücke, (Uhlenhorst), 1904 und nach 1945, in Anlehnung an den Wegnamen Karlstraße.

Karl-Strutz-Weg, (Billstedt), 1980, nach dem Bürgerschaftsabgeordneten Karl Strutz (1908–1974).

Karl-Theodor-Straße, (Ottensen), 1878, nach dem Kaufmann und Bankier Karl Theodor Arnemann (1804–1866), über dessen Grundstück die Straße verläuft.

Karl-von-Thielen-Brücke, (Wilhelmsburg), 1949 nach Karl Hermann Peter von Thielen (1832–1906) war preußischer Politiker; in Anlehnung an die Thielenstraße über die Bundesbahnstrecke führend.

Karl-Wolff-Straße, (Altona-Altstadt), 1992, nach Karl Wolff (1911–1933), Schuhmacher, trotz fehlendem Tatnachweis wegen angeblicher Mordbeteiligung beim Altonaer Blutsonntag vom 17. Juli 1932 am 1. August 1933 hingerichtet. Opfer des Nationalsozialismus.

Karnapp, (Harburg), alte Bezeichnung um 1500, es gibt für diesen Namen eine Reihe von Erklärungen. Eine davon – vielleicht den Gegebenheiten nach die beste Erklärung: Nach dem mitteldeutschen Wörterbuch von Schiller-Lübben heißt Karnapp: Ausbau, Erker, Utlucht.

Karnapphof, (Harburg), 1988, in Anlehnung an den Namen Karnapp.

Karnhofstieg, (Marmstorf), 1955, nach der Motivgruppe: Marmstorfer Hofnamen.

Karolinenplatz, (St. Pauli), 2009, in Anlehnung an die nördlich verbleibende Karolinenstraße und infolge der Neugestaltung zur Platzfläche.

Karolinenstraße (St. Pauli), 1841, das Benennungssmotiv ist unbekannt. Die Mutter des damaligen Patrons der Vorstadt, des Senators Spalding, hieß Caroline Lucie Spalding, geb. Reuter.

Karpfangerstraße, (Neustadt), 1902, nach dem Admiral Berens Jakobsen Karpfanger (1623–1683), der viel zum Schutz der Hamburger Seefahrt beigetragen hat. 1678 lieferte er sich mit seinem Konvoischiff „Kaiser Leopold“ in der Elbmündung mit fünf Kaperern eine erfolgreiche Seeschlacht. Mit seinem Schiff „Wappen von Hamburg“ begleitete er Hamburger Handelsschiffe durch das Mittelmeer, da diese ständig von Kaperern der Barabeskenstaaten (Algier, Tunesien und Tripolis), aber auch von französischen und türkischen Kaperschiffen bedroht wurden. Letztlich verbrannte die „Wappen von Hamburg“ im Hafen von Cadiz infolge einer Explosion, wobei Admiral Karpfanger den Tod fand.

Karstenskoppel, (Farmsen-Berne), 1989, nach der bekannten Farmsener Familie Karstens.

Karstenstraße, (Blankenese), um 1919, nach einem der letzten Blankeneser Bauern Joh. Karsten (1819–1896), der sich durch namhafte Stiftungen verdient machte.

Kasernenstraße, (Harburg), 1882, nach der Lage in der Nähe der hier befindlichen Kaserne, die 1880 von Infanterie belegt war und ab 1894 Pioniere aus Rendsburg aufnahm.

Kaspar-Ohm-Weg, (Wellingsbüttel), 1950, nach der Erzählung von John Brinckmann „Kaspar Ohmunick“.

Kaspar-Siemers-Stieg, (Billstedt), 1948, Kaspar Friedrich Siemers war der Nachkomme eines seit 1640 auf dem Siemershof in Schiffbek ansässigen Geschlechts und Bauernvogt der Landgemeinde. 1863 stiftete er ein Legat für Lehrerwitwen.

Kaspar-Siemers-Weg, (Billstedt), 1948, Erklärung wie: Kaspar-Siemers-Stieg.

Kassenhofweg, (Marmstorf), 1955, Motivgruppe: Marmstorfer Hofnamen.

Kassubenweg, (Niendorf), 1978, Motivgruppe: Germanische Volksstamme und deren nichtgermanische Nachbarn. Kassuben, westslawischer Volksstamm der Kaschuben. Rest der altslawischen Pomoranen in Nordwest-Polen. Ihre Sprache gehört zur Gruppe der westslawischen Sprachen und steht dem Polnischen nahe.

Kastanienallee, (St. Pauli), 1866, nach der ursprünglichen Art der Bepflanzung.

Kastanienweg, (Bergstedt), 1933, nach einem Baummotiv, nach der Kastanie.

Katendeich, (Bergedorf), 1924, durch Übertragung des alten Deichnamens auf die Straße, die an die Stelle des ehemaligen Katendeiches getreten ist.

Katenweg, (Wilhelmsburg), 1954, die Straße führt an Klindworths Katen vorbei (zum Kornweider Hof gehörend).

Katenweide, (Veddel), 1925, nach einem der Gegend anhaftenden Flurnamen. Die „Kaat" oder „Katenweide" war Zubehör der im südöstlichen Winkel der Veddel gelegenen alten Sielkate. (Beim Vorwerk Neuhaus um 1750.)

Katerstieg, (Saselj, 1956, ortsübliche Bezeichnung für einen schmalen Durchgang.

Katerwohrd, (Osdorf), 1987, Flurname mit Hinweis auf das Wort „Wurt", auf eine frühere Wohnstätte auf einem künstlichen Wohnhügel.

Katharina-Jacob-Weg, (Groß Borstel), 1992, nach Katharina Jacob (1907–1989), kaufmännische Angestellte, Kommunistin, Mitglied der „Bästlein-Jacob-Abshagen-Gruppe", Widerstandskämpferin gegen den Nationalsozialismus.

Katharinenbrücke, (Hamburg-Altstadt), nachweisbar seit der zweiten Hälfte des 13. Jahrhunderts, nach der Heiligen, der die benachbarte St. Katharinenkirche geweiht ist, Katharina von Alexandria, legendäre Märtyrerin zum Anfang des 4. Jahrhunderts.

Katharinenfleet, (Hamburg-Altstadt), 1960, nach dem ehemaligen dort befindlichen Katharinenfleet.

Katharinenkirchhof, (Hamburg-Altstadt), seit dem 15. Jahrhundert, nach dem die St. Katharinenkirche umgebenden Kirchhof.

Katharinenstraße, (Hamburg-Altstadt), in der zweiten Hälfte des 14. Jahrhunderts, nach der Patronin der St. Katharinenkirche, Katharina von Alexandrien, Prinzessin aus Zypern, im 4. Jahrhundert in Alexandrien den Märtyrertod gestorben.

Kathenkoppel, (Farmsen-Berne), vor 1938, nach einem Flurnamen.

Kattensteert, (Billstedt), vor 1938, Kattensteert = Katzenschwanz, niederdeutsche Bezeichnung für Schachtelhalm.

Kattjahren, (Volksdorf), 1921, nach einem der Gegend anhaftenden Flurnamen, Katt = Sumpf und Jahren = Jart = Feldeinteilung. Es gibt Quellen, die diesen Flurnamen für nicht deutsch halten.

Kattowitzer Weg, (Dulsberg), 1930, nach der Stadt Kattowitz, zur Erinnerung an die 1919 erzwungene Abtretung eines Teiles von Oberschlesien.

Kattrepel, (Hamburg-Altstadt), seit dem 13. Jahrhundert. Ungeklärter Name. Es übersteigt die Möglichkeiten dieses Buches, auf alle vorhandenen Versionen einzugehen. Wir belassen es daher bei der Erklärung, die bereits mit den Straßennamenerklärungen von 1925 gebracht wurde und die wie folgt lautet: „nachweisbar seit dem 13. Jahrhundert für abgelegene, unheimliche Örtlichkeiten (hier ein Weg außerhalb der ältesten Stadtmauer), öfter vorkommende Bezeichnung, die schon früh nicht mehr voll verstanden wurde, und wahrscheinlich eine Gegend bedeutet, wo Katzen sich raufen (mnd. Katte = Katze; repeln = sich raufen, balgen".

Kattrepelsbrücke, (Hamburg-Altstadt), ben. vermutlich im 16. Jahrhundert, unter Ausdehnung des Namens für die Brücke, die über das Reichenstraßenfleet zum Hopfensack führte.

Kattunbleiche, (Wandsbek), 1951, nach den beiderseits der Wandse ehemals gelegenen Bleichflächen der Kattundruckereien im 18. und 19. Jahrhundert.

Kattwykbrücke, (Wilhelmsburg, Moorburg), 1972, nach der Gemarkung „Kattwyk". Der Name ist Mittelniederdeutsch und bedeutet soviel wie sumpfige Bucht.

Kattwykdamm, (Wilhelmsburg, Moorburg), 1973, Erklärung wie: Kattwykbrükke.

Kattwykstraße, (Wilhelmsburg), 1959, Gemarkung „Kattwyk", Erklärung wie: Kattwykbrücke.

Kattwykweg, (Wilhelmsburg), 1987, in Anlehnung an den Namen Kattwykstraße. Erklärung wie: Kattwykbrücke.

Katzbachstraße, (Lurup), 1962, nach dem linken Nebenfluss der Oder in

Niederschlesien, 84 km lang, entspringt im Bober-Katzbach-Gebirge (Sudeten).

Katzenstieg, (Othmarschen), 1930, nach dem Volksmund.

Kaudiekskamp, (Bergstedt), vor 1940, Kaudiek = Kuhteich (frühere Kuhtränke).

Kauershofweg, (Marmstorf), 1958, Motivgruppe: Marmstorfer Hofnamen.

Kaulbachstraße, (Groß Flottbek), 1910, nach dem Maler Wilhelm von Kaulbach (1804–1874).

Kayhuder Weg, (Langenhorn), 1952, Motivgruppe: Dörfer nördlich von Hamburg.

Kedenburgstraße, (Wandsbek), 1950, nach Dietrich Johann Kedenburg (1831–1900), Hauptpastor in Wandsbek.

Kedenburgstraßenbrücke, (Wandsbek), 1960, in Anlehnung an den Namen Kedenburgstraße.

Kegelhofstraße, (Eppendorf), 1905, im Anschluss an den Flurnamen „Hinter dem Kegelhof".

Kehrum, (Sasel), 1950, frei gewählter Name für eine Sackgasse, die zum Umkehren zwingt.

Kehrwieder, (HafenCity), 1886, unter Wiederverwendung des alten Namens, der zur Bezeichnung einer Sackgasse auch anderwärts üblich ist und übrigens gleichfalls als Wirtshausname geläufig ist.

Kehrwiederspitze, (HafenCity), 1886, im Anschluss an den Namen Kehrwieder.

Kehrwiedersteg, (HafenCity), 1886, im Anschluss an den Namen Kehrwieder. Steg = schmaler Weg.

Keilende, (Eidelstedt), 1955, in Anlehnung an den Wegnamen „Im Keil".

Keindorffstraße, (Wilhelmsburg), vor 1903, nach Gustav Keindorff (Geburts- und Todesjahr unbek.), Regierungsrat bei der Eisenbahndirektion in Altona (1904).

Keitumer Weg, (Billstedt), 1940, nach der Ortschaft auf der Insel Sylt.

Kellerbleek, (Lokstedt, Niendorf, Groß Borstel), 1948. Mit „Keller" werden zerstörte Steinhäuser (Hünengräber) bezeichnet und „bleek" oder „bleeken" bedeutet großes, ebenes, holzfreies Land.

Kellinghusenstraße, (Eppendorf), 1901, zu Ehren des Bürgermeisters Dr. Heinrich Kellinghusen (1796–1879). Er wurde 1831 in den Rat gewählt und 1842 zum Bürgermeister. Nach Einführung der Verfassung trat er zurück. 1860 wurde er Präsident des Oberlandesgerichtes und entsagte als solcher 1876. In der heutigen Eppendorfer Landstraße hatte er seinen Landsitz. Sein Stadthaus lag am Neuen Wall.

Kelloggstraße, (Jenfeld), 1947, nach Frank Billings Kellogg (1856–1937), von 1925 bis 1929 US-Außenminister, Friedensnobelpreisträger von 1929.

Keltenstieg, (Niendorf), 1978, Benennung wie Keltenweg.

Keltenweg, (Niendorf), 1952, Motivgruppe: Germanische Volksstämme und ihre nichtgermanischen Nachbarn. Nach dem westgermanischen Stamm der Kelten, der zunächst im heutigen Böhmen und Bayern geschichtlich erfaßt wurde.

Kelterstraße, (Wellingsbüttel), 1950, nach Prof. Dr. Edmund Kelter (1867–1942), Direktor am Johanneum von 1925 bis 1933.

Kempelbarg, (Lurup), 1928, ein Name neueren Datums, von den Anwohnern auch „Tempelberg" genannt. Wohl nach der Flurbezeichnung „Hempbarg".

Kennedybrücke, (St. Georg, Rotherbaum), 1963, früher „Neue Lombardsbrücke", umbenannt nach dem am 22. 11. 1963 ermordeten Präsidenten der Vereinigten Staaten, John F. Kennedy (1917–1963). Nach dem Zweiten Weltkrieg war die alte Lombardsbrücke dem starken Verkehr nicht mehr gewachsen, und man entschloss sich, parallel zur bestehenden Brücke eine „Neue Lombardsbrücke" zu bauen. Diese wurde vom Architekten Hernkes entworfen und nach einer Bauzeit von weniger als einem Jahr, am 30. April 1953, dem Verkehr übergeben. Nach der Ermordung von J. F. Kennedy wurde die „Neue Lombardsbrücke" in Kennedybrücke umbenannt.

Kentzlerdamm, (Hamm-Mitte), umb. 1948, nach der 1887 erloschenen Familie Kentzler (4 Oberalte und 2 Senatoren).

Keplerstraße, (Ottensen), 1950, nach dem Mathematiker und Astronomen Johannes Kepler (1571–1630), dem Entdekker des Planetengesetzes. Er war bekannt mit Tycho Brahe und wurde dessen Nachfolger als kaiserlicher Hofmathematiker und Hofastronom von Rudolf II.

Kerbelweg, (Ohlsdorf), 1949, nach dem Gewürzkraut Kerbel.

Kernbeißerweg, (Lurup), 1955, nach den auch sonst in Lurup verwendeten Vogetmotivnamen. Kernbeißer = kräftiger dickköpfiger Finkenvogel mit mächtigem Schnabel.

Kernbek, (Horn), 1929, nach einem der Gegend anhaftenden Flurnamen.

Kernerreihe, (Barmbek-Nord), 1930, nach dem Wasserbautechniker, Mathematiker und Wasserbauinspektor Georg Reinhold Kerner (1810–1858).

Kerschensteinerstraße, (Harburg), 1950, nach Prof. Dr. Georg Kerschensteiner (1854–1932), Stadtschulrat und Professor in München. Förderer des Arbeitsschul- und Handfertigkeitsunterrichtes sowie des Berufschulwesens.

Kersten-Miles-Brücke, (Neustadt, St. Pauli), 1896, nach Kersten Miles (geb. Mitte des 14. Jahrhunderts, gest. 1420), 1375 im Rat, 1381 Bürgermeister. Ende des 14. Jahrhunderts war die Schiffahrt auf der Unterelbe sehr gefährlich geworden. Die Grundbesitzer an der Küste, insbesondere auch die Familie von Lappe, denen das Schloß Ritzebüttel gehörte, dachten nicht daran, etwas für die Sicherheit der Schiffe zu tun, da sie Strandgut behalten durften. Nachdem die Zustände immer unhaltbarer geworden waren und die von Lappes auch noch versuchten, ihren Herrschaftsbereich auszudehnen, gerieten sie mit Hamburg in Fehde. Unter Führung ihres Bürgermeisters Kersten Miles stürmten die Hamburger zusammen mit 100 Westfriesen und Bauern der Gegend das Schloss. Da vom rechtmäßigen Landesherren, dem Herzog von Sachsen-Lauenburg, kein Einspruch kam, behielten die Hamburger die Festung und hatten damit neben Neuwerk einen zweiten Stützpunkt an der Elbmündung.

Kerstensweg, (Eilbek), 1955, nach Johann Dietrich Kerstens (1817–1897), von 1864–1895 Vogt der Vogtei Eilbek, auch Mitglied der Hamburger Bürgerschaft.

Kesselflickerweg, (Langenhorn), 2010, nach dem historischen Handwerksberuf.

Keßlersweg, (Wandsbek), vor 1938, nach der Familie Keßler, die im 19. Jahrhundert Besitzer der Farbholzmühle in Wandsbek war.

Kettelerweg, (Schnelsen), 1965, nach Wilhelm Freiherr von Ketteier (1811–1877), Bischof von Mainz, Förderer sozialer Reformen.

Ketzendorfer Weg, (Neugraben-Fischbek), 1960, nach der benachbarten Ortschaft.

Keustück, (Langenhorn), 1933, unter Wiederverwendung des alten Flurnamens „Keu" = Kühe.

Kibbelsteg, (HafenCity), 1886, um den Namen der eingegangenen Straße Kibbeltwiete zu erhalten (kibbeln = laut schwatzen, einen Wortwechsel führen).

Kickbuschweg, (Sinstorf), 1950 und 1959, nach dem Forstmeister Wilhelm Kickbusch (1852–1904). Im Forst Höpen steht ein Gedenkstein für ihn an der Stelle, an der er zusammenbrach.

Kiebitzdeich, (Neuengamme), 1950, nach der Lage am Kiebitzbrack.

Kiebitzhegen, (Farmsen-Berne), 1962, frei gewählter Name, nach dem hier häufig vorkommenden Vogel Kiebitz.

Kiebitzhof, (Eilbek), 1974, in Anlehnung an den Namen Kiebitzstraße.

Kiebitzstieg, (Poppenbüttel), vor 1938, nach den hier vorkommenden Kiebitzen.

Kiebitzstraße, (Eilbek), 1877, mit Bezug auf das häufige Vorkommen dieser Vogelart im Sumpfgelände des Hasselbrooks.

Kiefernberg, (Heimfeld), 1950, nach den am dortigen Spielplatz stehenden Kiefern, die von Malern und Fotografen gern als Motiv genommen werden.

Kiefernhain, (Alsterdorf), 2007, nach dem dortigen großen Kiefernbestand.

Kiefernheide, (Neugraben-Fischbek), 1946, nach der Lage in der Fischbeker Heide, wo die Silbe Heide häufig, meist im Zusammenhang mit dem örtlichen Charakter, verwendet wird.

Kiefernweg, (Fuhlsbüttel), 1922, in freier Wahl nach den auch sonst in Poppenbüttel vielfach verwendeten Baummotivnamen.

Kiefhörn, (Dulsberg), 1931, nach einem der Gegend anhaftenden Flurnamen, beliebter Name für umstrittene Grenzflächen.

Kiehnshecken, (Bergedorf), 1949, nach dem Vorbesitzer des Geländes, der Familie Kiehn (19. Jahrhundert).

Kiekmoor, (Billstedt), 1948, nach dem Blick auf die Randmoore der Billwerder Marsch.

Kielbarg, (Lemsahl-Mellingstedt), 1948, nach der spitzen keilförmigen Art des Abhangs. Kiel = keilförmiges Landstück, das sich in niedriges, meist feuchtes Gelände vorschiebt.

Kieler Straße, (Altona-Nord, Eimsbüttel, Eidelstedt, Stellingen), 1840, als erster Teil des durch St. Pauli und Altona zur Kieler Chaussee führenden Straßenzuges.

Kielkamp, (Bahrenfeld, 1907, Flurname, Kiel = spitzes, keilförmiges Landstück, das sich in niedriges, feuchtes Gelände vorschiebt.

Kielkoppelstraße, (Rahlstedt), 1964, Flurname, Bezeichnung für eine keilförmige Koppel.

Kielmannseggstieg, (Marienthal), 1954, in Anlehnung an die Kielmannseggstraße.

Kielmannseggstraße, (Marienthal), 1950, nach der Familie von Kielmannsegg, Besitzer des Gutes Wandsbek von 1679 bis 1705.

Kielortallee, (Eimsbüttel), 1887, im Anschluss an den Flurnamen Kielortswiese, vorher seit 1884 Kielortstraße.

Kielstück, (Langenhorn), 1914, nach einem der Gegend anhängenden Flurnamen, „Kiel“ spitz zulaufendes Ackerstück.

Kienenhagen, (Bergedorf), 1925, Flurbezeichnung auf der Flur des ehemaligen Gutes Netteinburg, nach einem früheren Besitzer Kien.

Kienholt, (Bramfeld), 1951, Flurname = Kienholz, Tannengehölz.

Kiepenkerlsweg, (Neugraben-Fischbek), 1940, nach einem Gedicht von Hermann Claudius „Kiepenkerl von Falkenberg“.

Kiesbarg, (Neugraben-Fischbek), 1948, nach dem hier befindlichen Kiesberg.

Kieseltal, (Hausbruch), 1953, frei gebildeter Name nach der Geländebeschaffenheit.

Kieselweg, (Poppenbüttel), 1953, nach der hier auch sonst vorhandenen Motivgruppe: Gesteine und Mineralien.

Kiesgrube, (Lokstedt), 1967, frei gebildeter Name nach der ehemals vorhandenen Kiesgrube.

Kiesselbachweg, (Hummelsbüttel), 1975, nach Dr. Wilhelm Kiesselbach (1867–1960), Präsident des Hanseatischen Oberlandesgerichts, Motivgruppe: Personen, die sich im Dienst des hamburgischen Staates verdient gemacht haben.

Kießlingstieg, (Barmbek-Nord), 1931, nach dem Physiker und Professor an der Gelehrtenschule, dem Johanneum, Johannes Kießling (1835–1905).

Kimbernstieg, (Niendorf), 1974, nach dem germanischen Stamm der Kimbern in Nord-Jütland. Ende des 2. Jahrhunderts vor Christi verließen die Kimbern ihre Heimat und zogen über Böhmen in die Ostalpen, wo sie 113 vor Christi ein römisches Heer bei Noreja schlugen. Nach Westen ziehend, schlugen sie die Römer noch mehrfach, zuletzt entscheidend bei Arausio 105 v. Ch. Zusammen mit den Teutonen drangen sie nach Italien vor, dort wurden sie 101 v. Ch. von Marius bei Vercelli in Piemont vernichtend geschlagen.

Kimbernstraße, (Niendorf), 1974, Erklärung wie: Kimbernstieg.

Kindtsweg, (Barmbek-Nord), 1929, nach dem berühmten Bildnismaler David Kindt (1580–1652), er war Maler der Hamburger Oberschicht und des Adels aus dem Umland.

Kippingstraße, (Eimsbüttel), 1893, nach dem Branddirektor Fried. Wilh. Kipping (1838–1892), der beim Brand des Magazingebäudes der Hamburg-Amerikalinie am 22. 10. 1892 tödlich verunglückte, als er von einer einstürzenden Giebelwand erschlagen wurde.

Kipps Weg, (Wellingsbüttel, Sasel), nach der Saseler Bauernfamilie Kipp (17.–19. Jahrhundert), der eine vor Entstehung des Gutes Pfeilshof dort gelegene Schäferei gehörte.

Kirchdorfer Stieg, (Wilhelmsburg), 1980, in Anlehnung an den Namen Kirchdorfer Straße.

Kirchdorfer Straße, (Wilhelmsburg), 1949, als in die Ortschaft Kirchdorf führende Straße.

Kirchdorfweg, (Altenwerder), 1938. Die in Altenwerder innerhalb des Deiches um die Kirche herum liegenden Häuser werden Kirchdorf genannt.

Kirchenallee, (St. Georg), etwa 1824, als auf die St. Georgskirche zuführende Allee. Der Name bezog sich zunächst nur auf die Westseite der späteren Straße, während die Ostseite Kirchendamm hieß, vorher, seit etwa 1815, St. Georgs-Allee oder Allee schlechthin.

Kirchenaußendeichsweg, (Finkenwerder), vor 1928, die Straße erinnert daran, dass hier Kirchenland vor dem Deich lag.

Kirchenbrücke, (Reitbrook, Allermöhe), 1929, nach der Brücke über die Dove Elbe bei der Allermöher Kirche.

Kirchenhang, (Eißendorf), 1950, nach der Lage, d. h. beim Hang der Eißendorfer Kirche.

Kirchenheerweg, (Kirchwerder), 1895, benannt als Teil des alten Heerweges vom Zollenspieker vorbei an Kirchwerder nach Bergedorf. Ein Heerweg (hari = die Masse, das Volk) ist die große Landstraße, der Volksweg.

Kirchenheerwegbrücke, (Kirchwerder), 1955, in Anlehnung an den Namen Kirchenheerweg.

Kirchenheide, (Bergstedt), 1953, nach dem ursprünglichen Landschaftscharakter in der Nähe der Bergstedter Kirche.

Kirchenpauerkai, (HafenCity), 1888, nach Dr. Gustav Heinrich Kirchenpauer (1808–1887), promovierter Jurist, wird 1843 Senator, 1848/49 hamburgischer Gesandter beim Bundestag, 1868 ist er der letzte Senator, der als Amtmann in Ritzebüttel diese Position versah. 1868 vom Senat zum Bürgermeister gewählt. Er hatte sein Amt in einer für Hamburg dem Reich gegenüber schwierigen Zeit inne. Er, der die Zollfreiheit der Hansestädte durchgesetzt hatte, sah sich Bismarck gegenüber einem so großen Druck ausgesetzt, dass er – da er sich auf keine neuen Verhandlungen mit Bismarck einlassen wollte – als 72jähriger abdankte und sein Amt dem jüngeren, vielleicht auch diplomatischer eingestellten Johannes Versmann überließ, der gegenüber dem Zollanschluss Hamburgs positiv eingestellt war.

Kirchenpauerstraße, (Klostertor), 1927, Erklärung wie: Kirchenpauerkai.

Kirchenredder, (Hummelsbüttel), 1930, im Anschluss an den Hummelsbütteler Kirchenweg. Redder = von Knicks gesäumter Feldweg.

Kirchenstegel, (Altengamme), 1926, Kirchenstegel = Kirchenstieg. Stegel ist die Diminutivform von Steg, bedeutet aber auch Weideübertritt.

Kirchenstraße, (Altona-Altstadt), 1665, 1891 und 1895, nach der Lage bei der Altonaer Hauptkirche Trinitatis.

Kirchentwiete, (Ottensen), 1802, alter Kirchenweg, auf einem Altonaer Plan von 1737 schon vorhanden, aber ohne Namensnennung.

Kirchenweg, (St. Georg), benannt in der ersten Hälfte des 19. Jahrhunderts als „Kleiner Kirchenweg", im Anschluss an den Namen des 1899 zur Baumeisterstraße hinzugezogenen „Großen Kirchenweges", mit Bezug auf die St. Georgs-Kirche, zu der beide Straßen Zugang vermitteln.

Kirchhofstraße, (Wandsbek), um 1848, nach der Lage am alten Wandsbeker Friedhof.

Kirchhofstwiete, (Wandsbek), um 1848, nach der Lage am alten Friedhof.

Kirchhofsweg, (Bergedorf), unbek., alte Bezeichnung nach dem ersten Zugangsweg zu dem in der Nähe gelegenen „alten" Friedhof.

Kirchlinden, (Billstedt), 1948, nach der mit Linden bestandenen Straße bei der Kreuzkirche in Billstedt.

Kirchnerweg, (Billstedt), 1971, nach dem bedeutenden modernen Maler, Graphiker und Bildhauer Ernst Ludwig Kirchner (1880–1938), der durch Selbstmord endete.

Kirchwerder Elbdeich, (Kirchwerder), vor 1948, als Teil des großen Elbdeiches in der Ortschaft Kirchwerder.

Kirchwerder Hausdeich, (Kirchwerder), 1947, der Hausdeich ist hier der Deich gegen die Gose-Elbe, im Gegensatz zum Kirchwerder Elbdeich, der von Sande bis Zollenspieker gegen die Elbe schützt.

Kirchwerder Landweg, (Neuengamme, Kirchwerder), 1903, Verbindungsweg von Neuengamme zum Elbdeich. Im November 1910 erlebt die Straße ein wirkliches Wunder. Bei Grundwasserbohrungen bricht plötzlich aus 250 Meter Tiefe Erdgas hervor, das sich am nächsten Tag entzündet. Nach dem Löschen wird diese Quelle kanalisiert. Von Dezember 1910 bis Mai 1930 werden aus dem lukrativen Loch 313 Millionen Kubikmeter Erdgas über Rohre zum Gaswerk Tiefstack gepumpt, ein hervorragendes Geschäft für dieses Unternehmen.

Kirchwerder Landwegbrücke, (Neuengamme, Kirchwerder), 1961, führt im Zuge des Kirchdorfer Landweges über die Gose-Elbe.

Kirchwerder Marschbahndamm, (Kirchwerder), 1986, nach der Lage.

Kirchwerder Mühlendamm, (Kirchwerder), 1948, nach der Riepenburger Mühle.

Kirchwerder Schulweg, (Kirchwerder), 1948, als zur alten Schule führender Weg.

Kirschenstieg, (Alsterdorf), 1928, nach der ehemaligen Bepflanzung.

Kirschgarten, (Lohbrügge), 1959, nach den vor der Aufschließung dort vorhanden gewesenen großen Kirschgärten.

Kirschtenstraße, (Blankenese), 1928, nach Dr. Walter Kirschten, geb. 1857, Direktor des Realgymnasiums für Jungen, das er vom Tage der Einweihung im Juli 1894 bis zu seinem Tode 1922 leitete.

Kisdorfer Weg, (Langenhorn), 1952, nach der Motivgruppe: Dörfer nördlich von Hamburg.

Kishorst, (Hummelsbüttel), 1976, Flurname.

Kittelweg, (Rahlstedt), 1950, nach dem ehemaligen Gemeindevorsteher in Altrahlstedt Otto Kittel (1895–1960).

Kiwittredder, (Poppenbüttel, Hummelsbüttel), vor 1938, nach dem Vogel Kiwitt = Kiebitz; Redder = von Knicks gesäumter Feldweg.

Kiwittsmoor, (Langenhorn), 1933, nach den in diesem Moor vorkommenden Kiebitzen.

Klabautermannweg, (Schnelsen), 1986, nach der Motivgruppe: Holsteinische Geschichten, Sagen und Märchen. Klabautermann = nach dem Volksglauben ein Schiffskobold, der Segelschiffe begleitet und auf Schäden hinweist (lt. Brockhaus).

Klabundeweg, (Bergstedt), 1962, nach dem Journalisten und Bürgerschaftsabgeordneten Erich Klabunde (1907–1950), der sich um den Wiederaufbau von Hamburg besonders verdient gemacht hat.

Klärchenbrücke, (Winterhude), 1904 und 1945, Erklärung wie: Klärchenstraße.

Klärchenstraße, (Winterhude), 1866, nach der zweiten Frau des Grundeigentümers Clara Octavia Sierich, geb. Repsold (Grundeigentümer: Adolf Sierich).

Klapperhof, (Lohbrügge), 1949, nach dem nachweislich ältesten Bewohner von Sande, dem Kleinschmied Johann Klapper, dessen Haus im Volksmund „Klapperkate" genannt wurde, ein Name, der als „Klapperhof" auf die Straße übertragen wurde.

Klappstraße, (Wandsbek), 1950, nach dem Direktor des Wandsbeker Gymnasiums Dr. Hermann Klapp (1840–1895).

Klaus-Groth-Straße, (Borgfelde), 1899, nach dem Dichter Klaus Groth (1819–1899), dem Schöpfer der neuen niederdeutschen Literatur.

Klaus-Nanne-Straße, (Schnelsen), 1988, nach einer Sagengestalt. Motivgruppe: Holsteinische Sagen, Märchen und Geschichten.

Klaus-Schaumann-Straße, (Bergedorf), 1925, nach dem ehemaligen Besitzer des Kämmereigutes Nettelnburg und dem Mitbegründer des landwirtschaftlichen Vereins der Hamburger Marschlande, Klaus Schaumann (1807–1880).

Klausstraße, (Ottensen), 1889, nach dem Tischlermeister und Bauspekulanten Klaus Peters (1812–1878), der die Straße anlegte.

Kleefeld, (Marmstorf), 1930, nach der früheren landwirtschaftlichen Nutzung.

Kleekamp, (Fuhlsbüttel), 1908, nach der Pflanze: Klee.

Kleekampbrücke, (Fuhlsbüttel), 1960, in Anlehnung an den Namen Kleekamp.

Kleiberweg, (Lurup), 1949, Vogelmotiv, Kleiber = Spechtmeise (Klettervogel).

Kleine Bahnstraße, (Stellingen), 1968, in Anlehnung an den Namen „Große Bahnstraße", nach der Lage an der Eisenbahn.

Kleine Bergstraße, (Altona-Altstadt), 1960, den Namen trug früher eine andere, 1958 aufgehobene Straße, benannt in Anlehnung an den Namen „Große Bergstraße", für die sie die Ladenstraße ist.

Kleine Brunnenstraße, (Ottensen), vor 1856, in Anlehnung an den Namen „Große Brunnenstraße", d.h. nach einem hier um 1800 gelegenen Gesundbrunnen benannt, der aber nach einigen Jahren wieder versiegte.

Kleine Freiheit, (St. Pauli, Altona-Altstadt), 1688, in Anlehnung an den Namen „Große Freiheit". Erklärung: siehe „Große Freiheit".

Kleine Gasse, (Harburg), 1979, nach dem Charakter der Straße, die klein und eng ist.

Kleine Heide, (Neugraben-Fischbek), 1946, nach der Lage in der Fischbeker Heide, wo der Name „Heide" häufig verwendet wird, meist in Verbindung mit den örtlichen Gegebenheiten.

Kleine Holl, (Billstedt), 1977, Flurname. „Holl" bedeutet Loch (Fuchsloch).

Kleine Johannisstraße, (Hamburg-Altstadt), seit der zweiten Hälfte des 13. Jahrhunderts, im Anschluss an den Namen „Große Johannisstraße". Erklärung wie: Große Johannisstraße.

Kleine Marienstraße, (Altona-Altstadt), vor 1737, nach Anna Maria Eiffler, geb. Kupferschmidt, aus Marschhacht, der zweiten Frau des Bürgermeisters Eiffler.

Kleinenhövel, (Wilhelmsburg), 1949, Flurname: „Im Hövel". Hövel sind erhöhte Stellen (Hügel), in dem 1672 durch den Sperlsdeich und 1681 durch den Honartsdeich bedeichten Gelände.

Kleine Rainstraße, (Ottensen), vor 1856, Erklärung: siehe Große Rainstraße.

Kleiner Burstah, (Hamburg-Altstadt), zweite Hälfte des 14. Jahrhunderts, im Anschluss an den Namen Großer Burstah. Erklärung: wie Großer Burstah.

Kleine Reichenstraße, (Hamburg-Altstadt), wahrscheinlich seit dem 15. Jahrhundert, sicher seit Mitte des 17. Jahrhunderts. Im Anschluss an den Namen Reichenstraße und zum Unterschied zu dieser, die dann den Namen „Große Reichenstraße“ erhielt. Erklärung wie: „Große Reichenstraße“.

Kleiner Kielort, (Eimsbüttel), 1891, nach einem an der Gegend haftenden Flurnamen. Ort = Ecke, Spitze; Kiel = spitzes, keilförmiges Landstück, das sich in niedriges feuchtes Gelände vorschiebt.

Kleine Rosenstraße, (Hamburg-Altstadt), 1843, im Anschluss an den Namen Rosenstraße, deren Fortsetzung sie bildet. Die Straße ist nicht nach einem Blumenmotiv benannt. Es handelt sich wahrscheinlich um einen mehr ironisch gemeinten Volkswitz der nicht dort Wohnenden. Es war eine wenig gute Wohngegend, in der Nähe des Elendsfriedhofes, mit dem Haus des Scharfrichters und einer nahen Abdeckerei. Da es sich um eine sehr schlechte Gegend handelte, sollte der Name vielleicht an etwas Schönes erinnern, oder es war reiner Spott der übrigen Bevölkerung.

Kleiner Pulverteich, (St. Georg), 1875, im Anschluss an den Namen Pulverteich, in Erinnerung an eine alte Pulvermühle, die hier von 1616 bis zu Beginn des 19. Jahrhunderts stand. Es handelte sich um eine volkstümliche Benennung. Anfang des vergangenen Jahrhunderts weideten hier in der Vorstadt noch Kühe, und die Zimmerleute trafen auf dem Borgesch ihre Arbeitsvorbereitungen. Diese Idylle soll sich bis in das letzte Jahrhundert hinein gehalten haben, und St. Georg hatte einen wenig städtischen Charakter. Es soll hier schöne und fürstlich ausgestattete Häuser gegeben haben mit prachtvollen Gärten, und die Bleicher breiteten noch ihre Tuche auf den Alsterwiesen aus.

Kleiner Schäferkamp, (Eimsbüttel, Sternschanze), 1858, nach einer ehemals hier gelegenen Schäferei, die zum Pachthof des Klosters Harvestehude gehörte.

Kleiner Schippsee, (Harburg), etwa ab 1614, alte Bezeichnung. Es handelt sich um eine bereits 1406 erwähnte Flurbezeichnung, die bis heute nicht gedeutet ist. Es gibt diverse Auslegungsversuche, die aber alle nicht eindeutig sind. Fest steht nur, dass es sich um ein Land handelt, das im Gebiet zwischen Schloßmühlendamm, Lüneburger Straße und Werdergärten lag, ein Land, das als Acker- und Gartenland genutzt wurde.

Kleine Seilerstraße, (St. Pauli), 1886, Erklärung wie: Seilerstraße. Nachdem man die Reepschläger und Seilmacher aus der Neustadt vertrieben hatte, weil das Gebiet in den Festungsbereich einbezogen wurde und man den Platz dringend für andere Zwecke benötigte, wies man diesem platzaufwendigen Gewerbe ein neues Gelände in der Vorstadt zu.

Kleine Straße, (Eißendorf), 1910, zum Unterschied von der „Großen Straße“, von der sie abzweigt. Auf einem Situationsplan der Stadt und Festung Harburg aus dem Jahre 1772 führte die jetzige „Kleine Straße“ die Bezeichnung „Lütteler Weg“, d.h. kleiner Weg.

Kleine Theaterstraße, (Neustadt), 1827, nach dem benachbarten Stadttheater, das 1826/27 erbaut wurde, neben dem gleichzeitig zwei Straßen unterschiedlicher Größe angelegt wurden, die man als „Große Theaterstraße“ und „Kleine Theaterstraße“ benannte.

Kleine Wandrahmsbrücke, (HafenCity), 1887, in Anlehnung an die auch sonst hier auf Wandrahm lautenden Wegnamen, d.h. nach dem Gewerbe der Tuchhändler und Tuchfärber. Da die Altstadt für dieses platzaufwendige Gewerbe zu eng geworden war, hatte man den Wandbereitern ein neues Gelände auf dem Grasbrook zugewiesen.

Kleine Wiese, (Farmsen-Berne), 1927, Flurname.

Kleinfeld, (Neugraben-Fischbek), 1944, Flurname = kleines Feld.

Kleinfeldstieg, (Neugraben-Fischbek), 1988, in Anlehnung an den Namen „Kleinfeld“.

Klein Flottbeker Weg, (Othmarschen), 1923, als in Richtung Klein Flottbek führender Weg.

Klein Fontenay, (Rotherbaum), ben. in der ersten Hälfte des 19. Jh., im Anschluss an den Namen der Straße Fontenay.

Kleingartenweg, (Wilhelmsburg), 1953, nach den Kleingärten der Siedlung zwischen Honartsdeich und Niedergeorgswerder.

Kleinsand, (Wilhelmsburg), 1949, alter Flurname, der auf landwirtschaftlich-minderwertiges Land hinweist. Im Gegensatz zu den größten Teilen Wilhelmsburgs, die auf Sumpf, Moor oder Schlick basieren, zieht sich hier eine Sandader entlang mit den Ufersanden eines ehemaligen Eibarms.

Kleinworts Höh, (Lurup), vor 1934, nach der Luruper Bauernfamilie Kleinwort, seit 1879.

Kleiststraße, (Eilbek), 1910, nach dem Dichter Heinrich von Kleist (1777–1811); nach kurzer Militärlaufbahn studierte er Jura. Sein dichterisches Werk stand außerhalb von Klassik, Romantik und philosophischen Idealismus, auch wenn Elemente dieser Richtungen bei ihm erkennbar sind. Er schied mit der mit ihm befreundeten Henriette Vogel freiwillig aus dem Leben.

Klettenstieg, (Rahlstedt), 1950, nach einem Pflanzenmotiv, (Kletten = kleben).

Kletterrosenweg, (Bramfeld), 1958, Blumenmotiv. Kletterrosen = Rosenart, die durch Emporwachsen an Stützen zu einer besseren Lichtausnutzung kommt.

Klewerkoppel, (Fuhlsbüttel), 1950, Flurname (Kiewer = Klee).

Klingberg, (Hamburg-Altstadt), ben. im Volksmund mit der noch bis ins 19. Jahrhundert üblichen Namensform „Klingenberg“, durch Übertragung eines Flurnamens oder eines Personennamens auf die Straße; nachweisbar seit dem 13. Jahrhundert. Eine andere Quelle kommt zu einem völlig anderen Ergebnis, u. z. soll sich nach dieser Version der Flurname „Klingenberg“ ableiten von Chilinga = Schlucht mit rauschendem Bach.

Klinikweg, (Barmbek-Süd), 1913, mit Bezug auf das hier gelegene Gebäude der Allgemeinen Poliklinik.

Klinkerweg, (Neuengamme), 1957, nach dem früher hier gelegenen Klinkerwerk.

Klinkstraße, (Billstedt), 1947, nach dem Billstedter Gemeindevorsteher Heinrich Klink (1884–1946).

Klipperweg, (Neuenfelde), 1980, nach der Motivgruppe „Bootstypen“.

Klobbenheeg, (Sülldorf), 1968, Flurname in verschiedenen Formen (1786 und 1790) = kleines Gehölz mit Baumstümpfen.

Klöpperstieg, (Volksdorf), 1962, nach dem Großkaufmann Heinrich Adolph Klöpper (1869–1928), nach dem auch der anliegende Klöpperpark benannt wurde. Im Rahmen der Altstadtsanierung ließ Klöpper das „Klöpperhaus“ in der Mönckebergstraße bauen.

Klövensteenweg, (Rissen), 1949, als Weg, der zum Staatsforst Klövensteen führt. Die wörtliche Übersetzung für Klövensteen lautet: gespaltener Stein. Wahrscheinlich geht das Wort auf eine Zeit zurück, in der die Menschen hier ihr eigenes Baumaterial an Ort und Stelle bearbeitet haben. Eine andere Lesart besagt, dass hier zur Zeit der Christianisierung vorhandene heidnische Hünengräber zerschlagen worden sind, da man zerstörte Steingräber im Klövensteen gefunden hat. Beides widerspricht sich nicht, denn denkbar wäre es, dass die Bevölkerung die vorhandenen Steingräber zu Baumaterial zu rechtgeschlagen hat.

Kloksweg, (Eimsbüttel), 1999, nach dem ehemaligen Grundeigentümer Hans Detlof Heinrich Kloks (1822–1896).

Klophausring, (Allermöhe), 1979, nach dem Architekten Rudolf Klophaus (1885–1957), der in den zwanziger Jahren unseres Jahrhunderts zahlreiche Kontorhäuser in Hamburg baute und Siedlungsbauten und öffentliche Gebäude errichtete: Mohlenhof, Hotel Europäischer Hof, Aufstockung des Patriotischen Gebäudes etc.

Klopstockplatz, (Ottensen), nach 1938, nach dem Dichter Friedrich Gottlieb Klopstock (1724–1803). Der Stil und die Gefühlswelt seines großen Epos in Hexametern „Messias“ wirkten im Zeitalter des Rationalismus wie eine Offenbarung und bereiteten den Durchbruch zum „Sturm und Drang" und der Erlebnisdichtung vor. Im Alter geriet Klopstock in wachsende Entfremdung zur literarischen Entwicklung. Die Beisetzung Klopstocks war für Hamburg ein großes Ereignis. Dem Trauerzug des geliebten Dichters folgten 25000 Menschen. Mit einer Eskorte Husaren vorab begann der Trauermarsch am Trauerhaus in Richtung Ottensen, wo der Dichter am 22. 3. 1803 beigesetzt wurde.

Klopstockstraße, (Ottensen), 1846, Erklärung wie Klopstockplatz.

Klopstockterrasse, (Ottensen), 1908, Erklärung wie Klopstockplatz.

Klosterallee, (Harvestehude, Hoheluft-Ost), 1870, als Straße, die sich auf dem ehemaligen Landbesitz des Klosters Harvestehude befindet.

Klosteralleebrücke, (Harvestehude), 1904, in Anlehnung an den Namen Klosterallee.

Klostergarten, (Harvestehude), 1896, zur Erinnerung an das dort ehemals gelegene Zisterzienser-Nonnen-Kloster Harvestehude.

Klosterhagen, (Bergedorf), 1949, Flurname. Das Land gehörte wahrscheinlich früher dem Kloster Reinbek.

Klosterstern, (Harvestehude), 1884, nach der sternförmigen Gestalt des Platzes und den strahlenförmig von ihm ausgehenden Straßen, sowie im Hinblick auf das ehemals benachbarte Zisterzienserkloster Harvestehude.

Klosterstieg, (Harvestehude), 1858, zur Erinnerung an das Grundeigentum des ehemaligen Zisterzienser-Nonnen-Klosters Harvestehude.

Klostertor, (Hammerbrook), 1856, als „Vor dem Klostertore", nach dem 1853 angelegten neuen, nach dem benachbarten Kloster St. Johannis benannten Tore, vorher: „Vor dem Deichtor", verkürzt 1899.

Klosterwall, (Hamburg-Altstadt, Hammerbrook), 1875, als Teil des Stadtwalls, nach seiner Lage vor dem damaligen St. Johanniskloster.

Klosterwisch, (Volksdorf), 1934, nach dem Namen der Flur, zu der die Straße führt = Klosterwiese. Die Wiese (Wisch) gehörte vermutlich dem Kloster Harvestehude. Wie aus einer Schenkungsurkunde von 1296 hervorgeht, vermachten die Grafen von Holstein den Zehnten des Dorfes Folkmerstorpe (Volksdorf) dem Kloster Harvestehude.

Klotzenmoor, (Groß Borstel), 1910 und 1928, nach dem der Gegend anhaftenden Flurnamen. Klotz oder Klutzen bedeutet umgehauener Stamm oder auch abgeschlagener Wald (Baumstumpf). Um 1891 stand in dieser Gegend noch offenes Wasser.

Klotzenmoorstieg, (Groß Borstel), 1961, in Anlehnung an den Namen Klotzenmoor.

Klütjenfelder Hauptdeich, (Kleiner Grasbrook), 1969, nach dem großen in dieser Gegend gelegenen Staatspachtgut „Klütjenfelde", das 1768 durch den Gottorper Vertrag an Hamburg kam. Klü'tjenfeld ist ein Flurname, = „Feld mit Erdklumpen".

Klütjenfelder Straße, (Kleiner Grasbrook, Wilhelmsburg), 1903, nach der früheren Domäne Klütjenfeld, über deren Gelände die Straße führt.

Knabenkrautweg, (Sasel), 1952, Pflanzenmotiv, Knabenkraut = Gattung der Orchideen mit rund 20000 Arten.

Knabeweg, (Osdorf), 1947, am 10. 9. 1771 erwarb Lambert Knabe in Osdorf einen Vollhof, der von den Erben an den Juden Levy verkauft wurde, der den Besitz an die Stadt Altona abtrat. Daraus ging das spätere Landpflegeheim Osdorf hervor.

Knappe Böge, (Alsterdorf), 1933, nach der Flur, an deren Grenze die Straße verläuft. Böge = Krümmung, Biegung.

Knasterberg, (Wellingsbüttel), 1933, nach einem unter Denkmalschutz stehenden Hügelgrab aus der Bronzezeit.

Knauerstraße, (Eppendorf), 1897, nach Georg Andreas Knauer (1759–1828), der mit dem „Andreasbrunnen" das „Bad Eppendorf" gründete. Er errichtete dort eine Trinkhalle und schenkte dort ein Gemisch aus verschiedenen Mineralwässern aus, die er aus unterschiedlichen Quellen beschaffte und „Andreasbrunnen" nannte.

Kneesestraße, (Wandsbck), 1950, nach Heinrich Kneese (1853–1916), Bürgervorsteher und Vorsitzender des Wandsbeker Turnerbundes.

Kneidenweg, (Moorfleet), 1955, Kneiden oder Kneien sind Weiden (Wicheln), die zur Herstellung von Körben verwendet werden und im Deichvorland wachsen.

Kneienblick, (Finkenwerder), 1941, Kneien oder Kneiden sind Weiden (Weidengebüsch, meist im Deichvorland). Vermutlich handelte es sich hier um eine Niederung mit Weidenanpflanzungen für die Korbherstellung.

Knickberg, (Marmstorf), 1950, Flurname, Knick = Hecke, siehe auch Knickweg.

Knickweg, (Winterhude), 1946, ein Knick ist ein mit Büschen oder Bäumen bepflanzter Erdwall, mit dem Äcker und Weiden eingefaßt sind, um der Erosion zu begegnen. Der Name Knick kommt von abknicken; die Bepflanzung auf den Erdwällen (Knicks) wurde durch Abknicken immer kurz gehalten.

Kniep, (Langenhorn), 1938, alte Flurbezeichnung. Kniep = Klemme, Enge.

Kniggestraße, (Wilstorf), 1903, nach dem damaligen Grundeigner, dem Kaufmann Dietrich Kmgge (1830–1895).

Knivsbergweg, (Billstedt), vor 1938, nach dem in Nordschleswig bei Apenrade gelegenen Knivsberg, wo sich einmal im Jahr die deutschen Nordschleswiger zur gemeinsamen Bekundung ihres Deutschtums zusammenfinden.

Knochenhauertwiete, (Hamburg-Altstadt), 1939, nach der früheren Berufsbezeichnung der hier in größerer Zahl wohnenden Schlachter; nachweisbar seit dem 13. Jahrhundert.

Knokenholt, (Wellingsbüttel), vor 1938, nach einem Flurnamen = Knochengehölz.

Knoopstraße, (Harburg), 1859, nach der hier gelegenen „Knoopschen Wiese“. Nach Heinrich Diedrich Knoop, einem Harburger Spediteur in der Schloßstraße, der die ihm gehörende Wiese für seine Zugpferde als Weide benötigte.

Knorrestraße, (St. Georg), 1892, nach dem chirurgischen Oberarzt am Allgemeinen Krankenhaus St. Georg, Dr. Conrad Knorre (1809–1899).

Knospenweg, (Sülldorf), 1931, nach einem Blütenstandmotiv.

Knüllkamp, (Lurup), 1958, Flurname. Knüll = Erhebung.

Knutzenweg, (Marienthal), 1954, nach Friedrich Knutzen (1881–1938), der von 1920–1933 Landrat des Kreises Stormarn war.

Kobberdiekskoppel, (Lemsahl-Mellingstedt), 1946, Flurbezeichnung. Kobbdiek = Kupferteich, eine am Kupferteich gelegene Koppel.

Koboldweg, (Marmstorf), 1960, Motivgruppe: Märchengestalten.

Köbenbusch, (Niendorf), 1945, Flurbezeichnung.

Köderheide, (Rahlstedt), 1948, nach einem Flurnamen, was bedeutet: Heideland, das den „Ködern“ = Kätnern zugewiesen war.

Köhlbrandbrücke, (Steinwerder, Waltershof), benannt und eingeweiht 1974 nach dem Wasserlauf, über den die Brükke führt. Anlässlich der Einweihung marschierten mehrere 100000 Erstbegeher über diese schönste Brücke Europas. Man sollte annehmen, dass es für Hamburger nichts Besonderes ist, über eine Brücke zu gehen, weil es 2300 von ihnen in der Hansestadt gibt und es kaum zu vermeiden ist, ein- oder mehrmals täglich über eine solche zu gehen. Dennoch wollten sich viele an diesem Tage das Ereignis nicht entgehen lassen.

Köhlbranddeich, (Steinwerder, Wilhelmsburg), 1910, als östlicher Abschlußdeich der neuen Köhlbrandmündung.

Köhlbrandhöft, (Steinwerder), 1910, im Anschluss an den Namen Köhlbrand.

Köhlbrandstraße, (Wilhelmsburg), 1910, nach dem Wasserlauf Köhlbrand, wohin die Straße führt.

Köhlbrandtreppe, (Altona-Altstadt), 1899, nach der Lage gegenüber dem Elbarm Köhlbrand.

Köhlerstraße, (Osdorf), 1941, nach Ehrich Köhler (1873–1914), Fregattenkapitän, gefallen am 4. 11. 1914, als Kommandant des Kreuzers „Karlsruhe", der durch Innenexplosion vor Guayana sank.

Köhlfleetdamm, (Waltershof), 1927, nach dem Elbarm Köhlfleet.

Köhlfleet-Hauptdeich, (Finkenwerder), 1971, nach der Lage am Köhlfleet, einem Nebenarm des Kohlbrand.

Köhnckeweg, (Lohbrügge), vor 1938 und 1949, nach Wilhelm Köhncke (1856–1916), dem Rektor und dem Organisator des Schulwesens in Sande.

Köhnestraße, (Rothenburgsort), 1961, nach Fritz Köhne (1879–1956), Oberschulrat. (An der Straße liegt die Fritz-Köhne-Schule.)

Köllns Acker, (Eidelstedt), 1960, nach der Eidelstedter Bauernfamilie Kölln (seit dem 16. Jahrhundert).

König-Georg-Deich, (Wilhelmsburg), 1908, nach dem damaligen Landesherrn König Georg V. von Hannover (1819–1878).

König-Georg-Stieg, (Wilhelmsburg), 1990, in Anlehnung an den Namen König-Georg-Deich.

König-Georg-Weg, (Wilhelmsburg), 1970, in Anlehnung an den Namen König-Georg-Deich.

Königgrätzstraße, (Osdorf), 1912, in Erinnerung an den entscheidenden Sieg der Preußen über die Österreicher am 3. 7. 1866 bei Königgrätz.

König-Heinrich-Weg, (Niendorf), 1948, nach Heinrich L, Herzog von Sachsen, seit 919 deutscher König.

Königsberger Straße, (Bramfeld), 1954, nach der ehemaligen Hauptstadt von Ostpreußen.

Königsfarn, (Langenhorn) 2002, nach der im benachbarten Raakmoor vorkommenden Pflanze.

Königshütter Straße, (Dulsberg), 1929, nach der Stadt in Oberschlesien.

Königskinderweg, (Schnelsen), 1948, Märchenmotiv.

Königsreihe, (Wandsbek), 1950, im Jahre 1620 ließ der König von Dänemark Christian IV., der Besitzer des Gutes Wandsbek war, an der „Langen Reihe" kleine Häuser bauen, die im Volksmund „Königshäuser" genannt wurden.

Königstraße, (Altona-Altstadt), 1864, vermutlich nach König Friedrich 111. von Dänemark, von 1718 1732 soll hier ein polnischer König gewohnt haben, und von 1751–1771 lebte hier Adolf Friedrich von Schweden.

Köpenicker Stieg, (Tonndorf), 1986, in Anlehnung an Köpenicker Straße.

Köpenicker Straße, (Jenfeld, Tonndorf, Rahlstedt), 1961, nach dem Berliner Bezirk.

Köppenstraße, (Groß Borstel), 1934, nach dem bedeutenden Meteorologen Prof. W. Koppen (1846–1940). Mit einem Flugdrachen aus Holz und Stoff gelang es ihm, auf dem Kinderspielplatz Hoheweide meteorologische Apparate – Meisterwerke der Feinmechanik – in große Höhen zu bringen und mit selbstschreibenden Apparaten von nur 1 kg Gewicht gleichzeitig den Luftdruck, die Windgeschwindigkeit, die Temperatur und die Feuchtigkeit zu messen. Von 1875–1918 war er Abteilungsvorsteher an der Deutschen Seewarte in Hamburg. Prof. Koppen wohnte über 20 Jahre in dieser Straße.

Körnerstraße, (Winterhude), 1863, nach dem Schriftsteller und Freiheitsdichter Theodor Körner (1791–1813), aus Anlass der 50. Wiederkehr seines Todesjahres, sowie der Jubiläumsfeier der Befreiung Hamburgs und der Erhebung Deutschlands.

Körnerstraßenbrücke, (Winterhude), 1904, in Anlehnung an die Körnerstraße.

Kösliner Straße, (Rahlstedt), 1950, nach der Kreisstadt Köslin in Pommern.

Kösterbergstraße, (Blankenese), vor 1903, im Jahre 1794 erwarb der Hamburger Auktionator Hinrich Jürgen Köster (1748–1805) das Gelände und erbaute 1796 dort ein einfaches Haus. Nach ihm sind die Straße und der Berg benannt.

Kösterrodenweg, (Rahlstedt), vor 1940, nach der Flurbezeichnung „Kösterroden". Dabei handelte es sich um gerodetes Land, das dem Küster zugewiesen war.

Kösterstraße, (Eppendorf), 1901, nach den dort gelegenen Stiftswohnungen, der durch Testament vom 14. Mai 1879 gegründeten Heinrich und Caroline Köster-Testament-Stiftung.

Köterdamm, (Finkenwerder), vor 1940, Köter = Kätner (Kleinbauer).

Koggenweg, (Neuenfelde), 1980, Motivgruppe: Schiffstypen.

Kohlenkai, (Steinwerder), 1902, als Kohlenkai der HAPAG-Schiffe.

Kohlentwiete, (Bahrenfeld), 1918, nach den dortigen Kohlenlagerplätzen.

Kohlgarten, (Ohlsdorf), 1928, als Kohlgarten bezeichnet man den am Bauernhaus gelegenen Gemüsegarten (Kohlgarten oder Kohlhöfen). Hier verläuft die Straße über den Kohlhof eines ehemaligen Fuhlsbüttler Hufners.

Kohlhöfen, (Neustadt), im 17. Jahrhundert als „Bei den Kohlhöfen" nach den dort gelegenen Gemüsegärten, die die Bewohner der Altstadt hier hatten. Hier wurde Gemüse für Eigenbedarf, aber auch für den Verkauf gepflanzt. Auf einer Karte von 1791 ist dieser Vorstadtteil noch weitgehend unbebaut eingezeichnet, und nur die Kohlhöfe sind darauf ausgewiesen.

Kohlmeisenstieg, (Poppenbüttel), 1950, nach einem Vogelmotiv.

Kohmannweg, (Volksdorf), 1948, nach der hier seit dem 16. Jahrhundert ansässigen, jetzt ausgestorbenen Bauernfamilie Kohmann, die hier eine Vollhufe besaß.

Kohövedstraße, (Rahlstedt), 1950, nach Nikolaus von Wedel, genannt Kohöved (vielleicht nach der Ortschaft Kohöved bei Ranzau in Ostholstein). Von Wedel hatte im 14. Jahrhundert seinen Rittersitz in Kohöved und war Grundherr von Rahlstedt.

Kohort, (Finkenwerder), 1980, Flurbezeichnung = Kuhort.

Kohrswort, (Langenhorn), 1938, nach der Langenhorner Hufnerfamilie Kors oder Cordes. „Wort" bedeutet hier „Wurt" = Hausstelle.

Kolbergstraße, (St. Georg), 1899, nach der ehemaligen Hansestadt Kolberg in Pommern.

Koldeweystraße, (Groß Borstel), 1959, nach Carl Christian Koldewey (1837–1908). 1868–1870 Führer der 1. und 2. Nordpolarfahrt, 1871–1875 Assistent an der Deutschen Seewarte in Hamburg, 1875–1905 Abteilungsvorsteher an der Deutschen Seewarte, Admiralitätsrat.

Koldingstraße, (Altona-Nord), 1893, in Erinnerung an den siegreichen Kampf bei Kolding, in dem die Schleswig-Holsteinische Armee am 23. 4. 1849 die Dänen besiegte.

Kolkwiese, (Farmsen-Berne), 1954, Flurname mit zwei Auslegungen: einmal wird „Kolk" als kleiner Teich bezeichnet und die zweite Lesart bezeichnet „Kolk" als Vertiefung durch Wasserstrudel.

Kollaukamp, (Niendorf), vor 1938, Flurname = Feld an der Kollau.

Kollaustraße, (Lokstedt, Niendorf), 1948, nach der Kollau.

Kollenhof, (Eidelstedt), 1951, nach der Vogthufe „Kollenhof", seit 1586 im Besitz der Familie Kölln, dem letzten Bauernvogt Stellingens.

Kollergang, (Eißendorf), 1938 und 1940, die in der Siedlung Brinckman & Mergell gelegenen Straßen sind vorwiegend mit Bezeichnungen aus der Ölindustrie benannt. Kollergang ist eine in dieser Industrie verwendete Zerkleinerungsmaschine.

Kolloweg, (Rahlstedt), 1951, nach dem Operetten- und Schlagerkomponisten Walter Kollo (1878–1940), er schrieb vorwiegend Operetten und Schlager, die den Berliner Ton trafen. Sein Sohn Willy Kollo (1905–1988) verfasste diverse Operettenlibretti.

Kollwitzring, (Billstedt), 1971, nach der Graphikerin und Plastikerin Käthe Kollwitz, geb. Schmidt (1867–1945). Sie lebte bis 1943 in Berlin, wo sie Mitglied der Akademie war. Ihre Graphiken und Zeichnungen zeigen einen ausdrucksstarken Stil, der ihr Mitgefühl für das Proletariat widerspiegelt.

Kolpingweg, (Wandsbek), 1967, nach Adolf Kolping (1813–1865), Schuhmachergeselle, seit 1845 Priester, 1849 Domvikar in Köln. Er leitete 1846 in Elberfeld und 1849 in Köln die katholischen Gesellenvereine. In dieser Straße stehen Häuser der Kolping-Baugenossenschaft.

Kolumbusstraße, (Horn, Billstedt), 1962, nach dem Seefahrer und Entdecker Amerikas Christoph Kolumbus (1451–1506). Mit seinen diversen Fahrten hat Kolumbus das Zeitalter der großen Entdeckungen eingeleitet.

Komödienstieg, (Altona-Altstadt), 1950, am Westende der „Breiten Straße“, Ecke Sägemühlenstraße, befand sich das erste Altonaer Schauspielhaus, das von 1783 bis 1809 seinen Zweck erfüllte.

Komorowskiweg, (Eißendorf), 1986, nach dem Bildhauer Robert Wilhelm Komorowski (1905–1970), genannt „Michael Komorowski“.

Konjetznystraße, (Langenhorn), 1961, nach Prof. Dr. Georg Ernst Konjetzny (1880–1957), seit 1935 Direktor der Chirurgischen Universitäts- und Poliklinik in Hamburg.

Konrad-Hager-Straße, (Eidelstedt), 1987, nach dem Fabrikanten und Vorbesitzer Konrad Hager (1893–1980).

Konrad-Reuter-Straße, (Sasel), 1919/ 20, nach Konrad Reuter (1873–1958), letzter Besitzer des Saselhofes und Mitbegründer der Alstertal-Terrain AG.

Konrad-Veix-Stieg, (Allermöhe), 1995, nach Konrad Veix (1891–1974), Schuhmacher, Widerstandskämpfer gegen den Nationalsozialismus.

Konsul-Francke-Straße, (Heimfeld), 1950, nach dem Harburger Fabrikanten Robert Francke (1830–1904), er war Mitbegründer der „Harburger Salpeterfabrik“ und österreichisch-ungarischer Vizekonsul in Harburg, 1891 gründete er zusammen mit Friedrich Thörl die Palmkernölfabrik Robert Francke, die 1894 der Harburger Ölfabrik F. Thörl angegliedert wurde.

Konsul-Renck-Straße, (Harburg), 1933, nach dem Harburger Senator Kommerzienrat Georg Karl Renck (1846–1909). Er zählte zu den bedeutendsten Unternehmern Harburgs und war auch Vizekonsul von Großbritannien und Portugal. Er galt als verdienstvoller Förderer der Entwicklung des Überseeverkehrs des Harburger Hafens.

Konsul-Ritter-Straße (Heimfeld), 1951, nach dem Kaufmann Herrmann Ritter (1855–1932), zunächst Prokurist, Geschäftsführer, Mitinhaber und schließlich Alleininhaber der Firma Renck & Hessenmüller. Er war maßgeblich am Harburger Seehafenkaibetrieb beteiligt und wie Carl Renck großbritannischer und portugiesischer Vizekonsul.

Koolbarg (Billstedt), 1948, Flurbezeichnung. Ort, wo Holzkohle oder Torkohle gebrannt wird.

Koolbargenredder (Billstedt), vor 1938 und 1966, Flurname. Erklärgun wie Koolbarg.

Koopmanns Eck, (Kirchwerder), 1999, niederdeutsch „für Kaufmanns Eck“, nach den dort ansässigen Geschäften.

Koopstraße (Eimsbüttel), 1887, unter Verwendung des Flurnamens „Koops Bleiche“, nach dem Grundeigentümer Heinrich Albert Koop (1820–1890).

Koornstegel, (Wilhelmsburg), 2005, nach der plattdeutschen Bezeichnung für einen vom Deich abwärtsführenden Weg, auf dem Säcke mit Mehl und Getreide zu und von den Kähnen auf den Wettern getragen wurden.

Kopernikusstraße, (Rahlstedt), 1931, nach dem bedeutenden Astronomen Nikolaus Kopernikus (1473–1543), dem Begründer des nach ihm benannten Weltbildes.

Kopischweg, (Niendorf), 1948, nach dem Maler und Dichter August Kopisch (1799–1853).

Koppel, (St. Georg), 1690, Flurname. Koppel = größeres eingezäuntes bzw. von Knicks umgebenes Stück Weideland.

Koppelbarg, (Lurup), 1929, Flurname = eingefriedetes Weideland auf eienr Anhöhe.

Koppelstieg, (Wilhelmsburg), 1935, das Wort Koppel ist hier nicht gebräuchlich, sondern stammt aus dem Holsteinischen. Es ist wohl von Ortsfremden ausgewählt worden. Hier in der Marsch gibt es nur einzelne Stücke oder ein vom Deich umschlossenes „Feld“.

Koppelstraße, (Lokstedt, Stellingen), 1928, als Straße, die zur Koppel hinausführt.

Koppelweg, (Poppenbüttel), 1914, nach einem der Gegend anhaftenen Flurnamen.

Kopperholdtweg, (Bahrenfeld), 1955, nach Hermann Kopperholdt (1821–1870), der 1868 an der Bahrenfelder Straße einen Herrensitz errichtete und das Gelände zum Kopperholdtschen Park ausgestaltete.

Korachstraße, (Lohbrügge), 1965, nach Prof. Dr. Siegfried Samuel Korach (1855–1943); 1892 bei der Bekämpfung der Cholera in Hamburg aktiv tätig, langjähriger Chefarzt der medizinschen Abteilung am Israelitischen Krankenhaus in Hamburg. Widerstandskämpfer gegen den Nationalsozialismus.

Korallusring, (Wilhelmsburg), 1957, siehe Korallusstraße.

Korallusstraße, (Wilhelmsburg), 1957, nach Hermann Korallus (1849–1925). Er war Mitbegründer und vieljähriger Vorsitzender des 1895 gegründeten Wilhelmsburger Eisenbahnbau-Spar-und-Consum-Vereins (jetzt Baugesellschaft Nord). Er war Vorsteher der Güter-Expedition Wilhelmsburg und später Rechnungsrat.

Koreastraße, (HafenCity), 2006, nach der ostasiatischen Halbinsel.

Kornacker, (Eidelstedt), 1932, frei gebildeter Name nach den auch sonst hier auf Acker lautenden Wegnamen.

Kornbergstraße, (Wandsbek), 1950, nach Gabriel Kornberg (1711–1781), am Schlossbau in Wandsbek beteiligter Maurermeister.

Kornblumenweg, (Osdorf), 1932, Pflanzenmotiv. Kornblume = Hungerblümchen, Art der Glockenblume mit azurblauen Blüten, Ackerunkraut.

Kornhausbrücke, (Hamburg-Altstadt, HafenCity), 1886, nach dem ehemaligen, 1660 erbauten und 1871 abgebrochenen Kornhaus (Kornmagazin). Die Stadt bevorratete sich hier mit Getreide, um bei Belagerung ausreichend versorgt zu sein. Zusätzlich diente der Vorrat der Preisregulierung. Hier wurde in Zeiten der Teuerung Korn an Bedürftige zu niedrigen Preisen abgegeben. Nachdem das Kornhaus 150 Jahre lang seinen Zweck erfüllt hatte, wurde es zur Kaserne für die 76er. Nach dem deutsch-französischen Krieg konnte das Hanseatische Infanterieregiment dann in die neuen Kasernen in der Bundesstraße einziehen. Das Kornhaus-Kasernengebäude wurde abgerissen.

Kornpfad, (Farmsen-Berne), 1922, frei gewählter Name, Flurname.

Kornradenweg, (Osdorf), 1934, nach dem Getreideunkraut Kornrade, Gattung der Nelkengewächse.

Kornträgergang, (Neustadt), ben. im 17. Jahrhundert nach den behördlich gewählten und vereidigten Kornträgern, deren Brüderschaft zu dem Gang in einer bisher nicht bekannten Beziehung gestanden haben wird.

Kornweg, (Ohlsdorf), 1903, mit frei gewählter Bezeichnung nach den anliegenden Kornfeldern.

Kornweide, (Wilhelmsburg), vor 1852 und 1904, das einzige Feld auf der Insel Wilhelmsburg, auf dem früher Korn angebaut wurde. Das Gebiet Kornweide und Hauland gehörten bis 1672, mit der Harburger Schweineweide am König-Georg-Deich, zu Harburg.

Kornweidenbrücke, (Wilhelmsburg), 1951, in Anlehnung an den Namen Kornweide.

Korte Block, (Wohldorf-Ohlstedt), 1929, Flurbezeichnung. Als „Block“ bezeichnet man ein Ackerstück, das quer zu den anderen liegt, also separat bearbeitet werden muss. „Kort“ = kurz.

Kortenenden, (Poppenbüttel), 1947, Flurbezeichnung. Es handelt sich um eine örtliche Bezeichnung für Feldeinteilung.

Kortenkamp, (Langenhorn), 1914, Flurname. Kortenkamp = kurzes Feld.

Kortenland, (Bergstedt), 1947, nach dem anliegenden Flurstück. Kortenland = kurzes Land.

Kortenredder, (Wohldorf-Ohlstedt), 1950, in Anlehnung an den Flurnamen „Kortenkamp“ = kurzer Feldweg.

Kortenwisch, (Wohldorf-Ohlstedt), 1950, Flurname. Kortenwisch = kurze Wiese.

Korverweg, (Billstedt), 1948, 1523 verbreitete die von Amsterdam nach Hamburg verlegte Buchdruckerei der Gebrüder Korver Luthers Neues Testament in niederdeutscher Übertragung.

Kottwitzstraße, (Hoheluft-West), 1949, nach dem General Hugo Freiherr von Kottwitz (1815–1897), Kommandant der Hanseatischen Infanteriebrigade im Kriege 1870/71.

Krähenbeerheide, (Neugraben-Fischbek), 1975, in Anlehnung an die auch sonst hier auf „Heide“ lautenden Wegnamen.

Krähenhorst, (Blankenese), 1928, in Anlehnung an den Flurnamen „Kreyenbarg“, nach den dort zahlreichen Nistplätzen für Krähen. Horst = Greifvogelnest.

Krähenweg, (Niendorf), vor 1934, frei gebildeter Name.

Kraemerstieg, (Langenhorn), 1952, nach Gottfried August Kraemer (gest. 1836), Offizier in den Befreiungskriegen, übernahm 1817 den Vogtshof und 1824 das Vogtsamt in Langenhorn von seinem Schwiegervater Krohn.

Kraepelinweg, (Barmbek-Süd), 1938, nach Emil Kraepelin (1856–1926), Psychiater, Bruder des Prof. Dr. Karl Kraepelin (1848–1915), Zoologe, Direktor des Naturhistorischen Museums 1889 bis 1914.

Krahnhöft, (Kleiner Grasbrook), 1888, als Landspitze in der Nähe des Großen Krahns zwischen Elbe und Segelschiffhafen.

Kramerkoppel, (Wandsbek), 1951, nach einem Vorbesitzer Kramer.

Kramer-Kray-Weg, (Poppenbüttel), 1950, nach einer Erzählung des niederdeutschen Dichters Hermann Boßdorf.

Krampengrund, (Volksdorf), 1919, nach einem der Gegend anhaftenden Flurnamen. Der Name kommt angeblich von einem engerlingähnlichen Tier, das hier zahlreich im Boden gefunden wurde, heutzutage aber nicht mehr auftritt. Eine andere Version geht davon aus, dass der Name vielfach für verlandeten Teich oder See steht.

Krampstieg, (Bergstedt), 1947, nach der Familie Kramp, eine der ältesten und angesehensten Hufnerfamilien in Rodenbek (seitdem 17. Jahrhundert).

Kranichfeldstraße, (Wandsbek), 1950, nach Johann Friedrich Anton Kranichfeld (1789–1860), Besitzer des Hofes Wendemuth.

Kranichhorst, (Niendorf), vor 1934, frei gewählter Name, nach den auch sonst hier auf „Horst“ verwendeten Wegnamen.

Kranichweg, (Barmbek-Nord), 1914, zur Erinnerung an den Vogelliebhaber von Essen, der in dieser Region Nist- und Brutplätze für einheimische Vögel anlegte.

Krapphofschleusenbrücke, (Allermöhe), 1961, nach der Lage und Funktion, als im Zuge des Weges Schleusendamm über die Krapphofschleuse führende Brücke.

Krapphofstraße, (Bergedorf, Allermöhe), 1979, nach einer Kattunfabrik, die „Krapp“ (= roten Farbstoff) gewann und der Hamburger Kaufmannsfamilie Danken gehörte.

Kraueler Hauptdeich, (Neuengamme, Kirchwerder), 1970, nach dem Ortsnamen „Krauel“.

Krausestraße, (Dulsberg, Barmbek-Nord), 1950, nach dem Lehrer Emil Krause (1870–1943). Er war von 1893 bis 1919 „Echo“-Redakteur, von 1907 bis 1919 sozialdemokratischer Bürgerschaftsabgeordneter und von 1919 bis 1933 Senator.

Krausestraßenbrücke, (Dulsberg, Barmbek-Nord), 1960, in Anlehnung an den Namen Krausestraße.

Krautgraben, (Farmsen-Berne), 1947, Flurname, die Kleine Rie, die dort in die Berner Au fließt, war wahrscheinlich stark verunkrautet.

Krautstücken, (Sülldorf), 1946, frei gewählter Name.

Krayenkamp, (Neustadt), seit Anfang des 17. Jahrhunderts. Nachdem die Begräbnisplätze um die Michaeliskirche Anfang des 17. Jahrhunderts nicht mehr ausreichten, wurde ein neuer Friedhof angelegt. Der damalige Pächter des alten Friedhofes, ein Herr Heinrich Kraye, soll die Straße angelegt und nach sich selbst benannt haben. Oder erhielt die Straße ihren Namen nach den zahlreichen Krähen, die sich hier in den Zeiten der Pest gütlich taten?

Kreetkamp, (Othmarschen), 1951, Flurname („Kretkamp“ auf der Erdbuchkarte von 1786 und im Erdbuch von 1789). „Kreet“ ist niederdeutsch und bedeutet Zank oder Streit (umstrittenes Feld).

Kreetortring, (Hausbruch), 1984, Flurbezeichnung. (Siehe auch Kreetkamp.)

Kreetsander Hauptdeich, (Wilhelmsburg), 1970, nach dem Flurnamen „Kreetsand“. „Kreet“: Erklärung wie für Kreetkamp.

Kreetslag, (Finkenwerder), 1950, Flurname, Kreet = Streit, „slag“ = Streifen Land.

Krefelder Weg, (Langenhorn), 1952, Motivgruppe: Städte im westdeutschen Industriegebiet.

Kreienhopp, (Poppenbüttel), 1930, Flurbezeichnung, die besagt, dass es sich um eine Anhöhe handelte, auf der Krähen nisteten.

Kreienhoppsberg, (Poppenbüttel), vor 1938, Flurname, ben. im Anschluss an den Namen Kreienhopp.

Kreienkoppel, (Poppenbüttel), 1977, = Krähenkoppel, ben. im Anschluss an die benachbarten Wegnamen.

Kreienstieg, (Poppenbüttel), 1977, in Anlehnung an den früheren Wegnamen „Krähenstieg“.

Kreisstraße, (Groß Flottbek), 1898, nach der Form der Straße, die einen großen Halbkreis bildet.

Krellweg, (Lohbrügge), 1955, nach Reinhold Krell (1886–1953), seit 1888 in Lohbrügge ansässig und der letzte Amtsund Gemeindevorsteher bis 1931.

Krempenhege, (Wohldorf-Ohlstedt), 1929, nach einem der Gegend anhaftenden Flurnamen. Kremp, Krempel = krumm. Es handelt sich um einen stark gekrümmten Feldweg. Hege = Wild, bzw. Waldpflege.

Kremper Straße, (Hoheluft-Ost), 1902, nach dem Ort Krempe in Schleswig-Holstein. Kurz vor der Störmündung in die Elbe gibt es noch einen Zufluss, die Kremper Au (die gekrümmte Au, bereits 1237 als Crimpe fluvius erwähnt).

Kressenweg, (Lump), 1967, Pflanzen-(Blumen)motiv. Kresse = Pflanze mit pfefferigem Geschmack: Gartenkresse, Brunnenkresse, Kapuzinerkresse etc.

Kreuslerstraße, (Hamburg-Altstadt), 1910, nach dem Hauptpastor (seit 1871) und Seniors Dr. Adolf Kreusler (1824–1894) von St. Petri.

Kreuzbergweg, (Rahlstedt), 1961, nach dem Berliner Bezirk.

Kreuzblumenweg, (Langenhorn), 2002, nach der im benachbarten Raakmoor vorkommenden Pflanze.

Kreuzbrook, (Hamm-Süd), 1905, nach einem bereits im 13. Jahrhundert erwähnten Flurnamen. Der Name entstand vermutlich nach einem Holzkreuz, das als Zeichen der Grenze des Kirchspiels St. Jacobi und zugleich des bremischen Sprengels gegen Verden, später gegen Ratzeburg errichtet worden war.

Kreuzburger Straße, (Jenfeld), 1969, Motivgruppe: Schlesische Städte.

Kreuzfurth, (Langenhorn), 1958, nach dem gleichnamigen, 150 Jahre im Familienbesitz gewesenen Gutes bei Kleve des Bauherrn der anliegenden Siedlung.

Kreuzkirchenstieg, (Billstedt), 1948, als zur Kreuzkirche führender Weg.

Kreuzweg, (St. Georg), 1800, als ein seinerzeit angelegter neuer Querfahrweg vom Hammer Brook nach dem Borgesch, der die Landstraße nach Hamm und Wandsbek kreuzte.

Kreyensaal, (Billstedt), 1932, Flurbezeichnung. Kreyen = Krähen und Saal = künstliche oder natürliche Viehtränke auf dem Feld, aus der sich möglicherweise die Krähen bedienten.

Krickentenweg, (Hausbruch), 1984, Motivgruppe: heimisches Niederwild.

Kriegerdankweg, (Schnelsen), 1927, nach dem anliegenden Kriegerehrenmal.

Kriegkamp, (Rahlstedt), 1935, Flurname, ein Feldstück, das vermutlich einem Vorbesitzer Namens Krieg gehörte.

Kriemhildstraße, (Rissen), 1933, Frauengestalt aus der Nieblungensage.

Krieterstraße, (Wilhelmsburg), 1969, nach Karl-Andreas Krieter (1890–1963), Pfarrer an der St. Bonifatiuskirche in Wilhelmsburg.

Krietkamp, (Wellingsbüttel), 1933, nach einem Flurnamen, der sich von Kriet oder Kreet ableitet, was streiten bedeutet (umstrittenes Land).

Krischan-Kreibohm-Weg, (Poppenbüttel), 1984, nach einem Werk des niederdeutschen Dichters Hermann Bossdorf.

Kritenbarg, (Poppenbüttel), 1930 und 1938, eine ungeklärte Flurbezeichnung, für die verschiedene Auslegungen angeboten werden; einmal könnte es Kreide bedeuten, oder wie beim Krietkamp Streit (umstrittenes Land) bedeuten. Als dritte Variante wird „Kriten“ mit heulen, kreischen, laut aufweinen ausgelegt.

Krochmannstraße, (Winterhude), 1877, nach dem Grundeigentümer Carl Hinrich Krochmann (1829–1899).

Krögen, (Eidelstedt), 1929, nach dem Flurnamen „Krogen“, nach einer Karte der städtischen Bauverwaltung Altona von 1926, Maßstab 1: 5000 und der Verkoppelungskarte.

Krögerkoppel, (Sasel), 1950, volkstümliche Bezeichnung für die hier ehemals gelegene Koppel, die dem Saseler Bauern Hermann Kröger gehörte.

Krögerstraße, (Rahlstedt), vor 1951, nach dem Grundeigentümer Kröger (Meiendorfer Bauernfamilie seit dem 18. Jahrhundert).

Krögers Treppe, (Blankenese), vor 1903, nach dem Kapitän und Grundeigner Jürgen Kröger (1811–1889), der auch als Lotse arbeitete.

Krönenbarg, (Marmstorf), 1955, Flurname.

Krönenfeld, (Marmstorf), 1971, Flurname, in Anlehnung an den Weg „Krönenbarg“.

Krohnsheide, (Rahlstedt), vor 1940, nach dem Wirt Crohn, der hier um 1700 am Rande der Heide eine Wirtschaft betrieb.

Krohnskamp, (Winterhude), 1866, nach einem der Gegend anhaftenden Flurnamen. Häufig wurden in Hamburg Eigennamen im Zusammenhang mit Weiden, Feldern, Kamp oder Bächen verwendet. Bei diesem System war es schon nach wenigen Generationen nicht mehr möglich, festzustellen, ob die Benennung erfolgte, weil die Person sich öffentlich hervorgetan hatte, oder weil ihr der Acker, die Weide oder der Bach gehörte.

Krohnstieg, (Langenhorn, Niendorf), 1950, nach der alteingesessenen Bauernfamilie Krohn, die auch viele Vögte stellte, und in Erinnerung an ihre Verdienste um das ehemalige Dorf Langenhorn.

Krohnstieg-Tunnel, (Fuhlsbüttel), 1965, Erklärung: wie Krohnstieg.

Krokusstieg, (Alsterdorf), 1935, nach einem Blumenmotiv und nach den auch sonst in der Gartenstadt Alsterdorf verwendeten Blumenmotivnamen. Krokus = Frühlingsblume.

Kroneweg, (Farmsen-Berne), 1972, nach dem Gemeindevorsteher in Farmsen Christian Krone (1878–1965).

Kronprinzenstraße, (Osdorf), vor 1920, nach dem deutschen Kronprinzen Wilhelm (1882–1951).

Kronprinzkai, (Steinwerder), 1902, als Kai des Kaiser-Wilhelm-Hafens nach dem deutschen Kronprinzen.

Kronsaalsweg, (Stellingen), vor 1939 und 1957, nach der Flurbezeichnung „Op'n Kronsaal". Saal = künstliche oder natürliche Viehtränke auf dem Feld.

Krontaubenstieg, (Rahlstedt), 1958, Vogelmotiv. Eine Krontaube ist eine Taubenart mit einem Federfächer als Kopfschmuck.

Kroogblöcke, (Horn), 1929 und 1933, Blöcke sind Flurstücke, die nicht mit anderen Äckern zusammen bearbeitet werden können, da sie quer zu diesen liegen.

Kroonhorst, (Lurup, Osdorf), 1967, Flurname, Kroon = Kranich, Horst = Greifvogelnest.

Kroonstücken, (Tonndorf), 1949, Flurname. Stücken (Landanteile, die einem Bauern Kroon gehören).

Kroosweg, (Harburg), 1950, nach der Harburger Kaufmannsfamilie Kroos, die sich besonders durch ihre verschiedenen Stiftungen einen Namen gemacht hat. Der bedeutendste Vertreter der Familie war der Kommerzienrat Gerhard Friedrich Kroos (1826–1897). Er gehörte der Handelskammer Harburg seit ihrer Gründung an und war seit 1873 deren Vorsitzender.

Krügers Redder, (Bramfeld), vor 1937, nach der alteingesessenen Familie Krüger, die hier über mehrere Generationen Milchhandel betrieb.

Krühoffweg, (Curslack), 1999, nach dem insbesondere in den Vier- und Marschlanden gebräuchlichen niederdeutschen „Krühoff" für Kräuterhof; gemeint ist der hier häufig anzutreffende kleine Kräutergarten direkt am Haus.

Krümmelsdiek, (Wohldorf-Ohlstedt), 1945, nach dem Namen der Flur, auf die diese Straße zuführt. Krümmel = Morast. Diek = Dickicht oder Teich.

Krüsistraße, (Barmbek-Nord), 1966, nach Hermann Krüsi (1775–1844), Mitarbeiter des Pädagogen Pestalozzi, Wiederverwendung des in der Nähe vorhanden gewesenen Namens.

Krüßweg, (Barmbek-Nord), 1930, nach dem Optiker, Naturforscher und Präsidenten des Kirchenrates Prof. Dr. Krüß (1843–1925).

Krützkamp, (Osdorf), 1964, Flurname = Kreuzkamp.

Krugkoppel, (Harvestehude), 1891, nach einem der Gegend haftenden Flurnamen.

Krugkoppelbrücke, (Harvestehude), 1904, ein bis heute nicht ganz geklärter Straßenname. Eine Ansicht besagt, dass es sich um einen Flurnamen handelt. Eine andere Lesart will wissen, dass der Ursprung des Namens ein Wirtshaus sein soll, das hier nach Abriss des Klosters Harvestehude im Jahre 1530 errichtet worden sein soll.

Krugtwiete, (Hamm-Nord), ben. nach dem Volksmund, etwa in der zweiten Hälfte des 18. Jahrhunderts, weil der zur Hammer Landstraße führende Durchgang von der Hirtenstraße gegenüber einem dort gelegenen Wirtshaus abzweigt.

Krumbeksweg, (Farmsen-Berne), 1933, nach dem Ritter Marquard von Crumbeke, der als Erbe des Hamburger Ratsherrn Daniel de Monte im 14. Jahrhundert Besitzer des Dorfes Farmsen war.

Krumdal, (Blankenese), vor 1903, „dal" = Tal.

Krumdals Weg, (Blankenese), vor 1903, Flurname (siehe Krumdal).

Krummer Hagen, (Kirchwerder), 1922, Flurbezeichnung. Hagen ist ein eingefriedetes Landstück.

Krummer Kamp, (Eidelstedt), 1962, frei gebildeter Name, nach der gekrümmten Form des Weges und in Anlehnung an den Namen „Redingskamp".

Krummholzberg, (Harburg), 1857, nach dem ehemaligen Bewuchs mit Krummholzkiefern. Bis 1861 stand auf dem Berg eine Windmühle und danach eine Gastwirtschaft, so dass die volkstümlichen Bezeichnungen mehrfach wechselten. So wurde der Berg auch „Beckers Berg", „Schöne Aussicht", „Marx-Höhe" und auch „Ölberg" nach der früheren Windmühle genannt.

Krummstücken, (Jenfeld), 1932, Flurbezeichnung. Zur Zeit der Feldgemeinschaft hatte jede Hufe einen bestimmten Anteil (Stück) an einem Kamp (Feld). Die hier bezeichneten Stücke werden eine krumme Form gehabt haben.

Krupunder Weg, (Eidelstedt), 1956, nach der Eidelstedt benachbarten Ortschaft in Schleswig-Holstein, Krupunder.

Krusenbusch, (Wilhelmsburg), 1937, Flurname, Krus = Kraus. Krusenbusch war früher eine Insel für sich, auf einer Karte von 1620 wird hier „Krushus“ genannt.

Krusestraße, (Lohbrügge), 1949, nach dem niederdeutschen Dichter Iven Kruse (1865–1926).

Kuchelweg, (Othmarschen), 1951, nach Theodor Kuchel (1819–1885), Portrait- und Landschaftsmaler, und nach dessen Sohn Max Kuchel (1859–1933), Landschaftsmaler.

Kuchenbergweg, (Sinstorf), 1993, in Anlehnung an die Straße „Am Kuchenberg“.

Kuckuckshorn, (Wilhelmsburg), 1952, früher bezeichnete man damit das Beencksche Gehöft; Horn = Bogen, Ecke, Winkel. Der Neuenfelder Deich war hier in einen scharfen Winkel herumgezogen.

Kuckucksweg, (Bramfeld), vor 1937, Vogelmotiv.

Küchgarten, (Harburg), alte Bezeichnung. Hier befand sich im 16. Jahrhundert der Küchengarten des Herzogs Otto I., der der herzoglichen Hofhaltung diente. 1650 wurde das Gebiet zur Bebauung und Ansiedlung für diejenigen Bürger freigegeben, die ihre Häuser im Rahmen der Festungserweiterung abbrechen mussten.

Kühlungsborner Straße, (Rahlstedt), 1999, nach dem Ostseebad Kühlungsborn.

Kühnbrücke, (Ohlsdorf), 1956, nach dem Schriftsteller und Journalisten Erich Kühn (1887–1953), der sich in der Kommunalarbeit in Ohlsdorf verdient machte.

Kühnehöfe, (Bahrenfeld), 2004, in Anlehnung an den von 1933 bis 1995 hier belegenen Produktionsbereich der Kühnehöfe (Senf- und Essighersteller).

Kuehnstieg, (Jenfeld), 1950, in Anlehnung an den Namen Kuehnstraße.

Kuehnstraße, (Jenfeld, Tonndorf), vor 1938, nach dem ehemaligen Wandsbeker Stadtbaurat Ludwig Kuehn (1848–1932).

Kükenbracksweg, (Wilhelmsburg), 1988, nach dem nahe gelegenen Kükenbrack. „Brack“ ist ein hinter dem Deich gelegenes Wasserloch, das durch Deichbruch entstanden ist.

Kükenstieg, (Lurup), 1932, mit Bezug auf das hier befindliche Gelände, das ehemals einem Kleintierzuchtverein gehörte.

Kükenweide, (Neugraben-Fischbek), 2008, nach der ehemaligen Geflügelhaltung auf der Weide.

Külpersweg, (Finkenwerder), 1936, nach der alteingesessenen Finkenwerder Fischerfamilie.

Kümmellstraße, (Eppendorf), 1932, nach dem Chirurgen Prof. Dr. Hermann Kümmell (1852–1937), leitender Oberarzt am Universitätskrankenhaus Eppendorf.

Künnekestraße, (Rahlstedt), 1958, nach dem Operettenkomponisten Eduard Künneke (1895–1953), der neben Operetten auch Lieder, Opern und Schlager komponierte.

Küperkoppel, (Tonndorf), 1950, Flurname. Land des Küpers (Böttchers).

Küperstieg, (Tonndorf), 1954, in Anlehnung an den Flurnamen „Küperkoppel,.

Küsterkamp, (Wandsbek), 1950, Flurname = Feld des Küsters.

Küsterstieg, (Rönneburg), 1952, in Anlehnung an den Namen Küstersweg.

Küstersweg, (Rönneburg), 1938, nach dem Grundeigner und Gastwirt Eduard Küster, der hier eine von seinem Vater 1836 eingerichtete Wirtschaft betrieb, die einen solchen Zuspruch gehabt haben soll, dass die hannoversche Eisenbahndirektion dort Pflingsten 1847 die Züge halten ließ.

Kugelfang, (Alsterdorf), 1934, zur Erinnerung an den ehemaligen Schießstand des Infanterie-Regiments 76, der sich gegenüber im Eppendorfer Moor befand. Er wurde 1904 abgebrochen.

Kuhberg, (Neustadt), ben. im 18. Jahrhundert nach dem der Gegend anhaftenden Flurnamen „Kobarg" als „am Kuhberge", der das hochgelegene Gelände als Kuhweide charakterisiert.

Kuhgraben, (Iserbrook), 1936, Flurname, vermutlich ist hier die niederdeutsche Bezeichnung „Kograben", was Grenzgraben bedeutet, mit „Kuhgraben" ins Hochdeutsche übersetzt worden.

Kuhkoppel, (Farmsen-Berne), 1925, nach einem der Gegend anhaftenden Flurnamen.

Kuhmühle, (Hohenfelde), ben. 1822 und 1898 als „Bei der Kuhmühle", nach der am nördlichen Ende der Straße gelegenen ehemaligen Kuhmühle (Wassermühle), die über Jahrhunderte Eigentum der Stadt war und die 1874 abgebrochen wurde. (Siehe auch Armgartstraße).

Kuhmühlenbrücke, (Uhlenhorst, Hohenfelde), 1904, im Anschluss an den Namen Kuhmühle.

Kuhnsweg, (Winterhude), 1907, nach dem Baumeister Johann Nikolaus Kuhn (1670–1743), dem Erbauer des Görtzschen Palais (jetzt Stadthaus am Neuen Wall) und der Kirche in Billwerder.

Kuhredder, (Lemsahl-Mellingstedt), vor 1897, ein von Knicks gesäumter Feldweg, auf dem die Kühe zur Weide getrieben wurden.

Kuhteichweg, (Wellingsbüttel), 1950, nach der Lage.

Kuhtrift, (Heimfeld), 1930, nach dem Weg, auf dem die Kühe auf die Weiden beim Fürstenmoor getrieben wurden (Trift = treiben).

Kuhwerder Höft, (Steinwerder), 1902, im Anschluss an den Kuhwerder Hafen (bildet die Landspitze zwischen dem Werfthafen Blohm & Voss und dem Kuhwerder Hafen).

Kulemannstieg, (Schnelsen), 1948, nach einer schleswig-holsteinischen Märchengestalt; nach Müllenhoff: Sagen, Märchen und Lieder. Motivgruppe: Holsteinische Geschichten, Sagen und Märchen.

Kulenkamp, (Hummelsbüttel), 1950, in Anlehnung an den später mit Poppenbüttler Stieg benannten Weg zunächst vorgesehenen Namen „Kulenbreden". Kulenkamp deutet auf die dortigen ehemaligen Ziegeleikuhlen, die heute durch die gestaute Susebek überflutet sind.

Kulenstück, (Langenhorn), 1949, nach einem Feldstück mit Sandkuhle.

Kulenstückbrücke, (Langenhorn), 1960, in Anlehnung an den Wegnamen Kulenstück.

Kulenwisch, (Hummelsbüttel), 1977, in Anlehnung an die Wegnamen Kulenkamp und Hauwisch.

Kulmer Gasse, (Dulsberg), 1931, nach der Stadt Kulm in Westpreußen (heute Culm in Polen), zur Erinnerung an die im Osten durch den Versailler Vertrag bewirkte Gebietsabtretung.

Kunaustraße, (Sasel), 1950, nach dem im Kriege 1914/18 gefallenen Saseler Lehrer Thomas Kunau (1879–1918).

Kunertweg, (Wilhelmsburg), 1990, in Anlehnung an die Karl-Kunert-Straße.

Kunhardtstraße, (Eppendorf), 1921, zu Ehren des Richters am Niedergericht (seit 1861) und Präsidenten der Bürgerschaft (1865–1867), späteren Senators (1869–1887) Dr. Georg Ferdinand Kunhardt (1824–1895).

Kupferdamm, (Farmsen-Berne), 1873, zur Erinnerung an die hier in den fünfziger Jahren des 19. Jahrhunderts betriebene Kupferschmelze, welche die zu verarbeitenden Erze als Rückfracht hamburgischer Schiffe von der Westküste Amerikas bezog.

Kupferdammbrücke, (Farmsen-Berne), 1898, in Anlehnung an den Namen Kupferdamm.

Kupferhammer, (Poppenbüttel), 1950, nach der dort ehemals befindlichen Kupfermühle.

Kupferhof, (Bergedorf), seit dem 17. Jahrhundert, nach dem dort gelegenen Kupferhammer.

Kupferredder, (Wohldorf-Ohlstedt), 1914, ehemaliger Feldweg, der zur früheren Wohldorfer Kupfermühle führte.

Kupferteichweg, (Poppenbüttel), 1950, nach der Lage am Kupferteich. Der Name weist in diesem Zusammenhang auf eine zweihundertjährige Geschichte hin, die in verschiedenen Büchern nachgelesen werden kann.

Kurdamm, (Wilhelmsburg), alte Bezeichnung (1904). Der Name bedeutet: vorläufiger Deich um ein neu entstandenes Brack (nach Reinstorf).

Kurfürstenbrücke, (Curslack, Allermöhe), 1934, in Anlehnung an Kurfürstendeich.

Kurfürstendeich, (Curslack, Allermöhe), alte Bezeichnung (1805); laut Harald Richert: „wahrscheinlich einst ein Kuwerdeich. Deichverbindung zwischen dem Billwerder und Curslack, angeblich nach 7 anliegenden Katen, die als die ‚7 Kurfürsten" bezeichnet wurden, in Curslack bekannt."

Kurfürstenstraße, (Wandsbek), 1902, Kurfürsten waren bis 1806 zur Wahl des deutschen Königs berechtigte Fürsten.

Kuriergang, (Billstedt), 1948, nach der Zeitung „Relations-Curier", die von 1673 bis 1811 existierte und von Thomas und Wiering herausgegeben wurde.

Kurt-Adams-Platz, (Lohbrügge), 1967, nach dem Bürgerschaftsabgeordneten und Direktor der Hamburger Volkshochschule Dr. Kurt Adams (1889–1944), Widerstandskämpfer gegen den Nationalsozialismus, kam 1944 im KZ Buchenwald zu Tode. Motivgruppe: Opfer des Nationalsozialismus.

Kurt-A.-Körber-Chaussee, (Bergedorf), 1998, nach Kurt-Adolf Körber (1909–1992), Begründer der Hauni-Werke, Mäzen und Ehrenbürger der Freien und Hansestadt Hamburg.

Kurt-Eckelmann-Straße, (Waltershof), 1996, nach Kurt Eckelmann (1916–1994), Hafenunternehmer, Pionier des Container-Umschlags im Hamburger Hafen.

Kurt-Küchler-Straße, (Nienstedten I, 1928, nach dem Dichter und Schriftsteller Kurt Küchler (1883–1925).

Kurt-Ledien-Weg, (Niendorf), 1982, nach dem Richter Kurt Ledien (1893–1945), einem Opfer des Nationalsozialismus.

Kurt-Schill-Weg, (Niendorf), 1982, nach Kurt Schill (1911–1944), Chemigraph, Motivgruppe: Opfer des Nationalsozialismus.

Kurt-Schumacher-Allee, (St. Georg), 1962, nach Dr. Kurt Schumacher (1895–1952), führender sozialdemokratischer Politiker, 1930–1933 Mitglied des Reichstages, 1949–1952 Mitglied des Bundestages.

Kurveneck, (Fuhlsbüttel), 1934, nach Form und Lage der Straße.

Kurvenstraße, (Marienthal), vor 1938, nach dem Verlauf der Straße.

Kurze Mühren, (Hamburg-Altstadt), ben. im 16. Jahrhundert, nach der alten Stadtmauer (Miihren = Mauern). Mühren baute man an den Stellen, an denen die Stadt nicht auf natürliche Weise, wie durch Gräben, Fleete, Alster oder Bastionen, geschützt war.

Kurzenremen, (Volksdorf), 1946, Flurbezeichnung. Remen sind Baum- bzw. Buschstreifen zwischen den Feldern, die man zur Begrenzung stehen ließ, um der Erosion vorzubeugen, und sie dienten der Dorfbevölkerung zur Versorgung mit Kleinholz.

Kurzer Kamp, (Fuhlsbüttel, Hummelsbüttel), 1908, nach einem der Gegend anhaftenden Flurnamen. Kurzer Kamp = kurzes Feld.

Kurze Straße, (Neustadt), um 1623, wegen ihrer geringen Ausdehnung.

Kusselhang, (Eißendorf), 1957, frei gebildeter Name nach der Beschaffenheit des Geländes. „Kusseln" = Buschkiefern, Buschholz.

Kutterweg, (Neuenfelde), 1980, Motivgruppe: Schiffstypen.

Kuulsbarg, (Blankenese), 1938, Flurbezeichnung. Berg mit Vertiefungen, Löchern, die durch Abgraben von Sand entstanden sein können.

Kuwerdamm, (Kirchwerder), 1950, der Name kommt wohl von Kurdamm, wobei es sich um einen vorläufigen Deich handelt, der um ein neu entstandenes oder durch Wühlwasser beschädigtes Brack angelegt wurde (Notdeich oder Notdamm).

L

Lachmannweg, (Iserbrook), 1960, nach Karl Lachmann (1793–1851), Begründer der modernen philologischen Textkritik auf dem Gebiet der klassischen und altdeutschen Literatur. Regte als Lehrer Simrocks diesen zur Übersetzung des Nibelungenliedes an.

Lachnerstraße, (Barmbek-Süd), 1906, nach dem Kapellmeister und Komponisten Franz Lachner (1803–1890) sowie seiner Brüder, den Musikern Ignaz (1807–1895) und Vinzenz Lachner (1811–1893).

Lademannbogen, (Hummelsbüttel), 1977, nach Dr. Ing. Friedrich Lademann (1891–1966), Vorstandsvorsitzender der Hamburger Hochbahn AG.

Ladenbeker Furtweg, (Lohbrügge, Bergedorf), 1926, Beibehaltung des alten Namens für den Weg durch die Bille beim ehemaligen Ortsteil Lohbrügges, Ladenbek, einer früheren Katensiedlung, die aus drei Katen bestand.

Ladenbeker-Furtweg-Brücke, (Lohbrügge), 1955, in Anlehnung an den Namen Ladenbeker Furtweg.

Ladenbeker Weg, (Lohbrügge), 1942, nach dem früheren Lohbrügger Ortsteil Ladenbek, der urkundlich erstmalig 1360 erwähnt wird. Die Straße führt durch diesen ehemaligen Ortsteil.

Ladigestwiete, (Rissen), 1953, nach dem letzten Amtsvorsteher in Rissen, Cord Ladiges (1862–1937).

Laeiszstraße, (St. Pauli), 1861, nach dem Gründer des an dieser Straße gelegenen im Benennungsjahr fertiggestellten F. Laeisz Stifts, Ferdinand Laeisz (1801–1887), zugleich im Hinblick auf seine hervorragenden kaufmännischen Leistungen.

Lämmersieth, (Barmbek-Nord), 1909, 1930, Flurname, „Sieth“ = seichte Stelle, niedriges Land. Lämmersieth = Lämmerweide.

Lämmertwiete, (Harburg), alte Bezeichnung (1614), auch in dieser Straße siedelten sich ab 1650 Bürger an, die infolge des Festungsbaues ihre Häuser im Norden der Stadt abbauen mussten. 1753 findet sich hierfür die Bezeichnung „Lamm Twiete“ und 1780 „Lams Straße“.

Lagerlöfstraße, (Wellingsbüttel), 1947, nach der Dichterin Selma Lagerlöf (1858–1940), die 1901 den Nobelpreis für Literatur erhielt. Ihr Weltruhm begründete sich auf ihrem Erstlingswerk „Gösta Berlings Saga“.

Lagerstraße, (Sternschanze), 1868, mit Bezug auf die in Aussicht stehende Bebauung mit Speichern zur Lagerung von Waren.

Lahrmannstraße, (Altona-Altstadt), 1910, nach dem Erbauer Franz Otto Lahrmann (1823–1880), Besitzer einer Lederfabrik und Lohgerberei, Stadtverordneter und Amtsvorsteher.

Lambert-Strus-Weg, (Poppenbüttel), 1977, nach dem Knappen Lambert Strus, Grundherr in Poppenbüttel, das er 1336 an das Hamburger Domkapitel verkaufte. Die Familie Strus, der im Norden Hamburgs noch einiges mehr gehörte, zählte zum verarmten Landadel, denn 1391 verpfändeten sie auch das Dorf Ohlstedt an Hamburger Bürger und verkauften es 1407 ganz. 1442 geht der ganze Besitz an Hinrich Hoyer über und gelangte später an Hartwig von Hummelsbüttel, der es 1463 an den Rat der Stadt Hamburg verkaufte.

Lambrechtsweg, (Barmbek-Nord), 1914, nach dem Hamburger Goldschmied (um 1600/1670). Motivgruppe: Hamburger bildende Künstler.

Lammstraße, (Altona-Altstadt), 1865, nach dem ehemaligen Wirtshaus „Zum weißen Lamm“ (1865) in der Paul-Roosen-Straße.

Lampenland, (Bergedorf), 1949, ortsübliche Bezeichnung. Hier besaß die Bergedorfer Kirche über 400 Jahre ein Stück Land, das der Bergedorfer Amtmann Hinrich von Calven im Jahre 1491 zum Unterhalt der „Ewigen Lampe“ auf dem Altar der Kirche gestiftet hatte.

Lampéstraße, (Eidelstedt), um 1905, nach dem Erbauer, dem Besitzer der Eidelstedter Mühle „Lampé“.

Lamp'lweg, (Altona-Altstadt), 1965, nach Dr. Walter Lamp'l (1891–1933), 1919 Kommandant von Groß-Hamburg, 1919–1921 Mitglied der Bürgerschaft und 1921–1933 Senator in Altona.

Lamprechtstraße, (Bergedorf), 1887, nach der Bergedorfer Familie Lamprecht, aus der vier Bürgermeister und ein Pastor hervorgingen, und insbesondere nach Dr. Diedrich Philipp August Lamprecht (1797–1882), einem Rechtsanwalt, der von 1848 bis 1874 Bürgermeister in Bergedorf war.

Landahlweg, (Hummelsbüttel), 1975, nach dem hamburgischen Senator Heinrich Landahl (1895–1971), Senator von 1945 bis 1953 und 1957 bis 1961.

Landdrostenweg, (Schnelsen), 1957, Landdrosten waren die obersten Beamten der Grafschaft Pinneberg, zu der s. Zt. auch Schnelsen gehörte. Sie verwalteten die Grafschaft im Auftrag der Grafen von Schauenburg und später für den dänischen König.

Landjägerstieg, (Billstedt), 1948, benachbart lag die Landjägerei (Gendarmerie-Station).

Landscheidewegbrücke, (Ochsenwerder), 1976, nach der im Zuge des Ochsenwerder Landscheideweges über den Schöpfwerkgraben führenden Brücke.

Landwehr, (Borgfelde, Hamm-Nord, Hohenfelde, Eilbek), ben. 1890 unter Verkürzung der alten Bezeichnung „Hinter der Landwehr“. Die Landwehr war ein altes bereits im 14. Jahrhundert bestehendes Festungssystem, das von Kuhmühlenteich bis Hammerbrook reichte. Schon vor dem 30jährigen Krieg hatte die Bebauung längs der Straßen nach Norden, Westen, Osten und Süden große Fortschritte gemacht. Vielfach waren diese Ansiedlungen ungeschützt und oftmals Ziel räuberischer und kriegerischer Überfälle. Um dem entgegen zu wirken, entstand im Osten nach Lübeck eine sogenannte Landwehr. Diese Befestigung reichte auf der einen Seite bis an die Alster (Kuhmühlenteich) und auf der anderen Seite bis zum Hammerbrook. Die Straßendurchgänge waren bewacht und durch einen Schlagbaum gesperrt (Lübscher Baum, Hammer Baum). In der Franzosenzeit unter dem Besatzer Davout wurde die alte Landwehr mit ihren Durchgänger und Befestigungen wieder in das Befestigungssystem der Stadt mit einbezogen.

Landwehrdamm, (Hamm-Nord), 1896, im Anschluss an den damaligen Straßennamen „Hinter der Landwehr“.

Landwehrplatz, (Borgfelde), 1912, im Anschluss an den Namen der Straße Landwehr.

Langbargheide, (Lurup), 1931, nach der alten Flurbezeichnung „Langbargheide“.

Langbehnstraße, (Bahrenfeld), 1950, nach dem Schriftsteller und Kulturkritiker August Julius Langbehn (1851–1907).

Langbergring, (Lohbrügge), 1982, in Anlehnung an den Namen „Am Langberg“.

Lange Koppel, (Farmsen-Berne), 1927, Flurname.

Langelohstraße, (Osdorf), 1928, nach dem Gemeindevorsteher in Osdorf Hinrich Langeloh (1844–1925), Gemeindevorsteher von 1875 bis 1923. Die Bauernfamilie Langeloh ist seit 1590 in Osdorf nachweisbar.

Lange Mühren, (Hamburg-Altstadt), 1913, durch Übertragung des ehemals an der Stadtmauer entlang verlaufenden Weges (Mühren = Mauern). Die Mühren (Stadtmauern) zählten zur Stadtbefestigung und wurden überall dort errichtet, wo ein natürlicher Schutz, wie Fleet oder Alster, bzw. eine Bastion fehlte.

Langenbeckshöh, (Ohlsdorf), 1929, zu Ehren des Bürgermeisters Dr. Hermann Langenbeck (1452–1517), einem bedeutenden hanseatischen Staatsmann und Rechtsgelehrten.

Langenbeern, (Farmsen-Berne, Sasel), 1949, Flurname. Name für eine Koppel. „Beern" ist die frühere Schreibweise für Berne.

Langenbeker Friedhofsweg, (Smstorf), 1976, führt in Richtung Langenbek und zum Friedhof.

Langenbeker Weg, (Marmstorf), 1930, die Straße führt zum benachbarten Stadtteil, der bis zum 31. 3. 1938 selbständigen Gemeinde Langenbek.

Langenberg, (Eißendorf), 1938, Flurbezeichnung. Der Straßenname wurde von der bis zum 31. 3. 1938 selbständigen Gemeinde Langenbek übernommen.

Langenfelder Damm, (Eimsbüttel, Stellingen), 1863 und 1949, als nach Langenfelde führende gepflasterte Straße.

Langenfelder Straße, (Altona-Nord), 1871, nach der früheren Ortschaft Langenfelde (jetzt im Ortsteil Stellingen).

Langenfort, (Barmbek-Nord), 1914, nach dem der Gegend anhaftenden Flurnamen „Langer Furche" = ungewöhnlich lange Ackerstücke.

Langengrund, (Neugraben-Fischbek), 1948, Flurname.

Langenhegen, (Nienstedten), vor 1903, Flurname.

Langenhövel, (Wilhelmsburg), 1949, der Weg führte früher zum Hövelhof.

Langenhorner Chaussee, (Fuhlsbüttel, Langenhorn), 1898, im Volksmund entstandener Name für die 1840 vom Alsterkrug bis Ochsenzoll, durch Fuhlsbüttel und Langenhorn, fortgeführte Strecke.

Langenhorner Markt, (Langenhorn), 1962, nach der Lage im Stadtteil Langenhorn und nach der Verwendung als Marktfläche.

Langenhorner-Markt-Brücke, (Langenhorn), 1977, in Anlehnung an den Namen Langenhorner Markt.

Langenhorner Straße-Ost, (Poppenbüttel), 1954, führt von Poppenbüttel nach Langenhorn.

Langenhorner Straße-West, (Poppenbüttel), 1954, führt von Poppenbüttel in Richtung Langenhorn.

Langenhorst, (Niendorf), 1949, Flurname (Waldparzelle mit Gestrüpp).

Langenjären, (Hummelsbüttel), vor 1951, Flurname, „Jarl" oder „Jar" sind einzelne Abteilungen eines Dorfschlages, die die Anteile der einzelnen Hufner bilden. Es handelt sich dabei, kurz ausgedrückt, um lange Flurstücke.

Langenrehm, (Barmbek-Süd), 1862, benannt als „Im Langenreem", verkürzt 1899, nach einem an der Gegend haftenden Flurnamen. „Rehm" = Riemen, Streifen. Es handelt sich dabei um zwischen den Äkkern stehengelassene Busch(Baum)streifen, die der Dorfbevölkerung zur Kleinholzbeschaffung dienten. Nebenbei verhinderten diese Buschstreifen die Erosion.

Langensaal, (Rissen), 1946, Saal ist eine künstliche oder natürliche Viehtränke auf dem Feld.

Langenstücken, (Poppenbüttel), vor 1938, Flurname, der besagt, dass es sich um lange Feld- bzw. Ackerstücke handelt.

Langenwiesen, (Volksdorf), 1933, nach einem der Gegend anhaftenden Flurnamen, der für sich spricht.

Langenzugbrücke, (Winterhude, Uhlenhorst), 1904, als über den Wasserlauf „Langer Zug" führende Brücke.

Langeooger Weg, (Finkenwerder), 1953, nach der ostfriesischen Nordseeinsel Langeoog.

Lange Reihe, (St. Georg), ben. seit dem 17. Jahrhundert. Das Wort „Reihe" besagt, dass die Straße bei ihrer Anlage 1682 nur einseitig bebaut war.

Langer Hagen, (Rothenburgsort), 1914, nach einem der Gegend anhaftenden Flurnamen.

Langermannsweg, (Barmbek-Süd), 1912, mit Bezug auf die benachbarte Staatskrankenanstalt Friedrichsberg, zu Ehren des preußischen Staatsrats und Geheimen Obermedizinalrat Dr. Johann Gottfried Langermann (1768–1832), der zuerst Heil- und Pflegeanstalt in der Irrenbehandlung unterschied.

Lange Straße, (Altona-Altstadt), 1815 und 1950, wegen ihrer Ausdehnung.

Lange Striepen, (Hausbruch), 1944, Flurbezeichnung = lange Streifen.

Langfeld, (Volksdorf), 1946, in Anlehnung an die Flur „Im langen Felde", eine der ältesten Ackerfluren in Volksdorf.

Langheinstraße, (Poppenbüttel), 1950, nach der Poppenbüttler Bauernfamilie Langhein, einer alteingesessenen Bauernsippe, die hier schon im 16. Jahrhundert gelebt hat.

Langkamp, (Groß Flottbek), 1935, Flurname = langes Feld.

Langkuul, (Neugraben-Fischbek), 1940, Flurname = lange Kuhle.

Langmaackweg, (Othmarschen), 1951, nach Johann Christian Langmaack (1870 – 1949), Lehrer, niederdeutscher Bühnenschriftsteller, Darsteller und Regisseur am Ohnsorg-Theater.

Langobardenweg, (Niendorf), 1948, nach dem Volksstamm der Langobarden, der um Christi Geburt beiderseits der Niederelbe siedelte, etwa 167 n. Chr. drangen sie erstmals zur Donau vor und nach 400 zogen sie nach Ungarn, von wo aus sie nach Italien abwanderten und die Lombardei und große Teile Mittelitaliens besetzten. Die lombardische Krone wurde 951 mit der deutschen verbunden.

Langwisch, (Wellingsbüttel, Poppenbüttel), 1930, Flurname = lange Wiese.

Langwischbrücke, (Wellingsbüttel, Poppenbüttel), um 1930, in Anlehnung an den Namen „Langwisch".

Lannerweg, (Rahlstedt), 1951, nach dem österreichischen Komponisten Joseph Franz Karl Lanner (1801–1843). Er hatte ein eigenes Orchester, in dem auch Johann Strauß spielte. Er gilt als eigentlicher Vater des Wiener Walzers, den er durch Erweiterung und Form und reiche melodische Erfindung zum Kunstwerk erhob.

Lappenbergsallee, (Eimsbüttel), 1895, nach der Familie Lappenberg, über deren Grundstück die Straße verläuft, die sich um Hamburg besonders verdient gemacht hat, insbesondere Martin Lappenberg (1794–1865), der als Leiter des Staatsarchivs auch das Hamburger Urkundenbuch herausgab. Martin Lappenberg war auch der erste Vorsitzende des 1839 auf Initiative von Georg Bueck gegründeten „Vereins für Hamburgische Geschichte".

Lapplandring, (Rahlstedt), 1964, nach dem nördlichsten Teil Skandinaviens, ursprünglich das Wohn- und Weidegebiet der Lappen, das politisch zu Schweden, Norwegen, Finnland und Russland gehört. Es handelt sich um ein Gebiet, das nicht eindeutig umgrenzt ist.

Lasbeker Straße, (Rahlstedt), 1951, nach der Ortschaft in Ostholstein.

Lassallestraße, (Harburg), 1945, nach dem Publizisten und Politiker Ferdinand Lassalle (1825–1864). Er gründete 1863 den „Allgemeinen Deutschen Arbeiterverein", der 1869 in der von Wilhelm Liebknecht und August Bebel gegründeten Sozialdemokratischen Deutschen Arbeiterpartei aufging.

Laßdrift, (Finkenwerder), 1980, nach einem ehemaligen Wasserlauf. Drift oder Trift = Viehtriebweg zur Weide oder Tränke.

Lastropsweg, (Eimsbüttel), 1906, nach der Familie des Senators Philipp Lastrop (1691–1744), die während des größten Teiles des 18. Jahrhunderts Eigentümerin des hier gelegenen, später dem Bürgermeister Lutteroth gehörenden Landsitzes und Parks war.

Latekopweg, (Poppenbüttel), 1977, nach Siegfried Latekop, Hamburger Priester, erwarb 1336 Grundbesitz in Poppenbüttel, womit der Übergang des Dorfes in kirchliche Hand begann.

Lattenkamp, (Winterhude), 1863, als „Am Lattenkamp", nach einer Flurbezeichnung; verkürzt 1899.

Lattenkampstieg, (Winterhude), 1933, im Anschluss an den Namen Lattenkamp.

Lattenstieg, (Winterhude), 1922, im Anschluss an den Namen Lattenkamp.

Laubaner Straße, (Jenfeld), 1955, nach der ehemaligen Kreisstadt in Niederschlesien, heute polnisch Luban.

Laubenweg, (Langenhorn), 1932, frei gewählter Name nach den Lauben, die hier in der Stadtrandsiedlung entstehen sollten.

Laubsängerweg, (Lurup), 1955, nach den auch sonst hier verwendeten Vogelmotivnamen. Laubsänger = Gattung der Grasmücken.

Lauenbrucher Deich, (Heimfeld), 1900, Rest des alten Lauenbrucher Deiches, des früheren Marschdorfes Lauenbruch, das 1909 bei der Anlage der Seebekken verschwand.

Lauenbrucher Hauptdeich, (Heimfeld), 1972, in Anlehnung an den Namen Lauenbrucher Deich.

Lauenbrucher Straße, (Heimfeld), 1886, die Straße führte ehemals zum Dorf Lauenbruch, das durch den Bau der Harburger Seehafenbecken (1904–1907) bis auf wenige Reste verschwunden ist.

Lauenbruch Ost, (Heimfeld), 1917–1922, nach den im Osten der ehemaligen Gemeinde erhaltengebliebenen Resten des Dorfes Lauenbruch, das nach Anlage der Harburger Seehafenbecken (1904–1907) verschwunden ist. Auf einem Stadtplan von 1908 wird der Weg als „Deich-Rampe" bezeichnet.

Lauenburger Straße, (Dulsberg), 1912, nach dem Herzogtum Lauenburg.

Lauensteinstraße, (Barmbek-Nord), 1957, nach Prof. Dr. Georg Rudolf Carl Lauenstein (1850–1915), Oberarzt und Chirurg am Hamburger Hafenkrankenhaus.

Laufgraben, (Rotherbaum), 1870, zur Erinnerung an die Belagerung durch die Dänen 1686 bei der Sternschanze und an die Ausschachtung von Laufgräben.

Laufkötterweg, (Horn), 1966, nach dem Reichstagsabgeordneten Franz Laufkötter (1857–1925). Motivgruppe: Männer und Frauen der Arbeiterbewegung.

Laukamp, (Langenhorn), 1920, nach der Vollhufnerfamilie Lau, die von 1664 bis 1800 Grundstückanlieger an dieser Straße war.

Launitzweg, (Hamm-Nord), 1926, nach dem Bildhauer Eduard Schmidt von der Launitz (1797–1869), der u.a. das Grabmal der Familie Sieveking auf dem Hammer Friedhof geschaffen hat.

Laurembergstieg, (Welhngsbiittel), 1971, in Anlehnung an den Laurembergweg.

Laurembergweg, (Wellingsbüttel), 1951, nach dem Mathematik- und Physikprofessor Peter Lauremberg (1585–1639), Rektor am Akademischen Gymnasium von 1615 bis 1618, ab 1624 Professor in Rostock.

Lausitzerweg, (Niendorf), 1980, nach dein Gebiet der Lausitz: Lausitzer Neiße, Niederlausitz, Oberlausitz.

Lauterbachstraße, (Harburg), 1857, nach dem Stadtmusikus Heinrich Lauterbach (1795–1881), dem damaligen Besitzer des Geländes. Einen Stadtmusikus gab es in allen wichtigen Städten, er besaß das Privileg für alleinige Musikausübung. In Hamburg hörte der letzte Stadtmusikus 1818 auf und in Harburg erst 1870 nach Einführung der Gewerbefreiheit.

Lauterberger Weg, (Niendorf), 1967, nach der Ortschaft Bad Lauterberg, nach der Motivgruppe: Städte im oder am Harz.

Lauweg, (Kirchwerder), 1970, nach Sophus August Christian Lau (1853–1934), Pastor in Kirchwerder von 1881–1912.

Lavaterweg, (Othmarschen), 1952, nach Johann Kaspar Lavater (1741–1801), protestantischer Pfarrer, Vertreter der Sturm- und Drangzeit auf religiösem Gebiet, Verfasser von physiognomischen Studien, der mit seinen „Schweizerliedern" volkstümlich wurde. Er war ein Freund Goethes und Herders, wobei die Freundschaft zu Goethe später zerfiel.

Lavendelweg, (Wandsbek), vor 1927, Blumenmotiv. Lavendel = Gattung der Lippenblüter im Mittelmeergebiet. Lavendelöl wird speziell auch in der Parfümerie eingesetzt. Als Arzneipflanze wird der große Speik eingesetzt.

Lawaetzweg, (Altona-Altstadt), 1950, nach dem Konferenzrat Johann Daniel Lawaetz (1750–1826), Kaufmann, Etatsrat, Vizepräsident der Schleswig-Holsteinischen Patriotischen Gesellschaft, Direktor der Armenkolonie Friedrichsgabe.

Leanderweg, (Iserbrook), 1984, nach Richard Leander (1830–1889), Märchenerzähler, Lyriker und Jugendschriftsteller, Pseudonym für Richard von Volkmann.

Lechweg, (Sasel), 1958, nach dem rechten Nebenfluss der Donau, 263 km lang, entspringt in den westlichen Lechtaler Alpen (Voralberg). Motivgruppe: Die Donau und ihre Nebenflüsse.

Lederstraße, (Bahrenfeld, Stellingen), 1929, nach der dort gelegenen Eidelstedter Lederfabrik.

Leegerwall, (Finkenwerder), 1993, nach dem 1950 veröffentlichten letzten Roman des Finkenwerder Schriftstellers Jakob Kinau (1884–1965).

Leegmoor, (Langenhorn), 1960, frei gewählter Name nach der Geländebeschaffenheit.

Leemgrove, (Langenhorn), 1929, nach einem an der Gegend haftenden Flurnamen. Leemgrove = Lehmgrube.

Leemrackeln, (Duvenstedt), 1942, Flurname, „Leem“ – Lehm, „racke“ = schlecht; steiniger Lehmboden.

Leeschenblick, (Bramfeld, Steilshoop), 1946, Flurbezeichnung, „Leesch“ = Bezeichnung für Sumpfpflanzen (Schilf), „blick“ = „bleck“ = ebenes, holzfreies Land.

Leezener Weg, (Langenhorn), 1954, nach dem Dorf Leezen im Kreis Segeberg. Motivgruppe: Dörfer nördlich von Hamburg.

Legienbrücke, (Horn, Billstedt), 1968, in Anlehnung an den Namen Legienstraße.

Legienstraße, (Horn, Billstedt), 1947, nach dem Hauptführer der deutschen Gewerkschaftsbewegung und dem Reichstagsabgeordneten Karl Legien (1861–1920).

Leharstraße, (Rahlstedt), 1950, nach dem Operettenkomponisten Franz Lehar (1870–1948). Lehar wurde vom Orchestergeiger und Militärkapellmeister zu einem der erfolgreichsten Komponisten der Wiener Operette.

Lehfeld, (Bergedorf), 1973, Gelände zwischen Schleusengraben und dem Neuen Deich, das bis zum Bau der Tatenberger Schleuse als Speicherraum bei Hochwasser der Oberbille diente und von jeder Bebauung freigehalten wurde. Name kommt angeblich von Lee, d.h. der vom Wind abgewandten Seite des Feldes. Wahrscheinlich von „Lech“, verwandt mit Lache.

Lehmbrookweg, (Farmsen-Berne), 1935 und 1950, Flurname der auf Lehmvorkommen und Ziegeleien hinweist, „brook“ = Bruch, feuchte Niederung.

Lehmheide, (Neugraben-Fischbek), 1975, nach der Lage in der Fischbeker Heide, wo die Silbe Heide vielfach, meist in Verbindung mit dem örtlichen Charakter eingesetzt wurde.

Lehmkoppel, (Rahlstedt), vor 1979, Flurname, nach den örtlichen Bodenverhältnissen.

Lehmkuhlenweg, (Sülldorf, Rissen), 1928, Flurname „Lehmerkamp“, nach einer Lehmkuhle, bei der es die Freiheit zum Lehmgraben gab.

Lehmoor, (Niendorf), vor 1934, Flurname, nach dem Lehmvorkommen.

Lehmweg, (Hoheluft-Ost), 1864, der Lehmweg war ehemals ein Teil der Großen Chaussee, die von Hamburg über den Grindel, Eppendorf und Langenhorn nach Ochsenzoll führte. Der Name geht zurück auf die früher hier vorhandenen Lehmvorkommen.

Leiblstieg, (Groß Flottbek), 1950, nach dem Maler Wilhelm Leibl (1844–1900). Leibl war zunächst Schlosserlehrling, studierte dann an der Münchner Akademie und fand selbständig den Weg zu einem rein malerischen Realismus.

Leibnizstraße, (Eilbek), 1907, nach dem universellen Geist Gottfried Wilhelm Freiherr von Leibniz (1646–1716), Philosoph, Mathematiker, Physiker, Techniker, Jurist, politischer Schriftsteller, Geschichts- und Sprachforscher.

Leichterkanalbrücke, (Steinwerder), 1948, in Anlehnung an den Leichterkanal, über den die Brücke führt.

Leimkrautweg, (Sülldorf), 1985, in Erweiterung der Motivgruppe Wildkräuter.

Leinpfad, (Winterhude), 1866, der Name erinnert an das Treideln der Alsterschuten. Mit Leinen beiderseits des Leinpfads mussten die Schuten flussaufwärts gezogen werden. Schon im 15. Jahrhundert war das Thema Emanzipation für die Hamburger Weiblichkeit keine Frage. Das Treidlergewerbe soll fest in der Hand von Frauen gewesen sein. Je nach Strömung und Wasserführung schafften sie ein bis zwei Kilometer pro Stunde. Vier Frauen zogen jeweils einen Kahn, beginnend beim Leinpfad bis zur heutigen Straße Treudelberg in Lemsahl-Mellingstedt. Wenn sie es nicht allein schafften, wurden notfalls Pferde vorgespannt. Aus aktuellem Anlass trägt der Leinpfad seinen Namen noch immer zu Recht. Immer noch treideln Damen am Leinpfad entlang. Anstelle von Schuten ziehen sie heute an Elastikleinen mehr oder weniger edle Hunde hinter sich her und sorgen dafür, dass es für Spaziergänger keine reine Freude mehr ist, hier entlang der Alster zu wandeln.

Leinpfadbrücke, (Winterhude), 1904, in Anlehnung an den Namen Leinpfad.

Leipeltstraße, (Wilhelmsburg), 1964, nach Hans Leipelt (1921–1945), Student, in Wilhelmsburg aufgewachsen, Widerstandskämpfer gegen den Nationalsozialismus, Mitglied der Gruppe „Weiße Rose", Opfer des Nationalsozialismus.

Leipoldstieg, (Othmarschen), 1953. nach Karl Leipold (1864–1943), Maler, „Der Romantiker der Niederelbe", der vorübergehend in Altona und Hamburg wohnte.

Leiserweg, (Rönneburg, Langenbek), 1988, nach Julius und Hedwig Leiser (1876/1879–1941), Opfer des Nationalsozialismus (jüdisches Ehepaar).

Leistikowstieg, (Groß Flottbek), 1950, nach dem Maler Walter Leistikow (1865–1908).

Lelka-Birnbaum-Weg, (Schnelsen), 1996, nach Lelka Birnbaum, 12 Jahre, Polin. Erklärung wie: Brüder-Hornemann-Straße.

Lembekstraße, (Lokstedt), 1948, nach dem sagenhaften holsteinischen Ritter „Lembek" (Müllenhoff, Sagen, Märchen und Lieder), Motivgruppe: Holsteinische Geschichten, Sagen und Märchen.

Lemkusweg, (Billstedt), 1960, nach dem Kupferstecher Diederich Lemkus (um 1700), Topograph und Kartograph.

Lemsahler Bargweg, (Lemsahl-Mellingstedt), 1947, nach der Lage im Ortsteil Lemsahl und nach der örtlichen Gegebenheit.

Lemsahler Dorfstraße, (Lemsahl-Mellingstedt), 1950, nach der Lage im ehemaligen Dorf Lemsahl.

Lemsahler Landstraße, (Lemsahl-Mellingstedt), 1948, als von Poppenbüttel nach Lemsahl führende Landstraße.

Lenaustraße, (Hohenfelde), 1899, nach dem Dichter Nikolaus Lenau, der unter diesem Pseudonym schrieb und dessen richtiger Name Nikolaus Franz Niembsch Edler von Strehlenau lautete (1802–1850). Als Dichter neigte er zu Pessimismus und Weltschmerz. Seine innere Zerrissenheit wurde noch durch die leidenschaftliche Liebe zur Frau seines Freundes, Sophie von Löwenthal, verstärkt. 1844 wurde er geisteskrank und endete am 22. 8. 1850 durch Selbstmord.

Lenbachstraße, (Groß Flottbek), 1912, nach dem berühmten Portraitmaler Franz von Lenbach (1836–1904), der viele Portraits hervorragender Persönlichkeiten seiner Zeit malte, so u.a. an die 80mal Bismarck.

Lengerckestieg, (Wandsbek), 1962, in Anlehnung an den Wegnamen Lengerckestraße.

Lengerckestraße, (Wandsbek), vor 1936, nach dem Hamburger Bürger Peter von Lengercke, der 1780 an bevorzugter Stelle eine Kattunfabrik errichtete und diese zur größten Fabrik dieser Art in Wandsbek machte und die den späteren Niedergang aller anderen Kattunfabriken um Jahrzehnte überlebte. Die Kontinentalsperre Napoleons versetzte dem Kattundruck den Todesstoß. Diese Industrie wanderte nach Süden, insbesondere nach Böhmen ab.

Lenhartzstraße, (Eppendorf), 1911, nach dem ärztlichen Direktor des Allgemeinen Krankenhauses St. Georg (seit 1895), dann des Allgemeinen Krankenhauses Eppendorf (1901–1910), Prof. Dr. Hermann Lenhartz (1854–1910).

Lentersweg, (Hummelsbüttel), 1970, nach der alteingesessenen Hummelsbüttler Bauernfamilie (17. Jahrhundert).

Lentföhrdener Weg, (Eidelstedt), 1940, nach der Landgemeinde Lentföhrden im Kreis Segeberg.

Lentheweg, (Eißendorf), 1957, zur Erinnerung an die begüterte niedersächsische Adelsfamilie von Lenthe, die hier Anfang des 19. Jahrhunderts Landbesitz hatte.

Lenzenreye, (Wohldorf-Ohlstedt), 1930, nach dem Flurnamen „Lenz“. Lenzen bedeutet von Wasser frei machen (Schiff lenzen). Reye = Bach oder kleiner Wasserlauf. Es wird sich hier vermutlich um einen trokkengelegten Bach bzw. um eine trockengelegte Niederung gehandelt haben.

Lenzingweg, (Bramfeld), 1942, altdeutscher Monatsname für März.

Lenzweg, (Lokstedt, Stellingen), 1953, nach dem Zoologen Prof. Dr. Harald Otmar Lenz (1798–1870).

Leo-Leistikow-Allee, (Uhlenhorst), 2010, nach Dr. med. Leo Friedrich Wilhelm Leistikow (1847–1917), Bürgerschaftsabgeordneter, der den Antrag zur Errichtung der Frauenklinik Finkenau nach einer Petition der Hamburgischen Frauenvereine und weiterer Sachverständiger in die Bürgerschaft einbrachte.

León-Brücke, (HafenCity), 2011, nach der Provinzhauptstadt des gleichnamigen Verwaltungsbezirkes in West-Nicaragua, der zweitgrößten Stadt des Landes; seit 1989 Partnerstadt Hamburgs.

Leopardenstraße, (Stellingen), 1936, mit Bezug auf den in der Nähe gelegenen Tierpark Hagenbeck.

Lepsiusweg, (Nienstedten), 1956, nach Prof. Dr. Richard Lepsius (1810–1884), Ägyptologe und Direktor des ägyptischen Museums in Berlin.

Lerchenberg, (Volksdorf), 1929, Flurname, der wahrscheinlich von einem Landvermesser ins Hochdeutsche übersetzt worden ist. Der volkstümliche Name ist „Wittstraße“, nach den vielen Witt, die dort wohnten.

Lerchenfeld, (Uhlenhorst), 1879, wegen der hier vor der Bebauung besonders zahlreich vorkommenden Hauben- und Heidelerchen.

Lerchenhöhe, (Volksdorf), 1939, Flurname, im Anschluss an den Namen Lerchenberg.

Lerchenkamp, (Schnelsen), vor 1934, nach einem an der Gegend anhaftenden Flurnamen (Vogelmotiv).

Lerchensporn, (Langenhorn), 2002, nach der im benachbarten Raakmoor vorkommenden Pflanze.

Lerchenstieg, (St. Pauli), 1988, in Anlehnung an den Namen Lerchenstraße.

Lerchenstraße, (St. Pauli, Sternschanze), 1948, in Erinnerung an den früher hier gelegenen Garten des Vogelliebhabers Gerhard Hinrich von Essen, der darin der heimischen Vogelwelt Nistplätze bereitete und Pflege angedeihen ließ und auch eine Sammlung ausgestopfter Vögel besaß (vgl. auch Von-Essen-Straße und das in Barmbek verbreitete Vogelmotiv).

Lesebergweg, (Osdorf), 1966, nach der Osdorfer Handwerkerfamilie Leseberg (seitdem 18. Jahrhundert).

Lesemanns Treppe, (Blankenese), vor 1929, nach dem ehemaligen Grundeigner Johann Nicolaus Lesemann (1759–1804).

Lessers Passage, (Altona-Altstadt), um 1858, nach dem Grundeigner und Druckereibesitzer Th. Lesser (1806–1885).

Lesserstraße, (Wandsbek), 1950, nach Wilhelm Lesser (1813–1889), Bürgermeister in Wandsbek von 1870 bis 1882, Ehrenbürger der Stadt Wandsbek.

Lessingstraße, (Hohenfelde), 1863, nach dem Dichter, Kritiker und Philosophen Gotthold Ephraim Lessing (1729–1781). 1767 ging Lessing an das neu eröffnete Nationaltheater nach Hamburg, wo er gleichzeitig an der als Wochenzeitschrift geplanten „Hamburgischen Dramaturgie" (1767–1769) arbeitete.

Nach dem Konkurs des Hamburger Theaters, Ende des Jahres 1768, folgte er 1770 einem Ruf als Bibliothekar an die Bibliothek Wolfenbüttel.

Letternkamp, (Billstedt), 1948, nach den auch sonst hier verwendeten Motiven aus dem Buchdruckereigewerbe.

Letzter Heller, (Horn), 1962, ortsübliche Bezeichnung nach einem dort ehemals gelegenen Wirtshaus, bereits im 17. Jahrhundert nachgewiesen.

Leuchtfeuerstieg, (Rissen), 1950, im Anschluss an den Namen Leuchtturmweg.

Leuchtkäferweg, (Sinstorf, Marmstorf), 1971, nach den auch sonst hier verwendeten Käfermotivnamen. Leuchtkäfer, insbesondere Glüh- oder Johanniswürmchen mit über 2000 Arten, meist tropisch, von denen es nur drei in Deutschland gibt.

Leuchtturmweg, (Rissen), 1929, nach der Lage beim Rissener Leuchtturm bei Tinsdal.

Leunastraße, (Bahrenfeld), 1950, nach der Industriestadt Leuna bei Merseburg an der Saale. Sitz der chemischen Großindustrie.

Leuschnerstraße, (Lohbrügge), 1964, nach Wilhelm Leuschner (1890–1944), Vorkämpfer des gewerkschaftlichen Widerstandes gegen den Nationalsozialismus.

Leuteritzweg, (Hummelsbüttel), 1975, nach Max Leuteritz (1884–1949), Präsident der Bürgerschaft von 1928 bis 1931, Senator 1945–1946.

Leverkusenstieg, (Bahrenfeld), 1951, in Anlehnung an den Namen Leverkusenstraße.

Leverkusenstraße, (Bahrenfeld), 1950, nach der Industriestadt Leverkusen im Rheinland.

Levkojenweg, (Eidelstedt), 1953, in freier Wahl nach den auch sonst hier verwendeten Blumenmotivnamen. Levkojen = Weißveilchen mit graufilzig behaarten Blättern mit violetten, weißen, gelben, meist gefüllten wohlriechenden Blüten.

Lewenwerder, (Neuland), 1985, nach dem Gründungsnamen der Siedlung Neuland im Jahre 1296.

Lewetzauweg, (Niendorf), 1948, nach Albert Philipp von Lewetzau (1789–1817), Landdrost in Pinneberg.

Leyendeckerweg, (Langenhorn), 2010, nach dem historischen Handwerksberuf des Dachdeckers, der mit Schiefer Dächer deckt.

Leysahtbogen, (Billstedt), 1980, nach Otto Leysaht (1855–1920), Apotheker im neu geschaffenen Billstedt.

Lianenweg, (Lokstedt), 1939, nach der Schlingpflanze (Kletterpflanze).

Libellenweg, (Langenhorn), 1940, nach einem Insektenmotiv.

Licentiatenweg, (Groß Borstel), 1903, als auf den kleinen „Licentiatenberg" zuführender Weg.

Lichtenauerweg, (Eißendorf), 1973, nach Prof. Dr. Friedrich Lichtenauer (1908–1969), Chirurg und leitender Arzt am Allgemeinen Krankenhaus Harburg.

Lichtenberger Straße, (Jenfeld), 1961, nach dem Berliner Bezirk.

Lichtensteinweg, (Wellingsbüttel), 1951, nach Hinrich Lichtenstein (1753–1816), von 1782–1799 Rektor des Johanneums.

Lichtheimweg, (Blankenese), 1951, nach Georg Lichtheim (1865–1939), von 1910 bis 1933 Direktor der Altonaer Gas- und Wasserwerke.

Lichtnelkenweg, (Neugraben-Fischbek), 2008, nach einer in der Gegend heimischen Pflanze.

Lichtwarkstraße, (Eppendorf), 1938, nach dem ersten Direktor der Hamburger Kunsthalle, Alfred Lichtwark (1852–1914). Seit 1886 Direktor der Kunsthalle. Lichtwark war Kunsthistoriker und -pädagoge und einer der Mitbegründer der Kunsterziehungsbewegung. Er hat u.a. die Abteilung „Hamburger Maler" aufgebaut, deren Namen wir zum Teil rechts und links der Fuhlsbüttler Straße in Barmbek als Straßennamen wiederfinden.

Liebermannstraße, (Othmarschen), 1947, nach dem Maler, Radierer und Graphiker Max Liebermann (1847–1935), er galt als früher Meister, der führend im deutschen Impressionismus war. Seine Bilder hängen in vielen deutschen und europäischen Galerien. Das Portrait, das Liebermann vom 82jährigen Hamburger Bürgermeister Petersen malte, ist bei diesem wie bei der Familie auf Ablehnung gestoßen. Erst 10 Jahre nach seinem Tode durfte das Bild in der Hamburger Kunsthalle gezeigt werden.

Liebezeitstraße, (Billstedt), 1962, nach dem Verleger Johann Gottfried Liebezeit (gest. 1711).

Liebigbrücke, (Billbrook, Rothenburgsort), 1934, in Anlehnung an den Namen Liebigstraße.

Liebigstraße, (Billbrook), 1914, nach dem Chemiker Justus von Liebig (1803–1873), Professor in Gießen und München. Er befasste sich u.a. mit dem Stoffwechsel bei Pflanzen und Tieren. Seine Befürwortung der Mineraldüngung brachte erhebliche Verbesserung für die menschliche Ernährung.

Liebrechtstraße, (Wilstorf), 1899, nach dem Landrat Dr. jur. und Dr. med. Wilhelm Liebrecht (1850–1925), Vorsitzender der Landesversicherungsanstalt und des Verwaltungsrates des Preußischen Beamtenvereins in Hannover. Weil er durch die Bereitstellung von finanziellen Mitteln für den Siedlungsbau der Harburger Genossenschaften wesentlich gefördert hat, wurde er bereits zu Lebzeiten mit einem Straßennamen geehrt.

Liedenkummer Bogen, (Neuenfelde), 1957, nach einer Flurbezeichnung „Liedenkummer".

Liegnitzer Straße, (Jenfeld), 1952, nach der Stadt in Schlesien.

Lienaustraße, (Farmsen-Berne), 1927, nach dem Ratsherrn und Bürgermeister Daniel Lienau (1739–1816), Ratsherr 1781, Bürgermeister 1798; 1806 damaliger erster Patron des Hospitals St. Georg, der sein Eigentum am Gut Berne aufgab und in private Hände übergehen ließ.

Lienhardstraße, (Barmbek-Nord), 1910, zur Erinnerung an das hier gelegene Pestalozzistift, nach der Titelfigur des Erstlingswerks Pestalozzis: „Lienhard und Gertrud.«

Liepmannweg, (Hummelsbüttel), 1975, nach dem Rechtsgelehrten Prof. Dr. Moritz Liepmann (1869–1918).

Liesbeth-Rose-Stieg, (Allermöhe), 1995, nach Elisabeth (Liesbeth) Rose (1910–1945), Schneiderin, Widerstandskämpferin gegen den Nationalsozialismus.

Lietbargredder, (Billstedt), 1977, in Anlehnung an einen Flurnamen.

Liethberg, (Lokstedt), vor 1934, Flurname. Lieth = sanft abfallend.

Liethwisch, (Lokstedt), vor 1934, Flurname. Lieth = sanft abfallend, Wisch = Wiese.

Ligusterweg, (Nienstedten), 1935, nach dem Immergrün-Strauch Liguster (Rain Weide).

Liliencronstraße, (Rahlstedt), 1950, nach dem Dichter Detlev Freiherr von Liliencron (1844–1909), nahm an den Feldzügen 1866 und 1870/71 als preußischer Offizier teil. Als Schriftsteller war Liliencron der wichtigste Vertreter des deutschen Impressionismus. Er wurde auf dem Friedhof in Rahlstedt beigesetzt.

Lilienstraße, (Hamburg-Altstadt), ben. in der zweiten Hälfte des 17. Jahrhunderts, im Anschluss an den Namen Rosenstraße. Die Lilienstraße hatte zuvor schon verschiedene Namen. Der jetzige ist wahrscheinlich wie auch der der Rosenstraße ironisch gemeint. Der vorherige Name Schindanger wurde beschönigend in Lilienstraße umgemünzt. Zeitweilig trug die Straße auch den Namen Rackerstraße, wobei Racker soviel wie Abdeckerei bedeutet. Beide Straßen, Rosenstraße und Lilienstraße lagen direkt am Elendsfriedhof, dort wo die Armen und Mittellosen beigesetzt wurden. Auch der Scharfrichter hatte in dieser wenig guten Gegend seine Wohnung. Diese ziemlich schlechte Gegend wurde von den nicht hier Wohnenden mit Spott und Ironie bedacht, und so sind auch die Namen Rosenstraße und Lilienstraße gemeint.

Lilo-Gloeden-Kehre, (Bergedorf), 1987, nach Elisabeth Charlotte Gloeden (1903–1944), Widerstandskämpferin gegen den Nationalsozialismus.

Lily-Braun-Straße, (Bergedorf), 1985, nach Lily Braun, geb. Kretschmann (1865–1916), Schriftstellerin und Frauenrechtlerin.

Limaweg, (Winterhude), 1972, nach der Hauptstadt des Landes Peru. Motivgruppe: Überseeische Handelsbeziehungen.

Limosenweg, (Lurup), 1932, Vogelmotiv. Limosa = Uferschnepfe, langbeiniger Watvogel mit sehr langem Schnabel und aufrechter Körperhaltung.

Linckestraße, (Rahlstedt), 1951, nach dem Operettenkomponisten Paul Lincke (1866–1946).

Lincolnstraße, (St. Pauli), 1866, nach dem am 14. April 1865 ermordeten Präsidenten der Vereinigten Staaten von Amerika Abraham Lincoln (1809–1865).

Lindenallee, (Eimsbüttel), 1870, nach der Bepflanzung mit Lindenbäumen bei Anlage der Straße. Es handelt sich um eine der ältesten Straßen in diesem Stadtteil, die bereits 1835 angelegt wurde.

Lindenbergkoppel, (Billstedt), 1957, nach einer ortsüblichen Bezeichnung. Koppel = eingefriedetes Weideland.

Lindenbergweg, (Bergedorf), 1955, nach Dr. jur. Johann Bernhard Lindenberg (1781–1851), Amtsverwalter 1814–1851, der sich besonders um die Erhaltung des Schlosses und des Bergedorfer Gehölzes verdient gemacht hat.

Lindeneck, (Wellingsbüttel), 1955, nach den dort vorhandenen Linden.

Lindenkoppel, (Poppenbüttel), vor 1938, nach einem Baummotiv, der Linde. Koppel = eingefriedetes Weideland.

Lindenplatz, (St. Georg), 1900, im Anschluss an den Namen Lindenstraße.

Lindenstraße, (St. Georg), 1835, nach den dort angepflanzten Bäumen.

Lindenweg, (Bergstedt), 1914, nach den an der Straße gepflanzten Lindenbäumen.

Lindleystraße, (Rothenburgsort), 1869, zu Ehren des aus England stammenden Ingenieurs William Lindley (1808–1900), der sich in der Zeit von 1834 bis 1861 insbesondere um die Anlage der Hamburg-Bergedorfer Eisenbahn, beim Brand von 1842 und beim Wiederaufbau der Stadt, um die Entwässerung des Hammerbrooks und um die Versorgung der Stadt mit Wasser und Gas verdient machte und als technischer Konsulent bei der Baudeputation tätig war.

Lindnersweg, (Barmbek-Süd), vor 1930, nach dem Vorbesitzer des Geländes Otto Lindner (1863–1927).

Linnering, (Winderhude), 1948, nach dem Garten- und Friedhofsdirektor Otto Linne (1869–1937).

Linsenkamp, (Bramfeld), 1944, nach der bekannten Hülsenfrucht.

Lippeltstraße, (Hammerbrook), 1866, nach dem bekannten Hamburger Bildhauer Julius Lippelt (1829–1864), dem Schöpfer des am 10. Mai 1866 enthüllten Schillerdenkmals.

Lippmannstraße, (Sternschanze, Altona-Nord), 1948, nach Gabriel Lippmann (1845–1921); er erhielt 1908 den Nobelpreis für Physik für die Entwicklung eines Verfahrens zur Farbfotografie nach der Interferenzmethode.

Lisa-Niebank-Weg, (Horn), 2001, nach Lisa Catarina Niebank (1913–1980). Von 1954 bis 1965 war sie Lehrerin an den Schulen Beim Pachthof und Stengelestraße, danach lehrte sie am Fremdspracheninstitut in Peking. Als ehemalige Schülerin der Telemann-Schule stand sie während des Nationalsozialismus dem schulischen und studentischen Widerstand nahe und unterstützte politisch oder rassistisch verfolgte Freunde.

Lisbeth-Bruhn-Straße, (Bergedorf), 1985, nach Lisbeth Bruhn (1893–1944), einer Widerstandskämpferin gegen den Nationalsozialismus, die 1944 ohne Urteil im KZ Neuengamme hingerichtet wurde.

Liseistieg, (Rahlstedt), 1971, nach einer Gestalt aus Theodor Storms Erzählung „Pole Poppenspäler".

Lise-Meitner-Park, (Bahrenfeld), 1995, nach Prof. Dr. Lise Meitner (1878–1968), jüdische Kernphysikerin.

Lißmannseck, (Barmbek-Nord), 1929, nach dem Maler Fritz Lißmann (1880–1915) und seinen Eltern, dem Opernsänger Friedrich Lißmann (1847–1894) und der Opernsängerin Marie Lißmann (1847–1928).

Lister Weg, (Billstedt), 1940, nach der Ortschaft auf der Insel Sylt.

Lisztstraße, (Ottensen), 1929, nach dem Pianisten und Komponisten Franz Liszt (1811–1886).

Litzowstieg, (Wandsbek), 1955, in Anlehnung an den Namen Litzowstraße.

Litzowstraße, (Wandsbek), um 1840, nach Gottfried Litzow, er erbaute 1798 gegenüber der Kirche an der Lübeckerstraße ein Haus, in dem eine Kramerei betrieben wurde, die 1938 140 Jahre ununterbrochen in Betrieb war. In der unteren Litzowstraße besaß Gottfried Litzow eine große Schafweide.

Litzowstraßenbrücke, (Wandsbek), 1901, in Anlehnung an den Namen Litzowstraße.

Lobsienweg, (Othmarschen), 1951, nach dem schleswig-holsteinischen Schriftsteller und Halligdichter Wilhelm Lobsien (1872–1947), dessen Hauptwerk „Der Halligenpastor" war.

Lobuschstraße, (Ottensen), vor 1856, nach einer frühen Flurbezeichnung.

Lockkoppel, (Wellingsbüttel), vor 1933, Flurbezeichnung.

Löfflerstraße, (Altona-Nord), 1947, nach Dr. Friedrich August Johannes Löffler (1852–1915), einem Hygieniker, dem Entdecker des Diphterieerregers, auch auf dem Gebiet der Tiermedizin hervorragend.

Loehrsweg, (Eppendorf), 1905, nach Dr. Hermann Rudolph Loehr (1801–1891), Rat beim Obergericht von 1863–1879.

Lönsstraße, (Wilstorf), 1922, nach dem Dichter Hermann Löns (1866–1914 bei Reims. Obwohl nicht in der Lüneburger Heide geboren, wurde er deren Dichter. Seine sterblichen Überreste wurden von Frankreich nach Deutschland überführt und in seiner Wahlheimat in der Nähe von Fallingbostel beigesetzt. Das Hermann-Löns-Grab ist für seine Freunde und Verehrer inzwischen Wallfahrtsort geworden.

Lötzener Stieg, (Bramfeld), 1954, nach der Ortschaft in Ostpreußen.

Loewenbergstraße, (Iserbrook), 1952, nach dem Schuldirektor und Schriftsteller Jacob Loewenberg (1856–1929).

Löwenstraße, (Hoheluft-Ost), 1879, auf Antrag des Grundeigentümers Samuel Ephraim, vermutlich aus Anlass jüdischer Symbolik.

Löwenzahnweg, (Osdorf), 1932, nach der Feldblume Löwenzahn.

Lofotenstraße, (Rahlstedt), 1951, nach der vor Nord-Norwegen gelegenen Inselgruppe im Nordmeer. Motivgruppe: Namen und Bezeichnungen des Nordmeerraumes.

Lohbekstieg, (Lokstedt), 1962, nach der Lage in der Nähe des Baches Lohbek.

Lohbrügger Kirchstraße, (Lohbrügge), 1949, nach der 1898 erbauten Erlöserkirche.

Lohbrügger Landstraße, (Lohbrügge), 1951, nach dem Stadtteil Lohbrügge.

Lohbrügger Markt, (Lohbrügge), 1949, das Dorf Lohbrügge wird bereits 1257 erwähnt. „Loh“ = Wald und „Brügge“ = Brücke oder Straße.

Lohbrügger Weg, (Lohbrügge), 1949, nach dem Stadtteil Lohbrügge.

Lohe, (Duvenstedt), vor 1949, Flurbezeichnung. „Lohe“ = Eichwald.

Lohengrinweg, (Rissen), 1945, Gralsritter, Sohn Parzivals, Hauptheld eines mittelhochdeutschen Gedichtes aus dem 13. Jahrhundert.

Loher Straße, (Rahlstedt), vor 1953, nach der früheren Nachbargemeinde Tonndorf-Lohe.

Lohheide, (Rahlstedt), vor 1940, „Loh“ = Eichwald mit Heidebestand.

Lohhörn, (Eidelstedt), 1961, Flurname, „Loh“ = Eichwald, Hörn = Landecke.

Lohhof, (Hamm-Nord), 1909, nach einem der Gegend anhaftenden Flurnamen, nach einem in einer Lichtung gelegenen Bauernhof.

Lohkamp, (Billstedt), vor 1938, Flurname, der auf sumpfiges mit Eichen bestandenes Land hinweist.

Lohkampstieg, (Eidelstedt), 1991, in Anlehnung an die Lohkampstraße.

Lohkampstraße, (Eidelstedt), 1928, Flurname, „Loh“ = kleiner Wald, Gehölz.

Lohkoppel, (Bramfeld), 1990, nach dem ehemaligen Gelände des dortigen Kleingartenvereins „Lohkoppel“.

Lohkoppelstraße, (Barmbek-Süd), 1873, nach einem der Gegend anhaftenden Flurnamen = „Lohkoppel“. „Loh“ = Eichwald.

Lohkoppelweg, (Lokstedt), 1929, Flurname, „Loh“ = Eichenwald.

Lohmannsstieg, (Heimfeld), 1988, in Anlehnung an den Namen Lohmannsweg.

Lohmannsweg, (Heimfeld), 1889, nach dem Grundeigner, dem Gastwirt Wilhelm Lohmann (1859–1905). (Lohmanns Park wurde 1925 parzelliert.)

Lohmühlenstraße, (St. Georg), 1857, zur Erinnerung an eine dort 1642–1854 gelegenen Lohmühle, in der aus Baumrinde für die Gerber Lohe hergestellt wurde. Wo einst die alte Lohmühle stand, befindet sich heute das „Lohmühlenkrankenhaus“ (St. Georg). Der früher hier gelegene Wallgraben behinderte an dieser Stelle den Verkehr. Wer zu Fuß, mit dem Pferd oder der Kutsche in die Uhlenhorst wollte, war zu einem erheblichen Umweg gezwungen. Eine private Gesellschaft schuf daher einen Fußweg und baute eine Brükke über den Wallgraben. Dafür nahm man eine Gebühr von einem halben Schilling = 1 Sechsling, daraus wurde später der Wegname „Sechslingspforte“.

Lohseplatz, (HafenCity), 1907, nach dem Erbauer der ersten Elbbrücke, Hermann Lohse (1815–1893).

Lohstücken, (Hummelsbüttel), vor 1948, Flurname, „Loh“ = Wald, Gehölz und „Stücken“ = Feldeinteilung.

Lohwisch, (Tonndorf, Rahlstedt), vor 1927, Flurname. „Loh“ = Wald, Gehölz und „Wisch“ = Wiese.

Lohwurt, (Eidelstedt), 1932, Flurname, mit Eichen bewachsener, künstlicher Wohnhügel.

Lokstedter Brücke, (Groß Borstel), 1931, in Anlehnung an den Namen Lokstedter Damm.

Lokstedter Damm, (Groß Borstel), 1864, nach dem Damm, der durch die Tarpenbekwiesen nach dem holsteinischen Dorf Lokstedt führt.

Lokstedter Grenzstraße, (Lokstedt, Stellingen), 1936, als Straße, die die Grenze zwischen Lokstedt und Stellingen bildet.

Lokstedter Höhe, (Lokstedt), 1950, nach der Lage im Stadtteil Lokstedt auf vergleichsweise hohem Gelände.

Lokstedter Holt, (Niendorf), 1945, nach einer Bezeichnung für ein früher zu Lokstedt gehörendes Waldstück.

Lokstedter Steindamm, (Lokstedt, Eppendorf), 1948, nach der schon früh mit Pflastersteinen ausgestatteten Straße, im Gegensatz zum Grandweg, der nur mit Grand befestigt war.

Lokstedter Weg, (Eppendorf), 1864, als nach dem holsteinischen Dorf Lokstedt führende Straße. Lokstedt wird 1210 als Locstide und 1350 als Locstede erwähnt.

Lollenboom, (Groß Borstel), 1932, nach einer der Gegend anhaftenden Flurbezeichnung. „Lollen" ist Niederdeutsch und bedeutet leise murmeln, singen, also summender Baum.

Lombardsbrücke, (Hamburg-Altstadt, Neustadt, St. Georg, Rotherbaum), 1894, nach einem ehemals hier gelegenen Leihhaus, in dem man gegen Hinterlegung eines Pfandes Geld leihen konnte. Für diese Einrichtung verwendete man die italienische Bezeichnung „Lombard". Lombarden nannte man im Mittelalter Kaufleute aus Italien, die berechtigt waren, für Zinsen oder Pfänder Geld zu verleihen. Dieses Lombardgebäude war 1651 entstanden. Bis 1813 wurde das Lombardgeschäft hier betrieben, 1828 wurde das Gebäude abgebrochen. Zu Beginn des 30jährigen Krieges ließ die Stadt durch den holländischen Festungsbaumeister Johann von Valkenburg die gesamte bestehende Fcstungsanlage neu gestalten und einen großen Befestigungsring um die ganze Stadt ziehen. In diesem Zusammenhang wurde von beiden Seiten des Alsterufers ein Damm in die Alster geschüttet, der in der Mitte mit einer hölzernen Klappbrücke versehen war. Diese erste Brücke war zur jetzt entstandenen Außenalster hin mit einer Pfahlreihe gesichert und besaß nur einen engen Durchlass. Nachts war die Passage durch die Brücke geschlossen. Die beiden Bastionen, die durch die Brücke verbunden waren, hießen Diderus und David. Auf der Bastion Diderus wurde wie oben erwähnt 1651 das Lombardgebäude errichtet. Dieser Name wurde auf die Brücke übertragen und später auf die ganze Straße zwischen dem Neuen Jungfernstieg und dem jetzigen Ballindamm. Nach etwa hundert Jahren reichte dieser vorhandene Holzsteg als Verbindung zwischen den Bastionen nicht mehr aus und wurde durch eine Fahrbrücke ersetzt, die wiederum aus Holz, aber schon breiter und kräftiger als ihre Vorgängerin ausgelegt war. Diese zweite Holzbrücke musste in der Folgezeit mehrfach erneuert werden. 1813/14 in der Franzosenzeit wurden die Alsterbastionen entscheidend verstärkt und auch die Brücke selbst erhielt Bohlenwände. Das Leihhaus (Lombardgebäude) wurde vorübergehend zu einer Kaserne. Nach Abzug der Franzosen wurden die Wallbefestigungen überflüssig, und der Damm bekam einen parkartigen Charakter. Von den beiderseits des Dammes bestehenden Mühlen wurde eine abgebrochen, und die auf St. Georgsseite belassene wurde zu einem Wahrzeichen. Aber 1865 musste auch dieses dekorative Stück moderner Technik weichen. Die Eisenbahnlinie Hamburg-Altona (Verbindungsbahn) wurde realisiert, und die alte Holzbrücke wurde durch eine aus Stein ersetzt, 1868 wurde diese neue Brücke dem Verkehr übergeben. Auf der parallel zur Eisenbahn verlaufenden Straße machten sieh die Kutschen einen Spaß daraus, mit der Eisenbahn Wettfahrten zu veranstalten.

Lomerstraße, (Wandsbek), 1950, nach Johann Julius Lomer (1818–1889), Vorbesitzer und Inhaber eines Hofes in Wandsbek.

Looft, (Marienthal), 1947, nach der alten Flurbezeichnung „Auf dem Looft", wobei „Looft" soviel wie Laubdickicht bedeutet.

Loogeplatz, (Eppendorf), 1901 und 1928, wegen seiner Lage im Mittelpunkt der Eppendorfer Looge, eines früher als Gemeindeweide dienenden niedrigen und buschigen Geländes.

Loogestieg, (Eppendorf), 1864, nach der Eppendorfer Looge, zu der der Weg führt; sonst Erklärung wie Loogeplatz.

Loogestraße, (Eppendorf), 1902, im Anschluss an den Namen Loogeplatz.

Lorenzengasse, (Winterhude), 1929, nach dem Hamburger Architekten Fernando Lorenzen (1859–1917).

Lorenzenweg, (Billstedt), 1969, nach Wilhelm Lorenzen (1847–1915), Amtsund Gemeindevorsteher in Schiffbek.

Lorichsstraße, (Barmbek-Nord), 1914, nach dem Maler Melchior Lorichs, (etwa 1527–1594), dem Verfertiger der Elbkarte von 1568. Diese Karte zeigt das Hamburger Wappen mit drei festen Türmen bei Moorburg, Ritzebüttel und Neuwerk. Diese im Staatsarchiv befindliche Karte zeigt Ansichten, Ortschaften, Baken und Tonnen entlang der Elbe von Geesthacht bis Neuwerk.

Lornsenplatz, (Altona-Altstadt), 1889, im Anschluss an den Namen Lornsenstraße.

Lornsenstraße, (Altona-Altstadt), 1873, nach dem Landvogt Uwe Jens Lornsen (1793–1838), einem schleswig-holsteinischen Patrioten, der sich für die Unabhängigkeit der Herzogtümer Schleswig und Holstein einsetzte.

Lortzingstraße, (Barmbek-Süd), 1901, nach dem Operkomponisten Albert Lortzing (1803–1851). Wie bereits bei anderen Komponistennamen in dieser Region erwähnt, hat man hier einen Irrtum zum System ausgebaut und ein Gebiet mit Komponistenmotivnamen geschaffen. Der Irrtum entstand, als man die Wagnerstraße versehentlich dem Komponisten zuordnete – gemeint war der Grundeigner. Wie dem auch sei, die Komponisten haben auf jeden Fall ein Gebiet für Straßenbenennungen verdient, ob Irrtum oder nicht!

Lotharstraße, (Wandsbek), 1951, nach der Motivgruppe: männliche Vornamen.

Lothringer Straße, (Dulsberg), 1922, zur Erinnerung an die durch den Vertrag von Versailles verlorenen Reichslande.

Lotsebrücke, (Harburg, Heimfeld), 1892, eine Drehbrücke, die den Lotsekanal überspannt.

Lotsekai, (Harburg, Heimfeld), 1951, bereits vor der amtlichen Benennung so genannt, nach dem früheren Wasserlauf „Lotse“ benannten Teil des Harburger Binnenhafens.

Lotsenhöft, (Steinwerder), 1902, nach der dort gelegenen Lotsenwachtstation.

Lotsestieg, (Harburg), 1952, nach dem „Lotse“ genannten Teil des Harburger Binnenhafens, wobei Lotse die alte Bezeichnung für den südlichen Burggraben ist, d. h. durch Graben das Wasser aus dem Moor lösen, also eine Art Entwässerung.

Lottbeker Feld, (Volksdorf), 1926, nach dem einst hier gelegenen Dorf Lottbek, das 1545 durch die Pest wüst geworden war. Die Ländereien kamen danach teils an Volksdorf, teils an Hoisbüttel.

Lottbeker Platz, (Volksdorf), 1926, in Anlehnung an den Namen Lottbeker Feld.

Lottbeker Weg, (Wohldorf-Ohlstedt, Bergstedt), 1903 und 1947, nach dem ehemaligen durch die Pest wüst gewordenen Dorf Lottbek und nach dem kleinen Zufluss zur Bredenbek.

Lottbekheide, (Bergstedt), 1971, frei gebildeter Name, nach dem Wasserlauf Lottbek und der vorhandenen Heide.

Lottbekkamp, (Bergstedt), 1980, nach der Lage nahe des Baches Lottbek.

Lottbekkoppeln, (Bergstedt), 1943 und 1947, nach den am Bach Lottbek gelegenen Koppeln.

Lottbekstieg, (Wohldorf-Ohlstedt), 1946, im Anschluss an den Namen Lottbeker Weg.

Lottbektal, (Bergstedt), vor 1940, nach dem Bach Lottbek.

Lottestraße, (Lokstedt), um 1900, von der Terrain-Gesellschaft „Jägersche Erben Berlin und Schlesien“ angelegt und benannt.

Louis-Braille-Platz, (Barmbek-Süd), 2009, nach Louis Braille (1809–1852), im Alter von 3 Jahren erblindeter französischer Erfinder der nach ihm benannten, weltweit verbreiteten modernen Blindenschrift (1825).

Louise-Schroeder-Straße, (Altona-Altstadt), 1960, nach Louise Schroeder (1887–1957), Bürgermeisterin in Berlin, Präsidentin des Deutschen Städtetages, Stadtverordnete in Altona, in Altona beigesetzt.

Lucie-Suhling-Weg, (Bergedorf), 1985, nach Lucie Suhling, geb. Wilken (1905–1981), Widerstandskämpferin gegen den Nationalsozialismus, Mitglied der KPD, kaufmännische Angestellte.

Luckmoor, (Lurup), 1929, Flurname.

Ludolfstraße, (Eppendorf), 1899, nach J. H. Ludolf (1754–1842), Pastor an St. Johannis Eppendorf.

Ludwig-Dörmer-Weg, (Groß Borstel), 2007, nach Prof. Dr. phil. Karl Ludwig Dörmer (1877–1952), seit 1918 Professor, 1929 Oberschulrat, 1931 Landesschulrat und Leiter des gesamten Hamburger Schulwesens, 1933 vorzeitig in den Ruhestand versetzt, 1945 zurückberufen als Landesschulrat. Verfasser mehrerer Lehrbücher für den Chemieunterricht.

Ludwig-Erhard-Straße, (Hamburg-Altstadt, Neustadt), umb. 1991, nach Prof. Dr. Ludwig Erhard (1897–1977), Bundesminister für Wirtschaft von 1949–1963, Bundeskanzler von 1963–1966.

Ludwig-Richter-Straße, (Groß Flottbek), 1935, nach Adrian Ludwig Richter (1803–1884), Maler und Zeichner.

Ludwig-Rosenberg-Ring, (Lohbrügge), 1980, nach Ludwig Rosenberg 1903–1977), Vorsitzender des Deutschen Gewerkschaftsbundes. Motivgruppe: Gewerkschaftsführer.

Ludwigstraße, (Sternschanze), 1843, nach dem Senator und späteren Bürgermeister Dr. Johann Luedwig Dammert (1788–1855), der bis 1841 Patron der Vorstadt St. Pauli gewesen war.

Lübbersmeyerweg, (Osdorf), 2000, nach Theodor Lübbesmeyer (1908–1975), Ortsamtsleiter in Blankenese 1950–1961, Bezirksamtsleiter in Hamburg-Mitte 1961–1971.

Lübbersweg, (Eißendorf), 1950, nach dem Lehrer und Mittelschulrektor Friedrich Lübbers (1867–1947), der sich auch besondere Verdienste um die geschichtliche Forschung der Stadt Harburg erwarb.

Lübecker Straße, (Hohenfelde), 1858, als Teil der nach Lübeck führenden Landstraße zwischen dem Lübecker Tor und dem Lübschen Baum.

Lübeckertordamm, (St. Georg), 1896, zur Bezeichnung des seit 1833 hergestellten Damms für das neue 1836 vollendete Tor, das den Namen Lübecker Tor erhielt.

Lüdemannstraße, (Groß Flottbek), 1926, nach Joachim Lüdemann (1861–1934), von 1895 bis 1927 Gemeindevorsteher in Groß Flottbek. In seiner Amtsperiode wuchs dort die Einwohnerzahl von 700 auf 6000 an.

Lüdemanns Weg, (Othmarschen, Ottensen), 1856, nach dem Gastwirt J. Lüdemann, der in den Sommermonaten auch Badekarrenhalter war.

Lüdersring, (Lurup), 1967, nach Franz Hinrich Lüders, dem ersten namentlich bekannten Einwohner von Lump, der dort 1746 eine halbe Hausstellc erhielt.

Lüdmoor, (Bramfeld), vor 1937, Flurname. Lüdmoor = Lüttmoor = kleines Moor, im Gegensatz zum nördlich davon gelegenen Grootmoor.

Lühmannstraße, (Eißendorf), 1960, nach Georg Heinrich Ludwig Lühmann (1840–1912), Bürgervorsteher und Senator in Harburg.

Lüneburger Straße, (Harburg), 1874, alte Bezeichnung nach der früheren Hansestadt Lüneburg, wohin die Straße führt.

Lüneburger Tor, (Harburg), 1976, nach dem ehemals in der Nähe befindlichen Tor.

Lünkenberg, (Nienstedten), vor 1903, Flurname. Lünken = Spatzen.

Lünkenweg, (Barmbek-Nord), 1909, Lünken = Spatz, Sperling.

Lürader Weg, (Marmstorf), 1931, nach der bis 1937 zu Marmstorf gehörenden Hausergruppe, die früher das Dorf Lürade bildete.

Luetkensallee, (Wandsbek, Marienthal), 1951, nach der Familie Luetkens, Vorbesitzer des Geländes.

Lütte Block, (Wohldorf-Ohlstedt), 1929, nach einem der Gegend anhaftenden Flurnamen. Blöcke sind Ackerstücke, die quer zu den anderen liegen und extra bearbeitet werden müssen.

Lütte Marsch, (Lemsahl-Mellingstedt), 1973, nach dem Flurnamen „Lütje Marsch" = kleine Marsch.

Lüttendeel, (Eidelstedt), 1963, nach den Flurnamen „Lütjendeel" = kleiner Teil (seit 1785 nachweisbar).

Lütt Enn, (Neugraben-Fischbek), 1974, Enn = Ende, Spitze, Teilstück, Abschnitt, Strecke (Wegstrecke). Der Name will besagen, dass der Weg klein war.

Lüttenredder, (Schnelsen), 1948, „Lütt" = klein und „Redder" = von Knicks gesäumter Feldweg.

Lütte Raak, (Langenhorn), 1960, in Anlehnung an den Flurnamen „Raaks Heide".

Lütte Stegel, (Neuengamme), 1925, unter Anerkennung der ortsüblichen Wegbezeichnung, Flurname; „Lütt Stegel" = kleiner zum Deich hinausführender Weg, „lütt" = klein, Stegel = Diminutivform von Steg, aber auch Weideübertritt.

Lütt Heesen, (Lohbrügge), 1966, „Heesen" = Busch- oder Gestrüppwald.

Lütt-Iserbrook, (Iserbrook), 1929, Flurname = Klein Iserbrook.

Lüttkamp, (Lurup), 1928, Flurname = kleines Feld.

Lütt Kollau, (Niendorf), 1945, nach einem Flurnamen bei der alten Kollaumühle, am Zusammenfluss der Kollau mit der Tarpenbek.

Lüttkoppel, (Fuhlsbüttel), 1922, nach einem der Gegend anhaftenden Flurnamen = kleine Koppel.

Lüttmattensteed, (Neugraben-Fischbek), 1940, frei gebildeter Name nach dem Gedicht von Klaus Groth „Lütt Matten de Haas".

Lüttmelland, (Sasel), 1961, in Anlehnung an den Flurnamen „Mellande" = Mähland = kleine Wiese.

Lüttmoorkamp, (Hummelsbüttel), 1975, Flurname, kleines Ackerstück am Moor.

Lütt Sahl, (Rissen), 1972, in Anlehnung an den Wegnamen „Grot Sahl". „Sahl" = künstliche oder natürliche Viehtränke auf der Weide.

Lütt Süderfeld, (Lokstedt), 1948, Flurname = kleines Süderfeld.

Lüttwetter, (Altengamme), 1936, Flurname = kleiner Entwässerungsgraben.

Lüttwisch, (Eidelstedt), 1961, Flurname = kleine Wiese.

Luftbadweg, (Bahrenfeld), 1943, nach der Lage am Volkspark.

Luhdorfer Stieg, (Langenbek), 1956, Motivgruppe: Orte in oder an der Lüneburger Heide.

Luhering, (Hausbruch), 1966, Motivgruppe: Flüsse der Lüneburger Heide.

Luisenhofstieg, (Billstedt), 1948, nach dem Öjendorfer Freihof, der nach dem Vornamen der Tochter des Besitzers Wöhler „Luisenhof" benannt war.

Luisenstraße, (Marienthal), vor 1938, frei gewählter weiblicher Vorname.

Luisenweg, (Hamm-Mitte, Hamm-Süd), 1865, benannt nach der Tochter des Senators P. H. W. Großmann aus Hamm, Julie Luise, geb. 1848.

Luise-Otto-Peters-Weg, (Bergedorf), 1985, Pseudonym = Otto Stern (1819–1895), Schriftstellerin, Frauenrechtlerin der bürgerlichen Frauenbewegung.

Lummeweg, (Poppenbüttel), 1950, Vogelmotiv, Lumme = Meeresvogel.

Lunapark, (Altona-Nord), 1929, nach dem um 1910/20 auf diesem Gelände angelegten Vergnügungspark „Lunapark".

Lundtweg, (Allermöhe), 1979, nach Werner Lundt (1855–1936). Motivgruppe: Hamburger Architekten des frühen 20. Jahrhunderts. Werner Lundt baute zahlreiche Wohn- und Geschäftshäuser sowie öffentliche Gebäude, u.a. das Hanseatische Oberlandesgericht und das Thaliatheater.

Lungershausenweg, (Poppenbüttel), 1977, nach Carl-Hans Lungershausen (1896–1975), ehemaliger Fraktionsvorsitzender des Ortsausschusses Alstertal.

Lupinenacker, (Neugraben-Fischbek), 1946, die Straßen auf dem Gelände des Petersschen Hofes wurden nach den verschiedenen Äckern benannt.

Lupinenkamp, (Fuhlsbüttel), 1911, frei gewählter Name, nach den auch sonst in Fuhlsbüttel vielfach verwendeten Blumen- und Pflanzemnotivnamen.

Lupinenweg, (Osdorf), 1932, nach der Pflanze.

Lurchweg, (Niendorf), 1951, nach dem amphibischen Wirbeltier, das gelegentlich im Ohmoor vorkommt.

Luruper Chaussee, (Bahrenfeld), vor 1905, nach Lurup führende Straße.

Luruper Drift, (Bahrenfeld, Lurup), 1977, in Anlehnung an den bisherigen Namen „Flottbeker Drift". Lage im Stadtteil Lurup. Drift = Viehtriebweg.

Luruper Hauptstraße, (Bahrenfeld, Lurup), 1929, als Hauptstraße des ehemals holsteinischen Dorfes Lurup, das seit 1937 ein Stadtteil von Hamburg ist.

Luruper Weg, (Eimsbüttel), 1906, nach dem ehemaligen Dorf Lurup.

Luthergrund, (Bahrenfeld), 1963, in Anlehnung an den Namen Lutherhöhe.

Lutherhöhe, (Bahrenfeld), 1950, nach der Anhöhe auf der die Lutherkirche steht.

Lutterothstraße, (Eimsbüttel, Stellingen), 1906 und 1948, zu Ehren des Bürgermeisters (seit 1861), Senator (seit 1835), Ascan Wilhelm Lutteroth-Legat (1783–1867) und zur Erinnerung an seinen in unmittelbarer Nähe befindlichen Landsitz.

Luxweg, (Billwerder), 1956, in dieser Straße lebte bis zu ihrem Tode Frau Frieda Lux (1890–1953), nach 1913 in der Frauenbewegung in Billwerder tätig, Mitglied des Elternrates, nach 1945 Leiterin der Arbeiterwohlfahrt.

Luzerneweg, (Sülldorf), 1953, Wiesenblume, eine der ältesten Futterpflanzen.

Lycker Weg, (Wandsbek), 1958, nach der Ortschaft in Ostpreußen.

Lydiastraße, (Wandsbek), 1884, Tochter des Kaufmanns Joseph Morewood, Lydia (1818–1904).

Lyserstraße, (Bahrenfeld), 1929, nach Johann Peter Lyser (1803–1870), Schriftsteller, Maler und Illustrator, lebte 1845–1869 in Altona.

M

Maacksgasse, (Winterhude), 1929, nach dem Bauinspektor Johann Hermann Maack (1809–1868), dem Erbauer der Lombardsbrücke, der Reesendammbrücke, der Adolphsbrücke und der Holzbrücke.

Maakenhofwinkel, (Hausbruch), 1975, nach dem Maakenhof in Neugraben, der in dieser Gegend Ackerstücke besaß.

Maakenwerder Höft, (Waltershof), 1910, nach der früheren Elbinsel „Makenwärder“, Höft mnd. „hoved“, Haupt, Spitze. Heute kaum vorstellbar, dass es hier 1922 noch ein Ferienparadies gab. Die Arbeiterwohlfahrt hatte auf der Elbinsel Maakendamm eine Kinderferienkolonie eingerichtet, auf der sich bis 1930 etwa 100000 Kinder erholen konnten.

Maaßweg, (Niendorf), 1948, nach David Maaß (1822–1880), Gemeindevorsteher in Niendorf von 1876 bis 1880.

Machandelstieg, (Bramfeld), 1950, Flurname, Machandel = Wacholder.

Madacker, (Lemsahl-Mellingstedt), 1946, Flurname = feuchter Acker.

Mählstraße, (Eidelstedt), 1928, nach Joachim Mahl (1827–1909), Lehrer, niederdeutscher Schriftsteller.

Märchenweg, (Marmstorf), 1931, freigebildeter Name. Motivgruppe: Märchen.

Märkerweg, (Niendorf), 1952, Bewohner der Mark Brandenburg. Motivgruppe: Germanische Volksstämme und ihre nichtgermanischen Nachbarn.

Maetzelweg, (Volksdorf), 1960, nach dem Ehepaar Maetzel, Emil Maetzel (1877–1955), Baudirektor und Maler (Begründer der Hamburger Sezession), und Frau Dorothea Maetzel (1866–1930), gleichfalls Malerin.

Magdalenenstraße, (Rotherbaum), 1860, nach der Witwe des Oberalten Johann Hinrich Böckmann, Catharina Magdalena (1777–1864), über dessen großen Garten die Straße verläuft.

Magellan-Terrassen, (HafenCity), 2005, nach Fernão de Magellan (1480–1521), portugiesischer Seefahrer, der die erste Weltumseglung begann.

Magnolienweg, (Eidelstedt), 1950, nach den auch sonst in Eidelstedt vielfach verwendeten Blumenmotivnamen.

Mahatma-Gandhi-Brücke, (HafenCity) 2011, nach Mahatma Gandhi (eigentlich: Mohandas Karamchand Gandhi) (1869–1948), Pazifist, Menschenrechtler und geistiger Führer der indischen Unabhängigkeitsbewegung.

Mahlhaus, (Farmsen-Berne), 1954, nach der aus dem 1. bis 3. Jahrhundert stammenden ausgegrabenen Swebensiedlung (siehe auch Swebenbrunnen).

Maienkamp, (Sasel), 1950, in Anlehnung an den früheren Namen Maienweg. Mai = Maien = Meente = ein von Dorfbewohnern gemeinsam genutztes Land.

Maienweg, (Alsterdorf, Ohlsdorf), 1898 und 1949, nach der Art der ehemaligen Bepflanzung mit Maikirschbäumen, zur Abkürzung von Bezeichnungen wie Maikirschenstraße oder Kirschbaumallee.

Maiglöckchenstieg, (Alsterdorf), 1974, Maiglöckchen = Frühlingsblume, Art der Liliengewächse in schattigen Wäldern und Gebüschen.

Maikäferstieg, (Sinstorfj, 1951, Motivgruppe: Käfer. Maikäfer = Unterfamilie der Blatthornkäfer. Die Gesamtdauer einer Generation beträgt etwa 3 bis 5 Jahre.

Maike-Harder-Weg, (Poppenbüttel), 1984, nach einer Figur aus den Werken des niederdeutschen Dichters Hermann Bossdorf.

Maikstraße, (Lohbrügge), 1949, nach Gustav Adolf Maik (1862–1918), Amts- und Gemeindevorsteher in Sande von 1896 bis 1918.

Maimoortwiete, (Bramfeld), 1950, in Anlehnung an den „Maimoorweg".

Maimoorweg, (Bramfeld), 1922, Flurbezeichnung: Mai = Meien = Meente, das gemeinsam von den Dorfbewohnern genutzte Moor.

Maisredder, (Bramfeld), 1941, Getreidemotiv, „Redder" = von Knicks gesäumter Feldweg.

Maldfeldstraße, (Sinstorf, Marmstorf), 1976, nach dem Baudirektor Konrad Maldfeld (1926–1974), der sich um den Autobahnbau verdient gemacht hat.

Malerwinkel, (Groß Flottbek), 1938, die umliegenden Straßen sind nach hervorragenden Vertretern der Malkunst benannt.

Malmedyer Straße, (Dulsberg), 1928, nach Stadt und Kreis Malmedy, die von Deutschland durch den Vertrag von Versailles an Belgien abgetreten wurden.

Malvenstieg, (Bramfeld), 1950, frei gebildeter Name nach der Blume Malve.

Malzweg, (Borgfelde), 1887, weil die Straße auf die damals an der Klaus-Groth-Straße gelegenen Vereinsbrauerei zulief.

Mandelweg, (Bramfeld), 1955, Motivgruppe: Früchte.

Manilabrücke, (Winterhude), 1975, Hauptstadt der Philippinen. Motivgruppe: überseeische Handelsbeziehungen.

Manilaweg, (Winterhude), 1972, Hauptstadt der Philippinen. Motivgruppe: überseeische Handelsbeziehungen.

Mannesallee, (Wilhelmsburg), 1950, nach Georg Ernst Wilhelm Gustav Mannes, war Pastor in der Emmausgemeinde. Er wurde 1865 in Göttingen geboren und kam 1905 als Pastor nach Wilhelmsburg. Hier wirkte er bis 1915 und war später Superintendent in Harburg. Die Straße hieß bis 1950 Kirchenallee.

Manshardtstraße, (Horn, Billstedt), 1948, nach Friedrich Manshardt (1845–1917), Lehrer in Horn, Schriftführer des Bürgervereins und Kirchenvorsteher.

Manstadtsweg, (Barmbek-Nord), 1914, nach dem Hamburger Bildhauer Johann Wilhelm Manstadt (1722–1788).

Mansteinbrücke, (Eimsbüttel, Harvestehude), 1904, in Anlehnung an den Namen Mansteinstraße.

Mansteinstraße, (Hoheluft-West), 1874, nach dem General Albrecht Ehrenreich Gustav von Manstein (1805–1877), Truppenführer in den Kriegen 1864, 1866 und Kommandeur des IX. Armeekorps im Kriege 1870/71. Seine letzten Lebensjahre verbrachte er in Billwerder, wo er auch auf dem dortigen Friedhof beigesetzt ist.

Manteuffelstraße, (Nienstedten), 1928, nach Edwin Hans Karl von Manteuffel (1809–1885), preußischer General, 1865 Befehlshaber der preußischen Truppen in Schleswig-Holstein.

Marckmannstraße, (Rothenburgsort), 1869 und 1930, nach dem Grundeigentümer und Hofbesitzer Paul Siegfried Marckmann (1787–1829), der die drei ehemaligen Schleierschen Gehöfte im Billwerder Ausschlag zu einem Besitz vereinigte.

Marconistraße, (Osdorf), 1949, nach dem italienischen Funktechniker Guglielmo Marconi (1874–1937), der 1896 die drahtlose Telegraphie erfand.

Marco-Polo-Terrassen, (HafenCity), 2005, nach Marco Polo (1254–1324), venezianischer Händler, bekannt durch seine Berichte über Handelsreisen, insbesondere nach China.

Marderstieg, (Poppenbüttel), 1962, in Anlehnung an die Marderstraat.

Marderstraat, (Poppenbüttel), vor 1938, Marder = kleines Raubtier mit gestrecktem Körperbau und kurzen Beinen. Besonders als Pelztier geschätzt, wie Zobel, Hermelin, Nerz oder Otter.

Marek-James-Straße, (Schnelsen), 1995, nach Marek James, 6 Jahre, Pole, Erklärung wie: Brüder-Hornemann-Straße.

Marek-Steinbaum-Weg, (Schnelsen), 1993, nach Marek Steinbaum, 10 Jahre, Pole, Erklärung wie: Brüder-Hornemann-Straße.

Maretstraße, (Harburg, Wilstorf), 1889, nach dem Senator und Kommerzienrat Carl Maret (1829–1904). Maret übernahm nach dem Tode von August Würffel im Jahre 1878 die Leitung der „Vereinigten Gummi-Waaren-Fabriken Harburg-Wien" (jetzt Phoenix Gummiwerke), anfangs als technischer Leiter, später zeitweilig als alleiniger Vorstand. Unter seiner Leitung entwickelte sich die Firma zum größten deutschen Gummiwerk. 1886 wurde Maret zum Senator in Harburg gewählt.

Maret und Eddelbüttel ließen den Krummholzberg für den Straßenbau planieren. Auf der ehemaligen Höhe „Marx-Höhe", „Beckers Berg", lag ehemals das Etablissement „Schöne Aussicht". Von der Maretstraße führt die Becker-Straße zur Eddelbüttelstraße (Stadtplan 1894).

Margarete-Mrosek-Bogen, (Allermöhe), 1995, nach Margarete Mrosek (1902–1945), Mitglied der „Weißen Rose", Widerstandskämpferin gegen den Nationalsozialismus.

Margaretenhof, (Lemsahl-Mellingstedt), 1946, Bezeichnung des an diesem Wege gelegenen Bauernhofes.

Margaretenstraße, (Eimsbüttel), 1870 und 1951, wahrscheinlich nach der Frau des Grundeigentümers H. J. Fett, Margaretha Auguste, geb. Ahlff (1815–1890).

Margaretha-Rothe-Weg, (Niendorf), 1982, nach Margaretha Rothe (1919–1945), Gegnerin des Nationalsozialismus, Studentin der Medizin. Opfer des Nationalsozialismus.

Margaretha-Treuge-Weg, (Ohlsdorf), 2007, nach Margarete Treuge (1876–1962), von 1920–1933 Direktorin der Sozialen Frauenschule und des Sozialpädagogischen Instituts in Hamburg, 1933 entlassen, 1946 Mitbegründerin des Hamburger Frauenringes, 1949 Mitinitiatorin zur Bildung der Arbeitsgemeinschaft Hamburger Frauenorganisationen.

Margit-Zinke-Straße, (Allermöhe), 1995, nach Margit Zinke (1914–1945), Widerstandskämpferin, Mitglied der Widerstandsgruppe „Bästlein-Jacob-Abshagen", Hausfrau.

Maria-Altmann-Weg, (Schnelsen), 1992, nach Maria Altmann, 5 Jahre, Polin, Opfer des Nationalsozialismus. Erklärung: siehe Brüder-Hornemann-Straße.

Maria-Louisen-Brücke, (Winterhude), 1904 und 1945, in Anlehnung an den Namen Maria-Louisen-Straße.

Maria-Louisen-Stieg, (Winterhude), 1953, in Anlehnung an den Namen Maria-Louisen-Straße.

Maria-Louisen-Straße, (Winterhude), 1863, nach der ersten Frau des Grundeigentümers Adolph Sierich, Maria Louise, geb. Lembcke. In der zweiten Hälfte des 19. Jahrhunderts konnten Grundeigner die von ihnen angelegten Straßen mit Namen eigener Wahl benennen, die spater meist offiziell übernommen wurden, soweit keine Doppelbenennung vorlag. Herr Sierich hat uns in Winterhude mit seinen Straßenbenennungen einen Überblick über seine Familie und seinen Freundeskreis gegeben, und das mit rund 10 Namen.

Mariannenweg, (Fuhlsbüttel), 1946, nach einem frei gewählten weiblichen Vornamen.

Marianne-Wolff-Weg, (Barmbek-Nord), 1930, nach Marianne Immermann, geb. Niemeyer, (1816–1886), Witwe des Dichters Immermann, die dem musikalischen Leben Hamburgs manche Anregung gab.

Maria-Terwiel-Kehre, (Bergedorf), 1987, nach Maria Terwiel (1910–1943), Widerstandskämpferin gegen den Nationalsozialismus. Morivgruppe: verdiente Frauen.

Marie-Fiering-Kehre, (Bergedorf), 1985, nach Marie Fiering (1897–1945), Widerstandskämpferin gegen den Nationalsozialismus, Mitglied der KPD. Sie gehörte zu den 13 Frauen, die ohne Urteil im KZ Neuengamme in den Nächten vom 12. bis 23. 4. 1945 erdrosselt wurden.

Marie-Henning-Weg, (Allermöhe), 1995, nach Marie Henning, geb. Mancke, verh. Rohde, verwitwete Henning (1895–

1948), Mitglied der hamburgischen Bürgerschaft, Verfolgte des Naziregimes.

Marie-Jonas-Platz, (Eppendorf), 2009, nach Dr. Marie-Anna Jonas (1893–1944; Deportation, Todesdatum unbekannt), jüdische Ärztin, Ehefrau von Dr. Alberto Jonas, dem letzten Leiter der Mädchenschule der Deutsch-Israelitischen Gemeinde in Hamburg, wie ihr Mann Opfer des Nationalsozialismus.

Marienburger Allee, (Bramfeld), 1955, nach der Ortschaft Marienburg in Ostpreußen.

Marienhöhe, (Blankenese, Sülldorf), 1928, 1906 erwarb die neu gegründete Blankeneser-Marienhöhe-Terrain-AG zu Hamburg von den Erben des Vorbesitzers von Heeren das „Gut Marienhöh", welches seit ca. 1872 so genannt wurde.

Marienhof, (Poppenbüttel), 1950, nach Marie Henneberg (1835–1906), Ehefrau des Gutsbesitzers Albert Cäsar Henneberg.

Marienkäferweg, (Sinstorf), 1951, Motivgruppe: Käfer.

Marienring, (Marienthal), vor 1938 in Anlehnung an den Stadtteilnamen Marienthal.

Marienstraße, (Harburg, Eißendorf), 1860, vielleicht nach dem ersten 1844 eröffneten Krankenhaus in Harburg, dem Marienstift an der Bremer Straße; vielleicht auch auf Anregung der Harburger Katholischen Kirchengemeinde, die 1860 dort bereits ein Gemeindehaus besaß. Die Marienkirche ist erst 1865 erbaut worden. Das Marienstift war 1843 nach der Gattin des späteren Königs Georg V. von Hannover benannt worden.

Marienterrasse, (Uhlenhorst), 1863, vermutlich nach Maria, geb. Wollmer, der Ehefrau des Grundeigentümers Söllner.

Marienthaler Straße, (Hamm-Nord), 1899, nach dem Stadtteil „Marienthal" von Wandsbek, vorher seit 1874 Obere Querstraße.

Marienwerder Straße, (Bramfeld), 1954, nach der Motivgruppe: Städte in Ostpreußen.

Mariusweg, (Jenfeld), 1966 nach dem Astronomen Simon Marius (1573–1624), eigentlich Simon Mair oder auch Maier, einem Zeitgenossen von Tycho Brahe. Er gilt als Entdecker des Andromedanebels, und unabhängig von Galilei entdeckte er die vier Jupitermonde, sowie die Venusphase und die Sonnenflecken.

Markomannenweg, (Niendorf), 1950, nach dem germanischen Volksstamm, der zwischen Rhein, Main und Donau ansässig war.

Marktkanalbrücke, (Veddel), 1911, in Anlehnung an den Namen Marktkanal.

Marktpassage, (Neugraben-Fischbek), 1970, in Anlehnung an den Neugrabener Markt.

Marktstraße, (St. Pauli), 1841, vermutlich als zum Neuen Pferdemarkt führende Straße, vorher „Bei der Öhlmühle" und „Bei der Glashütte".

Marktweg, (St. Pauli), 1880, im Anschluss an den Namen Marktstraße.

Markusstraße, (Neustadt), 1899, nach Markus Meyer, den Bürgerkapitän des 6. Regimentes, der der Nikolaikirche 100 crt. mit der Auflage schenkte, dass der bei den Kohlhöfen geplante Friedhof „St. Markus Friedhof" genannt werden sollte. Da der Friedhof nie angelegt wurde, bekam der Platz den Namen „Markusplatz" (1625). Dieser Platz hat also nichts mit Venedig zu tun, sondern geht zurück auf die von Markus Meyer geschenkten 100 crt.

Marlowring, (Bahrenfeld), 1965, nach Wilhelm Conrad Franz Marlow (1856–1940), Fischindustrieller in Ottensen, 1910–1924 Senator in Altona.

Marmorweg, (Sasel), 1965, Motivgruppe: Gesteine und Mineralien.

Marmstorfer Poststraße, (Sinstorf, Marmstorf), 1950, dies war der ehemalige über Verden und Tostedt verlaufende Postweg, bevor die Bremer Straße gebaut wurde.

Marmstorfer Schützenweg, (Marmstorf), 1993, nach den Marmstorfer Schützen, die um 1897 zunächst am benachbarten Sinstorfer Weg auf Scheiben schossen.

Marmstorfer Weg, (Wilstorf, Marmstorf, Eißendorf), 1889, als von Harburg nach Marmstorf führender Weg. Der uns heute bekannte Name Marmstorf hat sich über Jahrhunderte hinweg durch Abschleifung entwickelt. Im 12. Jahrhundert hieß die Ortschaft „Marboldesthorp", später „Mermestorppe", bis zum heutigen Marmstorf.

Marner Straße, (Tonndorf), 1950, nach der Ortschaft Marne in Schleswig-Holstein.

Marnitzstraße, (Lohbrügge), 1949, nach Ludwig Marnitz (1865–1943), dem ersten Pastor der Sander Kirchengemeinde von 1892 bis 1935.

Marschkamper Deich, (Neuenfelde), 1938, nach der Flurbezeichnung „Marschkamp".

Marschnerstieg, (Barmbek-Süd), 1962, in Anlehnung an den Namen Marschnerstraße.

Marschnerstraße, (Barmbek-Süd), 1895, nach dem Komponisten und Kapellmeister Heinrich August Marschner (1795–1861), nach dem man sicher zu recht, aber doch versehentlich, eine Straße benannt hat. Da man die Wagnerstraße irrtümlich dem Komponisten Wagner zuordnete (die Straße wurde nach dem Grundeigner Wagner benannt), benannte man in dieser Gegend Barmbeks diverse Straßen mit Musiker- bzw. Komponistennamen und schuf damit eine neue entsprechende Motivgruppe.

Marschweg, (Rissen), 1928, Marsch = Niederung im Tidegebiet.

Marschwinkel, (Harburg), 1936, nach dem winkeligen Weg im Neuländer Marschgebiet.

Marseiller Straße, (Neustadt, St. Pauli), 1973, bedeutender Hafen an der französischen Mittelmeerküste, Partnerstadt Hamburgs.

Marsenweg, (Niendorf), 1978, in Anlehnung an die Flurbezeichnung „Auf dem Marsenkamp".

Marshallweg, (Horn), 1970, nach Georg Marshall (1880–1959), Urheber der nordamerikanischen Wirtschaftshilfe für Westeuropa nach dem zweiten Weltkrieg.

Marta-Damkowski-Kehre, (Bergedorf), 1986, nach Marta Damkowski (1911–1982), Politikerin, Widerstandskämpferin, SPD-Bürgerschaftsabgeordnete.

Martensallee, (Tonndorf), 1959, nach dem Grundeigentümer der Bauernfamilie Martens (seit dem 19. Jahrhundert in Tonndorf).

Martensbahn, (Heimfeld), 1937, nach dem Besitzer und Erbauer der Gaststätte „Majestätische Aussichten" 1866, Martens. Die sogenannte Martensbahn war eine beliebte Rodelbahn, die jedoch inzwischen dem Bau der Autobahn (Westtangente) weichen musste.

Martensweg, (Barmbek-Süd), 1907, nach dem Oberalten Andreas Ehrenfried Martens (1755–1828), der sich besonders um die Straf- und Besserungsanstalten verdient gemacht hat.

Martha-Muchow-Weg, (Uhlenhorst), 2010, nach Dr. Martha Marie Muchow (1892–1933), Volksschullehrerin, Psychologin, promovierte 1923 mit einer Arbeit über Studien zur Psychologie des Erziehers, gilt als Pionierin der ökologischen Psychologie, Verfolgte des Nationalsozialismus, nach Entlassung ihres Lehrers Prof. Wilhelm Stern wurde sie 1933 denunziert und ihrer Ämter enthoben, zwei Tage nach einem Suizidversuch daran verstorben.

Marthastraße, (Eimsbüttel), 1870, eine Version gibt an: „vermutlich eine der Geländevorbesitzer Adolph Hermann Meissner nahestehende Person, die allerdings nicht ermittelt wurde." Eine andere Lesart besagt: „wahrscheinlich nach der Schwägerin des Grundeigners H. J. Fett."

Martin-Haller-Ring, (Winterhude), 1945, nach dem Architekten und Rathausbaumeister Martin Haller (1835–1925).

Martinistraße, (Hoheluft-Ost, Eppendorf), 1887, nach dem Oberarzt am Allgemeinen Krankenhaus Eppendorf (heute Universitätsklinik Eppendorf) Dr. Erich Martini (1843–1880).

Martin-Leuschel-Ring, (Harburg), 1985, nach Martin Leuschel (1905–1933), dem ersten Opfer des Nationalsozialismus in Harburg.

Martin-Luther-King-Platz, (Rotherbaum), 1974, nach dem amerikanischen Pfarrer und Schwarzenführer, der den gewaltlosen Widerstand der amerikanischen Schwarzen in einer Bürgerbewegung entwickelte. Martin Luther King (1929–1968), Friedensnobelpreisträger. Er wurde 1968 in Memphis, Tenn., ermordet.

Martin-Luther-Straße, (Neustadt), 1906, die Straße wurde Anfang dieses Jahrhunderts bei der Sanierung der Neustadt angelegt und bebaut. Die Benennung erfolgte nach dem großen Reformator Dr. Martin Luther (1483–1546), Verfasser der lutherschen Reformation und Bibelübersetzer.

Martin-Mark-Weg, (Wandsbek), 1965, nach Martin Mark (1865–1948), Stadtverordneter, bis 1933 Stadtrat in Wandsbek, auch Aufsichtsrat der gemeinnützigen Gartenstadtgesellschaft in Wandsbek.

Marxsenweg, (Othmarschen), 1950, nach Eduard Marxsen (1806–1887), Komponist, Lehrer von Johannes Brahms.

Mary-Marcus-Kehre, (Bergedorf), 1985, nach Marianne Marcus (1844–1930), Direktorin der Israelitischen Töchterschule. Motivgruppe: verdiente Frauen.

Masen, (Langenhorn), 1938, in Anlehnung an die alte Flurbezeichnung „Auf dem Masenkamp“, wobei „Masen“ soviel wie Moorniederung bedeutet.

Masenkamp, (Langenhorn), 1952, in Anlehnung an den Namen Masen.

Masenredder, (Langenhorn), 1938, Flurbezeichnung. „Masen“ ist eine Moorniederung und „Redder“ ein von Knicks gesäumter Feldweg.

Masenstieg, (Langenhorn), 1938, im Anschluss an den Flurnamen „Auf dem Masenkamp“.

Massower Weg, (Rahlstedt), 1961, nach der Ortschaft in Pommern. Motivgruppe: Pommersche Ortsnamen.

Masurenweg, (Billstedt), vor 1938, nach der Landschaft in Ostpreußen.

Mathildenstraße, (St. Pauli), 1865, wahrscheinlich die Schwägerin oder Nichte des Grundeigentümers Eduard Buhbe.

Mattenhofstieg, (Marmstorf), 1958, Motivgruppe: Marmstorfer Hofnamen.

Mattentwiete, (Hamburg-Altstadt), seit Mitte des 14. Jahrhunderts. Die Mattentwiete führte nach den Wiesen im Brook. Bevor sie den Namen dauerhaft erhielt, hatte sie verschiedene andere Bezeichnungen. 1299 hieß die Straße „Salinghertwiete“. „Salhen“ kann aus dem lateinischen Salig (Weiden) kommen, was für die Version der Mattenmacher spräche, da Weiden zur Herstellung von Matten verwendet wurden. 1362 nannte man die Straße „Harenetwiete“ oder „Haartwiete“, wobei „Haar“ soviel wie Dreck oder Schmutz bedeutet. Danach blieb der Name Mattentwiete. Nach einer bekannten Version soll die Straße ihren Namen den Mattenmachern verdanken, einem ehemals verbreiteten Gewerbe. Matten wurden viel als Belag für die steinernen Fußböden verwendet. Vielleicht hängt die Bezeichnung aber auch mit dem Gewerbe der Müller oder Brauer zusammen, denn es gab da die sogenannten „Mattenknechte“.

Matthesonstraße, (Eimsbüttel), 1903, nach dem hamburgischen Universalgenie, Schriftsteller, Komponisten und Diplomaten Johann Mattheson (1681–1764). Mit neun Jahren schrieb er seine erste Oper. 1706 wurde er Sekretär des englischen Gesandten. 1715–28 war er Musikdirektor am Dom. Als er später schwerhörig wurde, legte er sein Amt nieder und wurde Sekretär beim Herzog von Holstein, ab 1744 sein Legationsrat.

Matthias-Scheits-Weg, (Barmbek-Nord), 1929, nach dem Hamburger Maler Matthias Scheits (1630–1700), einem bekannten Schilderer des Hamburger Lebens.

Matthiesgarten, (Bergstedt), 1950, ortsübliche Bezeichnung nach dem Grundeigentümer, dem Reeder Matthies.

Mattkamp, (Billstedt), 1948, Flurbezeichnung, abgeleitet von „Mad“ = Wiese.

Maukestieg, (Billstedt), 1949, nach Johann Heinrich Wilhelm Mauke (1791–1859). Nach seiner Buchhändlerlehre ab 1811 in der Buchhandlung von Friedrich Pertes tätig. 1813–14 Freiwilliger der hanseatischen Legion. 1821 Teilhaber und ab 1826 Alleininhaber der Buchhandlung Pertes, Besser & Mauke.

Maulwurfsstieg, (Osdorf), 1935, Pelztiermotiv.

Maurienstraße, (Barmbek-Süd, Barmbek-Nord), 1886, nach dem Mitbegründer der New-York-Hamburger Gummiwaren Kompagnie, Johann Hinrich Wilhelm Maurien (gest. 1882), zu dessen Grundbesitz, den Maurien-Arnoldschen Gehöften, das Gelände gehörte, auf dem die Fabrik errichtet ist.

Max-Born-Straße, (Bahrenfeld), 1991, nach Prof. Max Born (1882–1970), Physiker und Nobelpreisträger für Physik 1954.

Max-Brauer-Allee, (Altona-Altstadt, Sternschanze, Altona-Nord), 1975, nach Max Brauer (1887–1973). Er war gebürtiger Altonaer. Als Arbeiterkind großgeworden, hatte er hier alle Probleme und sozialen Schwierigkeiten kennengelernt. 1903 trat er der SPD bei und wurde 1919 Zweiter Bürgermeister und Stadtkämmerer. Im Mai 1924 wurde er zum ersten sozialdemokratischen Oberbürgermeister von Altona gewählt. Unter seiner Zeit als Oberbürgermeister war er ein Förderer des sozialen Wohnungsbaus. Er schuf auch eine Reihe von Schulen und ließ Parks anlegen. Insbesondere setzte er sich auch dafür ein, dass die reichen Elbvororte eingemeindet wurden. Er engagierte sich auch für die Hafengemeinschaft des preußischen Altona mit der Stadt Hamburg. Mit Beginn der nationalsozialistischen Ära emigrierte Brauer 1933 in die USA. 1934 wurde Max Brauer als „Volksverräter“ aus der „deutschen Volksgemeinschaft“ ausgebürgert. Nach dem zweiten Weltkrieg kehrte er nach Deutschland zurück und wurde Erster Bürgermeister von Hamburg.

Max-Brauer-Kai, (Kleiner Grasbrook), 1984, Erklärung wie Max-Brauer-Allee.

Max-Eichholz-Ring, (Lohbrügge), 1963, nach Dr. Max Eichholz (1881–1943), Widerstandskämpfer gegen den Nationalsozialismus, Rechtsanwalt in Hamburg und von 1920 bis 1933 Mitglied der Bürgerschaft, 1939 verhaftet und wahrscheinlich 1943 im KZ Auschwitz umgekommen.

Max-Eyth-Straße, (Wilhelmsburg), 1933, nach dem Ingenieur und Schriftsteller Max v. Eyth (1836–1906). Er wirkte mit bei der Konstruktion der ersten Dampfpflüge. Seine bekanntesten Werke sind „Hinter Pflug und Schraubstock“ und „Der Dampf um die Cheopspyramide“. Er war Mitbegründer der Deutschen Landwirtschaftlichen Gesellschaft.

Max-Halbe-Straße, (Wilstorf), 1950, nach dem Dramatiker und Erzähler Max Halbe (1865–1944). Als naturalistischer Schriftsteller übte er großen Einfluss auf Theater und Film aus. Er war befreundet mit seinen Zeitgenossen Wedekind, Hartleben und Thoma. Sein Drama „Jugend“ errang den größten Theatererfolg seiner Zeit.

Max-Herz-Ring, (Farmsen-Berne), 1996, nach Max Herz (1905–1965), Gründer der „Tchibo“ Kaffee AG, maßgeblicher Förderer der Trabrennbahn Farmsen.

Maximilian-Kolbe-Weg, (Wilhelmsburg), 1975, nach Maximilian Kolbe (1894–1941), Franziskaner-Pater. Auschwitzopfer des Nationalsozialismus. Er bewahrte einen Mitgefangenen vor dem Tode, indem er statt seiner den Hungertod auf sich nahm. (Heiliger seit 1982.) Nach ihm ist auch die nahe gelegene Maximiliankirche benannt.

Max-Klinger-Straße, (Billstedt), 1971, nach dem Maler, Radierer und Bildhauer Max Klinger (1857–1920). Er lebte in Rom, wo Böcklin ihn beeinflusste, und später in Leipzig. In seinen Radierungen ließ er seine phantasiereichen Vorstellungen Gestalt annehmen. Seine großformatige Malerei befaßte sich mit antikischer und christlicher Thematik.

Max-Nonne-Straße, (Langenhorn), 1942, nach dem Neurologen Prof. Dr. Max Nonne (1861–1959), einem bedeutenden Nervenarzt.

Max-Pechstein-Straße, (Billstedt), 1971, nach dem Maler Max Pechstein (1881–1955), Mitbegründer der „Neuen Sezession". In seinen graphischen Arbeiten und starkfarbigen Gemälden entwik-kelte er die dekorativen, später gefälligeren Möglichkeiten des deutschen Expressionismus.

Max-Schmeling-Park, (Harburg), 2011, Erklärung siehe Max-Schmeling-Straße.

Max-Schmeling-Straße, (Bahrenfeld), 2010, nach Max Schmeling (1905–2005), in den 20-er und 30-er Jahren erfolgreichster Berufsboxer Deutschlands. 1930–1932 Weltmeister im Schwergewicht, danach Unternehmer, über Jahrzehnte deutsches Sportidol, seit 1999 „Deutscher Sportler des 20. Jahrhunderts".

Maxstraße, (Eilbek), 1867, nach dem Sohn des Grundeigners Alexander B. Tornquist. In der zweiten Hälfte des 19. Jahrhunderts konnten Grundeigner, die von ihnen angelegten Straßen mit Namen eigener Wahl benennen, die meist offiziell übernommen wurden, soweit keine Doppelbenennung vorlag. Herr Tornquist stellt uns mit den Straßennamen seine Familie vor: Tornquiststraße, Alexanderstraße, Max- und Ottostraßen (die beiden Söhne) und Emilien- und Henriettenstraßen (die beiden Töchter). Mit diesen sechs Benennungen wird er nur noch von Herrn Sierich übertroffen.

Maxstraßenbrücke, (Barmbek-Süd), 1907, in Anlehnung an den Namen Maxstraße.

Max-Tau-Straße, (Lokstedt), 1997, nach Dr. Max Tau (1897–1976), Schriftsteller, Verfolgter des NS-Regimes, emigrierte nach Norwegen, später nach Schweden, wo er als Lektor die neuere deutsche Literatur bekannt machte.

Max-Zelck-Straße, (Niendorf), 1986, nach dem Sozialdemokraten, Pazifisten und Freidenker Max Zelck (1878–1965), Pädagoge und Jugendpolitiker. Verfolgter des Nationalsozialismus.

Maybachstraße, (Bramfeld), 1957, nach dem bedeutenden Motoren- und Kraftfahrzeugkonstrukteur Wilhelm Maybach (1846–1929).

Mechelnbusch, (Rissen), 1950, Flurbezeichnung.

Mechthildweg, (Niendorf), 1948, Bauerin in Niendorf vor 1347.

Meckelburgsweg, (Veddel), 1929, nach dem Brauereibesitzer J. A. P. Meckelburg (1799–1885), der mit seiner testamentarischen Stiftung zum Wohltäter der Armen auf der Veddel wurde.

Meckelfelder Stieg, (Sinstorf), 1976, in Anlehnung an den Namen Meckelfelder Weg.

Meckelfelder Weg, (Sinstorf), 1939, als nach der niedersächsischen Gemeinde Meckelfeld führender Weg.

Mecklenburger Straße, (Rahlstedt), 1973, nach dem Land des Deutschen Reiches bis 1945. Motivgruppe: Mecklenburg.

Meddenwarf, (Schnelsen), 1948, nach dem heimatlichen Märchen von „Der klugen Molte" (Müllenhoff, Sagen, Märchen und Geschichten).

Meenkbrücke, (Eppendorf, Winterhude), 1922, in Anlehnung an den Namen Meenkwiese.

Meenkwiese, (Eppendorf, Winterhude), 1908, in Anlehnung an eine Flurbezeichnung. Auf einer Karte von 1883 ist die Flur als „Meenkwiese" eingezeichnet. In einer älteren Karte ist „Mönck" oder „Mönch" genannt, was soviel wie aufrecht stehendes Siel zum Ablassen von Wasser bedeutet.

Meerweinstraße, (Winterhude), 1928, nach dem Architekten und Miterbauer des Rathauses Wilhelm E. Meerwein (1844–1927).

Mehlandsredder, (Rahlstedt), 1960, nach dem Flurnamen „Mehland" = Wiese und Redder = von Knicks gesäumter Feldweg.

Mehlbeerweg, (Wellingsbüttel), 1950, nach der Mehlbeere = Frucht des Weißdorns.

Mehrenskamp, (Billstedt), 1955, nach dem Maler und späteren Gewerkschaftsangestellten Peter Mehrens (1886–1938). Er gehörte 1924–1933 der Billstedter Gemeindeverwaltung an und war von 1928 bis 1933 stellvertretender Gemeindevorsteher. Von 1925 bis 1933 war Mehrens Mitglied des Kreistages Stormarn.

Mehringweg, (Eißendorf), 1950, nach dem sozialistischen Schriftsteller und Geschichtsschreiber Dr. Franz Mehring (1846–1919). Er verfasste u.a. die Geschichte der deutschen Sozialdemokratischen Partei.

Meiendorfer Mühlenweg, (Farmsen-Berne, Sasel), 1950, für die Dörfer, die unter Mahlzwang standen, musste oftmals ein Zufahrtsweg gebaut werden. In diesem Fall führte ein solcher Weg von Meiendorf zur „Alten Mühle" nach Bergstedt. Die Meiendorfer Bauern mussten ihr Getreide in der sogenannten „Zwangsmühle" in Bergstedt mahlen lassen.

Meiendorfer Rund, (Rahlstedt), 2006, nach der runden Besiedlungsform, die an die historische Form des Rundlingsdorfes erinnern soll.

Meiendorfer Stieg, (Farmsen-Berne), 1922, nach der benachbarten Ortschaft Meiendorf.

Meiendorfer Straße, (Rahlstedt), 1927, nach dem 1927 zu Rahlstedt eingemeindeten Dorf Meiendorf.

Meiendorfer Twiete, (Rahlstedt), 2006, in Anlehnung an die Meiendorfer Straße.

Meiendorfer Weg, (Volksdorf, Rahlstedt), 1947, Erklärung wie Meiendorfer Straße.

Meienredder, (Volksdorf), 1950, der Flurname „Meien" ist von „Meente" = Gemeindeland abzuleiten.

Meilerstraße, (Farmsen-Berne), 1954, nach einem Meiler (zur Holzkohlegewinnung) in der ausgegrabenen Swebensiedlung aus dem 1. bis 3. Jahrhundert – siehe auch Swebenbrunnen und Mahlhaus.

Meilskamp, (Farmsen-Berne), 1926, nach einem an der Gegend haftenden Flurnamen, ursprünglich „Eilskamp" = Igelkamp; Meilskamp ist entstanden aus dem Flurnamen „Op'm Eilskamp".

Meinertstraße, (Sasel), 1933, nach dem Land- und Gastwirt Gustav Meinen (1860–1940), von 1914–1918 Gemeindevorsteher in Sasel.

Meinshofstieg, (Marmstorf), 1958, Motivgruppe: Marmstorfer Hofnamen.

Meisenstieg, (Poppenbüttel), vor 1938, nach einem Vogelmotiv, die Meise, Singvogel, der in zahlreichen Unterarten in unseren Regionen lebt.

Meisenstraße, (Barmbek-Nord), 1914, nach den auch sonst hier vielfach verwendeten Vogelmotivnamen; in Erinnerung an den Vogelliebhaber von Essen, der hier zahlreiche Nist- und Brutplätze aufstellte.

Meißnerstraße, (Eimsbüttel), 1867, nach dem Grundeigentümer Adolf Hermann Meißner (1816–1880).

Meister-Bertram-Straße, (Barmbek-Nord, Ohlsdorf), 1929, nach dem sogenannten „Meister Bertram", Bertram von Minden, der etwa 1367–1415 in Hamburg tätig war. Bedeutender Künstler, der u.a. den Altar der Petrikirche schuf, aufklappbarer Altar mit 24 Tafelbildern, jetzt in der Kunsthalle Hamburg.

Meister-Francke-Straße, (Barmbek-Nord, Ohlsdorf), 1929, schuf von 1424-34 den Altar der Johanniskirche und erhielt für diese Arbeit 100 Mark. Fragmente dieses Altars befinden sich auch in der Hamburger Kunsthalle.

Meistersingerweg, (Rissen), 1940, Meistergesang, schulmäßig betriebene bürgerlich-lyrische Dichtung des 14. bis 16. Jahrhunderts; die Meistersinger sind Handwerksmeister (Oper von Richard Wagner, 1868).

Meistertwiete, (Othmarschen), 1930, volkstümliche Benennung, angeblich nach den dort in den siebziger Jahren des letzten

Jahrhunderts zuerst ansässigen Handwerksmeistern.

Melahnweg, (Langenhorn), 1952, zur Erinnerung an den Schmied Joh. H. Wilhelm Melahn (1837–1910), der 1866 beim „Alten Jäger" in Langenhorn eine Schmiede errichtete.

Melanchthonstraße, (Stellingen), 1928, nach dem Theologen und Reformator Philipp Melanchthon (1497–1560), seit 1519 engster Mitarbeiter Luthers. Nach dem Tode Luthers fiel ihm die Führung des Protestantismus zu. Er hat die Entwicklung der protestantischen Theologie entscheidend mitgeprägt.

Meldorfer Straße, (Hoheluft-Ost), 1907, nach der Stadt Meldorf in Dithmarschen (Schleswig-Holstein).

Melhopweg, (Wohldorf-Ohlstedt), 1948, nach Oberbaurat Wilhelm Melhop (1856–1943), bedeutender Heimatforscher im Alstergebiet. Sein Buch „Die Alster" gilt heute noch als Standardwerk der Gegend und des Flusses.

Melissenweg, (Sasel), 1962, Motivgruppe: Blumen und Kräuter. Melisse = Zitronenkraut, Heil- und Gewürzpflanze, findet Verwendung in Tees und als ätherisches Öl.

Melkerstieg, (Rissen), 1928, nach dem Weg, den früher die Melker zur Kuhweide benutzten.

Melkweg, (Farmsen-Berne), 1925, frei gewählter Name, in Anlehnung an den Wegnamen „Kuhkoppel".

Mellande, (Sasel), 1919/20, Flurname. Mellande = Meiland = Mähland = kleine Weide oder auch Gemeindeland.

Mellenbergkamp, (Volksdorf), 1986, nach der Lage am Mellenberg und in Anlehnung an Mellenbergweg.

Mellenbergstieg, (Volksdorf), 1950, in Anlehnung an den Namen „Mellenbergweg".

Mellenbergweg, (Volksdorf, Rahlstedt), 1903, Flurname, nach der Anhöhe beim Volksdorfer Wald (63 Meter hoch).

Mellingbekbrücke, (Poppenbüttel, Lemsahl-Mellingstedt), 1977, nach dem kleinen Bach Mellingbek, der zwischen dem Hohenbuchen Park und dem Henneberg-Park in die Alster mündet. Der Bach muss einmal mehr Wasser geführt haben, denn er betrieb eine Silberschmiede, die Geld für die Stadt Altona herstellte.

Mellingburgredder, (Sasel), vor 1940, alter Verbindungsweg zwischen Mellingburg und der „Alten Mühle".

Mellingstedter Stieg, (Lemsahl-Mellingstedt), 1946, in Anlehnung an die auch sonst hier auf Mellingstedt lautenden Wegnamen.

Mellmannweg, (Wandsbek), 1980, nach Friedrich Mellmann (1897–1972), Bürgerschafts- und Bezirksabgeordneter.

Melniker Ufer, (Kleiner Grasbrook), 1893, nach dem böhmischen Ort Melnik, als Punkt, an dem die Schiffbarkeit der Moldau beginnt; südliches Ufer des Moldauhafens.

Memeler Straße, (Dulsberg), 1922, nach der Stadt Memel, zur Erinnerung an den durch den Vertrag von Versailles vom Deutschen Reich abgetrennten nordöstlichen Gebietsteil.

Memellandallee, (Altona-Nord), 1939, Erklärung wie Memeler Straße.

Menckesallee, (Eilbek), 1880, nach dem Grundeigentümer A. J. F. Mencke (1825–1901).

Mendelssohnstraße, (Bahrenfeld), 1952, nach dem Komponisten Jakob Ludwig Felix Mendelssohn-Bartholdy (1809–1847), der in Hamburg geboren wurde.

Mendelstraße, (Lohbrügge), 1964, nach Max Mendel (1872–1942), Kaufmann, Genossenschaftler (Produktion), Finanzdeputierter und Senator (1925–1929), Widerstandskämpfer gegen den Nationalsozialismus; wurde 1942 mit seinen Angehörigen nach Theresienstadt deportiert und ist im dortigen KZ zu Tode gekommen.

Mengestraße, (Wilhelmsburg), 1927, nach Adolf Menge (1856–1917), der von 1903 bis 1917 Erster Bürgermeister in Wilhelmsburg war. Er hat Wilhelmsburg gerade in der Zeit der stürmischen Entwicklung von der Landgemeinde zur Industriestadt geführt und viel geleistet.

Mennonitenstraße, (Altona-Nord), 1935, nach der anliegenden Mennonitenkirche.

Mensingstraße, (Wilstorf), 1893, nach dem Grundeigner, dem Rittmeister Georg Wilhelm Mensing, einem Bau- und Verwaltungsoffizier und Leiter der Strafanstalt Harburg von 1818 bis 1833. Er war Besitzer des ehemaligen General Jägerschen Hofes an der Jägerstraße.

Menzelstraße, (Groß Flottbek), 1922, nach dem Maler und Graphiker Adolph von Menzel (1815–1905). Sein größtes Werk bestand aus 400 Illustrationen zu Kuglers Geschichte Friedrich des Großen, die nach seinen Federzeichnungen von anderen in Holz gestochen wurden.

Mercedesstraße, (Heimfeld), 1987, nach der Automarke.

Merckelweg, (Groß Borstel), 1948, nach dem verdienten Baudirektor Curt Merckel (1858–1921), der hervorragend an der Modernisierung der Hamburger Stadtentwässerung beteiligt war.

Mergelgrund, (Sasel), 1950, frei gebildeter Name nach den dort vorhandenen Mergelkuhlen: kalkhaltiger Boden zur Düngung und Bodenverbesserung.

Mergellstraße, (Harburg, Eißendorf), 1950, nach Eduard Arnold Mergell (1855–1929), Besitzer der Rathausapotheke in Harburg, 1896 Mitbegründer der Harburger Leinöl- und Firnisfabrik (seit 1906 Harburger Ölwerke Brinckman und Mergell).

Mergenthalerweg, (Eidelstedt), 1960, nach dem Erfinder der Setzmaschine, Ottmar Mergenthaler (1854–1899).

Meriandamm, (Billstedt), 1948, nach Matthäus Merian (1593–1650), Radierer, Schöpfer baugeschichtlich wichtiger Stadtansichten.

Meridianstraße, (Hamm-Nord), 1884, frei gewählter Name, mit Bezug darauf, dass die Straße genau die Richtung Süd-Nord einhält.

Merkatorweg, (Billstedt), 1948, nach Gerhard Merkator (1512–1594). Er war ein bedeutender Kartograph der Seewarte und Schöpfer der wichtigen Merkatorprojektion.

Merkenstraße, (Billstedt), vor 1938, nach einer alten Flurbezeichnung. Merken = Möörken = kleines Moor.

Merkurring, (Rahlstedt), 1995, mit Bezug auf das Gewerbegebiet nach dem altrömischen Gott des Handels.

Merowingerweg, (Rahlstedt), 1951, Königsgeschlecht der Franken vor Karl dem Großen.

Messeplatz, (St. Pauli), 2008, nach seiner zentralen Lage bei den Messehallen.

Meßberg, (Hamburg-Altstadt), 1916, unter Wiederverwendung der alten, seit dem 16. Jahrhundert nachweisbaren Bezeichnung, die wörtlich „Misthaufen“ bedeutet. Der Platz wurde vor seiner Bebauung zur Lagerung von Unrat benutzt. Man kann sich vorstellen, welche Gerüche von so einem Misthaufen ausgingen und welchen Einfluss das auf die Hygiene der Stadt hatte, wenn man berücksichtigt, welche Mengen an Tieren, Rindvieh, Pferde, Schweine und Federvieh in der Stadt gehalten wurden.

Mesterbrooksweg, (Duvenstedt), vor 1940, Flurname, wobei „Mester“ für Handwerksmeister, bzw. Schulmeister steht. „Brook“ = sumpfiger Wald. Es war also der Weg, der zum Bruchwald der Meister führte.

Mesterfeld, (Eidelstedt), 1929, Flurname = Feld des Schulmeisters.

Mesterfeldweg, (Eidelstedt), vor 1928, Erklärung wie Mesterfeld.

Mesterkamp, (BarmbekSüd), 1890, nach einem der Gegend anhaftenden Flurnamen.

Mestorfweg, (Sülldorf), 1953, nach Prof. Johanna Mestorf (1828–1909), Direktorin des Schleswig-Holsteinischen Museums für vaterländische Altertümer in Kiel, als erste Frau „Professor“ in Preußen.

Methfesselstraße, (Eimsbüttel), 1899, nach dem Komponisten und Dirigenten Albert Gottlieb Methfessel (1785–1869), er war auch Gesangslehrer und 1825 Gründer der ersten Liedertafel in Hamburg. Er schuf auch die „Hamburger Nationalhymne“: „Stadt Hamburg an der Elbe Auen“. Es geriet etwas in Vergessenheit und tauchte 1890 um drei Strophen gekürzt wieder auf. Es wurde etwas umgedichtet, wobei Harmonia nicht mehr „glücklich„ sondern „herrlich“ darstellt.

Mette-Harden-Straße, (Kirchwerder), 1995, nach Mette Harden, Einwohnerin aus Kirchwerder-Sande, 1612 der Zauberei angeklagt und gefoltert, beteuerte standhaft ihre Unschuld.

Mettlerkampsweg, (Hamm-Nord), 1928, nach David Christopher Mettlerkamp (1774–1850). Von Beruf Bleideckermeister, war er gleichzeitig Chef der Hamburger Bürgerbrigade während der Befreiungskriege. Mit anderen bedeutenden Persönlichkeiten der Stadt gehörte er 1813 dem hamburgischen Direktorium zur Wahrnehmung der Interessen der Hansestädte an.

Metzenberg, (Wilstorf), 1950, Flurname. Dieser Weg soll 1667 „Am Metzenberg“ geheißen haben.

Metzendorfer Weg, (Eißendorf), 1977, Motivgruppe: Ortsnamen der Lüneburger Heide.

Metzer Straße, (Dulsberg), 1922, nach der Stadt und Festung in Lothringen.

Metzgerbrücke, (Alsterdorf), 1922, in Anlehnung an die Wilhelm-Metzger-Straße.

Meurerweg, (Horn), 1968, nach dem Senatssyndikus und Bürgermeister Dr. lic. Hinrich Meurer (1643–1690). Aufgrund seiner Neutralität war Hamburg im 30jährigen Krieg Verhandlungsort für Friedensbespräche. Diese standen unter Leitung des Senatssyndikus Dr. Meurer. Bei der Kompliziertheit der Lage war es schon eine hervorragende Leistung, nach einem 30 Jahre währenden Krieg auf dem Verhandlungswege einen Friedensschluss zu erzielen. Ein Kuriosum am Rande: Nach dem Tode des Bürgermeisters Meurer empfahl sich der Ratsherr Dietrich Schaffhausen als Nachfolger: „Weil sein Eid ihm gebiete, den ‚Besten‘ für dieses Amt vorzuschlagen.“

Meuronstieg, (Winterhude), 1929, nach dem Architekten Auguste de Meuron (1813–1898), aus Neuchâtel, der von 1842 bis 1867 in Hamburg als Baumeister tätig war.

Mewesweg, (Finkenwerder), 1923, nach der alteingesessenen Finkenwerder Fischerfamilie Mewes, die in dem Buch „Seefahrt ist Not“ von Gorch Fock eingehend beschrieben wird.

Mexikoring, (Winterhude), 1968, nach der Hauptstadt des Landes Mexiko. Motivgruppe: überseeische Handelsbeziehungen.

Meyerbeerstraße, (Rahlstedt), 1951, nach dem Opernkomponisten Giacomo Meyerbeer (1791–1864), eigentlich Jakob Liebmann Meyer Beer; er war einer der wichtigsten Opernkomponisten des 19. Jahrhunderts.

Meyer-Delius-Platz, (Langenhorn), 1968, nach Dr. Hugo Meyer-Delius (1877–1965), seit 1912 als Kinderarzt an Hamburger Krankenhäusern, später in der Kleinkinderfürsorge tätig.

Meyerhofstraße, (Osdorf), 1949, nach dem Biochemiker Prof. Dr. Otto Meyerhof (1884–1951), erhielt 1922 den Nobelpreis für Medizin.

Meyermannweg, (Lokstedt), 1948, nach einer der ältesten Lokstedter Bauernfamilien.

Meyerstraße, (Heimfeld), 1890, nach dem Stockfabrikanten Christian Meyer (1832–1886), genannt „Stockmeyer“ (siehe auch Stockmeyerstraße), der in Heimfeld erheblichen Grundbesitz hatte.

Michael-Hering-Weg, (Billstedt), 1962, nach dem Verleger Michael Hering (1570–1633). Motivgruppe: Buchherstellung und -verlag.

Michaelisbrücke, (Neustadt), 1882, im Anschluss an die Namen der damaligen Straßen „Bei der kleinen Michaeliskirche“ und „Große Michaelisstraße“ sowie mit Bezug darauf, dass die Brücke nebst den anliegenden Straßenteilen eine neue Verbindung mit dem Michaeliskirchspiel schuf.

Michaelispassage, (Neustadt), 1983, in Anlehnung an die Michaelisstraße.

Michaelisstraße, (Neustadt), 1899, durch einheitliche Bezeichnung von drei Straßenstücken u.Z.: der westliche Teil der Michaelisstraße bis zur Kirchenstraße war bis 1880 Krayenkamp, das mittlere Stück, vorher „Lange Planke", hatte die Straßenbezeichnung „Große Michaelisstraße", der östliche Teil der Straße hieß „Bei der kleinen Michaeliskirche". Schon im 17. Jahrhundert scheint es eine einheitliche Bezeichnung als Michaelis-Straße gegeben zu haben.

Michael-Pritzl-Weg, (Allermöhe), 1997, nach Michael Pritzl (1907–1995), Maschinenbauer, 1933 Mitarbeiter einer illegalen Druckerei in Bergedorf, Widerstandskämpfer gegen den Nationalsozialismus, verdienter Bergedorfer Gewerkschafter.

Michelsenweg, (Hammerbrook), 1996, nach L. W. C. Michelsen (1844–1920), Enkel des Gründers der Firma Michelsen, kaiserlicher Hoflieferant.

Middeltwiete, (Langenhorn), 1949, früher Middeltwiete Ost und -West (1935). Frei gewählte Bezeichnung. Middeltwiete = Mittlere Twiete.

Middendorfstraße, (Barmbek-Nord, Bramfeld), 1951, nach dem Schiffbauingenieur und Direktor des Germanischen Lloyd, Friedrich Middendorf (1842–1903), der auf dem Gebiet der Schiffssicherung große Fortschritte erzielte.

Milcherstraße, (Groß Flottbek), vor 1895, nach dem „Milcher" Schutt, dem einzigen Milchhändler für Groß Flottbek, der dort wohnte und auch sein Geschäft betrieb.

Milchgrund, (Heimfeld), 1889, alte Flurbezeichnung „Melkgrund". Im Erbregister 1667 „Bey der Melkkuhlen".

Milchstraße, (Rotherbaum), 1858, durch Übernahme eines seit langem im Volksmund lebenden Namens, der wahrscheinlich dadurch veranlasst war, dass an dem Wege eine große Anzahl von Milchhändlern wohnte.

Mildestieg, (Barmbek-Nord), 1914, nach dem Hamburger Maler und Lithographen Carl Julius Milde (1803–1875).

Millerntordamm, (Neustadt), um 1896, zur Bezeichnung des Dammes, der um 1820 durch den Stadtgraben gelegt wurde.

Millerntorplatz, (Neustadt, St. Pauli), um 1896, als um 1820 angelegter Platz vor dem Millerntor; vorher „Am Wall beim Millerntor".

Millöckerweg, (Rahlstedt), 1950, nach dem österreichischen Operettenkomponisten Karl Millöcker (1842–1899). Millöcker war neben Johann Strauß und Franz von Suppé ein Hauptvertreter der klassischen Wiener Operette.

Mimeweg, (Rissen), 1951, nach einer Gestalt aus dem Nibelungenlied.

Mindelweg, (Sasel), 1982, nach einem rechten Nebenfluss der Donau in Bayern. Motivgruppe: Die Donau und ihre Nebenflüsse.

Mindermannweg, (Osdorf), 1960, nach der Bauernfamilie Mindermann (17. bis 19. Jahrhundert).

Minenstraße, (St. Georg), 1824, nach den Minen oder Paten, worunter man die nicht dem öffentlichen Verkehr dienenden Festungstore versteht.

Minnerstieg, (Hausbruch), 1944, im Anschluss an den Namen Minnerweg.

Minnerweg, (Hausbruch, Neugraben-Fischbek), 1948, auf einer alten Flurkarte findet sich die Bezeichnung „op den innern Weg". Aus dieser Verbindung ist im Laufe der Zeit durch falsche Trennung und Abschleifung „Minnerweg" bzw. „Minnerstieg" geworden.

Minsbekkehre, (Poppenbüttel), 1973, nach dem Alsterzufluss Minsbek.

Minsbekweg, (Poppenbüttel), 1952, nach dem Alsterzufluss Minsbek.

Mirabellenweg, (Bramfeld), 1955, Obstbaummotiv. Motivgruppe: Früchte.

Mirowstraße, (Barmbek-Süd), 1906, nach A. H. C. Mirow (1840–1900), ab 1884 Mitglied der Bürgerschaft, der lange Zeit in Barmbek wohnte.

Mispelstieg, (Bramfeld), 1945, nach einem Pflanzenmotiv. Gattung der Rosengewächse, Bäume oder Sträucher mit weißen Blüten und roten Staubblättern.

Mispelweg, (Bramfeld), 1945, Erklärung wie Mispelstieg.

Missundestraße, (Altona-Nord), 1900, nach Missunde an der Schlei. Benannt zur Erinnerung an den Angriff der preußischen Truppen 1864.

Mistralstraße, (Altona-Altstadt), 1950, nach dem französischen Dichter Frédéric Mistral (1830–1914), der 1904 den Nobelpreis für Literatur erhielt.

Mittelhövel, (Wilhelmsburg), 1949, Weg in die Behelfsheimsiedlung auf dem Hövel. In Anlehnung an den Flurnamen „Im Hövel". Die Höveln sind erhöhte Stellen (Hügel) in dem 1672 eingedeichten Gelände.

Mittelkai, (Steinwerder), 1955, nach der Lage zwischen Steinwerderkai und Grevenhofkai.

Mittelkamp, (Marienthal), vor 1933, nach Jürgen Mittel, dem ersten Küster und Lehrer in Wandsbek.

Mittelkanalbrücke, (Hammerbrook), 1930, in Anlehnung an den Namen Mittelkanal.

Mittelstieg, (Eidelstedt), 1988, benannt nach einer aus Halstenbek (Schleswig-Holstein) kommenden Straße, die namentlich übernommen wurde.

Mitteltreppe, (Blankenese), 1949, nach der Lage.

Mittelweg, (Rotherbaum, Harvestehude), 1858, zur Vereinfachung der früheren Bezeichnungen für diese Straße, die da lauteten: Mittelster Fahrweg nach Harvestehude, Mittelster Harvestehuder Weg und Mittelweg der Chaussee nach Harvestehude.

Mittlerer Landweg, (Allermöhe, Billwerder), 1912, richtungsweisend, als mittlerer Verbindungsweg der Landschaft Billwerder vom Elbdcich zum Billdeich.

Mittlerer-Landweg-Brücke, (Allermöhe, Biliwerder), 1961, als im Zuge des Mittleren Landweges über einen Entwässerungsgraben führende Brücke.

Modering, (Schnelsen), 1974, nach dem hier errichteten, ständig in Erweiterung begriffenen Mode-Centrum Hamburg.

Modersohnstraße, (Wilhelmsburg), 1951, nach dem Mitbegründer der Worpsweder Malerkolonie um 1890, Otto Modersohn (1865–1943). Er malte melancholisch herbe Stimmungslandschaften und war wohl der bedeutendste Maler des Worpsweder Moores.

Möhlendannen, (Wellingsbüttel), vor 1933, Flurbezeichnung = Mühlentannen.

Möhlenhoff, (Wilhelmsburg), 2004, in Anlehnung an die benachbarte historische Windmühle.

Möhlenort, (Eidelstedt), 1928, Möhl = Mühle und Ort = Ecke, Spitze = Mühlenecke.

Möhlmannweg, (Blankenese), 1949, nach der alten Blankeneser Schifferfamilie Möhlmann.

Möhlsteenpadd, (Wilhelmsburg), 2005, nach dem plattdeutschen Wort für „Mühlsteinpfad" und mit Bezug auf die nahe liegende historische Windmühle.

Mölenwisch, (Niendorf), 1939, nach einer Flurbezeichnung, die auf die ehemalige Pulvermühle verweist, die sich beim Zusammenfluss von Tarpenbek und Kollau befand. Es handelte sich hier um die Mühle, die sich auf der Flur „Coldeloghe" (Kollau) befand.

Möllers Kamp, (Bergedorf), 1949, ein großes Ackerstück, das nach dem damaligen Besitzer Claus Möller (1735–1770) „Möllers Kamp" genannt wurde.

Möllers Treppe, (Blankenese), um 1927, nach dem Vorbesitzer, dem Kapitän und Reeder Claus Möller (1802–1873).

Möllner Landstraße, (Billstedt), vor 1892, nach der Lage als in Richtung Mölln führende Straße.

Mönchskamp, (Bramfeld), 1945, Flurname nach einem sogenannten Mönck, einem Überlaufsiel am Austritt der Seebek in den Bramfelder See.

Mönckebergkai, (Steinwerder), 1902, zu Ehren des Bürgermeisters (seit

1889), Senator (1876), Dr. Johann Georg Mönckeberg (1839–1908).

Mönckebergstraße, (Hamburg-Altstadt), 1908, nach Dr. Johann Georg Mönckeberg (1839–1908), 1876 in den Senat berufen, gehörte er diesem 30 Jahre lang an und war ab 1889 vierzehn Mal als Erster Bürgermeister an der Spitze des Senats. Er hatte besondere Verdienste um den Ausbau des Freihafens und um die Sanierung des Gängeviertels der Altstadt. In diesem Zusammenhang wurde ein großer Durchbruch vom Rathausmarkt zum Hauptbahnhof geschaffen. Die Grundstrücke kaufte die Stadt und teilte sie in großräumige Bauflächen auf. Das galt auch für die anderen Gebiete der Altstadt, einem Platz auf dem sich nach dem ersten Weltkrieg einige berühmte Architekten ein Denkmal setzten. Für das knapp 40 Millionen kostende Gesamtobjekt musste die Stadt aber nur weniger als 3 Millionen aufbringen, da die Restsumme durch den Verkauf der Grundstücke wieder hereinkam. Die Mönckebergstraße wurde breit genug angelegt, um unter ihr eine U-Bahn und auf ihr eine Straßenbahn aufzunehmen. Die 30 Meter breite Mönckebergstraße wurde am 26. Oktober 1909 dem Verkehr übergeben, und am 18. März 1910 fährt die erste Straßenbahn auf dieser Straße.

Mönkedamm, (Hamburg-Altstadt), ben. seit dem 16. Jahrhundert unter Beibehaltung der älteren Bezeichnung, als Damm der Mönche für den durch die Marsch aufgeschütteten Weg von St. Marien-Magdalenen-Kloster zum Millerntor.

Mööörkenweg, (Bergedorf), 1904, Flurbezeichnung, Mööörken = Diminutivform von Moor.

Mörikestraße, (Blankenese), 1928, nach dem Dichter Eduard Mörike (1804–1875); seine Gedichte wurden häufig vertont, so u.a. von Robert Schumann, Franz Liszt, Johann Brahms und Hugo Wolf.

Möringbogen, (Winterhude), 1964, nach Carl Philipp Ferdinand Möring (1818–1900), Bürgerschaftsabgeordneter und Senator 1861–1900, und nach Rudolf Heinrich Möring (1831–1907), Bürgerschafts- und Reichstagsabgeordneter.

Mörkenstraße, (Altona-Altstadt), um 1730, nach einem früheren kleinen Moor. „Mörken“ = Diminutivform von Moor.

Mövenstraße, (Winterhude), 1891, nach einem Vogelmotiv, Möwen, wahrscheinlich mit Rücksicht auf die zahlreichen Möwen an der Alster.

Mözener Weg, (Langenhorn), 1954, Motivgruppe: Dörfer nördlich von Hamburg.

Mohlenhofstraße, (Hamburg-Altstadt), 1899, unter Benutzung des Namens Mölenhof, den ein hier gelegenes, zum ehemaligen Schauenburger Hof, der danach auch seinerseits „Molenhof“ genannt wurde, gehörendes Erbe führte; vorher Altstädter Fulentwiete.

Mohnblumenweg, (Sasel), 1952, nach einem Feldblumenmotiv.

Mohnhof (Bergedorf), seit dem 17. Jahrhundert, früher Mahnhof, vermutlich nach einem Mann namens Mahn.

Mohnstieg, (Osdorf), 1932, nach einem Blumenmotiv.

Moisburger Hang, (Neugraben-Fischbek), 1976, in Anlehnung an den Namen Moisburger Weg.

Moisburger Stieg, (Neugraben-Fischbek), 1950, in Anlehnung an den Moisburger Weg.

Moisburger Weg, (Neugraben-Fischbek), 1948, nach dem Amt Moisburg, das bis 1859 bestand und zu dem auch Neugraben und Fischbek gehörten.

Mokrystraße, (Wilhelmsburg), 1990, nach Rudolf Mokry (1905–1944), Wilhelmsburger Schlosser, der aufgrund seiner kommunistischen Weltanschauung am 21. 10. 1944 im KZ Sachsenhausen ermordet wurde.

Moldauweg, (Wilhelmsburg), 1991, zum Wiederaufleben der Motivgruppe „Nebenflüsse der Elbe“, die fürher im Stadtteil Wilhelmsburg vorhanden war.

Molkenbuhrstraße, (Stellingen), 1928 und 1945, nach Hermann Molkenbuhr (1851–1923), von 1887 bis 1902 Echo-Redakteur und spater sozialdemokratischer Reichstagsabgeordneter.

Mollerstraße, (Rotherbaum), 1910, nach dem langjährigen Präses der Vormundschaftsbehörde und Kirchenvorsteher in St. Johannis, Dr. Philipp Ulrich Moller (1836–1926), und zugleich zu Ehren seiner Vorfahren, unter denen sich viele bedeutende und um Hamburg verdiente Männer befunden haben.

Moltkestraße, (Hoheluft-West), 1873, nach dem Generalfeldmarschall Helmuth Graf von Moltke (1800–1891), hervorragender Stratege der Neuzeit. Er bildete das preußische Heer für große Aufgaben und siegreiche Feldzüge (1866, 1870/71) aus. Moltke ist Ehrenbürger der Stadt Hamburg.

Moltrechtweg, (Alsterdorf), 1929, zu Ehren des Spritzenmeisters (1858–1872) und Bürgerschaftsmitgliedes Hannibal Moltrecht (1812–1882); früher (seit 1928) Hinter der Hofstelle.

Mommsenstraße, (Blankenese), 1928, nach dem Universitätsprofessor Theodor Mommsen (1817–1903), Historiker und Altertumsforscher. Er war Mitglied des preußischen Landtags und des Reichstags. Als erster Deutscher erhielt er 1902 den Nobelpreis für Literatur.

Mondrianweg, (Billstedt), 1971, nach dem niederländischen Maler Pieter Cornelis Mondrian (auch Mondriaan) 1872–1944).

Monetastraße, (Rotherbaum), 1948, nach dem italienischen Politiker Ernesto Teodora Moneta (1833–1918), Friedensnobelpreisträger.

Monikastraße, (Eilbek), 1957, frei gewählter weiblicher Vorname in Anlehnung an die nahe gelegenen Straßen: Tonistraße und Evastraße.

Moojerstraße, (Wandsbek), 1950, nach der Familie Moojer, Kattunfabrikanten in Wandsbek (18. und 19. Jahrhundert).

Mooranger, (Neugraben-Fischbek), 1946, in Anlehnung an die dortige Flurbezeichnung „Moorstück“.

Moorbeerenstieg, (Lemsahl-Mellingstedt), 1981, nach der Motivgruppe: Moorpflanzen.

Moorbekring, (Volksdorf), 1995, nach dem Wasserlauf „Moorbek“, dem Oberlauf der Lottbek, ein Weg, der früher von den Torfstechern benutzt wurde.

Moorbekweg, (Volksdorf), 1933, Benennung: wie Moorbekring.

Moorbirkenkamp, (Wellingsbüttel), 1950, nach der auf den Mooren heimischen Schwarzbirke.

Moorblick, (Poppenbüttel), 1956, frei gebildeter Name nach dem guten Blick über das jenseits des Kupferteichweges liegende Moor.

Moorburger Alter Deich, (Moorburg), unbek., alte Bezeichnung, nach dem alten Moorburger Deich.

Moorburger Bogen, (Moorburg, Heimfeld), 1980, in Anlehnung an die „Moorburger Straße“.

Moorburger Burgweg, (Moorburg), 1948, Moorburg hieß früher einmal „Glindesmoor“. Der neue Name erinnert an die Moorburg, einen burgartigen festen Speicher, den die Hamburger um 1390 am „Glindesmoor“ errichteten, um die Süderelbe zu beherrschen. Dieser Speicher wurde 1819 wieder abgebrochen.

Moorburger Elbdeich (Moorburg), 1948, nach dem zum Schutz gegen das Elbwasser erbauten Deich.

Moorburger Hauptdeich, (Heimfeld, Moorburg), 1969, nach dem Hauptdeich, der sich vor dem Hauptteil der Ortschaft befindet.

Moorburger Hinterdeich, (Moorburg), 1948, nach dem alten Moorburger Hinterdeich.

Moorburger Kirchdeich, (Moorburg, Heimfeld), 1948, nach dem ehemaligen zur Moorburger Kirche führenden Deich. Diese Kirche wurde 1597 auf einer Wurt erbaut und 1887 vergrößert.

Moorburger Ring, (Neugraben-Fischbek), 1948, nach der Ortschaft Moorburg und dem Verlauf der Straße.

Moorburger Schanze, (Moorburg), 2010, nach einem frei gewählten Namen mit Bezug auf den Stadtteil.

Moorburger Stieg, (Heimfeld), 1958, in Anlehnung an den Namen Moorburger Straße.

Moorburger Straße, (Heimfeld), 1885 und 1930, als nach Moorburg führende Straße.

Moordamm, (Niendorf), 1947, frei gebildeter Name nach der Lage am früheren Ohemoor.

Moorende, (Hamm-Nord), 1910, nach dem Flurnamen „Moorrand". Es handelt sich um ein Feldstück des Peterskamp, das die Grenze des urbaren Landes gegen den Waldsumpf des Hasselbrooks markiert. In Hamburg wurden oftmals Straßennamen verwendet, die auf die Beschaffenheit der Gegend oder auf die geographische Lage hinweisen.

Moorflagen, (Niendorf), 1948, Flurbezeichnung = Moorstücke.

Moorfleeter Brücke, (Billstedt), 1969, in Anlehnung an die Moorfleeter Straße.

Moorfleeter Brückenstraße, (Moorfleet), 1948, nach dem Stadtteil Moorfleet, als Zufahrtsweg zur Eisenbahnbrücke.

Moorfleeter Deich, (Allermöhe, Moorfleet, Billbrook), 1960, nach der Lage des größtenteils im Stadtteil Moorfleet liegenden Deiches.

Moorfleeter Hauptdeich, (Rothenburgsort, Moorfleet), 1970, nach der Lage als Hauptdeich vor dem Stadtteil Moorfleet.

Moorfleeter Kirchenweg, (Moorfleet), 1948, führt zur Moorfleeter St. Nikolaikirche.

Moorfleeter Schleusenweg, (Moorfleet), 1963, nach dem Stadtteil Moorfleet und der nahe gelegenen Tatenbergschleuse.

Moorfleeter Straße, (Billstedt, Billbrook), 1914, als von Billbrook nach Moorfleet führende Straße. Moorfleet hieß früher „Urenfleet", daraus ist später „Murenfleet" geworden, woraus schließlich durch Abschleifung Moorfleet wurde.

Moorfuhrtbrücke, (Winterhude), 1913. Durch die jetzt vom Goldbekkanal durchschnittenen ehemals moorigen Flächen, durch die die schmale Goldbek floß, führte früher eine Furt. Auf einer Flurkarte von 1867 hießen die moorigen Wege beiderseits der Goldbek „Moorfurt".

Moorfuhrtweg, (Winterhude), 1876, nach einem der Gegend anhaftenden Flurnamen.

Moorgrund, (Wandsbek, Bramfeld), 1950, frei gebildeter Name nach der Geländebeschaffenheit in den ehemals moorigen Osterbekniederungen.

Moorhof, (Poppenbüttel), 1930, der Moorhof war früher ein Gebiet, in dem Torf für Eigenbedarf, aber auch für den Verkauf nach Hamburg gestochen wurde.

Moorkamp, (Eimsbüttel), 1881, Flurbezeichnung, die auf das sumpfige Gebiet um die Isebekniederung hindeutet.

Moorkanalbrücke, (Veddel), 1914, in Anlehnung an den Namen Moorkanal, als Brücke, die über den Moorkanal führt.

Moorkoppel, (Jenfeld), vor 1933, nach einem der Gegend anhaftenden Flurnamen.

Moorlage, (Langenbek, Marmstorf), 1930, nach einein in der Nähe gelegenen Flurstück, das „Moorlahde" benannt ist.

Moorlandbogen, (Neugraben-Fischbek), 1969, nach der ortsüblichen Bezeichnung „Moorland".

Moorlilientwiete, (Langenhorn), 2002, nach der im benachbarten Raakmoor vorkommenden Pflanze.

Moorrand, (Niendorf), 1949, nach der Lage am Rande des „Ohmoors".

Moorredder, (Volksdorf), 1933, hier befanden sich früher gemeinsame Torfflächen der Volksdorfer Bauern, Redder = von Knicks gesäumter Feldweg.

Moorreye, (Langenhorn, Hummelsbüttel), 1914, nach einem der Gegend anhaftenden Flurnamen. „Rei" oder „Reye" = kleiner Wasserlauf.

Moorreyenbrücke, (Langenhorn), 1960, in Anlehnung an den Namen Moorreye.

Moorstieg, (Heimfeld), 1935, als durch ein Moorgebiet führender Weg.

Moorstraße, (Harburg), umb. 1945, alter Weg in das östlich des Seevekanals gelegene Moor.

Moorstraßenbrücke, (Harburg), 1956, in Anlehnung an den Namen Moorstraße, als über den Seevekanal führende Brücke.

Moorstück, (Neugraben-Fischbek), 1946, Flurbezeichnung.

Moortrift, (Groß Borstel), 1932, Anerkennung des bereits vorhandenen volkstümlichen Namen. Trift = Viehtriebweg zur Weide oder Tränke.

Moortwiete, (Groß Borstel), 1864, im Anschluss an den Namen Moorweg. Twiete = kleiner Verbindungsweg zwischen zwei Straßen.

Moorweg, (Groß Borstel), 1864, Flurname, als in das Eppendorfer Moor führender Weg.

Moorweidenstraße, (Rotherbaum), 1878, nach dem dortigen Flurnamen „Moorweide".

Moorwerder Brückendamm, (Wilhelmsburg), 1967, nach der Lage im Ort Moorwerder, an Stelle einer über den früheren Scheidegraben führenden Brücke.

Moorwerder Hauptdeich, (Wilhelmsburg), 1970, nach dem Hauptdeich bei der Ortschaft Moorwerder. (Werder = Flussinsel).

Moorwerder Norderdeich, (Wilhelmsburg), 1949.

Moorwerder Osterdeich, (Wilhelmsburg), 1949.

Moorwerder Süderdeich, (Wilhelmsburg), 1949.

Moorwerder Westerdeich, (Wilhelmsburg), 1949.

Zu diesen vier Deichen sagt H. Keesenberg in seinem Heft: „Wilhelmsburger Straßen im Wandel der Zeit" folgendes: „Die nach den vier Himmelsrichtungen benannten Teile bilden den Deich um die kleine Insel Moorwerder, die an der Teilung der Elbe in Norder- und Süderelbe liegt und im 16. Jahrhundert für sich allein eingedeicht wurde. Die Südostecke heißt: „Bunthäuser Spitze."

Moorwinkel, (Heimfeld), 1937, nach der Lage, als im rechten Winkel von der Straße Zum Fürstenmoor" abzweigender Weg.

Moorwisch, (Lurup), 1970, Flurname = Moorwiese.

Moosbeerweg, (Bramfeld), 1939, Moosbeeren = Preiselbeeren.

Moosberg, (Lohbrügge), 1962, nach einer der Gegend anhaftenden Flurbezeichnung und der ortsüblichen Bezeichnung.

Moosbruch, (Langenhorn), 1960, frei gebildeter Name nach der Geländebeschaffenheit.

Moosheide, (Neugraben- Fischbek), 1948, nach der Lage in der Fischbeker Heide, wo die Silbe „Heide" vielfach für Wegnamen verwendet wurde, meist im Zusammenhang mit dem örtlichen Charakter.

Moosrosenweg, (Bramfeld), 1966, nach einem Blumenmotiv. Moosrose ist die Bezeichnung für Centifolia mit bemoosten Kelchblättern.

Moostal, (Hausbruch), 1953, frei gebildeter Name nach der Geländebeschaffenheit.

Moosterhoop, (Billstedt), 1966. Flurbezeichnung.

Moränenweg, (Rahlstedt), 1947, Moränen = von Eiszeitgletschern mitgeschleppter Gesteinsschutt.

Morahtstieg, (Hamm-Nord), 1964, nach Ernst Adolph Moraht (1833–1879), Pastor in Hamm und Begründer der Morahtstiftung.

Morellenweg, (Marienthal), 1952, nach der Kirschart, Morellen wurden früher bei den Wandsbeker Pferderennen (1825–1850) als Spezialität und Leckerbissen verkauft.

Morewoodstraße, (Wandsbek), um 1843, nach dem aus England zugewanderten Kaufmann Joseph Morewood (1818–1904), der in dieser Straße Häuser für wirtschaftlich Schwache errichten ließ, vermachte die Stiftung an die Stadt.

Morgenröteweg, (Lurup), 1967, nach der Lage beim ehemaligen Kleingartenverein „Morgenröte e. V.".

Morgensternsweg, (Barmbek-Nord), 1927, nach dem aus Hamburg stammenden Maler Christian Morgenstern (1805–1867). Er malte zunächst realistische Landschaftsbilder, später romantisch-dramatische Bilder von Naturereignissen. Der Maler Christian Morgenstern ist der Großvater des bekannten Dichters Christian Morgenstern.

Morsumer Weg, (Billstedt), 1971, nach der Ortschaft Morsum auf der Insel Sylt.

Moschlauer Kamp, (Farmsen-Berne), 1925, Flurbezeichnung. Das niederdeutsche Wort „Mosch" bedeutet Sumpf oder Moor, „Au" oder „Aue" ist oftmals die Endsilbe eines kleinen Baches (Eilenau). Eine andere Version legt „lau" = „loh" als Eichwald aus. Danach würde es sich um einen sumpfigen Eichwald handeln.

Moses-Mendelssohn-Brücke, (Harburg), 1998, nach Moses Mendelssohn (1729–1786), dem Philosophen der Aufklärung. Zu seinen Schriften gehören die „Philosophischen Gespräche". Er war Mitarbeiter der Zeitschrift „Briefe, die Neueste Litteratur betreffend", wodurch er zu einem der einflussreichsten Literaturkritiker der damals neu entstehenden deutschen Literatur wurde. 1762 heiratete er Fromet Gugenheim, mit der er zehn Kinder hatte, von denen sechs überlebten, darunter Abraham Mendelssohn, der Vater von Felix Mendelssohn-Bartholdy. Moses Mendelssohn bemühte sich, die Stellung der jüdischen Minderheit in Europa zu verbessern.

Motettenstieg, (Billstedt), 2007, nach der Gattung der mehrstimmigen Vokalmusik, die vor allem vom 14. bis zum 17. Jahrhundert auf meist geistliche Texte Verwendung fand, und in Anlehnung an den östlich benachbarten Kantatenweg.

Mottenburger Straße, (Ottensen), 1950, nach der volkstümlichen Bezeichnung für Ottensen. Diese eher lustig klingende Bezeichnung für die Ottensener hat aber einen tragischen Hintergrund, denn die Ottensener (Mottenburger) sagten von sich, dass ihre Lungen von den Motten zerfressen wären. Die kaputten Lungen hatten ihren Ursprung in dem ständig inhalierten Glasstaub (große Glasindustrie) und der im unteren sozialen Milieu vorherrschenden Tuberkulose.

Mottenburger Twiete, (Ottensen), 1976, im Anschluss an den Namen Mottenburger Straße.

Mozartstraße, (Barmbek-Süd), 1863, nach dem Tondichter Wolfgang Amadeus Mozart (eigentlich Johannes Chrysostomus Wolfgangus Theophilus Mozart) (1756–1791).

Müggenburg, (Finkenwerder), 1869–1903, unter Beibehaltung der für eine Strecke des Finkenwerder Norddeichs eingebürgerten flurnamenartigen Bezeichnung, die zu dem Namen des anliegenden Eibarms „Müggenlock" in Beziehung steht, einer Bezeichnung, die amtlich übernommen wurde.

Müggenburger Hafenbahnbrücke, (Kleiner Grasbrook), 1987, in Anlehnung an den Namen Müggenburg und mit Bezug auf die dort verkehrende Hafenbahn.

Müggenburger Hauptdeich, (Veddel), 1970, nach dem Flurnamen Müggenburg und dem dortigen Hauptdeich.

Müggenburger Straße, (Veddel), 1914, nach dem der Gegend anhaftenden Flurnamen „Müggenburg".

Müggenburger Zollhafenbrükke, (Veddel), 1905/06, nach dem Flurnamen „Müggenburg", führt im Zuge der Veddeler Straße über den Müggenburger Zollhafen.

Müggenkampstraße, (Eimsbüttel), 1878, nach der der Gegend anhaftenden Flurbezeichnung „Müggenkamp".

Müggenloch, (Finkenwerder), 1984, nach dem ehemaligen jetzt zugeschütteten Wasserarm „Müggenloch", der früher bis zur Straße Steendiek herunterführte.

Mühlenaustieg, (Eidelstedt), 1955, nach der dort fließenden Mühlenau und im Anschluss an den Namen Mühlenauweg.

Mühlenauweg, (Eidelstedt), 1952, nach der dort fließenden Mühlenau.

Mühlenbachbrücke, (Billstedt), unbek. alte Bezeichnung, nach der abgebrochenen alten Wassermühle Ober-Schleems (seit 1256).

Mühlenberg, (Nienstedten, Blankene-se), 1928, nach dem früher teils zu Blankenese, teils zu Dockenhuden gehörenden Ortsteil „Mühlenberg".

Mühlenberger Weg, (Blankenese), 1928, Erklärung wie „Mühlenberg".

Mühlenbrook, (Wohldorf-Ohlstedt), 1929, nach einem der Gegend anhaftenden Flurnamen.

Mühlenbrücke, (Hamburg-Altstadt), 1844/45, seit 1195 ist die erste Niedermühle (Ole Mohl) urkundlich belegt. Die Stauschleuse unter der Brücke reguliert den Wasserstand zwischen dem Nikolaifleet und dem Mönkedammfleet.

Mühlendamm, (Hohenfelde), 1858, mit Bezug auf eine dort bis 1888 befindliche Windmühle.

Mühlenhagen, (Rothenburgsort), 1936, Hagen ist die Bezeichnung für junges Buschholz.

Mühlenkamp, (Winterhude), 1863, als „Am Mühlenkamp", nach dem Namen der anliegenden Flur „Großer Mühlenkamp„, verkürzt 1899.

Mühlenkampbrücke, (Winterhude, Uhlenhorst), 1904, in Anlehnung an den Namen Mühlenkamp, als zwischen Mühlenkamp und Hofweg über den Osterbekkanal führende Brücke.

Mühlenredder, (Wohldorf-Ohlstedt), vor 1909, benannt nach dem Volksmund als auf die Wohldorfer Mühle zu führender Redder. Redder = von Knicks gesäumter Feldweg.

Mühlenstieg, (Wandsbek), 1950, frei gebildeter Name nach einer früher dort vorhandenen Windmühle.

Mühlenstraße, (Wandsbek), Anfang des 17. Jahrhunderts, nach einer dort gelegenen, 1625 abgebrochenen Windmühle.

Mühlenstraßenbrücke, (Wandsbek), 1867, in Anlehnung an die Mühlenstraße; im Zuge der Mühlenstraße über die Eilbek führend.

Mühlenweg, (Sinstorf), 1981, die Straßenbezeichnung des aus Niedersachsen kommenden Weges wurde namentlich von Hamburg übernommen.

Mülhäuser Straße, (Dulsberg), 1928, nach der vormals deutschen Stadt im Elsaß, die lt. Vertrag von Versailles an Frankreich fiel.

Müllenhoffweg, (Groß Flottbek), 1950, nach dem Germanisten Prof. Karl Viktor Müllenhoff (1818–1884), dem Herausgeber der Sagen, Märchen und Lieder der Herzogtümer Schleswig-Holstein und Lauenburg.

Müllerweide, (Poppenbüttel), 1957, Flurname, der nach einer Flurkarte von 1743 „Möller Wiese" lautet und nach Flurkarten von 1804 und 1824 „Möllerwisch".

Mümmelmannsberg, (Billstedt), vor 1938, nach einem Werk von Hermann Löns „Mümmelmann".

Münchhausenweg, (Niendorf), 1948, nach Johann von Münchhausen (um 1529), Landdrost in Pinneberg.

Münstermannsweg, (Barmbek-Nord), 1922, nach dem Hamburger Bildschnitzer Ludwig Münstermann (erste Hälfte des 17. Jahrhunderts, gest. 1637/38).

Münsterstraße, (Lokstedt, Eppendorf), 1948, nach der alteingesessenen Familie Münster, die in Lokstedt zwei Vögte stellte u. z.: Martin Hinrich Münster, Vogt in Lokstedt von 1876 bis 1882, und Hinrich Münster (1815–1878), Vogt in Lokstedt von 1861 bis 1874.

Münterweg, (Billstedt), 1971, nach Gabriele Münter (1877–1962), Malerin.

Münzelkoppel, (Tonndorf), 1950, nach lohann Heinrich Münzel (1867–1941), Vorbesitzer des Geländes.

Münzkamp, (Hummelsbüttel), 1932, Flurname.

Münzplatz, (Hammerbrook), 1880, nach der ehemals daran gelegenen Münze.

Münzstraße, (Hammerbrook), 1880, als Zugangsstraße zur früheren Münze.

Münzweg, (Hammerbrook), 1880, im Anschluss an den Namen Münzplatz.

Müssenkamp, (Rahlstedt), 1942, Flurbezeichnung. Müssen = Sumpf.

Müssenkoppel, (Poppenbüttel), 1932, Flurname, Müssen = Sumpf.

Müssenredder, (Poppenbüttel, Hummelsbüttel), 1930, Flurname, Müssen = Sumpf.

Mützendorpsteed, (Bramfeld), 1945, nach der seit dem 18. Jahrhundert alteingesessenen Bramfelder Bauernsippe Mützendorp, auf deren Gehöft die Straße direkt zuläuft.

Muldenweg, (Eidelstedt), 1952, frei gebildeter Name nach der Geländebeschaffenheit.

Mumsenstraße, (Altona-Altstadt), 1950, nach Jacob Mumsen (1737–1819), Stadtphysikus in Altona.

Mundsburger Brücke, (Uhlenhorst, Hohenfelde), 1904, Schreibweise geändert nach 1945, nach dem Ortsteil „Mundsburg". Die Eilbek mündete einst mit zwei Armen in die Alster, wobei der nördlichere Schürbek hieß. Der Name dieses längst zugeschütteten Armes ist mit zwei Straßennamen erhalten geblieben: Schürbeker Straße und Schürbeker Bogen. In der Nähe lag der Immenhof, der im 18. Jahrhundert von dem Weinhändler Mundt erworben wurde. Herr Mundt errichtete hier ein Gebäude, das im Volksmund „Mundsburg" genannt wurde.

Mundsburger Damm, (Uhlenhorst, Hohenfelde), 1872, nach dem alten seit dem 16. Jahrhundert nachweisbaren Immenhof, dem sein Besitzer Johann Hinrich Mundt (gest. 1746) den Namen „Mundsburg" gegeben hatte.

Musäusstraße, (Iserbrook), 1930, nach dem Schriftsteller und Märchenerzähler Johann Karl August Musäus (1735–1787).

Museumsplatz, (Harburg), 1978, nach der Lage beim Helms-Museum.

Museumstraße, (Altona-Altstadt, Ottensen), 1922, nach der Lage am Altonaer Museum, das 1899/1901 erbaut und 1912/14 erweitert wurde. Im letzten Kriege wurde es stark beschädigt und 1954 wiederaufgebaut.

Mushörn, (Tonndorf), vor 1933, Flurname, Mus = Müsse = Müssen = Sumpf; Horn = Wald.

Musilweg, (Wilstorf), 1976, nach dem österreichischen Schriftsteller Robert Edler von Musil (1880–1942); sein bekanntestes Werk ist der „Mann ohne Eigenschaften".

Mutzenbecherweg, (Lokstedt), 1952, nach Franz Matthias Mutzenbecher (1779–1846), Kaufmann, von 1822 bis 1828 Mitglied der Commerzdeputation und zeitweilig ihr Präses, Vorbesitzer des Geländes und Gründer des 1850 an C. H Willink übergegangenen Willinks Parks.

Muusbarg, (Lemsahl-Mellingstedt, Duvenstedt), 1948, nach einem der Gegend anhaftenden Flurnamen = am Sumpf gelegener Berg.

N

Nabweg, (Sasel), 1958, nach dem linken Nebenfluss der Donau „Naab“ mit den Quellfüssen Fichtel- und Heidenaab. Motivgruppe: Donau und ihre Nebenflüsse.

Nachtigallenweg, (Eißendorf), 1972, Nachtigall = Nachtsängerin. Die Männchen singen auch tagsüber.

Nagels Allee, (Eimsbüttel), 1958, nach einem Vorbesitzer namens Nagel.

Nagelshof, (Rissen), 1968, nach der Lage der Straße, die zum Teil auf dem zum Bauernhof der Familie Nagel (18. bis 20. Jahrhundert) gehörenden Gelände liegt.

Nagelsweg, (St. Georg, Hammerbrook), 1830, im Volksmund benannt nach dem Grundeigentümer J. H. Nagel, der den alten Privatweg 1830 als öffentlichen Weg ausbaute.

Nansenstraße, (Bahrenfeld), 1950, nach dem norwegischen Polarforscher, Zoologen, Ozeanographen, Staatsmann und Diplomaten Fridtjof Nansen (1861–1930). Er überquerte mit Sverdrup 1888 als erster Grönland von der Ost- zur Westküste auf Skiern und mit Schlitten. Er wurde 1896 Professor für Zoologie und erhielt 1922 den Friedensnobelpreis.

Nartenstraße (Harburg), 1950, nach dem geheimen Baurat Georg Narten (1853–1933), Harburger Strombaudirektor, unter dessen leitung die „Alten Harburger Elbbrükken“ erbaut wurden.

Narzissenweg, (Wandsbek), 1933, Blumenmotiv, Narzisse = Zwiebelgewächse mit grasförmigen Blättern und einer oder mehreren Blüten.

Nathstieg, (Billstedt), 1958, nach dem früheren Gemeindevorsteher von Billstedt Markus Nath (1882–1941).

Naugarder Ring, (Rahlstedt), 1950, Motivgruppe: Orte in Pommern.

Naumannplatz, (Dulsberg), 1922, nach dem Theologen, Politiker und Schriftsteller Dr. h. c. Friedrich Naumann (1860–1919), dem Gründer des Nationalsozialen Vereins (1896).

Neanderstraße, (Neustadt), 1948, nach dem evangelischen Theologen und Professor für Kirchengeschichte Johann August Wilhelm Neander (1789–1850). Bis zur Judenverfolgung gab es in dieser Straße die sogenannte „Judenbörse“, ein Straßenmarkt, der aus vielen kleinen Ständen und Hökern bestand, wo aber auch „Nichtjuden“ Kurzwaren und Billigartikel verkauften. Was die Attraktivität dieser „Judenbörse“ betraf, so muss das s. Z. ein ähnliches Getümmel gewesen sein, wie wir es heute vom Fischmarkt kennen, der genausowenig ein Fischmarkt ist, wie die „Judenbörse“ eine „Judenbörse“ war.

Nebenbahnstraße, (Eidelstedt), 1928, nach der Lage am Bahnhof der Eisenbahnlinie Altona-Kaltenkirchen-Neumünster.

Nebendahlstraße, (Wandsbek), 1950, nach dem Stadtbaumeister und Direktor des Gaswerkes in Wandsbek Carl Nebendahl (1841–1913).

Neckelmannstraße, (Winterhude), 1929, nach dem bedeutenden Architekten Skjold Neckelmann (1854–1903).

Neckersstücken, (Neugraben-Fischbek), 1965, nach einer ortsüblichen Bezeichnung.

Nedderfeld, (Lokstedt, Eppendorf), vor 1934, nach der früheren Flurbezeichnung „Nedderfelde“, was eine Bezeichnung für tief gelegenes Land ist. (nedder = nieder).

Neddermeyerstieg, (Billstedt), 1948, nach Franz Heinrich Neddermeyer (1790–1849), Verfasser der 1832 erschienenen Topographie Hamburgs. Mitbegründer des Vereins für Hamburgische Geschichte.

Nedderndorfer Weg, (Horn), 1948, Nedderndorf ist der unterhalb des Geesthanges gelegene Dorfteil von Horn.

Neehusenstraße, (Hausbruch), 1944, Neeland = Neuland, das dem Moor abgewonnene „neue Land“. Die hier errichteten Häuser waren die „Neehusen“ = Neuhäuser.

Neelandstieg, (Hausbruch), 1944, Erklärung wie Neehusenstraße.

Neelsenweg, (Langenhorn), 1952, nach der Langenhorner Bauernfamilie Neelsen (18. Jahrhundert).

Neesentwiete, (Kirchwerder), 1957, nach dem benachbarten „Neesen“ genannten Hauptentwässerungsgraben, wohin der Weg führt.

Nehlsstraße, (Steinwerder), 1906, nach dem Wasserbaudirektor Johs. Chr. Nehls (1841–1897), der sich um den Ausbau des Hamburger Hafens verdient machte.

Nehusweg, (Moorburg), 1948, nach dem verdienstvollen und originellen Moorburger Gemeindevorsteher Nehus.

Neißestraße, (Lurup), 1960, Motivgruppe: die Oder und ihre Nebenflüsse. Neiße = linker Nebenfluss der Oder, 182 km lang, entspringt im Westen des Glatzer Schneegebirges.

Nektarweg, (Farmsen-Berne), 1955, Motivgruppe: Imkerei. Nektar = Blütensaft.

Nelkenweg, (Wandsbek), 1933, Blumenmotiv. Nelke = Nägelchen, nach dem nagelartigen Aussehen der Gewürznelke; Name wurde auf die Blume übertragen, meist Stauden mit grasähnlichen Blättern und weißen bis rosa und roten Blüten.

Nerlichsweg, (Hamm-Nord), 1926, nach dem Maler Friedrich Nerlich (1807–1878).

Nernstweg, (Ottensen), 1950, nach dem Physiker und Chemiker Prof. Walter Nernst (1864–1941), der 1920 den Nobelpreis für Chemie erhielt.

Nerzweg, (Farmsen-Berne), 1950, Pelztiermotiv. Nerz = marderartiges kleines Raubtier.

Neß, (Hamburg-Altstadt), nachweisbar seit dem 13. Jahrhundert. Flurbezeichnung, die soviel wie vorspringendes Landstück bedeutet. Die Straße wird bereits 1266 erwähnt. Während das alte Rathaus noch am Dornbusch lag, wurde das „neue“ Rathaus am Neß errichtet, u.z. dort, wo der größte Verkehr war. Hier befand sich der Hafen mit dem großen Kran, der für Güterumschlag sorgte; direkt gegenüber lag das Gerichtsgebäude und der Pranger. In unmittelbarer Nähe befand sich auch die Schreiberbrücke, auf der die Schreiber (Schreibkundige) ihre Buden hatten, um den Bürgern beim Ausfüllen von Formularen zu helfen. Schon damals kamen die Bürger nicht mit den Fragebogen zurecht, die die Obrigkeit ihnen vorlegte.

Neßdeich, (Finkenwerder), 1927, 1966, 2007, unter Anerkennung der volkstümlichen Bezeichnung, die zum Neß auf Finkenwerder führende Deichstrecke.

Nesselstraße, (Ohlsdorf), 1899, frei gewählter Name nach der Pflanze.

Neß-Hauptdeich, (Finkenwerder-Neuenfelde), 1969, benannt nach der Lage, d.h. nach dem nordwestlichen „Neß“ genannten Teil von Finkenwerder. Neß bedeutet vorspringende Ecke (Landzunge). Hauptdeich spricht für sich.

Neßkatentwiete, (Finkenwerder), 1999, in Anlehnung an den Neßkatenweg.

Neßkatenweg, (Finkenwerder), 1987, nach den früheren dort gelegenen „Neßkaten“.

Neßpriel, (Finkenwerder), 1953, im Anschluss an den nahe gelegenen Neßkanal.

Neßsand-Elbinsel, (Rissen), unbek., Ness = Nase = vorspringendes Landstück, Landzunge.

Nettelbeckstraße, (Bahrenfeld), 1913, nach Joachim Nettelbeck (1738–1824), Schiffskapitän, der sich als Bürgermeister von Kolberg bei der Verteidigung gegen die Franzosen auszeichnete.

Nettelhof, (Nienstedten), 1940, Flurname = Nesselhof.

Nettelkrögen, (Langenhorn), 1936, Flurbezeichnung = Nesselecke oder Nesselwinkel.

Nettelnburger Brücke, (Allermöhe), 1979, in Anlehnung an den Namen Nettelnburger Landweg. Im Zuge dieser Straße über die Autobahn führend.

Nettelnburger Kirchenweg, (Bergedorf), 1957, der Weg führt zur Nettelnburger Kirche.

Nettelnburger Landweg, (Bergedorf, Allermöhe), 1978, früher Teil des Oberen Landweges; benannt nach dem Ortsteil Nettelnburg. Siehe auch Nettelnburger Straße.

Nettelnburger Straße, (Bergedorf, Allermöhe), 1924, Harald Richert schreibt zur Benennung wie folgt: „Benannt nach dem früheren Gut Nettelnburg, das 1307 dem Kloster Reinbek verliehen und darauf von dem Kloster dem Ritter Johannes von Hummelsbüttel übertragen wurde, der es 1336 dem Kloster zurückgab. Im Jahre 1724 wurde das Gut von Herzog Carl Friedrich von Holstein an Hamburg verliehen und 1768 an Hamburg abgetreten und der Vogtei Billwerder zugeschlagen. Anfänglich als Kammergut verpachtet, ging Nettelnburg 1834 mit 143 Morgen Landes in Privatbesitz über, gelangte 1912 an eine Terraingesellschaft und wurde zu Siedlungen aufgeteilt."

Netthörn, (Eidelstedt), 1961, Flurname, „Netthöhren", „Netthörnskamp" und „Nethorn" im Erdbuch von 1789.

Netzestraße, (Lurup), 1960, nach dem rechten und größten Nebenfluss der Warthe, 389 km lang. Als Quellfluss gilt der östliche Arm, der südöstlich des Goplosees entspringt und diesen durchfließt.

Neuallermöher Querweg, (Bergedorf), 2011, nach seiner Lage im neuen Stadtteil.

Neubergerweg, (Langenhorn), 1932, nach dem Gründer und langjährigen Leiter des Staatskrankenhauses Langenhorn, Prof. Dr. Theodor Neuberger (1856–1937), benannt anlässlich der 600-jährigen Verbindung Langenhorns mit Hamburg.

Neubertbogen, (Jenfeld), 1995, nach dem Vorbesitzer des Geländes seit 1907, 1913, der Wandsbeker Gärtnerfamilie Neubert.

Neubertstraße, (Hohenfelde), 1874, nach Carl Ernst Emil Louis Neubert (1832–1916), Vorbesitzer des Geländes und Handelsgärtner.

Neuding, (Groß Flottbek), 1928, Flurbezeichnung = Gerichtsplatz.

Neue ABC-Straße, (Neustadt), 1830, im Anschluss an den Namen ABC-Straße.

Neue Bullerrinne, (Finkenwerder), 1977, 1986, durch Übertragung des bereits auf Altenwerder vorhandenen Namens, der aufgehoben werden, aber nicht verloren gehen soll.

Neue Burg, (Hamburg-Altstadt), seit dem 13. Jahrhundert, benannt nach der dritten und neuesten Burg, die es seit dem 11. Jahrhundert in und um Hamburg gab. Es handelt sich bei der „Neuen Burg" um die vom Billunger Herzog Ordulf, etwa um 1050, auf dem Gelände, wo sich heute die Nikolaikirche befindet, errichtete „Neue Burg". Als das Geschlecht der Billunger ausgestorben war, ernannte der Sachsenkönig Lothar (später Kaiser Lothar II.) den Grafen Adolf 1. von Schauenburg zum Grafen von Holstein und Stormarn. Unter diesem wurde die zwischenzeitlich von den Obotriten zerstörte Burg wieder restauriert und mit Leben erfüllt. Während die Hammaburg das Herzstück der bischöflichen Altstadt war, wurde unter den Grafen von Schauenburg die Neustadt um die „Neue Burg" herum zum Zentrum der gräflichen Stadt.

Neue Elbbrücke, (Rothenburgsort, Veddel), 1960, als wichtigster Übergang über die Elbe in Norddeutschland, der in den Jahren 1884–1887 entstand. Diese sogenannte Norderelbbrücke war zunächst nur für die Eisenbahn bestimmt. Der Straßenverkehr musste noch 15 Jahre warten. Der Vorgänger war die von den Franzosen in der Franzosenzeit errichtete hölzerne Brücke, die 1817 wieder abgebrochen wurde.

Neue Feldhofe, (Billbrook, Moorfleet), 2001, in Anlehnung an die alte Straße Feldhofe.

Neue Gröningerstraße, (Hamburg-Altstadt), 1820, als Straße, die neu durchgebrochen wurde und im Anschluss an den damaligen Namen „Gröningerstraße". Die Straße soll im 13. Jahrhundert nach der Familie Groningen benannt sein, die hier Grundbesitz hatte. Es soll sich dabei um die niederländischen Kaufleute Edwardus und Otto de Groningen gehandelt haben, die hier im Jahre 1260 Häuser erwarben. Eine andere Lesart geht davon aus, dass die Gröningerstraße einst „Grüne Straße" geheißen haben soll und nach und nach zur Gröningerstraße geworden ist. Eine dritte Version meint, dass sich hier einmal Holländer aus der Stadt Groningen angesiedelt hatten.

Neue Große Bergstraße, (Altona-Altstadt), 1963, in Anlehnung an den Namen „Große Bergstraße".

Neuenfelder Damm, (Neuenfelde), 1972, mit Neuenfelde wurde ursprünglich das von den Holländern besiedelte „Neue Feld" zwischen dem „Nincoper Deich" und „Vierzigstücken" bezeichnet. Der Name wurde 1929 auf die vereinigte Gemeinde Hasselwerder und Nincop übertragen und 1937 nach Hamburg eingemeindet.

Neuenfelder Fährdeich, (Neuenfelde), 1943, nach der Fähre. Siehe auch Neuenfelder Damm.

Neuenfelder Hauptdeich, (Neuenfelde), 1969, nach dem Stadtteil Neuenfelde benannt.

Neuenfelder Hinterdeich, (Neuenfelde, Francop), 1948, nach dem rückwärtigen, dem sogenannten Hinterdeich benannt.

Neuenfelder Straße, (Wilhelmsburg), 1935, die Straße erhielt ihren Namen nach dem 1372 eingedeichten sogenannten „Neuen Felde".

Neuenfelder Straßenbrücke (Wilhelmsburg), 1964, in Anlehnung an den Namen Neuenfelder Straße.

Neuengammer Blaue Brücke, (Curslack, Neuengamme), 1961, ben. nach dem Anstrich, dem Stadtteil und der Funktion. Zum Unterschied gibt es noch andersfarbene Brücken, die auch jeweils nach ihrem Anstrich benannt wurden.

Neuengammer Durchstichbrücke, (Neuengamme), 1961, nach der Lage der Brücke, die im Zuge des Neuengammer Hausdeiches über den Neuengammer Durchstich führt.

Neuengammer Hauptdeich, (Neuengamme), 1970, ben. nach dem Stadtteil und der Funktion, als Deich, der durch die Deichsicherungslinie entstand.

Neuengammer Hausdeich, (Neuengamme), vor 1900, nach dem Deich an der Dove-Elbe. Hausdeich ist der Deich, an dem die Häuser liegen.

Neuengammer Hausdeichbrücke, (Neuengamme), 1961, im Anschluss an den Namen Neuengammer Hausdeich.

Neuengammer Heerweg, (Neuengamme), 1933, Teil des alten Heerweges von Zollenspieker nach Bergedorf. Ein Heerweg (Hari = die Masse, das Volk) ist der große Volksweg, die Landstraße.

Neuengammer Hinterdeich, (Neuengamme), vor 1915, der rückwärtige Deich hinter den Häusern ist der Hinterdeich oder volkstümlich auch „Achterdiek" genannt.

Neuengammer Hinterdeichbrücke, (Neuengamme), 1961, die Brücke führt im Zuge des Neuengammer Hinterdeich über den Neuengammer Durchstich.

Neuengammer Marschbahndamm, (Neuengamme), 1986, nach der Lage.

Neuenwallbrücke, (Neustadt), 1844/45, in Anlehnung an den Namen „Neuer Wall". Führt im Zuge des Neuen Wall über einen Seitenarm des Alsterfleetes.

Neue Rabenstraße, (Rotherbaum), 1858, nach dem Wirtshaus „Die neue Rabe". Die verkehrte Schreibweise, d.h. die weibliche Form für Rabe, geht wahrscheinlich auf das Plattdeutsche zurück, wo man „de Rave" sagt. Ein Unterschied zwischen „Alte Rabe" und „Neue Rabe" wurde erst gemacht, nachdem nach dem Wirtshaus „Die alte Rabe" eine neue Wirtschaft entstand, die man „Neue Rabe" nannte.

Neuer Burgweg, (Neugraben-Fischbek), 1984, mit Bezug auf den Ortsteil Moorburg.

Neuer Dreikatendeich, (Finkenwerder), 1977, durch Übertragung des auf Altenvverder bereits bestehenden zur Löschung vorgesehenen Namens, der als Name aber erhalten bleiben soll.

Neuer Fährweg, (Neuenfelde), 1969, ortsübliche Bezeichnung, die amtlich übernommen wurde für den Weg, der zur jetzigen und neuen Anlegestelle der Este-Blankenese-Fähre führt.

Neuer Höltigbaum, (Rahlstedt), 2000, in Anlehnung an die alte Straße Höltigbaum.

Neuer Jungfernstieg, (Neustadt, Rotherbaum), um 1825 im Anschluss an den Namen „Jungfernstieg", als dessen Fortsetzung als Alsterpromenade die Straße durch Aufschüttung in das Alsterbecken angelegt wurde. Die Erde wurde gewonnen durch Abgrabung der Esplanade und des Lombardwalles. Die Bebauung des Neuen Jungfernstiegs erfolgte gleichzeitig mit der Esplanade, der Kleinen und Großen Theaterstraße und der Fehlandtstraße. Noch vor 200 Jahren konnte man nicht um die Binnenalster gehen, weil bis in das 18. Jahrhundert die privaten Gärten der Anwohner bis an das Ufer der Alster reichten. In der Zeit, als Zement als Bindemittel in der Bauwirtschaft noch unbekannt war, spielte Kalk eine wichtige Rolle. Der Kalk kam aus Segeberg, wurde mit Pferdewagen bis an die schiffbare Alster gefahren und von dort mit Kähnen bis zum städtischen Kalkhof transportiert, der sich dort befand, wo heute die Staatsoper steht. Von sogenannten Kalkbäckern wurde der Kalk gebrannt und verkauft. Als Zement später die dominierende Rolle übernahm und Kalk nur noch eine untergeordnete Rolle spielte, verschwand der Kalkgraben, der vom Binnenalsterbekken als Stichkanal zum Kalkhof führte. Er wurde zugeschüttet und aus dem Kalkgraben wurde die Große Theaterstraße.

Neuer Kamp, (St. Pauli, Sternschanze), 1841, nach einem der Gegend anhaftenden Flurnamen.

Neuer Korbmachersand, (Finkenwerder), 1977 und 1986, durch Übertragung des auf Altenwerder bereits bestehenden zur Löschung vorgesehenen Namens, der als Name jedoch erhalten bleiben soll.

Neuer Nehusweg, (Neugraben-Fischbek), 1984, nach dem verdienstvollen und originellen Gemeindevorsteher von Moorburg.

Neuer Pferdemarkt, (St. Pauli, Sternschanze), 1841 benannt als „Am neuen Pferdemarkt", nach der Benutzung des anliegenden freien Platzes und im Gegensatz zum Pferdemarkt in der Altstadt.

Neuer Sielpool, (Finkenwerder), 1977, nach dem in Altenwerder bereits bestehenden, aber zur Löschung vorgesehenen Namen, der hier in Finkenwerder – um nicht in Vergessenheit zu geraten – mit dem Zusatz „neuer" wieder verwendet wurde.

Neuer Steinweg, (Neustadt), im 17. Jahrhundert, als Verlängerung der Straße „Alter Steinweg". (Siehe auch Erklärung „Alter Steinweg").

Neuer Wall, (Neustadt), ben. um 1710 nach dem 1547 angelegten, seit 1707 abgetragenen und in eine Straße verwandelten Stadtwall, der im Gegensatz zu dem alten um 1480 errichteten Wall, den er ersetzte, so genannt wurde, daneben aber auch nach den Wallherren des Bezirks, den Bürgermeistern Nicolaus und Hieronymus Vogeler, die zeitweilige Bezeichnung „Voglerswall" führte; bis etwa 1818 war die Form „Neuenwall" im Gebrauch.

Neuer Wandrahm, (HafenCity), 1887, unter Wiederverwendung des alten Straßennamens, der nach 1675 entstanden war und im Anschluss an den alten Wegnamen „Alter Wandrahm", dessen Verlängerung die Straße bildet. Der Name erinnert an die früher hier tätig gewesenen Tuchhändler. Da die Altstadt für dieses platzaufwendige Gewerbe zu eng geworden war, hatte man den Wandbereitern für ihre Tätigkeit ein neues Gelände auf dem Grasbrook zugewiesen. Der Name erklärt sich wie folgt: „Wand" ist Niederdeutsch und bedeutet Gewand. Die Tuchhändler, die ihre Tuche im Großen wie im Kleinen verkauften, nannten sich auch Wandschneider. Die meisten eingeführten Tuche wurden hier zubereitet. In einer Walkmühle wurden sie mit Seife, Färbemitteln und Holzkämmen bearbeitet und zum Trocknen auf Wandrahmen gespannt. Ihr Gewerbe machte die Tuchhändler zu den reichsten Kaufleuten der Stadt, weshalb sich viele von ihnen auch ein Haus in der Reichenstraße leisten konnten. Die Hafennähe kam ihnen sehr entgegen, und auch auf die Ein- und Ausfuhr konnten sie so besser Einfluss nehmen. Der Fortschritt der chemischen Industrie für Textilfarbstoffe hat dieses alte Gewerbe später überflüssig gemacht.

Neuer Weg, (Bergedorf), (1925 Neue Straße), ben. 1949 unter Anerkennung der ortsüblichen Bezeichnung. Früher hieß die Straße „Fuhlentwiete", d. h. sumpfige, morastige Straße. Bis zum Bau der Vierlandenstraße war dies ehemals die einzige Verbindung zwischen Bergedorf und den Vierlanden.

Neuerwegsbrücke, (HafenCity), 1887, als vom St. Annenufer nach dem Santorkai über das St. Annenfleet führende Brücke.

Neue Straße, (Harburg), unbek., alte Bezeichnung. In den Jahren 1651–1659 wurde der herzogliche Park an verschiedene Bürger verkauft, die ihre Häuser im Norden der Stadt wegen des Festungsbaus abbrechen mussten. Mit den hier errichteten neuen Häusern entstand die „Neue Straße".

Neue Veringkanaldrehbrücke, (Wilhelmsburg), 1922, ben. als über den Veringkanal führende Brücke. Dr. Ing. h. c. Vering (1846–1922) ließ mit dem Aushub, der bei der Hafenerweiterung anfiel, die Gegend aufhöhen und damit für die Besiedlung erschließen.

Neue Wöhr, (Barmbek-Nord), 1949, in Anlehnung an den Namen „Alte Wöhr". Dabei handelt es sich um einen Flurnamen, der sich aus dem Mittelniederdeutschen ableitet und eine Nebenform von „Wurt" ist, d. h. ein künstlich erhöhter Wohnhügel für ein Gehöft.

Neue Wollkämmereistraße, (Wilhelmsburg), 1991, in Anlehnung an die Wollkämmereistraße, von der sie als Erschließungsstraße abzweigt.

Neugrabener Allee, (Neugraben-Fischbek), 2008, nach der Erschließungsart im gleichnamigen Stadtteil.

Neugrabener Bahnhofstraße, (Neugraben-Fischbek), 1948, nach dem Bahnhof Neugraben. Der Ort ist auf einer Karte von Frese aus dem Jahre 1577 bereits vorhanden. In früherer Zeit floss ein Wasserlauf vom Falkenberg bis zur Elbe. Er kam vom Falkensteiner Teich und fand seine Verlängerung in einem kleinen, später zum „Neuen Graben" erweiterten Schiffahrtsweg zur Elbe.

Neugrabener Heideweg, (Hausbruch), 1948, als durch die Heide führender Weg.

Neugrabener Markt, (Neugraben-Fischbek), 1970, nach der Lage bei den Neugrabener Marktanlagen.

Neuhäuser Damm, (Veddel), 1929, nach dem Wilhelmsburger Vorwerk „Neuhaus".

Neuhöfer Brückenstraße, (Wilhelmsburg), 1949, nach der Reiherstieger Drehbrücke.

Neuhöfer Damm, (Steinwerder, Wilhelmsburg), 1949, nach dem Damm am Travehafen.

Neuhöfer Kai, (Steinwerder), 1929, zur Erinnerung an die verschwundene Eibinsel Neuhof.

Neuhöfer Pier, (Wilhelmsburg), 1967, nach dem Gewässernamen „Neuhöfer Kanal" und „Pier" = Anleger.

Neuhöfer Straße, (Wilhelmsburg), vor 1903, nach dem Wilhelmsburger „Vorwerk Neuhaus". Die Straße wurde gebaut, um Neuhof an Wilhelmsburg anzuschließen.

Neukamp, (Hummelsbüttel), 1975, Flurname = neues Feld.

Neuköllner Ring, (Rahlstedt), 1961, nach dem Berliner Bezirk.

Neukoppel, (Langenhorn), 1956, Flurname. „Neue Koppel" auf einer Karte der Vogtei Langenhorn von 1872).

Neuländer Elbdeich, (Neuland), 1950, das Gebiet erhielt seinen Namen, nachdem Herzog Otto das hier ehemals gelegene Moor trockenlegen ließ und „Neuland" entstand. Die Straße wurde benannt nach dem Ortsnamen.

Neuländer Gartenweg, (Harburg), 1985, nach der dortigen Gartensiedlung.

Neuländer Hauptdeich, (Harburg, Neuland), 1970, benannt nach der Ortschaft.

Neuländer Kamp, (Neuland), 2000, in Anlehnung an die Neuländer Straße.

Neuländer Platz, (Harburg), 1983, nach dem Ortsteil Neuland.

Neuländer Ring, (Neuland), 1970, ben. nach dem Ortsteil Neuland und dem Verlauf der Straße.

Neuländer Straße, (Harburg, Neuland), 1873, nach der bis zur Durchführung des Groß-Hamburg-Gesetzes 1937 selbständigen Gemeinde Neuland.

Neuländer Weg, (Neuland), 1942, als durch den Ortsteil Neuland verlaufende Straße.

Neumann-Reichardt-Straße, (Wandsbek), 1917, nach Dr. h. c. Friedrich Neumann Reichardt (1858–1942), Besitzer der früheren Reichardt-Kakao-Werke in Wandsbek.

Neumayerstraße, (Neustadt), 1894, nach dem ersten Direktor der Deutschen Seewarte, des Wirkl. Geh. Admiralitätsrats, Prof. Dr. Georg von Neumayer (1826–1909).

Neumoorland, (Hausbruch, Neugraben-Fischbek), 1975, Flurname.

Neumoorstück, (Neugraben-Fischbek), 1946, nach dem der Gegend anhaftenden Flurnamen „Die neuen Moorstücke".

Neumühlen, (Ottensen), 1928, nach der bereits 1420 erwähnten Wassermühle „Nege Mole" (neue Mühle).

Neumühler Kirchenweg, (Ottensen), vor 1880, Weg der Bevölkerung von Neumühlen zur Christianskirche nach Ottensen.

Neumünstersche Straße, (Hoheluft-Ost), 1898, Schreibweise geändert 1951, nach der holsteinischen Stadt Neumünster.

Neurahlstedter Graben, (Rahlstedt), 2000, nach dem benachbarten Neurahlstedter Graben.

Neustädter Neuer Weg, (Neustadt), in der ersten Hälfte des 17. Jahrhunderts als „Neuer Weg" und erst zwischen 1810 und 1830 als Neustädter Neuer Weg zum Unterschied von dem Neuen Weg in der Altstadt, der 1611 entstand und 1842 durch den großen Brand zerstört und als Straße beseitigt wurde.

Neustädter Straße, (Neustadt), Mitte des 17. Jahrhunderts als „Neue Straße" und erst seit der ersten Hälfte des 19. Jahrhunderts, zum Unterschied von der „Neuen Straße" in der Altstadt, als „Neustädter Neustraße" sinnwidrig verkürzt 1899.

Neusurenland, (Farmsen-Berne, Bramfeld), 1937, im Anschluss an den Namen „Surenland", „sur" = sauer.

Neuwerker Stieg, (Finkenwerder), 1939, nach der Insel Neuwerk. (Siehe auch Insel Neuwerk.)

Neuwiedenthaler Straße, (Hausbruch, Neugraben-Fischbek), 1938, nach der Ortschaft Neuwiedenthal. Neuwiedenthal entstand, als im Jahre 1730 vom Bauerndorf Wiedenthal bei Hausbruch vier Bauernstellen abgezweigt wurden, die man „Neuwiedenthal" benannte.

Neuwulmstorfer Schulstraße, (Neugraben-Fischbek), 1954, es handelt sich um die gleichnamige von niedersächsischem Gebiet kommende Straße, deren Name von Hamburg übernommen wurde.

Newmans Park, (Nienstedten), 1932, zur Erinnerung an den Kaufmann Henry Louis Newman, der um 1870 von Herzog Friedrich von Augustenburg den Besitz und Park erwarb, der bis etwa 1934/35 im Besitz der Familie blieb. Der Park wurde allerdings schon vorher zum großen Teil parzelliert und verkauft.

New-Orleans-Straße, (HafenCity), 2006, nach der nordamerikanischen Hafenstadt im Mississippidelta, Haupthandelshafen des Staates Louisiana.

New-York-Brücke, (Winterhude), 1975, in Anlehnung an den Namen New-York-Ring. Motivgruppe: überseeische Handelsbeziehungen.

New-York-Ring, (Winterhude), 1968, nach der Stadt in den USA. Motivgruppe: überseeische Handelsbeziehungen.

New-York-Weg, (Winterhude), 1977, in Anlehnung an New-York-Ring. Motivgruppe: überseeische Handelsbeziehungen.

Nibelungenweg, (Rissen), 1936, nach dem mittelhochdeutschen, etwa im 13. Jahrhundert entstandenen, Heldenepos.

Niebüllweg, (Billstedt), vor 1938, nach der Ortschaft Niebüll an der Westküste Schleswig-Holsteins.

Niederbaumbrücke, (HafenCity, Neustadt), 1880, in Anlehnung an die Bezeichnung „Niederbaum". 1878–1880 wurde hier zwischen Baumwall und Kehrwiederspitze eine Drehbrücke als Verbindungsweg für die Innenstadt mit den modernen Kaianlagen des Sandtors und des Grasbrooks gebaut.

Niedergeorgswerder Deich, (Wilhelmsburg), 1907, der Deich, um das Georgswerder Feld (1609) errichtet, heißt im westlichen Teil „Niedergeorgswerder", nach Osten zur Oberelbe hin „Obergeorgswerder Deich"; Georgswerder ist ein Teil der alten großen Insel Gorrieswerder.

Niedermoor, (Neugraben-Fischbek), 1876, frei gebildeter Name, nach dem Landschaftscharakter.

Niedernfelder Brücke, (Kleiner Grasbrook), 1893, nach der früheren Domäne „Niedernfeld".

Niedernfelder Ufer, (Kleiner Grasbrook), 1903, nach der früheren Domäne „Niedernfeld".

Niedernstegen, (Fuhlsbüttel), 1928, im Anschluss an den Flurnamen „Zum niedern Stegen". Dieser Weg soll in früherer Zeit vom Fuhlsbütteler Damm durch die tief gelegenen Wiesen zur Alsterkrugchaussee geführt haben.

Niedemstraße, (Hamburg-Altstadt), 1916, unter Wiederverwendung des alten, seit dem 13. Jahrhundert nachweisbaren Namens, der sich von der im Verhältnis zur Steinstraße tieferen Lage des Weges am Abfall und Rande der Geest herleitet.

Niedersachsenweg, (Wilstorf, Rönneburg), 1934, frei gebildeter Name, der schon vom Vorbesitzer Heinrich Weselmann als Privatweg angelegt und so bezeichnet wurde.

Niederschleems, (Billstedt), 1948, nach der Flurbezeichnung „An dem Schleemer Bach" und in Erinnerung an das frühere Dorf, das dort lag, wo die „Rote Brücke" die Bille überquert.

Niekampsweg, (Eidelstedt), 1928, Flurname „Niekamp" nach einer Karte der Städtischen Bauverwaltung Altona von 1926, Maßstab: 1 : 5000 und der Verkoppelungskarte.

Nieland, (Stellingen), 1963, Flurname (auf Flurkarte von 1789 bei Hübbe, Stellinger Chronik).

Niemannstraße, (Harburg), 1889,1934, nach dem Vorbesitzer und Vollhöfner in Heimfeld, Hermann Niemann (1847–1915), der die Straße als Privatweg anlegte.

Niendorfer Brücke, (Groß Borstel), 1931, in Anlehnung an den Niendorfer Weg. Führt im Zuge dieser Straße über die Tarpenbek.

Niendorfer Gehege, (Niendorf, Eidelstedt), 1948, nach dem sogenannten herrschaftlichen Gehege, auch Grafengehege genannt, das sich von Lokstedt über Niendorf bis Eidelstedt erstreckte.

Niendorfer Höhe, (Niendorf), 1962, nach dem Stadtteil Niendorf und auf vergleichsweise erhöhtem Niveau.

Niendorfer Kirchenweg, (Niendorf), 1948, nach der Lage, d.h. dem Weg zur Kirche. Das über dem Altar am östlichen Eingang der Kirche befindliche Kürzel „C7" verweist auf den Danenkönig Christian VII., der den Kirchenbau verAnlasste.

Niendorfer Marktplatz, (Niendorf), 1948, nach dem Stadtteilnamen und der Marktplatzanlage. Der Name Niendorf ist leicht erklärt, er bedeutet einfach „Neues Dorf". Eine erste dokumentierte Erwähnung findet Niendorf 1343, als der Hamburger Bürger Hinrich Halstenbeke sein Eigentum und seine Einkünfte dem Hamburger Domkapitel zum Unterhalt der Kirchengebäude vermachte.

Niendorfer Straße, (Lokstedt, Niendorf), 1899, nach dem benachbarten (ehemals) holsteinischen Dorf Niendorf.

Niendorfer Weg, (Groß Borstel), 1864, als in Richtung auf das (ehemals) holsteinische Dorf Niendorf zulaufende Straße.

Nienhagener Straße, (Rahlstedt), 1997, nach dem Ostseebad Nienhagen.

Nienhöfener Weg, (Lurup), 1985, nach der Nachbargemeinde Nienhöfen in Halstenbek.

Nienkamp, (Niendorf), vor 1938, Flurname = neues Feld.

Nienredder, (Stellingen), 1964, nach dem Flurnamen „Nien-Redder-Kamp", seit 1789 nachweisbar. Nienredder = neuer Feldweg.

Nienstedtener Marktplatz, (Nienstedten), 1928, nach dem Stadtteil und der Funktion. Nienstedten wird 1297 als Niegenstede erwähnt = neue Stätte. Das alte Dorf lag weiter südlich und ist im Laufe der Zeit vom Elbstrom fortgespült worden.

Nienstedtener Straße, (Nienstedten), 1935, Nienstedten = Niegenstede, 1297 bereits erwähnt. Heute das wahre „Millionärsnest" der Stadt. Es gibt hier aber nicht nur „Dill", es gibt auch Kneipen. Neben Polo, Golf und Reiten gibt es auch eine freiwillige Feuerwehr mit Tradition. Jährlicher Ausdruck der Harmonie ist der „klassenlose" Nienstedtener Jahrmarkt.

Nieritzweg, (Rahlstedt), 1962, nach dem Jugendschriftsteller Gustav Nieritz (1795–1876).

Niewisch, (Stellingen), 1955, in Anlehnung an einen der Gegend anhaftenden Flurnamen, Niewisch = neue Wiese.

Niflandring, (Rissen), 1973, Motivgruppe: Namen aus der Gudrunsage.

Nigen Rägen, (Farmsen-Berne), 1932, nach einem an der Gegend haftenden Flurnamen. „Nigen" = neuer und „Rägen" langgezogener Buschstreifen.

Nikischstraße, (Bahrenfeld), 1950, nach dem ehemaligen Leiter und Dirigenten des Leipziger Gewandhausorchesters, Arthur Nikisch (1855–1922).

Nikolaibrücke, (Hamburg-Altstadt), 1955, nach der Lage bei der Nikolaikirche, die mit ihrem 174 Meter hohen Turm alle anderen Kirchen der Stadt überragt. Die während des Zweiten Weltkrieges 1939/ 45 zerstörte Kirche wird an ihrem Platz in der Innenstadt nicht wieder aufgebaut, weil dort kein Bedarf mehr besteht. Nur der Turm bleibt als Mahnmal für die Opfer des Krieges und der Gewaltherrschaft bestehen. Die Gemeinde St. Nikolai bleibt jedoch erhalten. Die neue Nikolaikirche wurde in den Jahren 1960/62 nahe des Klosterstern am Harvestehuder Weg wieder neu aufgebaut und 1962 geweiht.

Nikolaisperrwerk, (Hamburg-Altstadt), (kein Benennungsdatum), nach der Lage und Funktion.

Nincoper Deich, (Neuenfelde), 1938, nach der früher selbständigen Gemeinde Nincop. Nincop bezeichnet ursprünglich das Gebiet westlich des Nincoper Deiches. Der Name wurde später auch auf das Gebiet zwischen Nincoper Deich und Francoper Grenze übertragen. 1929 wurde Nincop mit Hasselwerder zur Gemeinde Neuenfelde zusammengelegt.

Nincoper Moorweg, (Neuenfelde), 1948, Erklärung wie: Nincoper Deich.

Nincoper Ort, (Neuenfelde), 1948, nach der alten Ortsbezeichnung.

Nincoper Straße, (Neuenfelde), 1943 und 1947, als Straße, die von Neuenfelde nach Nincop führt.

Nippoldstraße, (Wilhelmsburg), nach 1933, nach dem Direktor Ferdinand

Nippold (1871–1929), der als Geschäftsführer der Aktiengesellschaft Neuhof die Insel 1896 ankaufte und für die Industrie und als Wohngebiet erschloss.

Nippoldweg, (Wilhelmsburg), 1970, in Anlehnung an den Namen Nippoldstraße.

Nirrnheimweg, (Groß Borstel), 1931, nach Fritz Nirrnheim (1830–1906), Vorsteher einer höheren Privatschule, fast 40 Jahre Turnwart und Führer der Hamburger Turnerschaft von 1816, war 1871–1906 Mitglied der Bürgerschaft.

Nissenstraße, (Eppendorf), 1909, nach dem bedeutenden Kaufmann und Vorsitzenden des Aufsichtsrates der Hamburg-Amerika-Linie, Waldemar Nissen (1832–1896), zugleich in Erinnerung an seinen Vater und seinen aus Hamburg stammenden Großvater, die als Ärzte in Altona und den Elbgemeinden auch zu Hamburg Beziehungen hatten.

Nixenstieg, (Marmstorf), 1950, Motivgruppe: Märchengeister.

Noackstieg, (Langenbek), 1988, nach dem Harburger Sozialdemokraten Otto Noack (1880–1941), einem Opfer des Nationalsozialismus.

Nobistor, (St. Pauli, Altona-Altstadt), 1948, nach dem früher hier gelegenen Grenztor zwischen Hamburg und Altona und nach der Inschrift dieses Tores: „Nobis bene, nemini male“ = für uns das Gute, für niemanden das Böse. Das Nobistor erhielt seinen Namen von der Grenzwache „Nobishaus“, die auch Schankrecht hatte. Dieses Schankrecht wurde an alte verdiente Ratsherren verpachtet.

Nobléestraße, (Heimfeld), 1950, nach Henri Louis Joseph Noblée (1806–1879). Er gründete 1855 in Harburg die Firma H. Noblée u. Co. Hydrocarbür Fabrique und Gasanstalt, die 1857–1892 Harburg mit Gas versorgte.

Nöldekestraße, (Wilstorf), 1927, nach Prof. Dr. Theodor Nöldeke (1836–1930), Sprachforscher, Orientalist, Semiist, Literaturhistoriker und Kenner der frühislamischen Geschichte; anlässlich seines 90. Geburtstags verlieh ihm die Stadt Harburg das Ehrenbürgerrecht.

Nölkensweg, (Barmbek-Nord), 1927 nach dem im Ersten Weltkrieg gefallenen Maler Hamburger Herkunft, Franz Nölken (1884–1918).

Nöltingstraße, (Ottensen), 1951, nach Emil Nölting (1812–1899), gründete 1857 in Hamburg die Fa. F. Nölting u. Co., schenkte um 1880 der katholischen Gemeinde das Grundstück „Bei der Reitbahn“, auf dem die Kirche und das Pfarrhaus errichtet wurden.

Nöpps, (Marienthal), 1947, nach den an der Gegend anhaftenden Flurnamen „Vorderste Nöpps“ und „Hinterste Nöpps“. Nöpps bedeutet soviel wie kleiner Hügel.

Noerstraße, (Othmarschen), 1903, nach Prinz Friedrich von Noer (1800–1865), Mitglied der am 24. 3. 1848 errichteten Schleswig-Holsteinischen Stadthalterschaft.

Nogatweg, (Wandsbek), 1958, nach dem Fluss in Ostpreußen, dem Mündungsarm der Weichsel, 62 km lang, bildet bei Elbing ein Delta und mündet in das Frische Haff.

Noldering, (Steilshoop), 1962, nach dem Graphiker und Maler Emil Nolde (Hansen), (1867–1956). Nolde ist ein Hauptvertreter des deutschen Expressionismus, kann jedoch keiner Künstlergruppe zugeordnet werden.

Nonnenstieg, (Harvestehude), 1870, in Erinnerung an das hier gelegene Nonnenkloster Harvestehude.

Norbert-Schmid-Platz, (Hummelsbüttel), 1975, nach dem im Dienst erschossenen Polizisten Norbert Schmid (1939–1971).

Norburger Stieg, (Bahrenfeld), 1942, in Anlehnung an den Namen Norburger Straße.

Norburger Straße, (Bahrenfeld), 1926, nach dem Flecken Norburg auf der Insel Alsen.

Nordalbingerweg, (Niendorf), 1948, Motivgruppe: Germanische Volksstämme und ihre nichtgermanischen Nachbarn. Nordalbingier: ben. nach dem germanischen Stamm der Nordalbingier, der nördlich der unteren Elbe gelegene Gebiete bewohnte.

Norderelbstraße, (Steinwerder), 1866, als auf Steinwerder parallel der Norderelbe verlaufende Straße, deren an der Nordseite gelegenen Grundstücke an den Strom grenzen.

Norderhof, (St. Georg), 1968, in Anlehnung an die nahe gelegene Norderstraße und nach dem hofartigen Charakter des Weges.

Norderkai-Ufer, (Hammerbrook), 2006, in Anlehnung an die früher dort verlaufende Nordquaistraße.

Norderkirchenweg, (Finkenwerder), 1948, unter Beibehaltung des volkstümlichen Namens des quer durch die Insel verlaufenden Weges, der den Zugang zur Kirche bildet.

Norderlochbrücke, (Steinwerder), 1899, in Anlehnung an den Wasserlauf „Norderloch", als im Zuge des Reiherdamm über das „Norderloch" führende Brücke.

Norder-Ohe, (Sasel), 1950, nach dem Flurnamen „In der Ohe", Ohe = Gehölz.

Norderquerweg, (Kirchwerder), 1950, als Querverbindung zur Abkürzung des Weges über den Hausdeich.

Norderreihe, (Altona-Altstadt), 1846, als nördliche Bebauungsgrenze Altonas.

Nordersand, (Steinwerder), 1984, ben. mit dem alten Namen der Insel Steinwerder.

Norderschulweg, (Finkenwerder), 1903, unter Beibehaltung des im Volksmund entstandenen Namens nach der 1827 gegründeten Norderschule auf Finkenwerder; diese wurde so im Gegensatz zu der ursprünglichen im Südwesten der Insel gelegenen Schule bezeichnet, welche die westliche Schule genannt wurde.

Norderstraße, (St. Georg, Hammerbrook), 1858, als die nördlichste der den St. Georger Teil des Hammerbrooks von Westen nach Osten durchschneidenden Straßen. Es gibt auch noch die Westerstraße und im Gegensatz zur Norderstraße auch die Süderstraße.

Nordfriesländer Straße, (Stellingen), 1932, nach der Landschaft an der Nordwestküste Schleswig-Holsteins.

Nordhäuser Weg, (Niendorf), 1951, nach der Stadt Nordhausen. Motivgruppe: Ortschaften im oder am Harz.

Nordheide, (Neugraben-Fischbek), 1961, in Anlehnung an die auch sonst in Fischbek auf die Silbe „Heide" lautenden Wegnamen, die meist im Zusammenhang mit dem örtlichen Charakter verwendet wurden.

Nordheimstraße, (Ohlsdorf), 1958, nach Marcus Nordheim (1811–1899), dem Stifter des bekannten Seehospitals in Sahlenburg bei Cuxhaven.

Nordkanalbrücke, (Hammerbrook), 1971, in Anlehnung an den Namen „Nordkanalstraße".

Nordkanalstraße, (Hammerbrook), 1956, nach der Lage auf dem zugeschütteten Nordkanal und mit Rücksicht auf die weiter bestehenden Wasserwege „Mittelkanal" und „Südkanal".

Nordlandweg, (Rahlstedt), 1947, nach der Provinz in Nordnorwegen, worunter das Nordwestliche Norwegen zu verstehen ist.

Nordmarkplatz, (Dulsberg), 1922, unter Nordmark ist das Gebiet von Schleswig-Holstein zu verstehen.

Nordmarkstraße, (Tonndorf), 1928, Nordmark = Schleswig-Holstein.

Nordmarkstraßenbrücke, (Tonndorf), 1928, in Anlehnung an die Nordmarkstraße, führt im Zuge dieser Straße über die Wandse.

Nordmeerstraße, (Finkenwerder), 1941, Fischereimotiv. Das sogenannte Nordmeer ist das ergiebigste Fischereigebiet der Finkenwerder Fischer.

Nordmeertwiete, (Finkenwerder), 1942, in Anlehnung an den Namen Nordmeerstraße. Twiete = kleiner Verbindungsweg zwischen zwei Straßen.

Nordquistweg, (Groß Flottbek), 1951, nach Gustav Olaf Nordquist (1866–

1944), Bankdirektor, Vorbesitzer des Geländes.

Nordschleswiger Straße, (Dulsberg, Wandsbek, Barmbek-Nord), 1928, zur Erinnerung an das im Friedensvertrag von Versailles vom Deutschen Reich abgetrennte Gebiet Nordschleswig.

Nordstrandweg, (Tonndorf), 1954, nach der Nordseeinsel Nordstand (Schleswig-Holstein).

Normannenweg, (Borgfelde), 1905, nach dem germanischen Volksstamm der Normannen, auch Wikinger genannt. Vom Ende des 8. bis in das 11. Jahrhundert betätigten sie sich als Seeräuber, Kaufleute, Eroberer und Staatengründer an den Küsten Europas.

Nornenweg, (Rahlstedt), 1946, nach den altnordischen Schicksalsgötrinnen: Urd = das Gewordene, Verdandi = das Seiende und Skuld = das Werdende.

Notenbarg, (Blankenese), 1955, nach der im Blankeneser Erdbuch um 1790 verzeichneten Flurbezeichnung „Baben Groot Notenbarg".

Notkestraße, (Bahrenfeld), 1951, nach dem Maler und Bildschnitzer B. Notke (1440–1509), einem hervorragenden Künstler der Spätgotik im Ostseeraum (Lübeck und Stockholm).

Novalisweg, (Winterhude), 1928, nach dem bedeutenden Dichter der Frühromantik, Freiherr Georg Philipp Friedrich Leopold von Hardenberg (1772–1801), der unter dem Autorennamen „Novalis" schrieb.

Nüßlerkamp, (Bramfeld), 1951, nach einer Gestalt aus Fritz Reutes Werken.

Nußkamp, (Fuhlsbüttel), 1911, frei gewählter Name und im Hinblick auf die in der Gegend häufigen Haselnußhecken.

Nutriaweg, (Farmsen-Berne), 1955, nach einem Pelztiermotiv. Nutria = Ferkelratte.

Nydamer Ring, (Rahlstedt), 1969, in Anlehnung an den Namen Nydamer Weg.

Nydamer Weg, (Rahlstedt), 1950, zur Erinnerung an das im Nydamer Moor ausgegrabene Wikingerschiff, das ein Zeugnis germanischer Schiffsbaukunst darstellt.

Nymphenweg, (Marmstorf, Wilstorf), 1935, frei gebildeter Name, Märchenmotiv.

Nyswanderweg, (Eidelstedt), 1994, nach Dr. Maria Nyswander (1919–1986), amerikanische Spezialistin für die Behandlung Drogenabhängiger.

O

Oben Borgfelde, (Borgfelde), in der ersten Hälfte des 19. Jahrhunderts. Fußweg der oberhalb der Borgfelder Straße verläuft und mit dieser durch Treppen verbunden ist.

Obenburger Querweg, (Moorburg), vor 1936, nach der alten Moorburg.

Obenburger Stieg, (Neugraben-Fischbek), 1984, mit Bezug auf die Ortschaft Moorburg.

Obenhauptstraße, (Groß Borstel), 1973, nach August Obenhaupt (1884–1967), Leiter des Bezirksamtes Nord.

Oberaltenallee, (Uhlenhorst, Barmbek-Süd), 1862, unter Beibehaltung des seit etwa dem Beginn des 19. Jahrhunderts aufgekommenen Namens fürdievon Schürbek nach dem Dorf Barmbek führende Allee, die dem allgemeinen Verkehr nur als Fußweg diente, von den Oberalten aber auch für die Fahrten mit der Kutsche nach dem Herrenhaus in Barmbek offenstand.

Oberbaumbrücke, (HafenCity, Hammerbrook), 1962/63, nach einem frei gewählten Namen, vermutlich im Anschluss an den Namen Niederbaumbrücke. Der Oberbaum diente zur Sperrung der Hafeneinfahrt.

Ober Boberg, (Lohbrügge) 2001, nach der Lage oberhalb des alten Dorfes Boberg.

Oberer Landweg, (Bergedorf, Allermöhe), 1912, es ist der in Bill werder vom Oberlauf der Bille nach Süden verlaufende Landweg.

Oberer Traunweg, (Neuland), 1989, im Anschluss an den Namen Traunweg.

Obergeorgswerder Deich, (Wilhelmsburg), 1907, nach dem früheren Ortsteil in dem ehemals selbständigen Wilhelmsburg. Der 1609 um das Georgswerder Feld geschaffene Deich heißt im westlichen Teil Niedergeorgswerder und nach Osten hin im Gegensatz dazu Obergeorgswerder Deich.

Obergeorgswerder Hauptdeich, (Wilhelmsburg, Veddel), 1970, in Anlehnung an den Namen „Obergeorgswerder Deich".

Oberhafenbrücke, (HafenCity, Hammerbrook), 1904, als Eisenbahn- und Straßenbrücke im Zuge der Oberhafenstraße über den Oberhafen führend.

Oberhafenstraße, (Hammerbrook), 1857, als zum Oberhafen führende Straße. Vorher: „Aufgang zum Stadtdeich".

Oberschleems, (Billstedt), 1948, in Erinnerung an die frühere Ortschaft Oberschleems, die mit einer Windmühle und zwei Wassermühlen in der Gegend der heutigen Möllner Landstraße lag.

Oberschlesische Straße, (Dulsberg), 1929, zur Erinnerung an den durch den Vertrag von Versailles vom Deutschen Reich abgetrennten Teil Oberschlesiens.

Oberstraße, (Harvestehude), 1870, wegen der Lage der Straße auf dem Hochplateau des Mittelkamps.

Oberwerder Damm, (Veddel), 1910, nach derauf der Insel Wilhelmsburg früher gelegenen Ortschaft „Oberwerder".

Ochsenstieg, (Langenhorn), 2010, in Bezug auf den Ortsteil Ochsenzoll.

Ochsenweberstraße, (Langenhorn), 2010, nach dem historischen Handwerksberuf, den Webern von schwerem Tuch.

Ochsenwerder Elbdeich, (Ochsenwerder), 1910, Teil des großen Elbdeichs von der Spadenländer bis zur Kirchwerder Grenze.

Ochsenwerder Kirchendeich, (Ochsenwerder), 1948, als Deichweg zur Ochsenwerder St. Pankratiuskirche.

Ochsenwerder Landscheideweg, (Kirchwerder, Ochsenwerder), 1948, hier verlief die Land-Wasser-Scheide.

Ochsenwerder Landstraße, (Ochsenwerder, Tatenberg, Spadenland), 1916, als von Spadenland und Tatenberg nach Ochsenwerder führende Landstraße.

Ochsenwerder Landstraßenbrücke, (Tatenberg), 1916, in Anlehnung an den Namen Ochsenwerder Landstraße. Führt im Zuge dieser Straße über den Spadenländer Sammelgraben.

Ochsenwerder Mühlenweg, (Ochsenwerder), 1948, nach dem Weg zur alten Ochsenwerder Windmühle, die nach dem Ersten Weltkrieg (1914/18) abgebrochen wurde.

Ochsenwerder Norderdeich, (Ochsenwerder), 1910, nach dem nach Norden hinausgerichteten Goseelbdeich von Tatenberg bis zur Kirchwerder Grenze.

Ochsenwerder Twiete, (Ochsenwerder), 1948, Twiete = kleiner Verbindungsweg zwischen zwei Straßen.

Oddernskamp, (Lokstedt), 1948, nach den verdienten Lokstedter Vögten Christoph und Jochim Odder (1596–1652).

Odemannbrücke, (Curslack, Neuengamme), 1961, in Anlehnung an den Namen Odemanns Heck. Im Zuge dieser Straße führt die Brücke über die Dove-Elbe.

Odemanns Heck, (Curslack, Neuengamme), 1952, ortsübliche Bezeichnung „sin letztes Heck“ für einen Grenzstreifen des 1826–1912 der Familie Odemann gehörenden Grundstücks; letzter Eigentümer war Hermann Odemann (1834–1915). „Heck“ = gitterförmiges Tor zu einer Koppel oder Weide.

Odenwaldstraße, (Eimsbüttel), 1906, nach Theodor Odenwald (1838–1899), dem Gründer des Hamburger Kirchenchors.

Oderfelder Straße, (Harvestehude), 1870, nach dem eingegangenen Dorf Odersfelde, in dessen Feldmark das Kloster Harvestehude 1295 verlegt worden war.

Oderhöft, (Steinwerder), 1910, als Spitze der Landzunge zwischen Eilerholzkanal und Oderhafen.

Oderstraße, (Lurup), 1960, Motivgruppe: Die Oder und ihre Nebenflüsse.

Ödenweg, (Lemsahl-Mellingstedt), 1947, Flurname, der bedeutet, dass der Weg ins Ödland führt = eine Gegend die öd lag und einsam war.

Oehleckerring, (Langenhorn), 1963, nach dem Chirurgen und bedeutenden Urologen Prof. Dr. med. Franz Oehlecker (1874–1957), 1905–1914 am Krankenhaus Eppendorf, 1914–1946 am Krankenhaus Barmbek und 1946–1954 am Krankenhaus Bethanien.

Öjendorfer Brücke, (Billstedt), 1968, in Anlehnung an den Öjendorfer Weg. Im Zuge dieser Straße über die U-Bahn führende Brücke.

Öjendorfer Damm, (Jenfeld), 1950, als von Jenfeld in Richtung Öjendorf führender Weg.

Öjendorfer Höhe, (Billstedt), 1948, nach der hohen Lage auf der früheren Öjendorfer Flur.

Öjendorfer Steinkamp, (Billstedt), 1948, Flurname, der „Stein“ lautet. Flurnamen auf Stein leiten sich vielfach von Steingräbern (Hünengräbern) ab.

Öjendorfer Weg, (Billstedt), vor 1938. Verbindungsweg zwischen den früheren Orten Schiffbek und Öjendorf.

Oelkersallee, (Altona-Nord), 1864, nach dem Bleicher Jacob Oelkers (1713–1804), der dort 1756 eine Bleiche erwarb.

Ölmühle, (St. Pauli), 1841, als „Bei der Ölmühle“ durch Übertragung dieser sich ursprünglich auf ein größeres Gelände, insbesondere auch auf die Gegend der jetzigen Marktstraße, erstreckenden Ortsbezeichnung, die sich von der hier gelegenen, 1686 eingeäscherten Ölmühle herleitet, (verkürzt 1899).

Ölmühlenweg, (Wandsbek, Tonndorf), vor 1938, nach einer zum Meierhof Mühlenbek gehörenden Ölmühle.

Ölmühlenwegbrücke, (Wandsbek, Tonndorf), vor 1938, in Anlehnung an den Namen Ölmühlenweg, in dessen Verlauf die Brücke über die Wandse führt.

Ölschlägerweg, (Eißendorf), 1940, Motiv aus der Ölindustrie. In der Siedlung der Harburger Ölwerke Brinckman & Mergell wurden zur Straßenbenennung vielfach Namen aus der Ölindustrie verwendet.

Oelsnerring, (Osdorf), 1965, nach Prof. Dr. Gustav Oelsner (1879–1956), Senator in Altona und Oberbaudirektor in Hamburg.

Oertzenstraße, (Niendorf), 1948, nach Jasper von Oertzen, Landdrost in Pinneberg von 1648 bis 1657.

Oertzgarten, (Barmbek-Nord), 1936, in Anlehnung an den Namen Oertzweg.

Oertzweg, (Barmbek-Nord), 1930, nach dem Schiffskonstrukteur und Erfinder des Oertzruders, das die Höchstgeschwindigkeit deutscher Schnelldampfer steigerte, Max Oertz (1871–1929).

Oesterleystraße, (Blankenese), 1928, nach dem Maler Karl August Heinrich Oesterley (1839–1930), Schüler seines Vaters, dem Historienmaler Carl Wilhelm Friedrich Oesterley, ab 1857 an der Akademie in Düsseldorf. Seit 1885 vielbeschäftigter Historien- und Portraitmaler in Hamburg. Er war langjähriger Bewohner dieser Straße.

Oestmanns Treppe, (Blankenese), vor 1903, nach dem Vorbesitzer Jürgen Oestmann (1798–1884). Es soll mit dieser Benennung auch gleichzeitig die Familie Oestmann geehrt werden, aus der viele Blankeneser Seeleute hervorgingen.

Övelgönne, (Othmarschen), 1636, Flurname, erstmalig erwähnt 1636 als „Ovelgünne“ oder auch „Övelgönne“ – gegenüberliegend bzw. jenseits. „Günt“ = jenseits und „Ovel“ = an der äußersten Grenze, so dass der Name insgesamt Ort am gegenüberliegenden Ufer bedeutet.

Övelgönner Hohlweg, (Othmarschen), 1950, als vom Elbstrand aufsteigender, einstiger Schluchtweg.

Övelgönner Mühlenweg, (Othmarschen), um 1910, Verbindungsweg zwischen der Elbchaussee und Övelgönne. An der Mündung des Weges in die Elbchaussee befand sich von 1707 bis 1887 eine Windmühle.

Övelgönner Straße, (Altona-Nord), 1903, Flurbezeichnung. „Gönne“ oder „günt“ = jenseits, drüben, am anderen Ende und Övel = am äußersten Ende, an der äußersten Grenze. Die amtliche Straßennamenerklärung von 1925 schreibt zu dieser Straße: „ben. 1903 mit Bezug auf den langjährigen 1881 durch Schiedsspruch des Reichsgerichts zugunsten Hamburgs entschiedenen Streit über die Landeshoheit der Hohen Rade unter Benutzung einer für streitige Grenzgebiete öfter vorkommenden Ortsbezeichnung, zugleich im Anklang an den Namen des früheren Dorfes Övelgönne in der Herrschaft Pinneberg.“

Övern Barg, (Ohlsdorf), 1939, in mehr oder minder freier Erfindung unter Anlehnung an Klein Borsteler Flurnamenmotive. „Övern Barg“ = über'n Berg.

Övern Block, (Ohlsdorf), 1939, Benennung wie: Övern Barg. Block ist ein Feldstück, das quer zum Acker liegt und sich nicht mit dem übrigen Acker zusammen bearbeiten lässt.

Oeverseestraße, (Altona-Nord), 1901, zur Erinnerung an den Kampf der Preußen und Österreicher gegen die Dänen am 6. 2. 1864 bei Oeversee (Schleswig).

Offakamp, (Lokstedt, Eppendorf), 1948, nach dem sagenhaften König der Angeln, nach Müllenhoff, Sagen, Märchen und Lieder. Motivgruppe: Holsteinische Geschichten, Sagen und Märchen.

Offenbachweg, (Rahlstedt), 1950, nach dem Operettenkomponisten Jacques Offenbach (1819–1880). Er schuf diverse erfolgreiche Operetten wie „Orpheus in der Unterwelt“, „Die schöne Helena“, etc. Insgesamt komponierte er 102 Bühnenstücke. Von seiner letzten Oper „Hoffmanns Erzählungen“ erlebte er die Aufführung nicht mehr.

Ohkamp, (Fuhlsbüttel, Hummelsbüttel), 1925, nach einem der Gegend anhaftenden Flurnamen, abzuleiten von „ohe“ = Gehölz.

Ohkampring, (Fuhlsbüttel), 1964, in Anlehnung an den Namen Ohkamp.

Ohlendieck, (Poppenbüttel), 1930/38, Ohlendieck = alter Teich. Nach dem Teich, der südwestlich des Kupferteiches lag und vielleicht mit der ersten Poppenbüttler Mühle in Verbindung stand.

Ohlendiekskamp, (Poppenbüttel), 1977, in Anlehnung an den Namen Ohlendieck.

Ohlendieksredder, (Poppenbüttel), 1977, in Anlehnung an den Namen Ohlendieck.

Ohlendorffs Tannen, (Volksdorf), 1948, nach dem Großgrundbesitzer in Volksdorf Freiherr Heinrich von Ohlendorff. Einen Teil seines Besitzes mit weniger gutem Boden ließ er aufforsten, daher „Ohlendorffs Tannen".

Ohlendorffstraße, (Hamm-Nord), 1885, nach dem Gärtnereibesitzer und Grundeigner Johann Heinrich Ohlendorff (1788–1857) und dessen Sohn A. F. H. Ohlendorff.

Ohlenkamp, (Groß Flottbek), 1928, Flurbezeichnung = altes Feld.

Ohlestraße, (Lurup), 1960, nach dem linken Nebenfluss der Oder in Niederschlesien, die Ohle, 92 km lang, entspringt im Vorgebirge der Sudeten und mündet bei Breslau.

Ohlnhof, (Sülldorf), 1928, nach dem Flurnamen „Ohlenkamp".

Ohlsdorfer Straße, (Winterhude), 1863, 1930, als von Winderhude nach Ohlsdorf führender Weg.

Ohlstedter Platz, (Wohldorf-Ohlstedt), 1929, nach der Lage im ehemaligen Dorf Ohlstedt. Ohlstedt wird erstmalig in einer Urkunde 1292 erwähnt, als es – wie andere Dörfer auch – zu Abgaben für den Bergstedter Kirchenbau herangezogen wird, 1463 kommt Ohlstedt bereits an Hamburg, als Hartwig von Hummelsbüttel es dem Rat der Stadt verkauft.

Ohlstedter Stieg, (Wohldorf-Ohlstedt), 1950, in Anlehnung an den Namen Ohlstedter Straße.

Ohlstedter Straße, (Wohldorf-Ohlstedt), 1929, Hauptzugangsstraße zum ehemaligen Dorf Ohlstedt.

Ohlstücken, (Lohbrügge), 1949, nach der alteingesessenen Lohbrügger Bauernfamilie Ohle (seit dem 17. Jahrhundert).

Ohlwöhren, (Blankenese), 1935, Flurname, der Name „Wöhren" deutet auf eine frühere Siedlung (Lage gegenüber dem Friedhof).

Ohlwurt, (Billstedt), 1968, Flurname, „Ohlwurth" (deutsche Grundkarte von 1964) = Alte Wurt. Wurt = künstlicher Wohnhügel.

Ohmoor, (Niendorf), 1948, Flurname, des trockengelegten und besiedelten Ohmoores.

Ohmoorring, (Niendorf), 1981, in Anlehnung an den Namen Ohmoor.

Ohmstraße, (Ottensen), 1915, nach dem Physiker Prof. Georg Simon Ohm (1787–1854), nach ihm ist das „Ohmsche Gesetz" benannt. Bestimmung des Gesetzes, nach welchem die Metalle die Kontaktelektrizität leiten.

Ohnhorststraße, (Osdorf, Groß Flottbek), 1929, Flurbezeichnung „Ohn" = Sumpf. Eine andere Quelle legt Ohnhorst als Adlerhorst aus.

Ohnsorgweg, (Groß Flottbek, Othmarschen), 1950, nach Dr. Richard Ohnsorg (1876–1947), Gründer der „Niederdeutschen Bühne", jetzt „Ohnsorg-Theater".

Ohrnsweg, (Neugraben-Fischbek); 1965, nach einer Hofbezeichnung „Ohrnshof".

Oktaviostraße, (Marienthal), 1945, nach dem Sohn Oktavio des Wandsbeker Gutsinspektors Ernst Albers.

Olberskamp, (Billstedt), 1975, nach dem Artillerieoffizier und Kartographen Nicolaus Hinrich Olbers (1708–1794). Motivgruppe: Topographen u. Kartographen.

Olbersweg, (Altona-Altstadt), 1951, nach Wilhelm Olbers (1758–1840), Arzt und Astronom, häufiger Gast der Altonaer Sternwarte.

Oldachstraße, (Barmbek-Nord), 1914, nach dem Hamburger Maler Julius

Oldach (1804–1830), der in schlicht realistischer Weise Portraits und Familienbilder malte.

Oldenburger Straße, (Stellingen), 1932, nach dem Kreis und der Stadt Oldenburg in Holstein.

Oldenfelder Bogen, (Rahlstedt), 2000, nach der Zugehörigkeit zum angrenzenden Ortsteil Oldenfelde.

Oldenfelder Stieg, (Rahlstedt), 1950, in Anlehnung an den Namen Oldenfelder Straße.

Oldenfelder Straße, (Rahlstedt), 1949, nach dem 1927 nach Rahlstedt eingemeindeten Dorf Oldcnfelde.

Oldesweg, (Poppenbüttel), 1947, nach Heinrich Christian Olde, dem Pächter der Poppenbüttler Kupfermühle 1786 – 1789.

Ole Boomgaarden, (Wohldorf-Ohlstedt), 1937, Bezeichnung für den früheren Obstgarten des Gutes Wohldorf = alter Baumgarten.

Ole Enn, (Barmbek-Nord), 1938, Flurname, bezeichnet das „alte Ende“ Barmbeks gegen das Dorf Hartzloh.

Ole Hoop, (Blankenese), 1928, Flurname, „Hoop“ ist eine Stelle, wo sich etwas zusammenfindet – meist eine Baumgruppe.

Ole Karkhoff, (Wilhelmsburg), 1949, in Erinnerung an die 1416 untergegangene Insel Gorriesvverder, die im 14. und 15. Jahrhundert von Sturmfluten überspült wurde.

Ole Kohdrift, (Rissen), 1981, in Anlehnung an den früheren Namen „Kohdrift“ = Kuhdrift (Drift = Trift = Viehtriebweg).

Olendeelskoppel, (Lemsahl-Mellingstedt), 1963, Flurname („Ohlendeelskoppel“ auf einer Karte von 1932) = Altenteilskoppel.

Olendörp, (Fuhlsbüttel), 1922, Flurname = altes Dorf, was an die vorgeschichtliche Dorfstätte bei Fuhlsbüttel erinnert. Hier muss ein überdurchschnittlich großer Wohnplatz gewesen sein, denn es fanden sich in der Gegend 2000 Urnengräber. Vielleicht gibt der Straßenname Soltstükken darüber Auskunft. Hier könnten die Ausläufer des Schnelsener Kalistocks gelegen haben. Es wird vermutlich die geologische Arbeitsmöglichkeit gewesen sein, die die Menschen hierherzog.

Olenland, (Langenhorn), 1960, Flurbezeichnung = altes Land.

Olenreem, (Lemsahl-Mellingstedt), 1947, nach der Flurbezeichnung „Alten Rehmen“. Rehmen oder Reem ist ein mit Buschholz oder Bäumen bewachsener Streifen zwischen den Äckern, den man beließ, um der Erosion vorzubeugen und um die Dorfbevölkerung mit Kleinholz zu versorgen.

Ole Wisch, (Bramfeld), 1939, Flurname = alte Wiese.

Olewischtwiet, (Bramfeld), 1945, Flurname = alter Wiesenweg.

Olivaer Straße, (Dulsberg), 1922, in dieser Gegend von Hamburg liegen eine Reihe von Straßen, die mit ihrem Namen an die Grenzfrage nach dem Ersten Weltkrieg erinnern und die bei der Straßenbenennung 1922 besondere Aufmerksamkeit fanden. So auch hier der zwischen Danzig und Zoppot gelegene Badeort Olivia.

Olloweg, (Eidelstedt, Stellingen), 1929, Flurname = alter Wald. (Nach einer Karte der Städtischen Bauverwaltung Altona von 1926, Maßstab 1 : 5000, und der Verkoppelungskarte.)

Olshausenstraße, (Othmarschen), 1929, nach Theodor Olshausen (1802–1869), 1844–1848 Direktor der Altona-Kieler Eisenbahn, 1848 Mitglied der provisorischen Regierung in Schleswig-Holstein, Schriftsteller und Publizist.

Onckenstraße, (Groß Flottbek), 1951, nach dem Historiker Prof. Dr. Hermann Oncken (1869–1945).

Onkelbarg, (Neugraben-Fischbek), 1986, nach dem Volksmund benannt, nach der dortigen Bodenerhebung.

Oortkatenufer, (Ochsenwerder), 1967, in Anlehnung an den Namen Oortkatenweg.

Oortkatenweg, (Ochsenwerder), 1924, Zufahrtsweg zum Bahnhof Oortkaten, Flurname. Der mit Kätnerhäusern besetzte scharf geknickte Deichvorsprung heißt im Volksmund „Oortkaten". „Oort" = Spitze oder Ecke.

Oortkatenwegbrücke, (Ochsenwerder), 1924, in Anlehnung an den Namen Oortkatenweg, als Brücke, die im Zuge dieser Straße über den nördlichen Sammelgraben führt.

Oortskamp, (Eidelstedt), 1949, Flurname = Oort = Ort = Spitze oder Ecke. (Nach einer Karte der Städtischen Bauverwaltung Altona von 1926, Maßstab 1 : 5000, und der Verkoppelungskarte.)

Op de Eilstede, (Eidelstedt), 2002, in Anlehnung an die mittelalterliche Bezeichnung des Dorfes Eidelstedt.

Op de Elg, (Sasel), 1919/20, Flurname. „Elg" bedeutet „Elend in der Fremde".

Op de Höh, (Bergstedt), 1980, Flurname = Auf der Höhe.

Op den Hoogen, (Kirchwerder), 2003, nach dem im Volksmund entstandenen Namen, der sich auf die durch Sandgewinnung seit den 1920-er Jahren dort entstandenen unterschiedlichen Geländehöhen bezieht.

Op de Solt, (Wellingsbüttel), 1948, Flurname = Auf dem Salz.

Op de Wisch, (Neugraben-Fischbek), 1965, ortsübliche Bezeichnung = Auf der Wiese.

Ophagen, (Altona-Nord), 1903, nach dem Flurnamen „Der obere Hagen". Hagen = eingezäuntes Feld, Ophagen = auf dem eingezäunten Feld.

Ophof, (Farmsen-Berne), 1832, Flurname „Uphave", der aus dem 17. Jahrhundert stammt. Eine Wiese in Berne wurde in dieser Zeit so genannt.

Opitzstraße, (Winterhude), 1929, nach dem schlesischen Dichter Martin Opitz (1597–1639).

Op'n Hainholt, (Sülldorf), 1928, Flurname. Hainholt war nach der Tradition eine heidnische Opferstätte.

Op'n Hesel, (Duvenstedt), 1992, nach einer dortigen alten Flurbezeichnung.

Op'n Idenkamp, (Duvenstedt), 1993, in Anlehnung an die dortige Flurbezeichnung „Op'n Kamp" und an die Bezeichnung „Iden" für die Eigner der Hufe 5 1640–1939.

Op'n Kamp, (Blankenese), 1928, Flurname = Auf dem Feld.

Op'n Möhlnrad, (Duvenstedt), vor 1949, Flurbezeichnung, „rad" = roden. Op'n Möhlnrad ist die Bezeichnung für die Rodungsfläche oberhalb der alten Wassermühle, die sich früher am Ellerbek befand, und bedeutet: auf der Mühlenrodung.

Op'n Schierenholt, (Blankenese), um 1925, Flurname, Schierenholt = Grenzholz. Op'n Schierenholt = auf dem Grenzholz zu Wedel.

Oppelner Straße, (Jenfeld), 1967, nach der ehemaligen Kreisstadt in Schlesien.

Orchideenring, (Bahrenfeld), 2002, in Erweiterung der Motivgruppe Blumen.

Orchideenstieg, (Alsterdorf), 1922, verschiedene Orchideenarten wuchsen im nahe gelegenen Eppendorfer Moor.

Ordinger Weg, (Osdorf), 1953, nach dem Nordseebad Ording. Motivgruppe: Orte in Dithmarschen und Eiderstedt.

Ordulfstraße, (Niendorf), 1948, nach dem Sachsenherzog Ordulf (gest. 1072) aus dem Geschlecht der Billunger. Er regierte von 1059 bis 1071.

Organistenweg, (Neuenfelde), 1943, der Weg liegt nahe der Neuenfelder Kirche und zweigt vom Arp-Schnitger-Stieg ab. (Arp Schnitger = Organist und Orgelbauer).

Orionstieg, (Wellingsbüttel), 1949, nach dem Sternbild am nordischen Winterhimmel.

Orionweg, (Ohlsdorf, Wellingsbüttel), 1948, Benennung wie Orionstieg.

Ortelsburger Stieg, (Bramfeld), 1954, nach der Ortschaft in Ostpreußen.

Ortleppweg, (Groß Borstel), 1957, nach dem Lehrer und niederdeutschen Dichter Oscar Ortlepp (1867–1945).

Ortrudstraße, (Barmbek-Süd), 1904, in irriger Anlehung an die Wagnerstraße, die nicht nach dem Komponisten, sondern nach dem Grundeigner benannt ist, hat man hier zur Benennung eine Gestalt aus der Wagneroper „Lohengrin" verwendet.

Ortsteinweg, (Farmsen-Berne), 1954, nach einem bei Ausgrabungen der Swebensiedlung gefundenen Ortstein aus einer eisenhaltigen Formation. Siehe auch Swebenbrunnen, Mahlhaus und Feldschmiede.

Ortwinstieg, (Rissen), 1955, nach einer Gestalt aus der Gudrunsage.

Osakaallee, (HafenCity), 2006, nach der japanischen Hafenstadt, seit 1989 Partnerstadt Hamburgs.

Osakabrücke, (Winterhude), 1975, japanische Hafenstadt. Motivgruppe: überseeische Handelsbeziehungen.

Osdorfer Landstraße (Bahrenfeld, Groß Flottbek, Osdorf, Iserbrook), 1929, nach dem Stadtteil Osdorf.

Osdorfer Redder, (Osdorf), 1972, Flurname. „Redder" = von Knicks gesäumter Feldweg.

Osdorfer Weg, (Bahrenfeld, Groß Flottbek), 1904, nach dem Stadtteil Osdorf.

Oskar-Schlemmer-Straße, (Billstedt), 1971, nach dem Maler und Bühnenbildner Oskar Schlemmer (1888–1943).

Oskarstraße, (Wandsbek), vor 1938, frei gewählter männlicher Vorname.

Ossietzkystraße, (Jenfeld), 1947, nach dem Schriftsteller und Pazifisten Carl von Ossietzky (1889–1938). Unter den Nationalsozialisten wurde er 1933 verhaftet und in das KZ Papenburg-Esterwege gebracht. Dort bekam er Tuberkulose. Nach dreijähriger Haft starb er in der Behandlung, der er ausgesetzt war, an Hirnhautentzündung. Das Nobelkomitee erkannte ihm nachträglich den Friedensnobelpreis 1935 zu, den er aber nicht annehmen durfte.

Ostende, (Tonndorf), 1933, hier befand sich früher eine Tongrube der Hinschenfelder Ziegelei, die voll Wasser gelaufen war und als Strandbad genutzt wurde und scherzhaft nach dem Strandbad Ostende in Belgien benannt wurde. Eine andere Version besagt, dass diese Tongrube am Ostende der oben erwähnten Ziegelei gelegen haben soll.

Osterbaum, (Wilstorf), 1950, nach der Flurbezeichnung „Beim Osterbohm", wobei es sich wahrscheinlich um einen im Osten der Ortschaft befindlichen Schlagbaum gehandelt hat.

Osterbekstieg, (Uhlenhorst), 1954, in Anlehnung an den Namen Osterbekstraße.

Osterbekstraße, (Barmbek-Süd), 1878, nach dem benachbarten Osterbekkanal. Der Uhlenhorster Teil der Straße wurde 1865 angelegt und hieß zunächst Abendrothstraße. Später wurde der einheitliche Name Osterbekstraße gewählt.

Osterbekweg, (Barmbek-Nord), 1873, nach dem Bach Osterbek.

Osterbrook, (Hamm-Mitte, Hamm-Süd), 1899, Flurname, im 13. Jahrhundert führte der östliche Teil des Hammerbrooks noch die Bezeichnung „Osterbrook". 1896 hieß dieser Weg noch Osterbrookstraße, 1899 verkürzt auf Osterbrook.

Osterbrookplatz, (Hamm), 2011, in Anlehnung an die Straße Osterbrook und an den Quartiersnamen Osterbrookviertel.

Osteresch, (Bahrenfeld), vor 1921, „Esch" ist eine sehr alte Flurbezeichnung und bedeutet uneingefriedetes Saatland.

Osterfelddeich, (Finkenwerder), vor 1940, das Osterfeld bildet den östlichen Teil des ehemals preußischen Finkenwerder.

Osterfeldstraße, (Lokstedt, Eppendorf), 1891, Flurname. Es handelt sich um ein im Osten des Dorfes gelegenes Feld. Auf dem Wege von Lokstedt nach Eppendorf lagen „Grot" und „Lütt" Osterfeld.

Osterfeldweg, (Marmstorf), 1930, nach der Flurbezeichnung „Im Osterfelde" von 1667. Das Osterfeld war der östlichste Teil der Marmstorfer Feldmark.

Osterhoffstraße, (Heimfeld), 1929, nach Heinrich Osterhoff (1845–1920), Besitzer einer Branntweinbrennerei, seit 1879 Bürgervorsteher, ab 1894 Senator in Harburg.

Osterkamp, (Marienthal), vor 1933, Flurname, Osterkamp = östliches Feld.

Osterkampstieg, (Bergestedt), 1948, nach einer Flur im Osten des Dorfes Bergstedt.

Osterkirchstieg, (Bramfeld), 1945, nach der Lage bei der Osterkirche in Bramfeld.

Osterloh, (Iserbrook), 1936, Flurname für einen östlich gelegenen Eichwald.

Ostermeyerstraße, (Groß Flottbek), 1965, nach Friedrich Ostermeyer (1884–1963), Architekt und Förderer des Wohnungsbaus.

Osteroder Weg, (Bramfeld), 1954, nach der ehemaligen Kreisstadt in Ostpreußen.

Osterrade, (Lohbrügge), 1969, Flurname für eine östliche gelegene Rodung.

Osterstraße, (Eimsbüttel), 1864, unter Benutzung des der Flur, welche die Straße durchschneidet, anhaftenden Namens „Osterkamp"; ausgedehnt 1899 auf die 1878 nach dem anliegenden Landsitz des Senators Christian Matthias Schröder als Parkallee bezeichneten Straßenstrecke.

Osterweg, (Blankenese), vor 1903. Der Osterweg erinnert an die ursprüngliche Einteilung von Blankenese, nämlich „Osterende", „Mittelblankenese" und „Westerende".

Ostewinkel, (Neugraben-Fischbek), 1966, nach dem Fluss „Oste". Motivgruppe: Flüsse der Lüneburger Heide.

Ostfalenweg, (Niendorf), 1948, die Ostfalen sind die südöstlichste Gruppe der Niedersachsen zwischen der Lüneburger Heide, Harz, Weser und Elbe, zum Unterschied zu den Westfalen. Man nimmt an, dass die „Falen" ein Teilstamm der Cherusker gewesen sind.

Ostfrieslandstraße, (Finkenwerder), 1939, nach der Landschaft Ostfriesland.

Ostheide, (Neugraben-Fischbek), 1946, nach der Lage in der Fischbeker Heide, wo die Silbe „Heide" vielfach in Straßennamen verwendet wurde, meist in Verbindung mit dem örtlichen Charakter.

Ost-Kraueler Bogen, (Kirchwerder), 1970, nach der Ortschaft Krauel und als Teil des Elbdeichs in dieser Ortschaft. Krauel, ursprünglich holsteinisch, seit 1868 Hamburger Krauel genannt.

Ostpreußenplatz, (Wandsbek), vor 1933, nach der ehemaligen Provinz Ostpreußen benannt.

Ostpreußenstieg, (Wandsbek), 1953, in Anlehnung an den Namen Ostpreußenplatz.

Oststeinbeker Weg, (Billstedt), 1922, nach der holsteinischen Nachbargemeinde „Oststeinbek", wohin der Weg führt.

Oswald-Kanzler-Weg, (Wilstorf), 1988, nach Oswald Kanzler (1883–1944), Harburger Bürgervorsteher und SPD-Sekretär, Opfer des Nationalsozialismus.

O'Swaldstraße, (Horn), 1929, nach dem Bürgermeister (1908–1912) und Senator (1869) William O'Swald (1832–1923).

Otawiweg, (Ottensen), 1942, Ort im Norden des ehemaligen Deutsch-Südwest-Afrika.

Othmarscher Kirchenweg, (Ottensen, Othmarschen), um 1900, Weg der Othmarscher Bevölkerung zur Ottensener Kirche.

Othmarscher Mühlenweg, (Othmarschen), 1950, benannt als Weg zur Rolandsmühle.

Ottensener Straße, (Bahrenfeld, Eidelstedt, Stellingen), vor 1920. Im Oktober 1871 wird Ottensen unter Einschluss von Neumühlen zur Stadt. Der Ort verdankt seinen Aufstieg zum bevorzugten Industriestandort seinen Zollvorteilen. Weil die Dänen der Stadt Altona 1853 die Zollvorteile entzogen hatten, wanderten eine ganze Reihe von Fabrikanten in das benachbarte Ottensen ab. Das frühere Dorf Ottensen wurde zu einer reinen Industriestadt mit etwa 44 Betrieben, meist Tabakhersteller, aber auch Textilfabrikanten, Glashütten, sowie Eisen und Metall verarbeitenden Werken. Die Firma Theodor Zeise goss 1869 ihre erste Schiffsschraube in Ottensen und brach damit das Monopol der Engländer.

Ottenser Hauptstraße, (Ottensen), 1950, Hauptstraße des Stadtteils. Nachdem Karl der Große die Sachsen besiegt hatte, legte er fränkische Siedlungen an. Orte mit den Endsilben „heim" oder „husen" weisen auf solche Siedlungen hin. Ottensen ist eine solche Siedlung, denn der Ort hieß früher „Ottenhusen“.

Ottenser Marktplatz, (Ottensen), 1900, nach dem Marktplatz im Stadtteil Ottensen.

Ottensweide, (Wilhelmsburg), 1975, Flurname „Ottens Weid“, nach dem am Stillhorner Weg gelegenen „Ottens Hof“.

Otterhaken, (Wilhelmsburg), 1949, Flurname. Dieser Name weist wie die anderen alten Flurnamen „Otterbrack“ und „Otterstieg“ in Obergeorgswerder auf das Vorkommen des Fischotters in den Elbarmen hin.

Ottersbekallee, (Eimsbüttel), 1899, ben. 1877 als Ottersbekstraße nach dem in der Stellinger Feldmark entspringenden Bach, abgeändert 1899.

Otterweg, (Neugraben-Fischbek), 1966, Motivgruppe: Flüsse in der Lüneburger Heide.

Ottilie-Baader-Straße, (Bergedorf), 1985, nach Ottilie Baader (1847–1925), Führerin der Arbeiterbewegung und maßgeblich am Aufbau der Gewerkschaften beteiligt.

Otto-Brenner-Straße, (Wilhelmsburg), 1975, nach dem ehemaligen Vorsitzenden der IG-Metall, Otto Brenner (1907–1972).

Otto-Burrmeister-Ring, (Steilshoop), 1974, nach Otto Burrmeister (1899–1966), Förderer sozialer Beziehungen des Theaters, Motivgruppe: Personen, die sich in der ersten Hälfte dieses Jahrhunderts um das kulturelle Leben der Stadt verdient gemacht haben.

Otto-Ernst-Straße, (Othmarschen), 1928, nach dem Dichter und Schriftsteller Otto Ernst, eigentlich Otto Ernst Schmidt (1862–1926), der viele Jahre in dieser Straße wohnte. Als Sohn eines Zigarrenarbeiters absolvierte er das Lehrerseminar und wurde Volksschullehrer in Hamburg, später freier Schriftsteller, Verfasser von Gesellschaftsromanen und -dramen sowie genrehafter Erzählungen und Kindergeschichten.

Otto-Grot-Straße, (Allermöhe), 1995, nach Otto Grot (1905–1987), Mitglied der SPD und des „Reichsbanners Schwarz-Rot-Gold“, Polizeibeamter, ab 1952 Kommandeur der Hamburger Schutzpolizei, Widerstandskämpfer gegen den Nationalsozialismus.

Otto-Schumann-Weg, (Lohbrügge), 1964, nach Otto Schumann (1888–1945), Bürgerschaftsabgeordneter 1931–1933, Widerstandskämpfer gegen den Nationalsozialismus. Als KZ-Insasse von Neuengamme wahrscheinlich mit der „Cap Arcona“ 1945 untergegangen.

Otto-Sill-Brücke, (Hamburg-Altstadt, Neustadt), 1988, nach Prof. Otto Sill (1907–1984), Oberbaudirektor in Hamburg 1964–1971.

Otto-Siems-Weg, (Groß Flottbek), 2004, nach Otto Siems (1866–1916), Mitglied im ehemaligeen Flottbeker Gemeinderat.

Otto-Speckter-Straße, (Barmbek-Nord), 1928, nach dem Hamburger Lithographen, Illustrator und Maler Otto Speckter (1807–1871), Leiter der ersten Steindruckerei Norddeutschlands. Er war besonders als feinsinniger Illustrator im Kinder- und Tiergenre bekannt.

Ottostraße, (Eidelstedt), um 1905, nach dem Vornamen des Erbauers Otto Timm (1863–1939), Vorbesitzer des Geländes.

Otto-Wallach-Weg, (Osdorf), 1949, nach dem Chemiker Dr. Otto Wallach (1847–1931), Professor in Göttingen, der 1910 den Nobelpreis für Chemie erhielt.

Otzenstraße, (St. Pauli, Altona-Altstadt), 1948, nach Prof. Johannes Otzen (1839–1911), Architekt, Prof. an der Technischen Hochschule Berlin, Präsident der Akademie der Künste, baute in Altona 1873 die Johanniskirche, 1883 die Petrikirche, 1895 die Friedenskirche und entwarf die Gertrudenkirche in Hohenfelde und die Christuskirche in Eimsbüttel.

Overbeckstraße, (Uhlenhorst), 1899, nach dem Gründer und Wohltäter des Waisenhauses, T. Jobst von Overbeck (1580–1653).

Overland, (Farmsen-Berne), 1964, Flurname = „Überland".

Overwerder Bogen, (Kirchwerder, Ochsenwerder), 1967, Flurname: „Overwerder".

Overwerder Hauptdeich, (Kirchwerder, Ochsenwerder), 1970, nach dem Flurnamen Overwerder und der Funktion als Hauptdeich.

Overwerder Weg, (Kirchwerder), 1967, nach dem Flurnamen „Overwerder".

Owiesenkehre, (Bramfeld), 1964, in Anlehnung an den Namen Owiesenstraße.

Owiesenstraße, (Bramfeld), vor 1937, Flurname. Owiesenstraße = Auwiesenstraße.

P

Paalende, (Rahlstedt), 1950, Flurname, Paal = Hülse, Schote.

Paalmoor, (Langenhorn), 1929, nach einem der Gegend anhaftenden Flurnamen.

Paalzowweg, (Bergedorf), 1949, nach Ludwig Paalzow (1816–1899), Gründer des beiderstädtischen Postamtes in Bergedorf.

Paarmanns Weg, (Blankenese), vor 1903, nach dem Vorbesitzer Christ. Hinr. Mart. Paarmann (1807–1882), Korbmacher in Blankenese.

Paciusweg, (Eimsbüttel), 1975, nach dem finnischen, in Hamburg geborenen Komponisten Fredrik Pacius (1809–1891), der als Schöpfer der finnischen Nationalhymne gilt.

Packerstieg, (Veddel), 1927, im Anschluss an den Namen „Packersweide".

Packersweide, (Veddel), 1925, nach einem der Gegend anhaftenden Flurnamen.

Paeplowstieg, (Groß Borstel), 1951, in Anlehnung an den Namen Paeplowweg.

Paeplowtwiete, (Groß Borstel), 1988, in Anlehnung an den Paeplowweg.

Paeplowweg, (Groß Borstel), 1950, nach dem Bürgerschaftsabgeordneten und Gewerkschaftler F. Karl Paeplow (1860–1934), der hier in der Nähe wohnte.

Paganiniweg, (Rahlstedt), 1960, nach dem italienischen Violinvirtuosen und Komponisten Niccolo Paganini (1782–1840).

Pagenfelder Platz, (Horn), 1902, im Anschluss an den Namen Pagenfelder Straße.

Pagenfelder Straße, (Horn), 1894, nach dem Flurnamen „Pagenfeld". „Page" = Bezeichnung für schlechtes Pferd.

Pahlblöckensredder, (Rahlstedt), vor 1940, „Pahl" = Wasserloch. Block ist ein Ackerstück, das sich nicht mit anderen Landstücken zusammen bearbeiten lässt.

Pahlblöckensstieg, (Rahlstedt), 1994, „Pahl" = Wasserloch, Block = Landstück, das sich nicht zusammen mit anderen Ackerstücken bearbeiten lässt; Redder = von Knicks gesäumter Feldweg.

Palmaille, (Altona-Altstadt), 1638, nach den Ballspielplätzen, die Graf Otto V. von Schauenburg hier hatte anlegen lassen, um das s. Zt. beliebte Palemalspiel betreiben zu können. Dieser französisch klingende Name kommt aus dem Italienischen und ist eine Zusammensetzung aus „palle" = Ball und „Maglio" = hölzerner Schläger. Aus diesem ursprünglichen „Palle Maglio" ist durch Abschleifung und im Volksmund „Palmaille" geworden. Als die Hamburger irgendwann keine Lust mehr zu diesem Spiel hatten und der Weg nach Altona ihnen auch zu lang geworden war, wurden die Bahnen an Reeper und Seilmacher verkauft.

Die Hamburger legten sich eigene Bahnen auf dem Jungfernstieg an, was dazu führte, dass diese Straße vorübergehend, aber offiziell, auch einmal Palmaille hieß.

Palmerstraße, (Hamm-Nord), 1964, nach Otto Palmer (1842–1905), Pastor in Hamm.

Palmweg, (Eißendorf), 1940, die in der Brinckman & Mergeil-Siedlung gelegenen Straßen benannte man vorrangig mit Namen aus der Ölindustrie (Palmöl).

Palstek, (Finkenwerder), 1980, es handelt sich um einen seemännischen Ausdruck für eine Befestigungsart (Knoten), von denen es viele gibt, wie z. B. Balkenstek, Fischerstek, Flaggenstek, Notstek, etc..

Pamirweg, (Finkenwerder), 1962, nach dem Segelschulschiff „Pamir", das am 21. 9. 1957 mit 81 Mann im Atlantik gesunken ist.

Pannerweg, (Bergedorf), 1956, eine Episode aus der Ortsgeschichte: für Ware, die zwischen Bergedorf und Wentorf geschmuggelt wurde und die man bei der Durchsuchung fand, forderte man bis zur Bezahlung des Zolls bzw. der Strafe, ein Pfand (Panner). Zur Erinnerung daran gab man dem Weg schon früh den Namen Pannerweg.

Pannsweg, (Langenhorn), 1933, nach der Langenhorner Bauernfamilie Pann (18.–20. Jahrhundert).

Pantherstieg, (Stellingen), 1949, mit Bezug auf den nahe gelegenen Tierpark.

Panzerstraße, (Blankenese), 1908, ein in dieser Flurbezeichnung ansässiger Schlachter, hing, wenn ein Rind geschlachtet wurde, einen „Pansen" vor die Tür. Durch Abschleifung und Verdrehung von „Pansen" kam es allmählich zur Bezeichnung „Panzer", wonach dann die Straße ihren Namen erhielt.

Papendamm, (Rotherbaum), 1870, nach einem der Gegend anhaftenden Flurnamen. Der Name entstand, weil das Land eine Reihe von Jahren einem Herrn Pape gehörte bzw. an ihn verpachtet war.

Papenhörn, (Wohldorf-Ohlstedt), 1942, Flurname für ein umstrittenes Landstück. 1442 wurden die Ansprüche, die ein Pfarrer (Pape) wegen zweier Äcker hatte, beigelegt.

Papenhuder Straße, (Uhlenhorst, Hohenfelde), 1872, nach dem der Gegend in weitem Umkreis zu alter Zeit anhaftenden Flurnamen Papenhude.

Papenkamp, (Groß Flottbek), 1928, nach einem frühen Flurnamen. Es handelt sich um Land das der Kirche gehörte. Pape = Pfarrer.

Papenreye, (Niendorf, Groß Borstel), 1980, Flurname, Pape = Pfaffe oder Pfarrer. Reye bzw. Reihe besagt, dass die Straße nur einseitig bebaut war, es kann aber auch die Bezeichnung für einen kleinen Wasserlauf sein.

Papenstraße, (Eilbek), 1866, der Name erinnert an den Besitz der Domvikare, die sogenannten sieben Papenhöfe beim Hammer Steindamm.

Pappelallee, (Eilbek, Marienthal), 1856, nach der Beschaffenheit der Straße als einer mit Pappeln gesäumten Allee.

Pappelalleebrücke, (Eilbek, Marienthal), vor 1905, in Anlehnung an den Namen Pappelallee. Führt im Zuge dieser Straße über die S-Bahn.

Pappelwisch, (Langenhorn), 1979, Flurname = Pappelwiese.

Papyrusweg, (Billstedt), 1961, Motivgruppe: Buchherstellung und Verlag.

Paracelsusstraße, (Rahlstedt), 1950, nach dem Arzt, Naturforscher und Philosophen Theophrastus Bombastus von Hohenheim, genannt Paracelsus (um 1494–1541).

Parallelstraße, (Wilhelmsburg), 1949, nach der Lage, weil sie parallel zur Eisenbahn verläuft.

Parchimer Straße, (Rahlstedt), 1950, nach der Kreisstadt im Bezirk Schwerin. Motivgruppe: Orte in Mecklenburg.

Parkallee, (Harvestehude), 1870, frei gewählter Name, nach der Lage am Innocentiapark.

Parkberg, (Duvenstedt), 1962, ortsübliche Bezeichnung für ein etwas weiter östlich gelegenes Gelände.

Parkhöft, (Waltershof), 1910, nach der ehemaligen Eibinsel „Park", die als Teil von Griesenwerder 1460–1485 im Pfandbesitz von Hamburg war und 1768 endgültig in den Besitz der Stadt kam.

Parkseebrücke, (Winterhude), 1920, in Anlehnung an den großen Stadtparksee, im Zuge der Straße Südring über den Goldbekkanal führend.

Parkstieg, (Rahlstedt), vor 1953, nach der Lage am früheren Grube-Park.

Parkstraße, (Othmarschen), um 1892, nach der Lage am Jenischpark.

Parowstraße, (Langenhorn), 1961, nach Dr. Wilhelm Parow (1887–1959), Arzt, vor und nach dem Ersten Weltkrieg am Allgemeinen Krankenhaus Altona, 1950–1958 Präsident der Ärztekammer Hamburg.

Parsifalweg, (Rissen), 1956, nach der Oper von Richard Wagner.

Pasmannstraße, (Neustadt), 1910, zu Ehren des Pastors zu St. Michaelis (seit 1678) Mag. Hieronymus Pasmann (1641–1716). Gründer der ersten neustädtischen Armenschule.

Paßborghöhe, (Niendorf), 1948, nach der Bauernsippe Paßborg, die seit dem 17. Jahrhundert in Niendorf ansässig ist.

Passierzettel, (Veddel), 1929, nach dem Passierzettel, einem speziellen Ausweis, den man früher zum Betreten des Freihafens benötigte und immer bei dieser Gelegenheit vorzuweisen hatte.

Pastoratsweg, (Allermöhe), 1950, nach der Lage beim ev. luth. Pastorat in Allermöhe.

Pastor-Dubbels-Weg, (Horn), 2002, nach Hans Jürgen Dubbels (1912–2000), Pastor der benachbarten Martinskirche 1936–1982.

Pastorenstieg, (Volksdorf), 2000, als Verbindungsweg vom ältesten Volksdorfer Pastorat am Waldredder (1934) zu dessen Nachfolger am Rockenhof (1939).

Pastorenstraße, (Neustadt), ben. im Volksmund nach den hier 1674 erbauten Pastoraten für die Prediger an der St. Michaeliskirche.

Pastor-Manzke-Weg, (Billstedt), 2005, nach Dr. Friedrich-Wilhelm Manzke (1934–1994), Pastor in Kirchsteinbek seit 1964, verdient um seine kommunal- und sozialpolitische Tätigkeit im Ortsausschuss Billstedt seit 1966 und in der Bezirksversammlung Hamburg-Mitte seit 1975.

Paula-Westendorf-Weg, (Ohlsdorf), 2007, nach Paula Westendorf (1893–1980), von 1946–1953 SPD-Abgeordnete in der Hamburgischen Bürgerschaft, wo sie sich besonders für die Belange von Frauen und Mädchen einsetzte.

Paul-Bäumer-Brücke, (Fuhlsbüttel), 2001, nach Paul Bäumer (1896–1927), Luftfahrtpionier und Kunstflieger, über dem Oeresund tödlich abgestürzt.

Paul-Bunge-Stieg, (Allermöhe), 1995, nach Paul Bunge (1904–1942), Mitglied der SPD und des „Reichsbanners Schwarz-Rot-Gold“, Widerstandskämpfer gegen den Nationalsozialismus.

Paul-Dessau-Straße, (Bahrenfeld), 2000, nach dem in Hamburg geborenen Paul Dessau (1894–1979), Kapellmeister, Komponist und Musikpädagoge.

Paul-Dieroff-Weg, (Niendorf), 1991, nach Paul Dieroff (1928–1944), Schüler jüdischer Abstammung aus Niendorf, Opfer des Nationalsozialismus.

Paul-Ehrlich-Straße, (Othmarschen), 1971, nach dem Serologen Prof. Dr. Paul Ehrlich (1854–1915), Mitarbeiter von Robert Koch in Berlin, seit 1899 Direktor des von ihm gegründeten Instituts. Er stellte die Immunitätslehre auf eine neue theoretische Basis und erhielt 1908 zusammen mit E. Metschnikow den Nobelpreis für Medizin.

Paul-Gerhardt-Straße, (Wilstorf), 1928, nach dem lutherischen Pastor und Kirchenliederverfasser Paul Gerhardt (1607–1676). Seine Lieder nehmen auch heute noch im evangelischen Gesangbuch einen bedeutenden Rang ein. Die Benennung erfolgte auf Wunsch des Wilstorfer Kirchenvorstandes.

Paulinenallee, (Altona-Nord, Eimsbüttel), 1863, nach Pauline Edelheim, geb. Arnthal (1843–1905), Schwägerin des Grundeigners Samuel Ephraim.

Paulinenplatz, (St. Pauli), 1869, im Anschluss an den Namen Paulinenstraße.

Paulinenstraße, (St. Pauli), 1860, im Anschluss an die auch sonst hier verwendeten weiblichen Vornamen. Beim schnellen Wachstum der Stadt waren den Verantwortlichen die Ideen für neue Straßennamen ausgegangen, so verwendete man dem Alphabet folgend zunächst männliche, später weibliche Vornamen.

Paul-Klee-Straße, (Billstedt), 1971, nach dem Graphiker und Maler Paul Klee (1879–1940). Er lebte in München, wo er mit Künstlern des „Blauen Ritters“ befreundet war, später in Paris. Von 1921 bis 1931 war er als Meister am Bauhaus in Weimar und Dessau, dann als Akademie-Professor in Düsseldorf tätig. Nach der Machtübernahme der Nationalsozialisten siedelte er 1933 nach Bern über.

Paul-Nevermann-Platz, (Altona-Altstadt, Altona-Nord, Ottensen), 1984, nach Paul Nevermann (1902–1979), von 1960 bis 1965 Erster Bürgermeister in Hamburg.

Paul-Roosen-Straße, (St. Pauli, Altona-Altstadt), vor 1665, nach Paul Roosen (1582–1649), Lohgerber, Diakon der Mennonitengemeinde in Altona. Die Roosens hatten dort auch Grundbesitz.

Paulsenplatz, (Altona-Altstadt), 1925, nach dem Theologen, Probst Dr. Friedrich Paulsen (1849–1934), 1873 Adjunkt an der St. Johanniskirche, 1895 Hauptpastor, 1900 Probst, 1917 Dr. h. c. der Theologie der Universität Kiel.

Paul-Sorge-Straße, (Niendorf), 1948, nach Paul Sorge (1876–1944), Gärtner, siedelte 1910 von Lokstedt nach Niendorf, lange Jahre Gemeindevorsteher und stellvertretender Gemeindevorsteher.

Paul-Stritter-Brücke, (Alsterdorf), 1960, nach Paul Stritter (1863–1946), Pastor und ehemaliger Direktor der Alsterdorfer Anstalten.

Paul-Stritter-Weg, (Alsterdorf) 1960, zur Benennung siehe Paul-Stritter-Brücke.

Peenestraße, (Lurup), 1960, nach dem westlichen Mündungsarm der Oder. Zwischen dem Festland und der Insel Usedom mündet die Peene in die Ostsee.

Peiffersweg, (Barmbek-Nord), 1914, nach dem Hamburger Bildhauer Engelbert Peiffer (1830–1896).

Peinekai, (Altenwerder), 1977, nach der Kreisstadt Peine im Regierungsbezirk Braunschweig mit einer bedeutenden Industrie, die eine breite Palette aufweist, insbesondere auch Erz.

Pelargonienweg, (Osdorf), 1953, nach einem Blumenmotiv. Pelargonien = volkstümlich auch Geranien genannt.

Pelikanstieg, (Stellingen), 1949, mit Bezug auf den nahe gelegenen Tierpark.

Pellwormweg, (Rahlstedt), 1950, nach der Nordseeinsel Pellworm, auf der der Dichter Detlev Freiherr von Liliencron einst als Hardesvogt amtierte.

Pelzerstraße, (Hamburg-Altstadt), seit dem 13. Jahrhundert, nach den Angehörigen des Kürschnergewerbes, die sich hier in größerer Zahl niedergelassen hatten.

Penzweg, (Neuland), 1972, nach Heinrich Penz (1751–1942), Schlachtermeister in Harburg, Vorbesitzer des Geländes.

Pepermölenbek, (Altona-Altstadt), 1948, nach dem längst versiegten Grenzbach zwischen Holstein und Hamburg. Der Standort einer Mühle an dieser Stelle ist historisch nicht gesichert, überliefert ist jedoch, dass dort eine Pulvermühle gestanden haben soll, die sich hier – wie die meisten Pulvermühlen – aus Sicherheitsgründen am Stadtrand befunden hat.

Pepers Diek, (Blankenese), 1928, Pepers Teich (Diek = Teich), existiert nicht mehr, ist längst zugeschüttet.

Pepers Seeg, (Rönneburg), 1932, nach einer Quellbezeichnung. Sieg = Seek = sickern. Hier hat wahrscheinlich auf dem Grundstück des Herrn Peper eine Quelle gelegen.

Perckentinweg, (Niendorf), 1948, nach Claus Hartwig Perckentin (1689–1766), Landdrost in Pinneberg im 18. Jahrhundert.

Perelsstraße, (Lohbrügge), 1964, nach Dr. Friedrich Justus Perels (1910–1945), Justitiar der Bekennenden Kirche. Widerstandskämpfer gegen den Nationalsozialismus, Opfer des Nationalsozialismus. Ermordet 1945 in Berlin.

Pergamentweg, (Billstedt), 1961, nach der Motivgruppe: Buchherstellung und Verlag.

Perlbergweg, (Sasel), 1919/29, nach Friedrich Perlberg (1849–1920), Bäckermeister aus Hamburg und letzter Besitzer des Perlberghofes.

Perlhuhnweg, (Lurup), 1954, in Anlehnung an die auch sonst hier verwendeten Geflügelmotivnamen.

Perlstieg, (Wilhelmsburg), 1962, nach Gerd Hinrich Perl (1715–1793), seit

1743 Lehrer an der Schule Reiherstieg und Rotehaus.

Perthesweg, (Hamm-Nord), 1929, nach Friedrich Christoph Perthes (1772–1843), dem berühmten Buchhändler; er wird als 15jähriger Buchhändlerlehrling in Leipzig, tritt 1793 in Hamburg eine Stellung als Gehilfe an, eröffnet 1796 Ecke Jungfernstieg/Große Bleichen eine eigene Sortimentsbuchhandlung, ein Haus, das er später ganz erwarb. In der Franzosenzeit erwies er sich als glühender Patriot, indem er die Hamburger immer wieder zum Widerstand gegen die Franzosen aufrief. Er gehörte in dieser Zeit zu den Männern des Widerstandes und bildete mit Mettlerkamp und Karl Sieveking eine Art provisorische Regierung. 1797 heiratete er die älteste Tochter von Matthias Claudius, Caroline. Sein Schwiegervater, der „Wandsbeker Bote", der sich in der Franzosenzeit hierher zurückgezogen hatte, als das Umland von Hamburg von den Franzosen niedergebrannt und verwüstet wurde, verstarb hier am Jungfernstieg und nicht in seinem geliebten Wandsbek.

Pestalozzistraße, (Barmbek-Nord), 1880, mit Bezug auf das benachbarte Pestalozzi-Stift, nach dem Schweizer Pädagogen Johann Heinrich Pestalozzi (1746–1827).

Peter-Beenck-Straße, (Wilhelmsburg), 1949, nach dem bekanntesten Vertreter der in Wilhelmsburg ansässigen Schiffbauerfamilie Beenck, dem Schiffbaumeister Peter Beenck (1750–1820).

Peter-Lurenz-Weg, (Eißendorf), 1943, nach einer Novelle von John Brinckman, als Straße, die in der Siedlung der Ölwerke Brinckman & Mergell liegt.

Peter-Marquard-Straße, (Winterhude), 1907, nach dem Kirchenbaumeister Peter Marquard (gest. 1689 oder 1690), von dem die Kirchtürme von St. Nikolai, St. Katharinen und St. Michaelis stammen.

Petersdorfstraße, (Wilstorf), 1950, nach Hans von Petersdorf (1585–1657), Oberhauptmann auf dem Harburger Schloss einem Gewährsmann der Celler Regierung. Als Oberhauptmann gehörte es vorwiegend zu seinen Aufgaben, sich mit militärischen und Befestigungsaufgaben am Platz Harburg zu befassen.

Petersenkai, (HafenCity), 1889, nach dem Bürgermeister (ab 1876), Senator (1855), Dr. Carl Petersen (1809–1892), der auch als Reorganisator des Hamburger Polizeiwesens gilt.

Petershof, (Neugraben-Fischbek), 1946, nach einem Hofnamen.

Peterskampweg, (Hamm-Nord, Eilbek), 1884, nach dem Flurnamen „Peterskamp". Der Peterskamp diente als Ackerland und gehörte zur Hammer Feldmark, ab Ende 1856 zur Vogtei Eilbek, die zu diesem Zeitpunkt neu gebildet wurde. Bis dahin gehörte Eilbek zur Vogtei Barmbek.

Peterstraße, (Neustadt), bald nach 1620. Die Hamburger Kirchen erhielten bei Anlage der Neustadt im 17. Jahrhundert das Recht auf Namensgebung bei Straßen. Im Sprengel Michaelis bezeichnete man die Straßen nach den Patronen der Hauptkirchen der Altstadt, in diesem Fall nach der Petrikirche.

Petersweg, (Heimfeld), 1928, nach dem Polizeisergeanten Heinrich Peters (1863–1939), der hier eine gepachtete Hofstelle besaß. Dieser ursprünglich zum Hof gehörende Wirtschaftsweg wurde von den Stadtteilbewohnern immer mehr als Abkürzungsweg benutzt und daher von Peters eines Tages mit einem Schlagbaum versehen. Im Volksmund wurde dieser Weg als Petersweg bezeichnet. Der Name wurde 1928 als offizieller Straßenname übernommen.

Peter-Timm-Straße, (Schnelsen), 1948, ben. nach dem ehemaligen Besitzer der Schnelsener Mühle und stellvertretenden Gemeindevorsteher Peter Timm (1841–1916).

Petkumstraße, (Uhlenhorst), 1899, nach Simon von Petkum (gest. 1620), der die Gründung des Waisenhauses förderte und einer seiner ersten Vorsteher war.

Petunienweg, (Sasel), 1952, Blumenmotiv, Petunie = Gattung der Nachtschattengewächse mit vielen Zierpflanzensorten.

Peuter Eibdeich, (Veddel), 1914, nach der ehemaligen Elbinsel „Peute".

Peutestraße, (Veddel), 1887, als zur Peute führende Straße. Die Peute war ehemals adliges Lehngut, das zusammen mit der Müggenburg König Friedrich IV. von Dänemark gehörte. Sie kam 1768 durch den Vertrag von Gottorp unter hamburgische Landeshoheit und wurde 1806 von der Stadt angekauft.

Pezolddamm, (Farmsen-Berne, Bramfeld), 1950, nach Joh. Eusebius Pezold (1735–1818), königlich dänischer Landvermesser, der die Verkuppelung durchführte und 1771 die Flurkarte von Bram-feld anfertigte.

Pezoldtwiete, (Bramfeld), 1950, in Anlehnung an den Namen Pezolddamm.

Pfarrstraße, (Rahlstedt), 1951, nach der Lage bei der Rahlstedter ev. lutherischen Kirche.

Pfauenweg, (Barmbek-Nord), 1914, nach den auch sonst hier verwendeten Vogelmotivnamcn, in Erinnerung an den Vogelliehhaber von Essen, der in dieser Region zahlreiche Nist- und Brutplätze anlegte.

Pfefferkrug, (Lemsahl-Mellingstedt), 1960, nach der Lage des sogenannten „Pfefferkruges" an der Lcmsahler Landstraße. Die vielen Wegnamen auf „krug" und nach Gastwirtschaften stammen aus der Zeit, als die Menschen noch häufige Einkehr benötigten, weil sie große Distanzen zu Fuß oder per Kutsche zurücklegten.

Pfefferstraße, (Rahlstedt), 1951, nach Richard Pfeffer (1868–1932), Gemeindevorsteher in Rahlstedt.

Pfeilshofer Weg, (Wellingsbüttel), vor 1933, nach dem Gut in Sasel, dem „Pfeilshof", dessen Besitzer Pfeil hieß.

Pfenningsbusch, (Barmbek-Süd), 1908, nach einem der Gegend anhaftenden Flurnamen. Die Bezeichnung hängt wohl mit Pennick = Stubben zusammen. Mit Busch werden kleinere Gehölze bezeichnet. Pfenningsbusch bedeutet somit „Gehölz mit Stubben".

Pfenningwiese, (Schnelsen), 1948, nach einer Sage und der darin vorkommenden Örtlichkeit (Müllenhoff, Sagen, Märchen, Geschichten und Lieder). Motivgruppe: Holsteinische Geschichten, Sagen und Märchen.

Pferdekoppel, (Farmsen-Berne), 1927, nach einem der Gegend anhaftenden Flurnamen.

Pferdeweide, (Iserbrook), 1972, frei gebildeter Name, nach der früheren Nutzung.

Pferdnerstieg, (Langenhorn), 2010, nach der alten Berufsbezeichnung Pferdner für einen Anspanner oder Pferdebauern, der wenigstens ein Paar Pferde zur Bestellung seines Ackers halten musste.

Pfingstberg, (Bergedorf), 1949, Flurname, schon 1690 auf alten Karten genannt, vielleicht nach der „Pfingsthöge", einem früheren Volksfest, benannt.

Pfirsichweg, (Bramfeld), 1950, Motivgruppe: Früchte.

Pflaumenstieg, (Bramfeld), 1952, Motivgruppe: Früchte.

Pflugacker, (Eidelstedt), 1964, in Anlehnung an die hier auch sonst auf „Acker" lautenden Wegnamen.

Pflugschmiedweg, (Langenhorn), 2010, nach dem historischen Handwerksberuf.

Philipp-Reis-Weg, (Volksdorf), 1950, nach Philipp Reis (1834–1874), Physiker, Erfinder des Telefons und anderer elektrischer Geräte.

Philippsstrom, (Blankenese), 1928, nach C. August Philipp (gest. 1893), Ortspolizist, Gemeindediener, Bote der Ortskrankenkasse, beliebtes Blankeneser Original.

Philipsstraße, (St. Georg), 2004, in Anlehnung an den Hauptsitz der Firma.

Philosophenweg, (Othmarschen), 1810, nach einer volkstümlichen Bezeichnung.

Pickhuben, (HafenCity), 1886, die auf dem Brook ansässigen Schiffbauer lagerten hier ihre Pechvorräte (Pechhaufen). Eine andere Version besagt, dass man den Namen auf eine Richtstätte zurückführt, wo den

Verurteilten der Kopf kahlgeschoren wurde und man den geschorenen Kopf mit Pech bestrich (Pickhuben = Pechhauben).

Pickhubenbrücke, (HafenCity), 1886, im Anschluss an den Namen Pickhuben.

Pidder-Lüng-Weg, (Rahlstedt), 1950, nach einer Ballade von Detlev von Liliencron.

Piepenbrinkweg, (Poppenbüttel), 1977, nach dem Apotheker Adolf Piepenbrink (1872–1942), der auch zu den Mitbegründern des Alstervereins gehörte.

Piependreiherweg, (Ottensen), 1985, nach der Zunft der letzten Zigarrendreher, die hier in Ottensen beheimatet war.

Pieperweg, (Iserbrook), 1949, nach H. Pieper, Kapitän des größten Blankeneser Schiffes um 1806, Angehöriger einer seit dem 16. Jahrhundert in Blankenese nachweisbaren Fischerfamilie.

Pikartenkamp, (Nienstedten), 1956, nach Ambrosius Hinrich Pikarten aus Hamburg, der am 20. Dezember 1753 in Dockenhuden einen Hof erwarb.

Pilatuspool, (Neustadt), ben. nicht lange nach 1711 als „Beim Pilatuspool", weil die Straße beim und auf dem damals zugeworfenen Wasserpfuhl (mnd. pol) entstand, der ursprünglich nach dem Pächter anliegender Ackerstücke Wilhad Kock Wilhadi Pool hieß, welche Bezeichnung im Volksmund die Formen „Bilhatspool", „Pilatspool" annahm und sich schließlich im Volksmund in Pilatuspool umsetzte.

Pillauer Straße, (Wandsbek), 1950, Motivgruppe: Orte in Ostpreußen. Pillau: Hafenstadt in Ostpreußen.

Pilzgrube, (Sülldorf), 1946, frei gewählter Name.

Pinelsweg, (Barmbek-Süd), 1912, nach dem Irrenarzt Philippe Pinels (1745–1826), mit Bezug auf das benachbarte Krankenhaus Friedrichsberg. Er setzte erstmalig eine Behandlung ohne Zwangsmaßnahmen durch.

Pinguinweg, (Stellingen), 1949, mit Bezug auf den nahe gelegenen Tierpark.

Pinkertbrücke, (Billbrook), 1967, in Anlehnung an den Pinkertweg. Im Zuge dieser Straße über den Industriekanal führend.

Pinkertweg, (Billbrook), 1967, nach Wilhelm Pinkert (1870–1931), Organisator des Fernsprechdienstes in Hamburg.

Pinnasberg, (Altona-Altstadt), im 18. Jahrhundert, nach dem Namen eines hier gelegenen Wirthauses. Pinnas ist die niederdeutsche Bezeichnung für die Schiffsgattung Pinasse.

Pinneberger Chaussee, (Eidelstedt), vor 1927, als von Eidelstedt nach Pinneberg führende Landstraße.

Pinneberger Straße, (Schnelsen), 1907, nach der Stadt Pinneberg.

Pinneberger Weg, (Altona-Nord, Eimsbüttel), 1864, unter Anerkennung der volkstümlichen Bezeichnung für eine Teilstrecke einer alten Landstraße nach Pinneberg.

Pirolkamp, (Duvenstedt), 1947, nach dem amselgroßen in Europa vorkommenden Singvogel Pirol = Golddrossel.

Pitersenstieg, (Billstedt), 1948, nach dem Kartographen und Kupferstecher Arnold Pitersen (1644–1700), der Mitte des 17. Jahrhunderts in Hamburg arbeitete. Er stach u. a. einen schönen Grundriß der Stadt Hamburg.

Plaggenhieb, (Rönneburg, Sinstorf), 1954, Flurname. In dieser Gegend hatten die Einwohner der umliegenden Dörfer Plaggenhiebberechtigung. Plaggen sind Heide oder Moorstücke, die unter der Oberfläche abgestochen (abgeplaggt) werden und als Brennmaterial dienen. Sie werden aber auch als Streu für das Vieh und zum Abdecken von Kartoffel- und Rübenmieten verwendet.

Plaggenkamp, (Bergstedt), 1943, Flurname 1785 „Fleggenkamp". Erklärung Plaggen: wie Plaggenhieb.

Plaggenweg, (Bergstedt), 1958, Flurname. Plaggen wurden trocken aus der Oberfläche des Heidmoores gehauen.

Plan, (Hamburg-Altstadt), 1843, nach einer Straße mit dem Namen „Plan" (freier, ebener Platz), die ursprünglich dort gelegen hat, wo sich heute der Rathausmarkt befindet. Bis zum großen Brand von 1842 war es eine Straße die zwischen dem Maria-Magdalenen-Kloster und dem Johanneskloster lag; von dieser Straße, die nicht wieder aufgebaut wurde, ist nur der Name übernommen worden. Schon im 16. Jahrhundert nannte man die Ebene zwischen den beiden Klöstern „Plan".

Planckstraße, (Ottensen), 1950, nach dem Physiker Prof. Dr. Max Planck (1858–1947). Er erhielt 1918 den Nobelpreis für Physik.

Platanenallee, (Lokstedt), um 1902, nach dem Baum Platane. Die Platane, ein vorzugsweise im europäischen Mittelmeerraum vorkommender Baum, wurde von Napoleons Straßenbaumeistern in ganz Europa als Chausseebaum eingeführt, um die marschierenden Soldaten vor Witterungseinflüssen zu schützen.

Platenstraße, (Osdorf), 1941, nach dem Dichter August Graf von Platen-Hallermund (1796–1835).

Plathweg, (Barmbek-Nord), 1963, nach dem Oberingenieur der Baudeputation und Astronomen Christian Wilhelm Plath (1820–1894).

Plattenfoort, (Farmsen-Berne), 1953, Flurname des Geländes am Kriegkamp „Platenfohrt" auf einer Grenzkarte von 1750, niedrige, seichte Furt mit Steinplatten ausgelegt.

Platz der jüdischen Deportierten, (Rotherbaum), 1989, eine Gedenktafel erklärt diesen Wegnamen: „Dem Gedenken an jüdische Bürger Hamburgs, die in den Tagen der nationalsozialistischen Gewaltherrschaft zu Tausenden von diesem Platz in den Tod geschickt wurden. Vergeßt es nicht, Seid wachsam". Eine weitere Inschrift lautet: „Im Jahre 1933 hatte Hamburg 24000 Juden." Hier begann der Weg tausender jüdischer Bürger in die Vernichtungslager des Naziregimes.

Platz der Republik, (Altona-Altstadt), 1945, die ursprüngliche Bezeichnung „Kaiserplatz" wurde 1922 in „Platz der Republik" geändert, und die ab 30. 3. 1933 bestehende Benennung Adolf-Hitler-Platz wurde 1945 wieder in „Platz der Republik" geändert.

Pletschgang, (Iserbrook), 1953, nach Oskar Pletsch (1830–1888), Illustrator von Kinderbüchern aus dem Kinderleben.

Plettenbergstraße, (Lohbrügge), 1964, nach Kurt Freiherr von Plettenberg (1891–1945) (Oberlandforstmeister im preußischen Landesforstamt und Reichsforstamt). Motivgruppe: Widerstand gegen den Nationalsozialismus.

Plöner Stieg, (Altona-Nord), 1969, in Anlehnung an Plöner Straße.

Plöner Straße, (Altona-Nord), 1950, nach der Stadt Plön in Holstein.

Plogstieg, (Groß Borstel), 1956, nach dem niederdeutschen Dichter Wilhelm Plog (1884–1946).

Ploot, (Finkenwerder), 1980, Flurname Ploot = Plaat = ebene Fläche = Sandbank.

Poeckstraße, (Lohbrügge), 1949, nach dem niederdeutschen Dichter Wilhelm Poeck (1866–1933).

Poelchaukamp, (Winterhude), 1948, nach Dr. Hermann Johann Daniel Poelchau (1817–1912), Oberlandesgerichtsrat und Bürgerschaftsabgeordneter.

Poelchaukampbrücke, (Winterhude), 1960, in Anlehnung an den Namen Poelchaukamp. Führt im Zuge dieser Straße über den Mühlenkampkanal.

Poelsweg, (Hamm-Nord), 1929, nach dem aus den Niederlanden stammenden Schriftsteller und Herausgeber des altonaischen Mercurius, Piter Poel (1760–1837), der auch dem Kreis um den Syndikus Karl Sieveking angehörte.

Pöseldorfer Weg, (Rotherbaum, Harvestehude), 1858, wahrscheinlich nach einem volkstümlichen Spitznamen, denn ein Dorf dieses Namens hat es nie gegeben. Über die Entstehung dieses Namens wird folgendes berichtet: Das Land zwischen Böhmersweg und Böttgerstraße war Teil des alten Klostergartens und schon in der ersten Hälfte des 18. Jahrhunderts an Kleingärtner verpachtet. Diese Kleingärtner sollen ihren Boden fleißig bebaut haben und waren sogar an Feiertagen damit beschäftigt. Die Hamburger Spaziergänger haben sich sonntags dieses Gewerkel angesehen und sich darüber lustig gemacht. Sie sagten „die pöseln“ so vor sich hin, was bedeuten soll, dass sie ständig arbeiten, ohne etwas zu schaffen.

Poggenbrook, (Rahlstedt), 1946, Flurname, Pogg = Frosch, Brook = Sumpfwald. (Sumpfwald mit Fröschen)

Poggendorffstraße, (Billbrook), 1930, nach dem aus Hamburg stammenden Physiker Johann Christian Poggendorff (1796–1877). Er befaßte sich besonders mit der Elektrizitätslehre, dem Magnetismus und der Geschichte der Physik; er war auch an der Entwicklung des Galvanometers beteiligt. Zusammen mit Liebig gab er das Handwörterbuch der Chemie heraus.

Poggenkamp, (Hummelsbüttel), 1975, Flurname = Feld mit Fröschen.

Poggenmühle, (HafenCity), 1907, benannt nach der hier 1555 errichteten Wassermühle, die als Walk- und Pochmühle genutzt wurde. Der Name wurde im Volksmund verdreht und als Poggenmühle festgehalten. 1865 hatte die Mühle ihre Schuldigkeit getan und wurde abgebrochen.

Poggenmühlenbrücke, (HafenCity), 1907, im Anschluss an den Namen Poggenmühle.

Poggenpool, (Lurup), 1984, nach einem Flurnamen: Pogg = Frosch und Pool = Lache, kleiner Teich.

Poggfreedweg, (Rahlstedt), 1950, nach einem Epos von Detlev von Liliencron.

Pogwischrund, (Rahlstedt), 1955, nach der Figur Henny Pogwisch aus dem Werk „Pidder Lüng“ von Detlev von Liliencron.

Polabenstieg, (Niendorf), 1974, nach dem slawischen Stamm im Stammesverband der Abodriten, die beiderseits der Elbe und der Trave bei Boizenburg angesiedelt waren.

Polarweg, (Rahlstedt), 1951, (polar = gr.) bedeutet die Pole betreffend. Polargebiet ist die zusammenfassende Bezeichnung für das Nord- und Südpolargebiet. Motivgruppe: Namen und Bezeichnungen des Nordmeerraumes.

Pollhof, (Bergedorf), 1928, nach dem gleichnamigen Bauernhof.

Pollhofsbrücke, (Bergedorf), 1928, in Anlehnung an den Namen „Pollhof“.

Pollhornbogen, (Wilhelmsburg), 1982, in Anlehnung an den Namen Pollhornweg.

Pollhorner Hauptdeich, (Wilhelmsburg), 1970, Flurname „Pollhorn“. „Im Pullhorn“ = früheres Außendeichgelände vor dem grünen Deich. Horn = Winkel, Ecke. Pull bedeutet Spitze. Pullhorn ist also vielleicht die spitze Ecke einer früheren Insel oder Halbinsel gewesen.

Pollhornweg, (Wilhelmsburg), 1967, Flurname „Pollhorn“. Erklärung: siehe auch Pollhorner Hauptdeich.

Polostraße, (Osdorf), 1928, nach dem nahe gelegenen Poloplatz.

Polziner Straße, (Rahlstedt), 1951, nach dem Ort in Pommern.

Pommernweg, (Niendorf), 1950, nach dem deutschen Neustamm an der Ostseeküste zwischen der Danziger Bucht und der Insel Rügen. Entstanden aus einer Mischung westslawischer Urbevölkerung mit geringer ostgermanischer Beimischung und niederdeutschen, holländischen und schwedischen Kolonisten etwa im 12. Jahrhundert.

Pompeselstieg, (Billstedt), 1998, nach einer heimischen, im Volksmund so – oder auch als Lampenputzer – bezeichneten Sumpfpflanze aus der Gattung der Rohrkolbengewächse.

Ponyweg, (Farmsen-Berne), 1967, nach den auch sonst in diesem Gebiet verwendeten Pferdemotivnamen.

Poolstraße, (Neustadt), ben. seit Mitte des 17. Jahrhunderts mit Bezug auf den später Pilatuspool heißenden Wasserpfuhl (mnd. pol), auf den die Straße zuführte.

Poppelauweg, (Langenhorn), 1852, zur Erinnerung an die Langenhorner Bauernfamilie Poppelau (18. und 19. Jahrhundert).

Poppenbütteler Berg, (Poppenbüttel), 1977, nach der Lage im Stadtteil Poppenbüttel. Die Straße verläuft über eine Geländeerhöhung.

Poppenbütteler Bogen, (Poppenbüttel), 1979, nach dem Stadtteil und dem bogenförmigen Verlauf der Straße.

Poppenbütteler Chaussee, (Duvenstedt, Lemsahl-Mellingstedt), vor 1938, als von Duvenstedt nach Poppenbüttel chaussierte Straße.

Poppenbütteler Weg, (Poppenbüttel, Hummelsbüttel), 1950, von Hummelsbüttel nach Poppenbüttel verlaufender Straßenzug (Ring 3).

Poppenbüttler Hauptstraße, (Poppenbüttel), 1950, Hauptstraße des Stadtteils Poppenbüttel.

Poppenbüttler Landstraße, (Poppenbüttel), 1950, als von Wellingsbüttel nach Poppenbüttel führende Straße.

Poppenbüttler Markt, (Poppenbüttel), 1950, als Wochenmarkt im Stadtteil Poppenbüttel.

Poppenbüttler Stieg, (Hummelsbüttel), 1951, ben. in Anlehnung an den Namen Poppenbütteler Weg.

Poppenhusenstraße, (Barmbek-Nord), 1910, nach Conrad Poppenhusen (1818 bis etwa 1884), dem Gründer der New York-Hamburger-Gummiwaren-Kompanie.

Poppenpriel, (Finkenwerder), 1933, hier befand sich bei einem Haus, in dem eine alte Dame wohnte, ein Wasserloch (Priel), das im Volksmund „Meta Poppen ehr Lock“ genannt wurde.

Poppenspälerweg, (Rahlstedt), 1964, nach der Novelle von Theodor Storni.

Poppes Weg, (Othmarschen), 1961, nach Cornelius Wilhelm Poppe (1775–1838), Vorbesitzer eines nördlich des Weges liegenden Geländes.

Porgesring, (Billbrook), 1975, nach Georg Porges (1860–1940), Gründer der größten Fabrik in Billbrook, wurde wegen seines jüdischen Glaubens verfolgt und zum Freitod getrieben.

Porschpfad, (Langenhorn), 1940, Pflanzenmotiv (Sumpfpflanze „Porsch“).

Poßmoorweg, (Winterhude), 1876, nach dem an der Gegend anhaftenden Flurnamen „Poßmoor“.

Postbrücke, (Neustadt), 1844, in Anlehnung an den Namen Poststraße, führt im Zuge dieser Straße über das Bleichenfleet.

Posteck, (Neugraben-Fischbek), 1948, in Erinnerung an den alten Postweg von Harburg nach Stade.

Posteltsweg, (Horn), 1929 und 1945, nach Friedrich Reinhold Postelt (1853–1917), dem Geschäftsführer der „Produktion“.

Poststraße, (Neustadt), 1843 und 1948, nach dem hier 1846 von Alexis de Chateauneuf erbauten Posthaus, das die hamburgische Post, die von Thurn & Taxis, die Königlich Hannoversche Post sowie die Königlich Schwedische Post aufnahm. Die Wappen dieser Einrichtungen zieren das Portal dieses im florentinischen Stil des 15. Jahrhunderts gehaltenen Backsteingebäudes. 1866 gingen die fremden Postämter in die Post des Norddeutschen Bundes über und 1870 in die Post des Deutschen Reiches. Im April 1881 nimmt die Hamburger Fernsprechanstalt mit 206 Teilnehmern vom Dach des Postgebäudes ihren Betrieb auf.

Potosistraße, (Blankenese), 1949, nach der Fünfmastbark „Potosi“ der Reederei Laeizs, die seinerzeit das schnellste Segelschiff der Welt war.

Potsdamer Straße, (Rahlstedt), 1961, nach der Stadt Potsdam bei Berlin.

Potsdamer Ufer, (Kleiner Grasbrook), 1903, nach der Stadt Potsdam bei Berlin und im Anschluss an den Namen „Spreehafen“.

Prachtkäferweg, (Sinstorf), 1951, nach der Motivgruppe: Käfer.

Präsident-Krahn-Straße, (Altona-Nord), 1894, nach Karl Eduard Albert Rudolph Krahn (1839–1894), dem ersten Eisenbahn-Direktionpräsidenten in Altona, 1884–1894.

Prätoriusweg, (Eimsbüttel), 1906, nach der Musikerfamilie Prätorius, aus der als bedeutende Komponisten besonders der Organist an St. Jakobi Hieronymus (gest. 1629) und sein Sohn, der Organist an St. Petri, Jakob Prätorius (1586–1651), hervorgingen.

Prager Ufer, (Kleiner Grasbrook), 1893, nördliches Ufer des Moldauhafens.

Prahlstraße, (Ottensen), 1950, nach der Ottensener Vogtsfamilie Prahl, die der Stadt eine Wiese überließ für Begräbnisplätze, um die 1813 /14 in der Franzosenzeit umgekommenen Hamburger beizusetzen.

Pralleweg, (Volksdorf), 1960, nach Heinrich Pralle (1860–1951), Begründer des Werkunterrichts an Hamburger Schulen.

Prassekstraße, (Wilhelmsburg), 1964, nach Johann Heinrich Wilhelm Prassek (1911–1943), Kaplan an der Herz-Jesu-Kirche in Lübeck, Widerstandskämpfer gegen den Nationalsozialismus.

Prechtsweg, (Barmbek-Nord), 1922, nach dem Hamburger Bildschnitzer Christian Precht (zweite Hälfte des 17. Jahrhunderts).

Predöhlkai, (Waltershof), 1914, nach dem Bürgermeister Dr. Max Predöhl 11854–1923), Präses der Baudeputation, wegen seiner Verdienste um den Hafenausbau als Mitglied der Deputation für Handel und Schiffahrt.

Preetzer Straße, (Fuhlsbüttel), 1947, Motivgruppe: Städte im östlichen Holstein.

Pregelweg, (Wandsbek), 1958, nach dem Hauptfluss in Nordostostpreußen, Pregel, entsteht bei Insterburg aus Inster und Angerapp, 127 km lang, mündet 7 km unterhalb von Königsberg.

Prehnsweg, (Rahlstedt), vor 1940, nach dem Grundeigentümer Prehn (Rahlstedter Bauernfamilie im 19. Jahrhundert).

Pressenstieg, (Eißendorf), 1940, die in der Brinckman & Mergell-Siedlung angelegten Straßen sind meist mit Namen bezeichnet, die in enger Beziehung zur Ölindustrie stehen.

Preußerstraße, (Othmarschen), 1897, nach dem Unteroffizier L. Theodor Preußer (gest. 1849), der sich beim Seegefecht bei Eckernförde besonders hervortat. Er fand bei der Explosion des dänischen Kriegsschiffes Christian VIII. am 5. 4. 1849 den Tod, als er versuchte Verwundete zu bergen.

Preystraße, (Winterhude), 1907, nach dem Baumeister Johann Prey (gest. 1757), Erbauer der St. Georgskirche und Mitarbeiter beim Bau der Michaeliskirche.

Prielstraße, (Veddel), 1901, mit Bezug auf das Veddeler Schleusenpriel, in dessen Richtung die Straße verläuft. Priele sind Wasserläufe, die sich bei Ebbe im Watt bilden.

Primelweg, (Fuhlsbüttel), 1910, nach einem frei gewählten Namen und den auch sonst in Fuhlsbüttel vielfach verwendeten Blumenmotivnamen. Primel = Frühlingsblume.

Prinzenweg, (Billstedt), 1952, nach einem Märchenmotiv.

Privatweg, (Stellingen), vor 1898, nach einem ehemaligen Privatweg ohne Pflasterung.

Probsteier Straße, (Dulsberg), 1922, nach der zum Kreis Plön gehörenden Landschaft Probstei; früher Besitz des Klosters Preetz.

Pröbenweg, (Hamm-Mitte), 1907, nach kirchlichem Grundbesitz, der eine in Proben, d.h. in Brot festgelegte Rente aufzubringen hatte und in der Verwaltung der Kirchengeschworenen St. Jakobi stand.

Prökelmoor, (Bramfeld), 1974, Flurname. Prökeln bedeutet stechen, d.h. hier: Torf stechen im Moor.

Professor-Brix-Weg, (Altona-Altstadt), 1965, nach Prof. Dr. Ing. Joseph Brix (1859–1943), Stadtbaurat in Altona, Mitglied des hamburgisch-preußischen Landesplanungsausschusses.

Promenadenstraße, (Niendorf), 1907, ursprünglich eine Privatstraße des Lippertschen Hofes (Kollauer Chronik).

Propst-Paulsen-Straße, (Blankenese), 1928, nach Propst Theodor Paulsen (1839–1921), Pastor in Blankenese, machte sich besonders auch um das Schulwesen verdient; Gründer des Lyzeums in Blankenese und Groß Flottbek.

Puckaffer Weg, (Duvenstedt), vor 1940, führt nach dem Ortsteil Puckaff in der Gemeinde Tangstedt (puckaf = ausplündern).

Puckholm, (Schnelsen), 1949, nach einem Märchenmotiv nach Müllenhoff: Sagen, Märchen, Geschichten und Lieder. Motivgruppe: holsteinische Geschichten, Sagen und Märchen.

Püttenhorst, (Bergedorf), 1925, nach einem der Gegend anhaftenden Flurnamen. Putten = Pfützen, sumpfiges Land, Grube, in der Wasser steht. Horst = abgeholzte Stelle, Gestrüpp, Wildnis.

Püttkampsweg, (Osdorf), 1935, Flurname, Putten = sumpfiges Land, Pfützen.

Püttkuhl, (Osdorf), 1928, hier befand sich eine Tongrube mit fettarmem Ton, der für die Töpferei geeignet war. „Pütt" = Topf.

Pulverhofsweg, (Tonndorf, Farmsen-Berne), 1921, nach der früher an der Wandse gelegenen Pulvermühle. Auch hier wieder ein Beispiel dafür, dass Pulvermühlen, um Gefahren auszuschließen, an den Stadtrand gelegt wurden.

Pulverteich, (St. Georg), im 17. Jahrhundert. Der Name erinnert an die alte Pulvermühle, die hier seit 1616 bis zu Beginn des 19. Jahrhunderts stand. Selbst im 18. Jahrhundert war diese Gegend noch Vorstadt und sehr ländlich. Es grasten hier Kühe, und die Zimmerleute trafen auf dem Borgesch ihre Arbeitsvorbereitungen an dem Holz, das sie zum Bau der Häuser in der Stadt benötigten. Der Platz diente auch zum Exerzieren des Hamburger Bürgermilitärs. Das alles trug dazu bei, dass St. Georg in dieser Zeit noch eine Idylle war und wenig städtischen Charakter besaß. Die Benennung der Straße erfolgte nach dem Volksmund und wurde später offiziell übernommen.

Pulverturmsbrücke, (Neustadt), um 1774, zur Erinnerung an den alten Pulverturm der Admiralitätstraße, der 1819 abgebrochen wurde und nur noch als Brückenname weiterlebt.

Pumpen, (Hamburg-Altstadt), seit dem 16. Jahrhundert, die Straße wurde 1527 „Bei den Pumpen" benannt und 1899 auf den Namen „Pumpen" verkürzt. Wie auch andere Straßennamen (Bornplatz, Bornstraße, Feldbrunnenstraße etc.) weist auch dieser Name auf die ehemalige Wasserversorgung der Stadt hin. Dass die Pumpen zur Wasserversorgung mit einspringen mussten, ist wenig wahrscheinlich, denn Elbwasser war auch schon damals wenig schmackhaft.

Puritzweg, (Allermohe), 1979, nach dem Architekten Walther Puritz (1882–1957), der zusammen mit Emil Schaudt u. a. das Curiohaus und diverse Haltestellen des U-Bahnringes erbaute.

Pusbackstraße, (Rahlstedt), vor 1940, nach dem Schuhmacher Christian Pusback (1854–1936), er kam 1878 nach Meien-dorf, war dort seit 1902 Stellvertretender Gemeindevorsteher und Schiedsmann und von 1907 bis 1923 Gemeindevorsteher.

Pusbackweg, (Rahlstedt), 1942, in Anlehnung an den Namen Pusbackstraße.

Puterweg, (Lurup), 1932, mit Bezug auf das ehemalige Gelände, das einem Kleintierzuchtverein gehörte.

Puttentwiete, (Fuhlsbüttel), 1898, offizielle Deutung: Ursprung unbekannt. Die Alstertalzeitung hat sich vor einiger Zeit dieses Namens angenommen und folgendes herausgefunden: „Nach dem plattdeutschen Wörterbuch bedeutet „Pütt" Zopf, aber auch Pfütze, Schacht oder Brunnen. Da Fuhlsbüttel bekanntermaßen ein feuchtes, sumpfiges Dorf war, dürfte Pfütze wahrscheinlich die richtige Deutung sein. Da der Flurname „Pütt" häufig in dieser Gegend vorkommt und immer wieder mit seichter, sumpfiger Stelle gleichgesetzt wird, dürfte es auch hier so gewesen sein." Twiete = Verbindungsweg zwischen zwei Straßen.

Puttwiese, (Langenhorn), 1958, Flurname, erwähnt in der Vogteikarte von 1870. Pütt = Sumpf, Morast, Moor, Pfütze.

Puvogel-Garten, (Wandsbek), 2006, siehe Puvogelstraße.

Puvogelstraße, (Wandsbek), 1950, nach Friedrich Puvogel (1836–1907), ehrenamtlicher Zweiter Bürgermeister in Wandsbek von 1873 bis 1907. Verleger des „Wandsbeker Boten".

Pyritzer Stieg, (Rahlstedt), 1950, nach der ehemaligen Kreisstadt in Pommern, Motivgruppe: Orte in Pommern.

Q

Quadenstieg, (Niendorf), 1979, in Anlehnung an den Namen Quadenweg.

Quadenweg, (Niendorf), 1961, Motivgruppe: Germanische Volksstämme und ihre nichtgermanischen Nachbarn. Quaden = elbgermanischer Stamm, zuerst 21 n. Chr. nachgewiesen. Die nördlich der Donaulinie lebenden Quaden fielen 170 tief in das römische Reich ein und brachten den Römern vernichtende Niederlagen bei. Im 4. Jahrhundert wurden sie mehrfach von den Römern besiegt. Seit dem 6. Jahrhundert schlossen sich Teile der Quaden den Wanderungen anderer Germanenstämme an. Die letzten Quaden verließen wohl mit den Langobarden im 6. Jahrhundert das Land.

Quarree, (Wandsbek), 1938, benannt nach der Form der Straße, die als Karree um eine Schule herum verläuft.

Quarzweg, (Poppenbüttel), 1953, in Erweiterung der Motivgruppe „Steine und Mineralien".

Quedlinburger Weg, (Niendorf), 1948, Motivgruppe: Städte im oder am Harz.

Quellental, (Nienstedten), 1928, nach dem anliegenden Quellbecken, in dem zahlreiche Wasseradern zutage treten.

Quellenweg, (Hamm-Nord), 1938, unter Verwendung der deutschen Grundkarte von Hamm um 1930/37.

Quellgrund, (Neugraben-Fischbek), 1948, nach den hier entspringenden Quellen.

Quellmoor, (Hausbruch, Neugraben-Fischbek), 1975, in Anlehnung an die auch sonst hier auf die Silbe „Moor" lautenden Wegnamen.

Querfurtstieg, (Steilshoop), 1956, nach dem Stilleben- und Landschaftsmaler Gabriel Querfurt (gest. 1765).

Querheide, (Neugraben-Fischbek), 1946, nach der Lage in der Fischbeker Heide, wo die Silbe „Heide" bei Straßennamen häufig verwendet wurde, meist im Zusammenhang mit dem örtlichen Charakter.

Querkamp, (Horn), 1932, nach dem Namen der Flur, über die der Weg führt.

Querpfad, (Langenhorn), 1934, nach der Lage als kleiner Querweg zwischen den Straßen „Am Ochsenzoll" und „Stockflethweg".

Querstraße, (St. Pauli), zwischen 1815 und 1832, nach der Lage als kleine Querstraße von der Silbersackstraße zum Hans-Albers-Platz.

Quickbornstraße, (Hoheluft-West), 1893, nach der Ortschaft Quickborn in Schleswig-Holstein.

Quittenstieg, (Wilhelmsburg), 1990, in Anlehnung an ehemals hier vorhandene Quittenbäume.

Quittenweg, (Bramfeld), 1950, nach einem Früchtemotiv.

R

Raakmoorgrund, (Hummelsbüttel, Langenhorn), 1977, in Anlehnung an den Flurnamen „Raakmoor", nach der Lage in der Nähe des Raakmoores, Raack oder Raacke = Sumpf.

Raaksheide, (Langenhorn), 1960, Flurbezeichnung. In Anlehnung an das Raakmoor.

Raalandsweg, (Rissen), 1928, Flurname, Raaland = gerodetes Land.

Raamfeld, (Lemsahl-Mellingstedt), 1981, unsichere Erklärung. Es werden drei Möglichkeiten angeboten: Flurname „raam" = Zusammentreffen (evtl. von zwei Wasserläufen), nach einem Mann namens Raam, dem das Feld bei der Namensgebung gehörte, möglich ist auch eine Ableitung von Rabenkamp.

Raamkamp, (Lemsahl-Mellingstedt), 1946, Flurbezeichnung. Raam oder Rahm ist die norddeutsche Bezeichnung für Zusammentreffen. Hier trafen vermutlich zwei Wasserläufe zusammen.

Raamstieg, (Lemsahl-Mellingstedt), 1946, Erklärung wie Raamkamp.

Raapeweg, (Hummelsbüttel), 1975, nach dem Rechtsgelehrten Prof. Dr. Leo Raape (1878–1964).

Raawisch, (Jenfeld), 1932, Flurname = gerodete Wiese.

Rabenberg, (Wellingsbüttel), 1965, nach einer ortsüblichen Bezeichnung.

Rabenhorst, (Wellingsbüttel), vor 1933, Flurname, Horst = Greifvogelnest.

Raboisen, (Hamburg-Altstadt), 1843, ben. unter Wiederverwendung der alten seit der zweiten Hälfte des 14. Jahrhunderts nachweisbaren Straßenbezeichnung, die entstanden war durch Übertragung des Namens eines hier an der Stadtmauer gelegenen Befestigungsturmes; dieser hieß seinerseits so, weil er einem in städtischen Diensten stehenden Manne namens von der Raboisen als Wohnung gedient hatte. Auf dem Gebiet der heutigen Straße Raboisen sind schon vorgeschichtliche Siedler nachgewiesen, die bis auf die Bronzezeit zurückgehen, denn bis in das 18. Jahrhundert hatte sich hier ein Grabhügel erhalten, der auf diese Zeit datiert wird.

Rackertwiete, (Rissen), 1928, Flurname. Racker = Schinder, Henker.

Radbrucher Stieg, (Langenbek), 1956, Motivgruppe: Orte in der Lüneburger Heide.

Radekamp, (Bramfeld, Wellingsbüttel), 1946, Flurname Rade = Rodung.

Radekoppel, (Lemsahl-Mellingstedt), 1946, Flurname Rade = Rodung.

Rademachergang, (Neustadt), ben. im 18. Jahrhundert nach dem Gewerbe der Stellmacher, deren Angehörige zu diesem Gang in besonderer Beziehung gestanden haben, sei es, dass sie hier vorzugsweise wohnten oder evtl. hier ihre Zusammenkünfte abhielten.

Radenwisch, (Schnelsen), 1948, Flurbezeichnung = gerodete Wiese.

Rader Weg, (Wohldorf-Ohlstedt), 1927, nach der holsteinischen Ortschaft „Rade", wohin der Weg führt.

Radickestraße, (Wilstorf, Rönneburg), 1950, nach der Rönneburger Gärtnerfamilie, die dort auf ihrem Besitz eine Handelsgärtnerei betrieb.

Radolfstieg, (Rahlstedt), 1952, nach der ältesten bekannten Namensfassung vom heutigen Rahlstedt (Radolfus de Radolvestede), die zurückgehen soll auf den ersten Pfarrer Radolfus de Radolvestede (1248).

Ragniter Stieg, (Wandsbek), 1958, nach der Stadt in Ostpreußen.

Rahel-Varnhagen-Weg, (Bergedorf), 1984, nach Rahel (Antonie Friederike)

Varnhagen von Ense, geb. Levin (1771–1833), Autorin literarischer Briefe und Tagebücher, Kritikerin und Saloniere. Motivgruppe: verdiente Frauen.

Rahewinkel, (Billstedt), 1977, in Anlehnung an den Flurnamen „Raahe" (Deutsche Grundkarte).

Rahlau, (Tonndorf), vor 1931, siehe Erklärung Rahlaustieg.

Rahlaukamp, (Tonndorf), 1975, siehe Erklärung Rahlaustieg.

Rahlaustieg, (Tonndorf), 1956, Georg Wilhelm Röpke schreibt zu diesem Namen wie folgt: „Oberhalb Tonndorf wird die Wandse von Einheimischen immer noch Rahlau genannt. Das führt zu Irrtümern, weil von dem Tonndorfer Gebiet ein Bach gleichen Namens nahe der Ölmühle in die Wandse mündet. Es ist sehr unwahrscheinlich, dass derselbe Name in unmittelbarer Nachbarschaft zweimal auftaucht. Vielmehr liegt die Vermutung nahe, dass beide Wasserläufe mit dem Namen Rahlau früher einmal zusammenhingen. Das Umlegen von Wasserläufen war bei der Anlage von Mühlen früher gang und gäbe. Eine solche Umleitung wird auch zur Trennung der Rahlau geführt haben. Der Name blieb aber erhalten, so dass zwei Wasserläufe den gleichen Namen tragen."

Rahlskamp, (Stellingen), vor 1936, nach dem Flurnamen „Rahlskamp".

Rahlstedter Bahnhofstraße, (Rahlstedt), 1950, nach der Lage beim Bahnhof Rahlstedt.

Rahlstedter Dorfplatz, (Rahlstedt), 1950, als Platz im ehemaligen Dorf Rahlstedt.

Rahlstedter Grenzweg, (Rahlstedt), 2000, nach der östlich benachbarten Grenze zwischen Rahlstedt und Stapelfeld.

Rahlstedter Heideweg, (Rahlstedt), 1950, nach dem Flurnamen „Grote Heid".

Rahlstedter Kamp, (Rahlstedt), 2000, nach dem angrenzenden Flurnamen „Kamp".

Rahlstedter Kirchenstieg, (Rahlstedt), 1950, als alter Richtweg quer durch die Felder zur Rahlstedter Kirche.

Rahlstedter Stieg, (Rahlstedt), 1992, in Anlehnung an den Namen Rahlstedter Weg.

Rahlstedter Straße, (Rahlstedt), 1950, als durch den Kern des Stadtteils Rahlstedt führende Straße.

Rahlstedter Uferweg, (Rahlstedt), 1950, nach der Lage am Ufer der Wandse im Stadtteil Rahlstedt.

Rahlstedter Weg, (Tonndorf, Farmsen-Berne, Rahlstedt), 1899, als nach Alt-Rahlstedt führender Weg.

Rahmoor, (Niendorf), vor 1934, Flurname, Rah = Rodung = gerodetes Moor.

Rahmwerder Straße, (Wilhelmsburg), 1904, Rahmwerder war vor Erbauung des Honartsdeiches eine Insel im Hövelgebiet. Die Herkunft des Namens ist unbekannt.

Rahnstraße, (Bramfeld), 1938, Flurname „Rahn", wohl eine Ableitung von Rah = Rodung.

Rahweg, (Niendorf), 1974, Flurname, nach der Lage am Rahmoor.

Raimundstraße, (Rahlstedt), 1957, nach Ferdinand Raimund (1790–1836), Schauspieler, Dramatiker, Komponist. Motivgruppe: Operettenkomponisten.

Rainvilleterrasse, (Ottensen), 1884, nach Cesar Claude Rainville (1767–1845), der als französischer Emigrant in Ottensen ein später berühmtes Restaurant und Gesellschaftshaus eröffnete.

Rainweg, (Eppendorf), 1902, mit Bezug auf das Wiesengelände der ehemaligen Eppendorfer Loge.

Rambachstraße, (Neustadt), 1902, zu Ehren der Senioren des geistlichen Ministeriums und Hauptpastoren an der St. Michaeliskirche Johann Jakob (1737–1818) und August Jakob Rambach (1777–1851).

Rambatzweg, (Winterhude), 1929, nach dem Architekten J. G. Rambatz (1859–1920), der gemeinsam mit Wilhelm Jollasse (1856–1921) viele Kontorhäuser in Hamburg erbaute.

Ramckeweg, (Sülldorf), 1952, nach dem angesehenen Sülldorfer Bauern Johannes Hinrich Ramcke (1838–1932).

Rammhörn, (Sasel), vor 1949, nach einer Flur „Rammhörn". „Ramm" bedeutet Widder, und „Hörn" ist ein spitz zulaufendes Landstück (wie ein Horn geformt).

Rampenstraße, (Kleiner Grasbrook), 1927, nach der rampenartigen Anlage der Straße.

Randersweide, (Bergedorf, Allermöhe), 1932, Flurname = Grenzweide, die 1576 an das Amt Reinbek kam. Nach Anlage des neuen Schleusengrabens wurde der abgetrennte Teil Schlcusenhörn, der nordwestliche Teil des Schleusengrabens mit Randersweide benannt.

Randersweidebrücke, (Bergedorf), 1932, in Anlehnung an den Namen Randersweide. Im Zuge dieser Straße über die Kampbille führend.

Randowstraße, (Lurup), 1971, nach dem Nebenfluss der Uecker. Motivgruppe: Brandenburgische Flüsse.

Randstraße, (Stellingen), 1928, frei gebildeter Name. Die Straße bildete zur Zeit der Benennung den Rand des bebauten Geländes in Stellingen.

Rantumer Weg, (Billstedt), 1968, nach der Ortschaft auf der Insel Sylt. Motivgruppe: Orte in Nordfriesland.

Rantzaustraße, (Marienthal), 1950, nach Graf Heinrich Rantzau und seinem Sohn, die beide Besitzer des Gutes Wandsbek waren. Im 15. Jahrhundert war das Gut des Dorfes in holsteinischem Besitz. Mitte des 16. Jahrhunderts (1564) ging es an Heinrich Rantzau über. Dieser errichtete anstelle des bestehenden Herrenhauses ein burgartiges Schloss (der Name Schloßstraße erinnert daran). Der Graf soll einer der berühmtesten Männer seiner Zeit gewesen sein. Er zog Handwerker nach Wandsbek und legte Mühlen für die verschiedensten Zwecke an. Sein Sohn setzte diese Arbeit im Sinne des Vaters fort. Da der Sohn keine leiblichen Erben hatte, verkaufte er 1614 Dorf und Gut Wandsbek an den dänischen König Christian IV.

Rappenstieg, (Farmsen-Berne), 1967, nach den auch sonst hier verwendeten Pferdemotivnamen.

Rappoltweg, (Lohbrügge), 1965, nach dem Kaufmann Franz Rappolt (1870–1942), Widerstandskämpfer gegen den Nationalsozialismus, der 1942 im KZ Theresienstadt verstarb.

Rappstraße, (Rotherbaum), 1890, nach dem Senator (seit 1879) Carl Friedrich Theodor Rapp (1834–1888), da die Straße auf dem ihm früher gehörenden Gelände am Grindelhof angelegt wurde.

Rapsfeld, (Duvenstedt), 1992, nach der früheren landwirtschaftlichen Nutzung.

Rapsweg, (Lurup), 1932, nach der Ölpflanze Raps.

Raschweg, (Rahlstedt), 1950, nach Friedrich von Rasch (18. Jahrhundert), einem Landvermesser der dänischen Regierung, der 1780 die erste brauchbare Flurkarte von Rahlstedt erstellte.

Rastenburger Weg, (Bramfeld), 1954, nach der ehemaligen Kreisstadt in Ostpreußen.

Rathausmarkt, (Hamburg-Altstadt), umbenannt 1945, nach dem anliegenden Rathaus. 44 Jahre waren seit der Sprengung des alten Rathauses (1842) vergangen, bis 1886 mit dem Bau des „neuen" Rathauses begonnen wurde. Schon 1842 hatten die berühmten Architekten Alexis de Chateauneuf und Gottfried Semper Vorschläge für einen Neubau gemacht, der aber nicht verwirklicht wurde. 12 Jahre später wurde ein offizieller Architektenwettbewerb ausgeschrieben, der aber wegen einer Rezession nicht verwirklicht wurde. Nach einem weiteren Wettbewerb erhielt eine Architektengruppe unter Martin Haller 1886 den Zuschlag. Unter Hallers Leitung blieben schließlich sieben Architekten nach, die sich stilistisch gewissermaßen gegeneinander auslebten. Jeder brachte den von ihm bevorzugten Stil im Rathausgebäude unter, wie: Renaissance, Neorenaissance, Barock und Klassizismus. Dieser Mischmasch wurde von den Hamburgern zeitironisch als „Elektrizismus" bezeichnet. Da der

Bau auf sumpfigem Untergrund stattfand, mussten, um ein stabiles Fundament für den massiven Bau zu schaffen, 4000 Pfähle eingerammt werden. Das Rathaus wurde innerhalb von elfeinhalb Jahren fertig und am 26. Oktober 1897 seiner Bestimmung übergeben. Haller und seinem Team war es gelungen, einen Bau zu schaffen, der älter aussieht als er ist. Nicht wenige Touristen packen die Kamera wieder ein, wenn sie erfahren, dass dieser „neugotische Mischmasch" gerade einmal hundert Jahre alt ist. Immerhin ist er groß ausgefallen und hat mit seinen 647 Räumen 6 Zimmer mehr als der Buckingham-Palast in London.

Rathausschleuse, (Hamburg-Altstadt, Neustadt), 1974, ben. als Schleuse in unmittelbarer Rathausnähe.

Rathausstraße, (Hamburg-Altstadt), 1843, als Zugangsstraße zum zukünftigen Rathaus und Rathausmarkt.

Rathbusch, (Groß Borstel), 1960, Flurname. Auf unterschiedlichen Flurkarten sind verschiedene Flurnamen verzeichnet wie: „Rase Busch", „Rathsbusch" und „Rathbusch".

Rathenaubrücke, (Alsterdorf), 1958, im Zuge der Rathenaustraße über den Skagerrakkanal führend.

Rathenaustraße, (Alsterdorf, Ohlsdorf), 1947, nach dem 1922 ermordeten Reichsminister des Äußeren, Dr. Walther Rathenau (1867–1922).

Ratiborweg, (Jenfeld) 1969, nach der Stadt in Schlesien.

Ratsmühlendamm, (Ohlsdorf, Fuhlsbüttel), 1898, nach der Fuhlsbüttler Wassermühle, die 1420 in städtischen Besitz kam und allgemein Ratsmühle genannt wurde.

Ratsmühlendammbrücke, (Ohlsdorf, Fuhlsbüttel), 1922, in Anlehnung an den Namen Ratsmühlendamm. Eine erste Mühle wird bereits 1283 urkundlich erwähnt. 1420 geht diese Mühle in städtischen Besitz über und wird seitdem Ratsmühle genannt.

Rauchschwalbenweg, (Rahlstedt), 1950, nach einem Vogelmotiv, mitteleuropäische Schwalbe mit langen Schwanzspießen.

Rauchstraße, (Marienthal), 1929, nach Eduard Rauch (1844–1931), Wandsbeker Oberbürgermeister 1888–1912.

Raupenstieg, (Osdorf), 1933, Raupe = Schmetterlingslarve.

Rauschener Ring, (Wandsbek), 1961, nach der Stadt in Ostpreußen, dem ehemaligen Ostseebad hei Königsberg, Krs. Samland.

Rautenbergstraße, (St. Georg), 1899, nach dem Pastor zu St. Georg (seit 1820), Johann Wilhelm Rautenberg (1791–1865), vorher Kirchenstraße.

Rautendeleinweg, (Billstedt), 1952, nach einem Märchenmotiv.

Rebeccaweg, (Marienthal), 1970, nach Rebecca Claudius, geb. Behn (1754–1832), Ehefrau des Dichters Matthias Claudius.

Rebenacker, (Eidelstedt), 1964, im Anschluss an die auch sonst hier auf Acker lautenden Wegnamen.

Rebhuhnstieg, (Stellingen), 1932, im Anschluss an den Namen Rebhuhnweg.

Rebhuhnweg, (Niendorf), 1932, Rebhuhn = bunt-scheckige Art von Feldhuhn.

Rechteck, (Marienthal), vor 1938, nach der Straßenform.

Recknitzstraße, (Lump), 1960, nach dem Fluss in Mecklenburg.

Reclamstraße, (Billstedt), 1969, nach Anton Philipp Reclam (1807–1896), Verlagsbuchhändler in Leipzig. Motivgruppe: Buchverlag und Herstellung.

Redder, (Sasel), 1919/20, von Knicks gesäumter Feldweg.

Redderbarg, (Lemsahl-Mellingstedt), 1951, Benennung wie Redder.

Redderblock, (Rahlstedt), 1950, Redder = von Knicks gesäumter Feldweg. Block ist ein Landstück, das sich nicht zusammen mit anderen Ackerstücken bearbeiten lässt.

Redderkoppel, (Poppenbüttel), vor 1938, Flurname, Redder = von Knicks gesäumter Feldweg, Koppel = eingehegtes Weideland.

Redderplatz, (Ohlsdorf), 1903, nach einem der Gegend anhaftenden Flurnamen. Redder = von Knicks gesäumter Feldweg.

Redderweg, (Neugraben-Fischbek), 1980, ortsübliche Bezeichnung. Redder = von Knicks gesäumter Feldweg.

Redingskamp, (Eidelstedt), 1949, Flurname, Reding war eine Interessengemeinschaft der Hufner des Dorfes. Die gesamte Wiesenfläche gehörte der Interessengemeinschaft, nur die Heuernte wurde anteilsmäßig verlost.

Reeborn, (Langenhorn), 1967, in Anlehnung an den Flurnamen „Reekamp". Am Ostrand des Geländes floss ein Bach mit dem Namen „Reeborn" zum Dorfteich. Die Quelle des Baches lag etwa an der Stelle des hier bestehenden Weges. Ree = Bach, kleiner Wasserlauf und Born = Brunnen, Quelle, Wasserstelle.

Reekamp, (Langenhorn), 1910, Erklärung wie Reeborn.

Reembroden, (Hummelsbüttel), 1960, Flurbezeichnung „Reehbreeden" aus dem Jahre 1780, Reembroden = stehengelassener Baumstreifen auf dem Feld, um der Erosion vorzubeugen und zur Kleinholzversorgung der Dorfbevölkerung. Eine andere Auslegung führt Reembroden auf die Flurbezeichnung „Reenbrook" zurück, wobei die Erklärung die gleiche ist wie oben angeführt.

Reembusch, (Bramfeld), 1950, Flurname. Erklärung „Reem" wie unter Reembroden angeführt.

Reemstückenkamp, (Eidelstedt), 1964, Flurname „Rehmstücken" (1701 und 1789 vorkommend). Erklärung „reem" oder „Rehm": siehe Reembroden.

Reemwinkel, (Bramfeld, Wellingsbüttel), 1947, Flurname. Rehinen oder Reem sind stehengelassene Baum- oder Buschstreifen auf Feldern, die zur Begrenzung dienen, bzw. der Erosion vorbeugen und zur Kleinholzversorgung der Dorfbevölkerung dienen.

Reeperbahn, (St. Pauli), im 18. Jahrhundert. Erstmalig wird in der Geschichte Hamburgs eine Reeperbahn 1373 erwähnt. Das Wort setzt sich aus zwei Teilen zusammen: „Reep" bedeutet Seil. Ein Reeper ist ein Seilmacher. Das Wort stammt aus dem Mittelniederdeutschen. Die Reeper benötigten zur Herstellung ihrer Taue lange Bahnen, auf denen die Seile gedreht werden konnten. Sie arbeiteten meist in überdachten Gassen, in denen sie ihre Schiffstakelagen und Taue drehten. Vermutlich hat es solche Seilerstraßen (Reeperbahnen) gegeben, solange es die Schiffahrt gibt. Angemerkt sei hier, dass auch die „Drehbahn" ein solcher Herstellungsplatz war. Kapitäne und Seeleute mussten nach kleiner oder großer Fahrt immer wieder Reeper aufsuchen, um Ausbesserungen an ihrer Takelage vorzunehmen. Da war es nur natürlich, dass sich in einer solchen Straße auch die Damen des ältesten Gewerbes der Welt ansiedelten, um sich der von See kommenden Seeleute anzunehmen. So entwickelte sich im Umfeld dieses seriösen Berufsstandes der Reeper eine zweite Branche, die in direkten Zusammenhang mit der Seefahrt stand. Im Laufe des 19./20. Jahrhunderts verschwanden die Reeper ganz, da die Schiffahrt nur noch wenige Taue benötigte und die Herstellung von Seilen und Trossen auf die Industrie übergegangen war. Die zweite Branche blieb jedoch und hat sich auf unterschiedlichem Niveau bis heute gehalten.

Reeperstieg, (Bergedorf), 1949, hier hatten die Seilmacher (Reepschläger) ihre Arbeitsstätten, wobei hier vorzugsweise die Binnenschiffahrt Kunde war. „Reeper" = siehe auch „Reeperbahn".

Reesbrook, (Bergstedt), 1967, nach dem Flurnamen „Reesesch", „Rees" = riesig und „brook" = Bruchland.

Reeseberg, (Wilstorf), 1889, alter Flurname, wobei es sich um eine schon von 1772 überlieferte Bezeichnung für die Anhöhe „Reeseberg" handelt.

Reesendamm, (Hamburg-Altstadt), 1843, die offizielle Version zu dieser Straße lautet: Ursprung des Namens ist nicht endgültig geklärt. Trotzdem gebe ich die Geschichte vom Müller Reese wieder, dem wir unseren schönen Mühlenteich, die Alster, verdanken. Ende des 12. Jahrhunderts ließ die Stadt mit Unterstützung von Adolf III. von Schauenburg im morastigen Teil der Alstermarsch einen Damm bauen. Eine kleine Passage für den Alsterfluss (mehr ein breiter Bach) wurde von einer Holzbrücke überquert. Neben der Brücke wurde eine dem Grafen gehörende Kornmühle errichtet. Diese Mühle wurde gegen eine Gebühr von einem Zwanzigstel des Mahlgutes im Jahre 1270 an den ersten Pächter, den Müller Reese, verpachtet. Zur Erinnerung an diesen Mann (ob wahr oder nicht) wurde der Reesendamm (heute Jungfernstieg) benannt. Der Stau der Alster hatte große Vorteile, denn das Wasser, das sich vor dem Damm staute, floss mit großer Geschwindigkeit durch den schmalen Durchlass und sorgte für einen Dauerbetrieb der Mühle. Als wahrscheinlich nicht ganz durchdachter Nachteil für die damalige Zeit stellte sich heraus, dass die Stauung die Landschaft im Norden der Stadt stark beeinflusste. Die tiefer liegenden Gebiete von Harvestehude und der Uhlenhorst verschwanden im Wasser. Der Mühlenteich Alster hatte nicht vorhergesehene Ausmaße erreicht. Die damaligen Stadtväter hatten nicht damit gerechnet, dass sie den nachfolgenden Generationen einen der schönsten Plätze der Stadt vererben würden, nämlich die Alster mit ihren schönen Becken.

Reesendammbrücke, (Hamburg-Altstdt, Neustadt), 1844, Erklärung siehe: Reesendamm.

Reesestraße, (Barmbek-Süd), 1862, nach dem Vollhufner und Vogt Eggen Reese (18./19. Jahrhundert).

Reestück, (Langenhorn), 1957, nach dem Flurnamen „Reekamp", der zurückgeht auf den hier einst befindlichen Bach. Siehe auch „Reeborn" und „Reekamp".

Reetkükenweg, (Hausbruch), 1976, Motivgruppe: Moorvögel.

Reetputt, (Finkenwerder), 1950, nach einem Flurnamen = mit Schilf oder Reet bewachsener Bach.

Reetstremel, (Finkenwerder), 1933, Stremel = Streifen Landes.

Reetwerder, (Bergedorf), 1949, Flurbezeichnung = eine mit Reet bewachsene Flussinsel (Werder).

Reetwischendamm, (Rahlstedt), 1942, Reet = Schilf und Wisch = Wiese. Flurbezeichnung.

Regenpfeiferweg, (Niendorf), 1958, Vogelmotiv. Vogelart, die in zahlreichen Unterarten vorkommt, (Sandregenpfeifer, Flussregenpfeifer, Seeregenpfeifer etc.).

Regerstieg, (Bahrenfeld), 1970, in Anlehnung an die Regerstraße.

Regerstraße, (Bahrenfeld), 1950, nach dem Komponisten Max Reger (1873–1916).

Reginenortbrücke, (Veddel), 1914, nach der Flurbezeichnung „Reginenort".

Reginenstraße, (Rothenburgsort), 1870, Benennungsmotiv unbekannt.

Rehagen, (Hummelsbüttel), 1927 und 1950, frei gewählter Name nach dem Wildgehege im Garten des Knauerschen Landsitzes, durch den die Straße führt.

Rehblöcken, (Volksdorf), 1948, nach dem Flurnamen „Im Rotblöcken", was soviel wie gerodete Ackerfläche bedeutet.

Rehdersweg, (Poppenbüttel), 1950, nach der seit dem 17. Jahrhundert alteingesessenen Bauernfamilie Rehders.

Rehgatter, (Duvenstedt, Lemsahl-Mellingstedt), 1942, Rehgatter = Einfriedung für das Wild.

Rehhoffstraße, (Neustadt), 1906, die Straße entstand Anfang dieses Jahrhunderts bei der Sanierung der Neustadt und wurde benannt nach dem Senior und Hauptpastor an St. Michaelis, Dr. Johannes Andreas Rehhoff (1800–1883), der hier von 1851–1879 tätig war.

Rehkoppel, (Billstedt), 1975, nach dem Namen des dortigen Kleingartenvereins.

Rehmbrook, (Poppenbüttel), vor 1938, Flurbezeichnung = sumpfiges Wiesengelände mit stehengebliebenen Rehmen, das sind schmale Gehölzstreifen, um der Erosion vorzubeugen, zur Ackerbegrenzung und zur Versorgung der Dorfbevölkerung mit Kleinholz.

Rehmkoppel, (Wellingsbüttel, Poppenbüttel), vor 1938, Flurname. Erklärung „Rehm" siehe Rehmbrook.

Rehmkoppelstieg, (Wellingsbüttel), 1952, in Anlehnung an den Namen „Rehmkoppel".

Rehmstraße, (Winterhude), 1898, nach dem Flurnamen „Rehmkoppel".

Rehpfad, (Sasel), 1950, frei gebildeter Name nach dem früheren Wildbestand in dem ehemals hier gelegenen Wald.

Rehrstieg, (Hausbruch, Neugraben-Fischbek), 1966, „Rehr" = Redder = von Knicks gesäumter Feldweg.

Rehwiesen, (Billstedt), 1948, nach einem Flurnamen der Gegend.

Rehwinkel, (Rahlstedt), 1964, frei gebildeter Name.

Reichardtstraße, (Bahrenfeld), 1929, nach dem Komponisten und Musikschriftsteller Johann Friedrich Reichardt (1752–1814).

Reichsbahnstraße, (Eidelstedt, Stellingen), 1928, die Straße führt zum Bundesbahnhof Eidelstedt.

Reichskanzlerstraße, (Osdorf), 1928, nach dem ersten Reichskanzler des Deutschen Reiches, Fürst Otto von Bismarck (1815–1898).

Reichstagsbrücke, (Alsterdorf), 1922, im Hinblick auf den hamburgischen Reichstagsabgeordneten Wilhelm Metzger.

Reiherbergsweg, (Heimfeld), 1937, nach dem Reiherberg, wo sich in der Nähe von Meyers Park bis vor nicht zu langer Zeit noch eine Fischreiherkolonie befand.

Reiherdamm, (Steinwerder, Kleiner Grasbrook), 1893, im Anschluss an den Namen des Eibarms Reiherstieg.

Reiherhoopweg, (Eißendorf), 1952, nach der bereits 1667 bekannten Flurbezeichnung „Reyerhop", auch in Pachtkontrakten des Groteschen Burglehens um 1840.

Reiherkai, (Steinwerder), 1902, in Anlehnung an den Namen Reiherdamm.

Reiherstiegbrücke, (Kleiner Grasbrook, Steinwerder), 1893, in Anlehnung an den Namen des Wasserlaufs „Reiherstieg".

Reiherstiegdeich, (Wilhelmsburg), 1900, an diesem Wasserlauf hat es vor der Industrialisierung Reiher gegeben. Sie werden in früheren Zeiten zahlreich hier gefischt haben.

Reiherstieg-Hauptdeich, (Wilhelmsburg), 1969, in Anlehnung an den Namen Reiherstiegdeich.

Reiherstieg-Klappbrücke, (Wilhelmsburg), 1988, in Anlehnung an den Namen Reiherstieg und nach der Funktion der Brücke.

Reiherstraße, (Steinwerder), 1910, unter Benutzung und gleichzeitiger Abänderung der seit 1866 gebrauchten Bezeichnung „Am Reiherstieg".

Reimarusstraße, (Neustadt), 1902, zu Ehren der Familie Reimarus, aus der insbesondere bekanntgeworden sind der Professor am Akademischen Gymnasium Hermann Samuel (1694–1768) und der Arzt und Professor daselbst, Dr. Johann Albert Heinrich Reimarus (1729–1814).

Reimboldweg, (Bergedorf), 1956, nach Johannes Reimbold (1645–1713), der von 1677 bis 1713 Amtsverwalter in Bergedorf war.

Reimersbrücke, (Hamburg-Altstadt), seit Ende des 13. Jahrhunderts. Viele Rechercheure gehen davon aus, dass es sich hier um die älteste Straße Hamburgs handelt. Da es jedoch mehrere Straßen mit diesem Anspruch gibt, wird es zumindest eine der ältesten sein. Die Reimerstwiete soll bereits 1286 vorhanden gewesen sein. 1285 wird bereits die Reimersbrücke als „Pons Reyneri" genannt. Der Name hat also im Laufe der Jahrhunderte einige Abwandlungen erfahren, bis es zur heutigen Fassung kam.

Reimerstwiete, (Hamburg-Altstadt), seit Anfang des 14. Jahrhunderts. Erklärungsiehe „Reimersbrücke".

Reimersweg, (Marmstorf), 1930, nach dem ehemals hier gelegenen inzwischen parzellierten Reimershof.

Reinbeker Redder, (Lohbrügge), vor 1936, als von Boberg nach Reinbek führende Straße. Redder = von Knicks gesäumter Feldweg.

Reinbeker Weg, (Bergedorf), 1818, nach Reinbek führender Weg.

Reinckeweg, (Hummelsbüttel), 1975, nach dem Physiker Dr. Julius Reinkke (1842–1906) und seinem Sohn Prof. Dr. Heinrich Reincke (1881–1960), Direktor des Staatsarchivs, Historiker.

Reineckestraße, (Bahrenfeld), 1919, nach Carl Reinecke (1824–1910), Komponist sowie Dirigent und Kapellmeister der Gewandhauskonzerte.

Reinfeldstraße, (Rotherbaum), 1880, durch Übernahme des vom Grundeigentümer geprägten Namens, der andeuten sollte, dass die Straße das anstoßende Feld begrenzte.

Reinheimerweg, (Iserbrook), 1953, nach Sophie Reinheimer (1874–1935), Kindergärtnerin, Kinderbuchautorin, erste Autorin des neugegründeten Kinderbuchverlages Friedrich Schneider.

Reinhold-Meyer-Straße, (Niendorf), 1982, nach Reinhold Meyer (1920–1944), Student, Juniorchef der Evangelischen Buchhandlung am Jungfernstieg. Opfer des Nationalsozialismus.

Reinholdstraße, (Harburg), 1935, frei gewählter männlicher Vorname.

Reinickendorfer Straße, (Rahlstedt), 1961, nach dem Berliner Bezirk.

Reinkingstraße, (Wellingsbüttel), 1960, nach Dietrich Reinking (1590–1664), einem Vorbesitzer des Gutes Wellingsbüttel.

Reinskamp, (Billstedt), vor 1938, Flurname, Ackerstück, das einem Bauern Reins gehörte.

Reismühle, (Hohenfelde), 1888, nach der früher hier gelegenen Zipperlingschen Dampfmühle.

Reisners Kamp, (Tonndorf), 1950, nach dem Wandsbeker Gaststättenbesitzer Johann Wilhelm Adolph Reisner (1823–1896).

Reitbahn, (Niendorf), vor 1950, nach dem früher hier gelegenen Reitstall nebst Reitplatz von A. Beit.

Reitbrooker Hinterdeich, (Reitbrook), 1948, Schutzdeich in Reitbrook gegen die Gose-Elbe.

Reitbrooker Mühlenbrücke, (Reitbrook, Allermöhe), 1963, nach der Brücke über die Gose-Elbe zur Reitbrooker Mühle.

Reitbrooker Westerdeich, (Reitbrook), 1948, Fortsetzung des Hinterdeiches.

Reitdeich, (Reitbrook, Ochsenwerder), 1927, Schutzdeich der Reit. Reit ist das Vorland im Westen von Reitbrook, vor der heute noch die uneingedeichte „Hohe" (hochliegende Weide) liegt.

Reiterbrücke, (Fuhlsbüttel), 1956, nach der früheren Verwendung durch Sportreiter, als es in Klein Borstel noch Reitställe gab.

Reiterstieg, (Farmsen-Berne), 1967, Motivgruppe: Pferdesport.

Reitschleusenbrücke, (Ochsenwerder, Reitbrook), 1961, führt im Zuge der Straße Reitdeich über die Reitschleuse.

Reitzeweg, (Groß Borstel), 1951, nach der sozialdemokratischen Reichstagsabgeordneten Johanne Reitze (1878–1949).

Rektor-Ritter-Straße, (Bergedorf), 1949, nach Georg Friedrich Ritter (1800–1879), eine der großen Persönlichkeiten Bergedorfs seinerzeit. Rektor der Stadtschule, Gründungsmitglied der Bergedorfer Liedertafel und des Bürgervereins. Die nach ihm benannte Straße soll an sein Leben in Verbindung mit Bergedorf erinnern.

Reller, (Rönneburg), 1920, Wegbezeichnung. Reller = Redder = Heckenweg, von Knicks gesäumter Feldweg.

Rellerstieg, (Rönneburg), 1979, in Anlehnung an den Namen Reller.

Rellinger Straße, (Eimsbüttel), 1899, die Straße führt nach der schleswig-holsteinischen Ortschaft Rellingen.

Rellinger Weg, (Schnelsen), vor 1935, als von Schnelsen nach Rellingen führende Straße.

Rellingweg, (Jenfeld), 1951, nach dem Wandsbeker Stadtverordneten Dr. Paul Relling (1885–1935).

Rembrandtstraße, (Wilstorf), 1928, nach dem bedeutenden niederländischen Maler Rembrandt, eigentlich Harmensz van Rijn (1606–1669).

Remstedtstraße, (Rahlstedt), 1950, nach der alteingesessenen Rahlstedter Bauernfamilie Remstedt (seit dem 18. Jahrhundert).

Rendsburger Straße, (St. Pauli), 1894, nach der holsteinischen Stadt Rendsburg, im Anschluss an den Namen der benachbarten Kieler Straße.

Renettenstieg, (Sasel), 1953, nach der Apfelsorte Renette.

Renettenweg, (Sasel), 1953, Motivgruppe: Apfelsorten.

Rennbahnstraße, (Horn, Marienthal), 1880 und 1951, nach der angrenzenden Rennbahn. Ein erstes Rennen fand aber nicht hier, sondern auf den Feldern in Wandsbek nahe Jenfeld statt. Seinerzeit veranstaltete dieses Rennen ein Komitee, das vom Herzog Carl Friedrich von Sonderburg-Augustenburg geleitet wurde. Nur begüterte Klassen konnten sich dort einen Besuch leisten, denn ein überdachter Tribünenplatz kostete 9 Mark und ein offener Sitzplatz 4 Mark. Auf der 4000 Meter langen Bahn gewann das Pferd Robinson, das einem preußischen Prinzen gehörte. Der zweite Platz fiel an den Veranstalter selbst, den Herzog von Sonderburg-Augustenburg.

Rentzelstraße (Rotherbaum), 1899, nach dem Senator (seit 1658) Peter Rentzel (1610–1662), der der Stadt die Baukosten für das 1666 errichtete Spinnhaus vermachte. Nachdem 1657 St. Nikolai einen Barockturm erhalten hatte, stiftete ein Jahr später Peter Rentzel für St. Katharinen ebenfalls einen solchen, sogar mit vergoldetem Helm.

Rentzelstraßenbrücke, (Rotherbaum), 1899, in Anlehnung an den Namen Rentzelstraße.

Repgowstieg, (Lokstedt), 1948, nach dem sächsischen Ritter Eike von Repgow, der etwa um 1220 das bedeutendste Rechtsbuch des deutschen Mittelalters, den Sachsenspiegel, in niederdeutscher Sprache verfaßte.

Repsoldstraße, (St. Georg, Hammerbrook), 1843, ben. nach dem im Dienst als Oberspritzenmeister verunglückten Johann Georg Repsold (1771–1830). Der vielseitig begabte Mechaniker Repsold erbaute 1802 auf der Bastion Albertus die erste Sternwarte Hamburgs und eine Navigationsschule, die in der Franzosenzeit abgebrochen werden musste, damit diese ein freies Schußfeld für ihre Kanonen hatten. Der Gedanke an eine neue Sternwarte ließ Repsold nicht los. Mit Hilfe eines Freundes, der 10000 Mark spendete, und der Erlaubnis der Stadt, wurde 1821 auf dem Gelände der Bastion Henrikus – auf dem sich heute das Museum für Hamburgische Geschichte befindet – eine neue, und zwar die zweite Sternwarte der Stadt Hamburg fertiggestellt.

Resedenweg, (Fuhlsbüttel), 1910, frei gewählter Name, nach den in Fuhlsbüttel auch sonst vielfach verwendeten Pflanzenmotivnamen.

Resskamp, (Osdorf), 1956, Flurname „auffm Reeß" im Schuld- und Pfandprotokoll von 1701 und „Reßkamp" auf der Flurkarte von 1789. Bei der Verkopplung im 18. Jahrhundert liegengebliebener und unbewirtschafteter Rest.

Rethebrücke, (Wilhelmsburg), 1930, benannt nach der Rethe, einem Verbindungsarm zwischen Köhlbrand und Reiberstieg. Bevor die Rethe 1930 zum seetiefen Hafen ausgebaut wurde, war sie ein mit Schilf fast zugewachsener Elbarm.

Rethedamm, (Wilhelmsburg), 1930, Erklärung Rethe: siehe Rethebrücke.

Rethehöft, (Wilhelmsburg), 1938, Erklärung Rethe: siehe Rethebrücke.

Rethelstraße, (Groß Flottbek), 1928, nach dem Historienmaler Alfred Rethel (1816–1859).

Rethestieg, (Wilhelmsburg), 1963, in Anlehnung an den Namen Rethedamm.

Rethe-Ufer, (Wilhelmsburg), 1959, nach der Lage am Retheufer.

Rethkoppel, (Poppenbüttel), 1934, Flurname für eine Koppel, auf der Reth zum Dachdecken geschnitten wurde.

Rethweg, (Wilhelmsburg), 1935, Reth = Schilfrohr zum Decken von Rethdachhäusern.

Revaler Straße, (St. Georg), 1899, nach der ehemaligen Hansestadt Reval in Estland.

Reventlowstraße, (Groß Flottbek, Othmarschen), 1897, nach Graf Friedrich von Renventlow (1797–1874), Mitglied der 1848 gebildeten provisorischen Regierung der Herzogtümer Schleswig und Holstein, 1849–1851 Mitglied bzw. Präsident der Stadthalterschaft.

Reye, (Wohldorf-Ohlstedt), 1928, nach einem der Gegend anhaftenden Flurnamen; Rie, Reye = kleiner Wasserlauf.

Reyesweg, (Barmbek-Süd), 1912, mit Bezug auf das benachbarte Staatskrankenhaus Friedrichsberg nach dem langjährigen Direktor Prof. Dr. Daniel Wilhelm Reye (1833–1912).

Rheingoldweg, (Rissen), 1946, nach der Oper Rheingold aus dem Ring der Nibelungen von Richard Wagner.

Rhiemsweg, (Horn), 1914 und 1929, nach Pastor Theodor Rhiem (1823–1889), der neben Wichern in den Jahren nach 1856 der eigentliche Leiter des Rauhen Hauses war.

Ribenweg, (Kirchwerder), 1922, zur Erinnerung an das Rittergeschlecht von Ribe, das auf der Ribenburg saß, die von den Hamburgern 1420 erobert und zerstört wurde.

Ricarda-Huch-Ring, (Bergedorf), 1985, Erzählerin, Lyrikerin, Schriftstellerin und Historikerin Ricarda Huch (1864–1947).

Richardallee, (Hohenfelde), 1957, nach einer ortsüblichen Bezeichnung, wohl nach dem Vorbesitzer dieser ehemaligen Privatstraße.

Richard-Dehmel-Straße, (Blankenese), 1928, nach dem Schriftsteller Richard Dehmel (1863–1920), der in dieser Straße in der Hausnummer 1 wohnte. Seine von Nietzsche beeinflussten Gedichte sind oft von sozialrevolutionärem Pathos. Dehmel und seine Frau setzten sich für das künstlerische Kinderbuch ein.

Richard-Gödeke-Weg, (Bergedorf), 1994, nach Richard Gödeke (1894–1981), vor 1933 Vorsitzender der Gemeinnützigen Siedlung „Nettelnburg".

Richard-Linde-Weg, (Lohbrügge), 1949, nach dem Heimatforscher und Hamburger Oberlehrer, Studienrat Prof. Dr. Richard Linde (1860–1926), Verfasser von „Die Niederelbe".

Richardstraße, (Uhlenhorst, Barmbek-Süd, Eilbek), 1861, auf Antrag der Erben des Grundeigentümers Bartholomew John Bull, wahrscheinlich nach seinem ältesten Enkel Richard Emanuel, jedenfalls nicht nach dem Tonkünstler Richard Wagner.

Richardstraßenbrücke, (Uhlenhorst, Barmbek-Süd), 1904, im Anschluss an den Namen Richardstraße. Führt im Zuge dieser Straße über den Eilbekkanal.

Richeystraße, (Barmbek-Nord, Bramfeld, Steilshoop), 1951, nach dem Schriftsteller, Sprachforscher und bedeutenden Gelehrten Michael Richey (1678–1761), Professor am Akademischen Gymnasium in Hamburg.

Richtbornweg, (Eidelstedt), 1955, nach dem ersten Erbpachtmüller der Eidelstedter Mühle, J. C. Richtborn (1680–1730). Die Mühle, war bis 1857 im Besitz der Nachkommen von Richtborn, einer Mühle, die bereits seit 1622 nachweisbar ist.

Richterstraße, (Uhlenhorst), um 1863, nach dem Tischlermeister Gustav Richter (1817–1903). Er war Mitglied der Bürgerschaft und wirkte durch gemeinnützige Taten.

Rickelstraße, (Eißendorf), 1914, nach dem Mitbegründer der 1883 gegründeten Vereinigten Jutespinnerei und Weberei AG, Ferdinand Ernst Albrecht Rickel (1845–1925), 1893–1899 Mitglied des Bürgervorsteherkollegiums in Harburg. Er hatte besondere Verdienste um das Zustandekommen der Baugenossenschaft und des Verbandes deutscher Arbeiter und Handwerkergesellen.

Riechelmannweg, (Wilhelmsburg), 1975, nach einem Hofnamen, u.z. des Hofes von Johann Hinrich Konrad Riechelmann (1794–1876), Kantor in Wilhelmsburg und Landtagsabgeordneter in Hannover. Er war auch Begründer der „Lehrervereinigung an der Elbe".

Rieckhoffstraße, (Harburg), 1950, nach Adolf Rieckhoff (1858–1945), Drogeriebesitzer, Handelsrichter und Schöffe in Harburg, Pazifist, hervorragendes Mitglied der Deutschen Demokratischen Partei.

Rieckweg, (Curslack), 1949, nach dem Vorbesitzer des Geländes Hans Rieck.

Riedeck, (Horn), 1945, nach dem Flurnamen „Ried", was soviel wie Gebüsch, Gestrüpp aber auch Schilf bedeutet.

Riedel-Vogt-Weg, (Jenfeld), 2003, nach Richard, genannt Riedel Vogt (1913–1988), berühmter Wandsbeker Boxer, mehrfacher deutscher Meister im Halbschwergewicht, Eigentümer des früher hier gelegenen Landwirtschaftsbetriebes. Vogt besiegte 1941 Max Schmeling in dessen letztem Wettkampf.

Riedgrund, (Horn), 1938, Erklärung wie Riedeck.

Riedstieg, (Horn), 1945, Erklärung wie Riedeck.

Riedweg, (Horn), 1945, Erklärung wie Riedeck.

Riefesellstraße, (Steilshoop), 1956, nach dem Hamburgensienmaler Theobald Riefesell (1836–1896).

Riehlstraße, (Lohbrügge), 1947, nach dem Volkskundler, Kunsthistoriker und Novellisten Wilhelm Heinrich Riehl (1823–1897).

Riekbornweg, (Schnelsen), 1950, nach dem Schnelsencr Bauern Henneke Rieborn, der in einem Einnahmeregister um 1464 genannt wird.

Riemenschneiderstieg, (Bahrenfeld), 1947, nach dem berühmten Bildhauer und Bildschnitzer Tilmann Riemenschneider (1460–1531).

Rienziweg, (Rissen), 1973, nach der Oper von Richard Wagner.

Riepenhausenweg, (Heimfeld), 1958, nach Christian Wilhelm Riepenhausen (1712–1755), Advokat, Bürgermeister in Harburg 1746–1755.

Riesenweg, (Billstedt), 1952, Motivgruppe: Märchengestalten.

Riesserstraße, (Hamm-Nord), 1957, nach Dr. Gabriel Riesser (1806–1863), Schriftsteller, Mitglied der Frankfurter Nationalversammlung, später Hamburger Bürgerschaftsabgeordneter, Vorkämpfer für das Judentum.

Rilkeweg, (Groß Flottbek), 1950, nach dem Dichter Rainer Maria Rilke (1875–1926).

Rimbertweg, (Lokstedt), 1962, nach dem Erzbischof von Bremen-Hamburg, Rimbert (gest. 888), dem Nachfolger von Ansgar.

Ringelnatztreppe, (Othmarschen), 1969, nach Joachim Ringelnatz, Schriftsteller, eigentlich Hans Bötticher (1883–1934), Kabarettist, der seine eigenen aus Absurdem und Tiefsinn, Groteske und Satire gemischten Gedichte im Moritaten- und Bänkelsängerton vortrug.

Ringelrosenweg, (Bramfeld), 1958, Blumenmotiv.

Ringeltaubenweg, (Lurup), 1951, Vogelmotiv, Ringeltauben = eine von zahlreichen, in allen Erdteilen der Welt vorkommende Taubenart.

Ringheide, (Neugraben-Fischbek), 1946, nach der Lage in der Fischbeker Heide, wo die Silbe Heide vielfach, meist in Verbindung mit dem örtlichen Charakter verwendet wurde.

Ringstraße, (Rahlstedt), 1933, nach dem Verlauf der Straße.

Rispengrasweg, (Billstedt), 1998, nach einer heimischen Grasart.

Rispenweg, (Lurup), 1932, nach dem Rispengras und den auch sonst hier verwendeten Pflanzenmotivnamen.

Rissener Busch, (Rissen), 1928 und 1949, Flurname, Busch = Gebüsch, Niederwald.

Rissener Dorfstraße, (Rissen), 1928, nach dem Stadtteilnamen. Rissen wird bereits 1255 urkundlich als Risne erwähnt. Es war ein armes Dorf mit schlechtem Boden. Kriege und die Pest sorgten für eine weitere Verarmung. Diejenigen, die durchgehalten hatten, verschafften der Generation des 20. Jahrhunderts eine blendende Konjunktur. Die Elbvororte wurden mit dem Bau der S-Bahn interessant. Es setzte eine große Nachfrage nach Bauland und damit verbunden ein Bauboom ein. Vom Dorf ist zwar heute nichts mehr zu sehen, aber Rissen ist zu einem bevorzugten und attraktiven Wohnvorort geworden.

Rissener Landstraße, (Blankenese, Sülldorf, Rissen), 1929, als von Blankenese nach Rissen führende Landstraße.

Rissener Ufer, (Rissen), 1928, nach dem Uferweg an der Elbe.

Rißweg, (Sasel), 1982, nach dem Nebenfluss der Donau Riß in Oberschwaben. Motivgruppe: die Donau und ihre Nebenflüsse.

Riststraße, (Winterhude), 1929, nach dem Pastor zu Wedel Johann Rist (1607–1667), einem Dichter von Kirchenliedern.

Ritterbuschplatz, (Wilstorf), 1981, nach Paul Ritterbusch (1893–1971), Vorstandsmitglied des Eisenbahnbauvereins Harburg.

Ritterspornweg, (Osdorf), 1934, nach der Garten- und Feldblume Rittersporn.

Ritterstraße, (Hamm-Nord, Eilbek), 1868 und 1904, zur Erinnerung an den im 14. Jahrhundert auch im Domkapitel vertretenen Ritter von Hamme, zu deren Besitz das Hammerbrook gehörte.

Rittmeisterkoppel, (Volksdorf), 1942, obgleich das Benennungsdatum noch nicht sehr alt ist, ist nicht genau festzustellen, wie dieser Straßenname zustande kam, wahrscheinlich durch einen Vorbesitzer namens Rittmeister.

Rittmerskamp, (Langenhorn), 1910, Flurname. Eine Familie dieses Namens war in Langenhorn ansässig.

Die Kollauer Chronik gibt zu dieser Straße folgende Erklärung ab: „Rittmerskamp, Rittmeister-Kamp, war das zum Gebrauch des reitenden Dieners, des Landjägers, bestimmte Saatland. Der Landjäger hieß in alter Zeit „der Reiter“ (Rüter).“

Riwka-Herszberg-Stieg, (Schnelsen), 1993, nach der sechs Jahre alten Polin Riwka Herszberg, Opfer des Nationalsozialismus. Erklärung: siehe Brüder-Hornemann-Straße.

Robert-Blum-Straße, (Niendorf), 1948, nach Robert Blum (1807–1848), dem Führer der demokratischen Linken in der Frankfurter Nationalversammlung 1848. Wegen seiner Teilnahme am Oktoberaufstand wurde er standrechtlich erschossen.

Robert-Finnern-Weg, (Alsterdorf), 1985, nach dem SPD-Mitglied Robert Finnern, der 1940 im KZ hingerichtet wurde.

Robert-Koch-Stieg, (Eppendorf), 1938, im Anschluss an den Namen Robert-Koch-Straße.

Robert-Koch-Straße, (Eppendorf), 1937, nach dem Entdecker des Tuberkulosebazillus, Robert Koch (1843–1910). Dieser berühmte Bakteriologe wurde von den Hamburgern in ihrer großen Not während der großen Choleraepidemie 1892 gerufen. Seuchen gehörten in dieser Zeit meist schon der Vergangenheit an. In Hamburg befanden sich jedoch die Trinkwasserversorgung und die Abwasserentsorgung in einem derart desolaten Zustand, dass es zu einer Katastrophe kam. Die Krankheit breitete sich mit einer solchen Geschwindigkeit aus, dass die Bestatter trotz Tag- und Nachtschicht mit ihrer Arbeit nicht nachkamen. Es erkrankten annähernd 17000 Menschen, und 8000 fielen der Seuche zum Opfer. Mit seinen Arbeiten wurde Robert Koch zum Hauptbegründer der modernen Bakteriologie. Er erhielt 1905 den Nobelpreis für Medizin.

Robert-Nhil-Straße, (St. Georg), 1948, nach dem berühmten Schauspieler Robert Nhil (1858–1938).

Robert-Schuman-Brücke, (Marienthal, Wandsbek), 1987, nach Robert Schuman (1886–1963), französischer Staatsmann, der auch Präsident des Europäischen Parlaments war.

Rockenhof, (Volksdorf), 1921, Flurname Rockenhof = hochgelegener Teil des Bauernhofes.

Rodenbeker Straße, (Bergstedt), 1935, nach dem Bergstedter Ortsteil „Rodenbek“ und dem kleinen Alsterzufluss.

Rodenbekredder, (Bergstedt), 1947, nach dem Ortsteil und Bach „Rodenbek“. Der Bach Rodenbek führte trotz seines kurzen Laufes soviel Wasser, dass es zum Betrieb einer Mühle reichte. Redder = von Knicks gesäumter Feldweg.

Rodenbekstieg, (Bergstedt), 1980, nach der Lage in der Nähe der Rodenbek.

Rodenkampweg, (Langenhorn), 1903, nach dem der Gegend anhaftenden Flurnamen (Rodenkamp) (Roonkamp).

Rode Ucht, (Poppenbüttel), 1984, nach einem Werk des niederdeutschen Dichters Hermann Boßdorf.

Rodeweg, (Billstedt), 1970, nach Dr. Friedrich Rode (1855–1923) Hauptpastor an St. Petri, Senior, Bürgerschaftsabgeordneter.

Rodigallee, (Marienthal, Jenfeld), 1947, nach Erich Wasa Rodig (1869–1940), Wandsbeker Oberbürgermeister von 1913 bis 1931, Ehrenbürger der Stadt.

Rodum, (Bramfeld), vor 1937, Flurname: ursprünglich „Rohrdumpf“, Ror, Roor = Sumpf; Dum, Dumm: Großsumpf; schwimmende Wiese.

Röbbek, (Groß Flottbek), 1928, kleiner aus den Moorwiesen kommender Bach, jetzt verrohrt und ins Siel abgeleitet.

Röbkestraße, (Sasel), 1950, nach Julius Röbke (1849–1928), Dorfmusiker und verdienstvoller Gemeindevorsteher von Sasel von 1894 bis 1906. Beim Namen Röbke handelt es sich um ein altes Bauerngeschlecht, das schon im 17. Jahrhundert erwähnt wird.

Rödingsmarkt, (Hamburg-Altstadt), ben. seitdem 13. Jahrhundert als bestimmt begrenztes Grundstück (alte Form nicht „markt“ sondern „marke“, Rodigesmarke [oder ähnlich)) eines Rodigers, vielleicht des Rodigerus Albus, der als Unternehmer der ursprünglich vorstädtischen Besiedlung dort anzusehen ist.

Rögeneck, (Volksdorf), 1969, in Anlehnung an den Namen Rögenweg.

Rögenfeld, (Volksdorf), 1964, nach dem Flurnamen „Rögen“: Rögen bedeutet eine mit Bäumen bewachsene Bodenerhebung.

Rögengrund, (Bergstedt), 1943, Flurbezeichnung = kleine mit Bäumen bewachsene Anhöhe.

Rögenoort, (Duvenstedt), 1942, „Rogen“ = kleine mit Bäumen bewachsene Anhöhe, „Oort“ bedeutet im Germanischen Schwertspitze, auf die Landschaft übertragen: spitz zulaufendes Landstück.

Rögenredder, (Bergstedt), 1943, Flurname, Rögen = kleine mit Bäumen bewachsene Anhöhe, Redder = von Knicks gesäumter Feldweg.

Rögenstieg, (Volksdorf), 1954, in Anlehnung an den Namen Rögenweg.

Rögenweg, (Volksdorf), 1925, Rögen = kleine mit Bäumen bewachsene Anhöhe.

Röhlstieg, (Farmsen-Berne), 1956, Röhl war ein Pächter des Gutes Berne im 17. Jahrhundert.

Röhrigstraße, (Ottensen), 1931, nach Johann Heinrich Röhrig (1859–1937), Mitbegründer des Altonaer Spar- und Bauvereins 1892, ab 1905 hauptamtlicher Geschäftsführer und Direktor.

Roeloffsufer, (Steinwerder), 1929, nach dem Syndikus des Senats (1889–1912), Senatssekretär (1882), Hugo Amandus Roeloffs (1844–1928). Nach seinem Ausscheiden aus dem Senat, in Anerkennung seiner Verdienste um das Gemeinwesen, insbesondere anlässlich des Zollanschlusses.

Rönk, (Farmsen-Berne), 1955, Flurname, Vergleiche auch Rönkkoppel und Rönkrei. „Rönk“ = abgeschlagener Baumstumpf, -stamm. Eine andere Version geht davon aus, dass „Rönk“ soviel wie Graben oder Rinne bedeutet.

Rönkkoppel, (Farmsen-Berne), 1932, nach einem der Gegend anhaftenden Flurnamen. Erklärung: siehe auch „Rönk“.

Rönkrei, (Poppenbüttel), 1930, Flurbezeichnung. Rönk = Graben, Rinne. Rei, Reie bedeutet: kleiner Wasserlauf.

Rönneburger Freiheit, (Rönneburg), 1950, frei gewählter Name eines Vorbesitzers. Eine andere Version geht davon aus, dass das Gebiet Gemeindeeigentum war, auf dem sich die Bauern Holz, Sand und Lehm für Eigenbedarf holen konnten.

Rönneburger Kirchweg, (Rönneburg, Langenbek, Sinstorf), 1938, nach dem Weg der Rönneburger Bürger zur Kirche nach Sinstorf.

Rönneburger Stieg, (Rönneburg), 1954, in Anlehnung an die frühere, nicht amtliche Bezeichnung „Rönneburger Kirchsteig".

Rönneburger Straße, (Wilstorf), 1889, als von Wilstorf nach Rönneburg führende Straße.

Rönnhaidbrücke, (Barmbek-Süd), 1970, in Anlehnung an den Namen der früheren Rönnhaidstraße (jetzt Adolf-Schönfelder-Straße). Die Fußgängerbrücke führt vom U-Bahnhof über die Hamburger Straße und die Adolph-Schönfelder-Straße zum Einkaufszentrum.

Rönnkamp, (Schnelsen), vor 1934, Flurname, Rönn = Abflussrinne, Graben.

Röntgenstraße, (Ohlsdorf, Fuhlsbüttel), 1931, nach dem Physiker Prof. Wilhelm Conrad Röntgen (1845–1923), der eine neue Art von Strahlen entdeckte, die er als X-Strahlen bezeichnete. Nobelpreis für Physik 1901.

Röötberg, (Wohldorf-Ohlstedt), 1937, Flurname. Hier wurde früher der Flachs gerottet („rot" = verrotten).

Röötbergshof, (Wohldorf-Ohlstedt), 2000, in Anlehnung an die Straße Röötbergskamp, nach der Form des Weges sowie dem Charakter der Wohnanlage.

Röötbergskamp, (Wohldorf-Ohlstedt), 1950, Flurname „Rötbergskamp" auf einer Flurkarte von 1805.

Roepersweg, (Winterhude), 1904, nach Carl H. O. Roeper (1844–1896), einem früheren Bauinspektor der Baudeputation.

Röpers Weide, (Othmarschen), 1970, nach der ortsüblichen Bezeichnung „Röpersche Wiese" oder „Röpersche Weide".

Röprade, (Lohbrügge), 1949, Flurname, „Röp" = Futterkrippe, „rade" = gerodetes Land.

Röpraredder, (Lohbrügge), 1940, Erklärung wie „Röprade". Redder = von Knicks gesäumter Feldweg.

Röschdaalskoppel, (Rissen), 1946, nach einem der Gegend anhaftenden Flurnamen = Koppel in einer sumpfigen Niederung, Rosch = Binse, Schilfrohr und daal = Tal.

Röthmoorstieg, (Schnelsen), 1969, in Anlehnung an den „Röthmoorweg".

Röthmoorweg, (Schnelsen), vor 1934, Flurname.

Röttgers Mühle, (Blankenese), 1972, nach der von Heinrich Röttgers dort ehemals errichteten Windmühle.

Röweland, (Langenhorn), 1964, Flurname („Röwland" auf der Flurkarte von 1750) = Rübenland.

Roggenbuckstieg, (Groß Borstel), 1951 nach der alteingesessenen Familie Roggenbuck in Groß Borstel.

Roggengabel, (Duvenstedt), 1992, nach der letztzeitlichen landwirtschaftlichen Nutzung und der Form des Weges.

Roggenkamp, (Barmbek-Nord), 1911, frei gewählter Name nach den auch sonst hier verwendeten Getreidemotivnamen.

Roggestraße, (Eißendorf), 1929, nach dem Wasserbaudirektor Hans Rogge (1873–1923), der sich besonders um den Ausbau des Harburger Hafens und beim Bau der Holtenauer Schleuse in Kiel verdient gemacht hat.

Rohlfsweg, (Stellingen), 1949, nach dem Afrikaforscher Gerhard Rohlfs (1831–1896).

Rohrammerweg, (Hausbruch), 1977, Vogelmotiv. Rohrammer = Familie der Singvögel in Feuchtgebieten.

Rohrkolbenstieg, (Billstedt), 1999, nach der heimischen Sumpfpflanze.

Rohrweg, (Steinwerder), 1876, nach der vormaligen Bewachsung der niedrig gelegenen Marschflächen mit Rohr.

Rohrweihenweg, (Hausbruch), 1976, Vogelmotiv. Rohrweihe = mitteleuropäischer Greifvogel, etwa Bussardgröße, aber schlanker und langschwänziger mit schmalen Flügeln.

Rokeshöhe, (Farmsen-Berne), 1949, nach dem Dorf Rokesbarg, das in dieser Gegend gelegen hat und 1500 untergegangen ist.

Rolandsbrücke, (Hamburg-Altstadt), ben. seit Mitte des 14. Jahrhunderts durch Übertragung des Namens der Brükke, der von dem damals dort aufgestellten Rolandsbild herrührt, auf die anschließende Straßenstrecke; der Name verblieb auch nach Zuschüttung des Fleets und nach Abbruch der Brücke und wurde auf die entsprechende Straße übertragen.

Rolandswoort, (Ottensen), 1955, Flurname für das im 17. Jahrhundert dem Rechtsgelehrten Dr. Rütger Ruland gehörende Gelände.

Rolfinckstieg, (Wellingsbiittel), 1955, in Anlehnung an den Namen Rolfinckstraße.

Rolfinckstraße, (Wellingsbüttel), 1950, nach Werner Rolfinck (gest. 1590), seit 1575 Rektor des Johanneums.

Roman-Zeller-Platz, (Schnelsen), 1995, nach Roman Zeller, 12 Jahre alter Pole, Opfer des Nationalsozialismus. Erklärung: siehe Brüder-Hornemann-Straße.

Rombergstraße, (Eimsbüttel), 1898, nach der Musikerfamilie Romberg, aus der mehrere Mitglieder wie der Cellist Bernhard (1767–1841) und der Komponist Andreas Romberg (1767–1821) nähere Beziehung zu Hamburg hatten.

Rominter Weg, (Bramfeld), 1954, nach der Stadt in Ostpreußen.

Rondeel, (Winterhude), 1866, nach der Straßenform benannt.

Rondenbarg, (Bahrenfeld), 1922, Flurbezeichnung.

Rooksbarg, (Farmsen-Berne), 1296 und 1925, nach dem schon 1296 erwähnten und um 1500 untergegangenen Dorf Rokesbarg, das an der Bramfelder Grenze lag und deren Flur Berne zugeschlagen wurde.

Roonstraße, (Hoheluft-West), 1874, nach Generalfeldmarschall Graf Albrecht von Roon (1803–1879), preußischer Kriegsminister.

Roosenbrücke, (Neustadt), 1883, nach der Mennonitenfamilie Roosen.

Roosens Park, (Othmarschen), 1935, nach der Mennonitenfamilie Roosen, die 1832–1920 Besitzer des Parks war.

Roosens Weg, (Othmarschen), 1914, nach der Mennonitenfamilie Roosen, Vorbesitzer des Geländes.

Rootsoll, (Lemsahl-Mellingstedt), 1948, nach einer Flurbezeichnung Root = roden, soll = Wasserloch ohne Zu- und Abfluss. „Root" sind abgegrabene Moor-griinde, in denen sich das Regenwasser sammelt.

Rosamstwiete, (Barmbek-Nord), 1929, nach dem im Ersten Weltkrieg (1914/18) gefallenen Maler Walter Alfred Rosam (1883–1916).

Rosa-Schapire-Weg, (Bergedorf), 1989, nach Dr. Rosa Schapire (1874–1954), Kunsthistorikerin und Übersetzerin, Sammlerin expressionistischer Kunst. Förderin des Malers Karl Schmidt Rottluff.

Roscherweg, (Stellingen), 1989, nach dem in Afrika ermordeten Forscher Dr. Albrecht Roscher (1836–1860).

Roseggerstraße, (Wilstorf), 1947, nach dem österreichischen Volksschriftsteller Peter Rosegger (1843–1918), der mit seinen Schriften nicht nur unterhalten, sondern auch belehren und helfen wollte.

Roseggerweg, (Wilstorf), 1976, in Anlehnung an den Namen Roseggerstraße.

Roseliusweg, (Wilhelmsburg), 1951, nach dem Bremer Kaufmann, Kaffeehändler und Gründer von „Kaffee Hag", Ludwig Roselius (1874–1943). Er war auch ein bedeutender Förderer des Worpsweder Künstlerkreises und der bekannten Böttchergasse in Bremen.

Rosenallee, (Klostertor), ben. im 18. Jahrhundert durch Übertragung der volkstümlichen Bezeichnung des Parks des

Oberalten, Christian Reiners (1724–1786), auf den dorthin führenden Weg, der bis 1880 auch den nördlichen Teil der jetzigen Repsoldstraße bis zum Hühnerposten einbegriff; jene Bezeichnung Rosenallee hatte der Garten von dem Rosengehölz erhalten, das sein früherer Eigentümer Peter His (1691–1760) darin anlegte.

Rosenbrook, (Groß Borstel, Alsterdorf), 1910, Schreibweise 1951 geändert, Flurname. Brook = tief liegendes Feuchtgebiet, Bruchland.

Rosenbrookbrücke, (Groß Brostel), 1967, in Anlehnung an den Namen „Rosenbrook", der im Zuge dieser Straße über die Tarpenbek führt.

Rosengarten, (Neuenfelde), 1938, alte Flurbezeichnung.

Rosenhagenstraße, (Groß Flottbek), 1911, nach dem ehemaligen Bürgermeister und Ehrenbürger der Stadt Altona, dem Geheimen Regierungsrat Ferdinand Rosenhagen (1830–1920).

Rosenhofstraße, (St. Pauli), 1889, zur Erinnerung an den in dieser Gegend seit dem 16. Jahrhundert gelegenen Rosenhof, einem Pachthof des Klosters St. Johannis.

Rosenkäferweg, (Sinstorf), 1978, in Erweiterung der Motivgruppe „Käfer".

Rosenreihe, (Fuhlsbüttel), 1933, frei gewählter Name, nach den auch sonst in Fuhlsbüttel vielfach verwendeten Pflanzenmotivnamen.

Rosenrotweg, (Billstedt), 1952, nach einem Märchenmotiv.

Rosenstraße, (Hamburg-Altstadt), ben. seit dem 14. Jahrhundert. Der Name ist ähnlich zu sehen wie derjenige der „Lilienstraße". Es handelt sich um einen ironisch gemeinten Volkswitz. Beide Straßen lagen in der Nähe der Abdeckerei, direkt am Elendsfriedhof, dort wo die Mittellosen und Armen beigesetzt wurden. Auch der Scharfrichter hatte in unmittelbarer Nähe seine Wohnung. Rosenstraße und Lilienstraße haben nichts mit den gleichnamigen Blumen zu tun. Da es sich um eine sehr schlechte Gegend handelte, sollten vielleicht die Namen an etwas Schönes erinnern, oder es war reiner Spott der dort nicht Wohnenden.

Rosentreppe, (Wilstorf), 1936, frei gewählter Name, nach der Bepflanzung der Treppenanlage.

Rosenwinkel, (Bahrenfeld), 1950, frei gebildeter Name, nach der winkelförmigen Anlage der Straße.

Rosmarinheide, (Langenhorn) 2002, nach der im benachbarten Raakmoor vorkommenden Pflanze.

Rosmarinstraße, (Wandsbek), 1933, nach dem Zierstrauch.

Roßberg, (Eilbek), 1884, nach der benachbarten Flur „Auf dem Roßberg", auf dem eine Windmühle stand.

Roßbrücke, (Steinwerder), 1911, ben. nach dem „Roß", das ehemals ein Teil von Griesenwerder war und sich 1460–1485 im Pfandbesitz der Stadt Hamburg fand.

Roßdamm, (Steinwerder), 1907, als nach der früheren Elbinsel „Roß" hinführenden Straße. (Von Griesenwerder nach dem Staatspachthof „Roß")

Roßhöft, (Steinwerder), 1907, in Anlehnung an den Namen der ehemaligen Elbinsel „Roß" und den benachbarten „Roßhafen".

Roßkai, (Steinwerder), 1907, als Kaianlage des Roßhafens.

Roßweg, (Steinwerder), 1929, Benennung wie Roßdamm.

Rostocker Straße, (St. Georg), 1874, ben. nach der ehemaligen Hansestadt Rostock.

Rostweg, (Neugraben-Fischbek), 1948, nach dem Flugzeugführer und Konstrukteur Gottlieb Rost (1874–1912), der hier einen Schuppen und ein Übungsfeld hatte und der anlässlich eines Nordamerikafluges am 6. Juni 1912 in Fuhlsbüttel tödlich verunglückte.

Rotbergfeld, (Rönneburg), 1953, nach einem der Gegend anhaftenden Flurnamen.

Rotbergkamp, (Rönneburg), 1974, im Anschluss an den Namen Rotbergfeld.

Rotbergstieg, (Rönneburg), 1988, in Anlehnung an den Namen Rotbergfeld.

Rotbuchenstieg, (Alsterdorf), 1935 und 1950, nach dem Laubbaum Rotbuche.

Rotdornallee, (Bramfeld), vor 1937, nach dem Rotdorn = Gattung der Rosenholzgewächse.

Rotdornstieg, (Alsterdorf), 1936, nach dem Strauch.

Rote Brücke, (Billstedt, Billbrook), 1948, nach dem Anstrich. Andere Brücken über die Bille sind auch nach ihrem Anstrich benannt.

Rotenbrückenweg, (Billstedt), 1955, nach der Lage bei der Roten Brücke.

Rotenhäuser Damm, (Wilhelmsburg), umbenannt 1949, zwischen den Weltkriegen angelegte Straße, kein alter Deich. Der alte Deich ist die Rotenhäuser Straße.

Rotenhäuser End, (Wilhelmsburg), 1949, Erklärung wie Rotenhäuser Damm.

Rotenhäuser Straße, (Wilhelmsburg), 1900, nach dem 1594 eingedeichten „Rotehaus". Vermutlich benannt nach der Burg der Grundherren der Elbinsel „Stillhorn", der Freiherren von Groten.

Rotenhäuser Twiete, (Wilhelmsburg), 1943, siehe Rotenhäuser Straße; Twiete = kleiner Verbindungsweg zwischen zwei Straßen.

Rotenhäuser Wettern, (Wilhelmsburg), 1940, die Straße liegt im Gebiet der alten Rotenhäuser Wettern, d. h. der Entwässerungsgräben, die das Gebiet früher entwässerten.

Roter Hahn, (Farmsen-Berne), vor 1938, nach einem der Gegend anhaftenden Flurnamen.

Roterlenweg, (Tonndorf), 1952, in Anlehnung an den Weg Ellerneck.

Rothenbaumchaussee, (Rothenbaum, Harvestehude), 1858, ben. mit einer schon seit dem Ende des 18. Jahrhunderts gebräuchlichen Bezeichnung, nach dem vor dem Dammtor befindlichen rot angestrichenen Schlagbaum; in der später üblich gewordenen Form Rothenbaumchaussee 1899 ausgedehnt auf die Straßenstrecke von der Hallerstraße bis zum Klosterstern.

Rothenburgsorter Marktplatz, (Rothenburgsort), 1960, Verwendung als Marktfläche im Stadtteil Rothenburgsort.

Rothenburgstraße, (Rothenburgsort), 1869, nach dem Ratsherrn Johann Rodenborg (1574–1640).

Rothenhauschaussee, (Bergedorf), vor 1936, nach dem früher an der Grenze zum Herzogtum Lauenburg gelegenen Zoll- und Forsthaus, genannt „Das Rothe Haus", das im Jahre 1609 auf Geheiß des Herzogs Franz II. von Sachsen-Lauenburg erbaut wurde.

Rothesoodstraße, (Neustadt), ben. in der zweiten Hälfte des 17. Jahrhunderts als „Beim Roten Sood", nach einem rot angestrichenen Ziehbrunnen.

Rothestraße, (Ottensen), 1848 und 1950, nach dem in Ottensen gelegenen „Rothe Hof", der 1780 erwähnt wird, als man ihn zum Verkauf anbot.

Rotkäppchenweg, (Billstedt), 1952, nach einem Märchenmotiv.

Rotkehlchenweg, (Lurup), 1974, nach dem Rotkehlchen = mitteleuropäischer Singvogel.

Rotkleeweg, (Sülldorf), 1953, nach der Wiesenblume und Futterpflanze.

Rotwildschneise, (Duvenstedt), 1953, Jagdmotivname aus dem Duvenstedter Brook.

Rubbertstraße, (Wilhelmsburg), 1938, nach der seit 1700 in Wilhelmsburg ansässigen Familie Rubbert. Die Straße verläuft auf dem Gelände eines alten Rubbertschen Hofes.

Ruckteschellweg, (Eilbek), 1948, nach dem Pastor Nicolai von Ruckteschell (1853–1910), der seit 1889 an der Friedenskirche in Eilbek tätig war.

Rudolf-Kinau-Allee, (Finkenwerder), 1977, nach Rudolf Kinau (1887–1975), Bruder von Gorch Fock, war 7 Jahre Seefischer, 2 Jahre Everfahrer, 20 Jahre Prokurist bei der Fischauktion in Hamburg, 20 Jahre Mitarbeiter beim Rundfunk. Für seine Werke erhielt er viele Auszeichnungen.

Rudolf-Klug-Weg, (Niendorf), 1982, nach dem Lehrer Rudolf Klug (1905–

1944), einem Opfer des Nationalsozialismus.

Rudolf-Roß-Allee, (Horn), 1959, nach dem Bürgermeister Rudolf Roß (1872–1951). In seiner Amtszeit fanden die ersten Wahlen nach der neuen demokratischen Verfassung statt.

Rudolfstraße, (Wilhelmsburg), 1905, nach einem Mitinhaber der Firma Kupferhütte Ertel Bieber & Co., die die Straße anlegen ließ.

Rudolphiplatz, (Barmbek-Nord), 1930, nach der Pädagogin und Inhaberin einer Erziehungsanstalt in Hamm, Karoline Rudolphi (1754–1811).

Rudolph-Schloo-Stieg, (Poppenbüttel), 1999, nach Rudolph Schloo (1832–1910), Gemeidevorsteher von Poppenbüttel 1898–1910.

Rudorffweg, (Lohbrügge), 1949, nach dem Begründer der deutschen Naturschutzbewegung, Ernst Rudorff (1840–1916).

Rübenhofstraße, (Ohlsdorf), 1904, nach einer Flurbezeichnung. Mit Rübenhof wird eine hausnahe Koppel bezeichnet, auf der Rübenmieten angelegt wurden.

Rübenkamp, (Barmbek-Nord, Ohlsdorf), 1928, nach einem der Gegend anhaftenden Flurnamen.

Rübezahlstraße, (Billstedt), 1952, nach einem Märchenmotiv.

Rückersbrücke, (Hamm-Mitte, Hamm-Süd), 1930, in Anlehnung an den Namen Rückersweg.

Rückersweg, (Hamm-Mitte, Hamm-Süd), 1890, nach dem Senator Johann H. Rücker (1750–1803), der hier seinen Landsitz hatte.

Rückertstraße, (Eilbek), 1866, nach dem Dichter Friedrich Rückert (1788–1866), er schrieb vaterländische Gedichte. Er war Prof. für orientalische Sprachen; dank seines Übersetzungstalents hat er bedeutende Werke der persisch-arabischen Dichtung für Deutschland erschlossen.

Rüdemannweg, (Wilhelmsburg), 1952, nach Friedrich Rüdemann (1860–1932), Gründer und langjähriges Vorstandsmitglied des Gemeinnützigen Bauvereins „Reiherstieg GmbH“.

Rüdigerau, (Rissen), 1949, Sagenmotiv Rüdiger = Held aus der Nibelungensage.

Rügelsbarg, (Bergstedt), 1943, Flurname, vermutlich alte Gerichtsstätte; rügen = anklagen.

Rügenwalder Straße, (Rahlstedt), 1950, Motivgruppe: Orte in Pommern.

Rümkerstraße, (Barmbek-Nord), 1930, nach den Astronomen und Nautikern Charles (1788–1862) und Georg Rümker (1832–1900), Direktoren der hamburgischen Sternwarte und der Navigationsschule in Hamburg.

Rüschweg, (Finkenwerder), 1944, „rüsch“ = Schilfrohr, Binsen.

Rüschwinkel, (Finkenwerder), 1965, in Anlehnung an den Namen Rüschweg.

Rüsselkäferstieg, (Sinstorf), 1951, Käfermotiv. Rüsselkäfer = Rüsselträger, u.a. auch der Borkenkäfer.

Rüßwisch, (Sasel), 1979, Flurbezeichnung. Rusch = Binsen, Schilf, Wisch = Wiese.

Rüsternkamp, (Bahrenfeld), 1922, Flurname. Rüster = Ulme, Kamp = Feld.

Rüsternstieg, (Fuhlsbüttel), 1930, Rüster = niederdeutsche Bezeichnung für Ulme.

Rüstringer Weg, (Finkenwerder), 1945, nach der früheren ostfriesischen Stadt Rüstringen, seit 1937 Stadtteil von Wilhelmshaven.

Rüstweg, (Sinstorf), 1938, nach der Flurbezeichnung „Auf der Rüst“.

Rütersbarg, (Lokstedt), um 1880, Flurname = nach den Landjägern, Reiter (Rüter). Barg war eine Scheune mit verstellbarem Dach, eine solche mag charakteristisch auf dem Hügel gelegen haben. Eingehend beschrieben in der „Kollauer Chronik“.

Rüterskamp, (Marmstorf), 1930, Flurname „Rütersberg“ (Dorfplan von 1800).

Rüterstraße, (Wandsbek), 1951, nach Hugo Rüter (1859–1949), seit 1897

Musiklehrer am Wandsbeker Gymnasium, auch Komponist.

Rütgerweg, (Ottensen), 1950, nach Dr. Rütger Rulant (1568–1630), Rechtsgelehrter, Vorbesitzer des Geländes.

Rüümk, (Langenhorn), 1933, Flurname. Bezeichnung für eine im Gehölz gelegene freie Weide oder Wiese.

Rugenbarg, (Lurup, Osdorf), 1928, Flurname = Buschhügel = mit Gestrüpp bewachsener Hügel.

Rugenbergener Weg, (Schnelsen), vor 1939, nach dem Bönningstedter Ortsteil „Rugenbergen".

Rugenberger Damm, (Waltershof), 1929, nach der Insel Rugenbergen im Anschluss an den Namen der Rugenberger Schleuse.

Rugenbohm, (Iserbrook), um 1925, Flurname.

Rugenfeld, (Osdorf), 1968, Flurname, in Anlehnung an den Namen „Rugenbarg".

Rugewisch, (Fuhlsbüttel), 1933 und 1950, Flurname = rauhe Wiese.

Rugierweg, (Niendorf), 1965, nach dem ostgermanischen Stamm, in vorgeschichtlicher Zeit an der unteren Weichsel, dann in Pommern und auf Rügen ansässig. Im 4. Jahrhundert unter hunnischer Herrschaft, dann in Niederösterreich. 487/488 wurde ihr Reich von den Odoakern zerstört. Teile der Rugier schlössen sich den Ostgoten an.

Ruhmkoppel, (Billstedt), vor 1938, Flurname = eine im Gehölz gelegene freie Weide oder Wiese.

Ruhrstraße, (Bahrenfeld), 1947, nach dem westdeutschen Industriegebiet „Ruhr".

Ruhwinkel, (Sasel), 1951, frei gewählter Name für einen ruhigen Winkel.

Rulantweg, (Othmarschen), 1950, nach dem berühmten hamburgischen Rechtsgelehrten Rütger Rulant, der 1600 die Rulantsmühle erbauen ließ.

Rumland, (Niendorf), 1989, nach dem ehemaligen Kleingartenverein, der Kolonie „Rumland".

Rummelsburger Straße, (Rahlstedt), 1950, nach der ehemaligen Kreisstadt in Pommern.

Rumpelstilzchenweg, (Schnelsen), 1968, nach einem Märchenmotiv.

Rumpffsweg, (Hamm-Mitte), 1909, nach der um Hamburg verdienten Familie Rumpff, die in dieser Gegend einen Landsitz und Grundeigentum besaß.

Rundblick, (Marmstorf), 1952, nach der hier bestehenden schönen Aussicht und in Anlehnung an den benachbarten Wegnamen „Fernblick". Im Volksmund hieß diese Anhöhe früher „Botterbarg".

Rundtörn, (Finkenwerder), 1977, nach der Motivgruppe „Rudolf Kinau und seine Werke".

Rungedamm, (Allermöhe), 1980, nach dem Chemiker Friedlieb Ferdinand Runge (1795–1867), Entdecker des Anilin und des Stearin, auch sind ihm verschiedene Anregungen zur Chemotechnik zu verdanken.

Rungestieg, (Barmbek-Nord), 1930, in Anlehnung an den Namen Rungestraße.

Rungestraße, (Barmbek-Nord), 1929, nach dem Maler Philipp Otto Runge (1777–1810), dem eigentlichen Begründer der Romantik. Eine große Anzahl seiner Bilder hängt in der Hamburger Kunsthalle.

Rungholt, (Rahlstedt), 1947, nach der untergegangenen Hafenstadt vor Husum auf der Insel Nordstrand aus der Ballade „Trutz, blanke Hans", von Detlev von Liliencron.

Rungwisch, (Eidelstedt), 1948, Flurname, Wisch = Wiese.

Rupertistraße, (Nienstedten), 1949, nach der seit Mitte des 18. Jahrhunderts zugewanderten Familie Ruperti, Mitinhaber des Handelshauses H. J. Merck & Co., die in Groß Flottbek Grundbesitz hatte.

Ruscheweyhstraße, (Hummelsbüttel), 1975, nach Prof. Dr. Herbert Ruscheweyh (1892–1965), Präsident der Bürgerschaft 1931–1933.

Ruschorter Hauptdeich, (Spadenland, Tatenberg), 1970, nach dem Flurnamen „Ruschort".

Ruselerweg, (Lohbrügge), 1949, nach Georg Ruseler (1866–1920), niederdeutscher Schriftsteller und Sammler von Volksliedern.

Ruststraße, (Eißendorf), 1927, nach Dr. Georg Friedrich Rust (1761–1814), Harburger Stadt- und Landphysikus.

Ruthsweg, (Barmbek-Nord), 1914, nach dem Hamburger Maler Valentin Ruths (1825–1905).

Rutsch, (Blankenese), vor 1903, nach einer überlieferten, volkstümlichen Bezeichnung und nach der steilen Beschaffenheit des Weges.

Rutschbahn, (Rotherbaum), 1874, nach dem hier ehemals gelegenen Wirtshaus „Zur Rutschbahn“, das seinen Namen einer entsprechenden Anlage in seinem Garten verdankte.

Ruwoldtweg, (Steilshoop), 1972, nach dem Bildhauer Prof. Hans Martin Ruwoldt (1891–1969). Motivgruppe: Personen, die sich in der ersten Hälfte des 20. Jahrhunderts um das kulturelle Leben der Stadt verdient gemacht haben.

S

Saalkamp, (Duvenstedt), 1962, in Anlehnung an den Namen „Specksaalredder". Saal = künstliche oder natürliche Viehtränke auf der Weide, meist durch Regenoder Quellwasser gespeist, entstanden durch eine Vertiefung in der Weide.

Saarlandbrücke, (Winterhude), 1935, in Anlehnung an den Namen „Saarlandstraße".

Saarlandstieg, (Winterhude), 1950, in Anlehnung an den Namen „Saarlandstraße".

Saarlandstraße, (Winterhude, Barmbek-Nord), 1935, anlässlich der Heimkehr des Saarlandes zum Deutschen Reich.

Saarstraße, (Bergedorf), 1935, nach dem rechten Nebenfluss der Mosel, 246 km lang. Quellflüsse sind die Weiße Saar und Rote Saar, die beide in den Vogesen am Donon entspringen und sich bei Lörchingen vereinen.

Sachsenbrücke, (Kleiner Grasbrook), 1823, nach dem germanischen Volksstamm der Sachsen.

Sachsenfeld, (Hammerbrook), 1988, in Anlehnung an den Namen Sachsenstraße.

Sachsenkamp, (Hammerbrook), 1988, in Anlehnung an den Namen Sachsenstraße.

Sachsenstieg, (Niendorf), 1952, im Anschluss an den Namen Sachsenweg.

Sachsenstraße, (Hammerbrook), 1869, nach dem germanischen Volksstamm der Sachsen; die um 150 n. Chr. als „Saxones" genannten Sachsen saßen damals nördlich der Elbe. Bedeutende Teile der Sachsen wanderten Anfang des 5. Jahrhunderts nach England aus (Angelsachsen).

Sachsentor, (Bergedorf), 1949, durch das früher in der Mitte der Straße stehende Stadttor führte der Weg nach Sachsen-Lauenburg.

Sachsenweg, (Niendorf), vor 1950, nach dem germanischen Volksstamm der Sachsen. (Siehe auch Sachsenstraße)

Sachtestieg, (Blankenese), 1953, nach dem 1629 vom Grafen Ernst von Schauenburg zum Untervogt von Blankenese bestellten Paul Sachte, ältester namentlich bekannter Blankeneser Vogt.

Sägemühlenstraße, (Altona-Altstadt), 1950, nach dem Gasthof „Zur Sägemühle" an der Großen Elbstraße im 17. bis 18. Jahrhundert.

Safranweg, (Eidelstedt), 1968, nach dem Gewürzkraut, das gelbe und rote fettlösliche Carotinoide enthält sowie ein ätherisches Öl von bitterem Geschmack und würzigem Geruch.

Sagebiels Weg, (Blankenese), vor 1903, nach dem ehemaligen Grundeigner und Fährhausbesitzer Sagebiel, der diese Straße anlegen ließ. Unter den vielen Gasthäusern in Blankenese war sicher das Fährhaus das traditionsreichste. Solange es von hier aus eine Elbfähre gab, soll es bestanden haben. Nachdem es 1826 einem Brand zum Opfer fiel, diente es nach dem Wiederaufbau nur noch der Gastronomie, da der Fährbetrieb ohnehin seine ehemalige Bedeutung verloren hatte. Berühmt und bekannt wurde es jedoch erst, nachdem Wilhelm Sagebiel es 1868 erwarb und groß als Ausflugslokal ausbauen ließ.

Sahlenburger Straße, (Ohlsdorf), 1959, nach dem Nordseeheilbad Sahlenburg bei Cuxhaven, dem Sitz der Nordheimstiftung.

Salbeiweg, (Ohlsdorf), 1949, nach der Gewürz- und Arzneimittelpflanze.

Salierweg, (Niendorf), 1950, nach dem fränkischen Volksstamm und Hochadelsgeschlecht in Merowinger Zeit an Mosel und Saar, seit dem 10. Jahrhundert um

Speyer und Worms und später in der Rheinpfalz.

Saling, (Hamm-Nord), 1910, nach einem der Gegend anhaftenden Flurnamen.

Salingtwiete, (Hamm-Nord), 1957, im Anschluss an den Namen Saling.

Salomon-Heine-Weg, (Eppendorf, Alsterdorf), 1967, nach dem Onkel des Dichters Heinrich Heine, Salomon Heine (1767–1844) – „wenn der Junge etwas gelernt hätte, brauchte er keine Bücher zu schreiben“–, einem bedeutenden Bankier und einem der reichsten Männer der Stadt. Er kam als Sechzehnjähriger nach Hamburg, wo er zunächst als Bankbote arbeitete. Zusammen mit seinem Freund Heckscher gründete er eine Bank. Vermögend geworden, kaufte er sich 1808 in Ottensen neben Rainville einen Landsitz. 1818 löste er sich von seinem Partner und gründete eine eigene Bank, die in kürzester Zeit zum Bankhaus von europäischem Ruf wurde. Salomon Heine verhalf Hamburg zu vielen bedeutenden Stiftungen. 1837 stiftete er das Israelitische Krankenhaus auf St. Pauli. Nach dem großen Brand von 1842 unterstützte er mit seinem großen Vermögen und Kreditansehen die Stadt. Als alles daniederlag, gelang es ihm, den Diskontsatz bei 4 % zu stabilisieren, so dass der Wiederaufbau und die Geschäfte der Kaufleute wieder einen Neubeginn hatten. Von ihm stammt auch der Ausspruch nach dem Großen Brand: „Nichts ist verloren, die Elbe ist nicht verbrannt.“ Um seinen Neffen Heinrich auf einen vernünftigen Weg zu bringen, richtete er ihm ein Kommissionsgeschäft für englische Manufakturen ein, das allerdings nach anderthalb Jahren wieder liquidiert werden musste.

Salomon-Petri-Ring, (Billstedt), 1984, nach dem Pastor in Steinbek und Mitverfasser der Ortschronik, Salomon Petri (1609–1685).

Salzburger Häuser, (Harburg), 1950, nach den in den Jahren 1731/32 aus Glaubensgründen vertriebenen Salzburgern, die hier angesiedelt wurden. Die Stadt kaufte für sie hier ein geräumiges Haus mit großem Garten, das sogenannte „Emigrantenhaus“.

Salzgitterkai, (Altenwerder), 1977, nach der kreisfreien Stadt Salzgitter im Regierungsbezirk Braunschweig, die mit der Örtlichkeit besondere wirtschaftliche Beziehungen verbindet. Der Ort hat eine bedeutende Industrie in den verschiedensten Branchen und ein Thermal-Solbad.

Salzmannstraße, (Hammerbrook), 1913, nach dem Pädagogen Christian Gotthilf Salzmann (1744–1811). Er gründete 1784, unterstützt von Gut Muths, die Erziehungsanstalt Schnepfenthal bei Gotha.

Samlandweg, (Langenhorn), 1959, nach der ostpreußischen Landschaft „Samland“.

Sand, (Harburg), alte Bezeichnung (im 16. und 17. Jahrhundert). Sand ist der Teil einer Geestplatte vor dem Trockental, in dem sich jetzt die Denickestraße hinaufzieht.

Sandbek, (Neugraben-Fischbek), 1948, nach einem hier verlaufenden Bach.

Sandberg, (Altona-Altstadt), um 1730, Fllurname.

Sandbrücke, (HafenCity), 1887, in Anlehnung an den Namen „Auf dem Sande“, als im Zuge dieser Straße über das Kehrwieder Brooksfleet führende Brücke.

Sander Damm, (Lohbrügge, Bergedorf), 1986, führt von Lohbrügge (ehemals Sande) nach Bergedorf.

Sander Deichweg, (Kirchwerderl, 1970, ben. nach dem nach Lohbrügge eingemeindeten Dorf „Sande“.

Sander Markt, (Lohbrügge), 1980, nach der Lage im ehemaligen Dorf Sande.

Sanderskoppel, (Wellingsbüttel), vor 1926, nach dem früheren Grundeigentümer Georg Friedrich Sander (1790–1853).

Sander Straße, (Bergedorf), 1887, nach dem nach Lohbrügge eingemeindeten Dorf „Sande“, heute Ortsteil von Lohbrügge.

Sandfall, (Finkenwerder), 1934, nach einer früher im Elbstrom vor Finkenwerder gelegenen Sandbank.

Sandfoort, (Langenhorn), 1932, nach der neben der sandigen Furt gelegenen gleichnamigen Furt durch den Bornbach, die 1805 durch eine Brücke abgelöst wurde.

Sandgrube, (Eidelstedt), 1950, zur Erinnerung an eine früher hier gelegene Sandgrube.

Sandhafer, (Neugraben-Fischbek), 1944, nach einer volkstümlichen Bezeichnung.

Sandheide, (Neugraben-Fischbek), 1946, nach der Lage in der Fischbeker Heide, wo die Silbe „Heide“ für Straßennamen vielfach eingesetzt wurde, meist im Zusammenhang mit den örtlichen Charakter.

Sandhöhe, (Finkenwerder), 1869 und 1903, unter Beibehaltung der für eine Strecke des Finkenwerder Elbdeiches eingebürgerten flurartigen Bezeichnung, **Sandkäferweg,** (Sinstorf), 1951, Motivgruppe: Käfer.

Sandkamp, (Horn), 1910 und 1929, nach dem an der Gegend anhaftenden Flurnamen „Sandkamp“ = Sandfeld.

Sandkampstieg, (Horn), 1945, im Anschluss an den Namen Sandkamp.

Sandkampweg, (Horn), 1945, im Anschluss an den Namen Sandkamp.

Sandkoppelweg, (Billstedt), 1949, in Anlehnung an den dortigen Flurnamen „Sandkoppel“ = ein sandiges Feldstück.

Sandkrug, (Eilbek), 1884, nach einem dort im 17. Jahrhundert gelegenen Gasthof „Beim Sandkrug“.

Sandkrugweg, (Schnelsen), um 1925, nach einem auf Kropundischen Gebiet gelegenen Wirtshaus „Sandkrug“.

Sandkuhlenkoppel, (Poppenbüttel), vor 1938, Flurname für ein Feldstück zum Sandgraben.

Sandkule, (Rahlstedt), vor 1953, nach einer früher dort gelegenen Sandkuhle.

Sandmoorweg, (Rissen), 1930, Flurname, nach dem Sandmoor, das durch das Überwehen mit Dünensand sehr sandhaltig geworden war.

Sandort, (Osdorf), vor 1928, Flurname. Ort = spitz zulaufendes Geländestück.

Sandstraße, (Bramfeld), vor 1937, der Name weist auf den landwirtschaftlich schlechten Boden hin, auf dem vor der Urbarmachung nur große Heideflächen und Ginstergebüsch zu finden waren.

Sandstücken, (Farmsen-Berne), 1932, Flurname = Feldstück mit sandigem Boden.

Sandtorhöft, (HafenCity), 1895, als Westende des Sandtorkais. Höft = Haupt, Spitze.

Sandtorkai, (HafenCity), 1865 und 1956, als Straße, die am Sandtorkai und Sandtorhafen entlang verläuft.

Sandtorpark, (HafenCity), 2006, nach der Lage südlich des Straßenzuges „Am Sandtorkai“.

Sandweg, (Eimsbüttel), 1863, nach dem bei der Abzweigung der Straße von der Eimsbütteler Chaussee früher gelegenen Sandteich.

Sandwisch, (Moorfleet), 1927, Flurname = Sandwiese.

San-Francisco-Straße, (Hamburg-Altstadt), 2006, nach der nordamerikanischen Stadt in Kalifornien, bedeutendster Hafen und Handelsplatz an der Westküste der USA.

Sanitasstraße, (Wilhelmsburg), 1907, nach der Sanitasgesellschaft, die an dieser Straße eine Fabrik für sanitäre Anlagen errichtete.

Sanmannreihe, (Lohbrügge), 1949, nach der alteingesessenen Lohbrügger Familie Sanmann, seit dem 18. Jahrhundert.

Sapperweg, (Iserbrook), 1953, nach Agnes Sapper, geb. Brater, (1852–1929), Kinder- und Jugendbuchautorin, Erziehungsschriftstellerin.

Sarenweg, (Lemsahl-Mellingstedt, Duvenstedt, Wohldorf-Ohlstedt), 1947, Flurname, Saren = Soren = trockenes Land.

Sartoriusstraße, (Eimsbüttel), 1906, nach dem Kantor am Johanneum und städtischen Musikdirektor Erasmus Sartorius (1578–1637), der hier 1609 zum ersten Mal eine Passionsmusik in der Karwoche aufführte.

Saselbekstraße, (Sasel), 1950, nach der Lage an der Saselbek.

Saselbergring, (Sasel), 1965, in Anlehnung an den Namen Saselbergweg. Sasel hieß früher Sasle oder auch Sassel. Es ist möglich, dass hier eine Wortverbindung zu Sachsen besteht, denn hier haben sich einst Wenden und Sachsen Schlachten geliefert.

Saselbergweg, (Sasel, Poppenbüttel), 1934, alte Bezeichnung für das Gebiet westlich vom Saseler Mühlenweg bis zur Alster, das früher „Saselberg" hieß.

Saseler Bogen, (Sasel), 1973, nach dem Stadtteil und dem Verlauf der Straße.

Saseler Chaussee, (Wellingsbüttel, Sasel), 1950, als von Wellingsbüttel nach Sasel führende Straße.

Saseler Damm, (Sasel, Poppenbüttel), 1930, nach einer alten Gebietsbezeichnung.

Saseler Kamp, (Sasel), 1950, nach dem ehemals durch die Felder (Kamp) und Äcker führenden Weg.

Saseler Loge, (Sasel), 1950, Flurname. Loge = sumpfige Waldwiese oder sumpfiges Waldgebiet.

Saseler Markt, (Sasel), 1950, nach dem Marktplatz des Stadtteils Sasel.

Saseler Mühlenweg, (Sasel), 1950, als Teil des alten Mühlenweges von Meiendorf über Sasel nach Bergstedt. Die Meiendorfer und Saseler Bauern mussten lt. Verordnung des Grundherrn ihr Getreide in der Zwangsmühle in Bergstedt mahlen lassen .

Saseler Parkweg, (Sasel), 1950, führt am Saseler Park entlang zum früheren Saselhof.

Saseler Straße, (Farmsen-Berne, Rahlstedt), vor 1948, als von Rahlstedt nach Sasel führende Straße.

Saseler Straßenbrücke, (Farmsen-Berne, Rahlstedt), 1905, in Anlehnung an den Namen Saseler Straße, führt im Zuge dieser Straße über die U-Bahn.

Saseler Weg, (Volksdorf), 1911, als von Volksdorf nach Sasel führende Straße.

Saselheider Straße, (Farmsen-Berne), vor 1940, Flurname und zur Erinnerung an den früheren Hof „Saselheide".

Saselheider Weg, (Farmsen-Berne), 1925, Flurname, zur Erinnerung an den früheren Hof „Saselheide".

Saselhöm, (Sasel), 1959, nach dem Flurnamen „In de Horn".

Saselkoppel, (Sasel), 1951, nach der dort gelegenen Gemeindekoppel.

Saseltwiete, (Sasel), 1933 und 1942, Twiete = kleiner Verbindungsweg zwischen zwei Straßen.

Saselwisch, (Sasel), 1942, Wisch = Wiese.

Sassenburger Weg, (Rahlstedt), 1959, nach der Ortschaft in Pommern.

Sassenhoff, (Schnelsen), 1948, führt am Hof der Schnelsener Bauernsippe Sass vorbei.

Saßnitzer Weg, (Rahlstedt), 1998, nach dem Ostseebad Saßnitz auf der Halbinsel Jasmund im Nordosten der Insel Rügen.

Saßstraße, (Altona-Altstadt), 1951, nach Daniel Saß (1672–1717), seit 1709 Compastor, zuletzt Propst in Altona, bemühte sich um die Einrichtung einer Lateinschule, versuchte den Grafen von Sten-bock von der Einäscherung Altonas abzubringen.

Saturnweg, (Wellingsbüttel), 1950, nach dem Planeten Saturn. Motivgruppe: Gestirne.

Sauerampferweg, (Bramfeld), 1951, nach dem Knöterichgewächs Sauerampfer = Salat und Gemüsepflanze.

Schaaphusen, (Hausbruch), 1944, die Ehestorfer Bauern weideten hier ihre Schafe. Damit diese nicht täglich zurückgetrieben werden mussten, errichtete man hier Schafställe (Schaaphusen).

Schaapkamp, (Hausbruch), 1948, Flurname = Schaffeld.

Schaarbargsweg, (Duvenstedt), 1942, Flurname „Schaar" = Pflugschar, aber auch Bezeichnung für abschüssiges Gelände am Rande der Marsch oder eines Sumpfes.

Schaarmarkt, (Neustadt), im 18. Jahrhundert im Anschluss an den Namen des Schaarsteinweges und des Schaartores.

Schaarsteinweg, (Neustadt), ben. 1906 unter Beibehaltung des alten seit Beginn des 17. Jahrhunderts nachweisbaren Straßennamens, der den gepflasterten Weg außerhalb des Schaartores bezeichnet.

Schaarsteinwegsbrücke, (Neustadt), im 18. Jahrhundert, im Anschluss an den Namen des Schaarsteinweges, so bezeichnet, als sie nach Forträumen des alten Schaartors im Jahre 1665 an Stelle der bisherigen Torbrücke, die nur für Fußgänger bestimmt war, als Fahrbrücke neu hergestellt wurde.

Schaartor, (Neustadt), ben. im Volksmund seit etwa dem 15. Jahrhundert, zuerst als außerhalb des Schaartors beim Stadtgraben, später auch „Bei dem Schaartor", nach dem anfangs in der Höhe der „Herrlichkeit" seit rund 1500 beim Herrengrabenfleet gelegenen Tores, das seinen Namen von der technischen Bezeichnung „share" (shore: Küste, Gestade, Vorland) für den als Kai ausgebildeten Uferrand zwischen Mattentwiete und Herrlichkeit herleitet.

Schaartorbrücke, (Hamburg-Altstadt), 1871, in Anlehnung an den Namen Schaartor, im Zuge dieser Straße über das Alsterfleet führend.

Schaartorschleuse, (Hamburg-Altstadt, Neustadt), 1967, in Anlehnung an den Namen Schaartor und nach der Funktion.

Schachblumenweg, (Eidelstedt), 1953, nach den auch sonst in Eidelstedt verwendeten Blumennamen. Schachblume: Schachbrettblume = Kiebitzblume, Art der Liliengewächse, Gartenpflanze, deren glokkige rote Blüten schachbrettartig gefleckt sind.

Schadesweg, (Hamm-Süd), 1909, nach dem Ingenieur Heinrich Schade (um 1700), von dem die erste bekannte Karte von Hamm stammt.

Schädlerstraße, (Wandsbek), 1945, nach dem Bauernvogt und Hofbesitzer Heinrich Gotthilf Christopherus Schädler (um 1890).

Schäferhofbrücke, (Langenhorn), 1960, in Anlehnung an den Namen „Beim Schäferhof", als im Zuge dieser Straße über die U-Bahn führend.

Schäferhofstieg, (Langenhorn), 1958, in Anlehnung an den Namen „Beim Schäferhof".

Schäferkampsallee, (Eimsbüttel), 1858, nach der 1560 angelegten Schäferei des Klosters Harvestehude, dem später 1875 an den Staat abgetretenen Pachthof „Schäferkamp".

Schäferkoppel, (Wohldorf-Ohlstedt), 1937, nach einer Bezeichnung, die besagt, dass es sich um eine Koppel für den Eigenbedarf des Schäfers handelt.

Schäferredder, (Bergstedt), 1948, in Anlehnung an die dortige Schäferkate.

Schäfersruh, (Sasel), 1950, nach dem Ruhesitz des Schäfers Johann Christian Nikolaus Duncker (1848–1932), der dort ein Haus hatte und im Alter von 84 Jahren verstarb.

Schäferstraße, (Eimsbüttel), 1875, Erklärung: wie Schäferkampsallee.

Schäperdresch, (Poppenbüttel), 1932 und 1938 (Schreibweise geändert). Flurname. Bei „Dresch" handelt es sich um einen Acker, der nach mehrjähriger Bebauung für einige Jahre Ruhe hat und als Weide dient.

Schäperstück, (Osdorf), 1967, Flurname (Scheperstück im Osdorfer Erdbuch von 1788).

Schärstraße, (Lohbrügge), 1964, nach Alfred Schär (1887–1937), Lehrer an der Taubstummenschule in Hamburg, einem Opfer des Nationalsozialismus. Er wurde 1937 im KZ Fuhlsbüttel hingerichtet.

Schafgarbenweg, (Osdorf), 1949, Pflanzenmotivname. Schafgarbe = Heilpflanze.

Schafshagenberg, (Marmsdorf), 1930, Flurname „Schafhagen" 1800 auf dem Plan von Marmstorf, 1667 „Schaaphagen".

Schafsteg, (Wandsbek), 1953, eine amtlich übernommene ortsübliche Bezeichnung.

Schafstrift, (Bramfeld), 1951, Flurname, Trift = Viehtriebweg.

Schallnsteed, (Finkenwerder), 1941, Flurname, Schalln = Schallen = Schlickvorland. Steed = Stätte.

Schanzenberg, (Fuhlsbüttel), 1956, Flurname (Schanze und Berg auf der Flurkarte von 1750), nach einer Wallanlage, die 1641 Dänenkönig Christian IV. errichtert hatte, als er Hamburg besetzte und die Huldigung durch den Senat erzwingen wollte.

Schanzengrund, (Hausbruch), nach 1938, nach einer volkstümlichen Bezeichnung für diesen Weg, der durch eine Anlage führt, die den Eindruck einer ehemaligen Schanze erweckt.

Schanzenstraße, (Sternschanze), 1875, nach der benachbarten ehemaligen Sternschanze.

Schanzenweg, (Steinwerder), 1866, zur Erinnerung an die Schanze, die hier an der Westspitze des Steinwerders und an der Einmündung des gleichfalls nach ihr heißenden Schanzengrabens 1848 (zur Verteidigung des Hafens gegen die Dänen) angelegt worden war.

Schanzkamp, (Nienstedten), 1955, Flurname. Der Wegname erinnert an die Kriegsereignisse in den Elbdörfenr. Hier errichteten die Dänen im Kampf gegen Hamburg eine Schanze.

Scharbeutzer Straße, (Rahlstedt), 1950, nach dem Ostseebad Scharbeutz in der Lübecker Bucht.

Scharfsche Schlucht, (Sinstorf), 1980, nach einer ortsüblichen Bezeichnung.

ScharHorner Weg, (Finkenwerder), 1939, nach der Insel ScharHorn in der Eibmündung.

Scharlbarg, (Neugraben-Fischbek), 1948, Flurname.

Scharlbargstieg, (Neugraben-Fischbek), 1950, in Anlehnung an den Namen Scharlbarg.

Scharnskamp, (Langenhorn), 1958, nach dem Langenhorner Lehrer Johann Scharn (1811–1863).

Scharpenbargshöhe, (Hausbruch), 1974, in Anlehnung an den Namen Scharpenbargsweg.

Scharpenbargsweg, (Hausbruch, Neugraben-Fischbek), 1948, weil die Straße auf den Scharpenberg zuführt. Der „Scharpenbarg" hat seinen Namen erhalten, weil sich seine kahle, sandige Kuppe zum Gipfel hin „scharf" (scharp) zuspitzt.

Schattengang, (Eißendorf), 1910, nach der schattigen Lage im Schatten des „Eickhoffs Gestrüpp".

Schatzmeisterstraße, (Marienthal), 1950, nach dem dänischen Finanzminister, dem Grafen Heinrich Carl Schimmelmann, der den Titel Schatzmeister hatte. Er war seit 1762 Besitzer des Gutes Wandsbek (siehe auch: Schimmelmannstraße).

Schaudinnstwiete, (Barmbek-Nord), 1938, nach Dr. Fritz Schaudinn (1871–1906), Abteilungsleiter am Institut für Schiffahrts- und Tropenkrankheiten. Entdecker des Syphiliserregers.

Schauenburgerstraße, (Hamburg-Altstadt), 1843, im Anschluss an den Namen des Adolphplatzes nach den Grafen von Schauenburg, die zugleich Grafen von Holstein und Stormarn waren und sich um die Entwicklung von Hamburg in ältester Zeit besonders verdient gemacht haben.

Schaumkrautweg, (Sasel), 1952, Pflanzenmotiv. Schaumkraut = Zahnwurz = Cardamine, Kreuzblütergattung.

Schaumnelkenstieg, (Bahrenfeld), 1950, Motivgruppe: Blumen.

Schedestraße, (Eppendorf), 1903, nach dem bedeutenden Oberarzt und Chirurgen am Krankenhaus Eppendorf, Prof. Dr. Max Schede (1844–1902).

Scheelenstegel, (Neuengamme), 1925, Flurbezeichnung, ortsübliche Wegebezeichnung, Stegel = Diminutivform von Steg, aber auch Weideübertritt.

Scheel-Plessen-Straße, (Ottensen), 1897, nach Karl Theodor August Freiherr (1888 Graf) Scheel Plessen (1811–1892), 1853 Oberpräsident von Altona, 1866 Oberpräsident der Herzogtümer, 1888 Mitglied des Herrenhauses. Er setzte sich energisch für den Anschluss Schleswig-Holsteins an Preußen ein.

Scheelring, (Schnelsen), 1968, nach Jürgen Erich Scheel (1737–1795), Landdrost in Pinneberg.

Scheeßeler Kehre, (Sinstorf), 1966, nach der Ortschaft Scheeßel bei Rotenburg/

Wümme. Motivgruppe: Orte in oder an der Lüneburger Heide.

Scheffelstraße, (Winterhude), 1891, nach dem Dichter Josef Viktor von Scheffel (1826–1886). Seine Schriften sind gekennzeichnet durch freiheitliche Gesinnung und romantische Naturfreude. Bekannt wurden besonders „Der Trompeter von Säckingen" und seine Burschenlieder „Gaudeamus".

Schefflerweg, (Othmarschen), 1957, nach dem Kunsthistoriker und Kunstschriftsteller Karl Scheffler (1869–1951), in Anlehnung an die Motivgruppe: Maler.

Schehakstieg, (Neugraben-Fischbek), 1958, nach dem Piloten Dolfi Joseph Wilhelm Schehak (1909–1935), Förderer des Segelfluges in Fischbek, stürzte bei einem Flugtag auf dem Bahrenfelder Flugplatz tödlich ab.

Scheidebachtal, (Hausbruch), 1953, nach dem hier verlaufenden Scheidebach, der früher die Grenze zwischen Moisburg und Harburg und zwischen den Kirchspielen Eistorf und Sinstorf bildete.

Scheideholzhang, (Neugraben-Fischbek), 1967, in Anlehnung an den Namen Scheidehoizweg.

Scheideholzkehre, (Neugraben-Fischbek), 1967, in Anlehnung an den Namen Scheideholzweg.

Scheideholzstieg, (Neugraben-Fischbek), 1980, in Anlehnung an den Namen Scheideholzweg.

Scheideholztwiete, (Neugraben-Fischbek), 1982, in Anlehnung an den Namen Scheideholzweg. Twiete = kleiner Verbindungsweg zwischen zwei Straßen.

Scheideholzweg, (Neugraben-Fischbek), nach 1938, 1986, Scheideholz war früher ein kleiner Wald, der Scheideholz oder Grenzholz genannt wurde, weil er die Grenze zwischen den Ämtern Moisburg und Harburg bildete.

Scheidereye, (Volksdorf), 1952, Scheidereye = Grenzwasserlauf.

Scheideweg, (Eimshüttel, Hoheluft-West), 1879, als Weg, der die Scheide (Grenze) zwischen Eimsbüttel und Eppendorf bildete. Der schmale Weg, der entlang der Eppendorfer und Eimsbüttler Grenze verlief, wurde 1879 zur Bismarckstraße hin verlängert und Scheideweg genannt. Jenseits dieser Straße begann die preußische Geschichte, beginnend mit der Bismarckstraße bis tief hinein nach Eimsbüttel.

Scheidingweg, (Bramfeld), 1949, nach dem altdeutschen Monatsnamen für September.

Schellerdamm, (Harburg), 1960, nach dem Harburger Kaufmann C. F. Emil Scheller (1837–1922), dem Mitbegründer der Harburger Mühlenbetrieb A. G.

Schellingstraße, (Eilbek), 1866, nach dem Philosophen Friedrich Wilhelm Joseph Schelling (1775–1854).

Schemmannstraße, (Volksdorf), 1906 und 1909, nach Conrad Herrmann Schemmann (1842–1910), Senator 1885–1910 und Landherr der Geestlande.

Schendelstieg, (Langenbek), 1988, nach dem jüdischen Kaufmann aus Harburg Eugen Schendel (1890–1943), Opfer des Nationalsozialismus.

Schenefelder Diek, (Iserbrook), 1949, Flurname = Schenefelder Teich. Nach dem Teich, der am Wege nach Schenefeld lag.

Schenefelder Holt, (Iserbrook), 1965, Flurname = Schenefelder Gehölz/ Wald.

Schenefelder Landstraße, (Nienstedten, Blankenese, Iserbrook), 1928, nach dem benachbarten Ort „Schenefeld".

Schenkendorfstraße, (Uhlenhorst), 1899, nach dem Dichter Max von Schenkendorf (1783–1817). Er nahm an dem Freiheitskampf gegen Napoleon teil und schrieb patriotische Gedichte und Lieder (Freiheit, die ich meine).

Scheplerstraße, (Altona- Altstadt), 1951, nach dem Pastor Arnold Schepler (1599–1681), 1624 Prediger, 1626 Pastor in Ottensen, 1650 Pastor an der Hauptkirche in Altona.

Scheteligsweg, (Horn), 1929, nach dem ersten Geistlichen der Martinskirche zu Horn, dem Pastor Carl Schetelig (1849–1920).

Schiefe Brücke, (Curslack, Neuengamme), 1961, die Brücke kreuzt die Dove-Elbe im schiefen Winkel.

Schierenberg, (Rahlstedt), 1950, Flurbezeichnung, „Schieren" = Grenze. Der Schierenberg bildete die Grenze zu Berne.

Schierenkamp, (Langenhorn), 1965, alte Flurbezeichnung. Schierenkamp = Grenzkamp.

Schierhornstieg, (Rahlstedt), 1950, nach der alteingesessenen Meiendorfer Bauernfamilie Schierhorn (seit dem 18. Jahrhundert).

Schierlingsweg, (Lurup), 1951, nach der Giftpflanze (giftig durch das Alkaloid Cicutoxin, bewirkt Lähmung, Übelkeit, Krämpfe u. a.).

Schießbahn, (Heimfeld), 1928, nach dem Schießstand der Harburger Garnison. Seit 1867 befand sich hier ein 800-Schritt-Schießstand des Infanterieregiments 75, der erst Mitte der dreißiger Jahre beim Ausbau dieser Straße abgebrochen wurde.

Schiffbeker Brücke, (Billstedt), 1968, in Anlehnung an den Namen Schiffbeker Weg, führt im Verlauf dieser Straße über die U-Bahn.

Schiffbeker Höhe, (Billstedt), vor 1938, frei gebildeter Name nach der erhöhten Lage auf der Schiffbeker Flur.

Schiffbeker Schanze, (Billstedt), 1948, zur Erinnerung an die Spökelburg, eine frühere Befestigungsanlage, die 1225 zerstört wurde. Reste der Wallanlage sind noch vorhanden.

Schiffbeker Weg, (Billstedt, Jenfeld), 1948, nach dem früheren Dorf Schiffbek, das zusammen mit Öjendorf und Kirchsteinbek den jetzigen Stadtteil Billstedt bildet.

Schiffszimmererweg, (Schnelsen), 1955, zur Erinnerung an die alte Tradition des Schiffszimmererhandwerks, das in Hamburg immer eine besondere Bedeutung hatte.

Schilfgrund, (Wandsbek), 1950, nach der Lage im mit Schilf bewachsenen Uferbereich der Osterbek.

Schilfmoor, (Bramfeld), 1955, in Anlehnung an den Namen Grootmoor.

Schilfstraße, (Steinwerder), 1876, nach der früheren Bewachsung der niedrig gelegenen Marschfläche mit Schilf.

Schillerstraße, (Altona-Altstadt), 1859 und 1950, zu Ehren des großen deutschen Dichters Friedrich von Schiller (1759–1805).

Schillerufer, (Bergedorf), 1927, nach dem großen deutschen Dichter Friedrich von Schiller (1759–1805).

Schillighörner Stieg, (Finkenwerder), 1939, nach Schillignörn an der ostfriesischen Küste.

Schillingkoppel, (Sasel), 1956, nach der vom 17. bis zum 19. Jahrhundert in Sasel ansässigen Bauernvogtfamilie Schilling. (Trittauer Erdbuch 1708 und Add. 1787)

Schillingsbektal, (Lokstedt), 1898, nach dem Bach Schillingsbek. Schilling kommt von „Schil", was ein altes Wort für Moor, Sumpf und Schmutz ist.

Schillingsbekweg, (Lokstedt), 1898, Erklärung wie: Schillingsbektal.

Schillingswisch, (Langenhorn), 1950, Flurname, vermutlich einst die Wiese (Wisch) des Langenhorner Anbauern Eggert Schilling.

Schillstraße, (Tonndorf), 1933, nach Ferdinand von Schill (1776–1809), Freiheitsheld im Kampf gegen Napoleon I.

Schimmelmannallee, (Jenfeld), 1951, im Anschluss an den Namen Schimmelmannstraße.

Schimmelmannstieg, (Jenfeld), 1945, Erklärung: siehe Schimmelmannstraße.

Schimmelmannstraße, (Marienthal, Jenfeld), 1945, nach der Familie Schimmelmann, Besitzer des Gutes Wandsbek ab 1762. Graf Schimmelmann – dänischer Finanzminister – erwarb das Gut 1762 und ersetzte das alte Schloss durch einen Neubau. Er zog die wichtige Textilindustrie nach Wandsbek, da es hier noch ausreichend Platz zum Bleichen an den Ufern der Wandse gab. Soviel Schimmelmann auch für Wandsbek getan haben mag, so umstritten ist sein

Leben, sowohl als Diplomat wie als Kaufmann. Als dänischer Finanzminister gelang es ihm, bei Wechselgeschäften immense Gewinne zu erzielen. Darüber hinaus machte er gewaltige Gewinne bei Armeelieferungen an alle Kriegsparteien. Sehr erfolgreich soll er auch bei dem damals betriebenen Sklavenhandel gewesen sein. Zusätzliche Bedeutung erhielt Wandsbek in der Schimmelmannschen Zeit durch den Chausseebau Hamburg-Lübeck. Während zuvor der Verkehr über Hellbrook- Ahrensburg erfolgte, verlief er jetzt über Wandsbek-Ahrensburg. 1861 wurde das Schloss abgebrochen, die Landwirtschaft aufgegeben und der Grund parzelliert. 1866 kam Wandsbek mit Schleswig-Holstein an Preußen, 1870 wurde es Stadt, verfügte über 28000 Einwohner und eine gut entwickelte Industrie.

Schimmelreiterweg, (Rahlstedt), 1964, nach der Novelle von Theodor Storm.

Schimmelweg, (Farmsen-Berne), 1967, nach den auch sonst hier verwendeten Namen aus dem Pferdesport.

Schinkelstraße, (Winterhude), 1907, nach Karl Friedrich Schinkel (1781–1841), bedeutender Architekt, nach dessen Entwürfen u.a. die Staatsoper gebaut wurde.

Schippelsweg, (Niendorf), vor 1934, Flurname nach dem in der Nähe gelegenen Schippelsmoor".

Schipperort, (Wilhelmsburg), 1949, volkstümliche, niederdeutsche Bezeichnung, die auf die Binnenschiffer (Schipper) hinweist.

Schipperstegel, (Neuengamme), 1925, ortsübliche Bezeichnung, Schipper = Schiffer = Binnenschifferund Stegel = Diminutivform für Steg.

Schlachthofbrücke, (Harburg, Wilstorf), 1988, im Anschluss an den Namen Schlachthofstraße. Die Brücke entstand mit dem Bau des Bahnhofes Harburg und ist nach dem östlich des Bahnhofes gelegenen Schlachthof Harburg benannt.

Schlachthofpassage, (St. Pauli), 1998, nach dem nördlich angrenzenden Schlachthof.

Schlachthofstraße, (Harburg), 1893, hier liegt der 1892 fertiggestellte Schlachthof Harburg.

Schlagbaumtwiete, (Othmarschen), seit 1905, Flurname „Schlagbohmkamp", von 1780 bis 1800 befand sich hier ein Schlagbaum zur Sperrung der Flottbeker Chaussee, um Durchlaßgebühren von den Wagenführern zu kassieren.

Schlagboom, (Bramfeld), 1932, Flurname. Hier befand sich früher ein Schlagbaum, um Frachtfahrer nach Lübeck daran zu hindern, den Bramfelder Zoll zu umgehen.

Schlagemihls Treppe, (Blankenese), vor 1928, nach dem Grundeigentümer, zu dessen Besitz die Treppe führte.

Schlangenkoppel, (Billstedt), 1948, nach einem der Gegend anhaftenden Flurnamen.

Schlankreye, (Eimsbüttel, Harvestehude), 1907, alter Name für die ehemals dem Kloster St. Johannis gehörenden Isebekweiden. Der Straßenname erklärt sich wie folgt: „Reihe" bedeutet einmal eine einseitig bebaute Straße, kann sich aber auch ableiten von „Reie" oder „Rey", was kleiner Wasserlauf bedeutet.

Schlankweg, (Sülldorf), 1928, Flurname. Schlank = Wiese zwischen zwei Gräben.

Schlatermundweg, (Wilhelmsburg), 1956, nach der Familie Schlatermund, der das dortige Gelände gehörte. Claus Schlatermund war längere Zeit als Gemeindevorstand in Wilhelmsburg tätig.

Schlawer Weg, (Rahlstedt), 1967, nach dem Ort in Pommern.

Schlebuschweg, (Bergedorf), 1887, im Jahre 1880 von der Familie der beiden Ratsherren und Notare Carl (gest. 1852) und Iwan Schlebusch (1805–1885) angelegt.

Schleemer Brücke, (Billstedt), 1968, Erklärung wie Schleemer Ring.

Schleemer Ring, (Billstedt), 1939, nach dem untergegangenen Dorf Oberschleems, dessen Feldmark unter den Dörfern Schiffbek und Steinbek aufgeteilt wurde.

Schleemer Weg, (Billstedt), vor 1938, Erklärung wie Schleemer Ring.

Schleemkoppel, (Billstedt), 1945, Erklärung wie Schleemer Ring. Koppel = eingefriedetes Weideland.

Schleestraße, (Altona-Altstadt), 1950, nach Dr. Ernst Schlee (1834–1905), Pädagoge, Begründer der deutschen Reformschule und des Altonaer Schulsystems.

Schlegelsweg, (Eilbek), 1904, nach den Dichterbrüdern August Wilhelm Schlegel (1767–1845) und Friedrich Schlegel (1772–1829).

Schlehdornweg, (Fuhlsbüttel), 1908, nach den auch sonst in Fuhlsbüttel vielfach verwendeten Pflanzenmotivnamen.

Schlehenweg, (Schnelsen), vor 1938, Schlehen = pflaumenartige, sehr sauere Frucht (Schwarzdorn).

Schleidenbrücke, (Winterhude, Barmbek-Süd, Barmbek-Nord), 1929, in Anlehnung an den Namen Schleidenstraße.

Schleidenstraße, (Barmbek-Süd), 1904, nach Matthias Jacob Schleiden (1804–1881), Naturforscher, Botaniker, entwickelte die Pflanzenkunde, erkannte die Bedeutung des Zellkerns.

Schlengendeich, (Wilhelmsburg), 1907, der Deich war wegen der unterschiedlichen Höhe und verschiedener Priele stark gekrümmt und erhielt wohl daher seinen Namen.

Schlenzigstraße, (Wilhelmsburg), 1969, nach Walter Schlenzig (1902–1966), Industrieller, Förderer gemeinnütziger Einrichtungen in Wilhelmsburg.

Schleswiger Damm, (Schnelsen), 1967, nach dem Landesteil Schleswig in motivischer Anlehnung an die „Holsteiner Chaussee".

Schleswiger Straße, (Bahrenfeld), 1895, nach der Stadt Schleswig an der Schlei.

Schlettstadter Straße, (Dulsberg), 1928, nach der vormals deutschen Stadt im Elsaß.

Schleusenbrücke, (Neustadt, Hamburg-Altstadt), 1843, als „Bei der Schleusenbrücke" nach der über die Alsterschleuse führenden Brücke.

Schleusendamm, (Allermöhe, Neuengamme), 1934, nach der anliegenden Krapphof Schleuse.

Schleusendammbrücke, (Neuengamme, Allermöhe), 1961, führt im Zuge des Schleusendamms über die Dove-Elbe.

Schleusengrabenbrücke, (Bergedorf), 1956, führt im Zuge der Bergedorfer Straße über den Schleusengraben.

Schleusenhörn, (Allermöhe), 1932, Flurname. Hörn = Landwinkel oder auch Vorland.

Schleusenredder, (Duvenstedt, Wohldorf-Ohlstedt), 1947, nach der Lage bei der Wohldorfer Schleuse. Redder = von Knicks gesäumter Feldweg.

Schleusenstieg, (Duvenstedt), vor 1940, nach der Lage bei der Wohldorfer Schleuse.

Schleusentwiete, (Poppenbüttel), 1930, nach der nahe gelegenen Poppenbütteler Schleuse. Twiete = kleiner Verbindungsweg.

Schlickböge, (Wohldorf-Ohlstedt), 1928, Flurname= „Schlammbiegung".

Schlicksweg, (Barmbek-Nord), 1930, nach Dr. Ing. Otto Schlick (1840–1913), Erfinder des Massenausgleichverfahrens (Schiffskreisel).

Schliemannstraße, (Nienstedten), 1947, nach dem Kaufmann und Altertumsforscher Heinrich Schliemann (1822–1890). Schliemann hat die vorhomerische Welt des 2. Jahrhunderts vor Christus entdeckt und damit ein neues Forschungsgebiet erschlossen.

Schlinckstraße, (Wilhelmsburg), 1979, nach der Firma H. Schlinck & Cie (Palminwerk).

Schlöperstieg, (Wilhelmsburg), 1907 und 1952, schmaler Schleppsteig, konnte nur von „Sleupen" (schlittenartige Schleppen) benutzt werden. Das plattdeutsche „Sleup" hängt zusammen mit dem mittelniederdeutschen „Slope", „Siepen" = schleifen, schleppen.

Schloostraße, (Finkenwerder), 1923, nach der alteingesessenen Fischerfamilie Schloo.

Schloßgarten, (Marienthal), 1951, nach dem von Graf Schimmelmann angelegten Schloßgarten.

Schloßkoppel, (Farmsen-Berne), 1947, nach dem im Volksmund als Schloß bezeichneten Herrenhaus des früheren Gutes Berne.

Schloßmühlendamm, (Harburg), 1950, die Benennung geht darauf zurück, dass die alte Schlossmühle, die durch den Sevekanal gespeiste Wassermühle, von ihrem Besitzer den Namen Schloßmühle erhalten hat und dass die Straße einen Teil des Dammes bildete, der in älterer Zeit die im Sumpf liegende Burg mit der Geest verband. Östlich dieser Straße lag der „Küchgarten", der für die herzogliche Hofhaltung benötigt wurde.

Schloßstraße, (Wandsbek, Marienthal), vor 1861, nach dem ab 1762 im Besitz des Grafen Schimmelmann gewesenen Schlosses Wandsbek.

Schluchtweg, (Ohlsdorf), 1950, in Anlehnung an den landschaftlichen Charakter dieses, im Verhältnis zu den anliegenden bebauten Grundstücken tief gelegenen Zugangs zur Schule Stübeheide.

Schlüsselblumenweg, (Eidelstedt), 1957, frei gestalteter Name in Erweiterung der Motivgruppe „Blumen", die auch sonst in Eidelstedt vielfach verwendet wurden.

Schlüterstraße, (Rotherbaum), 1892, nach Bürgermeister (1835–1843), Senator (1801) Dr. David Schlüter (1758–1844). Bekanntgeworden ist die Schlüterstraße durch ihr großes Postamt. Hier wurde auf einem der Stadt gehörenden Gelände, das man der Post verkaufte, 1908 die erste Fernsprechzentrale eingerichtet, die im gleichen Jahr auch als Fernsprechvermittlungsstelle ihren Betrieb aufnahm.

Schlüüskamp, (Langenhorn), 1937, am Bornbach befand sich in alter Zeit eine Wassermühle, vermutlich war der Bach durch eine Schleuse aufgestaut. Nach dieser Schleuse „Schlüüs" ist die Flur benannt.

Schluisgrove, (Wilhelmsburg), 1959, ortsübliche Bezeichnung des 1538 von Herzog Otto II. eingedeichten Gebietes nach einem dort befindlichen Schluisgroven = Schleusengraben.

Schmachthäger Straße, (Barmbek-Nord, Steilshoop), 1929, der Name erinnert an das untergegangene Dorf Schmachthagen, das bereits im Jahre 1347 erwähnt wird; aber schon 1573 wird Schmachthagen als wüste Feldmark bezeichnet.

Schmahlsweg, (Rahlstedt), vor 1940, nach dem Grundeigner, dem Reismühlenbesitzer Johannes Schmahl (1825–1899), einem Mann wohltätiger Stiftungen in Wandsbek.

Schmalenbecker Straße, (Barmbek-Süd), 1899, nach dem Hamburger Walddorf Schmalenbeck, das 1937 infolge des Groß-Hamburg-Gesetzes an Schleswig-Holstein abgetreten wurde.

Schmalenbrook, (Stellingen), 1962, nach einem Flurnamen.

Schmalenremen, (Volksdorf), 1919, Flurname, bei Remen handelt es sich um schmale mit Bäumen oder Büschen bewachsene zwischen den Äckern stehengelassene Gehölzstreifen, um der Erosion vorzubeugen oder als Begrenzung zwischen den Äckern, ferner dienten sie der Dorfbevölkerung zur Versorgung mit Kleinholz.

Schmalfelder Weg, (Langenhorn), 1952, nach der holsteinischen Ortschaft.

Schmalkaldener Straße, (Bahrenfeld), 1963, nach der thüringischen Stadt Schmalkalden, wo 1531 die protestantischen Fürsten und Reichsstände zur Wahrung ihrer Interessen einen Bund schlossen (Schmalkaldischer Bund).

Schmarjestraße, (Altona-Altstadt), 1950, nach Johs. Schmarje (1842–1922), Schriftsteller in Altona.

Schmidtkamp, (Othmarschen), 1953, nach Hermann Christian Schmidt (1849–1924), vor 1890 Gemeindevorsteher, dann Bezirksvorsteher in Othmarschen, Vorbesitzer des Geländes.

Schmidt-Rottluff-Weg, (St. Pauli), 1987, nach dem Maler und Graphiker Karl Schmidt-Rottluff (1844–1976), gehörte zu den führenden Meistern des Expressionismus, gründete mit Kirchner und Heckel die „Brücke", lehrte an der Akademie in Berlin.

Schmidts Breite, (Wilhelmsburg), 1949, nach der Firma F. H. Schmidt in Altona, die hier eine Eisenkonstruktionsanstalt hatte.

Schmidts Passage, (Altona-Altstadt), 1859, nach dem Grundeigentümer F. H. Schmidt (Zimmermeister).

Schmidtweg, (Bergedorf), 1955, nach dem Erbauer der Sternwarte Bergedorf, dem bedeutenden Astronomen Bernhard Schmidt (1879–1935), dem Erfinder des Spiegelteleskops. Seine Erfindung bedeutete eine neue Epoche beim Bau astronomischer Instrumente.

Schmiedeberger Weg, (Jenfeld), 1959, nach der Stadt in Schlesien.

Schmiedekoppel, (Niendorf), 1991, nach der in der Nähe gelegenen ehemaligen Schmiede.

Schmiedestraße, (Hamburg-Altstadt), nachweisbar seit dem 13. Jahrhundert, ben. nach den Angehörigen des Schmiedegewerbes, die hier in größerer Zahl wohnten. In alter Zeit wurden die Straßenbenennungen fast ausschließlich nach dem Gewerbe vorgenommen, wie aus verschiedenen Straßennamen der Hamburger Altstadt noch heute ersichtlich ist. Erst unter den Schauenhurger Grafen begann eine amtliche und schriftlich festgehaltene Straßenbenennung.

Schmilinskystraße, (St. Georg), 1899, nach dem Gründer des an dieser Straße gelegenen Schmilinskystiftes Carl Heinrich Schmilinsky (1818–1891).

Schmuckshöhe, (Ohlsdorf), 1955, zur Erinnerung an das früher hier gelegene Ausflugslokal „Schmuckshöhe", vermutlich nach dem Besitzer Wilhelm Heinrich Jacob Schmuck (1815–1871), Destillateur.

Schmuckstraße, (St. Pauli), 1948, nach dem Grundeigner Georg Schmuck, Bauunternehmer.

Schmüserstraße, (Wandsbek), um 1848, nach Heinrich Carl Martin Schmüser (1823–1895), der die Straße angelegt hat und Vorbesitzer des Geländes war.

Schmuggelbrücke, (Langenhorn), 1960.

Schmuggelstieg, (Langenhorn), 1950, in früherer Zeit wurden in der Gegend beim Ochsenzoll Waren, die in Hamburg billiger waren, nach Schleswig-Holstein geschmuggelt.

Schnaakenmoor, (Rissen), 1931, Flurname „Snaak".

Schnackenburgallee, (Bahrenfeld, Eidelstedt), 1928, nach dem Oberbürgermeister von Altona, Bernhard Schnackenburg (1867–1924). In seiner Amtszeit kam es zu einer Denkschrift, die die Nachbarschaft Hamburgs betraf; darin wurde Preußen aufgefordert, Subventionen für den Ausbau des Fischmarktes und des Hafens Altona zu gewähren. Gleichfalls verlangte man die Sanierung der Altonacr Altstadt, die zur reinen Schlaf- und Wohnstadt von Hamburg geworden war. Die Hamburger Behörden wiesen diese Klagen als übertrieben und nicht stichhaltig zurück.

Schneckenstieg, (Osdorf), 1933, nach der Schnecke.

Schneeballweg, (Eidelstedt), 1950, in freier Wahl, nach den in Eidelstedt auch sonst vielfach verwendeten Blumenmotivnamen.

Schneeglöckchenweg, (Wandsbek), 1950, nach dem Schneeglöckchen, Frühlingsblume.

Schneeheide, (Neugraben-Fischbek), 1974, nach der Lage in der Fischbeker Heide, wo die Silbe „Heide" vielfach bei Straßennamen verwendet wurde, meist im Zusammenhang mit dem örtlichen Charakter.

Schneehuhnkamp, (Rahlstedt), 1950, nach einem nordischen Vogelmotiv.

Schneewittchenweg, (Billstedt), 1952, nach einem Märchenmotiv.

Schnelsenstraße, (Rahlstedt), vor 1940, Schneise = freigeschlagener Waldweg.

Schnellstraße, (Altona-Nord), 1950, nach Dr. Hermann Schnell (1860–1901), Lehreram Realgymnasium in Altona, Förderer der Jugendspiele, Erfinder des Schlagballspiels.

Schnelsener Weg, (Eidelstedt), 1911, nach dem früher holsteinischen Dorf Schnelsen.

Schnelser Höhe, (Schnelsen), 1958, nach einer ortsüblichen Bezeichnung.

Schnepfenstieg, (Hausbruch), 1984, nach der Motivgruppe: heimisches Niederwild.

Schneverdinger Weg, (Wilstorf), 1961, nach der Ortschaft in der Lüneburger Heide.

Schnuckendrift, (Neugraben-Fischbek), 1948, nach der Schafrasse „Heidschnucke" und unter Verwendung des früheren Wegnamens: Driftstraße. Drift = Viehtriebweg.

Schnudts Treppe, (Blankenese), vor 1927, nach dem Vorbesitzer des Geländes, Jürgen Hermann Schnudts (1827–1904).

Schöfferstieg, (Billstedt), 1948, nach Peter Schöffer (gest. 1503), bedeutender Mainzer Buchdrucker, Schüler Gutenbergs.

Schoenaich-Carolath-Straße, (Groß Flottbek), 1951, nach Emil Prinz von Schoenaich-Carolath-Schilden (1852–1908), Dichter.

Schönbornreihe, (Horn), 1939, nach dem kaiserlichen Kommissar Graf von Schönborn, der 1708 mit Reichstruppen in Hamburg einrückte, um durch Verfassungskämpfe entstandene Unruhen zu unterdrücken.

Schöne Aussicht, (Uhlenhorst), ben. 1845 als „An der Schönen Aussicht" und 1899 verkürzt auf „Schöne Aussicht". Die Namensgeber müssen wirklich in Ekstase gewesen sein, als sie diese Ecke von Hamburg mit Straßennamen wie „Bellevue" und „Schöne Aussicht" benannten. Das ließ sich in allen Sprachen fortsetzen. Bis zum Großen Brand von 1842 gab es um die Alster herum nur Wiesengelände. Erst nach Absenken des Wasserspiegels um über einen Meter, was erst durch den Bau der Schleuse (Schleusenbrücke) möglich wurde, konnte das Ufergelände ausgetrocknet und bebaut werden. Auch die „Schöne Aussicht" wurde erst nach 1842 angelegt und bebaut.

Schöneberger Straße, (Jenfeld, Rahlstedt), 1961, nach dem Berliner Bezirk.

Schönenfelder Straße, (Wilhelmsburg), 1904, das „Schöne Feld" lag nördlich vom „Neuen Feld" und wurde 1491 vom damaligen Grundherrn, dem Freiherrn von Grote, eingedeicht.

Schöner Blick, (Blankenese), 1947, als die Höhe noch nicht den hohen Baumbestand aufwies, hatte man von hier aus einen großartigen Blick.

Schönsberg, (Sasel), vor 1962, nach dem Charakter der Landschaft.

Schönsbergredder, (Sasel), 1962, in Anlehnung an den Namen Schönsberg.

Schönweg (Niendorf), vor 1934, nach Dr. Johs. Matthias Albrecht Schön (1800–1870), Augenarzt, Schriftsteller (Pseudonym: J. Krohn).

Schomburgstraße, (Altona-Altstadt), 1950, nach Bernhard Leopold Volkmar Schomburg (1705–1774), 1737–1747 Präsident in Altona.

Schoolmesterkamp, (Volksdorf), 1948, Flurbezeichnung. Es handelt sich dabei um Deputatland aus Gemeindegrundstükken, das den wenig verdienenden Lehrern zur Verfügung gestellt wurde.

Schopbachweg, (Stellingen), 1960, nach dem Ziegeleibesitzer Christian Schopbach (im 19. Jahrhundert).

Schopenhauerweg, (Ottensen), 1945, nach dem Philosophen Arthur Schopenhauer (1788–1860). Er schloss die Bewegung des deutschen Idealismus ab und ist zugleich Hauptvertreter des Pessimismus.

Schopenstehl, (Hamburg-Altstadt), ben. seit Mitte des 14. Jahrhunderts. Eine Ansicht geht davon aus, dass der Name aus dem Braugewerbe kommt, das ja bekanntermaßen in Hamburg stark vertreten war. „Schope" ist mitteldeutsch und bedeutet Schöpfkelle der Brauer und „stehl" ist der Stiel dazu. Es könnte also sein, dass die Straße Schopenstehl der „Stehl der Kelle" ist und der am Ende der Straße gelegene Fischmarkt als Kelle fungiert. Eine andere Version vermutet im Wort Schöpen das heute daraus entstandene Wort „Schöffe". Da das Schöffentum bereits Ende des 8. Jahrhunderts unter Karl dem Großen eingeführt wurde, kann es durchaus sein, dass der Name etwas mit Rechtssprechung zu tun hat und einfach Schöffenstuhl bedeutet, denn die Gerichtsbarkeit befand sich nicht weit entfernt, nämlich in der Mitte der Altstadt beim Rathaus. Eine dritte Lesart geht in die gleiche Richtung und vermutet, dass „Scope" soviel wie Pfahl oder Pranger bedeutet, in diesem Fall also Schandpfahl, an den die Verurteilten gebunden wurden.

Schopstraße, (Eimsbüttel), 1938, nach dem Dirigenten, Hamburger Ratsmusiker und Organisten Johann Schop (1621–1665).

Schorchtstraße, (Harburg), 1927, nach August Schorcht (1826–1885), Rechtsanwalt, 1853 Stadtsyndikus in Harburg, 1883 Bürgermeister in Harburg.

Schorrhöhe, (Bergedorf), 1955, nach Prof. Dr. Richard Schorr (1867–1951), Astronom, seit 1902 Direktor der Hamburger Sternwarte.

Schotstek, (Finkenwerder), 1980, bei diesem Wort handelt es sich um die Befestigungsart eines Tauendes in bestimmter seemännischer Weise, von denen es viele gibt, wie: Balkenstek, Fischerstek, Flag-genstek, Notstek, Schlippstek, etc.

Schottmüllerstraße, (Eppendorf), 1937, nach Prof. Dr. Schottmüller (1867–1936), Direktor am Universitätskrankenhaus Eppendorf.

Schottweg, (Hohenfelde), 1979, nach dem Advokaten Gerhard Schott (1641–1702), Senator, Mitbegründer der Hamburger Oper am Gänsemarkt und bald darauf deren alleiniger Besitzer.

Schrammsweg, (Eppendorf), 1864, nach der Familie Schramm, vermutlich insbesondere nach dem Klosterbürger (seit 1800), späteren Oberalten (seit 1814) Johann Gottfried Schramm (1742–1822) und seinem gleichnamigen Sohn (1781-1827), der Klosterschreiber des St.-Johannis-Klosters war.

Schrankenweg, (Rahlstedt), 1950, nach der Lage, d.h. nach einem mit Schranken versehenen Bahnübergang.

Schreberstraße, (Groß Borstel), 1932, nach dem Arzt Dr. Daniel Gottlieb Schreber (1808–1861), dem Begründer der nach ihm benannten Schrebergartenbewegung.

Schregenhof, (Hummelsbüttel), 1930, nach dem früheren „Schregenhof", einer alten, wüst gewordenen Bauernstelle.

Schreinerweg, (Lurup), 1934, frei gebildeter Name, Schreiner = Tischler, in Anlehnung an den benachbarten Böttcherkamp.

Schreyerring, (Steilshoop), 1973, nach Prof. Lothar Schreyer (1886–1966), Maler und Dramaturg. Motivgruppe: Personen, die sich in der ersten Hälfte des 20. Jahrhunderts um das kulturelle Leben der Stadt verdient gemacht haben.

Schröderstiftstraße, (Rotherbaum), 1858, nach dem daran gelegenen, 1852 von Johann Heinrich Schröder (1784–1883) gegründeten Schröderstift.

Schröderstiftweg, (Rotherbaum), 1973, in Anlehnung an die Schröderstiftstraße.

Schröderstraße, (Hohenfelde), 1858, nach dem Grundeigner H. H. Schröder.

Schrödersweg, (Groß Borstel), 1864, nach Dr. med. Christian Wilhelm Albrecht Adam Schröder, seit 1822 Eigentümer des angrenzenden Landsitzes und Parks, die 1872 auf seinen Enkel Dr. C. G. P. O. Nan-ne übergingen.

Schrötteringksweg, (Uhlenhorst), 1907, nach dem Oberalten Jürgen Schrötteringk (1551–1631), der am Anfang des 17. Jahrhunderts die Baukosten für das erste Waisenhaus übernahm und sich an seiner Verwaltung beteiligte, zugleich in Erinnerung an die Verdienste seiner Nachkommen.

Schubackstraße, (Eppendorf), ben. 1910 zu Ehren der Familie Schuback, die von 1711 bis 1784 in der Nähe ein Landhaus besaß und aus der der Bürgermeister (seit 1754, Senator 1737) Nikolaus Schuback (1700–1783) sowie seine beiden Söhne, der

Syndikus (seit 1760) Jakob Schuback (1728–1784) und der Gründer der Firma Johannes Schuback & Söhne (1732–1817), hervorgegangen sind.

Schubertstraße, (Barmbek-Süd), 1905, nach dem Tondichter Franz Schubert (1797–1828), Motivgruppe: Komponisten.

Schümannweg, (Billstedt), 1950, nach Adolf Schümann, dem letzten ehrenamtlichen Gemeindevorsteher von Kirchsteinbek von 1907 bis 1918.

Schünemannstieg, (Wandsbek), 1968, nach Waldemar Schünemann (1850–1930), Schulrat in Wandsbek und Stormarn.

Schünenkoppel, (Wohldorf-Ohlstedt), 1937, Flurbezeichnung, im Anschluss an die großen Scheunen des Gutshofes Wohldorf erstreckt sich in Richtung Aue eine größere Koppel, die als Weide dient.

Schürbeker Bogen, (Uhlenhorst), 1961, in Anlehnung an den Namen Schürbeker Straße.

Schürbeker Straße, (Uhlenhorst), um 1866. Wer erinnert sich heute noch, dass die Eilbek einst mit zwei Mündungsarmen in die Alster floss, wobei der nördliche Arm Schürbek hieß? Ecke Mundsburger Damm lag ein 1873 abgebrochenes Wirtshaus „Schüürbek“, das seinen Namen von der hier vorbeifließenden Schürbek hatte.

Schüslerweg, (Heimfeld), 1958, nach Lic. Christoph Jacob Schüsler (gest. 1749) und Georg Christian Andreas Schüsler (gest. 1754), Stadtsyndizi in Hamburg.

Schütteneck, (Neugraben-Fischbek), 1948, nach den Schütten = Schützen. Hier wurden früher die Schützenfeste in Neugraben abgehalten.

Schüttstraße, (Harburg), 1983, ist ein alter Weg, der südlich des Geländes verläuft, welches früher „Auf dem Schutt“ genannt wurde. Der Name entstand wahrscheinlich erst, als dieses Gelände im 19. Jh. zur Besiedlung aufgeschüttet worden ist.

Schützenstraße, (Bahrenfeld), 1889, nach den Ottensener Zollwächtern, die im Volksmund „Schützen“ genannt wurden.

Schulauer Moorweg, (Rissen), 1950, Verlängerung des schleswig-holsteinischen Weges auf Hamburger Gebiet, ein Name, der vom Nachbarland übernommen wurde.

Schulauer Weg, (Rissen), 1929, nach dem Nachbarort Schulau, wohin der Weg führt.

Schulberg, (Othmarschen), vor 1934, auf der halben Höhe des Weges lag die frühere Schule der Övelgönner Kinder.

Schulbergredder, (Poppenbüttel), 1950, nach der dort gelegenen „Ludwig-Frahm-Schule“. Redder = von Knicks gesäumter Feldweg.

Schuldorffstraße, (Bergedorf), 1956, nach Hermann Schuldorff (1586–1657), Amtsvorsteher in Bergedorf.

Schulenbeksweg, (Hamm-Nord), 1911, nach einem früheren Wasserlauf dieses Namens.

Schulenbrooksweg, (Bergedorf), 1945, nach einem Wasserlauf, der als Schulenbrook (schulend = versteckt) am Hang des Gojenberges von 1491 genannt wird.

Schulenburgring, (Lohbrügge), 1964, nach Graf Fritz Dietlof von der Schulenburg (1902–1944), Widerstandskämpfer gegen den Nationalsozialismus. Graf Schulenburg wurde nach dem Attentat gegen Hitler 1944 hingerichtet.

Schulgartenweg, (Bahrenfeld), 1971, nach der Lage am Schulgarten.

Schulheide, (Neugraben-Fischbek), 1948, nach einem hier gelegenen Heidegebiet, das Eigentum der Fischbeker Schule war.

Schulkamp, (Nienstedten), 1928, nach der anliegenden Schule.

Schulpfad, (Rahlstedt), 1951, als Weg zur Oldenfelder Schule.

Schulredder, (Lohbrügge), vor 1932, nach der anliegenden Schule. Redder = von Knicks gesäumter Feldweg.

Schulten Immenbarg, (Blankenese), 1949, nach einem der Gegend anhaftenden Flurnamen.

Schulterblatt, (Sternschanze, Altona-Nord, Eimsbüttel), benannt im Volksmund um 1700 als „Beim Schulterblatt". Der Wirt einer hier gelegenen Gastwirtschaft hatte als Aushängeschild das Schulterblatt eines Walfisches. Es soll sich um eine Seemannskneipe gehandelt haben, die vorwiegend von Walfängern besucht wurde. Der Wirt hatte sich das Schulterblatt eines Wales mitbringen lassen, es bunt angemalt und als Wahrzeichen vor der Tür aufgehängt.

Schulteßdamm, (Wellingsbüttel), 1950, nach Prof. Dr. Friedrich Schulteß (1851–1919), Direktor am Johanneum von 1888 bis 1919.

Schulteßstieg, (Wellingsbüttel), 1950, im Anschluss an den Namen Schulteßdamm.

Schultwiete, (Sinstorf), 1950, nach der Lage nach der Sinstorfer Schule. Twiete = kleiner Verbindungsweg zwischen zwei Straßen.

Schultzweg, (Hammerbrook), um 1839, nach dem ursprünglichen Privatweg des Bleichers Joh. Ferd. Schultz.

Schulweg, (Eimsbüttel), 1864, nach der an der Straße gelegenen Eimsbütteler Schule. Bei dieser Ecke Schulweg/Osterstraße gelegenen Schule handelt es sich um die älteste Schule von Eimsbüttel. Sie wurde 1693 erbaut und diente bis 1882 dem Unterricht. Sie wurde 1887 abgebrochen, da sie für die nachrückenden Jahrgänge zu klein geworden war. Stifter der Schule war der Syndikus Wolder Schele. Er war nicht nur der Stifter dieser kleinen Strohdachkate, er sorgte auch für deren Unterhalt.

Schumacherstraße, (Altona-Altstadt), 1868, nach dem Astronomen und Konferenzrat Heinrich Christian Schumacher (1780–1850), der in der Gegend der früheren Schünemannstraße ein Markzeichen anlegte, das die geometrische Lage Altonas zeigte.

Schumacherwerder, (Kleiner Grasbrook), 1893, Schreibweise geändert 1951, nach dem Namen einer früheren, nicht mehr existierenden Flussinsel.

Schumannstraße, (Barmbek-Süd), 1876, nach dem Pianisten, Musikschriftsteller und Komponisten Robert Schumann (1810–1856).

Schurekstraße, (Steilshoop), 1977, nach dem Ingenieur, Gewerbeschullehrer und Schriftsteller von Lustspielen in niederdeutscher Mundart, Paul Schurek (1890–1962).

Schurzalleebrücke, (Rothenburgsort), 1930, in Anlehnung an den Namen Schurzallee.

Schurzallee-Mitte, (Hamm-Süd), 1953, Erklärung wie Schurzallee-Nord.

Schurzallee-Nord, (Hamm-Mitte), 1929/31, ben. anlässlich des hundertsten Geburtstages des deutsch-amerikanischen Staatsmannes, Politikers und Publizisten Carl Schurz (1829–1906). Allerseits angesehener und geistiger Führer der deutschamerikanischen Bewegung. Er trug wesentlich zum Wahlsieg von A. Lincoln bei, hatte verschiedene diplomatische und staatsmännische Positionen inne.

Schusterberg, (Neugraben-Fischbek), nach 1938, nach einer volkstümlichen Bezeichnung; hier wohnte der alte Schuster Meyer.

Schusterkoppel, (Poppenbüttel), 1977, Flurbezeichnung. (Siehe auch Schoolmesterkamp.)

Schutenort, (Wilhelmsburg), 1949, Abzweigung vom Weg „Schipperort". Frei gebildeter Wegname, vielleicht in motivischer Anlehnung an „Schipperort".

Schwabenplatz, (Hammerbrook), 2005, in Anlehnung an die ehemals dort entlangführende Schwabenstraße.

Schwabenstieg, (Niendorf), 1961, nach dem germanischen Volksstamm der Schwaben, dessen Namen mit den seit dem 3. Jahrhundert abwandernden Alemannen in das ursprünglich keltische, später römische Gebiet zwischen Rhein, Neckar und Donau getragen wurde. Heute versteht man unter Schwaben das schwäbisch sprechende Gebiet mit der Bevölkerung Württembergs, Oberschwabens und des bayerischen Schwabens.

Schwalbenplatz, (Barmbek-Nord), 1914, im Anschluss an den Namen Schwalbenstraße.

Schwalbenstraße, (Barmbek-Nord), 1899, nach den auch sonst im Barmbek vielfach verwendeten Vogelmotivnamen, in Erinnerung an den Vogelliebhaber von Essen, der hier Nist- und Brutplätze für einheimische Vögel anlegte.

Schwalbenweg, (Niendorf), vor 1938, nach einem Vogelmotiv.

Schwanenblumenplatz, (Billstedt), 2008, nach einer gefährdeten Blume in Feuchtgebieten.

Schwanenwik, (Uhlenhorst, Hohenfelde), 1872, nach dem Lieblingsaufenthaltsplatz der Alsterschwäne. Da diese Alsterseite schon immer der bevorzugte Platz der Schwäne für ihren Sommer-, aber besonders für ihren Winteraufenthalt war, ehrte man die »weiße Flotte« mit diesem Straßennamen. »Wik« = Bucht, Ufer, Stätte.

Schwanenwikbrücke, (Uhlenhorst, Hohenfelde), 1904, in Anlehnung an den Namen „Schwanenwik“. Im Zuge dieser Straße über den Mundsburger Kanal führend.

Schwansenstraße, (Dulsberg), 1928, nach der Halbinsel Schwansen in der Ekkernförder Bucht.

Schwartauer Straße, (Groß Borstel), 1947, nach der Stadt Bad Schwartau bei Lübeck.

Schwartenkamp, (Othmarschen), um 1899, Flurname.

Schwarzbuchenweg, (Wellingsbüttel), 1950, frei gewählter Name im Gegensatz zum Weißbuchenweg, von dem er abzweigt, und nach den auch sonst hier verwendeten Baummotivnamen.

Schwarzdornweg, (Wellingsbüttel), 1950, Schwarzdorn = Schlehdorn.

Schwarze Brücke, (Hammerbrook, Rothenburgsort), 1960. Die Brücken über die Bille wurden nach ihrem Anstrich benannt. Diese Brücke führt im Zuge des Heidenkampsweges über die Bille.

Schwarzenbeker Ring, (Rahlstedt), 1964, nach der Ortschaft im Herzogtum Lauenburg.

Schwarzenberg, (Harburg), 1945, alte Bezeichnung für diese Anhöhe, die früher als Exerzierplatz und für Aufmärsche diente, aber auch als Platz für das jährliche Vogelschießen verwendet wurde.

Schwarzenbergstraße, (Harburg), 1950, als zum Schwarzenberg führender Weg. Früher im Volksmund auch „Armsünderweg“ genannt, weil sich auf dem Schwarzenberg die Gerichtsstätte befand.

Schwarzer Weg, (Steilshoop), 1971, frei gewählter Name.

Schwarze Straße, (Hamm-Nord), ben. im Volksmund am Anfang des 19. Jahrhunderts, vermutlich nach der durch Baumbestand hervorgerufenen Dunkelheit. Eine andere Lesart führt an, dass hier in den Jahren 1701–1781 ein J. Chr. Schwarz Grundbesitz hatte und daher die Straße ihren Namen hat.

Schwarzlosestraße, (Wandsbek), 1950, nach Andreas Schwarzlose (1732–1792), am Schloßbau in Wandsbek beteiligter Maurermeister.

Schwarzpappelweg, (Wellingsbüttel), 1950, nach den auch sonst in Wellingsbüttel vielfach verwendeten Blumenmotivnamen.

Schwedenkamp, (Niendorf), 1948, zur Erinnerung an die schwedische Armee, die 1657 und 1700 ihren Weg über die Alster nach Poppenbüttel in Richtung Pinneberg nahm und sich dort mit den Dänen ein Gefecht lieferte.

Schweenssand-Hauptdeich, (Neuland), 1970, nach dem Flurnamen „Schweenssand“.

Schweidnitzer Straße, (Jenfeld), 1967, nach der Stadt Schweidnitz in Niederschlesien im Vorland des Eulengebirges.

Schweimlerstraße, (Hohenfelde, St. Georg), 1955, nach dem Tischlermeister Wilhelm Schweimler (1853–1942), der sich um den Stadtteil Hohenfelde besonders verdient machte. Er führte ab 1892 für 40 Jahre den Vorsitz des Hohenfelder Bürgervereins und war ab 1895 fast 20 Jahre Mitglied der Hamburger Bürgerschaft.

Schweinesand-Elbinsel, (Blankenese).

Schweinfurthweg, (Tonndorf), 1951, nach dem Botaniker und Afrikaforscher Georg Schweinfurth (1836–1925).

Schwelmer Weg, (Langenhorn), 1953, nach der Industriestadt Schwelm in Westfalen. Motivgruppe: Städte im westdeutschen Industriegebiet.

Schwenckestraße, (Eimsbüttel), 1899, zu Ehren der um das hamburgische Musikleben verdiente Familie Schwencke, insbesondere des letzten Kantors am Johanneum und städtischen Musikdirektors, Christian Schwencke (1767–1822), dessen Sohn und Enkel Organisten an St. Nikolai waren.

Schwengelkamp, (Othmarschen), 1949, nach einem der Gegend anhaftenden Flurnamen. Schwengel = Querholz zum Anschirren von Zugtieren am Wagen oder vor dem Pflug.

Schwentnerring, (Wilhelmsburg), 1964, nach Dr. D. Bernhard Schwentner (1891–1944), Vikar an der St.-Michaelis-Kirche, dann Pfarrer in Neustrelitz. Widerstandskämpfer gegen den Nationalsozialismus.

Schwenweg, (Langenhorn), 1948, nach der Langenhorner Bauernfamilie Schwen.

Schweriner Straße, (Rahlstedt), 1945, nach der Stadt in Mecklenburg.

Schwersweg, (Tatenberg), 1955, nach Dietrich August Schwer (1870–1946), Baumeister aus alteingesessener Familie, verdient um die Schaffung des Ochsenwer der Heimatmuseums.

Schwertlilienweg, (Billstedt), 2008, nach einer bedrohten Feuchtwiesenpflanze.

Schwetzer Gasse, (Dulsberg), 1931, nach der Ortschaft Schwetz in Westpreußen, die laut Vertrag von Versailles abgetreten werden musste.

Schwindstraße, (Groß Flottbek), 1932, nach dem Maler Moritz von Schwind (1804–1871).

Schwingeweg, (Groß Flottbek), 1993, nach dem Hamburger Maler Friedrich Schwinge (1852–1913).

Schwübb, (Lokstedt), vor 1934, die Kollauer Chronik schreibt über diesen Weg: „Noch weiter unterhalb des Liedberges erstrecken sich die ‚Schwübb' benannten Wiesen, die auf beiden Seiten eines von Stellingen kommenden Baches liegen, der sehr wasserreich gewesen sein soll. Von den Dorfleuten wurde der Name nur ‚Schwübb' ausgesprochen, vermutlich wegen der starken Schwankungen (schwibben), die beim Befahren und Begehen dieser Wiesen wahrzunehmen waren, da der Untergrund stark moorig war."

Sebastiangasse, (Horn), 1929, nach dem heiligen Sebastian, dem Patron der Schützengilde.

Sechslingspforte, (Hohenfelde, St. Georg), 1884, zur Erinnerung an einen besonderen Wegezoll, der hier erhoben wurde. Der Weg nach Uhlenhorst führte früher über Lübecker Tor und Kuhmühle. Zur Verkürzung des Weges hatte 1852 eine private Aktiengesellschaft einen Fußweg von der Lohmühle an der Alster entlang angelegt und erhob von den Benutzern einen Sechsling. Der Spaß war von relativ kurzer Dauer, denn 1869 wurde diese Einrichtung schon wieder abgeschafft.

Sechslingstreppe, (Blankenese), vor 1903, Ausflügler, denen die „Rutsch" zu passieren zu gefährlich war, benutzten gegen Gebühr von einem Sechsling das gegenüberliegende Grundstück.

Eine andere Lesart besagt: Man müsse, um anzukommen bei dieser Treppe, sechsmal links gehen.

Sedanstraße, (Rotherbaum), 1899, zur Erinnerung an den Sieg deutscher Streitkräfte über französische Truppen bei Sedan (Nordfrankreich) am 1./2. September 1870.

Sedelmannsbusch, (Hummelsbüttel), 1950, Flurname. Es handelte sich um ein kleines Gehölz, das einem gewissen Sedelmann gehörte.

Sedenkamp, (Duvenstedt), 1996, nach der Bezeichnung „Seden" = feuchte Senke im ehemaligen dortigen Acker.

Seeadlerstieg, (Billstedt), 1950, Motivgruppe: Vögel.

Seebarg, (Lemsahl-Mellingstedt), 1946, nach einem dort befindlichen kleinen Teich.

Seebargredder, (Lemsahl-Mellingstedt), 1951, in Anlehnung an den Namen Seebarg. Redder = von Knicks gesäumter Feldweg.

Seebargstieg, (Lemsahl-Mellingstedt), 1981, in Anlehnung an den Namen Seebarg.

Seebargwinkel, (Lemsahl-Mellingstedt), 1973, in Anlehnung an den Namen Seebarg.

Seebekring, (Bramfeld), 1961, nach dem kleinen Wasserlauf Seebek, einem Zufluss zur Osterbek.

Seegelkenkehre, (Wilhelmsburg), 1996, nach H. A. Seegelke (1807–1873), Deichvogt in Wilhelmsburg 1849–1873.

Seehafenbrücke, (Harburg, Heimfeld), 1982, in Anlehnung an den Namen Seehafenstraße.

Seehafenstraße, (Heimfeld), 1909, weil sie zu den Harburger Seehafenbecken führte, die von 1904 bis 1907 bzw. zwischen 1927 und 1929 erbaut worden sind.

Seehof, (Neuenfelde), 1943, nach der ehemaligen Königs- und Staatsdomäne „Seehof".

Seehofallee, (Bramfeld), um 1897, nach dem Restaurant „Seehof" am Bramfelder See.

Seehofring, (Neuenfelde), 1963, nach der in der Nähe gelegenen Staatsdomäne „Seehof".

Seehofweg, (Neuenfelde), 1963, Erklärung wie Seehof ring.

Seekamp, (Bramfeld), 1950, nach der Lage in der Nähe des Bramfelder Sees.

Seemannshöft, (Waltershof), 1910, mit Bezug auf das Lotsenhaus und die Deutsche Seemannsschule, die dort als Heimstätte für auszubildende Seeleute erbaut werden sollte. Die Seemannsschule hat nie ein eigenes Gebäude erhalten und ist in das fertiggestellte Lotsenhaus gelegt worden.

Seerosenweg, (Eidelstedt), 1953, nach den auch sonst in Eidelstedt vielfach verwendeten Blumenmotivnamen.

Seeschwalbentwiete, (Billstedt), 1952, nach den auch sonst hier verwendeten Vogelmotivnamen.

Seesrein, (Niendorf), 1963 und 1985, Flurname: „Seesrein" im Erdbuch 1788.

Seestraße, (Groß Flottbek), um 1926, nach einem hier ehemals gelegenen See, der um 1924 zugeschüttet wurde.

Seestücken, (Eißendorf), 1961, Flurname (nach einem schon im Erbregister von 1667 vorkommenden Namen „Uf den Seestücken").

Seevedeich, (Gut Moor), 1932, alte Bezeichnung für diesen, den Seevekanal östlich begrenzenden Deich.

Seevepassage, (Harburg), 1983, nach der Lage in der Nähe des Seevekanals.

Seeveplatz, (Harburg), 1983, in Anlehnung an den Namen Seevestraße.

Seevestraße, (Harburg), 1893, als am Seevekanal entlangführende Straße. Der Seevekanal wurde 1540 durch Herzog Otto I. von Harburg angelegt, womit eine bessere Wasserzufuhr für die Binnenmühle geschaffen wurde und die Voraussetzung zur Urbarmachung Meckelfelder Moore entstand.

Seewartenstraße, (Neustadt, St. Pauli), 1894, nach der südlich der Straße gelegenen früheren Seewarte. Unter Leitung des Direktors Georg von Neumayer begann die Seewarte 1876 mit einem Seewetterbericht, der Seeleute und Küstenbewohner über herannahende Stürme informieren sollte. Dafür wurde ein Wetterdienst eingerichtet, der von England über Ostfriesland bis zur Deutschen Bucht reichte. Nachdem sich von den Voraussagen so gut wie keine bestätigt hatte, wurde der Dienst bald wieder eingestellt.

Segeberger Chaussee, (Duvenstedt), alte Bezeichnung für eine in Richtung der Stadt Segeberg führende Chaussee.

Segerfeld, (Lehmsahl-Mellingstedt), 1978, nach dem Flurnamen „Seegerfeld".

Seidelbastweg, (Eidelstedt), 1953, nach den auch sonst in Eidelstedt vielfach verwendeten Blumenmotivnamen.

Seilerstraße, (St. Pauli), 1886. Die für die Reeperbahn erbrachte Erklärung ist inhaltlich auch für die Seilerstraße relevant, denn Reeper ist gleich Seiler. Nachdem die Neustadt für dieses platzaufwendige Gewerbe zu eng geworden war, wurden die Reeper aus der Gegend des Eichholz vertrieben und siedelten sich in der Vorstadt am Hamburger Berg (St. Pauli) an.

Sellhopsweg, (Schnelsen), 1928, nach der Flur „Sellhop".

Selliusstraße, (Eimsbüttel), 1912, nach Thomas Sellius (1599–1663), der ab 1637 Kantor am Johanneum war und ab 1641 Kantor und Musikdirektor am Dom in Hamburg. Sellius besaß eine vortreffliche Bibliothek, die er der Staatsbibliothek vermachte.

Sellschopstieg, (Bergedorf), 1949, nach der in Bergedorf seit dem 16. Jahrhundert verbreiteten Familie Sellschop, die auch im Rat vertreten war und später auch das Bürgermeisteramt bekleidete.

Semnonenweg, (Niendorf), 1948, nach dem germanischen Volksstamm der Semnonen, die nach Tacitus östlich der Elbe in Brandenburg und im südlichen Mecklenburg lebten. Ein Teil der Semnonen wanderte im 3./4. Jahrhundert nach Südwesten ab und ging in den Alemannen auf.

Semperplatz, (Winterhude), 1928, im Anschluss an den Namen Semperstraße.

Semperstraße, (Winterhude), 1907, nach dem Architekten Prof. Gottfried Semper (1803–1879), Mitberater der technischen Kommission nach dem großen Brand von 1842.

Sengelmannbrücke, (Alsterdorf, Ohlsdorf), 1922, in Anlehnung an den Namen Sengelmannstraße.

Sengelmannstraße, (Alsterdorf, Ohlsdorf, Winterhude), 1899, nach dem Gründer der Alsterdorfer Anstalten, dem Pastor Heinrich Matthias Sengelmann (1821–1899). 1860 erwarb er ein Strohdachhaus. Die Bewahranstalt wurde 1863 durch ein Asyl für Schwachsinnige ergänzt, die erste tatsächliche Keimzelle der heutigen Alsterdorfer Anstalten. 1880 belief sich die Anzahl der Pfleglinge auf 750, heute ist die Anstalt in der Lage, über 1000 zu Betreuende aufzunehmen. Die von ihm zu betreuenden Kinder fanden sinnvolle Beschäftigung in Gärtnereien und Werkstätten. Zum Auf- und Ausbau der Anstalt gab Sengelmann sein gesamtes durch Erbschaft erworbenes Vermögen auf.

Senke, (Sasel), 1947, als Weg, der durch eine Niederung führt und daher seit 1947 offiziell die Bezeichnung „Senke" hat.

Sensburger Weg, (Wandsbek), 1958, nach der Stadt in Ostpreußen.

Sentastraße, (Barmbek-Süd), 1904, aufgrund einer Fehlinterpretation. Die hier gelegene Wagnerstraße schrieb man irgendwann versehentlich dem Komponisten Richard Wagner zu, worauf man auch einige Straßen dieser Gegend mit Figuren aus Wagneropern benannte, so hat der Grundeigner Wagner dafür gesorgt, dass in dieser Gegend eine neue Motivgruppe „Komponisten" entstand. Der Grundeigner Wagner hat selbst nur noch für die Benennung einer weiteren Straße gesorgt, nämlich für die „Berthastraße", mit dem Vornamen seiner Tochter.

Sergio-de-Simone-Stieg, (Schnelsen), 1993, nach Sergio de Simone, 7 Jahre alter Italiener. Erklärung wie: Brüder-Hornemann-Straße.

Serrahnbrücke, (Bergedorf), alte Bezeichnung, in Anlehnung an den Namen Serrahnstraße.

Serrahnstraße, (Bergedorf), 1217, nach dem im Jahre 1217 angelegten Stauwehr über die Bille, hinter dem ein reicher Aalfang betrieben wurde.

Sesamweg, (Billstedt), 1952, nach einem Märchenmotiv.

Sethweg, (Niendorf), 1924, Flurname.

Setzergasse, (Billstedt), 1948, nach den auch sonst hier vielfach verwendeten Motiven aus dem Druckereigewerbe.

Seumestraße, (Eilbek), 1866, nach dem Dichter Johann Gottfried Seume (1763–1810).

Seyboldstraße, (Lohbrügge), 1949, nach dem Schauspieler Wilhelm Seybold (1847–1930), der insbesondere als niederdeutscher Charakterdarsteller galt und lange am Ernst-Drucker-Theater wirkte.

Seydeckreihe, (Marienthal), 1950, nach dem Steinmetz Johann Seydeck (im 18. Jahrhundert), der am Bau des Wandsbeker Schlosses mitwirkte.

Shanghaiallee, (HafenCity), 2006, nach der ostchinesischen Hafenstadt, seit 1986 Partnerstadt Hamburgs.

Shanghaibrücke, (HafenCity), 2006, nach ihrer Lage im Verlauf der Shanghaiallee.

Sibbertstraße, (Blankenese), 1928, nach Johannes Heinrich Sibbert (1851–1917), Gemeindevorsteher in Blankenese 1895–1916. Er selbst wohnte in der Auguste-Baur-Straße 4, das auch gleichzeitig Gemeindeamt war.

Sibeliusstraße, (Bahrenfeld), 1969, nach dem finnischen Komponisten Jean Sibelius (1865–1957). Sein künstlerisches Schaffen erhielt Impulse aus der finnischen Landschaft.

Sichter, (Bergedorf), 1949, Flurname. Sichter = hölzernes Wassergerinne unter sumpfigen Wegen.

Sickerkoppel, (Sasel), 1949, weil hier das Überlaufwasser aus dem Dorfteich versickerte.

Siebenbrüderweide, (Wilhelmsburg), 1935, Flurname. Die Weide war früher herrschaftlich und gehörte dem preußischen Staat. Sie soll an sieben Landsleute verpachtet gewesen sein und daher ihren Namen haben. Leider hat man den Namen an eine andere Stelle gelegt. Die Siebenbrüderwiese lag da, wo heute der Weidendamm verläuft. Diese beiden Namen müssten einmal ausgetauscht werden.

Siebenbuchen, (Blankenese, Sülldorf), 1928 und 1949, nach einer Buche mit sieben Stämmen aus einer Wurzel.

Siebeneichen, (Langenhorn), 1965, nach der gleichnamigen deutschen Bezeichnung „seven oaks", dem früheren Landsitz des englischen Generalkonsuls Sir John Dunlop.

Siebenschön, (Lokstedt), 1948, nach dem Märchen vom „Siebenschön" nach Müllenhoff, Sagen, Märchen und Lieder aus Schleswig-Holstein.

Siebensternweg, (Niendorf), 1950, in Anlehnung an den Namen einer in der Nähe gelegenen Kleingartenkolonie.

Siebenweg, (Blankenese), 1936, nach einem Vorbesitzer.

Sieberlingstraße, (Nienstedten), 1951, nach J. W. M. Gustav Sieberling (1851–1917), der um die Jahrhundertwende in Nienstedten eine Gaststätte betrieb, sich außerordentlich aktiv auf kommunalem Gebiet betätigte und große Verdienste um das Gemeindewohl erwarb.

Siedenfelder Weg, (Wilhelmsburg), 1907, „Siedes Feld" bedeutet das niedrige–siede – seichte Feld. Das Gelände war das niedrigste auf der ganzen Insel.

Siedlersruh, (Wilhelmsburg), 1949, frei gewählter Name für eine ruhige Stadtrandsiedlung.

Siegfriedstraße, (Rissen), 1933, nach einer Gestalt aus der germanischen Heldensage und dem Nibelungenlied.

Siegfried-Wedells-Platz, (Rotherbaum), 2003, nach Siegfried Wedells (1848–1919), Hamburger Unternehmer und Kunstsammler. Er setzte die Freie und Hansestadt Hamburg als Erben ein. Das „Haus Wedells" trägt seitdem die Hausnummer „Siegfried-Wedells-Platz 2" (vorher: Neue Rabenstr. 31).

Siegrunweg, (Rissen), 1960, nach einer Figur aus der Nibelungensage.

Sieker Landstraße, (Rahlstedt), 1950, als von Rahlstedt nach Siek (Krs. Stormarn) führende Straße.

Siekkamp, (Sasel), 1950, Flurbezeichnung.

Siekreystraße, (Schnelsen), vor 1934, Flurbezeichnung. Rei, Rey oder Reihe = kleiner Wasserlauf.

Sieldeich, (Veddel), 1894 und 1929, nach einem Siel, das das Marschgebiet gegen die Eibwässer schützte. Ein Sieldeich ist ein Deich, durch den ein Siel, eine der Entwässerung dienende Rohrleitung, hindurch gelegt ist.

Siemersplatz, (Lokstedt), 1919, nach Heinrich Siemers (1865–1949), Gemeindevertreter, stellvertretender Gemeindevorsteher und ab 1919 Kreistagsabgeordneter in Lokstedt, der sich um die Gemeinde verdient machte.

Siemssenstraße, (Eppendorf), 1904, nach dem früheren Grundeigentümer des gesamten Geländes, dem angesehenen Kaufmann Georg Theodor Siemssen, der seine Kräfte ehrenamtlich in den Dienst öffentlicher Interessen gestellt hat.

Sierichstraße, (Winterhude), 1863, nach dem Grundeigentümer Adolph Sierich. Den Stadtteil Winterhude teilten zwei Familien unter sich auf: einmal die Familie Sierich für die alsternahen Flächen und die Familie Gertig für das rückwertige Land. Mit Straßennamen macht Herr Sierich uns mit seiner ganzen Familie und seinem Freundeskreis bekannt. Sierichstraße (Familienname), Dorotheenstraße (Vorname seiner Mutter), Maria-Louisen-Straße (Vorname seiner ersten Frau), Klärchenstraße (Vorname seiner zweiten Frau), Agnesstraße (Vorname seiner Schwägerin), Willistraße (Vorname seines ältesten Sohnes), Andreasstraße (nach seinem Freund und Helfer Andreas Meyer), Wentzelstraße (Nachname seines Testamentsvollstreckers).

Sierichstraßenbrücke, (Winterhude), 1904, Erklärung wie Sierichstraße.

Sierksdorfer Straße, (Rahlstedt), 1962, nach dem Ostseebadeort an der Lübekker Bucht.

Sietwende, (Reitbrook), vor 1894, Flurbezeichnung (niedrige Wende, ehemaliger Abschlußdeich bzw. Seitendamm).

Sievekingdamm, (Hamm-Nord), 1945, in Anlehnung an den Namen Sievekingsallee.

Sievekingplatz, (Neustadt), 1911, zu Ehren des Präsidenten des Hanseatischen Oberlandesgerichts (seit 1879) Dr. Friedrich Sieveking (1836–1909); vorher Teil des Holstenplatzes (seit 1898); noch früher seit 1859 Holstentordamm.

Sievekingsallee, (Hamm-Nord, Horn), 1929, nach dem Syndikus (seit 1820) Dr. Karl Sieveking (1787–1847), zugleich Eigentümer des Hammer Hofes.

Sieversstücken, (Sülldorf, Rissen), 1929, Flurname, Stücken = Ackerstück, wahrscheinlich eines Sievers.

Sievertstraße, (Bahrenfeld), 1947, nach Wilhelm Sievert (1864–1945), Senator in Altona von 1920 bis 1933.

Silberberg, (Billstedt), 1952, nach einem Märchenmotiv.

Silberdistelweg, (Poppenbüttel, Hummelsbüttel), 1950, nach den auch sonst hier verwendeten Pflanzenmotivnamen.

Silberpappelstieg, (Langenhorn), 1952, in Anlehnung an den Weg „Pappelwisch".

Silbersackstraße, (St. Pauli), etwa 1900, nach dem früheren Grundeigner „Silversack", der hier 1697 einen Platz kaufte.

Silbersacktwiete, (St. Pauli), 1985, in Anlehnung an den Namen Silbersackstraße.

Silcherstraße, (Bahrenfeld), 1950, nach dem Liederkomponisten Philipp Friedrich Silcher (1789–1860). Er komponierte u. a. die bekannten Volksweisen „Ich hat einen Kameraden", „Ännchen von Tharau", „Alle Jahre wieder", „Zu Straßburg auf der Schanz", „Ich weiß nicht, was soll es bedeuten" etc.

Sillemstraße, (Eimsbüttel), 1903, nach der um Hamburg verdienten Familie Sillem, in Erinnerung an die ihr angehörenden Nutznießer des Faberschen Fideikommisses in Eimsbüttel.

Siloahweg, (Schnelsen), 1993, nach dem 1907 von Albertine Assor gegründeten Diakonissenhaus „Siloah", heute das nahegelegene Albertinen-Haus, Verband für Evangelische Diakonie und Krankenanstalten.

Similiberg, (Billstedt), 1952, nach einem Märchenmotiv.

Simon-von-Utrecht-Straße, (St. Pauli), umb. 1948, nach dem Seehelden und Bürgermeister Simon von Utrecht (gest.

1437), der sich einen Namen machte, indem er Hamburg vom Joch der Seeräuber befreite. Klaus Störtebeker, der Führer der Vitalienbrüder, verschanzte sich um 1400 bei Helgoland und lauerte Hamburger Schiffen auf. Unter Simon von Utrecht rüsteten sich die Hamburger und brachten ihn nach Hamburg, wo er auf dem Grasbrook geköpft wurde. Die Köpfe der Seeräuber wurden auf Pfähle genagelt. Gödecke Michels, der bei diesem Gefecht entkommen konnte, wurde ein Jahr später gefasst und gleichfalls enthauptet. Simon von Utrecht hat an beiden Schlachten auf Hamburgs bekanntestem Schiff, der „Bunten Kuh", teilgenommen. Ein dritter Kriegszug richtete sich gegen Seeräuberschlupfwinkel an Land. In der Emsmündung nahm Simon von Utrecht Stützpunkte der Seeräuber ein. In Hamburg wurde der Seeheld mit großen Ehren überhäuft.

Simon-Wannewitz-Ring, (Eidelstedt), 1996, nach Simon Wannewitz (1815–1895), Jagdaufseher über die Eidelstedter Gemeindejagd.

Simrockstraße, (Blankenese, Iserbrook), 1949, nach dem Germanisten und Dichter Karl Simrock (1802–1876).

Singapurbrücke, (Winterhude), 1975, in Anlehnung an den Singapurweg. Führt im Zuge dieser Straße über den Überseering. Benannt nach den guten überseeischen Handelsbeziehungen Hamburgs.

Singapurstraße, (HafenCity), 2006, nach der Hauptstadt der gleichnamigen ostasiatischen Insel.

Singapurweg, (Winterhude), 1972, Erklärung wie Singapurbrücke.

Singdrosselweg, (Eißendorf), 1950, nach der Motivgruppe: Singvögel.

Singelmannsweg, (Tonndorf), um 1900, nach der alten Tonndorfer Bauernsippe Singelmann, insbesondere nach August Singelmann (1857–1915), Gemeindevorsteher in Tonndorf-Lohe.

Sinstorfer Kirchweg, (Sinstorf), 1950, als ehemaliger Weg der Vahrendorfer und Ehestorfer Bevölkerung zur Kirche.

Sinstorfer Weg, (Sinstorf, Marmstorf), 1950, als von Marmstorf nach Sinstorf führender Weg.

Siriusweg, (Wellingsbüttel), 1950, nach dem Stern Sirius, Hundsstern, Stern im Sternbild Großer Hund.

Skagerrakbrücke, (Alsterdorf), 1958, zur Erinnerung an die Seeschlacht vor dem Skagerrak am 31.5. und 1.6.1916 zwischen der deutschen Kriegsflotte unter Vizeadmiral Scheer und der britischen Flotte unter J. Jellicoe. Nach versenkter Tonnage war es ein Erfolg der deutschen Flotte, die bei Verlusten von 61000 t rund 115000 t der britischen Flotte versenkte, allerdings ohne die Überlegenheit auf See der Engländer in Frage zu stellen.

Skaldenweg, (Rahlstedt), 1953, nach dem Dichter und Sänger der nordischen Heldensagen.

Slamatjenbrücke, (Hamburg-Altstadt, Neustadt), 1960, bereits erwähnt in der zweiten Hälfte des 17. Jahrhunderts, wahrscheinlich nach einer Filiale des horizontalen Gewerbes. Slam = Slum, bedeutet soviel wie unsauber und Matjen ist die Bezeichnung für Mädchen. Führt im Zuge der Ost-West-Straße über das Alsterfleet.

Slebuschstieg, (Hamm-Mitte), 1929, nach der hamburgischen Ratsfamilie Slebusch (im 17. Jahrhundert), die das Grundstück besaß, über das die Straße führt; insbesondere in Erinnerung an Lizentat Johann Slebusch (1607–1659), Bürgermeister in Hamburg 1653–1659.

Slevogtstieg, (Othmarschen), 1953, nach dem Maler und Graphiker Max Slevogt (1868–1932), Hauptvertreter des deutschen Impressionismus.

Slipstek, (Finkenwerder), 1980, bei diesem Wort handelt es sich um die Befestigungsart eines Taues in bestimmter seemännischer Weise, von denen es viele gibt, wie: Balkenstek, Fischerstek, Flaggenstek, Notstek, Pfahlstek, Schlipstek, Schotstek etc.

Slomanstieg, (Veddel), 1929, in Anlehnung an den Namen Slomanstraße.

Slomanstraße, (Veddel), 1929, zu Ehren des bedeutenden Reeders Robert M.

Sloman (1812–1900), langjähriger Vorsitzender der Gemeinnützigen Baugesellschaft, die auf der Veddel eine Siedlung von Einzelwohnhäusern anlegte.

Smidtstraße, (Hamm-Nord), 1929, nach dem Bremer Bürgermeister Johann Smidt (1773–1857), der auf dem Wiener Kongreß die drei Hansestädte mit Erfolg vertrat. Er ist Ehrenbürger der Stadt Hamburg.

Snitgerreihe, (Horn), 1929, nach dem Volkstribun Hieronymus Snitger (1648- 1686), der gemeinsam mit seinem Bruder Jastram für die Erweiterung der Bürgerrechte eintrat.

Er hatte in Hamm einen Landsitz.

Snitgerstieg, (Horn), 1931, in Anlehnung an den Namen Snitgerreihe.

Snittershofstieg, (Marmstorf), 1958, nach der Motivgruppe: Marmstorfer Hofnamen.

Sodenkamp, (Ohlsdorf, Wellingsbüttel), 1925, nach einem der Gegend anhaftenden Flurnamen. „Sode" = dünner Rasen, Erd- oder Torfscholle.

Sodentwiete, (Ohlsdorf), 1927, im Anschluss an den Namen Sodenkamp.

Söbendieken, (Nienstedten), 1935, Flurname = sieben Teiche.

Söderblomstraße, (Tonndorf), 1950, nach dem evangelischen Theologen Lars Olof Jonathan Söderblom (1866–1931), Erzbischof von Uppsala/Schweden, einem Mitbegründer der Ökumenischen Bewegung und Friedensnobelpreisträger von 1930.

Sörensenweg, (Blankenese), 1952, in Erinnerung an die Blankeneser Familie Sörensen. Der in Dänemark geborene Christian Sörensen (1861–1934) besaß in Blankenese ein Baugeschäft und war Besitzer des Geländes, auf dem die Straße erbaut wurde. Er wurde bekannt durch den Bau der für Blankenese eigenartigen Stützmauer an vielen Treppen, die für den Ort ein Begriff geworden sind.

Soester Straße, (St. Georg), 1948, nach der früheren Hansestadt Soest in Westfalen.

Sohrhof, (Groß Flottbek), 1955, nach dem Flurnamen „Sohrhof" (sor = trocken, dürr, ausgetrocknet, abgestorben).

Sohrhofkamp, (Groß Flottbek), 1955, in Anlehnung an den Namen „Sohrhof".

Soldkampweg, (Rahlstedt), 1950, Sold = Viehtränke, Wasserloch ohne Zu- und Abfluss.

Solferinostraße, (Langenhorn), 1960, nach der Schlacht von Solferino zwischen den Österreichern und Franzosen (1859), unter deren Eindruck der Schweizer Philanthrop Henri Dunant die Gründung des „Roten Kreuzes" anregte.

Solinger Weg, (Langenhorn), 1979, nach der Stadt Solingen im nordrhein-westfälischen Industriegebiet.

Sollkehre, (Bramfeld), 1966, Flurname, in Anlehnung an den Weg „Im Soll", Soll = abflussloses Wasserloch, Viehtränke.

Soltauer Ring, (Wilstorf), 1961, Motivgruppe: Orte in oder an der Lüneburger Heide.

Soltaus Allee, (Bramfeld), 1949, nach dem ehemaligen Grundeigner, dem Gärtner Wilhelm Soltau (1826–1894), der zu den ersten Siedlern Hellbrooks gehört haben soll. Trotz des relativ jungen Benennungsdatums gibt es eine zweite Lesart, nach der die Benennung nach einem alten Bauerngeschlecht aus Südstormarn erfolgte.

Soltaustraße, (Bergedorf), 1949, nach dem in Bergedorf geborenen Sprachforscher, Übersetzer und Schriftsteller Dr. h.c. Diedrich Wilhelm Soltau (1745–1827).

Soltstücken, (Fuhlsbüttel), 1922, nach einem an der Gegend haftenden Flurnamen, Solt = Salz, der lt. Prof. Koch auf eine geologische Möglichkeit hindeutet, weil man in Fuhlsbüttel eine übergroße Anzahl von 2000 Urnengräbern (normal sind 500 für einen Friedhof) fand. Das lässt darauf schließen, dass etwas Besonderes die Menschen an diesen Platz zog. Das können die Ausstrahlungen des Schnelsener Kalistocks gewesen sein, der 7 bis 8 km entfernt lag und für ein salzhaltiges Grundwasser sorgte, das hier an die Oberfläche trat. Es werden vermutlich die Arbeitsmöglichkeiten gewesen sein, die die Menschen hierher zogen.

Sommerhuder Straße, (Altona-Nord), 1871, nach einer hier früher befindlichen Gastwirtschaft, dem Tanzlokal „Sommerhude".

Sommerkamp, (Ohlsdorf), 1903, nach einem der Gegend anhaftenden Flurnamen.

Sommerpfad, (Poppenbüttel), 1952, frei gebildeter Name.

Sommerweg, (Lurup), 1932, Sommerweg ist die ungepflästerte Seite einer Fahrstraße.

Sonderburger Straße, (Barmbek-Nord), 1930, nach der Stadt in Nordschleswig.

Sonnenau, (Eilbek), 1904, frei gebildeter Name, der sich den benachbarten Straßen wie „Blumenau", „Eilenau", „Hagenau" etc. anschließt.

Sonnenblumenweg, (Eißendorf), 1940, im Anschluss an die auch sonst in der Brinckman & Mergell-Siedlung verwendeten Straßennamen, die mit der Ölindustrie im Zusammenhang stehen.

Sonnenhöhe, (Poppenbüttel), 1952, frei gebildeter Name.

Sonnenland, (Billstedt), 1961, frei gebildeter Name nach der sonnigen Landschaft.

Sonnenlinie, (Langenhorn), 1934, frei gewählter Name mit Hinblick auf den Nord-Süd-Verlauf der Straße.

Sonnenredder, (Tonndorf), 1951, frei gebildeter Name. Redder = von Knicks gesäumter Feldweg.

Sonnenröschenweg, (Neugraben-Fischbek), 2008, nach einer in der Gegend heimischen Pflanze.

Sonnentauweg, (Bramfeld), 1946, Sonnentau = fleischfressende Moorpflanze.

Sonnenweg, (Tonndorf, Farmsen-Berne), vor 1933, frei gewählter Name.

Sonnenwegbrücke, (Tonndorf), vor 1933, in Anlehnung an den Namen Sonnenweg. Führt im Zuge dieser Straße über die Wandse.

Sonnenwende, (Langenhorn), 1936, nach einem frei gewählten Namen.

Sonninstraße, (Hammerbrook), 1843, nach Ernst Georg Sonnin (1713–1794), von 1751 bis 1757 leitete er zusammen mit Johann Leonhard Prey den Neubau der 1750 durch Blitzeinschlag abgebrannten großen Michaeliskirche, für den er nach dem Ableben von Prey 1757 allein verantwortlich war. In den Jahren 1778/86 setzte er der Kirche den berühmten Turm auf, mit dem die Michaeliskirche zum Hamburger Michel und zum Wahrzeichen der Stadt wurde.

Sootbörn, (Niendorf), 1948, „Soot" ist das niederdeutsche Wort für Brunnen und Börn = Born, bedeutet Brunnen, Quelle, Wasserstelle.

Sootweg, (Bramfeld), 1951, „Soot" ist die niederdeutsche Bezeichnung für Brunnen.

Sophie-Dorothea-Stieg, (Wilhelmsburg), 1997, nach Sophie-Dorothea, Gräfin von Wilhelmsburg, Tochter des Herzogs Georg Wilhelm in Celle, des Gründers und Namensgebers der Herrschaft Wilhelmsburg 1672.

Sophie-Kloers-Weg, (Jenfeld), vor 1938, nach der Wandsbeker Schriftstellerin Sophie Kloers (1866–1927), die unter dem Pseudonym „Wilhelm von der Mühle" Romane und Novellen schrieb.

Sophienallee, (Eimsbüttel), 1863, nach dem Vornamen der Ehefrau des Bauunternehmers Samuel Epharim.

Sophienstraße, (Wilstorf), 1922, nach Sophie Juliane Wilhelmine geb. Onkken, Mutter des Syndikus Tilemann.

Sophienterrasse, (Harvestehude), 1861, vermutlich nach Maria Sophia Frederica geb. Goldmann (1825–1918), Ehefrau des Geländebesitzers J. F. W. Reimers.

Sophie-Schoop-Weg, (Allermöhe, Bergedorf), 1995, nach Sophie Schoop (1875–1945), jüdisches Opfer des Nationalsozialismus. Setzte sich für französische und sowjetische Kriegsgefangene ein, ermordet im KZ Auschwitz.

Sorbenstraße, (Hammerbrook, Hamm-Süd), 1901, im Anschluss an den Namen Wendenstraße, nach dem slawischen Volksstamm der Sorben.

Soreneck, (Rahlstedt), 1964, frei gewählter Name in Anlehnung an den Weg Sorenkoppel.

Sorenfeldring, (Volksdorf), 1964, Flurname, in Anlehnung an den Namen „Im Sorenfelde".

Sorenkoppel, (Rahlstedt), 1950, Flurbezeichnung (sor = trocken, ausgelaugt).

Sorenremen, (Volksdorf), 1942, Flurbezeichnung, sor = trocken, dürr. Remen sind Busch- oder Bauinstreifen auf dem Akker, zur Felderbegrenzung, um der Erosion vorzubeugen, und auch zur Kleinholzbeschaffung der Dorfbevölkerung.

Sorenstieg, (Rahlstedt), 1979, in Anlehnung an den Namen „Sorenkoppel".

Sorthmannweg, (Lokstedt), 1948, nach Hermann und Moritz Sorthmann, die von 1564 bis 1591 Vögte in Lokstedt waren.

Sottorfallee, (Lokstedt), 1948, nach der Lokstedter Bauernfamilie Sottorf (ab 16 Jahrhundert).

Spadenländer Busch, (Wilhelmsburg), 2002, nach dem nördlich benachbarten Flurnamen.

Spadenländer Elbdeich, (Spadenland), vor 1936, nach dem Spadenländer Teil des großen Eibdeiches.

Spadenländer Hauptdeich, (Spadenland, Ochsenwerder), 1965, nach dem Stadtteilnamen und der Funktion.

Spadenländer Weg, (Ochsenwerder, Spadenland), 1927, nach dem Stadtteil.

Spadenteich, (St. Georg), ben. seitdem Ende des 17. Jahrhunderts, von Amts wegen 1824, als „Beim Spadenteich" nach einem dort gelegenen, 1856 zugeworfenen Teich, verkürzt 1899.

Spaldingstraße, (Hammerbrook), ben. 1842 zu Ehren des Senators (seit 1821) Andreas Friedrich Spalding (1778–1859) wegen seiner Verdienste, die er sich als Patron der Vorstadt St. Georg und um die Erschließung des Hammerbrooks erworben hat.

Spandauer Weg, (Jenfeld), 1961, nach dem Berliner Bezirk.

Spanische Furt, (Schnelsen, Eidelstedt), 1948, nach einer volkstümlichen Überlieferung sollen 1807/08 spanische Soldaten unter Bernadotte durch eine hier befindliche Furt gezogen sein. In Wirklichkeit handelt es sich um die Entstellung des Flurnamens „Spannforthwisch", der bereits im Erdbuch von 1789 verzeichnet ist.

Spannskamp, (Stellingen), 1964, Flurname (seit 1701 im Schuld- und Pfandprotokoll, 1789 im Erdbuch). Spann = Gespann.

Spannstücken, (Farmsen-Berne), 1949, Flurname, Spann = Gespann, Stücken = Ackerstück.

Spannwisch, (Farmsen-Berne), 1973, Flurname, Spann = Gespann und Wisch = Wiese.

Spatzenwinkel, (Lurup), 1935, Vogelmotiv.

Spechtort, (Lehmsahl-Mellingstedt), 1947. Dieser romantisch klingende Name ist ein reines Phantasieprodukt.

Speckenreye, (Horn), 1932, nach einem der Gegend anhaftenden Flurnamen. Specken ist ein mit Buschwerk befestigter, durch feuchtes Wiesengelände führender Weg. Reye = kleiner Wasserlauf.

Speckenweg, (Bergedorf), um 1837, Flurname, eigentlich Speeken (Speichen = Knüppel), ursprünglich Bohlenweg über das moorige Land der Brookwetterung.

Speckenwegbrücke, (Bergedorf), 1979, in Anlehnung an den Namen Spekkenweg. Führt im Zuge dieser Straße über die Bundesautobahn (Marschenlinie).

Speckmannstraße, (Wellingsbüttel), 1950, nach Dietrich Speckmann (1872–1938), einem niederdeutschen Schriftsteller.

Specksaalredder, (Duvenstedt), 1947, nach der Bezeichnung „Specke", wobei es sich um einen mit Buschwerk befestigten Weg handelt, der durch mooriges Feuchtgebiet führt. Saal ist eine künstliche oder natürliche Viehtranke auf der Weide. Redder = von Knicks gesäumter Feldweg.

Speckshörn, (Sinstorf), 1950, Flurname, Speck oder Speek ist die niederdeutsche Bezeichnung für Knüppeldamm.

Speckstraße, (Neustadt), 1896, nach dem Grundeigner Hinrich Speck, der von 1657 bis 1686 Eigentümer des anliegenden Grundstückes war, das etwa ab 1600 parzelliert wurde. In dieser Straße befand sich auch das Geburtshaus des großen Hamburger Komponisten Johannes Brahms.

Speersort, (Hamburg-Altstadt), seit dem 16. Jahrhundert. Über diesen Wegnamen gibt es mindestens zwei Versionen, die beide angeblich dokumentarisch belegt sind. Einmal erscheint der Name erstmalig als Flurname 1248 für die Gegend vom Dovenfleet, Brauerstraße und Hopfensack. Eine zweite Lesart will wissen, dass sich der Name von einem Mann Ditmer Speer ableiten soll, der hier ein Endhaus gekauft und bewohnt haben soll. Da Familiennamen erst im 13. Jahrhundert eingeführt wurden, ist es möglich, dass dieser Herr Speer ein Speermacher war. Der Speer war für die Verteidigung der Stadt neben dem Schwert die wichtigste Waffe. So mag der Speersort einmal der Platz gewesen sein, wo diese hergestellt wurden.

Spengelweg, (Eimsbüttel), 1948, nach dem Musiker und Leiter des Caecilien-Vereins Professor Julius Spengel (1853–1936).

Sperberhorst, (Niendorf), 1971, in Erweiterung der Motivgruppe „Greifvogelnester“, Namen, wie sie auch sonst hier vielfach verwendet werden.

Sperberkamp, (Bramfeld, Wellingsbüttel), 1950, frei gebildeter Name nach einem Greifvogelmotiv.

Sperbertwiete, (Bramfeld), 1945, in Anlehnung an den Namen Sperberkamp.

Sperlingsweg, (Niendorf), vor 1934, nach einem Vogelmotiv.

Sperlsdeicher Weg, (Wilhelmsburg), 1910, nach dem Amtmann Johann Jacob Sperl, zu dessen Amtszeit im Jahre 1672 der Weg angelegt wurde.

Sperrwerk Billwerder Bucht, (Rothenburgsort), 1968, ben. nach dem Ortsteil und der Funktion als vor der Billwerder Bucht gelegenes Sperrwerk.

Sperrwerk Estemündung, (Cranz) 1965/66, nach der Funktion und der Lage an der Estemündung bei Cranz.

Sperrwerk Schmidtkanal, (Wilhelmsburg) 1968/70, ben. nach der Funktion und der Lage am Schmidtkanal.

Sperrwerk Veringkanal, (Wilhelmsburg), 1968/70, ben. nach der Lage am Veringkanal und der Funktion.

Spielbudenplatz, (St. Pauli), um 1840, nach dem Platz, auf dem sich Künstlerbuden, die sogenannten Spielbuden befanden. Seit etwa Mitte des 18. Jahrhunderts benutzten den Platz vor dem Millerntor Artisten für ihre Schaustellungen aller Art. Es gab Marionettentheater, Zauberkünstler, Seiltänzer, Kunstreiter und sogar Menagerien. Die auf Kämmereigelände befindlichen Holzbuden hatten sich nach und nach so vermehrt, dass man sie 1875 wegen Feuergefahr durch Massivbauten ersetzte.

Spieringstraße, (Bergedorf), 1949, nach Andreas Spiering (1842–1914), einem Handelsgärtner, Heimatforscher und Begründer des Bergedorfer Heimatmuseums.

Spitalerstraße, (Hamburg-Altstadt), umb. 1948. Ben. seit Ende des 13. Jahrhunderts als Zugangsweg zum St.-Georg-Hospital für Aussätzige, bis 1620 die großen Neubefestigungen durchgeführt wurden. Das St.-Georg-Hospital war s. Z. die Krankenanstalt, in der die Leprakranken außerhalb der Stadt gehalten wurden.

Spitzbergenweg, (Rahlstedt), 1945, nach der Inselgruppe im Nordatlantik. Der Hauptort und Sitz des Gouverneurs ist das unaussprechliche Longyearbyen. Der Boden der Inseln ist durchschnittlich 300 Meter tief gefroren und taut im Sommer zwischen 50 und 100 cm auf. Die mittlere Jahrestemperatur liegt bei -3,9 Grad.

Spitzwegstraße, (Groß Flottbek), 1935, nach dem Maler Karl Spitzweg (1808–1885), der sich als studierter Apotheker selbst zum Maler ausbildete. In kleinen Bildern schildert er das humorvoll gesehene

Leben von Kleinbürgern und Sonderlingen der Biedermeierzeit.

Spliedtring, (Billstedt), 1966, nach Franz Spliedt (1877–1963), Bürgerschaftsabgeordneter, Reichstagsabgeordneter. Motivgruppe: Männer und Frauen der Arbeiterbewegung.

Spliethweg, (Sülldorf), 1954, nach Wilhelm Splieth (1862–1901), von 1892–1901 Kustos am Museum vaterländischer Altertümer in Kiel.

Spökelbarg, (Billstedt), 1948, nach einer Burg, die sich im 10. Jahrhundert hier befunden haben soll und um die sich allerlei Spukgeschichten spinnen. Immer wieder versuchten Menschen hier nach vergrabenen Schätzen zu suchen, die aus der Zeit des Grafen Albrecht stammen sollen. „Eines Nachts grub dort ein Mann. Er sah gespenstisch aus und hatte angeblich nur drei weiß glänzende Haare auf dem Kopf. Er grub eine Nacht vergebens und die nächste Nacht wieder vergeblich. In der dritten Nacht wurde er fündig. Er stieß auf eine goldene Wiege, die er unter seinem schwarzen Mantel verborgen nach Hause nahm. Als er das wertvolle Stück zu Hause absetzen wollte, verschwand es unter seinen Händen."

Spökelbargring, (Billstedt), 1948, in Anlehnung an den Namen Spökelbarg.

Spörgelweg, (Marmstorf), 1950, nach dem Feldkraut Spörgel oder Spörk. Es handelt sich dabei um ein häufiges Unkraut (auch Grünfutter).

Spoerlweg, (Bramfeld), 1979, nach dem Schriftsteller Heinrich Spoerl (1887–1955).

Spohrstraße, (Barmbek-Süd), 1904, nach dem Geiger und Komponisten Louis Spohr (1784–1859).

Sporerstieg, (Langenhorn), 2010, nach dem historischen Handwerksberuf. Sporer oder Spornmacher fertigten Sporen, Reitstangen, Steigbügel, Striegel, Kinnketten, Gebisse, Kutschenstangen.

Sportallee, (Groß Borstel), 1948, die Straße führte ehemals zu der 1891 angelegten Borsteler Rennbahn.

Sporthallenweg, (Kirchwerder), 1998, nach der dortigen neuen Sporthalle.

Sportplatzring, (Stellingen), 1928, Ringstraße um den Stellinger Sportplatz.

Sportzenkoppel, (Volksdorf), 1983, Flurname.

Sportzenstieg, (Volksdorf), 1983, in Anlehnung an den Namen Sportzenkoppel.

Sportzenwiese, (Volksdorf), 1983, in Anlehnung an den Namen Sportzenkoppel.

Spreehafenbrücke, (Kleiner Grasbrook), 1903, nach dem Spreehafen. Führt im Zuge der Klütjenfelder Straße über den Spreehafen.

Spreenende, (Groß Borstel), 1933, nach einem der Gegend anhaftenden gleichnamigen Flurnamen. Ende = zipfelförmiges Flurstück; Spree = Star, also ein von Staren bevölkertes zipfelförmiges Feldstück.

Spreestraße, (Lurup), 1962, linker Nebenfluss der Havel, 382 km lang, entspringt im Lausitzer Bergland, fließt über Bautzen und Cottbus, spaltet sich im Spreewald in zahlreiche Arme auf, durchfließt den Müggelsee und Berlin und mündet bei Spandau in die Havel.

Springeltwiete, (Hamburg-Altstadt), ben. seit 1392 als Sprinken- oder Springentwiete, welche Form noch bis in die zweite Hälfte des 15. Jahrhunderts erhalten blieb, nach dem Grundeigentümer Johannes Sprink (Spring).

Spritzenplatz, (Ottensen), 1904, an diesem Platz befand sich das Spritzenhaus der Feuerwehr.

Spritzenweg, (Lokstedt), 1865, nach der Lage am früheren Spritzenhaus.

Sprottauer Straße, (Jenfeld), 1955, nach der Stadt in Niederschlesien an der Mündung der Sprotte in den Bober.

Sprützkamp, (Lurup), 1935, Flurname (nach den dort gelegenen artesischen Quellen).

Sprützmoor, (Lurup), 1928, Erklärung wie Sprützkamp.

Sprützwiese, (Lurup), 1935, Erklärung wie Sprützkamp.

St. Annenbrücke, (HafenCity), 1881, in Anlehnung an den Namen „Bei St. Annen". Im Zuge dieser Straße über das St.-Annen-Fleet führend.

St. Annenufer, (HafenCity), 1890, nach der Straße „Bei St. Annen" führende Uferstraße am St. -Annen-Fleet.

St. Anscharplatz, (Neustadt), um 1859, nach der hier 801 bis 865 erbauten St.-Anschar-Kapelle und nach Ansgar, dem großen Missionar des Nordens. Er förderte die Ausbreitung des Christentums in Schweden, Jütland und Schleswig und wurde bekannt als Apostel des Nordens.Als Karl der Große sein Reich bis an die Elbe ausgebaut hatte, legte er im Dreieck Alster/Bille/Elbe einen befestigten Stützpunkt, die Hammaburg, an. Dieser Stützpunkt soll seinen Namen nach dem Dorf Hamm (heute Stadtteil) erhalten haben. Ansgar schuf hier eine Klosterburg und ließ eine Taufkirche bauen. Der Nachfolger Karls des Großen, Ludwig der Fromme, stiftete 831 ein Erzbistum Hamburg. Ansgar wurde zunächst Bischof, später Erzbischof.

St. Benedictstraße, (Harvestehude), 1870, nach dem heiligen Benedict, dem Schutzpatron des Zisterzienserklosters Herwardeshude, das vom kleinen Bach an der Elbe Herwardeshude im Jahre 1295 an die Alster umsiedelte, weil an der Elbe der ungeregelte Strom und Piraterie dem Nonnenkloster zu sehr zu schaffen machten. Über 300 Jahre später mussten die Nonnen abermals umziehen. Als die Klosterfrauen sich 1528 weigerten, der Lehre Luthers zu folgen, ließ der Rat der Stadt ihr Kloster abreißen und verAnlasste die verbliebenen Nonnen, in das Johanniskloster nach Hamburg umzuziehen.

St. Georgs Kirchhof, (St. Georg), ben. im 17. Jahrhundert und 1824 nach der Lage nahe der St.-Georgs-Kirche. Ebenso wie der Stadtteilname geht der Name der Kirche zurück auf das von Adolph dem II. von Schauenburg gegründete Hospital St. Georg für Aussätzige (Lepra), das dem Heiligen St. Georg geweiht war und s. Zt. vor den Toren der Stadt lag. Die St.-Georgs-Kirche wurde 1943 durch Bomben völlig zerstört und 1960 wieder aufgebaut.

St. Georgstraße, (St. Georg), 1824, nach dem Patron des dort gelegenen St.-Georg-Hospitals.

St. Jürgens Holz, (Langenhorn), 1932, nach dem St.-Jürgen-Hospital (St.-Georg-Hospital), das lange Zeit Besitzer des Dorfes Langenhorn war.

St. Jürgenstraße, (Farmsen-Berne), 1929, das Dorf Berne gehörte von 1375 bis 1830 dem Hospital St. Georg (St. Jürgen).

St. Pauli-Elbtunnel, (St. Pauli, Steinwerder), 1907/1911, nach guter Planung wurde am 22. Juli 1907 auf Steinwerder der erste Spatenstich abgetragen. Täglich kam man nur ein bis zwei Meter voran. In den gewonnenen Raum wurden Stahlringe eingebaut und vernietet, die dann ausbetoniert wurden. Es gab bei diesen Arbeiten zahlreiche Unterdruckkrankheiten. Vier Arbeiter starben sogar an der Taucherkrankheit. Es gab noch verschiedene andere Unfälle, die aber ohne Todesfolge abgingen. Im September 1911 konnten Fußgänger den Tunnel erstmalig benutzen und am 30. November des gleichen Jahres wurden die Röhren auch für den Fuhrverkehr freigegeben. 1912 benutzten schon 11167000 Fußgänger, 66000 Fuhrwerke sowie 121000 Radfahrer den Tunnel.

St. Pauli Fischmarkt, (Altona-Altstadt, St. Pauli), 1926, der Fischmarkt an der Elbe wurde von Graf von Schauenburg 1664 eingerichtet. Dieser Markt, der jetzt schon einige Jahrhunderte besteht, hat im Laufe der Zeit von den Bauwerken her gesehen sein Gesicht völlig verändert. Geblieben sind die Händler und Sehleute, die nach Sensationen Ausschau halten. Der Platz, den wir heute unter dem Namen Fischmarkt kennen, war zunächst allgemeiner Landeplatz. Als nach dem Bau der Niederbaumbrücke 1880 die Seefischer ihren Lagerplatz nach hier verlegten, nahm der St. Pauli Fischmarkt, der sich mit dem Altonaer Fischmarkt vereinigte, einen bedeutenden Aufschwung.

St. Pauli Hafenstraße, (St. Pauli), 1948, als Zugangsweg von St. Pauli zum Niederhafen.

St. Petersburger Straße, (St. Pauli), 2008, nach St. Petersburg, seit 1957 Partnerstadt Hamburgs.

Stadelmannweg, (Sasel), 1955, nach Johannes Stadelmann (1861–1949), einem Mitbegründer des Siedlungsvereins Sasel.

Stader Straße, (Heimfeld, Hausbruch), 1889, als Teilstrecke der Chaussee über Buxtehude nach Stade.

Stadionstraße (Bahrenfeld), 1947, nach dem dort gelegenen Stadion, das lange Zeit Volksparkstadion hieß.

Stadtbahnstraße, (Sasel, Poppenbüttel, Wellingsbüttel), 1950, als Straße, die zur S-Bahn (Stadtbahn) nach Poppenbüttel führt.

Stadtdeich, (Hammerbrook), seit Ende des 17. Jahrhunderts. Der Stadtdeich entstand 1257 als zur Stadt sich hinziehende Fortsetzung des Bullerdeiches und des Gründeiches zum Schutz des Hammerbrooks gegen die Fluten der Bille und der Elbe.

Stadthallenbrücke, (Winterhude), 1925, in Anlehnung an den Namen Stadthalle, die bei der Anlage des Parks im südlichen Teil des Stadtparks vor dem großen Stadtparksee errichtet wurde.

Stadthausbrücke, (Neustadt), 1889, nach dem auf der Ostseite der Brücke gelegenen Stadthaus.

Stadtscheide, (Heimfeld), 1950, nach der früheren Grenze von Harburg-Wilhelmsburg gegen Ehestorf; heute verläuft hier die hamburgische Staatsgrenze.

Stadtweg, (Neugraben-Fischbek, Hausbruch), nach 1938, als nächster Weg zur Stadt Harburg der Bewohner von Wulmstorf, Daerstorf und des südlichen Teils von Neugraben.

Stahltwiete, (Bahrenfeld), 1950, nach Berthold Stahl (1847–1906), von 1887 bis 1898 Stadtbaurat in Altona. Er gab zusammen mit Richard Ehrenberg die „Topographische Entwicklung von Altona" heraus.

Stakenkamp, (Wohldorf-Ohlstedt), 1930, Flurbezeichnung. Staken sind Knüppel, wie man sie zu einer leichten Umzäunung von Feldern verwendet. Stakenkamp = eingezäuntes Feld.

Stammannstraße, (Winterhude), 1928, nach dem Architekten Franz Georg Stammann (1799–1871) und seinem Sohn Hugo Stammann (1831–1909).

Stangestraße, (Ottensen), 1950, nach Prof. Max Stange (1856–1932), Dirigent des Erkschen Männergesangvereins in Berlin, Lehrer an der königlichen Hochschule für Musik, Komponist von Männerchören, Liedern, Vokal- und Instrumentalwerken.

Stapelfelder Stieg, (Rahlstedt), 1957, in Anlehnung an den Namen Stapelfelder Straße.

Stapelfelder Straße, (Rahlstedt), 1950, nach der Ortschaft Stapelfeld im Krs. Stormarn, wohin die Straße führt.

Stapelholmer Straße, (Dulsberg), 1948, nach der Landschaft Stapelholm an der Eider.

Stapelstraße, (Lokstedt), 1948, nach Dr. Franz Stapel, Amtmann in Pinneberg von 1624 bis 1657.

Starckweg, (Rahlstedt), 1950 und 1963, nach dem früheren Grundeigner Fritz Starck, Gemeindevorsteher von 1884 bis 1898 des früheren Dorfes Meiendorf.

Stargarder Straße, (Rahlstedt), 1950, nach der ehemaligen Kreisstadt in Pommern.

Starstraße, (Barmbek-Nord), 1910, nach den auch sonst hier verwendeten Vogelmotivnamen, die zurückgehen auf den Vogelliebhaber von Essen, der in diesem Gebiet von Barmbek Nist- und Brutplatze für Vögel angelegt hatte.

Statthalterplatz, (Othmarschen), 1897, nach der am 15. 5. 1848 in Schleswig-Holstein errichteten Statthalterschaft, in der Graf Rewentlow, Beseler und Prinz von Noer Statthalter waren.

Staudenweg, (Langenborn), 1945, nach einem Pflanzenmotiv.

Staudingerstraße, (Groß Flottbek), 1928, nach Lukas Andreas Staudinger

(1772–1842), ein mit Baron Voght befreundeter Landwirt, errichtete die erste landwirtschaftliche Schule von Schleswig-Holstein in der früheren Seehoferstraße in Groß Flottbek.

Stauffenbergstraße, (Nienstedten), 1963, nach Graf Schenk von Stauffenberg (1907–1944), Oberst im Generalstab. Verübte am 20. Juli 1944 ein Attentat auf Hitler, wurde am gleichen Tage standrechtlich erschossen.

Stavenhagenstraße, (Groß Borstel), 1925, nach Fritz Stavenhagen (1876–1906), Journalist, Schriftsteller, Dramaturg, Begründer des neuen niederdeutschen Dramas.

Steckelhörn, (Hamburg-Altstadt), der Name ist nicht einwandfrei geklärt. Die Straßennamenerklärung von 1925 sagt über diese Straße: „Ben. seit dem 14. Jahrhundert durch Übertragung des Namens (Stekelhorne) eines an einer scharfen Ecke gelegenen Erbes (mnd. Horn = Ecke; stekel adj. – stechend, spitz, steil, abschüssig)." Eine weitere inzwischen aufgetauchte Lesart sagt: „Die Straße wird 1305 als Steckelhörn bezeichnet. Steckeln nannte man früher regional Disteln, ein z.B. in Finkenwerder üblicher Ausdruck für diese Pflanzenart. Da Horn soviel wie Ecke bedeutet, könnte es sich um eine mit Disteln übersäte Stelle gehandelt haben." Eine dritte Version besagt, dass Steckelhörn vom Stegelhörn kommen kann. Stegel ist die Diminutivform von Steg, Tritt oder kleiner Weg. Also könnte Stekkelhörn auch eine über einen kleinen Weg bzw. Steg zu erreichende Landzunge sein.

Stedingweg, (Lokstedt), 1958, nach Johann Eberhard Steding, der von 1606 bis 1618 Landdrost in Pinneberg war.

Steenbalken, (Hummelsbüttel), 1933, Flurname. Balken sind nicht gepflügte Akkerstreifen. Auf diese Streifen (Balken) wurden die beim Pflügen zutage geförderten Steine geworfen (Steen).

Steenbarg, (Duvenstedt), 1942, Flurbezeichnung Steenbarg = Steinberg. Der Name deutet darauf hin, dass sich hier eine größere Steinablagerung aus der Eiszeit befand. Die Steine wurden in zugeschlagenem Zustand zum Häuser- oder Brückenbau verwendet, aber auch als Schotter zur Befestigung von Straßen. Eine andere Version legt Steenbarg = Steinberg als Hünengrab aus.

Steenbargkoppel, (Duvenstedt), 1963, in Anlehnung an den Namen Steenbarg.

Steenbargsweg, (Duvenstedt), nach 1942, Steenbarg = Steinberg. Siehe oben unter Steenbarg.

Steendammswisch, (Niendorf), vor 1934, Flurname, Steen = Stein und Wisch = Wiese.

Steendiek, (Finkenwerder), 1903, beim Bau dieses Deiches (Diek) wurden Steine (Steen) als Befestigung verwendet.

Steenkamp, (Bahrenfeld), 1950, Flurname, Steenkamp = Steinfeld (Name einer Wohnsiedlung in Bahrenfeld).

Steenkoppel, (Ohlsdorf), 1929, nach einem der Gegend anhaftenden Flurnamen = steinige Koppel.

Steenmoor, (Tonndorf), 1951, Flurname = Steinmoor.

Steenrehm, (Iserbrook), 1936, Flurname, Rehm oder Reemen sind Erdwälle am Ackerrand zur Feldbegrenzung. In diesem Fall handelte es sich um Steinwälle.

Steenrögen, (Duvenstedt), 1962, Flurname (auf einer Flurkarte von 1782), Rogen = kleine Geländeerhöhung.

Steenwisch, (Eimsbüttel, Stellingen), 1928, Flurname = steinige Wiese.

Stefan-Zweig-Straße, (Bramfeld), 1961, nach dem Schriftsteller Stefan Zweig (1881–1942 Selbstmord). Er emigrierte 1938 nach England und 1941 weiter nach Brasilien. Er war pazifistisch-humanistischer Mittler zwischen den Nationen.

Steffens Weg, (Sinstorf), 1950, nach dem Sinstorfer Bauernhof „Steffenshof".

Stegelweg, (Othmarschen), 1950, ortsübliche Bezeichnung. Stegel = Diminutivform von Steg, aber auch Weideübertritt oder kleiner Weg.

Stegerwaldring, (Horn), 1964, nach Adam Stegerwald (1874–1945), Gewerkschaftsführer, Reichsminister. Motivgruppe: Männer und Frauen der Arbeiterbewegung-

Steglitzer Straße, (Jenfeld), 1961, nach dem Berliner Bezirk.

Stehrs Treppe, (Blankenese), 1972, nach der alteingesessenen Fischerfamilie Stehr, die hier bereits seit 1590 lebte und Vorbesitzer eines Teiles des Geländes war.

Steiler Weg, (Blankenese), vor 1903, nach der Beschaffenheit des Weges.

Steilshooper Allee, (Bramfeld, Steilshoop), 1971, nach der Lage der Straße, die größtenteils im Stadtteil Steilshoop liegt.

Steilshooper Straße, (Barmbek-Nord, Steilshoop), 1862/1950, als Teil der von Barmbek nach Steilshoop führenden früheren Landstraße.

Steinacker, (Eidelstedt), 1930, Flurname, ben. nach den auch sonst hier auf „Akker" lautenden Wegnamen.

Steinadlerweg, (Billstedt), 1950, in freier Wahl und nach den auch sonst hier verwendeten Vogelmotivnamen.

Steinbeker Berg, (Billstedt), 1968, nach der Lage im ehemaligen Dorf (Kirch)-Steinbek.

Steinbeker Grenzdamm, (Billstedt, Lohbrügge), 1948, die Straße bildet die Grenze zwischen den früheren Dörfern Kirchsteinbek und Boberg.

Steinbeker Hauptstraße, (Billstedt), 195), Hauptstraße der Ortschaft Kirchsteinbek.

Steinbeker Kirchenstieg, (Billstedt), 1951, führt zur Kirchsteinbeker Kirche.

Steinbeker Markt, (Billstedt), 1948, Steinbek war früher ein selbständiges Dorf. Im Jahre 1928 wurde es mit Öjendorf und Schiffbek zur Großgemeinde Billstedt zusammengelegt, und 1937 wurde Billstedt als Stadtteil in Hamburg eingemeindet.

Steinbeker Marktstraße, (Billstedt), 1948, die Straße verläuft in Richtung auf den Steinbeker Markt und hat daher ihren Namen.

Steinbeker Reihe, (Billstedt), 1950, die Silbe Reihe besagt, dass die Straße bei ihrer Anlage nur einseitig bebaut war. Bei Rei, Reihe oder Rey kann es sich aber um einen kleinen Wasserlauf handeln.

Steinbeker Straße, (Hamm-Süd), 1896, nach dem holsteinischen Dorf Steinbek.

Steinbeker Weg, (Billstedt), vor 1938, nach dem Ortsteil Kirchsteinbek benannt.

Steinblockstraße, (Groß Borstel), 1903, der Name ist irreführend, da er nicht mit einem großen Steinblock im Zusammenhang steht. Richtiger dürfte der Ursprung „Steenblöcke" sein, d.h. nicht umgepflügte Ackerstücke, auf die die Bauern die beim Pflügen zu Tage getretenen Steine werfen.

Steinburger Straße, (Stellingen), 1932, nach dem holsteinischen Kreis „Steinburg".

Steindamm, (St. Georg), 1539, der Steindamm wird schon 1539 als mit Steinen gepflasterte Straße erwähnt. So wie der „Alte Steinweg" in der Neustadt gehört der Steindamm mit zu den ersten gepflasterten Straßen der Stadt. Belegt ist hier das Jahr 1790, wo aus einer Kämmereirechnung hervorgeht, dass am 15. Dezember dieses Jahres ein Auftrag über Neupflasterung an den Felshauereibetrieb Johann Friedrich Kaufmann erteilt wurde.

Steinfeldtstraße, (Billstedt), 1962, nach dem Gewerkschaftsführer und Mitglied der Bürgerschaft, Heinrich Steinfeldt (1892–1955).

Steinfurther Allee, (Billstedt), 1904, nach dem Kirchsteinbeker Ausbau Steinfurth genannt. Hier befand sich ehemals eine Pulvermühle, welche 1581 von Herzog Adolf verheuert wurde, aber bald wieder einging. Später Gehöft mit Wassermühle.

Steingarten, (Bramfeld), 1951, frei gebildeter Name.

Stein-Hardenberg-Straße, (Tonndorf, Rahlstedt), vor 1949, nach den Staatsmännern Karl Reichsfreiherr vom Stein und Karl August Fürst von Hardenberg, die im Jahre 1810 eine Reform des preußischen Heeres einleiteten.

Steinhauerdamm, (Hohenfelde), 1890, nach den seit alters her hier gelegenen Steinlagerplätzen, auf denen Findlinge von den Steinhauern für den Straßenbau vorbereitet wurden.

Steinheimplatz, (Altona-Altstadt), 1966, nach Dr. med. Salomon Levy (später Ludwig Steinheim) (1789–1866), einem jüdischen Schriftsteller und Religionsphilosophen. Er war Arzt in Altona und lebte später in Rom.

Steinhöft, (Neustadt), ben. in der ersten Hälfte des 18. Jahrhunderts durch Übertragung der hier seit 1471 nachweisbaren Bezeichnung für die steinerne Ufereinfassung (mnd. hovet = Haupt; steenhovet = Steinbollwerk).

Steinhoffweg, (Niendorf), 1948, nach Johann Steinhoff (1847–1902), Zimmermann, 1899–1902 Gemeindevorsteher in Niendorf.

Steinikestraße, (Harburg, Eißendorf), 1950, nach Georg Ernst August Steinike (1801–1880), Rechnungsrat am Hauptzollamt Harburg, 1868 Ehrenbürger der Stadt Harburg.

Steinkamp, (Bergedorf), 1921, nach dem an der Gegend haftenden Flurnamen Steinkamp = steiniges Feld.

Steinmarderweg, (Hausbruch), 1984, Motivgruppe: heimisches Niederwild.

Steinreye, (Volksdorf), 1952, Name eines inzwischen versiegten Grenzwasserlaufs („Steinriehe“ auf einem Situationsplan des Lieutenants N. H. Olbers von 1769 zu einem Vergleich zwischen dem Hamburger Rat und dem Amt Trittau).

Steinschanze, (HafenCity), 1875, der Name erinnert an die dort 1655 erbaute steinerne Feldschanze (trapezförmiges Festungswerk), auf deren Platz die Fabrik von vormals H. E. Meyer jr., jetzt Dr. Heinr. Traun u. Söhne angelegt ist.

Steinstraße, (Hamburg-Altstadt), nachweisbar seit dem 13. Jahrhundert. Vermutlich die erste gepflasterte Straße, die den durch die Vorstadt des St. Jakobi-Kirchspiels verlaufenden Teil der alten Landstraße nach Lübeck bildete.

Steintorbrücke, (St. Georg), 1904, in Anlehnung an den Namen Steintordamm, führt im Zuge dieser Straße über die Gleisanlagen des Hamburger Hauptbahnhofes.

Steintordamm, (St. Georg), 1875, als Straße, die an die Stelle des früheren Tordammes des Steintors getreten ist.

Steintorplatz, (St. Georg), 1869, als Platz vor dem ehemaligen Steintor.

Steintorwall, (Hamburg-Altstadt, St. Georg), um 1858, als Wallstrecke, die sich an das ehemalige Steintor anschloß.

Steintorweg, (St. Georg), 1871, als Zugangsweg zum ehemaligen Steintor.

Steintwiete, (Hamburg-Altstadt), ben. seit der zweiten Hälfte des 13. Jahrhunderts als gepflasterter Durchgang zwischen Deichstraße und Rödingsmarkt.

Steintwietenhof, (Hamburg-Altstadt), 1963, in Anlehnung an den Namen Steintwiete, von der allein der Weg zu erreichen ist, der ansonsten wie ein Hof keinen weiteren Ausgang hat.

Steinwegel, (Sasel), 1919/20, nach dem ehemals großen Waldgebiet „Steinwegen“, das sich zwischen Sasel und Volksdorf befand. Wegel ist die Diminutivform von Weg. Eine andere Quelle legt Steinwegel als Steinwald aus.

Steinwegenskoppel, (Volksdorf, Sasel), 1950, Flurname, siehe Steinwegel.

Steinwegpassage, (Neustadt), 1869 und 1931, im Anschluss an den Namen des „Alten Steinweges“, der sie mit der Wexstraße verbindet.

Steinwiesenweg, (Eidelstedt), vor 1928, Flurname = steinige Wiesen.

Stellaustieg, (Rahlstedt), 1950, nach dem Wandsezufluss.

Stellbrinkweg, (Allermöhe), 1995, nach Karl Friedrich Stellbrink (1894–1943), evangelischer Pastor in Lübeck, Widerstandskämpfer gegen den Nationalsozialismus.

Stellinger Chaussee, (Lokstedt), vor 1914, nach dem benachbarten Stadtteil Stellingen, wohin die Straße führt.

Stellinger Steindamm, (Stellingen), umb. 1928, nach einem schon früh gepflasterten Weg in Stellingen.

Stellinger Weg, (Eimsbüttel), 1863, als alter in Richtung auf Stellingen zur Landesgrenze führender Weg.

Stellmacherstraße, (Neuenfelde), 1950, hier haben die Stellmacher ihren Beruf ausgeübt.

Stellmannkamp, (Wellingsbüttel), 1948, nach einem Vorbesitzer namens Stellmann.

Stemmeshay, (Tonndorf), vor 1933, Flurname, Hay = Heide. Stemm oder Stemmes ist der Teil einer Baumwurzel, der sich oberhalb der Wurzel, also über dem Erdboden befindet. Stemmeshay ist also eine Heidefläche mit Baumstümpfen.

Stemwarder Straße, (Jenfeld), vor 1938, nach der Ortschaft Stemwarde im Kreis Stormarn.

Stengelestraße, (Horn), 1945, nach Gustav Stengele (1861–1917), Redakteur beim Hamburger Echo, Mitglied der Bürgerschaft und Reichstagsabgeordneter.

Stengeletwiete, (Horn), 1945, im Anschluss an den Namen Stengelestraße.

Stenvort, (Altona-Nord), 1907, nach einem der Gegend anhaftenden Flurnamen. Stenvort = Steinfurt.

Stenzelring, (Wihelmsburg), 1969, nach Dr. Ing. Georg Stenzel (1877–1964), Hauptgeschäftsführer der Handwerkskammer.

Stephansplatz, (Neustadt), 1887, nach Heinrich von Stephan (1831–1897), dem Organisator des deutschen Postwesens; er wurde 1870 Generalpostdirektor des Norddeutschen Bundes, dann Mitglied des preußischen Herrenhauses, Generalpostdirektor des Deutschen Reiches; er führte 1870 die Postkarte ein, gründete 1874 den Weltpostverein, vereinigte Post und Telegraphie und führte 1877 den Fernsprecher ein. Da das alte in der Poststraße gelegene Postamt den gewachsenen Ansprüchen nicht mehr genügte, hatte die Stadt das große und zentral gelegene Grundstück Ecke Dammtorwall und Stephansplatz der Post für 1,75 Millionen Mark verkauft. Für rund 2 Millionen Mark wurde darauf das Postgebäude – wie wir es in seiner äußeren Form heute noch kennen – errichtet. Der Bau nahm die Oberpostdirektion, das Postamt 1 und das Telegraphenamt auf. Damals arbeiteten 1250 Postbeamte und 1400 sogenannte Unterbeamte in Hamburg, 66 Postillione mit 102 Pferden waren täglich bis zu fünf Mal im Einsatz.

Stephanstraße, (Wandsbek), 1936, nach Heinrich von Stephan (1831–1897), Erklärung wie Stephansplatz.

Sternbergweg, (Osdorf), 1956, nach E. Sternberg (1854–1930), der sich als Mitglied der Gemeindeverwaltung während der Amtszeit des Vogtes Langeloh insbesondere im sozialen Bereich verdient gemacht hat.

Sterndoldenweg, (Eidelstedt), 1972, nach den auch sonst hier in Eidelstedt verwendeten Blumenmotivnamen.

Sternmoosweg, (Sülldorf), 1987, nach der Motivgruppe: Wildkräuter.

Sternschanze, (Sternschanze),1870, als „An der Sternschanze" wegen der Lage der Straße am Fuß des ehemals von der Sternschanze eingenommenen Geländes, verkürzt 1899.

Sternstraße, (St. Pauli, Sternschanze), 1843 mit Bezug auf den Namen Sternschanze, auf die die Straße zuführt.

Sterntalerstraße, (Billstedt), 1952, nach einem Märchenmotiv.

Sterntwiete, (Lohbrügge), 1964, nach Prof. Dr. William Stern (1871–1938), Mitbegründer der Universität Hamburg, Widerstandskämpfer gegen den Nationalsozialismus, 1935 in die USA emigriert.

Stettiner Ufer, (Steinwerder), 1902 und 1975, ben. als Uferstraße des Oderhafens.

Steubenstraße, (Horn), umb. 1930, nach Friedrich Wilhelm von Steuben (1730–1794), preußischer General und ab

1778 militärischer Berater von Georg Washington.

Sthamerkai, (Steinwerder), 1930, nach dem früheren Präses der Deputation für Handel, Schiffahrt und Gewerbe, dem Senator Dr. Friedrich Sthamer (1856–1931).

Sthamerstraße, (Wohldorf-Ohlstedt), 1903, zu Ehren des langjährigen Landherrn der Geestlande (1845/1846, 1853/1860) und Senators (1834–1860) Dr. Eduard Sthamer (1803–1872).

Stichkanalbrücke, (Barmbek-Nord), umb. 1928, in Anlehnung an den Barmbeker Stichkanal, führt im Zuge der Straße Wiesendamm über den Barmbeker Stichkanal.

Stiefmütterchenweg, (Bahrenfeld), 1950, nach einem Blumenmotiv.

Stiegkamp, (Othmarschen), 1949, Flurname, abgeleitet von „Stuf", mittelniederdeutsch: stuvete = Gestrüpp.

Stieglitzstraße, (Barmbek-Süd), 1899, nach den auch sonst hier verwendeten Vogelmotivnamen, die zurückgehen auf den Vogelliebhaber von Essen, der in diesem Gebiet zahlreiche Nist- und Brutplätze anlegte.

Stiegstück, (Hummelsbüttel), 1932, Stieg = kleiner Weg, Stück = Ackerstück. Flurname = ein Ackerstück, über das ein Stieg (Weg) führte.

Stiftstraße, (St. Georg), 1835, nach Hartwig Hesses „Witwenstift", das 1824 gegründet und 1834 durch ein an dieser Straße gelegenes Gebäude erweitert wurde.

Stiller Weg, (Bahrenfeld), 1928, nach dem durch den Flottbeker Friedhof führenden Weg.

Stillhorner Damm, (Steinwerder), 1888, nach der ehemaligen Insel Stillhorn, die bereits 1319 erwähnt wird.

Stillhorner Hauptdeich, (Wilhelmsburg), 1970, nach dem Ortsnamen und der Funktion.

Stillhorner Stegel, (Wilhelmsburg), 1972, nach dem Ortsnamen „Stillhorn". Stegel ist die Diminutivform von Steg, bedeutet aber auch Weideübertritt.

Stillhorner Weg, (Wilhelmsburg), 1907, nach der ehemaligen Elbinsel Stillhorn, die 1361/67 in den Besitz der adligen Familie von Grote kam. 1370 Erbauung der Burg und 1388 Errichtung der Kirche Stillhorn. Das adlige Gut ging 1672 in den Besitz von Herzog Wilhelm von Braunschweig-Lüneburg über und wurde mit den Inseln Georgswerder und Reiherstieg/Rotehaus zur „Herrschaft Wilhelmsburg".

Stindeweg, (Othmarschen), 1951, nach dem Chemiker und Schriftsteller (auch von plattdeutschen Stücken) Julius Stinde (1841–1905).

Stockflethweg, (Langenhorn), 1948, nach dem früheren Hamburger Bürgermeister Daniel Stockfleth (1676–1737), Senator 1712.

Stockhausenstraße, (Barmbek-Nord), 1927, nach Julius Stockhausen (1826–1906), der von 1863 bis 1867 die philharmonischen Konzerte in Hamburg leitete und auch Dirigent der Singakademie war.

Stockkamp, (Groß Flottbek), 1928, Flurname „Stock" = Ansammlung von Baumstümpfen auf gerodetem Land.

Stockmeyerstraße, (HafenCity), 1854, nach dem Stockfabrikanten Heinrich Christian Meyer, genannt Stockmeyer (1797–1848). Um das Einkommen der Familie aufzubessern, fertigte der Vater von Heinrich in den Abendstunden Spazierstöcke an, die der Sohn in der Nähe des Rathauses vor der Westermanschen Papierhandlung verkaufte. Mit erweiterten Erkenntnissen und einem kleinen Kapital gründete Heinrich eine eigene Herstellung, die zwischen 1818 und 1838 zu einem bedeutenden Erfolg führte; aus dem Handwerksbetrieb war ein kleines Industrieunternehmen geworden.

Stockrosenweg, (Bramfeld), 1954, nach einem Blumenmotiv.

Stoeckhardtstraße, (Hamm-Nord), 1877, nach dem Agrochemiker Prof. Dr. Adolf Stoeckhardt (1809–1886), der an der Akademie für Land- und Forstwirtschaft in Tharand wirkte.

Stölckenhofwinkel, (Hausbruch), 1975, nach dem Stölckenhof in Neugraben, der in dieser Gegend Ackerstücke besaß.

Störtebekerweg, (Neugraben-Fischbek), umb. 1948, nach dem Seeräuber Klaus Störtebeker, der auf dem Falkenberg gehaust haben soll und der 1402 auf dem Grasbrook hingerichtet wurde.

Stöttrupweg, (Barmbek-Nord), 1930, nach dem Maler und Kupferstecher Andreas Stöttrup (1754–1811). Er war u.a. auch der Verfasser eines Handbuches zur Zeichenkunst.

Stofferkamp, (Poppenbüttel), 1934, Flurname, benannt nach einer ehemaligen Hennebergschen Weide. Stoffer kommt wahrscheinlich von Stubben, d.h. es handelt sich um eine frühere Rodung.

Stolbergstraße, (Uhlenhorst), umb. 1948, nach dem Dichter Christian Graf von Stolberg (1748–1821), verfaßte Singspiele, Dramen und Gedichte und übersetzte Lyrik und Dramen aus dem Griechischen.

Stolper Straße, (Rahlstedt), 1950, Motivgruppe: Orte in Pommern.

Stolpmünder Straße, (Rahlstedt), 1950, Motivgruppe: Orte in Pommern.

Stoltenbrücke, (Marienthal), 1958, in Anlehnung an den Namen Stoltenstraße, führt im Zuge dieser Straße über die Bundesautobahn.

Stoltenkai, (Waltershof), 1927, nach dem sozialdemokratischen Reichstagsabgeordneten Johannes Ernst Otto Stolten (1853–1928), Bürgermeister in Hamburg 1919–1925.

Stoltenstraße, (Horn), umb. 1945, Erklärung wie Stoltenkai.

Stolzweg, (Rahlstedt), 1979, nach dem Operettenkomponisten Robert Stolz (1880–1975).

Stoppelfeld, (Rahlstedt), 1947, Flurname = stob, stopp = Stubben.

Storchenheimweg, (Rissen), 1951, nach einem früheren Bauernhof in Rissen, der den Namen „Storchenheim" führte.

Storchenschnabelstieg, (Billstedt), 2008, nach einer mit der Geranie verwandten Heilpflanze.

Storchenstieg, (Jenfeld), 1932, nach einem Vogelmotiv.

Stormarner Straße, (Dulsberg, Wandsbek), 1908, nach der Landschaft Stormarn. Wandsbek, auf dem ein Teil der Straße Hegt, gehörte bis 1937 zum Kreis Stormarn.

Stormarnhöhe, (Lohbrügge), 1945, frei gebildeter Name nach dem unweit östlich des Weges beginnenden Kreis Stormarn.

Stormarnplatz, (Poppenbüttel), 1947, nach dem Kreis und der gleichnamigen Landschaft Stormarn.

Stormsweg, (Uhlenhorst), 1903, nach dem Dichter aus der „grauen Stadt am Meer" (Husum) Theodor Storm (1817–1888), u. a. „Schimmelreiter".

Stradellakehre, (Barmbek-Süd), 1930, nach „Alessandro Stradella", der Oper des Freiherrn von Flotow, in motivischer Anlehnung an die Flotowstraße.

Stralsunder Straße, (St. Georg), 1948, nach der früheren Hansestadt Stralsund.

Strandhöft, (HafenCity), 1888, als Spitze zwischen Strandkai und Hübenerkai.

Strandkai, (HafenCity), 1877, im Anschluss an den Namen des „Strandhafens".

Strandtreppe, (Blankenese), 1949, als Treppenweg zum Blankeneser Strand.

Strandweg, (Blankenese), vor 1903, nach der Lage am Elbstrand.

Straßburger Platz, (Dulsberg), 1930, im Anschluss an den Namen Straßburger Straße.

Straßburger Stieg, (Dulsberg), 1929, im Anschluss an den Namen Straßburger Straße.

Straßburger Straße, (Dulsberg, Wandsbek), 1922 und 1928, nach der früheren deutschen Hauptstadt von Elsaß-Lothringen.

Straßenbahnring, (Hoheluft-Ost), 2003, nach dem 1890–1892 errichteten Straßenbahndepot und der benachbarten

Straßenbahnwerkstatt, seit 1968 Fahrzeugwerkstätten Falkenried.

Straßenbahnstieg, (Hoheluft-Ost), 2003, in Anlehnung an den Straßenbahnring.

Straßweg, (Groß-Flottbek), 1950, nach Karl Friedrich Heinrich Straß (1803–1864), Erzähler und Dichter, auf den der von Chemnitz benutzte Text des „Schleswig-Holstein-Liedes" zurückgeht.

Stratenbarg, (Sasel), 1929, Stratenbarg = Straßenberg. Alte Dorfstraße, die mit kurzem, starkem Gefälle in die Saseler Chaussee einmündet.

Strauchweg, (Blankenese), 1936, nach einem frei gewählten Namen.

Straußstraße, (Bahrenfeld), 1895, nach den Musikern und Komonisten: Richard Strauss (1864–1949), Johann Strauß (1804–1849) und Johann Strauß (1825–1899).

Streekbrücke, (Harvestehude, Winterhude), 1904, nach dem „Streek" genannten Teil des Alsterufers. Streek ist niederdeutsch für Strich, Linie, Reihe, Landstück, Streifen, Abschnitt und Strecke.

Streekweg, (Bergstedt, Volksdorf), 1911, Streek = ein Streifen Landes. Der alte Name „Weg in ‚n Streek" könnte soviel wie „Abschneideweg" bedeuten. Streek = niederdeutsche Bezeichnung für Strich, Linie, Reihe, Landstück, Streifen, Abschnitt und Strecke.

Strehlowweg, (Othmarschen), umb. 1964, nach August Heinrich Strehlow (1844–1925), von 1876 bis 1908 Rektor der Realschule in Ottenscn und von 1908 bis 1917 Direktor derselben nunmehrigen Oberrealschule.

Stremelkamp, (Neugraben-Fischbek), 1985, in Anlehnung an den Namen Stremelweg.

Stremelweg, (Neugraben-Fischbek), 1948, Stremel = Streifen Landes.

Strenge, (Wellingsbüttel), 1933, Flurbezeichnung. Strenge = Strang = schmales, langes Feldstück (mit Vorbehalt).

Strengesweg, (Poppenbüttel), 1951, nach Matthias Strenge (1893–1943), Geschäftsführer der Allgemeinen Deutschen Schiffszimmerergenossenschaft e.G. m.b.H., bemühte sich um den Wohnungsbau, insbesondere in der Matthias-Strenge-Siedlung, die der Strengesweg durchzieht.

Stresemannallee, (Lokstedt), 1945, nach Dr. Gustav Stresemann (1878–1929), Politiker und Staatsmann, Reichsaußenminister 1923–1929.

Stresemannstraße, (St. Pauli, Altona-Altstadt, Sternschanze Altona-Nord, Bahrenfeld), umb. 1945, Erklärung wie Stresemannallee.

Stresowstraße, (Rothenburgsort), 1869, nach der Familie Stresow, Besitzer des ehemals Rodenborgschen, dann dem Senator Amsinck, später Stockmeyer und auch Hinrich Traun gehörenden Gehöftes, auf das die Straße zuführt.

Striepentwiete, (Hausbruch), 1944, im Anschluss an den Namen Striepenweg.

Striepenweg, (Hausbruch), 1944, nach dem der Gegend anhaftenden Flurnamen „Striepen" = Streifen.

Strietkoppel, (Billstedt), 1977, nach einem Flurnamen (evtl. strittige Koppel).

Strindbergweg, (Blankenese), 1955, nach dem schwedischen Dichter August Strindberg (1849–1912), Begründer des modernen Naturalismus in Schweden.

Strohblumenweg, (Eidelstedt), 1953, in freier Wahl nach den auch sonst hier vielfach verwendeten Blumenmotivnamen.

Strohredder, (Blankenese, Sülldorf), 1954, frei gebildeter Name im Anschluss an die dort vorhandene Motivgruppe. Redder = von Knicks gesäumter Feldweg.

Struckholt, (Ohlsdorf), 1903, nach dem der Gegend anhaftenden Flurnamen, Struck = Strauch, Holt = Holz; Struckholt = Buschholz.

Struckholttwiete, (Ohlsdorf), 1973, in Anlehnung an den Namen Struckholt. Twiete = kleiner Verbindungsweg zwischen zwei Straßen.

Strucksbarg, (Eißendorf), 1950, Flurname = Strauchberg. (Struck = Strauch).

Strübelhorn, (Rissen), 1949, Flurname; Strubel = Sturmbö, starker Windstoß.

Struenseestraße, (Altona-Altstadt), 1950, nach Johann Friedrich von Struensee (1737–1772), 1758–1768 Stadtphysikus in Altona, später Leibarzt König Christians VII. und Geheimer Kabinettsminister. 1771 in den Grafenstand erhoben. Wegen Ehebruch mit der Königin und Anmaßung königlicher Gewalt wurde er am 28. 4. 1772 in Kopenhagen hingerichtet.

Strüverweg, (Groß Borstel), 1953, nach dem Gründer der Fa. Ad. Strüver Aggregatebau, Adolf Strüver (1866–1947), der wegen seiner sozialen Einstellung besonders geschätzt wurde.

Strutzhang, (Poppenbüttel), 1953, nach der Ritterfamilie Strutz, Grundherrn in Poppenbüttel, insbesondere nach dem Knappen Lambert Strutz, der Poppenbüttel 1336 an das Hamburger Domkapitel verkaufte.

Stubbenberg, (Marmstorf), 1978, Flurbezeichnung, Stubben = Baumstumpf, wahrscheinlich eine Rodung.

Stubbenhof, (Hausbruch), 1975, der Stubbenhof in Neugraben besaß in dieser Gegen Ackerstücke.

Stubbenhuk, (Neustadt), seit etwa 1700, es gibt zwei Versionen für diesen interessanten Straßennamen. Danach soll die Straße nach den Baumstubben benannt sein, die hier von einem früher gelegenen Eichwald stammen sollen. Huk bedeutet nach Hamburger Mundart Vertiefung oder Winkel. Es wird sich folglich um ein Stubbenfeld in einer kleinen Talsohle gehandelt haben. Die zweite Lesart geht davon aus, dass es sich um einen Herrn Stubbe gehandelt hat, der hier 1649–1722 Besitzer eines Eckhauses war (Huck = Ecke).

Stubbenweg, (Sasel), 1919/20, in Anlehnung an das ehemalige Waldgebiet „Steinwegen" und den darin vorhandenen Stubben.

Studioweg, (Tonndorf), 2010, nach dem in der Nähe liegenden Studio Hamburg.

Stübeheide, (Ohlsdorf), 1925 und 1951, Flurname, Mittelniederdeutsch heißt Stuve: Baumstumpf (Stubben). Also ursprünglich wahrscheinlich ein mit Heide überwachsener Kahlschlag.

Stübekamp, (Ohlsdorf), 1935, im Anschluss an den Namen Stübeheide.

Stübenhofer Weg, (Wilhelmsburg), 1907, der Name Stüben ist schon sehr alt und kommt schon um 1600 vor, weshalb man vermutet, dass der Weg zum Hof einer Familie Stüben oder Stüven führte.

Stübenplatz, (Wilhelmsburg), 1955, nach Heinrich Stüben, der hier um 1900 das Gartenlokal „Stübens Volksgarten" betrieb, in dem viele Volks- und Heimatfeste stattfanden.

Stüberedder, (Ohlsdorf), 1954, im Anschluss an den Namen Stübeheide.

Stückenstraße, (Barmbek-Süd), 1862, unter Benutzung der bisherigen, auf einen Flurnamen (Stückenkamp) zurückgehenden Bezeichnung Stückenloch.

Stückweg, (Lurup), 1929, nach der Flurbezeichnung „Dertinstücken" = dreizehn Stück oder „Verteinstücken" = vierzehn Stück.

Stüfelkoppel, (Volksdorf), 1925, in Anlehnung an den Flurnamen Stüffel = niedriges Gebüsch.

Stüffel, (Bergstedt), 1948, Stüffel = niedriges Gebüsch.

Stüffeleck, (Bergstedt), 1967, in Anlehnung an den Flurnamen „Stüffel".

Stüffeloort, (Bergstedt), 1943, nach dem Flurnamen „Stüffel" ~ niedriges Gebüsch, Oort = Spitze, Winkel, Ecke.

Stüffelring, (Bergstedt), 1967, in Anlehnung an den Flurnamen „Stüffel".

Stühmtwiete, (Bramfeld), umb. 1945, siehe „Am Stühm-Nord" und „Am Stühm Süd".

Stuhlmannplatz, (Altona-Altstadt), 1882, nach Günther Ludwig Stuhlmann (1797–1872), Kaufmann, war beteiligt am Bau des ersten Gaswerkes und des Wasserwerkes von Blankenese, Stifter des Stuhlmannplatzes, des Stuhlmannbrunnens und des Turms der Christuskirche.

Stuhlmannstraße, (Altona-Altstadt), 1882, Erklärung wie Stuhlmannplatz.

Stuhlrohrstraße, (Bergedorf), 1949, nach der anliegenden Stuhlrohrfabrik der Firma Rud. Sievers GmbH & Co.

Stuhtsweg, (Farmsen-Berne), 1933, nach der alteingesessenen Bauernfamilie Stuht.

Sturmvogelweg, (Billstedt), 1955, in freier Wahl nach den auch sonst hier verwendeten Seevogelmotivnamen.

Stutsmoor, (Bahrenfeld), 1920, Flurname, abgeleitet von „Stod“, Einfriedung für Pferde (Gestüt).

Stutzenkamp, (Groß Borstel), 1955, in freier Wahl, nach den auch sonst in Groß Borstel verwendeten Jagdmotivnamen. Stutzen = Jagdflinte.

Stuvkamp, (Barmbek-Süd), 1888, nach der Bezeichnung dortiger in der Karte von Barmbek von 1796 angeführten Ackerstücke. Stuv = niedriges Gebüsch.

Suckweg, (Langenhorn), 1932, nach der alteingesessenen Familie Suck aus Langenhorn.

Sudeckstraße, (Eppendorf), 1948, nach Prof. Dr. Paul Hermann Martin Sudeck (1866–1945), Leitender Oberarzt am Barmbeker Krankenhaus bis 1923 und von 1923 bis 1935 Direktor der Chirurgischen Universitätsklinik Eppendorf.

Sudermannstraße, (Wilstorf), 1950, nach dem Erzähler und naturalistischen und gesellschaftskritischen Dramatiker Hermann Sudermann (1857–1928).

Sudestraße, (Lurup), 1960, nach dem Fluss in Mecklenburg.

Süderelbebogen, (Neugraben-Fischbek), 1981, nach der Lage im Zentrum des Ortsbereiches „Süderelbe“.

Süderelbering, (Neugraben-Fischbek), 1970, nach der Lage im Zentrum des Ortsbereiches „Süderelbe“.

Süderelbeweg, (Neugraben-Fischbek), 1970, wie Süderelbering.

Süderfeldstraße, (Lokstedt, Eppendorf), 1903, Flurname, nach den südlich von Lokstedt gelegenen Feldern.

Süderkirchenweg, (Finkenwerder), 1948, nach dem Kirchweg im Südteil der Insel, der bis 1937 preußisch war.

Süder-Ohe, (Sasel), 1950, nach dem Flurnamen „In der Ohe“, Ohe = Sumpfwald.

Süderquerweg, (Kirchwerder), 1950, südlicher, quer durch Kirchwerder führender Weg, parallel zum Eibdeich.

Süderstraße, (Hammerbrook, Hamm-Süd), 1950, als südlichste den Hammerbrook durchschneidende Straße.

Süderstraßenbrücke, (Hammerbrook), 1930, in Anlehnung an den Namen Süderstraße, in deren Verlauf sie über das Hochwasserbassin führt.

Südheide, (Neugraben-Fischbek), 1946, nach der Lage in der Fischbeker Heide, wo die Silbe Heide vielfach für Wegnamen verwendet wurde, meist im Zusammenhang mit dem örtlichen Charakter.

Südring, (Winterhude), 1945, als Bezeichnung für den südlichen Teil des Stadtparkrings.

Sülfelder Weg, (Langenhorn), 1952, nach der Motivgruppe: Dörfer nördlich von Hamburg.

Süllbergsterrasse, (Blankenese), vor 1903, nach der Lage.

Süllbergstreppe, (Blankenese), vor 1903, als Zugangsweg vom Elbufer zum Süllberg.

Süllbergsweg, (Blankenese), vor 1903, nach der Lage am Süllberg.

Sülldorfer Brooksweg, (Rissen), 1929, Brook = niedriges, wasserreiches Bruchland.

Sülldorfer Heideweg, (Sülldorf), 1928, Weg in die Rissener Heide.

Sülldorfer Kirchenweg, (Blankenese, Sülldorf), 1949, Weg von Sülldorf zur Blankeneser Kirche.

Sülldorfer Knick, (Sülldorf), 1949, mit Büschen oder Bäumen bewachsene kleine Erdhügel zur Begrenzung von Feldwegen und an Ackerrändern, um der Erosion vorzubeugen und zur Kleinholzbeschaffung der Dorfbevölkerung.

Sülldorfer Landstraße, (Iserbrook, Sülldorf, Rissen), 1928 und 1985, Teil der Chaussee von Altona nach Wedel.

Sülldorfer Mühlenweg, (Blankenese, Sülldorf), 1928, alter Weg zur Windmühle nach Schierenholt.

Sülzbrackring, (Kirchwerder), 1977, Erklärung wie „Auf dem Sülzbrack".

Sünnenschien, (Neugraben-Fischbek), 1948, frei gebildeter Name.

Süntelstraße, (Schnelsen), 1948, Teil des Weserberglandes auf der rechten Uferseite der Weser.

Suerfeld, (Marmstorf), 1930, nach einem Flurnamen, der auf einen kalkarmen, sauren Boden hindeutet. Eine Deutung, die auf eine Fehlinterpretation zurückgeht, richtig hätte es „Süderfeld" heißen müssen, weil südlich vom Dorf gelegen.

Sugambrerweg, (Niendorf), 1953, nach dem germanischen Volksstamm zwischen Sieg und Lippe. Die seit dem ersten Jahrhundert v. Chr. über den Rhein vorgestoßenen Sugambrer wurden 8 v. Chr. von Tiberius geschlagen und zum Teil links des Rheins angesiedelt.

Suhmweg, (Schnelsen), 1948, nach Hinrich von Suhm (1636–1700), seit 1682 Amtmann in Pinneberg, und Borchert von Suhm, seit 1695 Amtmann in Pinneberg.

Suhrenkamp, (Alsterdorf, Ohlsdorf), 1893, Flurname = saures Feld oder Suhre = Sauerampfer, also ein ehemals mit Sauerampfer bewachsenes Feld.

Suhrsweg, (Barmbek-Nord), 1914, nach den Brüdern Suhr, Maler: Christoph Suhr (1771–1842), Cornelius Suhr (1781–1857), Peter Suhr (1788–1857).

Sulkyweg, (Farmsen-Berne), 1967, nach der Motivgruppe: Pferdesport, nach den auch sonst hier aus dem Pferdesport eingesetzten Wegnamen (Trabrennbahn).

Sultanstraße, (Billstedt), 1952, nach einem Märchenmotiv.

Sumpfcallastieg, (Langenhorn) 2002, nach der im benachbarten Raakmoor vorkommenden Pflanze.

Sumpfläuferweg, (Hausbruch), 1977, Motivgruppe: Moorvögel; kleiner Strandläufer, bekassinenartig gezeichnet.

Sumpfmeisenweg, (Poppenbüttel), 1950, bräunlich-graue Meisenart.

Sumpfveilchenweg, (Langenhorn), 2002, nach der im benachbarten Raakmoor vorkommenden Pflanze.

Sumpfweg, (Lurup), 1932, nach dem Landschaftscharakter, der Weg führt durch sumpfiges Gelände.

Sunderweg, (Eißendorf), 1950, der Weg führt zum Eißendorfer Sunder (Sunder kommt von absondern).

Surenland, (Farmsen-Berne), 1932, Flurname, sur = sauer.

Susannenstraße, (Sternschanze), 1945, vermutlich nach der ältesten Tochter des Grundeigners Clas Julius Bieber.

Susebekweg, (Hummelsbüttel), 1950, nach dem kleinen Bach und Alsterzufluss.

Susettestraße, (Ottensen), 1950, nach Susette Gontard (1768–1802), geb. Borkenstein. Geliebte Hölderlins, seine „Diotima".

Suttnerstraße, (Altona-Altstadt), 1950, nach Bertha Freifrau von Suttner, geb. Gräfin von Kinsky (1843–1914), österreichische Pazifistin und Schriftstellerin. Erhielt 1905 den Friedensnobelpreis.

Suurbleek, (Poppenbüttel), 1947, Flurbezeichnung, der Name deutet auf eine freie Fläche (bleek) mit saurem (suur) Boden hin.

Suurheid, (Rissen), 1941, Flurname. Suurheid ist der niederdeutsche Ausdruck für saure Heide.

Suurwisch, (Duvenstedt), 1942, Flurbezeichnung = saure Wiese.

Sven-Hedin-Straße, (Eidelstedt), 1971, nach dem schwedischen Asienforscher Sven Hedin (1865–1952). In Berlin war er Schüler des Geographen und Chinaforschers F. von Richthofen. Nach kurzen Reisen (Persien, Mesopotamien, Russisch-Turkestan, Pamir-Gebiet, Tarim-Becken, Kunlun und Nordtibet) 1927-35 forschte er mit schwedischen, chinesischen und deutschen Wissenschaftlern in Chinesisch-Turkestan. Die Ergebnisse seiner Forschungen wurden ab 1936 in Stockholm veröffentlicht.

Swartenhorst, (Farmsen-Berne, Bramfeld), vor 1938, alter Flurname, Swarten Horst = dunkler Wald.

Swatten Weg, (Lurup), 1949, = schwarzer Weg.

Swebenbrunnen, (Farmsen-Berne), 1954, bei Ausschachtungen für eine an dieser Straße errichteten Siedlung ist ein Dorf mit Brunnen einer dem Namen nach bisher nicht bekannten Elbsweben freigelegt worden. Die Anlage dieses entdeckten Dorfes wurde mit Straßennamen wie Mahlhaus, Feldschmiede, Meilerstraße, Ortsteinbek und Swebenbrunnen festgehalten.

Swebengrund, (Farmsen-Berne), 1954, in Anlehnung an den Namen Swebenbrunnen.

Swebenhöhe, (Farmsen-Berne), 1956, in Anlehnung an den Namen Swebenbrunnen.

Swebenweg, (Niendorf), 1952, nach dem germanischen Volksstamm der Eibsweben (siehe auch Swebenbrunnen).

Swinemünder Straße, (Rahlstedt), 1962, nach dem Ostseebad in Pommern.

Sydneystraße, (Winterhude), 1973, nach der australischen Hafenstadt. Motivgruppe: überseeische Handelsbezeichnungen.

Sylter Weg, (Tonndorf), 1951, nach der Nordseeinsel Sylt.

Sylvesterallee, (Bahrenfeld, Eidelstedt), 1928, nach Friedrich Sylvester (1871–1914), Stadtbaurat und Senator in Altona.

Syringenweg, (Eidelstedt), 1935, nach dem Zierstrauch.

T

Tabulatorweg, (Billstedt), 1959, = Spaltensteiler bei Druck- und Schreibmaschinen. Motivgruppe: Buchdruck, Buchhandel und Verleger.

Tafelberg, (Blankenese), 1935, Flurbezeichnung. Der Tafelberg liegt westlich vom Kösterberg und Falkenberg.

Talheide, (Neugraben-Fischbek), 1948, nach der Lage in der Fischbeker Heide, wo die Silbe Heide häufig bei Straßennamen verwendet wurde, meist im Zusammenhang mit dem örtlichen Charakter.

Talstraße, (St. Pauli), 1849, nach dem ehemals wasserreichen Tal der Pepermöhlenbek (inzwischen versiegt).

Talweg, (Hausbruch), 1938, nach dem in einem Tal verlaufenden Weg.

Talwinkel, (Eißendorf), 1957, frei gebildeter Name nach dem winkeligen Wegeverlauf.

Tangstedter Graben, (Duvenstedt), 2000, nach dem westlich davon verlaufenden Gewässer „Tangstedter Graben".

Tangstedter Knick, (Duvenstedt), 1996, in Anlehnung an den Tangstedter Weg. Knick = ehemalige Feldbegrenzung.

Tangstedter Landstraße, (Langenhorn), 1898, als von Langenhorn nach Tangstedt führende alte Landstraße.

Tangstedter Weg, (Duvenstedt), vor 1940, als Weg zum benachbarten Ort Tangstedt.

Tankweg, (Waltershof), 1927, mit Bezug auf die Tankanlagen im anliegenden Petroleumhafen.

Tanneck, (Marmstorf), 1930, ben. nach der Örtlichkeit.

Tannenberg, (Lurup), 1928, nach einer ortsüblichen Bezeichnung.

Tannengrünweg, (Lemsahl-Mellingstedt), 1946, nach einer örtlich gebräuchlichen Bezeichnung, im Anschluss an den Namen „Tannenhof".

Tannenhof, (Lemsahl-Mellingstedt), 1947, ben. nach dem Gast- und Bauernhof „Tannenhof".

Tannenhügel, (Hausbruch), 1948, frei gebildeter Name nach der Landschaft.

Tannenkamp, (Volksdorf), 1909, Flurname, frei gewählt, weil der Weg entlang einer Tannenkoppel verläuft.

Tannenweg, (Langenhorn), 1903, nach dem dort gelegenen Tannenwald.

Tannenwegbrücke, (Langenhorn), 1960, im Anschluss an den Namen Tannenweg. Führt im Zug dieser Straße über die U-Bahn.

Tannenzuschlag, (Langenhorn), 1937, nach einer nahe gelegenen Waldparzelle, die im Volksmund „Tannenzuschlag" genannt wurde.

Tannhäuserweg, (Rissen), 1938, nach dem Minnesänger Tannhäuser (etwa 1205–1270) aus einem in Salzburg und Bayern ansässigen Rittergeschlecht, Oper von Richard Wagner.

Tarfenbööm, (Langenhorn), 1937, Flurbezeichnung, Tarf, Tarp = Torf, bööm bedeutet hier Boden. Tarfenbööm = Torfboden.

Tarnowitzer Weg, (Dulsberg), 1930, nach der Stadt Tarnowitz zur Erinnerung an die durch den Versailler Vertrag bestimmte Abtretung eines Teiles von Oberschlesien.

Tarpen, (Langenhorn), 1948, nach der alten Flurbezeichnung „Die Tarpe", das sind die Wiesen an der Tarpenbek (Tarp, Tarf = Torf).

Tarpenbekstraße, (Eppendorf), 1888, nach dem benachbarten Bach und Alsterzufluss „Tarpenbek".

Tarpenbrücke, (Langenhorn), 1960, führt im Zuge des Weges Tarpen über die Tarpenbek.

Tarpenring, (Langenhorn), 1974, in Anlehnung an den Namen Tarpen, zweigt von dieser Straße als Ringstraße ab.

Tarpenstieg, (Langenhorn), 1952, in Anlehnung an den Namen Tarpen.

Tarpenwiese, (Langenhorn), 1936, nach den Wiesen in der Tarpenbekniederung.

Tatenberger Brücke, (Moorfleet, Tatenberg), 1961, in Anlehnung an den Namen Tatenberger Weg, führt im Zuge dieser Straße über die Dove-Elbe.

Tatenberger Damm, (Tatenberg), 1933, vormals Teil des Tatenberger Elbdeich, umbenannt in Tatenberger Damm, weil er zum „Schlafdeich" geworden ist.

Tatenberger Deich, (Tatenberg), 1933, nach dem Ortsteil Tatenberg und als Deich zum Schutz vor der Dove-Elbe.

Tatenberger Weg, (Moorfleet, Tatenberg), 1927, als Zugang zur Tatenberger Brücke.

Taubenstraße, (St. Pauli), 1866, Benennungsmotiv unbekannt.

Taubnesselweg, (Osdorf), 1955, nach der in Osdorf bestehenden Motivgruppe: Feldwiesenblumen.

Tauchnitzweg, (Billstedt), 1957, nach dem Verleger Bernhard Tauchnitz (1816–1895). Motivgruppe: Buchherstellung und Verlag.

Taxusweg, (Othmarschen), 1936, nach dem zu den Nadelholzbäumen gehörenden Taxus = Eibe.

Teekoppel, (Bergstedt), 1948, Flurname, Bezeichnung, die wahrscheinlich aus dem Germanischen stammt, „Tee" = Ti oder Ting, was auf eine Tingstätte, d. h. auf einen Versammlungsplatz für Gerichtsbarkeit hindeutet.

Teerhof, (HafenCity), 1907, unter Wiederverwendung des alten seit dem 18. Jahrhundert nachweisbaren Straßennamens „Bei dem Teerhof", der seinen Ursprung dem 1611 hier errichteten Teermagazin verdankt.

Teerosenweg, (Bramfeld), 1962, nach einem Blumenmotiv.

Teetzparkweg, (Hummelsbüttel), 1974, nach der Lage am Teetzpark. Teetz = Vorbesitzer des Geländes.

Tegelsbarg, (Poppenbüttel, Hummelsbüttel), 1975, nach den ehemaligen Ziegeleien, die hier vorhanden waren, und dem Wegnamen, der auf die Hauptachse des nach ihm bezeichneten Neubaugebietes übertragen wurde.

Tegelweg, (Farmsen-Berne, Bramfeld), 1945, nach den dort ehemals gelegenen Ziegeleien. Tegel = Ziegel.

Tegetthoffstraße, (Eimsbüttel), 1885, nach dem österreichischen Admiral Wilhelm von Tegetthoff (1827–1871), der 1864 durch das Gefecht bei Helgoland die Elbe von der Bedrohung durch Dänemark befreit hat.

Teichhuhnstraße, (Hausbruch), 1984, nach der Motivgruppe: heimisches Niederwild.

Teilfeld, (Neustadt), 1906, unter Beibehaltung des alten, seit dem 17. Jahrhundert nachweisbaren Straßen- und Flurnamens, der seinen Ursprung der hier bis 1624 betriebenen städtischen Ziegelei verdankt und auch in der Form „Bei dem Ziegelhause" oder „Bei den Ziegelhütten" auftritt.

Teinstücken, (Eidelstedt), 1961, Flurname „Up de Teinstücken" = Zehnstücken in Flurkarten und Erdbuch. „Op de Teinstükken" in der Deutschen Generalkarte 6040 Stellingen / Eidelstedt).

Telemannstraße, (Eimsbüttel), 1901, nach dem Direktor der Kirchenmusik und Kantor sowie berühmten Komponisten Georg Philipp Telemann (1681–1767).

Teilkampfweg, (Osdorf), 1953, nach dem ehemaligen Direktor der Altona-Kieler Eisenbahn, Hermann Tellkampf (1831–1893), der sich um den Ausbau des Eisenbahnnetzes in Schleswig-Holstein große Verdienste erworben hat.

Tempelhofer Ring, (Jenfeld), 1961, nach dem Berliner Bezirk.

Tempoweg, (Hausbruch), 1944, nach der anliegenden Tempoautofabrik von Vidal & Sohn GmbH.

Tempowerkring, (Heimfeld), 1990, nach dem ehemals dort gelegenen Teil der Autofabrik von Vidal & Sohn Tempo-Werk GmbH.

Tennigkeitweg, (Poppenbüttel), 1985, nach Käthe Tennigkeit (1903–1944) und Richard Tennigkeit (1900–1944), Widerstandskämpfer gegen den Nationalsozialismus.

Tesdorpfstraße, (Rotherbaum), 1898, nach dem Senator (1852–1864) und langjährigen Landherrn Adolph Tesdorpf (1811–1887).

Tessenowweg, (Winterhude), 1977, nach dem Architekten Heinrich Tessenow (1876–1950).

Teubnerweg, (Billstedt), 1964, nach dem Leipziger Verleger Benedictus Gottheit Teubner (1784–1856). Motivgruppe: Buchherstellung und Verlag.

Teufelsbrück, (Nienstedten), 2003, nach der unmittelbar benachbarten Landungsbrücke Teufelsbrück.

Teutonenweg, (Niendorf), 1961, nach dem germanischen Volksstamm, erstmal von Pytheas von Massilia um 345 v. Chr. in W-Jütland erwähnt, traf mit den Kimbern 103 v. Chr. an der Seine zusammen und zog südwärts.

Tewessteg, (Eppendorf), 1880, nach Johann Matthias Tewes (1823–1892), Vorbesitzer des Geländes.

Thadenstraße, (St. Pauli, Altona-Altstadt), 1948, nach Friedrich Gottlieb Eduard von Thaden (1809–1886); 1856 Erster Bürgermeister von Altona, 1870–1883 Oberbürgermeister von Altona.

Thedestraße, (Altona-Altstadt), 1951, nach dem ehemaligen Leiter der Knabenschule Altona, Reimer Thede (1834–1889).

Theodor-Fahr-Straße, (Langenhorn), 1961, nach dem ehemaligen Leiter des Pathologischen Institutes am Universitätskrankenhaus Eppendorf, Prof. Dr. Theodor Fahr (1877–1945).

Theodor-Heuss-Platz, (Rotherbaum), 1965, nach Prof. Dr. Theodor Heuss (1884–1963), Bundespräsident von 1949 bis 1959.

Theodor-Körner-Weg, (Niendorf), vor 1956, nach dem Dichter und Freiheitskämpfer Theodor Körner (1791–1813).

Theodor-Rumpel-Stieg, (Barmbek-Nord), umb. 1960, nach Prof. Theodor Rumpel (1862–1923), erster ärztlicher Direktor des Allgemeinen Krankenhauses Barmbek.

Theodor-Rumpel-Weg, (Barmbek-Nord), 1929, Erklärung wie Theodor-Rumpel-Stieg.

Theodor-Schäfer-Damm, (Stellingen), 1992, nach Pastor D. Theodor Schäfer (1846–1914), Direktor der Diakonissenanstalt, 1902 Gründer des nahe gelegenen Krüppelheimes und heutigen Krankenhauses „Alten Eichen". Pionier der Körperbehindertenfürsorge in Deutschland.

Theodorstieg, (Bahrenfeld), 1995, in Anlehnung an die Theodorstraße.

Theodor-Storm-Straße, (Rahlstedt), vor 1949, nach dem Lyriker und Dichter Theodor Storm (1817–1888), Rechtsanwalt in Husum, verlor wegen seines Eintretens für die Erhebung Schleswig-Holsteins gegen die dänische Herrschaft Amt und Heimat; kehrte aber 1864 in das nunmehr deutsche Husum zurück.

Theodorstraße, (Bahrenfeld), vor 1890, nach dem Kaufmann und Reeder, auch Konsul, Theodor A. Gayen (1824–1900), der auf seinem Gelände diese Straße anlegte.

Theodor-Weber-Reihe, (Horn), 1929, nach dem Kolonialpionier in der Südsee, Repräsentant der Firma J. C. Godeffroy & Co, Theodor Weber (1844–1889), hamburgischer Konsul des norddeutschen Bundes in Samoa, Tonga und den Fidschi-Inseln.

Therese-Giehse-Bogen, (Bergedorf), 1985, nach Therese Giehse (1898–1975), deutsche Schauspielerin und Charakterdarstellerin, spielte als erste Brechts „Mutter Courage", sie emigrierte 1933; Mitarbeiterin von Bertold Brecht ab 1948.

Theresenweg, (Nienstedten), 1932, frei gewählter weiblicher Vorname.

Theresienstieg, (Uhlenhorst), 1846, nach Conradine Therese, geb. Sievert (1805–1874), Ehefrau des Miteigentümers der Uhlenhorst, Dr. August Abendroth.

Thiedeweg, (Wandsbek), 1951, nach Albert Thiede (1848–1933), von 1894 bis 1900 Gemeinde-, dann bis 1922 Bezirksvorsteher in Hinschenfelde.

Thiedingreihe, (Rothenburgsort), 1969, nach Dr. Friedrich Thieding (1893–1967), Arzt und über 30-jährig Vorstandsmitglied des Kinderkrankenhauses Rothenburgsort e.V.

Thielbek, (Neustadt), ben. um die Mitte des 17. Jahrhunderts durch Übertragung des an dem Platz haftenden Flurnamens, der seinerseits auf den Namen eines hier fließenden Baches, des Abflusses eines Teiches am Großneumarkt zurückgeht.

Thielenstraße, (Wilhelmsburg), 1903, nach dem preußischen Eisenbahnminister Karl von Thielen (1832–1906).

Thielickestieg, (Neustadt), 1989, nach dem evangelischen Theologen Prof. Dr. Helmut Thielicke (1908–1986), Prediger an der Michaeliskirche 1955–1985, besonders hervorgetreten als Interpret der lutherischen Überlieferung der Ethik.

Thiemannhof, (Hausbruch), 1975, der Thiemannhof in Neugraben besaß in dieser Gegend Ackerstücke. Der Weg hat hofartigen Charakter.

Thiemannstraße, (Neugraben-Fischbek), 1938, nach der alteingesessenen Fischer- und Bauernfamilie Thiemann.

Thießenweg, (Rahlstedt), 1950, nach Johann Andreas Thießen, dem Zeichner der Stapelfelder Flurkarte von 1781.

Thingsberg, (Tonndorf), vor 1940, das aus dem germanischen stammende Thing bedeutet Versammlungsstätte oder auch Richtplatz.

Thörlstraße, (Heimfeld), 1890, nach Johannes Friedrich Thörl (1820–1886), Kommerzienrat, Industrieller, Harburger Senator (1859), Gründer der „Harburger Oelfabrik F. Thörl". Sohn Friedrich Thörl (1857–1936), Konsul, Kommerzienrat, Ehrenbürger der Stadt Harburg 1927.

Thörlweg, (Heimfeld), 1941, in Anlehnung an den Namen Thörlstraße.

Thomas-Mann-Straße, (Bramfeld), 1961, nach dem Schriftsteller Thomas Mann (1875–1955). Er entstammt einer Lübecker Kaufmann- und Patrizierfamilie. Zusammen mit seiner Frau emigrierte er 1933 in die Schweiz und 1938 weiter in die USA. 1954 kehrte er in die Schweiz zurück. 1929 erhielt Thomas Mann den Nobelpreis für Literatur. Er schrieb zahlreiche bekannte Romane wie: „Die Buddenbrooks" (1901), „Tod in Venedig" (1912), „Der Zauberberg" (1924), „Dr. Faustus" (1947), „Die Bekenntnisse des Hochstaplers Felix Krull" (1954) und vieles andere mehr.

Thomasstraße, (Bahrenfeld), 1928 und 1945, nach Hermann Thomas (1865–1924), 1909 Stadtverordneter, 1918 unbesoldeter Senator in Altona, 1920 preußischer Landtagsabgeordneter.

Thormannstieg, (Eidelstedt), 1952, nach dem ersten Schmied in Eidelstedt um 1800.

Thorner Gasse, (Dulsberg), 1931, nach der Stadt Thorn in Westpreußen (Weichsel), zur Erinnerung an die durch den Versailler Vertrag erforderliche Gebietsabtretung.

Thüreystraße, (Niendorf), 1982, nach Paul Thürey (1903–1944), Maschinenbauer, und seiner Ehefrau Magda Thürey (1899–1945), Lehrerin. Opfer des Nationalsozialismus.

Thüringerweg, (Niendorf), 1970, Stamm im Raum Thüringer Wald und nördl. Harzvorland. Die hier wohl seit dem 1. Jh. v. Chr. ansässige elbgermanische Bevölkerung (Hermunduren) wurde um 400 erstmals als Thüringer bezeichnet.

Thuleweg, (Rahlstedt), 1970, nach dem im griechischen Altertum benannten sagenhaften Land im hohen Norden. Motivgruppe: Namen und Bezeichnungen des Nordmeerraumes.

Thunstraße, (Nienstedten), 1949, nach Carl Thun (1841–1938), der von 1888 bis 1918 Pastor in Nienstedten war.

Thusneldastraße, (Stellingen), 1929, nach Thusnelda, Tochter des Cheruskerhäuptlings Segestes, wurde von Armin/Hermann dem Cherusker entführt und später seine Gattin. Sie geriet in die Hände der Römer und starb in der Gefangenschaft.

Thymianstieg, (Steilshoop), 1949, nach der Gewürzpflanze.

Tibarg, (Niendorf), 1948, Flurbezeichnung. Tibarg – Thingstätte = germanische Bezeichnung für Versammlungsplatz oder auch Richtplatz.

Tidekanalbrücke, (Billbrook), 1969, in Anlehnung an den Tidekanal, als über diesen Kanal führende Brücke.

Tiecksweg, (Eilbek), 1904, nach dem Dichter und Dramaturgen Ludwig Tieck (1773–1853).

Tiedemannstraße, (Eimsbüttel, Stellingen), um 1886, nach dem Vorbesitzer, über den außer dem Namen keine weiteren Angaben vorliegen.

Tiefenstraße, (Neuenfelde), nach 1938, alte Bezeichnung für die tief gelegene Straße.

Tiefstacker Brücke, (Billbrook, Rothenburgsort), 1924, in Anlehnung an den Gewässernamen „Tiefstackkanal“ und den Ortsnamen „Tiefstack“, führt im Zuge der Ausschläger Allee über den Tiefstackkanal.

Tieloh, (Barmbek-Nord), 1901, nach einem vorgermanischen Flurnamen „Kleine Tieloh“.

Tienrade, (Lohbrügge), 1949, nach einem Flurnamen. Die Silbe „Rade“ deutet auf eine Rodung hin.

Tienradestieg, (Lohbrügge), 1949, nach dem Flurnamen „Tienrade“.

Tiergartenstraße, (St. Pauli), 1865, nach der Lage beim früher hier anliegenden zoologischen Garten, der bis zum Jahre 1921 bestand.

Tierparkallee, (Stellingen), 1928, nach der Lage beim Tierpark Hagenbeck.

Tietzestraße, (Osdorf), 1941, nach Fregattenkapitän Rudolf Tietze (1874–1916), Kommandant des Hilfskreuzers „Greif“, der am 29. 2. 1916 in einem Gefecht mit englischen Hilfskreuzern in der nördlichen Nordsee von der eigenen Besatzung versenkt wurde, wobei auch Rudolf Tietze verstarb.

Tigerstraße, (Stellingen), 1949, in motivischer Anlehnung an den nahe gelegenen Tierpark Hagenbeck.

Tilemannhöhe, (Wilstorf), 1955, nach dem Harburger Senator und Stadtphysikus Julius Tilemann (1866–1930). Er war nach dem Studium der Rechte Gerichtsassessor und seit 1894 im Dienste der Stadt Hamburg, anfangs als juristische Hilfskraft, ab 1895 als Senator und ab 1910 bis zu seiner Pensionierung Stadtsyndikus. Besondere Verdienste erwarb er sich um das Siedlungswesen.

Tilsiter Straße, (Wandsbek, Tonndorf), 1950, nach der Stadt in Ostpreußen.

TimmendorferStieg, (Rahlstedt), 1953, in Anlehnung an den Namen Timmendorfer Straße.

Timmendorfer Straße, (Rahlstedt), 1950, nach dem Badeort an der Ostsee in der Lübecker Bucht.

Timmerloh, (Langenhorn), 1920, 1956, nach einem der Gegend anhaftenden Flurnamen. Timmer = Spitz, Loh = Wald.

Timmerlohbrücke, (Langenhorn), 1960, in Anlehnung an den Namen Timmerloh. Führt im Zuge dieser Straße über die U-Bahn.

Timmermannbrücke, (Duvenstedt, Wohldorf-Ohlstedt), 1987, nach der Familie Timmermann, deren Mitglieder in den Jahren 1882 bis 1932 den Gemeindevorsitz in der Landgemeinde Wohldorf-Ohlstedt innehatten.

Timmermannsredder, (Bramfeld), 1946, nach der alteingesessenen Bauernvogtsippe Timmermann (seit dem 17. Jahrhundert); Redder = von Knicks gesäumter Feldweg.

Timmermannstraße, (Winterhude), 1877, nach dem Vorbesitzer des Geländes, Johannes Timmermann (1844–1891).

Timmermoor, (Bergstedt), 1948, Flurname, Timmer = spitz, d. h. also ein spitz zulaufendes Moor.

Eine andere Version geht von einem Familiennamen aus, denn Timm ist ein in Norddeutschland häufig vorkommender Familienname.

Timmkoppel, (Hummelsbüttel), 1952, nach der alteingesessenen Hummelsbütteler Bauernfamilie Timm (seit dem 18. Jahrhundert). Der letzte Erbhofbauer Willi Timm verstarb am 16. 11. 1970.

Timm-Kröger-Weg, (Fuhlsbüttel), 1925, nach dem schleswig-holsteinischen Heimatdichter Timm Kröger (1884–1918).

Timms Hege, (Wohldorf-Ohlstedt), 1950, nach einer größeren Holzung, einem Wald, dessen Besitzer Timm hieß.

Timmstieg, (Langenhorn), 1962, in Anlehnung an den Namen Timmweg.

Timmweg, (Langenhorn), 1932, nach der alteingesessenen Langenhorner Bauernfamilie Timm.

Tinnumer Weg, (Billstedt), 1971, nach der Ortschaft Tinnum auf der Nordseeinsel Sylt.

Tinsdaler Heideweg, (Rissen), 1928, nach einer uralten Flurbezeichnung. Weg von Finsdal in die Rissener Heide.

Tinsdaler Kirchenweg, (Rissen, Blankenese), 1928, Weg der Tinsdaler Bevölkerung zur Kirche nach Blankenese (früher nach Nienstedten).

Tiroler Straße, (Dulsberg), 1928, zur Erinnerung an das durch den Vertrag von St. Germain von Österreich abgetrennte Südtirol und zur Erinnerung an den kulturellen Freiheitskampf der Tiroler.

Tischbeinstraße, (Barmbek-Nord), 1922, zu Ehren des Malers Johann Heinrich Wilhelm Tischbein (1751–1819) und seiner Brüder Johann Heinrich der Ältere (1722–1789) und Johann Friedrich August (1750–1812).

Tischendorfweg, (Osdorf), 1958, nach dem evangelischen Theologen Konstantin von Tischendorf (1815–1874), der sich auch als Archäologe einen Namen machte.

Tivoliweg, (Wilstorf), 1950, nach der früheren Gaststätte „Dittmers Tivoli". Tivoli ist ein Ort in der Nähe von Rom in grottenreicher Landschaft mit großem Garten, daher führten Garten- und Vergnügungsetablissements früher gern diesen Namen.

Todtenredder, (Duvenstedt, Wohldorf-Ohlstedt), 1909, nach der Lage als Redder = Feldweg, der sich in den Alsterwiesen totläuft.

Tönerweg, (Curslack), 1949, nach Theodor Töner (1864–1938), Pastor in Curslack, zuletzt stellvertretender Propst im Kreis Bergedorf.

Tönninger Straße, (Bahrenfeld), 1930, nach der Stadt Tönning an der Eidermündung.

Tönninger Weg, (Osdorf), 1949, wie Tönninger Straße.

Tönns-Wulf-Weg, (Poppenbüttel), 1984, Motivgruppe: Personen und Titel aus den Werken des niederdeutschen Dichters Hermann Boßdorf.

Tönsfeldtstraße, (Ottensen), 1950, nach Gottfried Johann Nicolaus Tönsfeldt (1844–1944), Pädagoge, Förderer des Schlagball- und Fußballspiels.

Töpferhof, (Bergedorf), 1949, nach der Töpferei, die Jahrhunderte am Eingang der Töpfertwiete lag. Töpferhof ist eine Abzweigung der Töpfertwiete.

Töpferstieg, (Blankenese), um 1926 nach einer dort 1873 angelegten Töpferei, die später wieder eingegangen ist.

Töpfertwiete, (Bergedorf), 1949, nach der Töpferei, die schon seit Jahrhunderten am Eingang dieser Straße lag.

Togokai, (Kleiner Grasbrook), 1922, zur Erinnerung an die nach dem Ersten Weltkrieg (1914/18) verlorene Kolonie Togo.

Tokiostraße, (HafenCity), 2006, nach der japanischen Hauptstadt.

Toller Ort, (Steinwerder), 1908, ben. durch Übertragung eines im Volksmund entstandenen Namens für einen Teil der Elbe auf die Landungsanlage am Nordrand des Köhlbranddeiches. Eine zweite Lesart besagt: Ort = Spitze und Toll = Zoll. Dort befand sich ehemals nachweislich eine Zollstelle.

Tollerortweg, (Steinwerder), 1927, in Anlehnung an den Namen Toller Ort.

Tondernstieg, (Dulsberg), 1930, nach der seit 1920 zu Dänemark gehörenden Stadt Tondern.

Tondernstraße, (Dulsberg), 1930, wie Tondernstieg.

Tongrubenweg, (Tonndorf), 1951, frei gewählter Name nach den dort gelegenen Ziegeleitongruben.

Tonistraße, (Eilbek), 1887, nach einem Mitglied der Familie von Carl Schomburgk (1815–1874), dessen Erben die Straße als Privatstraße anlegten.

Tonkuhlenweg, (Lohbrügge), 1960, nach den dort gelegenen Tonkuhlen (Ziegeleiteiche).

Tonndorfer Hauptstraße, (Tonndorf), 1950, nach der Hauptstraße des Stadtteils.

Tonndorfer Schulstraße, (Tonndorf), vor 1932, nach der anliegenden Schule.

Tonndorfer Strand, (Tonndorf), 1950, nach dem in der Nähe gelegenen sogenannten Strandbad „Ostende".

Tonndorfer Weg, (Rahlstedt), 1950, führt von Rahlstedt nach dem Ortsteil Tonndorf.

Tonradsmoor, (Volksdorf), 1980, Flurbezeichnung.

Torfhuder Stieg, (Wohldorf-Ohlstedt), 1937, nach einem Torfverladeplatz für den Torftransport nach Hamburg auf den Al-sterkähnen. Hude = Stapel und Verladeplatz am Wasser.

Torfstecherweg, (Neugraben-Fischbek), 2008, nach dem früher dort abgebauten Torf.

Torfstück, (Langenhorn), 1949, ortsübliche Bezeichnung.

Torfweg, (Eidelstedt), 1931, nach der alten Bezeichnung für den durch das Jaarmoor führenden Weg, die 1931 amtlich übernommen wurde.

Tornberg, (Ohlsdorf), 1925, nach einem der Gegend anhaftenden Flurnamen. Auf einer Karte von 1750 ist „Op'n Tornbarg" und auf einer anderen von 1791 „Dornberg" verzeichnet.

Tornquiststraße, (Eimsbüttel), 1868 und 1931, nach dem Großgrundbesitzer in Eimsbüttel Alexander Bentalon Tornquist (1813–1889). In der zweiten Hälfte des 19. Jahrhunderts war die Anlage neuer Straßen vielfach Sache der Grundstückseigentümer. Diese benannten die von ihnen angelegten Straßen meist mit Namen eigener Wahl, die auch später amtlich übernommen wurden, soweit keine Doppelbenennung vorlag. Alexander Tornquist bedachte die Nachwelt nicht nur mit seinem Familiennamen, sondern mit der Alexanderstraße auch mit seinem Vornamen. Seine Töchter lernen wir mit den Straßen „Henriettenstraße" und „Emilienstraße" kennen und seine Söhne werden uns mit der „Max"- und „Ottostraße" bekannt.

Torontobrücke, (Winterhude), 1975, nach der kanadischen Stadt am Ontariosee. Motivgruppe: überseeische Handelsbeziehungen.

Torstraße, (Stellingen), 1928, in der Nähe der Kieler Straße hat einmal ein Barocktor gestanden.

Traberweg, (Farmsen-Berne), 1948, mit Bezug auf die anliegende Trabrennbahn, 1911 wird die Hamburger Trabrennbahngesellschaft gegründet. Neben der bereits in Bahrenfeld bestehenden steht den Hamburger Turffreunden damit eine weitere Heimstätte zur Verfügung, die bis 1976 in Betrieb bleibt.

Trakehner Kehre, (Bramfeld), 1954, nach der Ortschaft in Ostpreußen.

Tralauer Kehre, (Langenhorn), 1954, nach der Motivgruppe: Ortschaften nördlich von Hamburg.

Tratzigerstraße, (Marienthal), 1950, nach Adam Tratziger (1523–1584). Tratziger, dem während der Reformationszeit das Gut Wandsbek gehörte (1556–1564), stand als Jurist in den Diensten Hamburgs. Er vertrat die Stadt bei den unterschiedlichsten Gelegenheiten erfolgreich. Er war u.a. der Verfasser der ersten zusammenhängenden Chronik Hamburgs. Als er 1558 aus den Diensten Hamburgs ausschied, begab er sich in diejenigen des Herzog von Gottorp, in die jährlich zwischen Adolph von Gottorp und dem König von Dänemark abwechselnde gemeinschaftliche Regierung, für die er die Geschäfte wahrnahm. Nach seiner Amtszeit wurde das von einem Landeskanzler wahrgenommen.

Trauns Allee, (Marienthal), 1915, nach der Hamburger Kaufmannsfamilie, die auch Besitzer des Trauns Parks war.

Traunweg, (Neuland), 1942, hier liegt das Werk Traun, die Harburger Gummiwarenfabrik, früher Dr. Heinrich Traun und Söhne, davor Harburger Gummi-Kamm-Companie.

Travehafenbrücke, (Steinwerder), 1974, in Anlehnung an den Namen Travehafen. Führt im Zuge der Straße „Am Travehafen" über den Travehafen.

Travemünder Stieg, (Rahlstedt), 1950, nach dem Badeort an der Ostsee an der Lübecker Bucht.

Travestieg, (Tonndorf), 1955, nach dem Fluss in Schleswig-Holstein, der bei Travemünde in die Ostsee mündet.

Trebelstraße, (Lurup), 1960, nach dem Fluss in Mecklenburg.

Treidelweg, (Harburg), 1952, ortsübliche Bezeichnung nach der Benutzung des Weges zum Treideln durch die Schiffer.

Trelder Weg, (Wilstorf), 1961, nach der Ortschaft Trelde Krs. Harburg. Motivgruppe: „Ortsnamen der Lüneburger Heide".

Trenknerweg, (Othmarschen), 1957, nach August Trenkner (1853–1912), Direktor der Gewerblichen Fortbildungsschule in Altona.

Treptower Straße, (Rahlstedt), 1951, nach der Ortschaft in Pommern.

Tresckowstraße, (Eimsbüttel), 1889, nach dem General der Infanterie Hermann von Tresckow (1810–1900), der im Kriege 1870/71 die Division kommandierte, der die hanseatischen Regimenter angehörten, und der 1873–1888 kommandierender General des IX. Armeekorps in Altona war.

Trettaustraße, (Wilhelmsburg), 1927, nach dem früheren Direktor der Plangeschen Mühle, Kommerzienrat Karl Trettau (1858–1924).

Treuburger Weg, (Wandsbek), 1958, nach dem Ort in Ostpreußen.

Treudelberg, (Lemsahl-Mellingstedt), 1947, nach dem früheren Treideln (Treudeln) der Alsterschiffer, die ihre Kähne beiderseits des Flusses mit Tauen stromaufwärts zogen. Treudelberg war für die Treideler eine der schwierigsten Passagen (siehe auch Leinpfad).

Treudelbergkamp, (Lemsahl-Mellingstedt), 1976, in Anlehnung an den Namen Treudelberg.

Treudelbergweg, (Lemsahl-Mellingstedt), 1985, wie Treudelberg.

Tribünenweg, (Horn), 1901, nach den Zuschauertribünen auf dem gegenüberliegenden Rennplatz.

Trift, (Fuhlsbüttel), 1898, ehemaliger Viehtriebweg nach den Alsterwiesen und zur Tränke.

Triftheide, (Lurup), 1953, Flurname, nach einem Viehtriebweg über die Heide.

Trifthof, (Heimfeld), 1996, in Anlehnung an die Triftstraße und nach der Form des Weges sowie dem Charakter der Wohnanlage.

Triftkoppel, (Billstedt), 1957, nach einer ortsüblichen Bezeichnung. Trift = Viehtriebweg zur Weide oder zur Tränke.

Triftstraße, (Eißendorf, Heimfeld), 1910, Viehtriebweg der Eißendorfer Bauern. Im Nordabschnitt heißt die Straße Kuhtrift.

Triftweg, (Heimfeld, Eißendorf), 1978, in Anlehnung an den Namen Triftstraße.

Triftwegbrücke, (Duvenstedt, Wohldorf-Ohlstedt), um 1909, in Anlehnung an den Namen Duvenstedter Triftweg. Führt im Zuge dieser Straße über die Alster.

Trillup, (Lemsahl-Mellingstedt, Bergstedt), 1943, der Name hängt mit dem Treideln der Alsterkähne zusammen; wahrscheinlich war es ein Zuruf der Bootsführer untereinander.

Trilluper Stieg, (Duvenstedt), 1954, wie Trillup.

Trilluper Weg, (Duvenstedt, Lemsahl-Mellingstedt), 1947, wie Trillup.

Tristanweg, (Rissen), 1972, nach der Oper von Richard Wagner.

Trittauer Amtsweg, (Bramfeld), 1950, zur Erinnerung an die frühere Zugehörigkeit Bramfelds zum Amt Trittau.

Tröndelstieg, (Hummelsbüttel), 1947, Flurname, Tröndel bedeutet soviel wie „rund" und „stieg" = kleiner Weg.

Tröndelwisch, (Hummelsbüttel), 1947, Flurname, Tröndel bedeutet soviel wie „rund" und „wisch" = Wiese, also hier eine durch den Alsterverlauf gebildete Rundwiese.

Trollblumenweg, (Eidelstedt), 1953, nach den auch sonst in Eidelstedt verwendeten Blumenmotivnamen.

Trommelstraße, (St. Pauli, Altona-Altstadt), 1950, obgleich Altona nie eine Festung war, besaß es an seiner Ostgrenze sechs Tore, die allerdings nur einfache Holzpforten gewesen sein sollen. Eines davon war das „Trommeltor". Der Name geht zurück auf ein Wirtshaus, das dort im 17. Jahrhundert lag und einen sogenannten „Trummelsaal" besaß. Auf diesen „Trummelsaal" geht wohl der Name des Tores wie auch derjenige der Straße zurück. Trummelsaal ist die hamburgische Bezeichnung für einen öffentlichen Tanzsaal mit Wirtschaft für die unteren Schichten der Bevölkerung.

Tronjeweg, (Rissen), 1985, nach Hagen von Tronje, einer Gestalt aus der Gudrun-und Nibelungensage.

Troplowitzstraße, (Hoheluft-West, Lokstedt), 1971, wirtschaftlich gesehen die wichtigste Straße des Stadtteils, wenn nicht sogar der ganzen Stadt. Hier operiert seit Jahrzehnten die Firma Beiersdorf mit einem immensen Umsatz, einem weltweiten Renommee und einer großen Anzahl von Beschäftigten. Dr. Oskar Troplowitz (1863–1918) erwarb von einem Tüftler, dem Apotheker Beiersdorf, eine kleine Firma, die er mit einer glücklichen Synthese von kaufmännischem Mut und wissenschaftlichem Können und Geschick zu einem Industrieunternehmen machte. Mit der Allzweckcreme Nivea gelang es ihm, das damals noch unschädliche Wasser schnittfest zu machen und ein Produkt zu entwickeln, das inzwischen sicher modernisiert wurde, aber selbst nach Jahrzehnten von seiner Aktualität nichts verloren hat. Auf pharmazeutischem Gebiet wurde Beiersdorf mit seinen Pflastern zum Marktführer.

Trostbrücke, (Hamburg-Altstadt), seit dem 13. Jahrhundert nachweisbar. Älteste Bezeichnung: pons trostes (1266), Trostes Brücke (1331), Trostis brugghe (1335), vermutlich nach einem früheren Grundbesitzer namens Trost benannt. Die Brücke hieß außerdem pons campsorum (1266), d.h. Wechselbrücke, nach den auf bzw. neben der Brücke befindlichen Geldwechslern. Eine andere Version geht davon aus, dass hier den Delinquenten, die von dem anliegenden Gericht (im Rathaus) verurteilt worden waren, Trost zugesprochen wurde; 1584 wurde die Brücke mit steinernen Pfeilern versehen. Hier befand sich der absolute Mittelpunkt der Stadt. Dort lag der Hafen mit dem alten Kran, die Waage und die Börse, die 1588 als erste Börse Deutschlands entstand. Hier, wo Altstadt und Neustadt sich berühren und die Gemeinden St. Petri, St. Nikolai und St. Katharinen sich treffen, stand das alte Rathaus, von dem aus die Geschicke der Stadt geleitet wurden. Es stand hier bis zum großen Brand von 1842, wo es gesprengt wurde, um mit der entstandenen Schneise dem Feuer Einhalt zu gebieten.

Trübnerweg, (Groß Flottbek), 1936, nach dem Maler Wilhelm Trübner (1851–1917).

Trummersweg, (Eppendorf), 1902, nach dem Richter Dr. Carl Trummer (1792–1858), der durch wissenschaftliche Arbeiten bekannt wurde und sich um die hamburgische Rechtsgeschichte verdient gemacht hat, ein enger Freund des Bürgermeisters Kellinghusen.

Tschaikowskyplatz, (St. Pauli), 2009, nach Pjotr Iljitsch Tschaikowski (1840–1893), russischer Komponist des 19. Jahrhunderts.

Tucholskyring, (Bramfeld), 1961, nach Kurt Tucholsky (1890–1935), der auch unter den Pseudonymen „Theobald

Tiger", „Peter Panter" und „Kaspar Hauser" schrieb.

Tückobsmoor, (Langenhorn), 1936, Flurname „Tückobs Moor".

Tulpenstieg, (Alsterdorf), 1953, nach den auch sonst in der Gartenstadt Alsterdorf vielfach verwendeten Blumenmotivnamen.

Tunnelstraße, (Veddel, Kleiner Grasbrook), 1887 und 1958, als Zugangsstraße zur Unterführung unter dem Eisenbahndamm.

Tunnkoppelring, (Volksdorf), 1981, in Anlehnung an die Flurbezeichnung „Tunnkoppel". Tunn = Tonne, Faß, auch als Kornmaß und Flächenmaß verwendet.

Tunnkoppelstieg, (Volksdorf), 1981, in Anlehnung an den Flurnamen „Tunnkoppel" (siehe auch Tunnkoppelring).

Turmfalkweg, (Eidelstedt), vor 1938, nach einem Raubvogelmotiv.

Turmweg, (Rotherbaum), 1890, nach dem Turm der Kirche St. Johannis Harvestehude, auf den die Straße zuführt.

Turnerstraße, (St. Pauli), ben. 1881, im Anschluss an die bisherige Bezeichnung als „Turnergang", die 1866 für den Zugang von der Marktstraße zu der 1862 erbauten Turnhalle des Hamburg St. Pauli Turnvereins geschaffen war.

Turnierstieg, (Farmsen-Berne, Bramfeld), 1967, mit Bezug auf die benachbarte Trabrennbahn.

Turonenweg, (Niendorf), 1959, nach dem germanischen Volksstamm, der im Gebiet des Mains saß.

Tweeflunken, (Finkenwerder), 1934, in Anlehnung an den Flurnamen „Tweestükken". Twee = zwei und flunken = Flügel.

Tweeltenbek, (Langenhorn), 1933, nach den „Zwillingsbächen", die in der dortigen Niederung entspringen.

Tweeltenmoor, (Langenhorn), 1974, in Anlehnung an die Wegnamen „Tweeltenbek" und „Kiwittsmoor".

Tweestücken, (Winterhude), 1940, in Anlehnung an den Namen „Fiefstücken".

Twietenknick, (Bergstedt), 1994, nach dem früher mit Buschwerk bewachsenen Feldgrenzwall der Twietenkoppel.

Twietenkoppel, (Bergstedt), 1943, in der Stadt ist eine Twiete ein kleiner Verbindungsweg zwischen zwei Straßen. Hier wurde das nicht so eng gesehen, und man verwendet Twiete auch als Bezeichnung für einen kleinen Weg.

Twietenkoppelbrücke, (Lemsahl-Mellingstedt, Bergstedt), 1968, in Anlehnung an den Namen Twietenkoppel, führt in Verlängerung dieser Straße über die Alster.

Twisselwisch, (Langenhorn), 1950, Flurname, (Twissel = Gabelweg, Wisch = Wiese).

Twistering, (Hausbruch), 1966, nach der Motivgruppe: Flüsse in der Lüneburger Heide.

Tycho-Brahe-Weg, (Jenfeld), vor 1938, nach dem Grundlagenforscher der Astronomie und späterem Hofastronom am Kaiserhof in Prag, Tycho Brahe (1546–1601); nach seiner Vertreibung aus Dänemark hielt er sich ein Jahr in Wandsbek auf, wo ihm Graf Rantzau den Schlossturm für astronomische Arbeiten zur Verfügung stellte. Hier entstand auch sein erstes Buch: Astronomiae instruratae mechanica = Mechanik der erneuerten Astronomie.

U

Ubierweg, (Niendorf), 1960, nach dem germanischen Volksstamm der Ubier, der Rhein-Weser Germanen, ursprünglich zwischen Main und Sieg ansässig, dann vertraglich 38 v. Chr. links des Rheins zum Grenzschutz angesiedelt (Hauptort: Oppidum Ubiorum = heute Köln).

Uckermarkweg, (Langenhorn), 1953, nach der märkischen Landschaft Uckermark, nördlicher Teil der Mark Brandenburg. Die Uckermark war ursprünglich Siedlungsgebiet des slawischen Ukranen, wurde im 12. Jahrhundert von pommerschen Herzögen unterworfen. 1250 musste das Land an den Markgrafen von Brandenburg abgetreten werden.

Überseeallee, (HafenCity), 2006, nach ihrer Lage im neuen Überseequartier.

Überseeboulevard, (HafenCity), 2008, in Anlehnung an das entstehende Überseequartier.

Überseebrücke, (Neustadt), 1929, Fußgängerbrücke von den Vorsetzen zu den im Niederhafen ausgelegten Pontonlandungsanlagen für Überseeschiffe.

Überseering, (Winterhude), 1962, mit Bezug auf die überseeischen Handelsbeziehungen Hamburgs. Der Überseering ist der Hauptweg der sogenannten „Geschäftsstadt Nord".

Ueckerstraße, (Lurup), 1962, nach dem Fluss Ucker, der die Uckermark durchfließt, 94 km lang, mündet in das Stettiner Haff.

Ünner Brandheid, (Hausbruch), 1944, Flurbezeichnung. Der Name ist hergeleitet vom Abbrennen der Heide. Nährstoffarmer Boden wie z.B. Heide wurde im Mittelalter manchmal genutzt, indem man die obere Schicht aufriss und nach dem Trocknen abbrannte.

Uferstraße, (Uhlenhorst, Barmbek-Süd), 1893, nach der Lage am Nordufer des Eilbekkanals.

Uffelnsweg, (Veddel), 1929, zur Erinnerung daran, dass der Gutsbezirk, den die Große und die Kleine Veddel samt dem Grevenhof bildeten, von etwa 1639 bis 1698 drei Generationen hindurch sich im Besitz der aus den Niederlanden eingewanderten angesehenen Kaufmannsfamilie van Uffeln befand. Flurname „Uffelnsweide".

Uhdeweg, (Groß Flottbek), 1936, nach dem Maler Fritz von Uhde (1848–1911), war ursprünglich Offizier und bildete sich zum Maler aus. Er schloß sich der Freilichtmalerei von M. Liebermann an. Uhde schuf insbesondere religiöse und Kinderbilder.

Uhlandstraße, (Hohenfelde), 1863, nach dem Dichter Ludwig Uhland (1787–1862), er studierte Jura und Sprachen, war Sekretär am Justizministerium und Rechtsanwalt in Stuttgart. Er gehörte 1848/49 der Frankfurter Nationalversammlung an. Von seinen schlichten, teilweise romantischen Gedichten wurden manche Volkslieder („Der Wirtin Töchterlein", „Ich hatt' einen Kameraden") etc. Als Historiker bemühte sich Uhland später um altdeutsche Sprache und Dichtungen und Sagen (Walther von der Vogelweide). Uhland zahlt zu den Dichtern der Romantik.

Uhlenbüttler Kamp, (Hummelsbüttel), 1960, nach einer Bezeichnung von Hermann Claudius für Hummelsbüttel. In seinem Gedichtband „Hummelsbüttler Idylle" beschreibt er viele Persönlichkeiten dieser Gegend. Während sein Urgroßvater Matthias Claudius (Wandsbeker Bote) den Stadtteil Wandsbek bevorzugte, lebte Hermann Claudius vorwiegend in Fuhlsbüttel und Hummelsbüttel. 1878 geboren, verstarb er 1980 über hundertjährig.

Uhlenhoffweg, (Finkenwerder), 1945, nach einem Bauernhof, der seinen Namen vom gleichnamigen Besitzer hat.

Uhlenhorster Weg, (Uhlenhorst), 1846, als nach Uhlenhorst führender Verbindungsweg. Das Gelände der Uhlenhorst wurde 1837 für 70000 Mark an die Herrn Abendroth, Carl Heine und Adolph Jencquel verkauft. Es handelte sich um Viehweiden, das sogenannte „Schlachterland" im Überschwemmungsgebiet der Außenalster. Nachdem während des großen Brandes 1842 die Mühle am Reesendamm zerstört war, konnte man durch die Anlage einer Schleuse den Wasserspiegel der Alster deutlich senken und das trockengelegte Land zu Gunsten des Staatssäckels verkaufen. Die hier später angelegte Adolphstraße (jetzt Herbert-Weichmann-Straße) erinnert an Adolph Jencquel, der wesentlich zur Aufschließung der Uhlenhorst beigetragen hat. Der Name Uhlenhorst soll zurückgehen auf ein einsames unbewohntes Gehöft, das Eulen als Schlupfwinkel diente.

Uhuweg, (Eidelstedt), 1949, nach einem Vogelmotiv.

Ulenflucht, (Neugraben-Fischbek), 1948, in Anlehnung an die Sage von Gödekke Michels nach Müllenhoff, schleswigholsteinische Sagen und Märchen.

Ulenlock, (Marmstorf), 1966, nach der Motivgruppe: Teile des niedersächsischen Bauernhauses. Beim Ulenlock handelt es sich um das Loch im Giebel unter dem Dachfirst.

Ulenweg, (Hausbruch), 1952, ortsübliche Bezeichnung. Ulenweg = Eulenweg.

Ulferusweg, (Niendorf), 1948, nach dem ältesten uns überlieferten Siedler in Niendorf aus dem 14. Jahrhundert (1347).

Ulmenau, (Uhlenhorst), 1910, frei gewähltes Motiv im Anschluss an den Namen Birkenau.

Ulmenhang, (Lohbrügge), 1957, in Anlehnung an den Namen „Ulmenliet", unter Berücksichtigung der Geländeform.

Ulmenliet, (Lohbrügge), 1949, neu gebildeter Name. Liet bedeutet Hang bzw. abfallendes Geländestück.

Ulmenstraße, (Winterhude), 1863, nach der Art der Bepflanzung.

Ulzburger Straße, (Poppenbüttel), 1951, nach der schleswig-holsteinischen Ortschaft Ulzburg.

Undeloher Winkel, (Langenbek), 1955, nach der Ortschaft in der Lüneburger Heide. Motivgruppe: „Orte in oder an der Lüneburger Heide".

Unnastraße, (Eimsbüttel, Hoheluft-West), 1948, nach Prof. Dr. Paul Gerson Unna (1850–1929). Unna war Dermatologe und Selfmademan, der Bahnbrechendes auf dem Gebiet der Dermatologie leistete. Er war ein Mann, der ohne Protektion und akademische Verbindung Weltanerkennung fand. Er erhielt schließlich 1919 die dermatologische Professur der neu gegründeten Universität Hamburg. Als wissenschaftlicher Freund und gemeinsamer Tüftler mit dem Apotheker Beiersdorf entwickelten beide diverse Pflaster und Salben. Es macht also Sinn, wenn 1948 die Straße, an der das große Verwaltungsgebäude der Firma Beiersdorf liegt, nach einem seiner wichtigsten – wenn auch nur nebenberuflichen Forscher – benannt wurde. Nach dem Tode von Beiersdorf setzte Unna seine Zusammenarbeit mit dem Nachfolger Dr. Troplowitz fort und vervollkommnete mit diesem die verschiedenen Pflaster.

Unnenland, (Bramfeld), 1950, Flurname.

Untenburger Querweg, (Moorburg), vor 1936, als ländlicher Querweg im Ortsteil Moorburg.

Untenburger Stieg, (Neugraben-Fischbek), 1984, mit Bezug auf die Ortschaft Moorburg.

Unterberg, (Lohbrügge), 1949, nach dem dortigen Flurnamen „an den Unnerbarg", als unterhalb des Geesthanges in Boberg verlaufende Straße.

Untere Bergkoppel, (Lohbrügge), 1962, ortsübliche Bezeichnung.

Unterelbestraße, (Heimfeld), 1950, nach der Lage an der Unterelbebahnlinie.

Unterer Landweg, (Billbrook, Billwerder), 1929, nach einem Verbindungsweg zwischen Elbedeich und Billdeich.

Unterm Heilbrunnen, (Bergedorf), 1949, nach einem Brunnen, der Anfang des 18. Jahrhunderts am Abhang des Gojenberges an der Holtenklinker Straße entdeckt wurde.

Unzerstraße, (Altona-Altstadt), 1867, nach der Altonaer Ärztefamilie Unzer: Johann August Unzer (1727–1799), Arzt und Schriftsteller, und seiner Frau Johanna Charlotte Unzer (1725–1782), Dichterin; Johann Christoph Unzer (1747–1809), Arzt, Stadtphysikus, Dichter; Heinrich Friedrich Unzer (1783–1814), Arzt.

Up den Wiemen, (Marmstorf), 1966, Motivgruppe: Teile des niedersächsischen Bauernhauses. Wiemen sind die Sitzstangen der Hühner.

Up de Schanz, (Osdorf, Nienstedten), 1950, Flurname. Der Name erinnert an die kriegerischen Ereignisse in den Eibdörfern.

Up de Worth, (Wellingsbüttel), vor 1933, Worth = Wurt = künstlicher Wohnhügel in der Marsch. In der Geest – umsäumtes Hofgelände.

Uphoffweg, (Schnelsen), 1948, nach dem Dorfvogt im 17. Jahrhundert und ab 29. 2. 1684 Waldvogt in den Walddörfern, Johann Uphoff.

Upn Hornack, (Eidelstedt), 1936, Flurname „Op'n Horneck" (nach einer Karte der städtischen Bauverwaltung Altona von 1926, Maßstab 1:5000, und der Verkoppelungskarte).

Uppenhof, (Volksdorf), 1938, Uppenhof ist niederdeutsch und bedeutet „Auf dem Hof", Hofkoppel der Ferkschen Vollhufe.

Urenfleet, (Neuenfelde), 1973, nach einem Ort dieses Namens, der im 14. Jahrhundert vermutlich in dieser Gegend lag.

Urnenfeld, (Bahrenfeld), 1950, nach einem auf diesem Gelände gefundenen vorgeschichtlichen Urnenfeld.

Urnenhang, (Marmstorf), 1971, nach den hier in der Nähe ausgegrabenen vorgeschichtlichen Urnengräbern.

Ursula-Querner-Straße, (Bergedorf), 1985, nach der Bildhauerin Ursula Querner (1921–1969), Motivgruppe: verdiente Frauen.

Usedomstraße, (Tonndorf), 1955, nach der Ostseeinsel vor der Odermündung.

Uteweg, (Rissen), 1951, nach einer Gestalt aus der Nibelungensage.

Utkiek, (Eißendorf), 1943, nach dem Gedicht „Utkiek" von John Brinckman. Die Straße liegt in der Siedlung der Harburger Ölwerke von Brinckman und Mergell.

Uwestraße, (Stellingen), 1928, nach Jens Uwe Lornsen (1793–1838), Landvogt auf Sylt und schleswig-holsteinischer Freiheitskämpfer 1830.

V

Vagel-Griep-Platz, (Eißendorf), 1943, nach der Gedichtsammlung „Vagel Griep“ des niederdeutschen Dichters John Brinckman, dem Vater von Max Brinckman, dem Mitbegründer der Harburger Oelwerke Brinckman & Mergeil, in deren Siedlung der Platz liegt.

Vahlenkampffweg, (Heimfeld), 1957, nach Thomas Vahlenkampff (1642–1715), einem bedeutenden Harburger Kaufmann und Bürgermeister.

Vahrendorfer Stadtweg, (Marmstorf, Eißendorf), 1937, nach einer alten Bezeichnung für die von Vahrendorf nach Harburg führende Straße.

Vahrenwinkelweg, (Eißendorf, Heimfeld), 1910, nach einer Flurbezeichnung, die 1780 „Farren Winkel“ lautete.

Valentinskamp, (Neustadt), ben. im 17. Jahrhundert nach dem Grundeigner, dem berühmten Chirurgen Valentin Russwurm, dessen Garten hier lag.

Valparaisostraße, (Bahrenfeld), 1938, nach der bedeutenden chilenischen Hafenstadt an der Pazifikküste Südamerikas. Mit Bezug auf die überseeischen Handelsbeziehungen Hamburgs.

Van-der-Smissen-Straße, (Altona-Altstadt), 1991, nach der bedeutenden Altonaer Kaufmannsfamilie (1682–1824).

Vasco-da-Gama-Platz, (HafenCity), 2005, nach Vasco da Gama (1469–1524), portugiesischer Seefahrer; er entdeckte den Seeweg nach Indien.

Veddeler Bogen, (Veddel, Wilhelmsburg), 1955, nach dem Stadtteil und dem Verlauf der Straße.

Veddeler Brückenstraße, (Veddel), 1887 und 1951, auf der Veddel verlaufende Zufahrtsstraße zu den neuen Elbbrükken.

Veddeler Damm, (Veddel, Kleiner Grasbrook), 1929, nach der früheren Elbinsel, die 1768 durch den Gottorper Vertrag an Hamburg kam.

Veddeler Elbdeich, (Veddel), 1897, als Straße, die hier den die Veddel gegen die Elbe schützenden Deich bildet.

Veddeler Marktplatz, (Veddel), 1887, als Hauptplatz der Siedlung Veddel.

Veddeler Stieg, (Veddel), 1948, als kleiner Verbindungsweg im Stadtteil Veddel.

Veddeler Straße, (Veddel, Wilhelmsburg), 1988, in Anlehnung an den Namen Veddeler Bogen.

Veddelhöft, (Kleiner Grasbrook), 1888, als auf der ehemaligen Elbinsel Veddel gelegene Landspitze zwischen Elbe und Moldauhafen.

Veddelkanalbrücke, (Kleiner Grasbrook), 1903, in Anlehnung an den Namen Veddelkanal. Führt im Zuge der Klütjenfelder Straße über den Veddelkanal.

Veermoor, (Lurup), 1964, nach der Flurbezeichnung „Veermoor“ = sumpfiges Moor.

Veerstücken, (Winterhude), 1940, Flurname. Im Anschluss an den Namen „Fiefstücken“.

Vehrenkampstraße, (Stellingen), um 1890, Flurbezeichnung. Der Name ist wohl von „Viertelkamp“ = Heideland abgeleitet.

Veilchenstieg, (Lokstedt), 1966, nach einem Blumenmotiv. Manchmal mit, manchmal ohne Berücksichtigung auf die vorhandene Bepflanzung wurden Straßennamen vergeben, aber bei Veilchen kann man davon ausgehen, dass sie in jedem Garten vorhanden sind.

Veilchenweg, (Lokstedt), vor 1938, nach einem Blumenmotiv (siehe auch Veilchenstieg).

Veit-Stoß-Weg, (Bahrenfeld), 1950, nach dem Nürnberger Bildhauer und Bildschnitzer Veit Stoß (1447/48–1533).

Veitheimstraße, (Rahlstedt), 1950, nach den Trittauer Amtmännern im 16. Jahrhundert Christian und Günzel von Veitheim.

Venusberg, (Neustadt), ben. um die Mitte des 17. Jahrhunderts nach den dort gelegenen Bordellen; nicht Entstellung aus Fendsberg in der Bedeutung Feindesberg wegen angeblich von König Waldemar von Dänemark hier gegen Hamburg 1215 angelegter Verschanzungen.

Verbindungsstraße, (Groß Flottbek), um 1926, nach der Anlage der Straße.

Vereinsstraße, (Eimsbüttel), 1870, der Grund der Benennung war der Gleiche wie für die Bellealliancestraße. Der Name soll auf die gute Verbindung und Zusammenarbeit der Grundeigner H. J. Fett, O. H. Fehlandt, A. H. Meißner und G. H. J. Schmuck hinweisen, die die Straße anlegten und gemeinsam bebauten.

Vereinsweg, (Altona-Nord), 1912, nach dem Altonaer Spar- und Bauverein, der die Straße anlegte und Häuser erstellte.

Veringstraße, (Wilhelmsburg), 1900, nach dem Ingenieur Dr. h. c. Hermann Vering (1846–1922), der diese Gegend mit dem Aushub, der bei der Hafenerweiterung anfiel, aufhöhte und für die Besiedlung erschloss.

Veringweg, (Wilhelmsburg), 1942, wie Veringstraße.

Veritaskai, (Harburg), 2003, nach dem dortigen Unternehmen „Bureau Veritas“.

Versmannkai, (HafenCity), 1890, nach dem wohl bedeutendsten Senator (1861) des 19. Jahrhunderts, des um die Durchführung des Zollanschlusses besonders verdienten Bürgermeisters (seit 1887) Dr. Johannes Versmann (1820–1899).

Versmannstraße, (HafenCity), 1935, Erklärung wie Versmannkai.

Victoriakai-Ufer, (Hammerbrook), 2006, in Anlehnung an den früher dort verlaufenden Victoriakanal.

Vielohkamp, (Schnelsen), vor 1933, Flurname = „Vielohkamp“; „vie“ = Bruch, „loh“ = Wald, also Sumpfwald.

Vielohweg, (Niendorf, Schnelsen), vor 1925, wie Vielohkamp.

Vielohwisch, (Schnelsen), 1950, wie Vielohkamp, Wisch = Wiese.

Vienenburger Weg, (Niendorf), 1966, nach der niedersächsischen Stadt im Kreis Goslar. Motivgruppe: Städte im oder am Harz.

Vierbergen, (Horn), 1929, zur Erinnerung an einen der Gegend anhaftenden Flurnamen.

Vierbergentwiete, (Horn), 1940, wie Vierbergen. Twiete = kleiner Verbindungsweg zwischen zwei Straßen.

Viereck, (Groß Flottbek), 1950, nach der Straßenform.

Vierenkamp, (Niendorf), 2000, nach dem dortigen alten Flurnamen „Vierenkamp“.

Vierländer Brücke, (Bergedorf, Curslack), 1979, führt von Bergedorf in die Vierlande. Im Zuge der Straße Curslacker Neuer Deich über die Autobahn verlaufend.

Vierländer Damm, (Rothenburgsort), 1948, nach der Richtung benannt.

Vierlandenstraße, (Bergedorf), 1936, Hauptverbindungsweg von Bergedorf in die Vierlande.

Vierte Twiete, (Harburg), 1886, Fortsetzung der Twietenbezeichnung, als vierte der von der Schwarzenbergstraße nach Süden abzweigenden kleinen Querstraßen.

Vierzigstücken, (Francop, Neuenfelde), 1948, Ortsbezeichnung innerhalb des Ortsteils Neuenfelde, bestand aus vierzig Äckern.

Vietinghoffweg, (Niendorf), 1962, nach Friedrich von Vietinghoff (genannt Scheel), Landdrost in Pinneberg um 1670.

Vinetastraße, (Rahlstedt), 1948, nach Vineta, der Sage nach eine bedeutende Handelsstadt auf der Insel Wollin, die untergegangen ist.

Vinhagenweg, (Bergedorf), 1949, nach Rothard Vinhagen, der 1657–1677 als Amtsverwalter das Amt Bergedorf leitete.

Vinzenzweg, (Wilstorf), 1952, nach dem 1737 heilig gesprochenen Priester Vinzenz von Paul (1581–1660). Er gilt als der Begründer der neuzeitlichen katholischen Caritas.

Virchowstraße, (Altona-Altstadt), 1950, nach Prof. Dr. Rudolf Virchow (1821–1902), Pathologe. Er war Mitbegründer der Zellularpathologie, ein hervorragender Medizinhistoriker, Hygieniker und Förderer der Volksbildung, auch Mitbegründer der Deutschen Gesellschaft für Anthropologie, Ethnologie und Urgeschichte (1868). Er gehörte zu den Mitbegründern der Fortschrittspartei und zählte zu den heftigsten Gegnern Bismarcks im Verfassungskonflikt (1862–1866) und zu den liberalen Gegnern der Kirche im „Kulturkampf".

Vizelinstraße, (Lokstedt), 1948, nach Vizelin, der um 1101 in Hameln lebte und 1154 in Neumünster verstarb. Er war der „Heilige Apostel der Wagrier" und seit 1149 Bischof von Oldenburg in Holstein.

Völckersstraße, (Ottensen), um 1874, die Straße wurde 1874 zu Lasten des Grundeigentümers J. L. Völckers (geb. 1811) in Hamburg durch die Gemeinde Ottensen ausgebaut.

Vörloh, (Iserbrook), 1936, Flurname = vordem Wald.

Vörn Barkholt, (Volksdorf), 1948, Flurname = „vordem Birkengehölz".

Vörn Brook, (Schnelsen), 1973, Flurname = Vor dem Bruch (Sumpf).

Vörn Styg, (Bahrenfeld), 1963, Flurname „Vorn Stüg" = „Stuft", abgeleitet vom Mittelniederdeutschen „stuvete", was soviel wie Gestrüpp bedeutet.

Vörn Voßbarg, (Duvenstedt), 1992, in Anlehnung an den benachbarten alten Flurnamen.

Vörstekoppel, (Poppenbüttel), 1961, Flurname = vorderste Koppel.

Vogelbeerenweg, (Winterhude), 1929, im Anschluss an die Namen „Braamkamp" und „Efeuweg". Vogelbeerbaum = Eberesche, artenreiche Gattung der Rosenholzgewächse.

Vogelerstraße, (Heimfeld), 1950, nach dem Maler, Radierer und Schriftsteller Heinrich Vogeler (1872–1942), der seit 1894 in Worpswede im „Barkenhof" lebte. Als er 1925 nach Russland ging, übereignete er den Hof der „Roten Hilfe". In der Sowjetunion malte er in der dort gewünschten Art des sozialistischen Realismus.

Vogelhüttenberg, (Marmstorf), 1930, Flurname. Die sogenannten „Vogelhütten" dienten dem Vogelfang.

Vogelhüttendeich, (Wilhelmsburg), 1949, nach dem nördlich gelegenen Vogelhüttenfeld. 1742 und 1755 werden hier Vogelhütten erwähnt, die dem Vogelfang dienten.

Vogelhüttendeichbrücke, (Wilhelmsburg), 1949, in Anlehnung an den Namen Vogelhüttendeich. Im Zuge dieser Straße über den kleinen Kanal führend.

Vogelreth, (Steinwerder), 1888, im Anschluss an den Namen des am Reiherstieg gelegenen Vogelrethwerders (Schilfrohr).

Vogelweide, (Barmbek-Süd), 1888, die Straße ist auf dem ehemaligen Gelände des Vogelliebhabers von Essen angelegt worden und wurde mit dem ausgefallenen Wort „Vogelweide" benannt, obgleich es hier schon eine große Anzahl von Straßen gibt, die mit Vogelmotivnamen benannt sind und an den Vogelliebhaber von Essen erinnern, der hier Nist- und Brutplätze anlegte.

Vogesenstraße, (Dulsberg), 1922, nach dem Gebirgszug im Elsaß. 1922 wurden in diesem Gebiet von Hamburg eine Reihe von Straßen mit Namen versehen, die an die Grenzfrage nach dem Ersten Weltkrieg erinnern.

Vogt-Bornkast-Weg, (Schnelsen), 1948, nach Heinrich Jacob Bornkast (1826–1905) Vogt (Gemeindevorsteher) in Schnelsen von 1876 bis 1894.

Vogt-Cordes-Damm, (Niendorf), 1948, nach Wilhelm Cordes (1859–1933), Vogt (Gemeindevorsteher) in Niendorf 1902–1916.

Vogteistraße, (Wilstorf, Rönneburg), 1932, zur Erinnerung an die frühere Vogtei Höpen, die ihren Sitz in dieser Straße hatte.

Vogteiweg, (Barmbek-Süd), 1899, zur Erinnerung an die 1894 aufgehobenen staatlichen Verwaltungsbezirke innerhalb der Landherrenschaft der Geestlande; vorher Kleine Weidestraße.

Vogt-Groth-Weg, (Osdorf), 1971, nach der Osdorfer Bauernfamilie Groth (seit dem 18. Jahrhundert), die in Osdorf mehrmals Vögte stellte.

Vogt-Kock-Weg, (Schnelsen), 1945, nach Hinrich Kock, dem ersten bekanntgewordenen Bauernvogt in Schnelsen (um 1591).

Vogt-Kölln-Straße, (Eidelstedt, Stellingen, Niendorf), 1928. Die Vögte der Gemeinde Schnelsen gehörten von 1598 bis 1828 sämtlichst der Familie Kölln an.

Vogtredder, (Bergstedt), 1948, nach dem Nutzungsgebiet des Vogtes. Redder = von Knicks gesäumter Feldweg.

Vogtshof, (Langenhom), 1952, nach dem Vogthof, der an der Langenhorner Chausse lag und 1952 wegen Baufälligkeit abgebrochen wurde.

Vogtskamp, (Poppenbüttel), 1933, Flurname. Es handelte sich um ein Feldstück (Kamp), das dem Bauernvogt zur Nutzung zur Verfügung stand.

Vogt-Wells-Kamp, (Lokstedt), 1962, in Anlehnung an die Vogt-Wells-Straße.

Vogt-Wells-Straße, (Lokstedt), 1948, nach Karl Heinrich Wells (1858–1928), Gemeindevorsteher 1889–1900; Heinrich Wells, Vogt 1848–1851; Joachim Hinrich Wells, Vogt von 1858 bis 1861.

Voigtstraße, (Eimsbüttel), 1902, nach dem Musiker Carl Voigt (1808–1879), dem Gründer des Cäcilienvereins, einer Vereinigung zur Pflege kirchlicher Musik.

Volkerweg, (Rissen), 1949, nach Volker von Alzey aus der Nibelungensage.

Volkmannstraße, (Barmbek-Süd), 1906, nach dem Komponisten Robert Volkmann (1815–1883). Er war Musiklehrer in Prag, Wien und Budapest und komponierte Sinfonien, Ouvertüren, Serenaden und Streichquartette.

Volksdorfer Damm, (Bergstedt, Volksdorf), 1947, Volksdorf ist schon recht alt und wird 1296 als „Volcwardesdorpe“ und 1320 als „Volquardistorpe“ erwähnt; es kam 1437 in den Besitz der Stadt Hamburg.

Volksdorfer Grenzweg, (Bergstedt, Volksdorf), 1947, nach der Grenze zwischen Bergstedt und Volksdorf, die durch die Straße markiert ist.

Volksdorfer Straße, (Barmbek-Süd), 1888, nach dem hamburgischen Walddorf Volksdorf.

Volksdorfer Weg, (Wellingsbüttel, Sasel), 1947, alter Verbindungsweg zwischen Volksdorf und Sasel.

Volksparkstieg, (Stellingen), 1949, nach der Lage und im Anschluss an den Namen Volksparkstraße.

Volksparkstraße, (Stellingen), 1928, nach dem nahe gelegenen Volkspark. 1923 wurde der Bau der größten Hamburger Parkanlage, dem 250 ha. großen Volkspark abgeschlossen. Die schnelle Industrialisierung Altonas und der Bevölkerungsanstieg erforderten eine grüne Lunge. Der Park wurde in vier unterschiedliche Sektionen gegliedert. Zunächst wurde eine 60000 Quadratmeter große Spielwiese geschaffen. Dann gibt es einen botanischen Garten, ferner ein hügeliges Waldstück und letztlich Sportanlagen mit einem Freibad. Heute ist der Volkspark wegen seines Volksparkstadions (Fußballstadion) überregional bekannt.

Volkswohlweg, (Eißendorf), 1960, nach dem 1911 von Hamburger Gewerkschaftlern gegründeten Gartenlokal mit Sport-und Spielplätzen. 1933 wurde das Gelände von der Nationalsozialistischen Deutschen Arbeitsfront übernommen und in „Deutscher Garten“ umbenannt. Heute bestehen hier Rentnerwohnungen und das Gelände des Kleingartenvereins „Volkswohl“, der sich in der NS-Zeit „Deutscher Garten“ nannte.

Vollhöfner Weiden, (Altenwerder), 1985/86, nach einem alten Flurnamen.

Vollmersweg, (Barmbek-Nord), 1927, nach dem aus Hamburg stammenden Landschaftsmaler Friedrich Vollmer (1806–1875).

Volzekenweg, (Farmsen-Berne), 1935, nach den Hamburger Brüdern Hans und Klaus Volzeken, die im Jahre 1325 Berne von den Brüdern Raboisen erwarben.

Vom-Berge-Weg, (Farmsen-Berne), 1958, nach der Familie vom Berge, die um 1347 Besitzer des Dorfes Farmsen war.

Von-Anckeln-Straße, (Bergedorf), 1949, nach der alten Bergedorfer Familie von Anckeln, aus der im 17. /18. Jahrhundert zwei Bürgermeister hervorgegangen sind, nämlich Michael von Anckeln (gest. 1691) und sein Sohn Friedrich Claus von Anckeln (gest. 1721).

Von-Appen-Straße, (Eidelstedt), 1996, nach Kurt von Appen (1910–1936), Kunsttischler aus Stellingen. Widerstandskämpfer gegen den Nationalsozialismus, in Spanien gefallen.

Von-Axen-Straße, (Barmbek-Süd), 1907, nach dem Oberalten Otto von Axen (1757–1831), Oberalter 1814–1831, Präses des Kollegiums der Oberalten 1820.

Von-Bargen-Straße, (Wandsbek), vor 1874, nach der alteingesessenen Wandsbeker Bauernfamilie von Bargen, die im 17. bis zum 19. Jahrhundert einen Hof an der Rennbahnstraße, der jetzigen Bovestraße, hatte.

Von-Cölln-Weg, (Finkenwerder), 1903, nach dem Grundeigner, der Familie von Colin, aus der Hinrich von Colin hervorging, der die erste noch von seinen Nachkommen betriebene Schiffswerft aus Finkenwerder errichtete (1767).

Von-der-Tann-Straße, (Eimsbüttel), 1885, nach dem bayerischen General Ludwig Freiherr von und zu der Tann Rathsamhausen (1815–1881), der in den Jahren 1848 bis 1850 in hervorragender Weise, unter anderem als Führer des hamburgischen Freikorps, an dem Befreiungskampf Schleswig-Holstein teilgenommen hat.

Von-Eicken-Straße, (Lokstedt), 1948, nach Carl Heinrich von Eicken (1846–1926), Kaufmann, Fabrikant, dessen Park die Gemeinde Lokstedt 1926 erwarb.

Von-Elm-Stieg, (Horn), 1945, im Anschluss an den Namen von-Elm-Weg.

Von-Elm-Weg, (Horn), 1929, 1945, nach dem sozialdemokratischen Politiker Adolph von Elm (1857–1916). Er war Zigarrenarbeiter, wanderte 1878 infolge des Sozialistengesetztes in die USA aus, kam aber 1882 wieder zurück und war in der Leitung konsumgenossenschaftlicher Unternehmungen tätig. Er war von 1894 bis 1907 Mitglied des Reichstages. Er gehörte zu der sozialistischen Richtung, die in der allmählichen Eroberung wirtschaftlicher Unternehmungen einen gangbaren Weg zu einer sozialistischen Gesellschaft sah.

Von-Essen-Straße, (Barmbek-Süd, Eilbek), 1862, nach dem Vogelliebhaber, Vogelsammler und Vogelforscher Gerhard Hinrich von Essen (1770–1833), der in seinem großen Garten zahlreiche Nist- und Brutplätze für Vögel anlegte.

Von-Essen-Straßenbrücke, (Barmbek-Süd), 1904 und 1945, in Anlehnung an den Namen Von-Essen-Straße, führt im Zuge dieser Straße über den Eilbekkanal.

Von-Graffen-Straße, (Borgfelde), 1959, nach dem Hamburger Bürgermeister 1801–1820, Lic. Friedrich von Graffen (1745–1820).

Von-Hacht-Weg, (Allermöhe), 1995, nach Fritz von Hacht (1898–1988), Angestellter. Widerstandskämpfer gegen den Nationalsozialismus.

Von-Haeften-Straße, (Allermöhe), 1995, nach Hans Bernd von Haeften (1905–1944), Legationsrat, und Werner Karl von Haeften (1908–1944), Syndikus, Brüder, Widerstandskämpfer gegen den Nationalsozialismus.

Von-Halem-Straße, (Allermöhe), 1995, nach Nikolaus von Halem (1905–1944), Kaufmann, Widerstandskämpfer gegen den Nationalsozialismus.

Von-Hein-Straße, (Wandsbek), 1950, nach dem stadtbekannten Schornsteinfegermeister und Hauptmann der Freiwilligen Feuerwehr, K. W. Johannes von Hein (1848–1936), der am kommunalen Leben der Stadt regen Anteil nahm.

Von-Herslo-Weg, (Schnelsen), 1945, nach dem ersten bekanntgewordenen Grundherrn in Schnelsen, Nortmann von Herslo (um 1255), einem Ritter und Lehnsmann des Grafen von Schauenburg.

Von-Heß-Weg, (Hamm-Nord), 1928, nach Dr. Jonas Ludwig von Heß (1756–1823). Er kam 1780 nach Hamburg und hat sich als eifriger Patriot, besonders in der Franzosenzeit, große Verdienste erworben. Er schrieb auch ein heute noch nützliches topographisch-historisches Werk, u. z. die erste Topographie von Hamburg.

Von-Hutten-Straße, (Bahrenfeld), 1950, nach dem Reichsritter und Humanisten Ulrich von Hutten (1488–1523), Dichter und Denker für geistige Freiheit. Im Verein mit Luther und Franz von Sikkingen glaubte er, das Programm einer Reichsreform mit starkem Kaisertum durchführen zu können. Nach Sickingens Tod verschaffte ihm Zwingli ein Asyl auf der Insel Ufenau bei Zürich.

Von-Kurtzrock-Ring, (Wellingsbüttel), 1950, nach der adeligen Familie von Kurtzrock, die von 1673 bis 1806 Besitzer des Gutes Wellingsbüttel war. Maximilian Heinrich von Kurtzrock wurde 1697 kaiserlicher Postmeister der Thurn- und Taxischen Post. Heute noch zu bewundern ist das 1757 errichtete Torhaus, das inzwischen zwar renoviert wurde, aber immer noch in seiner ursprünglichen Fassung besteht.

Von-Melle-Park, (Rotherbaum), 1961, nach Dr. Werner von Melle (1853–1937), Bürgermeister von Hamburg und Ehrendekan der Universität Hamburg. Mit der Gründung der Universität unter Bürgermeister von Melle im Jahre 1919 wurde eine über Jahre geführte Debatte beendet. Alle wissenschaftlichen Einrichtungen wurden zusammengefaßt und die Hamburger konnten jetzt auch zu Hause studieren. Als zentraler Punkt galt das 1911 gestiftete Vorlesungsgebäude an der Moorweide am Sievekingplatz.

Von-Moltke-Bogen, (Allermöhe), 1995, nach Helmuth James Graf von Moltke (1907–1945), Anwalt für Völkerrecht, gründete den „Kreisauer Kreis“, Widerstandskämpfer gegen den Nationalsozialismus.

Von-Sauer-Straße, (Bahrenfeld), 1950, nach dem Pianisten und Komponisten Prof. Emil Ritter von Sauer (1862–1942).

Von-Scheliha-Straße, (Allermöhe), 1995, nach Rudolf von Scheliha (1897–1942), Legationsrat, Widerstandskämpfer gegen den Nationalsozialismus.

Von-Suppé-Straße, (Rahlstedt), 1950, nach dem Komponisten Franz von Suppé (1819–1895). Er komponierte Sinfonien, Bühnenwerke, eine Ouvertüre, ein Requiem und später besonders Operetten wie „Die Schöne Helena“, „Leichte Kavallerie“ etc.

Von-Thünen-Straße, (Groß Flottbek), 1928, nach dem Volkswirtschaftler Johann Heinrich von Thünen (1783–1850), besuchte hier für einige Jahre die landwirtschaftliche Schule Staudingers.

Vorbeckweg, (Bahrenfeld), 1964, nach Franz Vorbeck (1869–1952), Kaufmann in Altona, Gemeindevertreter in Groß Flottbek.

Vor dem Berge, (Ohlsdorf), 1928, nach einem der Gegend anhaftenden Flurnamen.

Vorderdeich, (Reitbrook), vor 1894, nach dem Schutzdeich in Reitbrook gegen die Dove-Elbe.

Vorderkamp, (Wilstorf, Rönneburg), 1947, in Anlehnung an den Wegnamen Achterkamp.

Vorderste Wiese, (Rahlstedt), 2000, nach dem früheren Wiesengelände.

Vorhornweg, (Lurup, Bahrenfeld), 1934, nach einem der Gegend anhaftenden Flurnamen.

Vorlandring, (Moorfleet), 1956, in Anlehnung an den Namen Vorlandweg.

Vorsetzen, (Neustadt), ben. seit dem 16. Jahrhundert nach den hölzernen

Vorsetzen, die das Gelände vor dem Ausspülen schützen sollten. Der Name der Straße weist auf die Bauweise dieser Bollwerke hin. Verrottete Baumpfähle wurden nicht ausgewechselt, sondern man setzte einfach eine neue Reihe vor die alte.

Vorwerkstraße, (St. Pauli), 1957, nach dem Kaufmann Georg Friedrich Vorwerk (1793–1867), Stifter des Asyls Vorwerk, Abgeordneter bei der Frankfurter Nationalversammlung von 1848.

Voßdrift, (Neugraben-Fischbek), 1939, frei gewählte alte Bezeichnung; Voß = Fuchs und Drift = Viehtriebweg zur Weide oder Tränke.

Voßhagen, (Rissen), 1928, Flurname für ein Fuchsgehölz. Voß = Fuchs, Hagen = kleiner Wald.

Voßkamp, (Schnelsen), vor 1914, Flurname = Fuchskamp.

Voßkoppel, (Lurup), 1963, ortsübliche Bezeichnung, vermutlich nach der Familie Voß, die das Gelände von 1756 bis 1884 besaß.

Voßkulen, (Wandsbek), 1951, Flurname = Fuchslöcher.

Voßort, (Ochsenwerder), 1910, Flurname. Voß = Fuchs und Ort = Ecke, Winkel. Voßort = Bezeichnung für einen abgelegenen Platz.

Voßstraat, (Poppenbüttel), 1934, frei gewählter Name. Voßstraat = Fuchsstraße.

Voßweg, (Uhlenhorst), 1914, nach dem Dichter, Altertumsforscher und Übersetzer u. a. „Der Ilias“ und „Der Odyssee“ von Homer, Johann Heinrich Voß (1751–1826).

Vulkanhöft, (Steinwerder), 1907, mit Bezug auf die anliegende Vulkanwerft. Höft = Anlegeplatz für Schiffe, Kaianlage.

Vulkankai, (Steinwerder), 1907, nach der benachbarten Vulkanwerft und als Uferstraße am Vulkanhafen. Kai = Schiffsanlegeplatz.

Vulkanstraße, (Wilhelmsburg), 1910, diese Straße wurde zusammen mit der Werft und der früheren Stettiner Straße nach der Vulkanwerft benannt, die 1910 von Stettin aus hier eine Filiale errichtete.

W

Wacholderweg, (Fuhlsbüttel), 1907, nach den auch sonst in Fuhlsbüttel häufig verwendeten Pflanzenmotivnamen.

Wachsbleiche, (Bergedorf), 1945, nach der früheren Wachsbleiche, einem der ersten Fabrikunternehmen am Schleusengraben.

Wachstwiete, (Bramfeld), 1951, frei gebildeter Name in Erinnerung an die in Bramfeld betriebene Bienenzucht und das dabei gewonnene Wachs. Twiete = kleiner Verbindungsweg zwischen zwei Straßen, in erweitertem Sinne auch kleine Gasse.

Wachtelstraße, (Barmbek-Nord), 1890, nach den auch sonst in Barmbek vielfach verwendeten Vogelmotivnamen, die an den Vogelliebhaber von Essen erinnern sollen, der dort Nist- und Brutplätze anlegte.

Wachtelthal, (Neugraben-Fischbek), 2008, nach den dort heimischen Wachteln.

Wackerhagen, (Hamm-Mitte), 1929, nach einem der ersten Finanzdeputierten im 16. Jahrhundert, Tönnies Wackerhagen, der das Grundstück besaß, über das die Straße verläuft.

Wackerweg, (Osdorf), 1960, nach der hier seit dem 18. Jahrhundert ansässigen Bauernfamilie Wacker.

Wählingsallee, (Schnelsen), um 1916, nach Hinrich Wähling (1856–1943), Gemeindevorsteher in Schnelsen 1894–1906 und 1910–1916.

Wählingsweg, (Schnelsen), 1949, in Anlehnung an den Namen Wählingsallee.

Wagenerstieg, (Poppenbüttel), 1977, nach der alteingesessenen Poppenbütteler Bauernfamilie Wagener (16. bis 19. Jahrhundert).

Wagenfeldstraße, (Barmbek-Nord), 1952, zur Erinnerung an den Hamburger Maler Otto Wagenfeld (gest. 1671).

Wagenwerkweg, (Rönneburg), 1952, nach dem dort gelegenen Wagenwerk der Deutschen Bundesbahn.

Wagnerkoppel, (Farmsen-Berne), 1955, nach der alteingesessenen Farmsener Familie Wagner.

Wagnerstraße (Barmbek-Süd), 1877, nach dem Grundeigentümer Hans Heinrich David Wagner (1816–1872). Da es in der Nähe auch noch die Richardstraße gibt, hat die Administration zu irgendeinem Zeitpunkt nicht aufgepasst und die Wagnerstraße dem Komponisten Richard Wagner zugeordnet. Von diesem Moment an wurde der Fehler zum System gemacht und in dieser Region eine große Anzahl von Straßen mit Komponistennamen benannt (Gluck, Volkmann, Flotow, Lortzing, Spohr, Marschner, Weber etc.), auch Gestalten aus Wagneropern wie Ortrud und Senta wurden zu Straßennamen verarbeitet. Damit war eine neue Motivgruppe „Komponistennamen" geschaffen worden.

Wagnerstraßenbrücke, (Barmbek-Süd), 1904. Diese Benennung geht auf den Tondichter Richard Wagner (1813–1883) zurück, der im Rahmen der Komponistenbenennungen in dieser Gegend keine Berücksichtigung gefunden hatte, denn die Wagnerstraße ist, wie oben angeführt, nach dem ehemaligen Grundeigner benannt worden.

Wagrierweg, (Niendorf), 1952, 1967 nach dem slawischen Volksstamm der Wagrier. Wagrien = Landschaft zwischen der Lübecker Bucht und der Schwentine. Karl der Große überließ Wagrien den Abodriten. 1138/39 unternahm Graf Heinrich von Badwide von Holstein aus einen Feldzug gegen Wagrien. Die spätere Kolonisation war das Werk von Adolf 11. (seit 1143).

Christianisiert wurden die Wagrier durch den Bischof Vizelin.

Waidmannstraße, (Altona-Nord), vor 1909, nach einem Jagdmotiv.

Waisenstieg, (Uhlenhorst), 1956, nach dem hier östlich des Weges gelegenen Waisenhauses, das 1943 durch Bomben zerstört wurde.

Waitzstraße, (Groß Flottbek), 1950, nach dem schleswig-holsteinischen Politiker Prof. Dr. Georg Waitz (1813–1866), der ab 1848 als Abgeordneter in der Frankfurter Nationalversammlung war.

Wakendorfer Weg, (Langenhorn, Hummelsbüttel), 1952, Motivgruppe: Dörfer nördlich von Hamburg.

Walddörferstraße, (Wandsbek, Tonndorf), 1947, nach der Lage, als in Richtung Walddörfer verlaufende Straße.

Waldenauer Weg, (Lurup), 1985, nach der Nachbargemeinde Waldenau/Pinneberg.

Waldenburger Straße, (Jenfeld), 1957, nach der Stadt Waidenburg in Niederschlesien.

Walderseestraße, (Othmarschen), 1903, nach Alfred Graf von Waldersee (1832–1904), 1891–1898 kommandierender General des IX. Armeekorps in Altona; 1896 Ehrenbürger der Stadt Altona.

Waldfrieden, (Marienthal), 1925, nach der Idylle am Wandsbeker Gehölz.

Waldherrenallee, (Volksdorf), 1952, Waldherr war die Bezeichnung für den Senator, dem die Verwaltung für die hamburgischen Geestlande oblag. Ansässig am Platz selbst waren jeweils der Waldvogt, der Oberförster und zwei Förster. Alle waren bewaffnet und versahen auch den Polizeidienst.

Waldingstraße, (Wellingsbüttel), 1950, nach dem angeblichen Gründer von Wellingsbüttel. „Waldingsbutli" oder „Walding" war früher die Bezeichnung für Wellingsbüttel.

Waldkehre, (Neugraben-Fischbek), 1967, nach der Lage in waldigem Gelände.

Waldrebenweg, (Eidelstedt), 1952, nach den auch sonst hier in Eidelstedt vielfach verwendeten Blumenmotivnamen. Waldrebe = Klematis.

Waldredder, (Volksdorf), 1946, nach einem in den Wald führenden Feldweg. Redder = von Knicks gesäumter Feldweg.

Waldreiterring, (Volksdorf), 1952, nach den Waldreitern, hamburgische Beamte, Forstangestellte der hamburgischen Walddörfer.

Waldschlucht, (Neugraben-Fischbek), 1950, nach einer ortsüblichen Bezeichnung.

Waldteufelweg, (Rahlstedt), 1951, nach dem Pianisten und Walzerkomponisten Emil Waldteufel (1837–1915). Im Anschluss an die Motivgruppe: Operettenkomponisten.

Waldvogteiweg, (Schnelsen), 1957, nach der früheren Zugehörigkeit Schnelsens zur Haus- und Waldvogtei Pinneberg.

Waldvogtstraße, (Volksdorf), 1952, nach dem Waldvogt (hamburgischer Beamter in den Walddörfern, dem ständigen Vertreter des Waldherrn mit Wohnsitz in den Walddörfern).

Waldweg, (Sasel, Volksdorf), 1948, als ehemals durch den Wald von Sasel nach Volksdorf führender Weg.

Waldwinkel, (Rahlstedt), 1956, nach der Novelle „Waldwinkel" von Theodor Storni.

Walkmühlenweg, (Harburg), 1950, nach der ehemals östlich der Harburger Mühlenteiche gelegenen, dem Harburger Schuhmacheramt gehörenden Lohmühle. Die Schuhmacher ließen hier Gerberlohe herstellen. Im 18. Jahrhundert wurde dann daraus eine Walkmühle für die Filzverarbeitung und später bis 1859 eine Papiermühle.

Wallgraben, (Harburg), 1950, von 1660 bis 1785 vorhanden gewesener Befestigungswall mit Graben. Im 18. Jahrhundert wurden die Wallanlagen wieder abgetragen.

Wallringtunnel, (Hamburg-Altstadt, St. Georg, Hammerbrook), 1966, in Anlehnung an die oberhalb des Tunnels im Zuge des ehemaligen ringförmigen Walles verlaufenden, mit „Wall" benannten Straßen.

Wallstraße, (St. Georg, Hohenfelde), 1861, als „Kleine Wallstraße" zur Erinnerung an die hier gelegenen Befestigungslinien des Neuen Werkes, die die Vorstadt St. Georg einschlössen (verkürzt 1899).

Wallstraßenbrücke, (Borgfelde, Hohenfelde), um 1905, in Anlehnung an den Namen Wallstraße. Führt im Zuge dieser Straße über die S-Bahn und Bundesbahn.

Walnußstieg, (Bramfeld), 1950, nach der Motivgruppe: Früchte.

Walsroder Ring, (Langenbek), 1956, nach der Stadt Walsrode, Krs. Soltau, Niedersachsen, im Südwesten der Lüneburger Heide. Motivgruppe: Orte in oder an der Lüneburger Heide.

Walstieg, (Eißendorf), 1940, Straßen in der Siedlung der Harburger Oelwerke Brinckman & Mergell erhielten weitgehend Namen, die in Beziehung zur Oelindustrie standen (Walöl).

Walter-Bärsch-Weg, (Groß Borstel), 2000, nach Walter Bärsch (1914–1996), von 1959–1967 Schulleiter an der Schule für Verhaltensgestörte, 1967–1972 Leiter des hamburgischen schulpsychologischen Dienstes „Schülerhilfe", von 1970–1977 Oberschulrat in der Hamburger Schulbehörde, seit 1977 ordentlicher Professor für Sonderpädagogik an der Universität Hamburg. Über Deutschlands Grenzen hinaus bekannt wurde er als Präsident des Deutschen Kinderschutzbundes. Er lebte von 1957 bis zu seinem Tod in Groß Borstel.

Walter-Becker-Straße, (Allermöhe), 1996, nach Walter Becker (1912–1970), 1933 Mitarbeiter einer illegalen Druckerei in Bergedorf, Widerstandskämpfer gegen den Nationalsozialismus.

Walter-Dudek-Brücke, (Harburg), 1985, nach Walter Dudek (1890–1976), 1925 bis 1933 Oberbürgermeister in Harburg und von 1946 bis 1953 Senator in Hamburg. Die Brücke führt im Zuge des Großmoordamm über die Bundesautobahn.

Walter-Flex-Straße, (Wilstorf), 1933, nach dem Schriftsteller und Dichter Walter Flex (1887–1917), Flex war ein idealistischer und stark nationalistischer Schriftsteller (Wanderer zwischen beiden Welten). Er schrieb vorwiegend Gedichte und Dramen und wurde besonders mit seinen Kriegsdichtungen bekannt. In der NS-Zeit lag er besonders im Trend der Zeit und gehörte bei der Jugend zur Pflichtlektüre.

Walter-Frahm-Stieg, (Wandsbek), 1983, nach Walter Frahm (1883–1970), der wie sein Vater Lehrer und Heimatforscher war.

Walter-Freitag-Straße, (Lohbrügge), 1980, nach Walter Freitag (1889–1958), ehemaliger Vorsitzender des Deutschen Gewerkschaftsbundes.

Walter-Hammer-Weg, (Lohbrügge), 1988, nach Walter Hammer-Hösterey (1888–1966), Schriftsteller und Publizist, bedeutender Vertreter in der Jugendbewegung. Führend in der Widerstandsbewegung, Widerstandskämpfer gegen den Nationalsozialismus.

Walter-Heitmann-Straße, (Farmsen-Berne), 1996, nach Walter Heitmann (1904–1990) in Hamburg geborener, international bekannter Trabrennfahrer.

Walter-Koch-Weg, (Wilstorf), 1950, nach dem Vorbesitzer des Geländes, dem Fabrikanten Walter Georg Koch (1877–1922), Besitzer der Palmkernölfabrik Koch & Co.

Walter-Koppel-Weg, (Poppenbüttel), 1985, nach Walter Koppel (1906–1982), Widerstandskämpfer gegen den Nationalsozialismus.

Walter-Rothenburg-Weg, (Allermöhe), 1995, nach Walter Rothenburg (1889–1975), Hamburger Schriftsteller, Schlagertexter und Boxpromoter, Verfolgter des Nationalsozialismus.

Walter-Rudolphi-Weg, (Allermöhe, Billwerder), 1995, nach Walter Rudolphi (1880–1942 Deportation, Todesdatum unbekannt), Oberlandesgerichtsrat, wegen seiner jüdischen Herkunft 1933 in den Ruhestand versetzt; Opfer des Nationalsozialismus.

Walter-Schmedemann-Straße, (Langenhorn), 1980, nach Walter Schmedemann (1901–1976), Senator von 1948 bis 1953 und von 1957 bis 1967.

Walter-Schüler-Weg, (Niendorf), 1948, nach Dr. Walter Schüler (1899–1945), Rechtsanwalt aus Niendorf, der auf vielfache Weise für die Gemeinde tätig war, Opfer des Nationalsozialismus. Im KZ Auschwitz umgekommen.

Waltershofer Brücke, (Waltershof), 1911, nach der Lage im Waltershofer Hafen. Führt im Zuge des Waltershofer Dammes über den Waltershofer- und Rugenbergerhafen.

Waltershofer Damm, (Waltershof), 1927, 1974, nach dem Senator Walter Beckhoff. Die beiden Elbinseln Griesen-vverder und Rugenbergen werden 1788 zu Ehren des Senators Walter Beckhoff in „Waltershof" umbenannt.

Waltershofer Höft, (Waltershof), 1910, nach der Lage an der Nordwestspitze des Waltershofer Hafens, nach der früheren Elbinsel Waltershof; Höft = Kaianlage.

Waltershofer Straße, (Altenwerder, Moorburg, Hausbruch, Waltershof), 1951, als von Hausbruch über Moorburg und Altenwerder in Richtung Waltershof führende Straße.

Walther-Kunze-Straße, (Altona-Nord), 1984, nach Dr. Walther Kunze (1898–1977), Leiter des Bezirksamtes Altona 1954–1963.

Walther-Malhau-Stieg, (Wandsbek), 1973, nach Walther Malhau (1902–1970), Pastor an der Kreuzkirche.

Wandalenweg, (Hammerbrook), 1948, nach dem ostgermanischen Volksstamm der Wandalen, dem Hauptvolk der germanischen Kulturgenossenschaft der Lugier. Während der Markomannenkriege (166–180) ließen sich Heerhaufen der Wandalen am Osthang der Karpaten, später im Theißbecken, nieder. 406–407 überquerten die Wandalen mit den Sweben und Alanen den Rhein und drangen 409 bis Spanien vor, wo sie als Föderaten Landzuweisungen erhielten, die Sweben in Galizien und die Silingen in Andalusien.

Wandbereiterbrücke, (HafenCity), 1903, nach den Wandbereitern (Tuchmacher), die mit ihrem platzaufwendigen Gewerbe hier ehemals angesiedelt worden waren.

Wandrahmsfleetbrücke, (HafenCity), 1900, benannt in Anlehnung an die Wegnamen „Alter" und „Neuer Wandrahm" sowie an das hier befindliche Fleet.

Wandrahmsteg, (Hamburg-Altstadt, HafenCity), 1962, in Anlehnung an die auch sonst hier auf „Wandrahm" lautenden Wegnamen und zur Erinnerung an die 1962 abgebrochene „Große Wandrahmsbrücke".

Wandsbeker Allee, (Wandsbek), 1955, nach der Lage der Straße (größtenteils im Stadtteil Wandsbek).

Wandsbeker Alleebrücke, (Wandsbek), 1960, in Anlehnung an den Namen Wandsbeker Allee, führt über die Wandse.

Wandsbeker Bahnhofstraße, (Wandsbek, Marienthal), 1950, nach der Lage am Wandsbeker Bahnhof.

Wandsbeker Chaussee, (Eilbek, Wandsbek, Marienthal), 1856 benannt als alte nach Lübeck führende Landstraße (Lübsche Landstraße).

Wandsbeker Chausseebrücke, (Eilbek, Marienthal), vor 1905, in Anlehnung an den Namen Wandsbeker Chaussee, führt im Zuge dieser Straße über die S-Bahn.

Wandsbeker Königstraße, (Wandsbek), 1950, zur Erinnerung an den dänischen König Christian VIII., der anlässlich seines Besuches in Wandsbek 1840 durch diese Straße kam.

Wandsbeker Marktplatz, (Wandsbek), 2004, nach dem seit Jahrhunderten für diesen Platz wegen seiner früheren Nutzung gebrauchten und in der Wandsbeker Bevölkerung verankerten Namen.

Wandsbeker Marktstraße, (Wandsbek, Marienthal), 1950, nach dem Stadtteil Wandsbek und den hier abgehaltenen Märkten.

Wandsbeker Schützenhof, (Wandsbek), 1950, nach dem ehemaligen Schützenhof, der sich hier befand.

Wandsbeker Stieg, (Hohenfelde), 1858, als von Hohenfelde nach Wandsbek führender Fußweg.

Wandsbeker Straße, (Bramfeld), vor 1937, als von Bramfeld Richtung Wandsbek führende Straße.

Wandsbeker Zollstraße, (Wandsbek), 1950, nach der hier von 1838 bis 1888 bestehende Zollgrenze mit Schlagbaum, die mitten durch Wandsbek verlief und Wandsbek in zwei Zollbereiche teilte.

Wandsedamm, (Wandsbek), 1943, nach dem Nebenfluss der Alster, der Wandse. Hier sei Georg Wilhelm Röpke zitiert, der etwas Licht in die verschiedenen Namensbezeichnungen dieses Wasserlaufes gebracht hat: „Von der Quelle bei Siek bis zur S-Bahn-Station Friedrichsberg lautet der Name „Wandse", dann „Eilbek". Nach der Friedrichsberger Straße wird der kanalisierte Wasserlauf „Eilbekkanal" genannt. Nach Verlassen des Kuhmühlenteiches wechselt er nochmals seinen Namen in „Mundsburger Kanal", bevor der Fluss bei Schwanenwik in die Alster mündet."

Wandseredder, (Rahlstedt), 1943, nach dem Wasserlauf „Wandse". Redder = von Knicks gesäumter Feldweg.

Wandsetwiete, (Wandsbek), 1943, nach dem Wasserlauf „Wandse". Twiete = kleiner Verbindungsweg zwischen zwei Straßen.

Wangerooger Stieg, (Finkenwerder), 1939, nach der östlichsten der ostfriesischen Insel Wangeroog, gehört zum Kreis Friesland in Niedersachsen.

Warburgstraße, (Rotherbaum), 1947, nach dem Bankier Max Moritz Warburg (1867–1946). Im letzten Moment emigrierten Vater Max und Sohn Eric 1938 über Schweden in die USA, wo sie Verwandte hatten.

Wariner Weg, (Rahlstedt), 1979, Motivgruppe: Orte in Mecklenburg.

Warlimontweg, (Veddel), 1959, nach Dr. Felix Warlimont (1879–1950), ehemaliger Leiter der Norddeutschen Affinerie.

Warnckesweg, (Groß Borstel), 1864, nach dem früheren Warncke, über dessen Hof der Weg führt. Die Familie Warncke war über Jahrhunderte Eigentümer dieses Hofes. Aus den Hauptbüchern des Johannisklosters geht hervor, dass die Familie Warncke erstmalig 1602 erwähnt wird und in ca. zehn Generationen den Hof bewirtschaftete.

Warnemünder Weg, (Rahlstedt), 1950, nach dem Ostseebad Warnemünde vor Rostock an der Mündung der Warnow.

Warnenweg, (Niendorf), 1978, nach der germanischen Völkerschaft der Warnen, die ursprünglich aus Jütland stammen. Später lebten Teile der Warnen am linken Niederrhein, andere im Elb-Saale-Gebiet unter eigenen Königen, bis sie in dem Thüringerreich aufgingen.

Warnholtzstraße, (Altona-Altstadt), 1965, nach Friedrich Diedrich Warnholtz (1801–1868), 1852 Senator und 1853 bis 1856 Zweiter Bürgermeister von Altona.

Warnstedtstraße, (Stellingen), 1949, nach dem Oberlandweginspektor Friedrich Emil Georg von Warnstedt (1785–1836), der zwischen 1830 und 1832 die Altona-Kieler Chaussee erbaute. Es handelte sich dabei um die erste Kunststraße in Schleswig-Holstein.

Wartenau, (Hohenfelde, Eilbek), 1874, zur Erinnerung an den Wartturm (bis 1672), der den mit einem Schlagbaum (Lübscher Baum) versehenen Durchlaß durch die Landwehr schützte.

Wartenaubrücke, (Uhlenhorst, Hohenfelde), 1904, in Anlehnung an den Namen Wartenau, führt zwischen dieser Straße und der Straße Lerchenfeld über den Eilbekkanal.

Wartenburger Weg, (Dulsberg, Wandsbek), 1958, nach dem Ort Wartenburg, ehemals Kreis Allenstein/Ostpreußen. Motivgruppe: Orte in Ostpreußen.

Warthestraße, (Lurup), 1960, Motivgruppe: Oder und Nebenflüsse. Warthe = rechter und größter Nebenfluss der Oder, 808 km lang, entspringt südlich von Tschenstochau, Polen, und mündet unterhalb von Küstrin.

Warwischer Hauptdeich, (Kirchwerder), 1970, nach dem Ortsnamen und der Funktion.

Warwischer Hinterdeich, (Kirchwerder, Ochsenwerder), 1970, nach dem Ortsnamen. Der Warwischer Hinterdeich war ein Teil des Kirchwerder Eibdeiches.

Waseberg, (Blankenese), 1949, nach einer Flurbezeichnung, vermutlich war der Berg früher mit einer Grasnarbe (Wasen) bedeckt.

Washingtonallee, (Horn), 1932, nach George Washington (1732–1799), Feldherr und erster Präsident der Vereinigten Staaten.

Washingtonring, (Horn), 1955, in Anlehnung an den Namen Washingtonallee.

Wasmannstraße, (Barmbek-Nord), 1914, nach dem aus Hamburg stammenden Maler Friedrich Wasmann (1805–1886), Bildnis, Genre- und Landschaftsmaler. Wichtiger Vertreter des Realismus in der deutschen Malerei.

Wasmerstraße, (Wilstorf, Rönneburg), 1900, nach dem Vorbesitzer des Gutes Kanzlerhof, dem Major Detlef Friedrich Wulff Benedictus von Wasmer (1790 – 1874).

Wasserfenchelstieg, (Billstedt), 2008, nach dem giftigen, vom Aussterben bedrohten Doldenblütengewächs.

Wasserkamp, (Ohlsdorf), 1903, nach einem der Gegend anhaftenden Flurnamen.

Wassermannpark, (Schnelsen), 2003, nach H. Wassermann, 8 Jahre, Polin, Opfer des Nationalsozialismus; gehörte zu den 20 fünf bis zwölf Jahre alten jüdischen Kindern aus fünf Nationen, die in der Nacht vom 20. zum 21. April 1945 im Keller der Schule Bullenhuser Damm von Angehörigen der SS erhängt wurden, nachdem an ihnen im KZ Neuengamme medizinische Experimente vorgenommen worden waren.

Wassermannweg, (Lohbrügge), 1964, nach Prof. Dr. Martin Wassermann (1871–1953), Rechtsanwalt und Professor an der Universität Hamburg. Widerstandskämpfer gegen den Nationalsozialismus.

Wasserstieg, (Wandsbek), vor 1913, Weg zur Wandse.

Waterblöcken, (Rahlstedt), 1934, Flurname. Blöcke sind Ackerstücke, die nicht mit anderen Feldstücken zusammen bearbeitet werden können.

Waterblöckenwiese, (Rahlstedt), 2000, nach dem angrenzenden Flurnamen Waterblöcken.

Waterhörnstraße, (Eidelstedt), 1928, Flurbezeichnung.

Waterloohain, (Eimsbüttel), 1885, in Anlehnung an den Namen Waterloostraße.

Waterloostraße, (Eimsbüttel), 1885, nach der Schlacht bei Waterloo, in der Blücher und Wellington am 18. 6. 1815 Napoleon besiegten. Dies fand in der Nähe des Wirtshauses „Belle Alliance" auf dem Weg nach Brüssel statt. Daher (vielleicht) auch der Straßenname „Bellealliancestraße", die Verlängerung der Waterloostraße.

Wateweg, (Rissen), 1949, nach Wate, dem Held aus der Gudrunsage.

Wattenbergstraße, (Heimfeld), 1890, nach dem Harburger Arzt, dem Geheimen Sanitätsrat Dr. Hermann Wattenberg (1827–1908), dem ehemaligen Leiter des Harburger Militärhospitals.

Wattkorn, (Langenhorn), 1920, nach einem der Gegend anhaftenden Flurnamen. „Watt" deutet auf Sumpf oder Wadde, „Korn" auf die ehemalige Wassermühle am Bornbach.

Watzenweg, (Lohbrügge), 1942, Flurbezeichnung. Der Name kommt vom norddeutschen Wadde, mundartlich Quobbe = Sumpf.

Weberade, (Lohbrügge), vor 1932, Flurname „Weberrahe", bedeutet hier gerodeter Weg für die Leineweber.

Weberstraße, (Barmbek-Süd), 1906, nach dem Tondichter Carl-Maria Freiherr von Weber (1786–1826), der seinen größten Erfolg bei der Eröffnung von F. Schinkels Schauspielhaus in Berlin im Jahre 1821 mit dem „Freischütz“ hatte.

Weckmannweg, (Eimsbüttel), 1948, nach dem Komponisten und Organisten an St. Jacobi in Hamburg, Matthias Weckmann (1621–1674). Er gründete 1660 das „Collegium Musicum“, eine Vereinigung zur Pflege der Oratorien in Norddeutschland.

Weddestraße, (Horn), 1929, nach dem sozialdemokratischen Journalisten und Dichter Dr. Johannes Wedde (1843–1890).

Weddinger Weg, (Rahlstedt), 1961, nach dem Berliner Bezirk.

Wedekindstieg, (Bramfeld), 1979, nach dem Schriftsteller, Journalisten und Dramatiker Frank Wedekind (1864–1918). Trotz naturalistischer Ansätze weisen seine Stücke marionettenhaft gezeichnete Menschen auf, die auf den zukünftigen Expressionismus und das absurde Theater hindeuten.

Wedeler Landstraße, (Rissen), 1928, nach der Lage als nach Wedel führende Landstraße. Der Name Wedel soll von der Widil Furt kommen, einer Furt, die hier über die Wedeler Aue führte.

Weetenkamp, (Nienstedten), 1928, Flurbezeichnung = Weizenfeld.

Weg beim Jäger, (Groß Borstel, Fuhlsbüttel), 1864/1933 als Weg, der beim „Borsteler Jäger“, einem Forsthause mit anschließendem Gehölz, vorbeiführt.

Wegelstück, (Farmsen-Berne), 1950, Flurname, Wegel = Diminutivform von Weg, bedeutet aber auch Furt.

Wegenkamp, (Stellingen), 1928, nach einem der Gegend anhaftenden Flurnamen.

Weg Großlohe, (Rahlstedt), vor 1963, Flurname Großlohe = großer Eichenwald.

Wegkoppel, (Billstedt), 1948, nach einer ortsüblichen Bezeichnung.

Weg Nr. 12, 173, 174, 320, 360, 396, 410, 414, 651. Wege mit Nummernbezeichnungen wurden fast nur in ländlichen bzw. Randgebieten vergeben, um Landwirten und Siedlern Orientierungsmöglichkeiten zu schaffen. Die Nummernbezeichnungen waren Sache des Vermessungsamtes. Neue Nummernwege wird es nicht mehr geben. Die noch bestehenden werden nach und nach mit Namen ausgestattet.

Wegzoll, (Sasel), 1950, für die Benutzung dieses früheren Privatwegs zur Kählerschen Ziegelei erhob der Eigentümer an einem Schlagbaum ein Wegegeld.

Wehlauer Weg, (Bramfeld), 1954, Motivgruppe: Städte in Ostpreußen.

Wehlbrook, (Rahlstedt), vor 1940, Flurname. Wehl = Wasserloch und Brook = Sumpf, Bruch.

Wehmerstieg, (Lokstedt), 1956, in Anlehnung an den Namen Wehmerweg.

Wehmerweg, (Lokstedt), 1948, nach dem Rektor Heinrich Wehmer (1863–1937), 1895–1924 Rektor an der Lokstedter Volksschule und außerdem 19 Jahre lang Organist an der Lokstedter und Niendorfer Kirche, Kirchenältester.

Wehrdeich, (Bergedorf), 1924, nach einem Deich, der das Wasser der Kampbille gegen die Nettelnburg abzuwehren hatte.

Wehrmannstraße, (Wilhelmsburg), 1903, nach dem früheren Ministerialdirektor im Eisenbahnministerium, Geheimrat Leo Wehrmann (1840–1919), Förderer des Siedlungsunternehmens des Bau- und Sparvereins von Eisenbahnbediensteten.

Weichselmünder Straße, (Dulsberg), 1922, bei der Straßenvergabe 1922 hat die deutsche Grenzfrage, wie sie sich nach dem Ersten Weltkrieg ergab, besondere Aufmerksamkeit gefunden. Die Weichselmünder Straße erinnert daran.

Weidemoor, (Lohbrügge), vor 1932, nach einem Baummotiv.

Weidenallee, (Eimsbüttel), 1858, nach der früheren Art der Bepflanzung mit Weidenbäumen.

Weidenbaumsweg, (Bergedorf), alte Bezeichnung, führte zum Schlagbaum, der die einstige Gemeindeweide der Bergedorfer Ackerbürger, den Kamp, abschloss.

Weidenbruch, (Neugraben-Fischbek), 1976, frei gewählter Name, der dem Landschaftscharakter entspricht.

Weidendamm, (Wilhelmsburg), 1935, in Anlehnung an den Namen Kornweide. Ein Damm oder Deich hat hier allerdings nie bestanden.

Weidende, (Sasel, Poppenbüttel), 1950, Grenzweg. Nach einer Gemarkungskarte von 1783 bildete der Weg die Weidegrenze zwischen Poppenbüttel und Sasel. Hier endete die Weideberechtigung der Poppenbüttler bzw. der Saseler Bauern.

Weidenkamp, (Volksdorf), 1936, Flurname, Baummotiv. Die Weide ist eine in Norddeutschland häufig vorkommende Baumart, die wie die Birke in allen erdenklichen Wortkombinationen zu Straßennamen verarbeitet wurde.

Weidenkehre, (Neugraben-Fischbek), 1967, in Anlehnung an die benachbarten, auch auf „Weide" lautenden Wegnamen.

Weidenkoppel, (Poppenbüttel), 1934, Flurname, nach den auch sonst hier verwendeten Baummotivnamen, die auf „Koppel" lauten.

Weidenstieg, (Eimsbüttel), 1863, im Anschluss an den Namen „Weidenallee". Im Jahre 1884 wird der Isebekkanal bis zum Weidenstieg verlängert, um neues Bauland zu gewinnen. 1873 war der kleine Fluss Isebek bis zum Eppendorfer Baum kanalisiert worden. Die Bürgerschaft hatte gebilligt, dass der verlängerte Kanal die Siele und Notauslässe von Eimsbüttel aufnimmt. Daher übernahm der Staat auch einen Teil der Kosten, u. z. die Verlängerung von der Klosterallee bis zum Lehmweg in einer Breite von etwa 22 Metern, inklusive zweier Holzbrücken von 10 Metern Breite.

Weiderweg, (Sinstorf), nach 1938, nach dem Bauernhof „Weide", wohin der Weg führt.

Weidestraße, (Barmbek-Süd), 1862, nach den dort früher gelegenen Weideflächen.

Weidkoppel, (Bramfeld), vor 1937, Flurbezeichnung.

Weidplan, (Eidelstedt), 1929, Plan bedeutet soviel wie Ebene. Weidplan = ebenes Weidegebiet.

Weidwiese, (Volksdorf), 1948, nach der bei der Straße gelegenen Flur gleichen Namens und im Anschluss an den Namen „Weidenkamp".

Weiherheide, (Sinstorf), 1950, Flurbezeichnung.

Weimarer Straße, (Wilhelmsburg), 1949, frei gebildeter Name nach der Stadt in Thüringen.

Weinligstraße, (Eißendorf), 1913, nach dem Harburger Senator und Fabrikanten Eduard Weinlig (1832–1920). Anlässlich seines Ausscheidens aus dem Senat erhielt Weinlig 1918 die Ehrenbürgerschaft der Stadt Harburg.

Weiselweg, (Farmsen-Berne), 1956, nach einem Insektenmotiv. Weisel = Bienenkönigin.

Weißbirkenkamp, (Wellingsbüttel), 1950, Baummotiv, nach den auch sonst hier vielfach verwendeten Baummotivnamen.

Weißbuchenweg, (Wellingsbüttel), 1950, nach einem Baummotiv. Weißbuche = Hainbuche, Gattung der Birkengewächse. Nach den in Wellingsbüttel auch sonst häufig verwendeten Baummotivnamen.

Weißdornweg, (Sasel), 1947, nach den für die dortige Landschaft typischen Weißdornknicks. Weißdorn = artenreiche Gattung der Rosengewächse.

Weißenburger Straße, (Dulsberg), 1922, nach der Stadt im Elsass, die seit 1945 wieder zu Frankreich gehört und heute Wissembourg heißt.

Weissenhof, (Farmsen-Berne), 1955, nach einer auf einer Flurkarte von 1797 erscheinenden Flurbezeichnung. Bezieht sich wahrscheinlich auf eine eingesessene Familie.

Weißenseestraße, (Rahlstedt), 1961, nach einem Berliner Bezirk.

Weiße Rose, (Volksdorf), 1974, nach dem Symbol des studentischen Widerstandes gegen den Nationalsozialismus.

Weißkleeweg, (Sülldorf), 1954, Wiesenblume. Weißklee: Gattung der Schmetterlingsblüter, landwirtschaftlich genutzt als Heu oder Grünfutter. Von allen Kleearten ist Weißklee der Wichtigste und derjenige, der am meisten verarbeitet wird.

Weistritzstraße, (Lurup), 1960, nach dem linken Nebenfluss der Oder in Niederschlesien, 95 km lang, kommt aus den Sudeten und mündet bei Breslau.

Weitblick, (Eißendorf), 1956, nach der Lage des Weges mit einer schönen Aussicht und einem weiten Blick nach Eißendorf.

Weizenkamp, (Barmbek-Süd), 1913, nach einem frei gewählten Namen, nach den auch sonst hier verwendeten Getreidemotivnamen wie Haferkamp und Gerstenkamp.

Welckerstraße, (Neustadt), 1848, nach dem Professor der Rechte, badischen Bundestagsgesandten, Mitglied des Vorparlaments und der Nationalversammlung in Frankfurt, Karl Theodor Welcker (1790–1869).

Wellingsbütteler Landstraße, (Ohlsdorf), 1898, nach der alten von Ohlsdorf nach Wellingsbüttel führenden Landstraße.

Wellingsbütteler Markt, (Wellingsbüttel), 2007, nach der zentralen Lage im Stadtteil Wellingsbüttel.

Wellingsbüttler Weg, (Ohlsdorf, Wellingsbüttel), 1950, nach der Lage des Weges im Stadtteil Wellingsbüttel.

Welsestraße, (Lurup), 1964, Motivgruppe: Brandenburgische Flüsse.

Wendemuthkai, (Steinwerder), 1958, nach dem Erbauer des Elbtunnels, Oberbaudirektor Georg Ludwig Wendemuth (1860–1929). Mit dem Ausbau des Hafens hatte Wendemuth zunächst Schwierigkeiten, weil er sich wegen der bestehenden Landesgrenzen mit Preußen auseinandersetzen musste. Das Problem wurde schließlich zum Teil durch Gründung der Hamburg-Preußischen Hafengesellschaft gelöst. Nun konnten Hamburg und Altona gemeinsame Pläne erarbeiten.

Wendemuthstraße, (Wandsbek), 1863, nach dem Herrenhaus Wendemuth, parkähnlicher Besitz nördlich der Wandse. 1863 aufgesiedelt. Heute Busbahnhof.

Wendemuthstraßenbrücke, (Wandsbek), um 1864, in Anlehnung an den Namen Wendemuthstraße. Im Zuge dieser Straße über die Wandse führend.

Wendenbrücke, (Hammerbrook), 1930, in Anlehnung an den Namen Wendenstraße.

Wendenstraße, (Hammerbrook, Hamm-Süd), 1869 und 1909, nach dem slawischen Volksstamm der Wenden. Bei den Wenden handelt es sich um die deutsche Sammelbezeichnung für alle in Mittel- und Ostdeutschland sowie in den Ostalpenländern ansässigen Slawen (Sorben). Ähnlich wie bei den Wikingern und Normannen hat man hier für ein und denselben Volksstamm Straßenbenennungen unter verschiedenen Namen vorgenommen.

Wendloher Weg, (Eppendorf), 1911, nach dem Gut Wendlohe bei Schnelsen.

Wendlohstieg, (Schnelsen), 1962, in Anlehnung an den Namen Wendlohstraße.

Wendlohstraße, (Niendorf, Schnelsen), vor 1934, nach dem Gut Wendlohe bei Schnelsen.

Wendrichstraße, (Eidelstedt), vor 1907, nach dem Vorbesitzer und Erbauer der Straße, Johann Gottlieb Wendrich (1836–1894), Schmied.

Wendts Weg, (Neuland), nach 1938, nach dem Vorbesitzer des Geländes, dem Segelmacher Johann Wendt (1863–1932), der die Straße anlegte.

Wensenbalken, (Volksdorf), 1926, Flurbezeichnung. Das Wort mag etwas mit dem Dänischen zu tun haben und aus der „Wendischen Zeit" stammen, denn der Dänenkönig nannte sich auch Herr der Goten und Sorben (Wenden). Balken = unbebautes Ackerstück, das sich nicht mit anderen Feldstücken zusammen bearbeiten ließ.

Wentorfer Straße, (Bergedorf), 1837, als chaussierte Poststraße nach Wentorf, für die Benutzung wurde amtsseitig ein Wegegeld erhoben.

Wentzelplatz, (Poppenbüttel), 1930, nach dem Haus- und Grundstücksmakler Johann Vincent Wentzel (1865–1919), einem Mitbegründer der Alstertal Terrain AG., der maßgeblich an der Aufschließung des Alstertals beteiligt war.

Wentzelstraße, (Winterhude), 1907, nach Adolf Emil Wentzel (1826–1918), Testamentsverwalter von Adolf Sierich und selbst in hervorragender Weise an der Erschließung von Winterhude beteiligt. Herr Wentzel war als Testamentsvollstrekker von Adolf Sierich offensichtlich derjenige, der dafür sorgte, dass alles so abgewickelt wurde, wie Adolf Sierich es sich gewünscht hatte. Er gehörte, wie Andreas Meyer, zum engeren Freundeskreis von Herrn Sierich, die dieser mit einem Straßennamen bedenken wollte.

Werderstraße, (Harvestehude), 1871, nach dem General Graf August von Werder (1808–1887) des Eroberers von Straßburg und Siegers an der Lisaine im Kriege 1870/71.

Werfelring, (Bramfeld), 1961, nach dem Schriftsteller Franz Werfel (1890–1945), „Das Lied von Bernadette".

Werfelstieg, (Bramfeld), 1971, in Anlehnung an den Werfelring.

Werftbrücke, (Winterhude), 1904, nach der Lage bei einer ehemaligen Werft für Alsterschiffe. Führt im Zuge der Straße Leinpfad über den Leinpfadkanal.

Werftstraße, (Steinwerder), 1888, nach der (früher) benachbarten Reiherstieg-Schiffswerft.

Werner-Neben-Platz, (Bergedorf), 2003, nach Werner Neben (1908–2000), Mitbegründer und später Geschäftsführer der Gemeinnützigen Baugenossenschaft Bergedorf-Bille, 25 Jahre Mitglied der SPD-Fraktion in der Bezirksversammlung Bergedorf, 12 Jahre Vorsitzender der Bezirksversammlung.

Werner-Schroeder-Straße, (Allermöhe), 2002, nach Werner Schröder (1916–1993), Bäcker, Kommunist, Widerstandskämpfer gegen den Nationalsozialismus.

Werner-Siemens-Straße, (Billbrook), 1924, nach dem Gelehrten, Erfinder und Industriellen Werner von Siemens (1816–1892). Er war zunächst Artillerieoffizier und erzielte frühe Erfolge mit Erfindungen wie „Zeigertelegraph mit elektromagnetischer Selbstunterbrechung". Zusammen mit dem Mechaniker Halske gründete er 1847 die Firma Siemens & Halske. Weitere Erfindungen und größere geschäftliche Erfolge in Rußland und in Großbritannien machten das Unternehmen zu einer Weltfirma.

Werner-Witt-Straße, (Allermöhe), 1991, nach Werner Witt (1919–1986), Mitglied der Bezirksversammlung und des Ortsausschusses Vier- und Marschlande.

Wernigeroder Weg, (Niendorf), 1951, nach der Kreisstadt Wernigerode im Bezirk Magdeburg am Harzrand, Kurort mit vielen Fachwerkbauten. Motivgruppe: Städte im oder am Harz.

Werthweg, (Tonndorf), 1950, nach dem niederdeutschen Dichter Peter Werth, Pseudonym für Julius Cäsar Stülcken (1867–1925), dem Inhaber der Stülckenwerft.

Weseler Weg, (Tonndorf), 1950, nach dem Ort am Niederrhein, in dem 1809 elf Offiziere des Schillschen Freicorps von den Franzosen erschossen wurden. In motivischer Anlehnung an die benachbarte Schillstraße.

Wesenbergallee, (Rahlstedt), 1950, nach dem ehemaligen Rahlstedter Grundherrn Wesenberg, der in Rahlstedt und anderen Dörfern den Zehnten besaß.

Weserstieg, (Neuland), 1952, nach dem Fluss, der Weser, entsteht bei Münden aus Werra und Fulda, bis Bremerhaven 440 km lang. Motivgruppe: die Weser und ihre Nebenflüsse.

Wespenstieg, (Rissen), 1930, nach dem Insekt.

Wesperloh, (Osdorf), 1932, Flurname. Wesp = Wespe und loh = Wald, Wespenwald.

Wesselblek, (Hummelsbüttel), 1933, blek, bleek = freies, ebenes Land. Bei Wessel handelt es sich um eine Wiese, die ihren Besitzer in festgelegten Abständen wechselt.

Wesselburer Weg, (Osdorf), 1949, nach der Stadt in Dithmarschen, dem Geburtsort von Friedrich Hebbel.

Wesselstraat, (Poppenbüttel), 1934, frei gewählter Name. Wessel = Wiesel. Wesselstraat ist die niederdeutsche Bezeichnung für Wieselstraße.

Wesselyring, (Winterhude), 1964, nach dem Bürgerschaftsabgeordneten Adam Hermann Wessely (1845–1922).

Westedestieg, (Langenhorn), 1952, nach der Familie Westede, 1461–1538 Grundherrn in Langenhorn. Johann Westede übernahm Langenhorn 1461 von seinem Schwiegervater vom Berge.

Westend, (Othmarschen), vor 1905, nach dem westlichen Ende der früheren Gemeinde Flottbek.

Westerfelde, (Wohldorf-Ohlstedt), 1929,1950, nach einem der Gegend anhaftenden Flurnamen, wobei es sich um die Felder westlich von Ohlstedt handelte.

Westerheide, (Marmstorf), 1931, Flurname, die Westerheide liegt westlich von Marmstorf (1667 „Uff der Westerheyde").

Westerkamp, (Marienthal), vor 1933, Flurbezeichnung. Es handelt sich um eine Flur, die im Westen des Ortsteils lag.

Westerlandstraße, (Tonndorf), vor 1933, nach dem Hauptbadeort auf der Insel Sylt.

Westerrode, (Langenhorn), 1935, Flurname. Westerrode ist eine im Westen von Langenhorn gelegene Rodung.

Westerstraße, (Hammerbrook), 1899, vorher seit 1856 Weststraße und Zimmerstraße mit Bezug auf die Lage an der Westgrenze des Hammerbrooks.

Westerweg, (Steinwerder), 1876, als westliche von zwei parallel verlaufenden Verbindungsstraßen zwischen Norderelbstraße und Schilfstraße auf Steinwerder, die nur zwischen Rohrweg und Schilfstraße zur Ausführung gekommen ist, während die östliche der beiden Straßen, die entsprechend den Namen Osterweg erhalten hatte, 1892 wieder aufgehoben wurde, so dass nun auch der Name Westerweg seine Beziehung und seinen Sinn verlor.

Westhusenstraße, (Wellingsbüttel), 1950, nach Peter Westhusen (1613–1660), 1651–1660 Rektor des Johanneums.

West-Kraueler Bogen, (Kirchwerder), 1970, nach dem Ortsnamen und dem Verlauf der Straße.

Westphalensweg, (St. Georg), 1921, mit Bezug auf die anliegende Hauptfeuerwache, zu Ehren des Branddirektors (seit 1893) Adolph Libert Westphalen (1851–1916).

Westphalufer, (Steinwerder), 1980, nach dem Senator für Strom- und Hafenbau Otto Eduard Westphal (1853–1919).

Wetkesgarten, (Hamm-Mitte), 1929, nach dem hier gelegenen Landsitz der Familie Wetken, aus der drei Bürgermeister, unter ihnen der erste lutherische, und zwei Ratsherren hervorgegangen sind.

Wetteringe, (Bergedorf), 1945, Wetteringe ist die mittelniederdeutsche Bezeichnung für Wetterung = Abflussgraben in der Marsch.

Wetternstieg, (Harburg), 1952, in Anlehnung an die Wetternstraße.

Wetternstraße, (Harburg), 1898, nach den hier verlaufenden Neuländer Moorwettern.

Wettloop, (Neugraben-Fischbek), 1948, nach der Märchenerzählung von Wilhelm Schröder, „Dat Wettlopentwi sehen den Swinegel und den Hasen up de Lütte Heid bi Buxtehude".

Weusthoffstraße, (Eißendorf, Heimfeld), 1950, nach Friedrich Ludwig Weusthoff (1795–1879), Präsident des 1847 gegründeten Handelsvereins, später Handelskammer. Weusthoff wurde 1876 Ehrenbürger der Stadt Harburg.

Wexstraße, (Neustadt), 1867, unter Beibehaltung des Namens, den die vom Staat damals übernommene Privatstraße von den Gebrüdern Wex (Rechtsanwalt Dr. F. H. Wex, Architekt E. E. Wex und Ingenieur F. B. Wex), die sie angelegt hatten, kurz vorher erhalten hatte.

Weygandtstraße, (Langenhorn), 1960, nach Prof. D. Wilhelm Weygandt (1870–1939), ärztlicher Direktor der Staatskrankenanstalt Friedrichsberg und Ordinarius für Psychiatrie an der Universität Hamburg.

Wibbeltweg, (Wellingsbüttel), 1950, nach August Wibbelt (1862–1947), niederdeutscher Schriftsteller.

Wiben-Peter-Straße, (Lokstedt), 1948, nach Wiben Peter, einem angesehenen Mann aus Meldorf. Infolge eines Rechtsstreites, der für ihn ungünstig ausging, verließ er Dithmarschen und wurde 1540 zum Staatsfeind erklärt. Als solcher fügte er seinem Vaterland großen Schaden zu. 1541 wurde er von seinen Landsleuten auf Helgoland gestellt und im Kampf getötet. Motivgruppe: Holsteinische Geschichten, Sagen und Märchen.

Wichelkamp, (Bramfeld, Barmbek-Nord), 1950, frei gebildeter Name nach einem Baummotiv (Wichel ist das niederdeutsche Wort für den Baum Weide).

Wichelmannweg, (Wandsbek), 1980, nach dem Bürgerschafts- und Bezirksabgeordneten Heinrich Wichelmann (1893–1974).

Wichelnbusch, (Volksdorf), 1950, nach dem niederdeutschen Wort für Weiden. Wichelnbusch = Weidengebüsch.

Wichelwisch, (Tonndorf), 1951, Flurname = Weidenwiese.

Wicherns Garten, (Hamm-Mitte), 1930, wie Wichernsweg.

Wichernsweg, (Hamm-Mitte), 1890, nach Johann Heinrich Wichern (1808–1881), evangelischer Theologe, gründete angesichts des Kinderelends s. Zt. das „Rauhe Haus“. Auf dem ersten deutschen evangelischen Kirchentag am 23. 9. 1848 in Wittenberg gab Wichern den Anstoß zur Gründung des „Zentralausschusses für innere Mission der deutschen Evangelischen Kirche“. 1856 wurde er als Oberkonsistorialrat mit der Umgestaltung des Gefängniswesens beauftragt.

Wichmannstieg, (Bahrenfeld), 1954, in Anlehnung an den Namen Wichmannstraße.

Wichmannstraße, (Bahrenfeld), 1947, nach dem Schulmann und Verfasser der Geschichte der Stadt Altona, Ernst Heinrich Wichmann (1823–1896).

Wickenweg, (Sasel), 1952, nach einem Blumenmotiv, Wicke = Gattung der Schmetterlingsblüter.

Widukindstraße, (Lokstedt), 1954, nach dem Sachsenherzog Widukind oder Wittekind. Er war Führer der Sachsen gegen Karl den Großen, ein westfälischer Edeling und floh 777, als sich die meisten Sachsen dem fränkischen König ergaben, zu den Dänen. Er entfachte erneut erbitterten Widerstand gegen Karl den Großen, dem er sich aber 785 endgültig unterwerfen musste.

Wiebekingweg, (Bergedorf), 1949, nach Laurens Wiebeking (gest. 1734), Amtsverwalter in Bergedorf 1713–1734.

Wiebelstraße, (Eidelstedt), 1967, nach Prof. Dr. Karl Wiebel (1808–1888), namhafter Naturwissenschaftler, Professor am Akademischen Gymnasium in Hamburg.

Wiebischenkamp, (Eidelstedt), um 1927, Flurname.

Wiebkestieg, (Rahlstedt), 1958, nach „Wiebke Pogwisch“, einem Gedicht von Detlev Liliencron.

Wieckstraße, (Stellingen), 1928, nach dem früheren Grundeigner und Viehkommissionär Joh. Adolf Wieck (1850–1915). Die von ihm angelegten Straßen, „Adolphstraße“ (jetzt Steenwisch), „Emmastraße“, „Helenenstraße“ (jetzt Wieckstraße), waren nach den Vornamen seiner Kinder benannt worden.

Wiedauweg, (Neugraben-Fischbek), 1966, Motivgruppe: Flüsse der Lüneburger Heide.

Wieddüp, (Niendorf), vor 1934, Flurbezeichnung. Wied = Weide und Düp = feuchte Niederung.

Wiedehopfstieg, (Bramfeld), 1951, Vogelmotiv. Auffälliger hellbrauner Vogel mit schwarz-weißer Bänderung an Flügeln und Schwanz.

Wiedenthaler Bogen, (Hausbruch), 1961, in Anlehnung an den Namen „Wiedenthaler Sand".

Wiedenthaler Sand, (Hausbruch), 1948, nach den Ortschaften Alt- und Neuwiedenthal.

Wielandstraße, (Eilbek), 1866, nach dem Dichter Christoph Martin Wieland (1733–1813), der ein breites Spektrum an Themen in der Literatur durchstreifte. Er begann mit religiösem Enthusiasmus, wandte sich dann der Gesellschaftskultur des Rokoko zu und postulierte später den harmonischen Ausgleich von Sinnlichkeit und Vernunft. Sogar ein Singspiel (Alceste) stammt von ihm.

Wieleweg, (Langenhorn), 1983, nach Berthold Wiele (1904–1944), Organisator sozialdemokratischer Aktivitäten im Untergrund während des Nationalsozialismus, Widerstandskämpfer.

Wiemannweg, (Wandsbek), 1950, nach Hermann Wiemann (1854–1926), Lehrer und Stadtverordneter in Wandsbek, Förderer des Bau- und Sparvereins.

Wiemerskamper Weg, (Wohldorf-Ohlstedt), 1927, nach der benachbarten Ortschaft Wiemerskamp. Da Wiemer auch ein alter niederdeutscher Familienname ist, kann es sein, dass der Wegname auch auf einen Familiennamen zurückgeht.

Wienbargstraße, (Bahrenfeld), 1929, nach Ludolf Wienbarg (1802–1872), Schriftsteller, vielfach ortsverwiesen, kehrte nach Altona, wo er bei der Redaktion „Börsenhalle" tätig war, zurück.

Wientapperweg, (Iserbrook), 1963, nach der Dockenhudener Bauern- und Vogtfamilie Wientapper (17. bis 19. Jh.).

Wieselstraße, (Hausbruch), 1984, Motivgruppe: heimisches Niederwild.

Wiesenacker, (Eidelstedt), 1949, frei gebildeter Name.

Wiesenbrücke, (Alsterdorf), 1922, nach dem früheren Landschaftscharakter. Führt im Zuge der Brabandstraße als östliche Brücke über den Brabandkanal.

Wiesendamm, (Winterhude, Barmbek-Nord), 1910, nach einer willkürlichen Veränderung des alten Flurnamens „Achtern Wischen" = hinter den Wiesen.

Wiesendammbrücke, (Winterhude), 1928, in Anlehnung an den Namen Wiesendamm. Im Zuge dieser Straße über den Goldbekkanal führend.

Wiesengrund, (Neugraben-Fischbek), 1974, nach dem Namen der aus Neu-Wulmstorf (Niedersachsen) kommenden Straße, der von Hamburg übernommen wurde.

Wiesenhöfen, (Volksdorf), 1921, nach den Wiesenhöfen (Wischhöfen), einiger hier gelegenen Hufner.

Wiesenhof, (Rahlstedt), 2000, nach der angrenzenden Wiese.

Wiesenkamp, (Volksdorf), 1909, Flurbezeichnung.

Wiesenkehre, (Sasel), 1973, in Anlehnung an den Namen Wiesenweg.

Wiesenknopfstieg, (Billstedt), 2008, nach einer bedrohten Feuchtwiesenpflanze.

Wiesenrautenstieg, (Bahrenfeld), 1963, Erweiterung der Motivgruppe Blumen.

Wiesenredder, (Rahlstedt), vor 1963, Flurbezeichnung. Redder = von Knicks gesäumter Feldweg.

Wiesenstieg, (Winterhude), 1936, 1950, in Anlehnung an den Namen Wiesendamm.

Wiesenstraße, (Eimsbüttel), 1867, nach der früheren Beschaffenheit der zum Heußhof gehörenden Fluren, die die Straße durchschneiden.

Wiesenweg, (Sasel), 1950, nach dem ursprünglichen Landschaftscharakter.

Wiesingerweg, (Hoheluft-West, Lokstedt), 1848, nach Prof. Dr. August Wiesinger (1850–1922), leitender Chirurg des Krankenhauses St. Georg.

Wiesnerring, (Bergedorf), 1960, nach Wilhelm Wiesner (1867–1934), Bürgermeister in Bergedorf von 1919 bis 1931, Mitglied der Bürgerschaft.

Wiet, (Finkenwerder), vor 1940, Flurbezeichnung. Wiet = Wald.

Wietersheim, (Schnelsen), 1948, nach Ernst von Wietersheim, der 1632–1638 Landdrost in Pinneberg war.

Wietreie, (Volksdorf), 1935, nach einem der Gegend anhaftenden Flurnamen. Wiet = breit und reie = kleiner Wasserlauf.

Wigandweg, (Groß Borstel), 1959, nach dem Meteorologen Prof. Dr. Ernst Heinrich Paul Albert Wigand (1882–1932).

Wikingerweg, (Borgfelde), 1908, Wikinger = Normannen. Erklärung wie Normannenweg. Wik = Bucht.

Wikingstraße, (Finkenwerder), 1941, nach den Wikingern = Normannen. Erklärung wie Normannenweg. Wik = Bucht.

Wildacker, (Eidelstedt), 1969, nach den auch sonst hier auf „Acker" lautenden Wegnamen.

Wildbahn, (Farmsen-Berne), 1950, nach der Erzählung „Auf der Wildbahn" von Hermann Löns, nach dem der Weg früher benannt war.

Wildehovetweg, (Sasel), 1950, nach dem Saseler Bauern Carsten Wildehovet (im 16. Jahrhundert). „Wildehovet" bedeutet Wildkopf.

Wildenbruchstraße, (Osdorf), 1947, nach dem Schriftsteller und Dichter Ernst von Wildenbruch (1845–1909), einem Enkel des Prinzen Louis Ferdinand von Preußen. Er schrieb patriotische Lieder, Balladen und theatralische Dramen.

Wildentenstieg, (Billstedt), 1952, in freier Wahl nach einem Vogelmotiv.

Wildermuthring, (Langenhorn), 1962, nach dem ehemaligen Minister für Wohnungsbau, Eberhard Wildermuth (1890–1952).

Wildes Moor, (Hummelsbüttel), 1950, Flurname. Der Wegname spricht für sich.

Wildgansstraße, (Rahlstedt), 1950, nach einem Vogelmotiv.

Wildgrund, (Niendorf), 1948, frei gebildeter Name.

Wildkatzenweg, (Hausbruch), 1984, Motivgruppe: heimisches Niederwild.

Wildkoppel, (Rissen), 1936, Flurname = wilde Koppel.

Wildpfahl, (Volksdorf), 1948, nach einem hier bis 1782 befindlichen Pfahl, der die Jagdgrenze von Hoisbüttel, Volksdorf und Bergstedt markierte. Um solche Grenzen aufzuzeigen, wurden meist im Wald Bäume entrindet, die im Wald die Grenze beschrieben.

Wildrosenweg, (Eißendorf), 1954, Blumenmotiv unter Berücksichtigung des Landschaftsbildes und der örtlichen Bepflanzung.

Wildschwanbrook, (Rahlstedt), 1947, 1964, nach einem nordischen Vogelmotiv. Motivgruppe: Namen und Bezeichnungen des Nordmeerraumes.

Wildstieg, (Duvenstedt), 1942, nach dem ehemaligen Wildreichtum der Gegend.

Wildtulpenweg, (Wilhelmsburg), 1996, nach der ortstypischen Pflanze im ehemaligen Feuchtgebiet.

Wilhelm-Bergner-Straße, (Lohbrügge, Bergedorf), 1984, nach Wilhelm Bergner (1835–1905), dem Gründer der Eisengießerei und Maschinenfabrik Bergner & Nordenberg, Bergedorf.

Wilhelm-Bock-Weg, (Alsterdorf), 1985, nach Wilhelm Bock (1886–1940), SPD-Mitglied, im KZ umgekommen. Opfer des Nationalsozialismus.

Wilhelm-Busch-Weg, (Eißendorf), 1950, nach dem Maler, Zeichner und Dichter Wilhelm Busch (1832–1908), dem wohl volkstümlichsten Humoristen; seine Bildgeschichten entlarven Selbstgerechtigkeit, Scheinmoral und falsche Frömmigkeit.

Wilhelm-Carstens-Weg, (Wilhelmsburg), 1967, nach Wilhelm Anthony Carstens (1885–1958), Kaufmann, Stifter der nach ihm benannten „Wilhelm-Carstens-Gedächtnis-Stiftung".

Wilhelm-Drexelius-Weg, (Barmbek-Nord), 2010, nach Dr. Wilhelm Drexelius (1906–1974), Rechtsanwalt, seit den 20er

Jahren SPD-Mitglied, verteidigte in der NS-Zeit politisch Verfolgte vor den Gerichten in Hamburg und Altona, 1946–1961 Senatssyndikus des Rechtsamtes, 1948 Senatsbevollmächtigter am Verfassungskonvent auf Herrenchiemsee, 1952 Autor der Hamburgischen Verfassung, 1961 Bausenator, 1961–1970 Schulsenator, 1961–1974 Mitglied der Hamburgischen Bürgerschaft, 1966–1970 Zweiter Bürgermeister.

Wilhelm-Grimm-Straße, (Rahlstedt), 1911, nach dem Rahlstedter Grundeigner Wilhelm Grimm (um 1890), der sich um die Erschließung Rahlstedts verdient gemacht hat und Gartenhäuser baute.

Wilhelm-Grimm-Straßenbrücke, (Rahlstedt), 1911, in Anlehnung an den Namen Wilhelm-Grimm-Straße. Führt im Zuge dieser Straße über die Wandse.

Wilhelmine-Hundert-Weg, (Allermöhe), 1995, nach Wilhelmine Hundert (1896–1945), Widerstandskämpferin gegen den Nationalsozialismus.

Wilhelminenbrücke, (HafenCity), 1976, in Anlehnung an den früheren Wegnamen „Wilhelminenplatz", führt über das Kehrwiederfleet zur Straße „Am Sandtorkai".

Wilhelmistraße, (Othmarschen), 1929, nach dem Schauspieler Willi Wilhelmi (1848–1928), der seit 1886 am Altonaer Stadttheater war und sich dort größter Beliebtheit erfreute. Anlässlich seines 75. Geburtstages wurde ihm die Ehrenmitgliedschaft des Altonaer Stadttheaters verliehen.

Wilhelm-Iwan-Kehre, (Allermöhe), 2000, Benennung siehe Wilhelm-Iwan-Ring.

Wilhelm-Iwan-Ring, (Allermöhe), 1987, nach Wilhelm Iwan (1899–1975), Kommunalpolitiker, Vertreter des Siedlungsgedankens.

Wilhelm-Jensen-Stieg, (Jenfeld), 1975, nach Dr. Wilhelm Jensen (1882–1960), Pastor an der Wandsbeker Kreuzkirche und Heimatforscher.

Wilhelm-Lehmbruck-Straße, (Billstedt), 1976, nach dem Bildhauer und Maler Wilhelm Lehmbruck (1881–1919).

Wilhelm-Metzger-Straße, (Alsterdorf), 1949, nach Wilhelm Metzger (1848–1904), langjähriger Sozialdemokrat, hamburgischer Reichstagsabgeordneter.

Wilhelm-Osterhold-Stieg, (Allermöhe), 1995, nach Wilhelm Osterhold (1891–1971), Buchdrucker, Redakteur, Sekretär und Geschäftsführer; Widerstandskämpfer gegen den Nationalsozialismus, 1933–1956 in Bergedorf, Mitglied der hamburgischen Bürgerschaft 1946–1949 und 1953 (SPD).

Wilhelm-Raabe-Weg, (Fuhlsbüttel), 1931, nach dem Schriftsteller Wilhelm Raabe (1831–1910), aus Anlass der hundertjährigen Wiederkehr seines Geburtstages.

Wilhelms Allee, (Blankenese), vor 1910, nach dem Vorbesitzer und Erbauer der Straße, Wilhelm Geckler (1836–1895).

Wilhelmsburger Brücke, (Veddel), 1907, in Anlehnung an den Wilhelmsburger Platz. Im Zuge der Veddeler Brückenstraße über den Müggenburger Zollhafen führend.

Wilhelmsburger Inselpark, (Wilhelmsburg), 2010, in Anlehnung an die Elbinsel Wilhelmsburg und die im Rahmen der IGS 2013 neu entstehende Parkfläche.

Wilhelmsburger Platz, (Veddel), 1929, im Anschluss an den Namen der Wilhelmsburger Straße.

Wilhelmsburger Reichsstraße, (Wilhelmsburg), 1945, Nord-Süd-Verbindung (mit autobahnähnlichem Charakter) zwischen Hamburg und Harburg über Wilhelmsburg.

Wilhelmsburger Straße, (Veddel), 1907, 1929, nach der Elbinsel Wilhelmsburg, die ihren Namen zurückführt auf Herzog Georg Wilhelm von Braunschweig-Lüneburg, der diese Insel und das Schloss Stillhorn erwarb und mit seinem Vornamen als Wilhelmsburg benannte.

Wilhelm-Siefke-Weg, (Poppenbüttel), 1977, nach Wilhelm Siefke (1888–1970), Mitglied des Ortsausschusses Alstertal, Förderer der Heimatforschung und Gründer des Alstertalmuseums.

Wilhelm-Stein-Weg, (Hummelsbüttel), 1977, nach dem früheren Vorstandsvorsitzenden der Hamburger Hochbahn AG, Dr.-Ing. e.h. Wilhelm Stein (1870–1964).

Wilhelm-Stille-Sportanlage, (Allermöhe), 2000, nach Wilhelm Stille (1865–1947), Gastwirt, 1900–1906 erster sozialdemokratischer Bürgervertreter in Bergedorf und Initiator einer Turnhalle für Jugendliche, später Landrat und Präsident des Hannoverschen Provinzial-Landtages.

Wilhelmstraße, (Harburg), 1869, nach dem Vorbesitzer, angeblich einem Herrn Wilhelm Rogge.

Wilhelm-Strauß-Weg, (Wilhelmsburg), 1969, nach Wilhelm Strauß (1896–1963), der von 1952 bis 1961 Leiter des Ortsamtes Wilhelmsburg war.

Wilhelm-Weber-Straße, (Heimfeld), 1932, nach Kommerzienrat Dr. h.c. Wilhelm Weber (1857–1934), Bankier und Vorsitzender der Harburger Handelskammer, 1932 Ehrenbürger der Stadt Harburg.

Wilkensweg, (Neugraben-Fischbek), 1952, nach dem Maler und Graphiker Hans Wilkens (1894–1947), der vorzugsweise Moorburger Landschaftsmotive malte.

Willebrandstraße, (Altona, Altstadt), 1950, nach Johann Peter Willebrand (1719–1786), der 1759–1767 Polizeidirektor in Altona war.

Willerstwiete, (Langenhorn), 1955, in Anlehnung an den Namen Willersweg.

Willersweg, (Langenhorn), 1948, nach der alteingesessenen Langenhorner Bauernfamilie Willers.

Willhöden, (Blankenese), 1949, Flurbezeichnung = wilde Höhe.

Willhoop, (Niendorf), 1950, Flurname.

Willi-Bartels-Treppe, (St. Pauli), 2010, nach Wilhelm Bartels (1914–2007), Unternehmer, Immobilienbesitzer auf St. Pauli, Mitglied der Interessengemeinschaft St. Pauli, Ehrenpräsident des St. Pauli-Museums.

Willi-Hill-Weg, (Lurup), 1981, nach Willi Hill (1899–1979), Förderer des Siedlungswesens, besonders in Lurup.

Willinks Park, (Lokstedt), 1898, nach Carl Heinrich Willink (1807–1875), Kaufmann, Vorbesitzer des Geländes, der sich hier 1850 ankaufte und ein Landhaus errichtete.

Willistraße, (Winterhude), 1866, nach einem Sohn des Grundeigentümers Adolph Sierich.

Willnerskamp, (Rissen), 1932, Flurname.

Willöperstraße, (Tonndorf), 1950, nach Johannes Gottfried Daniel Willöper (1850–1927), Kommerzienrat, Gründer des Willöperstiftes in der Hornumstraße, das im Zweiten Weltkrieg (1939/45) abbrannte.

Willy-Brandt-Straße, (Hamburg-Altstadt), 2005, nach Willy Brandt (1913–1992), sozialdemokratischer Politiker. 1957–1966 Regierender Bürgermeister von Berlin, 1966–1969 Bundesaußenminister und Stellvertreter des Bundeskanzlers. 1969–1974 Bundeskanzler der Bundesrepublik Deutschland. Für seine Ostpolitik, die auf Entspannung und Ausgleich mit den osteuropäischen Staaten ausgerichtet war, erhielt er 1971 den Friedensnobelpreis. 1964–1987 Vorsitzender der SPD, 1976–1992 Präsident der Sozialistischen Internationale.

Willy-Jacobs-Weg, (Langenhorn), 1986, nach Willy Jacobs (1885–1969), Polizeibeamter.

Willy-Nissen-Ring, (Bramfeld), 1961, nach Willy Nissen (1879–1952), Arzt in Bramfeld.

Wilmans Park, (Blankenese), 1929, nach dem Grundeigner, Reeder und Chinakaufmann Hermann Christoph Wilman (1816–1897), der 1850 Besitzer dieses Parks wurde.

Wilmansstraße, (Wilhelmsburg), vor 1903, nach dem letzten ehrenamtlichen Gemeinde-Hauptvorsteher in Wilhelmsburg, Adolf Wilmans (1887–1893).

Wilmersdorfer Straße, (Rahlstedt), 1961, nach dem Berliner Bezirk.

Wilmshof, (Neugraben-Fischbek), 1964, nach dem dort gelegenen gleichnamigen Hof.

Wilsdorfallee, (Lurup), um 1928, nach dem Vorbesitzer Joseph Wilsdorf (1879–1944), der an der Aufschließung des Geländes hervorragend beteiligt war.

Wilseder Ring, (Langenbek), 1955, Motivgruppe: Orte in oder an der Lüneburger Heide. Wilsede ist der Hauptort des Naturschutzparks „Lüneburger Heide", der etwa 200 Quadratkilometer umfasst und in dem der Wilseder Berg mit 169 Metern die höchste Erhebung darstellt.

Wilsonstraße, (Jenfeld, Tonndorf), 1947, nach Thomas Woodrow Wilson (1856–1924), Präsident der Vereinigten Staaten von Amerika von 1913 bis 1921, Friedensnobelpreis 1919.

Wilstedter Weg, (Langenhorn), 1954, Motivgruppe: Dörfer nördlich von Hamburg.

Wilstorfer Straße, (Harburg), 1856, Straße, die von Harburg nach Wilstorf führt.

Wilzenweg, (Niendorf), 1974, westslawischer Stammesverband, Vorgänger der Lutizen, auch Synonym für diese.

Wimmelsweg, (Winterhude), 1907, nach Carl Ludwig Wimmel (1786–1845), Baudirektor. Erbauer der „neuen" Börse, des Allgemeinen Krankenhauses St. Georg, der Häuser an der Nordseite der Esplanade, der St. Pauli-Kirche und des Stadttheaters an der Dammtorstraße (Staatsoper), letzteres nach abgeänderten Entwürfen von Karl Schinkel.

Winckelmannstraße, (Nienstedten), 1947, nach Johann Joachim Winckelmann (1717–1768), Archäologe und Begründer der deutschen Kunstwissenschaften des Altertums.

Wincklerstraße, (Neustadt), 1906, zu Ehren des Seniors des geistlichen Ministeriums und Hauptpastor zu St. Michaelis (seit 1684), Johann Winckler (1642–1705).

Windeck, (Wohldorf-Ohlstedt), 1966, trotz des relativ jungen Benennungsdatum ist das Benennungsmotiv im Dunkeln. Einmal wird von einem frei gewählten Phantasienamen gesprochen. Als zweite Lesart wird eine ortsübliche Bezeichnung genannt, und der Heimatforscher Georg Wilhelm Röpke gibt für Windeck an, dass es sich um den Landsitz des Kaufmanns Wahlstab handeln soll.

Windfeld, (Rissen), 1957, eine Quelle gibt bei diesem Namen „alter Flurname" an, eine andere Lesart erwähnt: frei gebildeter Name nach dem Landschaftscharakter.

Windhukstraße, (Ottensen), 1936, Windhuk = Hauptstadt von Namibia (Süd-Westafrika).

Windloh, (Iserbrook), 1936, Flurname.

Windmühlenstieg, (Groß Flottbek), 1950, in Anlehnung an den Windmühlenweg.

Windmühlenweg, (Groß Flottbek), 1930, ben. nach der früheren Flottbeker Windmühle.

Windröschenweg, (Poppenbüttel), 1950, nach einem Blumenmotiv. Windröschen = Anemonen.

Winfridweg, (Lokstedt), 1962, nach Winfrid, später Bonifatius (672–754), dem Missionar der Germanen, Organisator der katholischen Kirche in Deutschland.

Winklers Platz, (Altona-Altstadt), 1891, nach Hinrich Oswald Winkler (1819–1889), Stadtbaumeister in Altona von 1844 bis 1889.

Winsbergring, (Bahrenfeld), 1979, nach dem Flurnamen „Winsberg".

Winselohweg, (Groß Flottbek), 1951, nach dem Flurnamen „Winseloh".

Winsener Brücke, (Harburg), 1956, nach der Lage in der Nähe der Winsener Straße. Führt im Zuge der Hannoverschen Straße über den Seevekanal.

Winsener Stieg, (Sinstorf), 1994, in Anlehnung an den Namen Winsener Straße.

Winsener Straße, (Wilstorf, Langenbek, Sinstorf), 1889, die Straße führt von Harburg nach Winsen.

Winterheide, (Neugraben-Fischbek), 1975, nach der Lage in der Fischbeker Heide, wo die Silbe Heide vielfach für Wegnamen verwendet wurde, meist im Zusammenhang mit dem örtlichen Charakter.

Winterhuder Brücke, (Eppendorf, Winterhude), 1904, führt von Eppendorf nach dem Stadtteil Winterhude, zwischen Ludolfstraße und Hudwalckerstraße über die Alster führend.

Winterhuder Kai, (Winterhude), 1884, nach der Lage der Straße und ihrem Charakter als am Ufer der Alster entlang führende Kaistraße.

Winterhuder Marktplatz, (Winterhude), 1900, frei gewählter Name. Dieser Platz hieß früher „Bei der Friedenseiche" und wurde 1899 von der Stadt Hamburg für 12000 Mark übernommen. Im gleichen Jahr wurden auch das Accisegebäude und das Spritzenhaus abgebrochen. 1900 wurde der Platz in „Winterhuder Marktplatz" umbenannt, obwohl er nie im eigentlichen Sinne ein Marktplatz gewesen ist, einen Wochenmarkt gibt es dort erst seit 1986.

Winterhuder Weg, (Uhlenhorst, Barmbek-Süd), 1846 und 1948, als vom Schüürbeker Hof nach Winterhude führend.

Winterlingstieg, (Alsterdorf), 1935, in freier Wahl, nach den auch sonst in der Gartenstadt Alsterdorf vielfach verwendeten Blumenmotivnamen.

Winterstraße, (Ottensen), 1895, nach Joh. Christian Friedrich Winter (1818–1891), Privatlehrer, langjähriges rühriges Mitglied der Ottensener Gemeindevertretung.

Winzeldorfer Weg, (Eppendorf), 1948, nach der Gemeinde Winzeldorf im Kreise Pinneberg.

Wischenpfad, (Hausbruch), 1990, in Anlehnung an den Namen Wischenwinkel.

Wischenwinkel, (Hausbruch), 1990, in Anlehnung an den Namen „Groote Wischen". Wisch = Wiese.

Wischhöfen, (Langenhorn), 1920, alter Feldweg, der zwischen den ehemaligen „Wischhöfen" (auf der Vogteikarte von 1872 „Wiesenhöfe") hindurchführt; diese wurden wegen der unmittelbar hinter den Hofstätten betriebenen Wiesenkultur so bezeichnet.

Wischhofstieg, (Sasel), 1951, nach dem Namen eines dort gelegenen Hofes.

Wischhofsweg, (Eidelstedt), 1928, Flurname, Wischhof = Hauskoppel.

Wismarer Straße, (St. Georg), 1938, nach der ehemaligen Hansestadt Wismar im Bezirk Rostock.

Wisplerstraße, (Osdorf), 1968, nach Dr. Ing. Hugo Leo Wispler (1890–1958), Oberbaurat in Altona, Schriftsteller.

Wisserweg, (Iserbrook), 1947, nach Prof. Dr. Wilhelm Wisser (1843–1935), Sammler holsteinischer Märchen (Märchenprofessor), hervorragender Vertreter der Märchenwissenschaften.

Wißmannstraße, (Wandsbek), 1950, nach dem Afrikaforscher Hermann von Wißmann (1853–1905), Gouverneur von Deutsch-Ostafrika von 1895 bis 1896.

Wittdüner Weg, (Billstedt), 1965, nach dem Badeort und Nordseeheilbad Wittdün auf der Insel Amrum, Krs. Nordfriesland.

Wittekopsweg, (Langenhorn), 1938, nach dem Oberalten Johann Wittekop, der von 1538 bis 1615 Grundherr in Langenhorn war.

Wittenbergener Weg, (Rissen), 1949, als zum Wittenbergener Strand führender Weg. Wittenberge war historisch gesehen lange Zeit ein weißer Fleck. Erst Anfang des 18. Jahrhunderts sorgte es zunächst für Negativschlagzeilen. Es war die Zeit, als der irische Graf Earl of Clancarty sein Land aufgrund widriger Umstände verlassen musste. Er war ein echter Räuber und zog hier den Strandraub professionell auf und betrieb Hehlerei im großen Stil.

Erst Mitte des 19. Jahrhunderts wurde Wittenberge seriös. Eine Schiffswerft ließ sich dort nieder, und nach und nach wurde diese idyllische Ecke des Elbstrandes auch von Ausflüglern entdeckt. Als der Besucherstrom zunahm, regte sich der Kommerz, ein großes Gebiet um das Kurhaus Wittenberge wurde 1923 eingezäunt und war nur noch gegen Eintrittsgeld zu betreten.

Wittenbergstraße, (Bahrenfeld), 1918, nach den auch sonst hier verwendeten Luthermotivnamen.

Wittenhofstieg, (Marmstorf), 1958, Motivgruppe: Marmstorfer Hofnamen.

Wittenkamp, (Barmbek-Nord), 1929, nach einem der Gegend anhaftenden Flurnamen.

Wittenmoor, (Stellingen), 1949, Flurname = Wittenmoor = Weißtorf.

Witternstraße, (Wilhelmsburg), vor 1925, nach dem früheren Domänenrat Wittern (1861–1938).

Wittestraße, (Wilhelmsburg), 1903, nach dem Geheimrat im preußischen Eisenbahnministerium Rudolf Witte.

Wittheck, (Rönneburg), 1932, in Anlehnung an die Flurbezeichnung „Wittich" im Süden der Straße; auch „Vor dem Wiethick" (1859).

Witthöfftstraße, (Wandsbek), 1913/27, nach dem Weinhändler und Stadtrat Witthöfft.

Witthof, (Barmbek-Nord), 1957, zur Erinnerung an die seit 1767 in Barmbek ansässige Hufnerfamilie Witt.

Wittigeck, (Rahlstedt), 1965, in Anlehnung an den Namen Wittigstieg.

Wittigstieg, (Rahlstedt), 1951, nach Otto Wittig, Vorbesitzer des Geländes. Familie Wittig, Rahlstedter Bauern im 19. Jahrhundert.

Wittingstraße, (Harburg), 1905, nach dem Kaufmann Carl Ludwig (Louis) Witting (1826–1882), der hier Grundbesitz hatte und von 1867 bis 1873 Bürgervorsteher in Harburg war.

Wittkoppel, (Stellingen), 1928, in Anlehnung an den Namen „Wittenmoor".

Wittland, (Sülldorf), 1957, ortsübliche Bezeichnung.

Wittmoorredder, (Duvenstedt), 1942, nach dem dort (östlich von Duvenstedt und Lemsahl-Mellingstedt) gelegenen Wittmoor, das seinen Namen von dem dortigen hellen Torf (Weißtorf) haben soll.

Wittmoorstieg, (Duvenstedt), 1979, in Anlehnung an den Flurnamen „Wittmoor".

Wittmunder Weg, (Finkenwerder), 1939, nach der Ortschaft in Ostfriesland am Rande der nordwestlichen Geest.

Wittreem, (Farmsen-Berne, Sasel), 1946, Flurbezeichnung = weißer Streifen.

Wittreemkoppel, (Sasel), 1950, in Anlehnung an den Namen Wittreem.

Witts Allee, (Blankenese), vor 1903, nach dem Vorbesitzer des Geländes, Johann Peter Witt (1838–1905), der seit 1889 eine Reederei betrieb.

Witts Park, (Blankenese), 1935, die Straße führt durch „Witts Park".

Witts Weide, (Wilhelmsburg), 1977, Flurname, ist jetzt Fabrikgelände, der Name stammt von der Familie Witt, die früher hier das Land bewirtschaftet hat.

Woderichweg, (Fuhlsbüttel), 1973, nach dem niederdeutschen Dichter Adolf Woderich (1906–1963).

Wöhleckebogen, (Allermöhe), 1979, nach dem Hamburger Architekten Rudolf Wöhlecke, der als Partner der Fa. Raabe & Wöhlecke am Bau der St. Pauli Landungsbrücken und am Elbtunnel beteiligt war. Motivgruppe: Architekten des früheren 20. Jahrhunderts.

Wöhlerbrücke, (Billbrook), 1924, in Anlehnung an die Wöhlerstraße. Führt im Zuge dieser Straße über den Billbrookkanal.

Wöhlerstraße, (Billbrook), 1914, nach dem Chemiker Friedrich Wöhler (1800–1882), der mehrere chemische Elemente entdeckte und als erster Harnstoff künstlich herstellte.

Wöhren, (Duvenstedt), 1991, nach dem alten Flurnamen.

Wöhrenkoppel, (Duvenstedt), 1991, in Anlehnung an den alten Flurnamen „Wöhren".

Wöhrenweg, (Duvenstedt), 1991, in Anlehnung an den alten Flurnamen „Wöhren".

Wölberstieg, (Hamburg-Altstadt), 1991, nach Bischof D. Dr. Hans-Otto Wölber (1913–1989), 1956–1976 Hauptpastor von St. Nikolai, 1964–1976 Bischof der Hamburgischen Landeskirche; 1977–1983

Nordelbischer Bischof für den Sprengel Hamburg.

Wölckenstraße, (Sasel), 1950, nach dem Saseler Bauern Peter Wölcken im 17. Jahrhundert.

Woellmerstraße, (Heimfeld), 1910, nach dem Kaufhausschreiber Peter Woellmer (1819–1904), der der Stadt Hamburg sein gesamtes Vermögen von 70000 Mark in Form der „Peter-Woellmer-Stiftung" für wohltätige Zwecke vermachte.

Wölprie, (Wohldorf-Ohlstedt), 1945, nach einem der Gegend anhaftenden Flurnamen. Wölp bedeutet walzen oder rollen, und rie ist ein kleiner Wasserlauf. Wölprie = schnell fließender Wasserlauf (Bach).

Wördemanns Weg, (Stellingen), 1910, nach Joachim Wördemann, von 1882 bis 1896 Gemeindevorsteher in Stellingen.

Wördenmoorbrücke, (Langenhorn), 1960, führt im Zuge des Wördenmoorweges über die U-Bahn.

Wördenmoorweg, (Langenhorn), 1903, nach dem Namen des hier gelegenen Wördenmoores.

Wörenstieg, (Langenhorn), 1948, abgeleitet von der Flurbezeichnung „Auf den Wörden". Wörden ist die Bezeichnung für eine Erhebung.

Woermannstieg, (Ohlsdorf),1948, nach dem hamburgischen Reichstagsabgeordneten, dem um Hamburg und Deutschland vielfach verdienten Adolph Woermann (1847–1911).

Woermannsweg, (Ohlsdorf), 1922, wie Woermannstieg. Woermann war auch ein bedeutender Reeder. Er gründete 1884 die Afrikanische Dampfschiffs-Aktiengesellschaft, aus der die Woermann-Linie und die Deutsche Ostafrikalinie hervorgingen. Woermann beherrschte mit seinen Schiffen in dieser Region des schwarzen Kontinents den Handel.

Wöschenhof, (Tonndorf), vor 1933, alter Flurname = „wüster Hof".

Wogenmannsburg, (Schnelsen), 1948, nach dem schleswig-holsteinischen Märchen „Die Wogenmänner" (Müllenhoff, Sagen, Märchen und Lieder).

Wohldorfer Damm, (Bergstedt), 1947, nach dem benachbarten Stadtteil, wohin die Straße von Bergstedt aus führt.

Wohldorfer Straße, (Barmbek-Süd), 1888, nach dem ehemals hamburgischen Dorfe Wohldorf (jetzt Stadtteil: Wohldorf-Ohlstedt).

Wohlers Allee, (Altona-Altstadt), 1836, nach dem Vorbesitzer des Geländes, Claus Wohlers (1764–1815).

Wohlersstieg, (Neuland), 1985, in Anlehnung an den Namen Wohlersweg.

Wohlersweg, (Neuland), 1952, nach dem Grundeigentümer und Domänenpächter Louis Friedrich Wilhelm Wohlers (1859–1919). Die Siedlung „Wohlersweg" wurde 1934 bezogen.

Wohltorfkamp, (Lohbrügge), 1949, nach der Lohbrügger Bauernfamilie Wohltorf (seit dem 18. Jahrhundert).

Wohlwillstraße, (St. Pauli), 1948, nach Anna Wohlwill (1841–1920), die 45 Jahre Vorsteherin des Paulsenstiftes war.

Woldsenweg, (Eppendorf), 1907, nach August Friedrich Woldsen (1792–1868), der in der Regierungszeit des Bürgermeisters Kellinghusen Präses der Militärkommission war. Er war auch Begründer zweier wohltätiger Stiftungen.

Wolfdietrichweg, (Lokstedt), 1956, Motivgruppe: Sagen aus dem lombardischen Sagenkreis (Gestalt aus der Wolfdietrichsage).

Wolferskamp, (Rissen), 1960, Flurname.

Wolffsonbrücke, (Alsterdorf), 1947, in Anlehnung an den Namen Wolffsonweg.

Wolffsonstieg, (Alsterdorf), 1947, im Anschluss an den Namen Wolffsonweg.

Wolffsonweg, (Alsterdorf), 1947, nach dem Reichstagsabgeordneten und hervorragenden Juristen Dr. Isaak Wolffson (1817–1895).

Wolffstraße, (Stellingen), 1917/18, nach einem Vorbesitzer.

Wolfgangsweg, (Neustadt), 1902, zur Erinnerung an die Wolfgangswache, die sich an den Vorsetzen befand und 1873 abgebrochen wurde.

Wolfrunweg, (Rissen), 1960, Motivgruppe: Gestalten aus der Gudrunsage.

Wolfshagen, (Hamm-Nord), 1910, in Erinnerung an die Wölfe, die nach der Überlieferung im 16. und 17. Jahrhundert im Hasselbrook gehaust haben sollen und von dort die Umgebung unsicher machten.

Wolfsloh, (Groß Flottbek), 1950, Flurname = Wolfswald.

Wolkausweg, (Ohlsdorf), 1946, nach dem Vorbesitzer Wolkau.

Wollgrasweg, (Langenhorn), 1940, Pflanzenmotiv. Wollgras = Riedgräsergattung.

Wolliner Straße, (Rahlstedt), 1951, Motivgruppe: Orte in Pommern.

Wollkämmereistraße, (Wilhelmsburg), 1977, nach der als Zweigstelle der Wollkämmerei Leipzig gegründeten Hamburger Wollkämmerei, die hier als eine der ersten Fabriken in Wilhelmsburg erbaut wurde (1889).

Wolsteinkamp, (Groß Flottbek), 1958, nach Prof. Dr. Johannes Gottlieb Wolstein (1738–1820), Tierarzt, Lehrer an der Landwirtschaftlichen Schule von Staudinger in Klein Flottbek.

Woltersstraße, (Groß Borstel), 1895, nach Heinrich Gottlieb Ludwig Elias Wolters (1840–1917), Vorbesitzer des Geländes.

Woltmanstraße, (Hammerbrook), 1843, nach dem früheren Wasserbaudirektor Reinhard Woltman (1757–1837).

Woold, (Bergstedt), 1946, Flurname = größerer, wilder, abgelegener Wald.

Wormser Straße, (Bahrenfeld), 1936, nach der Universitätsstadt Worms und den auch sonst hier verwendeten Luthermotiven.

Worpsweder Stieg, (Groß Flottbek), 1938, nach der Künstlerkolonie im Kreis Osterholz, Niedersachsen, am Südrand des Teufelsmoor. Bedeutende Maler wie F. Mackensen, Paula Modersohn, H. am Ende. H. Vogeler, der Architekt Hoetger und später auch Schriftsteller wie R. M. Rilke und M. Hausmann siedelten sich dort an.

Worthdamm, (Kleiner Grasbrook, Steinwerder), 1873, zur Erinnerung an das hier einmal befindliche Worth (künstlicher Hügel, der darauf errichtete Gebäude vor dem Überfluten schützen soll), auf der das erste Gebäude auf dem kleinen Grasbrook gestanden haben soll.

Woyrschweg, (Bahrenfeld), 1950, nach Felix (Karl Eduard) Woyrsch (1860–1944), Komponist und langjähriger Leiter der Altonaer Singakademie.

Wragekamp, (Duvenstedt), 1996, nach der alteingesessenen Duvenstedter Bauernfamilie, Vorbesitzer des Geländes.

Wrangelkoppel, (Langenhorn), 1935, unter Wiederverwendung eines alten Flurnamens.

Wrangelpark, (Othmarschen), 1936, in Anlehnung an den Namen der ehemaligen Wrangelstraße, die 1947 in Liebermannstraße umbenannt wurde; ben. nach dem Generalfeldmarschall Friedrich Heinrich Ernst Graf von Wrangel (siehe auch Wrangelstraße Hoheluft-West).

Wrangelstraße, (Hoheluft-West), 1874, nach Friedrich Heinrich Ernst Graf von Wrangel (1784–1877), Generalfeldmarschall, Oberbefehlshaber der deutschen Bundestruppen in Schleswig-Holstein. 1848 kommandierte er die Truppen, die im November 1848 die preußische Nationalversammlung in Berlin sprengten. Nach dem verlustreichen Sturm auf die Düppeler Schanzen im deutsch-dänischen Krieg wurde ihm der Oberbefehl entzogen. Wrangel soll eine volkstümliche Persönlichkeit von derbem Humor und schlagfertigem Witz gewesen sein.

Wrauster Bogen, (Kirchwerder), 1970, nach dem Ortsteil Wraust und als Teil des Kirchwerder Eibdeichs, schon 1362 als „De Wro“ bezeichnet. Wro bedeutet mundartlich Ecke oder Winkel bzw. abgelegene Stelle.

Wriedestraße, (Finkenwerder), 1923, nach der alteingesessenen Familie Wriede, die dort eine Schiffswerft besaß.

Wrietkamp, (Langenhorn), 1935, Flurname: Wriet bzw. Wried ist niederdeutsch und bedeutet dichtes Gebüsch, das aus Baumstümpfen emporwächst.

Wroostweg, (Wilstorf), 1950, nach dem niederdeutschen Schrifsteller Wilfried Wroost (1889–1959), schrieb niederdeutsche Dramen (Hamburger Platt) und Erzählungen mit Großstadt-, Hafen- und Seefahrerthematik.

Wülfkenweg, (Wilhelmsburg), 1950, Wülfken ist der seit Jahrhunderten am häufigsten vorkommende Familienname in Wilhelmsburg.

Wülpensand, (Rissen), 1949, nach der in der Gudrunsage vorkommenden Insel „Wülpensand".

Wümmeweg, (Neugraben-Fischbek), 1966, rechter Nebenfluss der Weser, entspringt in der Lüneburger Heide. Motivgruppe: Flüsse der Lüneburger Heide.

Würffelstraße, (Harburg), 1957, als nach dem deutsch-französischen Krieg 1870/71 die Franzosen ihr Kapital aus Deutschland abzogen, verkaufte der Franzose Emile Justin Menier die „Gummi- und Guttapercha-Warenfabrik" seinem Harburger Vertreter und Prokuristen August Würffel (1823–1878).

Wüstenkamp, (Osdorf), 1941, Flurname, der auf ein „wüst" gelegenes Feld hindeutet.

Wüsthofweg, (Hummelsbüttel), 1950, nach einem Hummelsbüttler Hof, der entweder durch Krankheit oder Feuer wüst geworden war.

Wüstland, (Sülldorf), 1949, wüst gelegenes Land.

Wulffsblöcken, (Langenhorn), 1942, nach der Langenhorner Bauernfamilie Wulff. Blöcken sind Feldstücke, die nicht mit anderen Ackerstücken zusammen bearbeitet werden können.

Wulffsbrücke, (Kirchwerder, Reitbrook), 1929, nach dem Besitzer des Wulffshofes, dem Gemeindevorsteher Ernst Wulff (1848–1917), der den Bau der Brücke anregte.

Wulffsgang, (Langenhorn), 1942, nach der Langenhorner Bauernfamilie Wulff (wie Wulffsblöcken).

Wulffsgrund, (Langenhorn), 1952, in Anlehnung an die Namen „Wulffsblökken", „Wulffsgang" und „Wulffstwiete" sowie nach der früher vorhandenen Geländevertiefung.

Wulffstwiete, (Langenhorn), 1942, wie Wulffsblöcken, Wulffsgang und Wulffsgrund. Twiete = kleiner Verbindungsweg zwischen zwei Straßen.

Wulfsdal, (Blankenese), um 1924, nach einer uralten Flurbezeichnung. Wulf = vulv (lat. vulva) = Sumpf, Moor. Dal = Tal.

Wulfsdorfer Weg, (Volksdorf), 1950, nach dem benachbarten Wulfsdorf (Ortsteil von Ahrensburg), wohin die Straße führt.

Wulksfelder Weg, (Langenhorn), 1952, Motivgruppe: Dörfer nördlich von Hamburg.

Wullenbusch, (Wohldorf-Ohlstedt), 1950, Flurname. Unter Wullenbusch versteht man hier die Mandelweide, die fast ausgestorben ist und nur noch selten in Mooren anzutreffen; blüht zwischen Dezember und Mai mit wollartigen Kätzchen.

Wullenbuschkoppel, (Wohldorf-Ohlstedt), 1950, in Anlehnung an den Flurnamen „Wullenbusch". Erklärung wie Wullenbusch.

Wullenweberstieg, (Eidelstedt), 1959, nach der Eidelstedter Bauernfamilie Wullenweber (seit dem 16. Jahrhundert).

Wullwisch, (Lokstedt), 1950, Flurname = Wiese mit wolligen Blumen.

Wulmsberg, (Hausbruch), 1948, nach dem Wulmsberg, der eine Höhe von 74,1 Metern besitzt. Die Höhenangabe ist darum so genau, weil es bei den „Bergen" in Hamburg wirklich auf jeden Zentimeter ankommt.

Wulmsberggrund, (Hausbruch), 1944, Erklärung wie „Wulmsberg".

Wulmstal, (Hausbruch), 1944, nach einem beim Wulmsberg gelegenen Tal.

Wulmstorfer Ring, (Neugraben-Fischbek), 1956, Motivgruppe: Orte an der Bundesstraße 73 nahe der Landesgrenze.

Wunderbrunnen, (Schnelsen), 1948, nach dem Märchengedicht „Wunderbrunnen“ (Müllenhoff, Sagen, Märchen und Lieder). Motivgruppe: Holsteinische Geschichten, Sagen und Märchen.

Wunschring, (Billstedt), 1952, Motivgruppe: Märchengestalten.

Wurmsweg, (Hamm-Nord), 1938, nach Christian Friedrich Wurm (1803–1859), Professor der Geschichte am Akademischen Gymnasium in Hamburg (Johanneum), politischer Publizist, Mitglied des Vorparlament und der Nationalversammlung in Frankfurt 1848.

Wurtkamp, (Eidelstedt), 1940, Flurname, eine Wurt ist ein künstlicher Wohnhügel zum Schutz gegen Hochwasser.

Wuthenowstraße, (Jenfeld), 1947, nach Alwine Wuthenow, geb. Balthasar (1820–1908), Pseudonym: Annemariek Schulten, niederdeutsche Schriftstellerin.

Y

Yokohamastraße, (HafenCity), 2007, nach der größten japanischen Hafenstadt, zugleich der zweitgrößte Hafen Japans.

Yorkstraße, (Tonndorf), vor 1951, nach Graf Ludwig York von Wartenburg (1759–1830), preußischer Feldmarschall, schloss 1812 die Konvention von Tauroggen, nach der das preußische Hilfskorps der großen Armee im russischen Feldzug für neutral erklärt wurde.

Yvonne-Mewes-Weg, (Alsterdorf), 1985, nach Yvonne Mewes (1900–1945), Lehrerin, leistete, ohne einer Widerstandsgruppe anzugehören, Widerstand. Umgekommen im Frauenkonzentrationslager Ravensbrück am 6. 1. 1945.

Z

Zabelweg, (Volksdorf), 1961, nach Albrecht Zabel (um 1320), der Besitzer Lottbeks und der Volksdorfer Mühle war.

Zamenhofweg, (Farmsen-Berne), 1960, nach Dr. Lazarus Ludwig Zamenhof (1859–1917), dem Erfinder der Esperantosprache. Zamenhof veröffentlichte unter dem Decknamen Esperanto 1887 seine Lingvo Internacia, die den Namen Esperanto erhielt.

Zassenhausweg, (Iserbrook), 2007, nach Hiltgunt Zassenhaus (1916–2004), Dolmetscherin für skandinavische Sprachen, Ärztin; betreute während des Zweiten Weltkrieges in Hamburg zahlreiche skandinavische Kriegsgefangene und genoss in diesen Ländern hohe Anerkennung, seit 1986 Trägerin der Hamburgischen Ehrengedenkmünze in Gold, seit 1990 Ehrensenatorin der Universität Hamburg; Gegnerin des Nationalsozialismus.

Zaunweg, (Lurup), 1932, nach einem frei gewählten Namen. Die Straße liegt auf der Gemarkungsgrenze.

Zedernweg, (Othmarschen), 1956, nach einem Nadelholzmotiv. Alle Zedern in Europa sind Parkbäume.

Zehlendorfer Weg, (Jenfeld), 1961, nach dem Berliner Bezirk.

Zehntland, (Harburg), 1950, Flurname. Der Zehnte war eine Vertragspflicht, eine Abgabepflicht des zehnten Teils des Ertrages, ursprünglich in Naturalien, später durch Geldabgabe abgelöst.

Zeidlerstraße, (Wilhelmsburg), 1933, nach Johannes Zeidler (1879–1945), unter Bürgermeister Menge war er Syndikus, nach dessen Tod 1917 wurde er der letzte Bürgermeister von Wilhelmsburg.

Zeiseweg, (Altona-Nord), 1951, nach Heinrich Zeise (1718–1794), seit 1750 Pastor an der Heiligen-Geist-Kirche in Altona.

Zeisigstraße, (Barmbek-Süd), 1902, nach den auch sonst in dieser Gegend von Barmbek verwendeten Vogelmotivnamen, die zurückgehen auf den Vogelliebhaber von Essen, der hier Nist- und Brutplätze für Vögel anlegte.

Zeißstraße, (Ottensen), 1950, nach Carl Zeiss (1816–1888), gründete als Universitätsmechaniker in Jena eine feinmechanische Werkstatt, besonders für den Bau von Mikroskopen. Mit dem Eintritt von E. Abbe in das Unternehmen setzte der Aufstieg des Werkes ein.

Zeißtwiete, (Ottensen), 1950, Erklärung wie Zeißstraße.

Zellerstraße, (Rahlstedt), 1950, nach dem Operettenkomponisten Carl Zeller (1842–1898). Er war Jurist, Ministerialrat und Hofrat in Wien und wurde mit seiner Operette „Der Vogelhändler“ besonders bekannt.

Zellmannstraße, (Waltershof), 1967, nach Dr. jur. Karl Friedrich Wilhelm Zellmann (1855–1915), Senatssyndikus.

Zeppelinstraße, (Fuhlsbüttel), 1927, zu Ehren von Ferdinand Graf Zeppelin (1838–1917), dem Erfinder des lenkbaren Starr-Luftschiffes. Er beschäftigte sich schon seit 1874 mit dem Bau eines Luftschiffes und nahm als württembergischer General 1891 seinen Abschied, um sich zusammen mit dem Ingenieur Th. Kober ganz der Verwirklichung seines von Motoren angetriebenen Luftschiffes zu widmen. In der Nähe von Friedrichshafen gelang ihm am 2. 7. 1900 ein erster Aufstieg. Dieses erste Luftschiff besaß bereits alle wesentlichen Merkmale der auch später von ihm gebauten Luftschiffe. Im Juni 1920 landete das Luftschiff „Graf Zeppelin“ unter großer Beteiligung der Bevölkerung in Hamburg. Der zigarrenförmige Gigant hatte einen Gasinhalt von 105000

Kubikmetern und Motoren von 2650 PS. Er besaß eine Länge von 237 Metern. Im Januar 1912 wurde in Fuhlsbüttel eine große Luftschiffhalle fertiggestellt, die abwechselnd von den beiden Passagierluftschiffen „Hansa“ und „Victoria Luise“ benutzt wurde. Ein ausgedehnter Rundflug über Hamburg und Umgebung kostete s. Zt. 200 Mark.

Zesenstraße, (Winterhude), 1927, nach dem Dichter Philipp von Zesen (1619–1689). Er verfasste 1643 die „Deutschgesinnte Genossenschaft“.

Zeughausmarkt, (Neustadt), ben. im 18. Jahrhundert. Durch die Erweiterung der Stadtbefestigung zu Beginn des 17. Jahrhunderts hatte man mehr Platz in der Alt- und Neustadt zur Anlage von Märkten und Plätzen gewonnen. So entstand in dieser Zeit neben dem Gänsemarkt und dem Großneumarkt auch der Zeughausmarkt. Der Zeughausmarkt hat seinen Namen von dem dort 1643 errichteten Artilleriezeughaus, das allerdings 1826 abgebrochen wurde.

Zeughausstraße, (Neustadt), 1894, als zum Zeughausmarkt führende Straße benannt.

Zickzackweg, (Othmarschen), um 1908, nach dem Verlauf der Straße.

Ziegeleiweg, (Hummelsbüttel), 1903, als zu den ehemaligen Ziegeleien führender Weg.

Ziegelerstieg, (Wilhelmsburg), 1954, in Anlehnung an den Namen Ziegelerstraße.

Ziegelerstraße, (Wilhelmsburg), 1927, nach einer hier früher gelegenen Ziegelei.

Ziegeltwiete, (Lohbrügge), 1954, nach einer in unmittelbarer Nähe gelegenen Ziegelei. Twiete = kleiner Verbindungsweg zwischen zwei Straßen.

Ziegenpfad, (Lurup), 1932, mit Bezug auf das dortige Gelände, das viele Jahre einem Kleintierzuchtverein gehörte.

Ziehrerweg, (Rahlstedt), 1950, nach dem Operettenkomponisten Karl Michael Ziehrer (1843–1922), Wiener Hofballmusikdirektor, komponierte 22 Operetten, darunter „Die Landstreicher“, sowie Tänze und Märsche.

Ziesenißstraße, (Marienthal), 1950, nach Friedrich August Carl-Wilhelm Zieseniß (1839–1902), ehemaliger Stadtverordneter in Wandsbek.

Ziethenstraße, (Wandsbek), 1897, nach dem preußischen Reitergeneral unter Friedrich dem Großen, Hans Joachim von Ziethen (1699–1786). Er reorganisierte die preußische Reiterei. Berühmt wurde er, als er am 20. 5. 1745 mit seinem Regiment durch die österreichischen Stellungen in Oberschlesien ritt. Im Siebenjährigen Krieg erzielte er Erfolge bei Leuthen, Liegnitz und Torgau.

Zikadenweg, (Marienthal), 1950, die Zikaden (Insekten) umfassen 30000 Arten in etwa 40 Familien.

Zimmermannstraße, (Wilstorf), 1910, nach dem Harburger Kaufmann Johann Wilhelm Carl Zimmermann (1833–1903), der eine Fabrik für künstliche Düngemittel besaß und in Wilstorf auf dem Reeseberge mit dem Zimmermannspark Grundbesitz hatte.

Zimmerpforte, (St. Georg), 1874, als am Ausgang des ehemaligen Zimmerborgesch nach dem Kirchenweg zu gelegene Straße. Analogiebildung zu Schützenpforte, eine Pforte im Sinne eines Durchlasses durch eine Befestigungslinie hat es hier nicht gegeben.

Zimmerstraße, (Uhlenhorst), 1845, vermutlich nach einem Manne dieses Namens, der den Eigentümern der Uhlenhorst, Dr. August Abendroth, Adolph Jencquel und Carl Heine, nahe stand und sich um die Erschließung des Geländes zu Bauzwecken verdient gemacht hatte.

Zinkhüttenweg, (Billbrook), 2000, nach der ehemaligen Zinkhütte Hamburg-Billbrook.

Zinnkrautweg, (Sasel), 1962, Pflanzenmotiv. Zinnkraut ist die Bezeichnung für Schachtelhalm.

Zinnowitzer Straße, (Rahlstedt), 1962, nach dem Ostseebad in Pommern. Motivgruppe: Orte in Pommern.

Zippelhaus, (Hamburg-Altstadt), im 16. Jahrhundert als „Bei dem Zippelhaus", verkürzt in Zippelhaus 1899. Der ungewöhnliche Name hat seinen Ursprung im mittelniederdeutschen „Sipolle" = Zwiebel. Hier hatte die Stadt Hamburg 1535 den Bardowieker Gemüsehändlern einen großen Schuppen bauen lassen, damit sie dort ihr unverkauftes Gemüse und vor allem Zwiebeln (Zippeln) lagern konnten. Der Verkauf des Bardowieker Gemüses wurde nur von Frauen ausgeführt, die dadurch auffielen, dass sie ihre Körbe frei auf dem Kopf trugen.

Zirkusweg, (St. Pauli), 1879, nach dem an diesem Wege errichteten Zirkusgebäude des Zirkus Renz. Das zuvor hier befindliche Zirkusgebäude war durch ein Feuer im November 1887 zerstört worden. Aus Sicherheitsgründen wurde danach ein neues Zirkusgebäude aus Eisen und Stein errichtet. Das neue Gebäude wirkte richtungsweisend für viele Zirkusgebäude in Europa, weil es großzügige Treppenhäuser hatte und im Fall eines Brandes eine schnelle Räumung möglich war.

Zirpenweg, (Marienthal), 1948, Insektenmotiv. Zirpen = Zikaden = Unterfamilie der Schnabelkerfe mit fast 30000 Arten.

Zitadellenstraße, (Harburg), 1952, so benannt, weil sie auf dem Gelände der früheren Harburger Zitadelle (Festung Schlossbezirk) Hegt. Die Zitadelleninsel bildete den „Schlossbezirk", die Keimzelle der Stadt Harburg.

Zittergrasweg, (Billstedt), 1998, nach der heimischen Grasart.

Zitterpappelweg, (Wellingsbüttel), 1950, nach den auch sonst hier vielfach verwendeten Baummotivnamen. Zitterpappel = Espe oder Aspe.

Zitzewitzstraße, (Marienthal), 1938, nach Oberst von Zitzewitz (1850–1920), der von 1902 bis 1907 Kommandeur des Husarenregiments 15 in Wandsbek war.

Zobelweg, (Farmsen-Berne), 1950, Motivgruppe: Pelztiere. Zobel = Raubmarder-Art.

Zollamtsbogen, (Bergedorf), 2009, nach dem ehemals am Weidenbaumsweg (Güterbahnhof) gelegenen Zollamt Hamburg-Bergedorf.

Zöllnerstraße, (Bahrenfeld), 1951, nach dem Komponisten Heinrich Zöllner (1854–1941).

Zollenbrücke, (Hamburg-Altstadt), seit Mitte des 14. Jahrhunderts mit Bezug auf das hier seit dem 13. Jahrhundert gelegene, 1806 abgebrochene Schauenburger Zoll-Haus. Die Verwaltung des eingenommenen Geldes geschah auf die einfachste Weise. Das eingenommene Geld wurde in eine Kiste gesteckt, für die es keinen Schlüssel gab. Wenn die Kiste voll war, wurde sie geöffnet. Als Kontrollfunktion diente ein Zollrechnungsbuch. Der Endbetrag musste mit dem Kisteninhalt übereinstimmen.

Zollenspieker-Hauptdeich, (Kirchwerder), 1970, nach dem Ortsnamen und der Funktion.

Zollvereinsstraße, (Rothenburgsort), 1870, mit Bezug auf die Lage im Zollvereinsgebiet unmittelbar an der Grenze des 1867 zum Freihafen erklärten hamburgischen Gebietsteils.

Zoppoter Straße, (Dulsberg), 1922, diese Straße liegt in einem Gebiet, in dem Straßennamen an die Grenzfrage nach dem Ersten Weltkrieg erinnern. Bei den Straßenbenennungen 1922 fanden diese Namen besondere Aufmerksamkeit. Zoppot = bedeutender Badeort in der Danziger Bucht (Ostpreußen).

Zürnerweg, (Horn), 1950, nach dem Kunstspringer Albert Zürner. Er war der erste Olympiasieger aus Hamburg und gewann bei der Sommerolympiade 1908 in London die Goldmedaille im Kunstspringen. Er begann bereits als 12jähriger als Schwimmer und Springer im Schwimmverein Poseidon und wurde als 16jähriger Hamburger Meister. Nach knapp hundert nationalen und internationalen Konkurrenzen verunglückte er 1920 beim Training in der „Alsterlust" tödlich.

Zugführerweg, (Eidelstedt), 1953, nach einer Eisenbahner-Berufsbezeichnung.

Zum Ausspann, (Langenhorn), 2010, in Bezug auf den Ortsteil Ochsenzoll und auf das Ausspannen von Nutztieren aus Pflügen und Kutschen.

Zum Dubben, (Hausbruch), 1972, Flurbezeichnung. Dubbe oder Dobbe bedeutet niedriges, sumpfiges Land.

Zum Fürstenmoor, (Heimfeld), 1910, nach dem früher der Landherrschaft gehörenden Teil des Moorgeländes zwischen Moorburg und der Geest, dem sogenannten Fürstenmoor.

Zum Golfplatz, (Schnelsen), 2002, Zugang zum Golfplatz des Golf-Clubs auf der Wendlohe e. V.

Zum Gutspark, (Farmsen-Berne), 1949, zur Erinnerung an das frühere Gut Berne, einem größeren Grundbesitz mit Herrenhaus und Park.

Zur Haidkoppel, (Bergstedt), 2009, nach der Lage als direkt zur Flur „Haidkoppeln" führende Straße.

Zum Handwerkszentrum, (Harburg, Neuland), 2006, in Anlehnung an das dort entstehende Kompetenzzentrum der Handwerkskammer.

Zum Hünengrab, (Bahrenfeld), 1928, nach einem früher hier befindlichen Hünengrab.

Zum Jägerfeld, (Marmstorf), 1971, im Anschluss an den Namen Jägerfeldweg.

Zum Markt, (Niendorf), 1986, in Anlehnung an die sich anschließende Marktfläche.

Zum Niendorfer Grenzhaus, (Schnelsen, Niendorf), 2002, nach der örtlichen Belegenheit.

Zum Wachtelkönig, (Neugraben-Fischbek), 2008, nach dem dort heimischen Wachtelkönig.

Zur Graft, (Francop), nach 1938, das Wort Graft kommt von Graben. Hier ist es die Bezeichnung für einen künstlichen Wasserlauf im „Alten Land".

Zur Guten Hoffnung, (Wilhelmsburg), 1937, benannt auf Wunsch der Bewohner der Straße, die in einer Hafenarbeitersiedlung liegt.

Zur Küperkoppel, (Tonndorf), vor 1922, Flurname, Land des Küpers (Böttcher).

Zur Seehafenbrücke, (Harburg), 1991, nach der Funktion der Straße als Zubringerstraße zur Seehafenbrücke.

Zuschlagkoppel, (Volksdorf), 1950, Flurname = Zuschlag ist ein Waldstück, das einem Dorf zur Nutzung zugeteilt wurde.

Zwanckweg, (Ohlsdorf), 1952, nach Dr. Johann Heinrich Gottlieb Zwanck (1783–1859), Frauenarzt, Mitbegründer der Geburtshilfegesellschaft.

Zweibrückenstraße, (HafenCity), 1893, nach den beiden Elbbrücken.

Zweigweg, (Eidelstedt), 1929, frei gewählter Name.

Zweite Amsinckbrücke, (Hammerbrook), 1930, in Anlehnung an die Amsinckstraße. Führt im Zuge dieser Straße über die Bille.

Zweite Ausschläger Brücke, (Hammerbrook), 1930, in Anlehnung an den Namen Ausschläger Weg. Führt im Zuge dieser Straße über den Südkanal.

Zweite Borstelmannbrücke, (Hamm-Süd), 1930, in Anlehnung an den Namen Borstelmannsweg. Führt im Zuge dieser Straße über den Südkanal.

Zweite Diagonalbrücke, (Hamm-Süd), 1930, in Anlehnung an den Namen Diagonalstraße. Führt im Zuge dieser Straße über den Südkanal.

Zweite Grevenbrücke, (Hammerbrook, Hamm-Süd), 1930, in Anlehnung an den Namen Grevensweg. Führt im Zuge dieser Straße über den Südkanal.

Zweite Hammerbrookbrücke, (Hammerbrook), 1930, in Anlehnung an den Namen Hammerbrookstraße. Führt im Zuge dieser Straße über den Mittelkanal.

Zweite Heidenkampbrücke, (Hammerbrook), 1930, in Anlehnung an den Namen Heidenkampsweg. Führt im Zuge dieser Straße über den Südkanal.

Zweite Luisenbrücke, (Hamm-Süd), 1930, in Anlehnung an den Namen Luisenweg. Führt im Zuge dieser Straße über den Südkanal.

Zweite Nagelsbrücke, (Hammerbrook), 1930, in Anlehnung an den Namen Nagelsweg. Führt im Zuge dieser Straße über den Mittelkanal.

Zweite Peuter Brücke, (Veddel), 1914, in Anlehnung an den Namen Peute-Kanal. Führt im Zuge der Hovestraße über den Peute-Kanal.

Zweite Querkanalbrücke, (Kleiner Grasbrook, Steinwerder), 1893, in Anlehnung an den Namen Querkanal. Führt im Zuge des Weges Worthdamm über den Querkanal.

Zweiter Fersenweg, (Kirchwerder), 1922, als Wirtschaftsweg für die anliegenden Ländereien des Riepenburger Schöpfwerkes „Wetterung".

Zweite Rugenberger Schleusenbrükke, (Waltershof), 1913, in Anlehnung an den Namen „Rugenberger Schleuse". Führt im Zuge des Rugenberger Dammes über die südliche Kammer der Schleuse.

Zweite Twiete, (Harburg), 1950, als zweite von vier kleinen Querstraßen, die die Schwarzenbergstraße mit der Bennigsenstraße verbindet.

Zwergbirkenweg, (Bramfeld), 1950, nach der staudigen, halb liegenden, nicht weißrindigen Schwarzbirke, die im Moor wächst.

Zwergenstieg, (Billstedt), 1952, nach einem Märchenmotiv.

Zwergfalkenweg, (Billstedt), 1950, in freier Wahl nach den auch sonst hier verwendeten Greifvogelmotivnamen. Zwergfalken = Gattung der südostasiatischen Falken mit nur 15 cm Körperlänge (Insekten- und Vogelfänger).

Zwischen den Hecken, (Horn, Billstedt), 1932, nach der damaligen Beschaffenheit des Weges.

Zwischen den Süderelbbrücken, (Wilhelmsburg), 1990, nach der Lage.

Zwischen den Zäunen, (Neuengamme), 1925, im Anschluss an den Flurnamen und die volkstümliche Bezeichnung „Twischen Tünen". Tünen = Flechthecken.

Zylberbergstieg, (Schnelsen), 1992, nach Ruchla Zylberberg, 9 Jahre, Polin, Opfer des Nationalsozialismus. Erklärung: siehe Brüder-Hornemann-Straße.

Zylberbergstraße, (Schnelsen), 1992, Erklärung wie Zylberbergstieg.

Zypressenweg, (Othmarschen), 1936, nach der hier vorkommenden Nadelholzgattung.

Verwendete Quellen

Amtlicher Anzeiger, es gilt die Ausgabe vom Juli 2008 mit Nachträgen bis Juni 2011

Die Chronik Hamburgs, Chronik Verlag in der Harenberg Kommunikation Verlags- und Mediengesellschaft mbH. & Co. KG, Dortmund 1991.

Die Straßennamen von Harburg nebst stadtgeschichtlichen Tabellen und einem Straßenplan, nach Unterlagen des Staatsarchivs Hamburg, Dienststelle Harburg, bearbeitet von Adalbert Holtz und Horst Homann, Stand November 1970, Lühmanndruck Hamburg-Harburg, 1970.

Dtv-Brockhaus-Lexikon in 20 Bänden, Deutscher Taschenbuch Verlag dtv, München.

Klein Borstel, Ein Dorf in Hamburg, herausgegeben von Manfred Thiele, Verlag für Herausgabe und Anzeigen des „Klein Borsteler", Hamburg, 1904.

Straßennamenkartei des Staatsarchivs Hamburg.

Statistische Mitteilungen über den hamburgischen Staat, herausgegeben von Prof. Dr. Sköllin, Direktor des Statistischen Landesamtes, 5. Sonderheft, „Die Gemeinden und Straßen des hamburgischem Staatsgebiets nach dem Stande von Anfang Oktober 1925, Otto Meißners Verlag, Hamburg.

Wandsbeker Straßen, Namen früher und heute, Röpke/Fricke, Verlag Otto Heinevetter, Hamburg.

Was bedeutet der Name ihrer Straße, 3. Beiheft „Unsere Heimat – Die Walddörfer, M + K Hansa Verlag Hamburg von Kurt Böge, Herausgeber: W. O. Paul Kettel.

Wilhelmsburger Straßen im Wandel der Zeit, H. Kneesenberg 1963, Verlag Wilhelmsburger Zeitung Willy von Thaden, Hamburg-Wilhelmsburg.

Zwischen Alster und Wandsee von Georg-Wilhelm Röpke, Stadtteil-Lexikon des Bezirks Wandsbek, Verlag Otto Heinevetter, Hamburg.

Zwischen Bille und Elbe, von Harald Richert, Stadtteil-Lexikon des Bezirks Bergedorf, 1987, Verlag Otto Heinevetter, Hamburg.